DIE
FRÜHEN SITZUNGEN
Buch 2 des SETH-MATERIALS
SITZUNGEN 43 – 85
13/4/64 – 7/9/64

DIE FRÜHEN SITZUNGEN

Die Frühen Sitzungen umfassen die ersten 510 Sitzungen, die von Seth durch Jane Roberts diktiert wurden und werden voraussichtlich in 9 Bänden veröffentlicht werden. Für Informationen bezüglich Veröffentlichungsdaten und Bezugsmöglichkeiten wenden Sie sich bitte an folgende Adresse:

Sethverlag
Stadtstraße 38
CH-6204 Sempach/Schweiz

E-Mail: sethverlag@bluemail.ch
Homepage: www.sethverlag.ch
Fax: ++ 41 41 448 15 06
Tel.: ++ 41 79 448 16 43

Jane Roberts

DIE
FRÜHEN SITZUNGEN
Buch 2 des SETH-MATERIALS
SITZUNGEN 43 – 85
13/4/64 – 7/9/64

Aus dem Amerikanischen übersetzt von
Ursula Lang und Maurizio Vogrig

© 1997 by Robert Butts

Veröffentlicht vom Sethverlag

Sethverlag
Stadtstraße 38
CH-6204 Sempach

Die in diesem Buch gemachten Äußerungen zu Fragen der Gesundheit und der medizinischen Wissenschaft stellen Ansichten der Autoren dar und werden vom veröffentlichenden Verlag nicht unbedingt geteilt oder vertreten. Jedenfalls sollten sie nicht als Ersatz für ärztliche Beratung und Behandlung verstanden werden.

Das Original ist erschienen unter dem Titel
The Early Sessions
Bei New Awareness Network Inc., P.O. Box 192
Manhasset, N.Y. 11030

ISBN 0-9652855-0-2

Umschlaggestaltung: Roland Voser
Umschlagfotos: Rich Conz und Robert F. Butts, Sr.
Photobearbeitung: Michael Goode
Redaktion: Sethverlag

Copyright © der deutschen Ausgabe: Sethverlag, Sempach 2001

Alle Rechte, insbesondere des vollständigen und auch auszugsweisen Nachdrucks, der phono– und photomechanischen Reproduktion, Photokopie, Mikroverfilmung und sowie der Übersetzung und auch jeglicher anderen Aufzeichnung und Wiedergabe durch bestehende und künftige Medien, vorbehalten.

Erstveröffentlichung Dezember 2001

Herstellung: Books on Demand GmbH, Norderstedt

ISBN 3-907833-01-5

Ich widme Die Frühen Sitzungen
meiner Frau Jane Roberts,
die ihre 55 Jahre
höchst kreativ
und couragiert gelebt hat.
-Rob

Jane Roberts, Seth und die Frühen Sitzungen

Jane Roberts, geboren 1929, wuchs in Saratoga Springs, N.Y., USA, auf und absolvierte das Skidmore College. Sie machte sich zunächst durch Erzählungen und Lyrik bekannt, entdeckte aber schon bald ihre Fähigkeit der außersinnlichen Wahrnehmung (ASW), was ihren Alltag und den Sinn ihres Lebens vollständig und nachhaltig veränderte.
Die Entfaltung und Erweiterung ihrer seelisch-geistigen Erfahrungen fanden ihren Niederschlag im Zyklus der Seth-Bücher. Als erste fremdsprachige Übersetzung erschien 1979 „Gespräche mit Seth", ein Werk, das dank (oder trotz) seines sublimen und anspruchsvollen Inhalts ein Bestseller wurde.
Jane Roberts lebte bis zu ihrem Tod im Jahre 1984 mit ihrem Mann Roberts Butts in Elmira, N.Y. Viele ihrer Bücher, zum Beispiel „Die Natur der Psyche", „Die Natur der persönlichen Realität" und „Das Seth Material", wurden in über ein Dutzend Sprachen übersetzt und gelten als Klassiker auf dem Gebiet der Esoterik und Lebensphilosophie.
Jane Roberts ließ sich von Roberts Butts versprechen, dass er auch die allerersten Aufzeichnungen, die sogenannten „Frühen Sitzungen", publizieren würde. Diese umfangreiche Arbeit begann im Jahr 1997 und umfasst gesamthaft neun Bände.

Im Herbst 2000 erschien im neu gegründeten Sethverlag Sempach, Schweiz, der erste auf deutsch übersetzte Band der Frühen Sitzungen. Er beginnt mit Sitzung 1, jener Sitzung, bei welcher Jane Roberts und Roberts Butts nach zahlreichen erfolglosen Versuchen mit dem Ouija-Brett zum ersten Mal auswertbare Resultate in Form von ganzen Wörtern und Sätzen erhielten. Schließlich meldete sich in der 4. Sitzung die Energie-Essenz-Persönlichkeit Seth zum erstenmal zu Worte.
Im Gegensatz zu den von Seth direkt diktierten Büchern begegnen wir in den Frühen Sitzungen einer anderen Facette der Seth-Persönlichkeit, nämlich dem humorvollen Freund und liebevollen Gefährten aus früheren Leben von Jane Roberts und Robert Butts, der es versteht, das Alltagsleben mit dem Mikro- und Makrokosmos und all den unendlichen, von uns selbst geschaffenen Realitäten in Verbindung zu setzen.

DIE FRÜHEN SITZUNGEN ii

INHALTSVERZEICHNIS

Sitzung 43 2
Innere Sinne, Camouflage, Räume und Träume

Sitzung 44 10
Raum und Zeit, Tod und Geburt und fünf Gesetze des inneren Universums: Werterfüllung, Energieumwandlung, Spontaneität, Dauerhaftigkeit und Schöpfung

Sitzung 45 18
Die Reise nach Innen; der Ozean des Wertklimas; Einsteins Intuitionen; Reinkarnation, Evolution und Wachstum; Kontakte mit außerirdischer Intelligenz; Hypnose und Weltraumreisen

Sitzung 46 30
Miss Callahan und Frank Watts; Marks andere Leben; Jane als Robs Sohn; Kabale und Liebe in Triev im 17. Jahrhundert und andere Verstrickungen

Sitzung 47 42
Roarcks andere Leben; Robs Bilder; Verzerrungen, Disziplin und Bescheidenheit

Sitzung 48 50
Robs Reisen durch Raum und Zeit; die psychologische Zeit als Methode zur Vorbereitung auf die Todeserfahrung

Sitzung 49 57
Mareth; inneres und äußeres Ego; Traumwelt, Traumbilder und Bildmuster; Energieumwandlung und Spinnennetze

Sitzung 50 68
Zellen, Moleküle, Atome und kleinere Partikel; weitere Gesetze des inneren Universums: Bewusstsein, die Fähigkeit zu unbegrenzter Beweglichkeit und die Fähigkeit zu unbegrenzter Veränderlichkeit und Umwandlung

Sitzung 51 75
Die psychische Gestalt; der Ursprung hinter dem Ursprung; Sperma und Fötus; der Aufbau einer Wesenheit und Kooperation als neuntes Gesetz des inneren Universums

Sitzung 52 85
Janes Nackenschmerzen und Mutterbeziehungen

Sitzung 53 88
Robs Übungen in psychologischer Zeit

Sitzung 54 93
Ruburt und Seth als Einheit; die immerwährende Individualität; Persönlichkeiten und Wesenheiten; Baumanalogien; Vergangenheit, Gegenwart und Zukunft; Veränderung und Tod

Sitzung 55 103
Die Hallen und Räume des Selbst; die hemmenden äußeren Sinne; gegenseitige Abhängigkeit und Verbindung zwischen Selbst und Nicht-Selbst und Alternativen zur Raumfahrt

Sitzung 56 113
Wetter und Stimmung; emotionale Energie und physikalisches Klima; Reinkarnationen als Mann oder Frau

Sitzung 57 121
Telepathie; das unbegrenzte Selbst als Sender und Empfänger von Energien; sekundäre Persönlichkeiten und die Traumwelt; das Universum als Gestaltform

Sitzung 58 129
Äußeres Ego und inneres Selbst; die Entwicklung vom Ego zur Wesenheit; Jane, Rob und Seth als Glieder der gleichen Wesenheit; Janes und Robs Verhältnis zu Arbeit und Kunst

Sitzung 59 138
Trance-Tiefe; Verstehens-Pyramiden; Janes Pendel-Versuche; weitere Reinkarnationsverstrickungen und Qualitäts-Tiefe als zehntes Gesetz des inneren Universums

Sitzung 60 148
Die physikalischen Eigenschaften der Materie; die Energie hinter aller Materie; Wachstum, Zerfall und Dauerhaftigkeit als Illusion

DIE FRÜHEN SITZUNGEN

Sitzung 61   155
Veränderung als Illusion; Energie als kosmischer Wind; Energiepulsierungen; positive und negative Materie; Antimaterie, Antischwerkraft und Antiraum

Sitzung 62   159
Die Natur der Energie; die Zusammenarbeit aller Bewusstseinsformen; Wachstum als Gesetz der Werterfüllung; Kapselverständnis und die Unabhängigkeit der Identität von Materie

Sitzung 63   164
Yolynda; zwei Universen und so viele Objekte wie Beobachter

Sitzung 64   176
Konstruktionen und Konstruktionsformen; Achtung vor allen Lebewesen; Katzen, Käfer, Stühle und Fernsehgeräte; Telepathie als verbindendes Glied; Schlauch oder Schlange?

Sitzung 65   185
Das Haus auf dem Land (Birch-Haus); Flüsse, Seen und Ozeane als Stimulans zur Entwicklung der inneren Kräfte und nützliche Ratschläge für einen Wohnungswechsel

Sitzung 66   194
Das Umfeld als Ausdehnung des Selbst; Geist und Gehirn; die Umsetzung aller Ideen; der gesunde Körper als Zeugnis eines inneren Gleichgewichts; der ständige Austausch zwischen allen Ebenen und Universen

Sitzung 67   202
Materielle und immaterielle Konstruktionen; Materie ist Aktion; Ruburt/Janes Arbeitsumfeld; Ouija-Brett-Kontakte und seltsame Ereignisse im Zustand der psychologischen Zeit

Sitzung 68   215
Seth erscheint und wird von Bill gezeichnet; Janes Gesichtszüge verändern sich; die Erwartungshaltung als Voraussetzung zur Erlangung erwünschter Zustände

229

DIE FRÜHEN SITZUNGEN

Sitzung 69   231
Die Entstehung von Erscheinungen; Angst als Ursache für unvollständige Konstruktionen; Fragen und Antworten

Sitzung 70   239
Philip/Johns berufliches und privates Umfeld

Sitzung 71   246
Primäre und sekundäre Konstruktionen; Samen werden nicht zu Gras, Eicheln nicht zu Bäumen und Kinder nicht zu Erwachsenen; Ende der Einführung Seths zu seinem Material

Sitzung 72   257
Die nächste Stufe des Seth-Materials; Objekte als willkürliche Aufteilungen von Atomen und Molekülen; Form ist keine Eigenschaft der Materie; Konstruktionen verhalten sich gemäß den Erwartungen

Sitzung 73   262
Familie Pipers andere Leben; Tiefe als emotionale und psychologische Ausdehnung und die Bedeutung der Schilddrüse

Sitzung 74   269
Janes Kindheitskonflikte mit ihrer Mutter und ihre Probleme mit Autoritäten und Vorgesetzten

Sitzung 75   275
Form als Eigenschaft von Bewusstsein; psychologische Strukturen als Grundbedingung für die materielle Struktur des Universums; Hass als Resultat der psychologischen Manipulation von Angst

Sitzung 76   282
Emotionen als psychische Bausteine; die Erwartungshaltung als Kern der Individualität; physische Aktivität als Möglichkeit des Umgangs mit aggressiven Reaktionen

Sitzung 77   290
Die Wichtigkeit und die Gefahren von Glaubenssätzen; Erweiterung des psychischen und mentalen Horizonts durch physische Ausflüge; der Freundeskreis als Sicherheitsventil

Sitzung 78 296
Geschlossene Systeme existieren nicht; Erneuerung der psychischen Fähigkeiten durch ein sinnliches Eintauchen in sich selbst; durch Konzentration auf ein Ziel wird dieses erreicht

Sitzung 79 301
Psychologische Persönlichkeitsschübe und Energiestrukturen; Entropie; das Energiepotenzial eines Gedankens

Sitzung 80 309
Jane und Rob: Urlaubszeit und Arbeitsumfeld

Sitzung 81 312
Mentale Manipulationen von Materie; Mythen und Symbole; das Gotteskonzept als Verbindung zum inneren Selbst; Gott und die Kreuzigung

Sitzung 82 320
Der Glaube an eine Idee bringt eine Verpflichtung mit sich; Seth betont die Wichtigkeit seines Materials und gibt Hinweise für den Aufbau des ersten Buchs des Seth-Materials

Sitzung 83 330
Freud, Jung und die ursprünglich kooperative Natur der Libido; der Zweck des Seth-Materials liegt darin, dass sich die Menschheit selbst und die Welt, die ihre innere Realität widerspiegelt, besser versteht

Sitzung 84 336
Psychologische Zeit als einziges Mittel zur Erforschung des inneren Selbst; die Jahreszeiten als physische Konstruktionen des inneren psychischen Klimas; Konstruktionen, die nur durch ihre Auswirkungen erkennbar sind

Sitzung 85 344
„Ich bin nicht perfekt. Ich bin eine Persönlichkeit, keine alles verstehende und immer gerechte Gottheit und manchmal bin ich sogar zornig."

Namen– und Sachregister 352

(Die beiden folgenden Episoden sind hier integriert, weil sie von Seth in der nächsten, der 43. Sitzung, behandelt werden.)

(Jane:
(Gestern Nacht, am 10. April 1964, hatte ich kurz bevor ich einschlief das folgende Erlebnis: Meine Augen waren geschlossen, aber trotzdem sah ich ein voll geschriebenes Blatt Papier mit der Handschrift von Dee Masters, meiner Vorgesetzten in der Arnot Kunstgalerie, wo ich nachmittags arbeite.
(Es war ein Blatt Notizpapier, etwas kleiner als A4. Ich konnte den Namen meines Mannes Rob erkennen und einige andere Wörter, die ich inzwischen wieder vergessen habe. Das Stück Papier war hell, als ob irgendwo ein Licht wäre, aber alles andere war so dunkel, wie es normalerweise ist, wenn wir die Augen geschlossen haben. Ich hatte das Gefühl, dass noch etwas anderes, Ähnliches, direkt danach geschah, aber ich schlief ein und erinnere mich nicht mehr daran. Ich hatte dieses Erlebnis bis heute Nachmittag, den 11. April 1964, völlig vergessen.)

(Rob:
(Letzte Nacht, am 12. April 1964, hatte ich einen kurzen, sehr intensiven Traum, in dem ich sah, wie einer der großen Zweige des Baumes vor Stamps Haus zu Boden fiel.
(Es geschah bei Tageslicht und in Farbe. Der Zweig, der ungefähr drei Meter lang und etwa 20 cm im Durchmesser war, fiel krachend auf die Straße. Dort prallte er auf und weiße Holzstücke flogen herum wie Funken von einer Esse. Der Zweig traf weder Personen noch Wagen. Ich muss in der Nähe gewesen sein, war aber in keiner Weise beteiligt. Ich erinnere mich weder an Stürme noch an starken Wind.
(Dieser bestimmte Zweig scheint ein sehr solider Teil des Baumes zu sein, aber er wächst in einem bestimmten Winkel, sodass er irgendwie schwächer und nicht am richtigen Ort inmitten der anderen Zweige und Äste des Baums erscheint. Ich habe ihn oft betrachtet und war immer wieder erstaunt, wie stark er eigentlich ist).

SITZUNG 43
13. APRIL 1964, MONTAG, 21:00 UHR, WIE ANGEWIESEN

Innere Sinne, Camouflage, Räume und Träume

(*Während Jane heute Morgen nach dem Frühstück die 42. Sitzung las, kam ihr das Wort Loslösung in den Sinn. Das könnte, so nimmt sie an, der achte innere Sinn sein, der Transport und Levitation ermöglicht. Seth hat kurz einmal erwähnt, dass diese beiden Dinge von einem anderen inneren Sinn abhängig sind.*

(*Während sie sich um ca. 16.00 Uhr ausruhte, erlebte Jane für einen kurzen Moment das Gefühl, das sie als unendliche Schwärze [siehe 39. Sitzung im Band 1] erlebte. Es geschah, während sie immer noch wach war, aber sich entspannt und ihre Augen geschlossen hatte. An jenem Abend benahm sich Willy, unsere Katze, vorbildlich und schlief während der ganzen Sitzung. Es war eine sehr schöne, warme und windige Frühlingsnacht und während der Sitzung ließen wir eines der Wohnzimmerfenster weit offen stehen.*

(*Jane diktierte in einer etwas kräftigeren Stimme als gewöhnlich. Sie ging mit normalen Schritten hin und her und ihre Augen wurden wie immer dunkler. Sie begann etwas schneller als in den zwei vorhergehenden Sitzungen zu sprechen. Wie immer war sie vor Beginn der Sitzung auch etwas nervös.*)

Guten Abend.

(*„Guten Abend, Seth."*)

Das kann aufgeschrieben oder auch weggelassen werden.

(*„Ja?"*)

Ich sagte Ruburt, er sei nicht schwanger, und so erwarte ich nun, dass unsere Sitzungen wieder etwas ruhiger sein werden, weil er nun ja ziemlich erleichtert ist. Ich muss sagen, dass seine Disziplin bewunderungswürdig war und dass ich ihm selbst auch zur Seite stand. Die Sitzungen selbst haben Ruburt geholfen, Disziplin zu entwickeln.

Ich bin froh, dass sich unsere praktischen Übungen, sozusagen außerhalb der Klasse, so gut entwickeln. Für Ruburt, als ein seit Urzeiten zweifelnder Thomas, ist der Beweis, dass die inneren Sinne außerhalb unserer Sitzungen erfahren werden können, sehr hilfreich. Ich wünsche mir sicher keine leichtgläubigen Naivlinge, aber erwarte doch hie und da, beim Wort genommen zu werden – obwohl der Schock dann vielleicht doch zu stark wäre, sogar für meine Konstitution.

Ich hoffe sehr, Joseph, dass auch du deine inneren Sinne mehr spürst, jedenfalls solltest du das.

(*„Was bedeutet mein Traum über den fallenden Zweig, gibt es hier einen Zusammenhang mit den inneren Sinnen?"*)

Der Traum über den Baum? Ich weiß nicht, ob es zu jenem Zeitpunkt überhaupt ein Traum war. Es war nicht die gleiche Erfahrung wie die andere, die du im Zusammenhang mit einem Baum hattest. Ich weiß wirklich nicht, ob genau dieser Zweig innerhalb einer bestimmten Zeit herunterfallen wird. Vielleicht hast du sein Herabfallen gesehen, aber es war nicht die gleiche Art Erfahrung, wie sie Ruburt in Bezug auf die Uhr hatte.

Ruburt hatte Recht. Wir werden den achten inneren Sinn den Sinn der Loslösung nennen; es ist einer der grundlegendsten inneren Sinne. Vollständige Loslösung ist relativ selten auf eurer Ebene, obwohl sie mit Training sehr wohl zu erreichen ist. Es gibt Unterschiede, aber normalerweise bleiben einige Überbleibsel von Camouflage-Informationen bestehen.

Sogar hier gibt es Unterteilungen. Denk nochmals an Ruburt, der mit geschlossenen Augen in einem Raum die Zeit auf einer Uhr in einem anderen Raum „sieht". Dieses Hellsehen ist von der leichteren Art und doch ist es ein wichtiger Schritt in seiner Entwicklung und sollte es auch in deiner sein. Er beschäftigte sich mit einer Camouflage-Idee über die Zeit und zudem mit der Uhrzeit, wo doch die Uhr selbst eine Camouflage ist. Hellseherisch befreite er sich gerade soweit, um eine gewisse Camouflage zu ignorieren und die dahinter liegende Camouflage zu entdecken und das ist ein notwendiger erster Schritt.

Auch Levitation ist bis zu einem gewissen Grad mit Camouflage verbunden, indem sich der physische Camouflage-Körper erhebt, aber noch immer brauchen wir hier die physische Camouflage-Form. Sich ohne die physische Camouflage-Form zu bewegen ist natürlich ein gewaltiger Schritt, aber gemäß eurer Entwicklung durchaus möglich. Hier reist ihr nun aber durch den Camouflage-Raum. Es ist sehr schwer, auf eurer Ebene ohne Camouflage auszukommen, aber es ist doch möglich und dabei ist die Anwendung von psychologischer Zeit außerordentlich wichtig. Wenn nämlich psychologische Zeit bis zu den äußersten Möglichkeiten angewandt wird, vermindert sich die Camouflage in erstaunlicher Weise.

(Hier klopfte Jane zur Betonung auf mein Pult. Ihre Ausführungen hatten sich jetzt etwas verlangsamt, sie waren etwa gleich wie in den letzten zwei Sitzungen.)

Ich werde euch keine Levitations-Lektionen geben, ebenso wenig wie ich Ruburt Lektionen in Hellsehen gab. Eure eigene Entwicklung und eure eigene Anpassungsgeschwindigkeit werden für die Bewegung von Camouflage-Objekten durch den Camouflage-Raum maßgebend sein. Auch hier arbeitet ihr wieder mit der Camouflage. Mit euren inneren Sinnen bewegt ihr immerzu Camouflage-Objekte, ohne euch dessen bewusst zu sein. Der Trick besteht nicht darin, das Wie zu lernen, sondern das Geschehen überhaupt zu erkennen und das ist mit einiger Praxis auch möglich.

Ich muss sagen, dass ich selbst eine Art alter Schwerenöter bin, zumindest genug, um Ruburts frühlingshafte Kleidung zu genießen. Und wie Ruburt genieße auch ich den wilden Wind und es hat viele lange Nächte gegeben, in denen wir drei gemeinsam auf Frühlingsstraßen spazierten.

(„In Boston?"

(Ich versuchte wieder einmal, Seth zu einer Antwort zu verleiten, was ich von Zeit zu Zeit zu meinem eigenen Vergnügen tue. Seth-Jane beantwortete meine Frage wie gewöhnlich nicht; aber der überhebliche „das solltest du doch besser wissen Blick",

den Jane mir zuwarf, brachte mich zum Lachen).

In Dänemark und an anderen Orten. Ich schlage vor, dass ihr eine Pause macht, bevor ich mich vor Lachen nicht mehr halten kann.

(Pause um 21:26 Uhr. Jane war in einer guten Trance. Seths Bemerkung über das wilde Frühlingswetter kam wahrscheinlich daher, dass Jane während der Sitzung öfters vor dem offenen Fenster stehen blieb. Es war wirklich eine wunderschöne Nacht.

(Wir diskutierten über einige unserer vor kurzem gehabten Träume und noch während wir das taten, stand Jane auf und begann wieder zu diktieren. Ihre Stimme war normal, sie sprach langsam. Weiter um 21:30 Uhr.)

Das Universum dehnt sich aus wie ein Traum sich ausdehnt. In anderen Worten: Diese Ausdehnung hat nichts zu tun mit <u>eurer</u> (unterstrichen) Ansicht über Raum. Diese Ausdehnung ist, auf eine sehr grundlegende Art, eher wie die Ausdehnung einer Idee. Sie hat nichts zu tun mit Raum oder Zeit in der Weise, in der ihr gewohnt seid darüber zu denken. Ich sagte euch vorher, dass die Vorstellungen eurer Wissenschafter über ein sich ausdehnendes Universum falsch sind, obwohl sich auf eine wichtige Art das Universum wirklich ausdehnt und darauf bezog ich mich.

(Jane klopfte wieder auf mein Pult. Im folgenden Material werde ich die von ihr besonders betonten Punkte unterstreichen.)

Eure eigene Traumwelt dehnt sich ständig aus. Eure Ideen dehnen sich ständig aus, aber eure Ideen haben nichts zu tun mit Raum und die Art, wie sich das Universum ständig ausdehnt, hat nichts zu tun mit eurer Auffassung von Raum. Wirklicher Raum, fünfdimensionaler Raum, besitzt Ausdehnungsmöglichkeiten, die keinen <u>Raum brauchen</u>, jedenfalls nicht gemäß eurer Sichtweise.

Es gibt für euch im Moment keine Methode um das, worauf ich mich beziehe, zu beweisen oder sicherzustellen, aber vielleicht kann ich es ein wenig verständlicher machen, indem ich ein Beispiel bringe, das mit deinem Beruf, Joseph, zu tun hat.

Nimm einmal zwei Bilder der gleichen Art und Größe; das heißt, zwei Bilder, die in eurem Universum die gleiche Menge Raum einnehmen. Ein Bild ist äußerst grob und schlecht ausgeführt. Das andere ist nicht nur von besserer Qualität, sondern scheint sich auch ständig zu verändern, während es aber immer die gleiche Menge Raum einnimmt.

Sagen wir zum Beispiel, dass das Bild eine Landschaft darstellt und dass diese Veränderung innerhalb der gleichen Menge Raum den ständigen Zuwachs von mehr Bäumen, mehr Hügeln beinhaltet, dass die Hügel – immer noch im gleichen Raum innerhalb des Bildes – höher werden und doch nie über den Rahmen hinaus wachsen. Stell dir diese Veränderung auch in Bezug auf mehr Distanz vor, das heißt also eine Art <u>rückwärtige Ausdehnung</u>, aber ohne dass die <u>Rückseite</u> der Leinwand beeinträchtigt wird.

Stell dir nun weiter vor, dass die Figuren im Bild eine psychologische Realität haben, aber alle immer innerhalb der durch den vorgeschriebenen Raum gesetzten Grenzen. Stellen wir uns also ein Bewusstsein, ein Wachstum, eine Realität und eine Ausdehnung vor, die nichts mit einer räumlichen Ausdehnung, <u>so wie ihr sie seht</u>, zu tun haben, sondern eine fast vollkommene Freiheit psychologischer Realitäten und dann gelangt ihr langsam in die Nähe des Verständnisses von dem, was ich unter einem sich ausdehnenden Universum verstehe – einem Universum, das nichts zu tun hat mit dem sich ausdehnenden Universum eurer Wissenschafter.

Die meisten Realitäten haben absolut nichts zu tun mit Raum, wie ihr ihn euch vorstellt. Die meisten Realitäten haben ihr Wachstum und ihre Existenz in etwas, das wir am ehesten als ähnlich der von uns genannten psychologischen Zeit betrachten. Das ist vollständig unabhängig von jener Art Raum, den ihr annehmt. Psychologische Zeit ist eine Art Klima oder Umgebung, die für die Existenz von allem Bewusstsein förderlich ist.

Ihr denkt euch Raum als eine Leere, die gefüllt werden muss, weil ihr auf eurer Ebene all das, was ihr Raum nennt, mit Camouflage-Mustern füllt. Lasst mich wiederholen: Stattdessen ist der wahre Raum, der fünfdimensionale Raum, die Vitalität und der Stoff aller Existenz selbst, vital und lebendig, aus dem alle anderen Existenzen in einer Art und Weise gewoben werden, die ich bis jetzt nur sehr behelfsmäßig beschrieben habe. Sogar auf eurer Ebene bedeutet eine Eigenschaft einer Sache, die für eine Art Ausdehnung steht, nicht unbedingt eine Ausdehnung des Raums. Das Universum dehnt sich ständig auf eine qualitative Weise aus, die nichts mit der für gewöhnlich angewendeten Raumbetrachtung zu tun hat. Und die Ausdehnung ist viel intensiver und bedeutungsvoller, als ich euch zum jetzigen Zeitpunkt erklären kann.

Ich schlage eine kurze Pause vor. Es ist uns gelungen, bis jetzt ausgezeichnetes Material durchzugeben und dafür bin ich sehr dankbar. Die Qualität des jetzt durchgegebenen Materials übersteigt eure Zeit und euren Raum, und die Ausdehnung der Qualität ist nicht davon abhängig.

(Nun gestikulierte Jane dramatisch, mit ausgestreckten Armen und sehr dunklen Augen.)

Die Wände dieses Raumes ziehen sich zum Beispiel nicht zurück, um eine große Idee zu empfangen und die Ausdehnung des Universums von innen heraus bedeutet wiederum nicht ein Herausdrücken oder ein Aufblähen.

(Pause um 21:58 Uhr. Jane war in Trance – weit weg, sagte sie. Ihre Hände fühlten sich wieder aufgeschwollen an. Sie trägt zwei Ringe, jeweils einen an jedem Ringfinger. Beide kann sie normalerweise leicht ablegen. Jetzt konnte sie ihren Ehering überhaupt nicht mehr bewegen, den anderen Ring konnte sie wohl abstreifen, schürfte sich dabei aber den Fingerknöchel auf.

(Das Gefühl der geschwollenen Hände dauerte ein paar Minuten an und löste sich dann auf. Nach meinen Beobachtungen erlebt Jane dieses Aufgeschwollensein, wenn sie außergewöhnliches Material durchgibt und sie stimmt dieser Vermutung zu. Seltsamerweise habe ich Seth nie um eine Erklärung gebeten, sodass ich mir nun vormerkte, das zu tun. Janes Hände fühlten sich wieder normal an, als sie in einer normalen Stimme weiterdiktierte. Weiter um 22:07 Uhr.)

Bevor ich dir die in der Pause gestellte Frage beantworte, Joseph, lass mich mit unserer Diskussion weiterfahren. Nochmals: Die Traumwelt, die doch sehr intensiv und bedeutungsvoll ist, nimmt überhaupt keinen Raum ein. Sie ist auch nicht Teil eurer physischen Zeit, existiert aber im Klima oder im Umfeld der psychologischen Zeit.

Ihr könnt sicherlich keinen Traumort fixieren, sogar wenn er mit einem euch im Camouflage-Universum bekannten Ort übereinstimmt. Der Traum selbst wird nicht am spezifischen Camouflage-Ort erlebt. Der Körper liegt im Bett. Obwohl ihr in einem Traum die vollständige Möblierung eines bestimmten Hauses erkennt, liegt der Träumende immer noch im Bett. Die beiden Orte, der Traumort und der Camouflage-Ort, erscheinen gleich, aber sie sind nicht der gleiche Ort.

Ein Ort nimmt Raum in eurem Universum ein und der andere nicht. Das Universum dehnt sich so aus wie ein Traum sich ausdehnt und nimmt keinen Camouflage-Raum ein. Das heißt aber nicht, dass bei der Ausdehnung des Universums kein Wachstum stattfindet. Das heißt auch nicht, dass keine Bewegung stattfindet. Es geht hier um die Existenz und Ausdehnung einer qualitativen Art, außerhalb eurer gegenwärtigen Messmöglichkeiten oder eures völligen Verständnisses.

Das vollumfänglichste Wirken der inneren Sinne ist nur in diesem Umfeld möglich. Es gibt hier so viel, das ich euch unbedingt sagen will, aber jetzt könnt ihr noch so wenig verstehen. Gedanken und Ideen explodieren ins Sein, entwickeln sich, verändern sich in etwas anderes und all dies innerhalb eines klar bestimmten Rahmens, der aber von euch nicht gesehen oder berührt werden kann, auch nicht die psychologische Ausdehnung von Atomen und Molekülen, die in sich wiederum komprimiertes Verstehen enthalten, das außerhalb eures Begriffsvermögens liegt. Weder ist der Stoff des Universums leblos, noch ist er auf eurer Ebene eine Leere, die gefüllt werden muss, sondern er dehnt sich ständig aus in einer Art und Weise, die ihr im Moment nicht zu verstehen vermögt.

(Jane stand wiederum am offenen Fenster und schaute hinaus, während sie diktierte.)

Sogar wenn Ruburt nun zum Fenster hinausschaut, anscheinend durch leeren Raum auf die Straße hinüber, so ist der so genannte Raum nicht leer, obwohl er durch die speziellen Camouflage-Sinne leer erscheinen mag. Eure äußeren Sinne ermöglichen es euch nur, eure eigene Camouflage zu sehen, aber anderen mag eure Camouflage als leerer Raum erscheinen, während euch die mit Aktivitäten gefüllten Räume von anderen leer erscheinen.

Die Vorstellungen eurer Wissenschafter über das expandierende Universum sind so abhängig von euren eigenen limitierten Theorien, dass es sehr schwierig ist, das Ganze auf einfache Weise zu erklären. Wiederum bitte ich euch, psychologische Zeit zu üben, weil dort die inneren Sinne noch am ehesten von der Camouflage befreit werden. Und wenn ihr dann die innere Ausdehnung erlebt, könnt ihr vielleicht die Idee des sich wirklich ausdehnenden Universums besser verstehen.

Die Traum-Analogie ist hier auch sehr hilfreich und ich schlage vor, dass ihr sie sorgfältig durchlest. Was Ruburts und deine eigenen aufgeschwollenen Hände betrifft, so ist das in einer sehr eingeschränkten Art ein kleiner Hinweis auf die Art der

Ausdehnung, die erwartet werden kann. Das ist eine völlig andere Erfahrung und hat nichts mit der eben geführten Diskussion zu tun. Diese Ausdehnung beinhaltet ein Sich-Ausdehnen der Gewebekapsel. Das Ausmaß ist begrenzt, das Gegenteil davon wäre ein Zusammenziehen. Es kann in etwa mit einem Pulsieren oder mit einem mehr oder weniger gleichmäßigen Taktschlag verglichen werden.

Es betrifft das innere Selbst und die Gewebekapsel, die auch den physischen Camouflage-Körper umgibt, in jener Art und aus jenem Grund, die ich kurz in der vorherigen Sitzung erklärt habe.

Ich schlage vor, dass ihr eine Pause macht.

(Pause um 22:32 Uhr. Jane war wie immer in guter Trance. Weiter um 22:38 Uhr.)

Lasst mich kurz sagen, dass Transport im Universum, das heißt Transport als solcher, grundsätzlich unnötig ist. Der Gebrauch der inneren Sinne macht Transport, wie ihr ihn kennt, völlig unnötig, weil der vollständige Gebrauch der inneren Sinne die Kommunikation fast so perfekt und unabhängig vom so genannten Raum erfolgen lässt, dass Transport durch den Raum zu einer völlig unmodernen Kommunikationsart wird. Die inneren Sinne ermöglichen ihren eigenen „Transport", und schreibe das bitte in Anführungszeichen. Transport als solcher ist nur gültig innerhalb eines Raumgefüges und eines Zeitkonzepts wie ihr es auf eurer Ebene habt. Der „Transport" (in Anführungszeichen) der inneren Sinne besteht hauptsächlich aus dem, was ihr ein Wechseln der Frequenzen oder Schwingungen oder Pulsierungen nennt, eine Transformation der Vitalitätsform eines bestimmten Musters oder Aspekts in eine andere.

Die Bewegung durch den Raum ist eine Verzerrung. Ich werde noch viel mehr darüber in einer späteren Sitzung sagen, denn das ist außerordentlich wichtig. Ihr könnt nun vielleicht sehen, warum unser achter Sinn, Loslösung, so bedeutungsvoll ist: Zuerst muss sich das innere Selbst von einer bestimmten Camouflage befreien, bevor es sich verändern kann. Es muss sozusagen ein Camouflagesystem <u>ignorieren</u>, um ein anderes anzunehmen oder sich überhaupt von der Camouflage befreien.

Die Gruppe der inneren Sinne, die wir nun behandeln, beschäftigt sich mit der Loslösung aus einem System von Camouflagemustern und der Annahme eines anderen Systems. Die am meisten vom Gebrauch der psychologischen Zeit abhängigen inneren Sinne sind jene, die eine fast vollständige Loslösung vom Camouflagemuster mit sich bringen, ohne andere Muster anzunehmen; diese sind vielleicht die wichtigsten, weil sie der direkten Erfahrung der unverhüllten Realität am nächsten kommen.

Auf gewisse Weise ist eure Traumwelt tatsächlich viel näher bei der direkten Erfahrung der Realität als eure Wachwelt, wo die Arbeit der inneren Sinne von eurem eigenen Bewusstsein abgeschirmt ist. Das heißt nicht, dass die Traumwelt in eurer gegenwärtigen Situation wichtiger ist, sondern nur, dass sie mehr Wahrheit über die Quelle eurer eigenen Existenz enthält.

Ihr werdet sehen, dass wir heute Abend ein paar ausgezeichnete Punkte behandelt haben, die in späteren Diskussionen sehr hilfreich sein werden. Es gibt andere Aspekte, die ich später aufnehmen werde. Ich freue mich auf die Sommerdiskussionen.

Vielleicht wird Ruburt sogar ein Badekleid tragen.

(„Vielleicht.")

Lasst mich nochmals erwähnen, dass vor allem du, Joseph, mit dem in unseren Sitzungen erfahrenen Wissen über deine eigene, gegenwärtige Persönlichkeit einen sehr viel angenehmeren Winter erlebt hast. Ich schlage vor, dass ihr jetzt eine kleine Pause macht.

(Pause um 23:00 Uhr. Jane war wie immer in guter Trance. Wir diskutierten wieder ein Thema, von dem wir hofften, dass Seth nach der Pause darauf eingehen würde. Diesmal war es Janes hellseherisches Erlebnis vom 10. April [siehe am Anfang dieses Bandes]. Um 23:00 Uhr diktierte Jane in normaler Stimme weiter).

Das Pulsieren, das ich vorher erwähnte, und die Kontraktionen umfassen den Gebrauch bestimmter Frequenzen, die der Gewebekapsel innewohnen. In einem kleineren Maß stellt es auch einen limitierten Aspekt der Fähigkeit des inneren Selbst dar, Frequenzen und Pulsierungen in einer noch unbegrenzteren Art verändern zu können. Das wollte ich schon vorher betonen.

Ruburts Erfahrung mit dem Stück Papier war Hellsehen, wie auch seine Erfahrung mit der Uhr. Hellsehen bezieht sich auf Camouflage, während zum Beispiel Telepathie das nicht tut. Mit weiteren Erfahrungen dieser Art und mit zunehmenden Fähigkeiten wird Ruburt mehr „sehen" (in Anführungszeichen) können.

Dieses Stück Papier war, so wie er es sah, in der Handschrift von Durosha Piry beschrieben worden. Es lag auf einem Pult. Auf dem Papier stand dein Name, zusammen mit den Namen anderer Künstler, deren Arbeiten in der engeren Auswahl waren, um in Bürogebäuden ausgestellt zu werden.

(Der offizielle Name von Dee Masters, Janes Vorgesetzter in der Kunstgalerie, ist Durosha Piry Masters).

Die Notiz lag auf einem Pult in der Wohnung dieser Frau und Ruburt hatte sie dort nicht gesehen und auf normalem Weg war ihr das ganze nicht bekannt. Ich gehe nun nicht weiter darauf ein. Weil jedoch dein Name, Joseph, dort stand, „sah" (in Anführungszeichen) Ruburt das Stück Papier. Er konnte den Rest aber nicht mehr lesen, weil dein Name nicht mehr vorkam und keine weiteren Informationen mehr dort standen, nur noch andere Namen, zu denen er keinen weiteren emotionalen Bezug mehr hat.

Ich hoffe, dass ihr euch in dieser Richtung entwickeln werdet. Das Maß des Fortschritts hängt jedoch von euch ab und eure individuellen Fähigkeiten werden sich je nach den Umständen verändern. Das ist auch zu erwarten. Grundsätzlich wird die Anwendung von psychologischer Zeit euch helfen, euch auf eine ziemlich ausgeglichene Art zu entwickeln. Ich habe die Sitzung heute Abend genossen. Nach weiterem Material über eure inneren Sinne werden wir uns vielleicht mit Informationen aus euren verschiedenen Leben beschäftigen. Ich habe das ein wenig vernachlässigt, weil ich euch zuerst anderes Material übermitteln wollte.

Aber wie gesagt, ich habe versprochen, dass ich mich nicht einmischen werde. Ich finde euren Plan von Campingwochenenden während des Sommers sehr gut, wie auch

den gefällten Entscheid bezüglich Artistic, vor allem, dass du mehr Geld verlangt hast. Du musst dir ja zumindest genug Papier leisten können, um unsere Sitzungen aufzuschreiben.
(„Unbedingt."
(Jane/Seth lächelte und beugte sich über mein Pult.)
Im Ernst, du solltest dich von Artistic nicht mehr ausgenützt fühlen und vielleicht merkst du jetzt, dass es vollständig in Ordnung gewesen wäre, wenn du deinen Anspruch auf mehr Lohn schon viel früher geltend gemacht hättest. Für deine Arbeit ist er wirklich mehr als gerechtfertigt.
(Während drei Jahren arbeitete ich ganztags für Artistic Card Co. Ich unterbrach dann diese Anstellung für ein Jahr. Seit kurzem arbeite ich nun wieder in einer Teilzeitanstellung für die gleiche Firma, mit einer ziemlich großen Lohnerhöhung. Das erlaubt mir, an den Nachmittagen zu malen und das ganze Arrangement ist sehr zufrieden stellend.)
Darf ich mich mit dir freuen? Du kannst das Folgende aufschreiben oder nicht: Ihr werdet aus den Gründen, die ich bereits erklärt habe, keine Kinder haben. Es ist innerhalb des freien Willens jedoch immer <u>möglich</u>, aber nicht wahrscheinlich.
Und nun, meine lieben Freunde, wünsche ich euch einen frohen und schönen Abend.
(„Das wünschen wir dir auch, Seth.")
Wie immer verlasse ich euch nur ungern, aber nachdem Ruburt nun so lange hin und her gegangen ist und meinen Monolog während so langer Zeit so gut geführt hat und nachdem du meine unsterblichen Worte wie wild hingekritzelt hast, seid ihr vermutlich froh, wenn ihr euch endlich erholen könnt.
(„Was machst du nun, wenn du uns verlässt?"
(Das ist auch eine Frage, die ich Seth immer wieder gerne hinwerfe und die er auch noch nie beantwortet hat.)
Ich werde nicht das tun, was ihr nun tun werdet. Ich werde mein Kommen und Gehen sicher irgendwann einmal beschreiben, auch wenn es nicht zu deiner völligen Befriedigung sein wird, und sei es auch nur, um dich zumindest eine Weile zum Schweigen zu bringen, aber nicht jetzt.
(„Oh.")
Vielleicht werden wir einmal einen Teil einer Sitzung dazu brauchen.
(„Das tönt gut.")
Und inzwischen müsst ihr es eben mit mir aushalten. Ich muss sagen, dass einige eurer Camouflagen außerordentlich reizvoll sind und manchmal, wenn ich zurückkomme, sehne ich mich irgendwie wieder nach Frühling und nach warmem, windigem Wetter.
(„Gute Nacht, Seth.")
(Ende der Sitzung um 23:32 Uhr. Jane war in der üblichen Trance. Sie hatte immer noch etwas aufgeschwollene Hände und konnte ihren Trauring nicht abstreifen. Meine rechte Hand war ebenfalls ein wenig aufgeschwollen.)

SITZUNG 44
15. APRIL 1964, MITTWOCH, 21:00 UHR, WIE ANGEWIESEN

Raum und Zeit, Tod und Geburt und fünf Gesetze des inneren Universums: Werterfüllung, Energieumwandlung, Spontaneität, Dauerhaftigkeit und Schöpfung

(*Heute erlebte Jane um 11:00 Uhr, während einer kurzen Erholungspause, etwas, das sie als einen weiteren Versuch von Hellsehen betrachtete. Hinter geschlossenen Augen begann die übliche Schwärze grau, dann weiß oder hell zu werden. Schließlich sah sie ein milchiges, diffuses Licht in der Art einer Milchglasscheibe. Sie sah nichts anderes, sagte sie, obwohl sie ein klares Gefühl hatte, dass es diesem milchigen Licht möglich wäre, durchsichtig zu werden und sie so Dinge sehen zu lassen.*

(Um 20:40 Uhr legte sich Jane ein wenig hin, während ich versuchte, mich in psychologischer Zeit zu üben. Ich spürte nichts Entsprechendes. Jane hingegen erhielt den Gedanken von Traumorten, die keinen Raum einnahmen. Ich rief sie um 20:55 Uhr. Sie fühlte sich etwas entspannter und nicht mehr so nervös.

(Jane begann mit normaler Stimme und normaler Geschwindigkeit zu diktieren, aber innerhalb kurzer Zeit verlangsamte sich ihre Stimme. Dieser langsamere Rhythmus war in den letzten Sitzungen so vorherrschend geworden, dass er nun zur Gewohnheit wird. So ist es für mich einfacher, alles aufzuschreiben. Ihre Augen wurden wie immer dunkler.)

Guten Abend, meine Spielkameraden.

(*„Guten Abend, Seth."*)

Ich bin froh, dass ihr so zufrieden seid mit unserer letzten Sitzung. Ich wollte in der Tat mit euch über Traumorte sprechen und euch sagen, dass ihr wirklich diese Orte, die keinen Raum auf eurer Ebene einnehmen, in euren Träumen erlebt.

Auf einer Ebene könnte man von ihnen sagen, dass sie nicht existieren und doch existieren sie. Im Traum könnt ihr diese Orte sehen, berühren und euch darin bewegen. Nur wenn ihr erwacht, entfliehen sie euch. Das sollte zusammen mit unserem Material über das expandierende Universum betrachtet werden, weil Traumorte mit Sicherheit eine Realität darstellen, sogar ein Bezugssystem, das keine Existenz in eurem Raum besitzt. Mit den Messinstrumenten, mit denen ihr eure Räume messt, würdet ihr keinerlei Anhaltspunkt von der Existenz oder Realität dieser Traumorte erhalten. Mit den Messwerkzeugen eurer Camouflage-Konzepte gemessen, würden viele Dinge, von denen ihr wisst, das sie existieren, nicht zu existieren scheinen.

Ihr könnt eure eigene psychologische Realität nicht verneinen, aber manchmal scheint es, ihr würdet gerade dies tun, wenn ihr nur könntet. Ein Gefühl könnt ihr nicht berühren, sehen oder messen und es nimmt keinen Raum ein. Und doch existiert es. Gefühle intensivieren sich. In ihrem <u>Wert</u> können sie sich ausdehnen, aber diese sehr reale Intensität oder Wertausdehnung eines Gefühls nimmt nicht mehr Raum ein als es bei seinem Entstehen einnahm.

Die Farbe Rot ist intensiver als die Farbe Schwarz und trotzdem nimmt Rot nicht mehr Raum ein als Schwarz. Mit anderen Worten hat Expansion, wenn sie als Wert oder als Intensitätsstufe auftritt, nichts gemein mit der Expansion im Raum. Und die Expansion eines Wertes und einer Intensität ist die einzig wahre Form von Expansion.

Ich habe gesagt, dass der Geist zu diesem Zeitpunkt nicht mit euren Instrumenten erfasst werden kann. Der Geist nimmt keinen Raum ein und doch ist es der Geist, der eurem Gehirn die Macht gibt. Der Geist expandiert fortwährend, sei es im individuellen Bereich oder auch im Bereich der Spezies als Ganzes und doch nimmt der Geist weder mehr noch weniger Raum ein, ob es nun der Geist eines Flohs oder eines Menschen ist.

Der Geist existiert einfach nicht in räumlichen Begriffen. Ihr könnt die Expansion des Geistes nicht messen, wie ihr auch die Expansion des Universums nicht messen könnt, solange ihr sie als räumliche Expansion betrachtet. Die Realität dessen zu verneinen, was räumlich nicht existiert, würde heißen, den größten Teil der Fähigkeiten und des Erbes der ganzen Menschheit zu verneinen.

Nochmals: Die Traumwelt existiert in einer sehr persönlichen, lebendigen und gültigen Art, aber die Traumwelt nimmt weder Zentimeter, noch Meter, noch Kubikmeter ein. Nun kommen wir zu etwas anderem: Wenn die Traumwelt existiert – und das tut sie – und wenn sie nicht räumlich existiert, wo oder wie existiert sie dann und welche Wege können uns zu ihr führen?

(Jane klopfte zur Betonung auf mein Pult. Sie sprach ziemlich langsam. Während dieser ersten Seiten glaubte ich einige telepathische Momente gefühlt zu haben, indem ich zum Beispiel einen Satz erfasste, bevor ihn Jane aussprach.)

Da ich auch gesagt habe, dass das Universum grundsätzlich genau so wenig mit Raum in eurem Sinne zu tun hat wie die Traumwelt, mögt ihr nun eine Ähnlichkeit ableiten zwischen dem Medium, in dem beide, das Grunduniversum und die Traumwelt gefunden, werden können. Ihr müsst verstehen, dass eure Idee von Raum etwas ganz anderes ist als die Realität unseres fünfdimensionalen Raumes. Ich wollte das nochmals unterstreichen, bevor wir weiterfahren.

Eure Vorstellung von Raum ist die völlig verfehlte Annahme einer Leere, die gefüllt werden muss. Dinge, Planeten, Sterne, Nebel erscheinen in diesem eurem Universum. Sie werden, gemäß euren neuesten Theorien, ständig geboren und dieses Universum expandiert – wird sozusagen gedrückt und gestoßen, sodass alle seine Seiten anschwellen und die äußeren Galaxien buchstäblich ins Nichts hinausplatzen. Wahrer fünfdimensionaler Raum ist, wie ich schon oft gesagt habe, im Gegenteil vitale Energie, ist selbst lebendig, besitzt unendliche Fähigkeiten der Verwandlung, die alle wiederum Existenzen bilden, sogar das Camouflage-Universum, mit dem ihr so vertraut seid und das ihr so unbeholfen zu erforschen versucht.

Dieser fünfdimensionale Raum, dieses Grunduniversum der Realität, von dem ich spreche, expandiert ständig an Intensität, Qualität und Werten und dies auf eine Art, die nichts mit eurer Ansicht von Raum zu tun hat.

Das grundlegende innere Universum unterhalb der ganzen Camouflage existiert nirgendwo im Raum, so wie ihr ihn euch vorstellt. Raum, wie ihr ihn versteht, als Leere, die gefüllt werden muss, ist eine Camouflage.

Ich schlage vor, dass ihr eine Pause macht.

(Pause um 21:31 Uhr. Jane war in der üblichen Trance. Sie sagte, Seth sei klar wie eine Glocke durchgekommen. Ihre Stimme war sehr ruhig geworden, ihr Gang langsam. Sie diktierte in der gleichen Art um 21:35 Uhr weiter).

Träume und die Traumwelt existieren nicht zu irgendeinem realen Grad in der Zeit, so wie ihr Zeit versteht. Wochen mögen in einem Traum vergehen, aber der Traum findet in einer Sekunde eurer Uhrzeit statt. Die inneren Gedanken des Geistes existieren nur kurz in der Zeit und sogar dieser winzige Hauch von Zeit, der Träume und Vorstellungen zusammen berührt, ist weder eine Grundlage für den Traum noch für die Vorstellung.

Dieser Hauch von Zeit ist nur ein Bestandteil der physischen Camouflage-Form und sogar die Beziehung zwischen Zeit und Vorstellungen und Zeit und Träumen ist nebelhaft. Wie ich schon sagte, erlebt ihr im Traum wohl zwei Tage, seid aber in diesem Traum völlig unabhängig von der Zeit und werdet demzufolge nicht zwei Tage älter, obwohl ihr doch psychologisch diese Zeit anscheinend durchlebt habt.

Die Traumwelt und der Geist werden von der Zeit berührt und existieren darin nur so weit wie diese Realitäten ins Camouflage-Universum hineintauchen. Grundsätzlich haben weder die Traumwelt noch die Vorstellungen des inneren Geistes ihre Existenz in der Zeit, obwohl sie, von der physischen Form aus gesehen, innerhalb der Perspektive der Zeit sichtbar sind.

Die Realität des inneren Universums existiert grundsätzlich auch nicht in der Zeit, wie <u>ihr</u> sie erlebt, obwohl in gewissen Fällen Teile davon aus der Camouflage-Zeitperspektive erblickt werden können, aber nur sehr kleine Mengen.

Wenn also die Traumwelt und der Geist und das innere Universum existieren, nicht aber im Raum und grundsätzlich auch nicht in der Zeit, obwohl sie durch die Zeit hindurch kurz erblickt werden können, dann müsst ihr euch wirklich fragen: In welchem Medium und auf welche Art existieren sie? Und wenn es keine Zeit gibt, wie können sie dann auf Dauer existieren?

Ich habe euch schon ein paar mögliche Anhaltspunkte gegeben. Die Antwort selbst sollte nicht so unglaublich scheinen. Ihr wisst als Tatsache, dass Träume existieren. Ihr wisst, dass der Geist existiert, ihr habt ganz persönliches, intimes, direktes Wissen über beide. Ich sage euch, dass das Grunduniversum hinter allen Camouflage-Universen auf genau gleiche Art existiert, dass es keinen Raum einnimmt und dass der Geist hinter dem Gehirn existiert.

Das Gehirn ist ein Camouflage-System. Es nimmt keinen Raum ein. Es existiert in der Zeit. Der Geist nimmt keinen Raum ein, er hat seine Grundexistenz nicht in der Zeit. Die Realität des inneren Universums nimmt weder Raum ein, noch hat es seine Grundexistenz in der Zeit. Andererseits nimmt aber euer Camouflage-Universum Raum ein und existiert in der Zeit, es ist aber nicht das wirkliche und grundlegende Universum, ebenso wenig wie das Gehirn der Geist ist.

Und trotzdem existieren die Traumwelt, der Geist und das Realitätsuniversum. Sie existieren in einem Klima, das wir Wertklima der psychologischen Realität nennen wollen. Dies ist das Medium. Es nimmt den Platz dessen ein, was ihr Raum nennt. Dieses Wertklima der psychologischen Realität ist etwas, das alle Existenzen und alle Bewusstheiten ermöglicht. Es ist eines der mächtigsten Prinzipien hinter oder innerhalb der Vitalität, die aus sich selbst alle anderen Phänomene erschafft.

Ich schlage vor, dass ihr eine Pause macht.

(Pause um 22:01 Uhr. Jane war in der üblichen Trance. Es war eine sehr ruhige und friedliche Sitzung. Jane diktierte langsam und bedächtig weiter um 22:06 Uhr.)

Einer der Hauptbestandteile dieses Wertklimas ist Spontaneität, die sich in der Existenz der einzigen Art Zeit zeigt, die eine reale Bedeutung hat, nämlich der geräumigen Gegenwart.

Die geräumige Gegenwart widerspricht nicht der Existenz von Dauerhaftigkeit, aber Dauerhaftigkeit beinhaltet nicht die Existenz einer Zukunft, wie ihr sie versteht. Dies mag widersprüchlich erscheinen, aber ich hoffe, dass ihr das später besser versteht. Die geräumige Gegenwart enthält, während sie spontan existiert und gleichzeitig geschieht, trotzdem in sich die Eigenschaft der Dauerhaftigkeit.

Eine Idee ist sich selbst zum Beispiel weder der Vergangenheit, der Gegenwart noch der Zukunft bewusst und doch dauert sie auch ohne die Erfahrung von Vergangenheit, Gegenwart und Zukunft an. Die in der geräumigen Gegenwart bestehende Dauerhaftigkeit zieht in keiner Form irgendeine Aufhebung der Bedingungen nach sich, zum Beispiel von Wachstum, dem verboten würde, Reife zu erreichen.

Wachstum in eurem Camouflage-Universum beinhaltet oft das Einnehmen von mehr Raum. Tatsächlich aber existiert Wachstum in unserem inneren Universum in der von mir bereits erwähnten Wert- oder Qualitätsausdehnung und beinhaltet keine, ich wiederhole, beinhaltet keine Art von Raumausdehnung. Es bedeutet auch keine Art von Projektion in die Zeit wie es das Wachstum in eurem Camouflage-Universum tut.

Ich bin mir bewusst, dass dieses Material schwierig ist und ich gebe es euch in so einfacher Form wie nur möglich. Wenn Wachstum eines eurer allernotwendigsten Gesetze in eurem Camouflage-Universum ist, so entspricht Werterfüllung diesem Grundsatz in eurem inneren Universum.

(Jetzt trat Jane an den Tisch, den ich während der Sitzungen als Schreibpult benütze. Mit einem Fuß auf dem Stuhl lehnte sie sich über mich, um jedes Wort zu überprüfen, das ich schrieb. Der nächste Abschnitt ist wahrscheinlich die längste Zeitspanne, in der sie während des Diktierens nicht hin- und herging.)

Nun, die so genannten Gesetze eures Camouflage-Universums sind nicht anwendbar auf das innere Universum. Sie können nicht einmal auf andere Camouflage-Ebenen angewendet werden. Hingegen sind die Gesetze des inneren Universums auf alle Camouflage-Universen anwendbar und jedes Bewusstsein auf jeder Ebene muss den Grundgesetzen des inneren Universums folgen. Einige dieser Grundgesetze haben bekannte und akzeptierte Gegenstücke auf verschiedenen Camouflage-Ebenen. Es gibt verschiedene Manifestationen dieser Gesetze und verschiedene Namen, die ihnen gegeben wurden.

(Nun nahm Jane ihr Hin- und Hergehen wieder auf.)

Diesen Grundgesetzen wird auf vielen Ebenen in eurem eigenen Universum gefolgt. Wir werden diese Gesetze zu gegebener Zeit behandeln. Bis jetzt habe ich euch erst eines genannt und das heißt Werterfüllung.

In eurem physischen Universum wird diesem Gesetz im Sinne von physischem Wachstum entsprochen. Die Wesenheit befolgt dieses Gesetz durch den Zyklus der Reinkarnationen. Die Spezies der Menschheit und alle anderen Spezies in eurem Universum auf eurer besonderen horizontalen Ebene folgen diesem Gesetz unter der Oberherrschaft der Evolution. Auf anderen Ebenen wird dieses Gesetz auf andere Art gelebt, aber es wird nie ignoriert.

Weil dieses Material so wichtig ist, schlage ich vor, dass ihr eine Pause macht.

(Jane war in Trance, weit weg, wie sie es nannte. Sie schaute sich das eben geschriebene Material während der Pause an, weil sie wissen wollte, was sie gesagt hatte. Weiter um 22:35 Uhr.)

Das zweite Gesetz des inneren Universums heißt Energieumwandlung. Es geschieht andauernd.

Energieumwandlung und Werterfüllung, die beide innerhalb der geräumigen Gegenwart existieren, ergeben zusammen eine Dauerhaftigkeit, die gleichzeitig spontan ist.

(Hier lächelte Jane.)

Ihr seht nun, wohin wir uns hier begeben. Unser drittes Gesetz heißt Spontaneität und trotz allem Anschein von Anfang und Ende, trotz allem Anschein von Tod und Verfall, existiert alles Bewusstsein in der geräumigen Gegenwart, in einer spontanen Art, in simultaner Harmonie und doch besteht auch innerhalb der geräumigen Gegenwart Dauerhaftigkeit.

Dauerhaftigkeit heißt unser viertes Gesetz. Dauerhaftigkeit innerhalb des Bezugsystems der geräumigen Gegenwart würde nicht existieren, wenn es nicht die Gesetze der Werterfüllung und der Energieumwandlung gäbe. Sie machen Dauerhaftigkeit innerhalb der geräumigen Gegenwart nicht nur möglich, sondern auch nötig.

In eurem speziellen Camouflage-Universum lernt ihr nun die Energieumwandlung. Und in eurem Fall lernt ihr, innere Energie umzuwandeln, indem ihr sie in physische Konstruktionen formt. Zur Manipulation dieser Konstruktionen seid ihr von eurer Ebene aus befähigt worden, indem bestimmte äußere Sinne nur für diesen Zweck entwickelt wurden. Ihr seid noch immer stark eingeschränkt im Gebrauch eurer Fähigkeiten. Wenn die zwei Gesetze der Werterfüllung und der Energieumwandlung beherrscht werden, dann ist Dauerhaftigkeit eine natürliche Folge davon.

Was ihr als Tod betrachtet, besitzt nicht mehr an grundsätzlicher Realität als eure Idee von Zeit und Raum. Der Tod ist eigentlich ein blinder Fleck in eurer gegenwärtigen Fähigkeit, Energieumwandlung, ja sogar Werterfüllung wahrzunehmen. Der Tod stellt das Ende eurer eigenen Wahrnehmung dar, das heißt das Ende eures Verstehens und ihr schafft es hierbei, zu einem vollständigen Verschwinden von Verständnis zu gelangen. Eure Sinne sind nicht ausgerüstet, um die Umwandlung von einer Energieform in eine andere wahrzunehmen

Sicher ist die Geburt eines Kindes im Grunde genomen genauso unverständlich, aber diese Umwandlung wird in die Sphäre eures Verständnisses hineinprojiziert statt daraus heraus. Was ihr Tod nennt, ist nur die Umwandlung eurer eigenen Energie in eine Sphäre, die von euren äußeren Sinnen nicht wahrgenommen werden kann. Ich hoffe, dass ich dieses Material klar genug für eure Ebene gemacht habe.

(Jane lehnte sich lächelnd über mein Pult).

Tatsächlich ist Dauerhaftigkeit selbst abhängig von einer solchen Umwandlung. Wir haben heute Abend zusammen eine wirklich gute Sitzung abgehalten und ich wage zu sagen, dass ich auf hervorragende Weise durchkommen konnte.

Ich möchte nochmals betonen, dass euch Übung im Gebrauch der psychologischen Zeit näher zum Verständnis des Wertklimas der psychologischen Realität bringen wird. Psychologische Zeit ist wirklich ein Teil dieses Klimas, das in ziemlich unverschleierter Form in eurem eigenen Universum erscheint. Mit Übung könnt ihr das Gefühl dafür bekommen.

Ich schlage eine Pause vor.

(Pause um 23:00 Uhr. Jane war in tiefer Trance; sie sprach sehr langsam, als sie um 23:15 Uhr weiterfuhr.)

Ich gebe euch diese Gesetze nicht in der Reihenfolge ihrer Wichtigkeit, sondern mehr in der Reihenfolge, die für mich am einfachsten zu behandeln ist. Schöpfung heißt offensichtlich eines der Grundgesetze, und wir nennen es das fünfte Gesetz.

In eurem physischen Universum wird diesem Gesetz durch Gedankenkonstruktionen gefolgt, die zu gedanklichen Annäherungen an die innere Realität werden; sie werden jedoch trotzdem in einem großen Maß verzerrt und formen dann die verschiedenen Camouflage-Muster, mit denen ihr vertraut seid.

Wir werden diese Gesetze behandeln und andere in weiteren Sitzungen vorstellen. Ihr werdet auch sehen, wie die inneren Sinne ausgerüstet sind, um grundlegende innere Realitäten des inneren Universums wahrzunehmen, nämlich in ziemlich der gleichen Art, wie eure äußeren Sinne ausgerüstet sind, um sich in eurem Camouflage-Universum zu bewegen.

Dieses Material ist eigentlich nicht so schwer zu verstehen wie es scheint. Intuitiv solltet ihr das meiste davon aufnehmen. Die Intuitionen sind nicht an die so genannten Gesetze von Logik, von Ursache und Wirkung gebunden. Sie ziehen die Zeit, wie ihr sie kennt, nicht in Betracht und sind deshalb weder an Kontinuität gebunden noch begrenzt durch die Kommunikation aufeinander folgender Worte oder gar Gedanken.

Intuitionen sind fähig, eine gedankliche Realität bis zu einem gewissen Maß zu akzeptieren. Sie können den Inhalt und Wert eines Konzeptes dort erfühlen, wo es das Gehirn selbst nicht vermag. Ich bin versucht, heute Abend noch mehr Gesetze aufzuführen. Es ist jedoch besser, sie zurückzuhalten, bis ihr euch mit dem heute durchgegebenen Material vertraut gemacht habt.

Erinnert euch aber an unser Universum, das sich selbst erfüllt und trotzdem keinen Raum einnimmt und an unser imaginäres Gemälde, in dem sich die Ferne weiter im Hintergrund ausbreitet und doch nie die Rückseite der Leinwand berührt und das mag euch ein intuitives Verständnis unserer geräumigen Gegenwart geben, die auch Dauerhaftigkeit besitzt, aber keinen Raum einnimmt.

Widersprüche, oder eher scheinbare Widersprüche, können nur aus einer falschen Auffassung eurerseits entstehen, hauptsächlich als Resultat eines fehlerhaften Ursache- und Wirkungssystems. Offensichtlich haben auch Ursache und Wirkung nur begrenzte Anwendungsmöglichkeiten, sogar auf eurer Ebene und in eurem eigenen Camouflage-Universum.

Wenn Ursache und Wirkung ein absolutes Gesetz wären, müsste Kontinuität auch ein absolutes Gesetz sein und alle oder jegliche Beweise von Hellsehen oder Zukunftsvorschauen wären absolut unmöglich, sogar in eurem Universum, und dem ist einfach nicht so. Nur weil es keine grundsätzliche Ursache und keine Wirkung gibt, sondern nur scheinbare Ursachen und Wirkungen und keine Vergangenheit, Gegenwart und Zukunft, nur deshalb ist Hellsehen in eurem Universum möglich.

Und auch während man sich des Hellsehens relativ selten bewusst wird, so existiert es doch; und obwohl es meistens verwässert ist, so ist es doch eine natürliche Warnmethode, um Individuen vor Ereignissen zu warnen, mit denen ihre äußeren Sinne nicht vertraut sind. Es ist eine natürliche Schutzmethode für das Individuum, mit dem es ein inneres Wissen über Ereignisse erhält. Ohne ständiges Hellsehen von allen Menschen würde die Existenz auf eurer Ebene soviel innere psychologische Unsicherheit beinhalten, dass es vollkommen unerträglich wäre.

Individuen werden vor Unglücken gewarnt, sodass sich der Organismus vorher darauf einstellen kann. Der Zeitpunkt des Todes ist bekannt. Bewusst wird dieses Wissen dem Ego aus offensichtlichen Gründen nicht durchgegeben, aber jeder Organismus ist durch seine inneren Sinne mit dem unterbewussten Wissen über persönliche Unglücksfälle, Todesfälle usw. ausgerüstet und die Persönlichkeit selbst entscheidet vorher, was sie als Unglück bezeichnet, und die Mitglieder einer Spezies als Ganzes wissen schon vorher über ihre Kriege Bescheid. Wie Telepathie als Basis für alle Sprachen und Kommunikation ständig auf unterbewusster Ebene stattfindet, so ist auch das Hellsehen ständig in Betrieb, damit der physische Organismus sich vorbereiten kann, um seinen Herausforderungen zu begegnen.

Die inneren Sinne übermitteln auch das Wissen, dass der Tod nur eine Energieumwandlung ist und eure fast unzähligen Religionen stellen nur Ideensymbole dar, die versuchen, dieses Wissen dem Ego klarzumachen. Dass sie mit Verzerrungen und Camouflage-Material arbeiten, darf uns nicht verwundern. Sie haben es aber irgendwie geschafft, dieses innere Wissen zu einem Teil des Ego-Verständnisses der Spezies zu machen.

Das reicht für eine Sitzung, meine Täubchen.

(*„Darf ich etwas fragen?"*)

Du darfst.

SITZUNG 44

(„Kannst du uns heute Abend etwas über Miss Callahan sagen?"
(Zur Erinnerung: In der 33. Sitzung sagte Seth, dass der 15. April 1964 ein bedeutendes Datum für Miss Callahan sein würde. Zufällig fiel die Sitzung auf den 15. April 1964, deshalb interessierte es mich, mehr zu erfahren. Jane dachte damals bei der 33. Sitzung, dass der 15. April wahrscheinlich eine Veränderung für Miss Callahan bedeutete, aber nicht unbedingt ihren Tod.

(Ich war nun auch neugierig zu erfahren, ob eine Verzerrung vorlag, da Seth sich mit diesem Problem bereits in der 36. Sitzung befasst hatte. Verzerrungen in Bezug auf persönliches Material sind, gemäß Jane und mir, immer noch möglich, zumindest bis sich ihre Fähigkeiten verfeinert haben).

Heute oder zumindest an diesem späten Abend nur noch das Folgende: Zwischen jetzt und zwei Uhr morgens wird sie eine schwere Krise durchmachen, da eine beschleunigte Verschlechterung ihres Hirngewebes stattfinden wird. Sie wird dann den größten Widerstand überwunden haben und sogar das Ego wird gezwungen sein, nachzugeben.

Der letzte Kampf des Egos wird in diesen Stunden stattfinden. Es wird schließlich verstehen, dass es nicht einfach weggeworfen, sondern mitgenommen wird, in genauso eigenständiger und unabhängiger Form wie immer, um dann neben anderen unabhängigen Egos zu existieren, die alle verschiedene Facetten der Wesenheit darstellen.

Dem Ego wird keine Macht weggenommen. Es wird jene Fähigkeiten behalten, die es erlangt hat, mit der zusätzlichen Fähigkeit, andere Energien anzuziehen, was es vorher noch nicht konnte. Das ist alles, was ich dazu sagen will. Die Sitzung war hervorragend. Sogar der alte zweifelnde Thomas Ruburt ist beeindruckt genug von diesem Material um zuzugeben, dass sein eigenes kostbares Unterbewusstsein einfach nicht die Quelle von all dem sein kann. Ich wünsche euch ganz herzlich einen guten Abend und wie immer freue mich auf unser nächstes Treffen. Ich wäre nicht überrascht, wenn euer Freund Philip dabei wäre. Bis bald ihr beiden.

(„Gute Nacht, Seth, bis am Montag."
(Ende der Sitzung um 23:39 Uhr. Jane war wiederum in voller Trance. Als Seth uns das Material über Miss Callahan gab, spürte ich ein Frösteln.

(Jane sagte, obwohl sie wisse, dass es eine gewaltige Arbeit für mich sei alles aufzuschreiben und abzutippen, könne ich mir einfach nicht vorstellen, wie es sei, an ihrer Stelle zu sein. Manchmal sei es erschreckend für sie.

(Sie fuhr weiter und sagte, so sehr sie auch wünsche, dass diese Sitzungen gut seien, habe sie nun gelernt, dass sie das Gefühl der Verantwortung dafür vergessen müsse. Sonst werde sie unweigerlich verkrampft und das würde den Fluss des Materials behindern. In der 36. Sitzung, [Band 1] hatte Seth bereits etwas über Verzerrungen gesagt.

(Seit sie jegliche Verantwortung dafür ablehnt, spürt Jane, dass sie das Material viel klarer durchkommen lässt. Es muss so sein. Sie hatte versucht, so sagte sie, das Material über Miss Callahan ohne Verzerrungen passieren zu lassen. Am Ende der Sitzung fühlte sie sich besser als es den ganzen Tag über der Fall gewesen war.)

SITZUNG 45
20. APRIL 1964, MONTAG, 21:00 UHR, WIE ANGEWIESEN

Die Reise nach Innen; der Ozean des Wertklimas; Einsteins Intuitionen; Reinkarnation, Evolution und Wachstum; Kontakte mit außerirdischer Intelligenz; Hypnose und Weltraumreisen

(Jane und ich haben vor kurzem begonnen, regelmäßig psychologische Zeit zu üben, auch wenn es nur für ein paar wenige Minuten täglich ist. Ich selbst habe darüber nichts zu berichten und Jane hatte, wie vorher beschrieben, einigen Erfolg mit ein paar ganz kurzen, blitzartigen Einsichten.

(Wir hatten uns nun an unseren neuen Zeitplan gewöhnt und fühlten uns besser gerüstet für unsere Sitzungen. Um 20:50 Uhr war Jane aber wieder nervös und hatte keine Ahnung, worüber Seth an diesem Abend sprechen würde.

(Es war ein sehr ruhiger Anfang. Willy schlief friedlich auf der Couch; Jane begann mit einer etwas kräftigeren und tieferen Stimme als sonst ziemlich schnell zu diktieren. Ihre Augen wurden wie immer dunkler, sie ging ziemlich schnell hin und her.)

Guten Abend.

("Guten Abend, Seth".

(Jane lächelte breit und gestikulierte.)

Wir sind nun schon ziemlich alte Freunde, jetzt sogar auch in dieser Existenz, nach so vielen Sitzungen. Mit wem redest du mehr als mit mir?

("Eigentlich mit niemandem.")

Ich fühle mich wirklich geehrt durch diesen Empfang. Du hast mich nicht immer so freundlich begrüßt. Du und ich hatten sogar schon ein paar handgreifliche Auseinandersetzungen. Zudem hätte damals so schwieriges Material überhaupt keinen Reiz für dich gehabt. Übrigens auch für mich nicht.

Ruburt war oft auf seine Art viel empfänglicher für das, was weder gesehen noch berührt werden konnte, als wir beide. Andererseits zweifelte er immer, versuchte es wieder und zweifelte dann oft auch an einwandfreien Resultaten, wie er es tatsächlich auch heute noch manchmal tut.

Ihr beide kommt, mit meiner unschätzbaren Hilfe, sehr gut voran. Eure Einstellung gegenüber der äußeren Welt hat sich sicherlich verbessert. Zehn Minuten täglich von eurer Uhrzeit wären bestimmt sehr hilfreich, um euch in der psychologischen Zeit zu üben und ich schlage vor, dass ihr das versucht.

(Nun begann Jane gemächlicher zu diktieren, wie sie das auch in den vorhergehenden Sitzungen getan hatte. Wiederum wurde sie ziemlich langsam und bedächtig.)

Das Wertklima der psychologischen Realität kann mit einem Ozean verglichen werden, in dem alles Bewusstsein sein Entstehen hat. Es gibt unzählige Ebenen mit verschiedenen Lebensformen, andersartigen und fremden, in die eingetaucht werden kann, aber alle sind untereinander verbunden und voneinander abhängig. Ich mag den

Ozean-Vergleich, weil ihr so die Idee von kontinuierlichem Fließen und einer Bewegung ohne scheinbare Teilung erhaltet.

So wie sich die Temperaturen in verschiedenen Tiefen des Ozeans verändern und wie sich sogar die Farbe des Wassers und die Flora und die Fauna verändern, so gibt es auch in unserem Wertklima Veränderungen und es gibt Sinne, die ausgerüstet sind, um diese Veränderungen zu projizieren und wahrzunehmen. Es gibt Verzerrungen aufgrund der Begrenzungen der äußeren Sinne, aber die inneren Sinne verzerren nichts. Die inneren Sinne wohnen ganz direkt in der Atmosphäre unseres Wertklimas und sie sehen durch die ständig wechselnden Camouflage-Muster und den Fluss der scheinbaren Veränderung hindurch. In unseren Sitzungen taucht ihr zu einem kleinen Grad in diesen Ozean des Wertklimas ein und in dem Maße, in welchem ihr fähig seid, die Camouflage-Kleider abzulegen, in dem Maße könnt ihr euch auch vollumfänglich dieses Klimas bewusst werden.

Mehr ist aber nötig als nur das Ablegen der Kleider. Um in diesen Ozean hineinzutauchen lasst ihr auch euren physischen Körper am Ufer. Er wird dort sein, wenn ihr zurückkommt. Eure Camouflage-Muster können verglichen werden mit den Mustern, die von der Sonne und von Schatten auf die sich ständig bewegenden Wellen gezeichnet werden. Solange ihr das Muster in eurem Kopf behaltet, erschafft ihr es und es ist dort. Wenn ihr eure Augen für einen Moment abwendet und dann schnell wieder hinschaut, seht ihr nur die Wellen. Eure Camouflage und eure Welt werden durch bewusstes Fokussieren und unbewusstes Konzentrieren erschaffen. Nur wenn ihr kurz euren Kopf abwendet, könnt ihr sehen, was unter den scheinbar soliden Mustern liegt. Wenn ihr euch in euren Wertklima-Ozean fallen lasst, könnt ihr unter euer Camouflage-System hinabtauchen und es von unten her ansehen. Schwebend liegt es über euch, bewegt, geformt und dirigiert von den wechselnden Illusionen, die wiederum durch den Wind des Willens und die Kraft der unterbewussten Konzentration und des Verlangens verursacht werden.

Aber sogar diese Camouflage-Muster müssen den Grundregeln des inneren Universums folgen und sie widerspiegeln, wenn auch in einer verzerrten Art. So wird Wertausdehnung zu Reinkarnation und zu Evolution und zu Wachstum. So werden alle anderen Grundgesetze des inneren Universums auf jeder Ebene befolgt und widerspiegelt, vom allerkleinsten bis zum allergrößten Spektrum.

Wenn ihr euch nur auf euer eigenes Camouflage-Universum konzentriert, seid ihr nur fähig, das verzerrte Muster aufzunehmen und aus diesem Muster wachsen dann eure Vorstellungen über Ursache und Wirkung, Vergangenheit, Gegenwart und Zukunft und auch die Idee eines sich ausdehnenden Universums, das sich aufbläht. Bewusstsein nimmt weder einen Raum ein, noch ist es eingeschlossen von Zeit, so wie ihr den Begriff Zeit versteht. Die Camouflage-Muster, die Bewusstsein einzuschließen scheinen, sind nur vorübergehend, kurzfristig und dienen nur einem begrenzten, aber notwendigen Zweck.

Jegliche Erforschung des zugrunde liegenden inneren Universums, des einzigen realen Universums, muss so gut wie möglich von einem Punkt außerhalb eurer eigenen Verzerrungen gemacht werden, aber der einzige offene Weg für euch, um den Verzerrungen eures eigenen physischen Universums zu entgehen, ist die Reise nach innen. Um nach <u>außerhalb</u> eures eigenen Universums zu gelangen, müsst ihr nach <u>innen</u> reisen, denn das ist die einzige verzerrungsfreie Perspektive, von der aus wirklich gültige Experimente gemacht werden können. Eure so genannten wissenschaftlichen, so genannten objektiven Experimente können ewig andauern, aber sie erproben nur immer wieder ein Camouflage-Universum mit Camouflage-Instrumenten.

Es stimmt, dass das Unterbewusstsein Elemente seiner eigenen Verzerrung besitzt, aber diesen ist einfacher zu entkommen als der tonnenschweren, verzerrten Camouflage-Atmosphäre, die eure wissenschaftlichen Experimente niederdrückt.

Ich schlage vor, dass ihr eine Pause macht.

(Pause um 21:32 Uhr. Jane war in der üblichen Trance. In der Pause sprach sie mit normaler Stimme. Weiter um 21:35 Uhr.)

Ihr könnt nicht so genannte objektive Experimente durchführen, wenn ihr von den Elementen des Camouflage-Systems umgeben seid, euch mit ihnen beschäftigt und von ihnen durchdrungen seid. Ihr oder eure Wissenschafter arbeiten in einem Gebiet, das als winziger Würfel innerhalb buchstäblich Millionen ähnlicher und doch verschiedener Würfel beschrieben werden kann, wobei diese Würfel alle verschiedene Camouflage-Universen darstellen.

Sollten sie jemals zufällig aus ihrem eigenen Würfel ausbrechen, was zweifelhaft ist, werden sie nur den ihnen am nächsten liegenden Würfel entdecken, ohne sich je vorstellen zu können, dass es buchstäblich unzählige solcher Würfel gibt. Ein kleiner Teil der geräumigen Gegenwart erscheint in eurem Würfel, aber ihr könnt diesen Teil nur als Kontinuität sehen, in Camouflage-Wellen von Vergangenheit, Gegenwart und Zukunft.

Wie Ratten in einem Labyrinth könntet ihr theoretisch zufällig aus einem Würfel oder Labyrinth zu einem andern gelangen, obwohl es praktisch unmöglich ist. Auch wenn eure Experimente euch das Wissen über viele dieser Camouflage-Würfel-Universen vermitteln könnten, würdet ihr daraus wenig über das grundsätzliche, unverschleierte, innere Universum lernen, wo alle diese Unterschiede verschwinden.

Jeder Wissenschafter eurer Generation wird bei solchen Ideen, wie ich sie hier aufzeige, sofort in Panik geraten. Ihr seid so eingenommen von euren kostbaren Camouflage-Mustern und so unvertraut mit dem inneren Antrieb hinter <u>allen</u> diesen Materialisationen, dass es noch eine Weile dauern wird, bis hier ein Durchbruch gelingen kann.

Einstein reiste innerhalb seiner eigenen Intuitionen und vertraute ihnen und er brauchte seine inneren Sinne. Er hätte noch viel mehr entdeckt, wenn er seinen Intuitionen noch mehr vertraut hätte und fähig gewesen wäre, die so genannten wissenschaftlichen Beweise seiner Theorie anderen, weniger fortschrittlichen Männern und Frauen zu überlassen, um sich selbst mehr innere Freiheit zu gestatten.

Es gibt nur eine relativ dünne Schicht von persönlichem und das Ego betreffendem und verzerrtem Material im oberen Bereich des Unterbewusstseins. Diese

Schicht kann normalerweise sehr schnell erkannt werden. Ruburt erkennt sie jetzt und er ist weder ein Wissenschafter noch ein Psychologe. Zur Erinnerung: Ihr wisst, dass ich unter egobezogenem Material den Anteil verstehe, der sich mit der Persönlichkeit befasst, die auf die äußere Camouflage gerichtet ist und dass das stärkere, innere Ego eigentlich die Macht und die Kraft hinter dem äußeren Ego ist.

Nun, sozusagen direkt unterhalb dieses persönlichen Materials im Unterbewusstsein liegt Material die verschiedenen Rassen betreffend, das für die Psychologen bei ihrem Studium der Geschichte der Rassen und den daraus resultierenden psychologischen Unterschieden der verschiedenen Rassen von großem Wert wäre. Darunter ist Material, das sich mit der Spezies als Ganzes beschäftigt, mit ihrem Hintergrund, ihrer Evolution und ihrem innerem Wissen.

Wiederum darunter, klar und einfach, unverzerrt, bereit und offen für alle, die danach suchen, liegt das dem inneren Selbst angeborene Wissen in Bezug auf das innere Universum als Ganzes, auf seine Gesetze und Prinzipien und auf seine Zusammensetzung. Hier findet ihr unverzerrt und unverschleiert das eigene Wissen über die Erschaffung des Camouflage-Universums, die dazugehörigen Techniken und viel von jenem Material, das ich euch gegeben habe. Ihr findet hier die Methoden und Vorgehensweisen, mit denen das innere Selbst als Hauptbewohner des inneren Universums und in einem Klima psychologischer Realität die verschiedenen Existenzebenen zu erschaffen hilft. Ihr seht hier, wie das innere Selbst äußere Sinne konstruiert, um die verschiedenen <u>scheinbaren</u> Realitäten oder Camouflagen zu projizieren und wahrzunehmen und wie das innere Selbst auf den verschiedenen Ebenen reinkarniert. Hier werdet ihr Antworten darauf finden, wie das innere Selbst Energie für <u>seine</u> eigenen Zwecke umwandelt, wie es <u>seine</u> Form verändert, wie es andere, scheinbare Realitäten annimmt – all dies liegt hier und muss nur erfragt werden.

Hypnose wird mehr und mehr zu einem Werkzeug für die wissenschaftliche Forschung werden. Telepathie wird als Tatsache bewiesen werden, aber sie wird leider vorerst nur für Kriege und Intrigen angewandt werden. Trotzdem wird es die Telepathie eurer Rasse ermöglichen, den ersten Kontakt mit einer außerirdischen Intelligenzform aufzunehmen. Sie wird allerdings anfänglich nicht als solche erkannt werden.

(Hier lachte Jane, als sie hin- und herging.)

Solche Kontakte sind nicht seltsamer als mein Kontakt mit euch. Aber weil ihr so in eure scheinbare Camouflage-Realität verwickelt seid, wird der Kontakt mit einer solchen Intelligenz eine äußerst überraschende Entdeckung sein. Der Kontakt wird von einem männlichen Wesen zu einem anderen männlichen Wesen erfolgen, obwohl der außerirdische, von einer anderen Camouflage-Galaxie stammende Mann, mehr involviert sein wird, als ihr es für möglich halten werdet.

Der tatsächliche telepathische Kontakt mit dieser fremden Intelligenz wird, glaube ich, in nicht all zu ferner Zukunft erfolgen, möglicherweise im Jahr 2001 eurer Zeit. Es wird sich jedoch ein Problem ergeben, auf dessen Gründe ich jetzt nicht eingehen möchte und dessen sich eure Wissenschafter nicht bewusst sein werden, zumindest nicht auf eure Weise. Die Intelligenz, die ihr kontaktieren werdet, wird sich zur Zeit dieses Kontaktes nicht mehr länger im gleichen Universum befinden.

Zu diesem Zeitpunkt werdet ihr dann auch entdeckt haben, dass eure gegenwärtige Theorie des sich ausdehnenden Universums fehlerhaft ist. Dieser Fehler wird die Kalkulationen in Bezug auf den genauen Standort der kontaktierten Intelligenz in eurem Raum beeinflussen. Der Kontakt wird, glaube ich, in Australien erfolgen.

Weltraumreisen, wie ihr sie nennt, werden sich in einer scheinbar extravaganten und überraschenden Art entwickeln, nur um dann fallengelassen zu werden, wenn eure Wissenschafter entdecken, dass Raum, so wie ihr ihn kennt, eine Verzerrung ist und dass Reisen von einer so genannten Galaxie zu einer anderen dadurch erfolgen kann, indem der physische Körper seine Camouflage ablegt. Das Vehikel der so genannten Weltraumreisen ist mentale und psychische Beweglichkeit, also psychische Umwandlung von Energie, die spontane und sofortige Beweglichkeit durch die geräumige Gegenwart erlaubt.

Was die Mittel dafür betrifft, so wird sich herausstellen, dass die einfachste Methode Hypnose sein wird, die aber noch nicht anerkannt ist, weil eure Persönlichkeiten zum jetzigen Zeitpunkt den eigenen Fähigkeiten noch nicht vertrauen, sondern sich auf die Eingaben von außen verlassen.

Ich hoffe, ich kann mit euch Methoden der Energie-Übertragung ausprobieren, die nicht mit Hypnose zusammenhängen. Das wird eines unserer gemeinsamen Experimente sein und zwar in nicht allzu ferner Zukunft. Wenn die Zeit dafür gekommen ist, werden wir drei es gemeinsam versuchen. In der Zwischenzeit umfasst die Vorbereitung einen systematischen und zeitlich geregelten Gebrauch der psychologischen Zeit.

Hypnose wird wissenschaftlich einfach als Mittel gebraucht werden, um die Hemmnisse der äußeren Persönlichkeit aufzubrechen. Es ist klar, dass auf eurer Ebene diese Hemmnisse notwendig sind, und es ist auch klar, dass wir uns bei jeglichen Experimenten äußerst diszipliniert verhalten werden.

Ich werde niemals eine totale Aufhebung der Schutzmechanismen der äußeren Persönlichkeit weder vorschlagen noch dulden. Ich versuche, eure äußere Persönlichkeit in Bezug auf ihre Zusammenarbeit mit der äußeren Welt zu stärken, aber gleichzeitig auch das innere Selbst Spontaneität und Freiheit zu lehren; ein ziemlich umfassendes Projekt.

Die äußere Persönlichkeit muss ein starkes, aber auch biegsames Gerüst sein, das fähig ist, seine Grenzen auszuweiten und dem inneren Selbst genug Freiheit zu geben, aber dann auch wieder stark genug, um zurückzuschnellen und die Kontrolle über die äußeren Erfahrungen aufrechtzuerhalten. Das erfordert ziemliche Disziplin.

Ich komme in Versuchung, ohne Pause weiterzufahren. Ruburt braucht keine Pause, aber ich bin besorgt um deine Finger, Joseph. Machen sie dir zu schaffen? Wenn ja, machen wir eine Pause.

(„Okay.")
Willst du eine Pause?
(„Ja."
(Pause um 22:23 Uhr. Ich war mir natürlich bewusst, dass die normale Pausenzeit

bereits vor einiger Zeit verstrichen war. Meine rechte Hand war ziemlich verkrampft, fast schon auf schmerzhafte Weise, und ich hätte sowieso bald eine Pause verlangen müssen. Ich glaube auch, dass ich bei der Aufnahme dieses Materials selbst in einer Art leichten Trance war. Nachdem unsere normale Pausenzeit vorbei war, schien mir bewusst zu werden, dass ich ständig geschrieben hatte, ohne mir eigentlich genau des von mir aufgenommenen Materials bewusst zu sein.

(Jane war in tiefer Trance. Sie sagte, sie dachte Seth würde sie sprechen lassen, bis er all dieses Material durchgebracht haben würde. Normalerweise fällt sie erst nach der zweiten Pause in diese tiefe Trance.

(Jane spürte auch die ihr nun fast schon vertrauten, aufgeschwollenen Hände. Sie wurde sich dessen aber erst ein oder zwei Minuten nach Beginn der Pause bewusst. Ihre Hände waren sehr feucht und schienen aufgeschwollen, vor allem die beiden Zeigefinger. Wir sagten uns, dass wir uns vorbereiten würden, um den Fingerumfang vor und nach dem Auftreten dieses Phänomens zu messen um herauszufinden, ob wirklich ein physische Vergrößerung stattfand.

(Jane konnte aber ihren Trauring nicht abstreifen, wie sehr sie es auch versuchte. Ihren anderen Ring hatte sie vor der Sitzung abgelegt, was sie immer tat. Sie trug ihn sehr lose, aber jetzt, als sie ihn überzustreifen versuchte, musste sie ihn praktisch auf ihren Ringfinger zwängen und um ihn wieder abzunehmen, musste sie den Finger benetzen.

(Im Verlauf des Tages hatte Jane das Spital angerufen, um die Information, die Seth uns in Bezug auf Miss Callahans Zustand gegeben hatte, zu überprüfen [siehe 44. Sitzung vom 15. April]. Sie erfuhr, dass Miss Callahan vor ungefähr einer Woche von ihren Verwandten in ein Pflegeheim gebracht worden war. Das Spital kannte aber die Adresse des Heims nicht. Meiner Ansicht nach bedeutete das, dass Miss Callahan sich in einem besseren Zustand befand, aber Jane dachte genau das Gegenteil und war sicher, dass Seths Durchgabe hier nicht verzerrt war.

(Um 22:38 Uhr diktierte Jane, nach einer längeren Pause als sonst, mit normaler Stimme weiter.)

Hypnose ist nur wichtig als Werkzeug, um die bewusste Persönlichkeit von den Camouflage-Hemmnissen zu befreien. Dadurch wird ermöglicht, dass das Wissen aufsteigen kann. Unter normalen Bedingungen beschäftigt sich das bewusste Selbst hauptsächlich mit der Camouflage-Existenz. Das ist ja auch sein wichtigster Zweck.

Wenn es jedoch befähigt wird, seine Beschäftigung mit dem Camouflage-Universum loszulassen, kann es Informationen vom inneren Selbst erhalten und sich derer bewusst werden. Solche Informationen müssen nicht auf einer unterbewussten Ebene zurückbehalten werden. Die bewusste Persönlichkeit kann trainiert werden, um solches Wissen zu erhalten, zu übersetzen und zu bewahren, denn sonst wäre dieses Wissen in eurem Camouflage Universum relativ wertlos.

Hypnose ist deshalb eines der Mittel, um die bewusste Persönlichkeit zu befähigen, sich von ihrem konzentrierten Fokus auf die äußere Camouflage zu befreien und sich stattdessen auf das innere Selbst zu konzentrieren. Die Voraussetzung hierfür liegt in einem Wechsel des Fokus. Das Wissen über das grundsätzliche Universum kann von euren Wissenschaftern in einer Art und Weise erreicht, übersetzt und bewahrt werden, die ich zuerst umreißen und dann im Detail beschreiben werde.

Hypnose ist als Anfangsmethode sicherer als Drogen, aber Hypnose wäre eigentlich nicht notwendig, wenn die innere Bereitschaft für die Erforschung des inneren Universums vorhanden wäre. Das Haupthindernis ist die Angst des Egos, das fürchtet, unterworfen zu werden, wie es sich auch vor der eingebildeten Unterwerfung durch den Tod fürchtet. Wenn dem Ego begreiflich gemacht werden kann, dass innere Bewusstheit, Erforschungen und Untersuchungen grundsätzlich seinen Bewusstheitsumfang erweitern, wird es kaum mehr Schwierigkeiten geben.

Es mag am Anfang notwendig sein, eine mehr oder weniger vollständige Amnesie herbeizuführen, aber eigentlich sollte das vermieden werden können. Durch konstante Praxis mit Hypnose werden eure Wissenschafter entdecken, dass es möglich und vor allem besser ist, wenn das bewusste Ego sein Gedächtnis behalten kann. Da es keine wirkliche Trennung zwischen dem Ego und dem Unterbewusstsein gibt, verbinden sich das Wissen des Egos und das Wissen des Unterbewusstseins sowieso. Um wirklich erfolgreich zu sein, sollte deshalb gar nicht versucht werden, das unterbewusste Wissen vor dem Ego zu verbergen.

Ich bin mir bewusst, dass am Anfang Hypnose angewendet wird. Trotzdem könnte der Fortschritt problemlos beschleunigt werden, wenn wissenschaftliche Experimente mit Personen durchgeführt würden, die keine Hypnose benötigen, um sich ihres äußeren Fokus zu entledigen.

Mit mehr Übung könnten die persönlichen, verzerrten Schichten des unterbewussten Materials leicht erkannt werden und auch diese würden euch wertvolle Einblicke in die psychologischen Mechanismen erlauben.

Telepathie umfasst natürlich das Fokussieren von Fähigkeiten und Energie. Die Schwierigkeit liegt darin, dass es sich immer noch um Camouflage handelt, wenn ihr euch zum Beispiel mit der Übertragung eines Bildes beschäftigt. Es gelingt euch besser, wenn ihr euch völlig aufnahmebereit und rückhaltlos nach innen ausrichtet. Das ist dann der Fall, wenn ihr bereit seid, alles zu empfangen, was euch begegnet. Wenn ihr euch auf ein Camouflage-Objekt konzentriert, erhaltet ihr eben auch ein Camouflage-Resultat.

Ihr müsst noch viel offener und aufnahmebereiter sein, um Wissen über unverzerrte, grundsätzliche Realitäten zu erhalten. Und der wirklich humorvolle Aspekt des Ganzen liegt darin, dass diese scheinbar subjektiven Informationen euch befähigen werden, durch die objektive - oder so genannt - objektive Realität hindurch zu gelangen, mit dem Ergebnis, dass ihr so genannte Beweise erhaltet, die ihr auf keine andere Art erhalten könnt.

(Janes Worte waren immer lebhafter geworden. Sie redete nun etwas schneller, machte viele Gesten und ging auch schneller hin und her. Sie klopfte zur Betonung auf mein Pult.)

In Ruburts Worten mag das nun „weit hergeholt" tönen, aber schon im Jahr 2000 wird alles ziemlich vernünftig erscheinen und lange vorher werden eure Wissenschafter zu ähnlichen Folgerungen gelangen. Es ist wirklich viel einfacher und sogar wissenschaftlicher, eine so genannt objektive Sicht eures Universums zu erhalten, indem ihr euch nach innen wendet, statt zu versuchen, eurer verzerrten Atmosphäre zu entfliehen, indem ihr nach außen geht, weil ihr in dieser Richtung – nach außen – nur noch mehr Camouflagen antreffen werdet.

(Jane klopfte wieder auf das Pult.)

Wenn die Wissenschafter annehmen, die innere Welt sei ein trübes, chaotisches Labyrinth, lasst uns sehen, was geschieht, wenn sie sich in Raumfahrt versuchen, das heißt in Reisen durch einen nicht-existenten Camouflage-Raum mit einem Camouflage-Vehikel. Sie werden dem Kern der Wahrheit oder der Realität nicht näher kommen als eine Fliege, die um einen runden, harten, unreifen und ihr für immer verschlossenen Apfel herumschwirrt.

Es gibt bestimmte Experimente, die in wissenschaftlichen Laboratorien ausprobiert werden können und die es euren Wissenschaftern erlauben, die innere Realität kurz zu erblicken und tatsächlich die Art und Weise zu entdecken, in der das innere Energie-Selbst die eigene Energie in physische Muster überträgt. Es gibt Gesetze, die Geburt und Tod regeln, nicht nur der Menschen, sondern aller bewussten Wesen und diese Gesetze können gefunden werden, wenn danach gesucht wird.

Leider müssen wir hier eine Pause machen, obwohl wir alle heute Abend in bester Form sind.

(Diesmal schlug Jane richtig auf mein Pult und lächelte dabei. Ich antwortete, ich sei froh, dass wir alle so gut in Form seien und statt einer Pause schlug Jane nochmals auf das Pult und fuhr dann in einer sehr vehementen und zufriedenen Weise weiter. Ihre Augen waren sehr dunkel und ihre Stimme sehr kräftig.)

Ich werde euch noch etwas mehr Material geben, bevor ich aufhöre. Die Experimente müssen nur durchgeführt werden und dann werden die Resultate für sich selbst sprechen. Wenn ich Ruburt nur einmal dazu bringen könnte, seine verflixte Halsstarrigkeit und seine kampflustigen, egoistischen Pfuschereien zu überwinden, könnte er wirkliche Meisterstücke vollbringen, die meine Ausführungen mehr als bestätigen würden. Wenn ich denke, dass ich zu einem sehr hohen Grad von seiner Entwicklung abhängig bin! (Ausrufezeichen).

Auch du könntest es viel besser machen. Entspanne dich, lass dich gehen. Auch du bist störrisch wie ein Esel, aber ich werde dich am Schwanz ziehen. Bald werde ich dich so weit haben, dass deine Finger nicht mehr müde werden und dann werde ich alle verlorene Zeit aufholen.

Pardon, ich vergaß schon wieder, eine Pause zu machen. Und außerdem: Ruburts Halsstarrigkeit und sein egoistisches Herumtrödeln, das er bis anhin gezeigt hat, behindern mich bei einer wunderschönen kleinen Demonstration. Ich sehe das Büro eurer kostbaren Parapsychologischen Gesellschaft und euren Direktor, aber Ruburt hat Angst, einen Fehler zu machen und deshalb blockiert er mich.

Macht eure Pause.

(Pause um 23:15 Uhr. Jane beendete den Monolog mit einem weiteren Schlag auf mein Pult. Sie war in tiefer Trance, weit weg, sagte sie. Sie spürte, dass Seth bereit war, über die Amerikanische Gesellschaft für Parapsychologische Forschung zu sprechen, aber sie fürchtete sich so sehr davor, einen Fehler zu machen, dass sie das Material noch nicht durchkommen lassen konnte.

(Seth, sagte sie, hätte noch stundenlang weiter machen können. Die Pause machte er nur meinetwegen, damit ich meine Hand ausruhen konnte. Obwohl meine Hand vorher geschmerzt hatte, spürte ich nun nichts mehr. Als Jane weiter diktierte, begann sie sofort wieder mit ihrer sehr energischen und kräftigen Art. Weiter um 23:17 Uhr.)

Zu Ruburts Erbauung: Seine hartnäckige, egoistische Kampfeslust hat auch ihr Gutes, denn ohne sie könnten unsere Sitzungen, theoretisch und vielleicht auch tatsächlich, zu undisziplinierten und in einem gewissen Umfang auch zu gefährlichen Demonstrationen von Oberflächlichkeiten ohne entsprechende Kontrolle verkommen.

Ruburt besitzt zwei wichtige Eigenschaften, die sich glücklicherweise nicht gegenseitig aufheben, obwohl sie es könnten. Er ist außerordentlich aufnahmefähig und offen für innere Informationen und weiß sie auch zu schätzen. Dazu besitzt er aber auch ein Ego, das stark genug ist, um die nötige Disziplin aufrecht zu erhalten. Das macht das Ganze einerseits einfacher, aber auch schwieriger für mich; es vermindert jedoch auf die Dauer die psychologischen Gefahren für euch und was wir hier gewinnen, ist etwas Solides. Es wird keine Kehrtwendungen geben und obwohl sich gewisse Ergebnisse etwas langsamer einstellen mögen, kann doch auf sie gezählt werden.

Ohne <u>dein</u> Vertrauen, Joseph, und ohne deine intuitive Bestätigung, würde Ruburt viel von diesem Material blockieren. Ruburt verlässt sich sehr stark auf deine innere Stärke, über die du dir selbst kaum bewusst bist. Wir werden die Mechanismen dieser, unserer Gestalt, später einmal betrachten und das Ganze auf einfache Weise darstellen.

Ich versuche, Ruburts Fähigkeiten so zu entwickeln, damit er nicht seine eigene nervöse Energie in diesen Sitzungen braucht, weil, oh, weil er wirklich aufbegehren würde, wenn er für sein eigenes Schreiben zu müde wäre oder keine Zeit mehr dafür hätte.

(Um diesen Punkt zu betonen, bewegte Jane ihre Arme in einer komischen Geste der Verzweiflung.)

Auch von deiner Seite her besteht eine ziemlich große Verausgabung von Energie oder würde es zumindest normalerweise sein. Ich versuche, auch das zu vermindern. Ich will dir nicht die Energie für deine eigene Arbeit wegnehmen und mit einem gewissen Training wirst du als Endresultat über einen zusätzlichen Vorrat an Energie verfügen.

Was die vorgesehenen wissenschaftlichen Experimente betrifft, haben wir es hier unglücklicherweise mit Dingen zu tun, die im Grunde unwichtig sind und die nur gebraucht werden, um andere zu überzeugen. Eure Wissenschafter werden das auch bald herausfinden.

In gewisser Weise arbeiten wir wohl langsam, aber wir bauen dafür ein sicheres

Fundament auf. Es werden zum Beispiel Experimente in Bezug auf das Reisen durch euren Camouflage-Raum stattfinden. Und nicht nur solche Reisen werden hier betroffen sein; auch die physische Form muss für andere sozusagen an zwei Orten gleichzeitig sichtbar sein. Das Material muss dann von der Persönlichkeit an jenem zweiten Ort sorgfältig gesammelt werden, um solche Experimente für wissenschaftliche Kreise akzeptabel zu machen.

Wahrscheinlich mögen auch einige Fehler vorkommen, aber es wird genau so viele Erfolge geben und die Angst vor Fehlern wird unser größtes Hindernis sein. Bei ein paar wenigen Gelegenheiten, mit Ruburts zunehmendem Training und mit seinem wie auch mit deinem Einverständnis, müssen wir vielleicht eine etwas tiefere Trance versuchen, aber nur in Ausnahmefällen und nur mit eurem Einverständnis.

Was dich betrifft, so sind deine Fähigkeiten in letzter Zeit von höchster Qualität, aber trotzdem stellst auch du hemmende Barrieren auf, die hoffentlich bald verschwinden. In gewisser Weise entwickelte Ruburt schon seit längerem die Fähigkeit, aus seiner Grundenergie zu schöpfen. Wenn wir es schaffen, und das werden wir, seine ganz natürlichen Ängste und Hemmungen zu überwinden, werden uns alle seine Fähigkeiten zu wirklich erfolgreichen Resultaten führen. Er denkt, er sei undiszipliniert. Tatsache aber ist, dass er schon früh erkannte, wie er zusätzliche Energien ausschöpfen konnte und dass er sich vor dieser Fähigkeit auch ein wenig fürchtete.

Deine Energievorräte, Joseph, sind wohl sehr groß, aber so sind auch deine Hemmnisse und auch wenn sie nicht so bewusst und offensichtlich sind wie diejenigen von Ruburt, sind sie genau so stark.

Wenn deine Hand müde ist, mach unbedingt eine Pause, mein alter Freund.

(*Jane lehnte sich über mein Pult und lächelte mich an. Sie hatte während der ganzen Sitzung viel geraucht und ihre Stimme war ziemlich heiser geworden. Nun sprach sie leiser und langsamer. Sie blieb für ein paar Minuten an meinem Pult und ging dann ans Fenster unseres Wohnzimmers.*)

(„Meine Hand ist okay.")

Ich möchte über Experimente diskutieren, die in Laboratorien tatsächlich durchgeführt werden können und die klare, gültige Resultate liefern. Telepathie ist natürlich eines davon, aber Telepathie sollte langfristig vom physischen Camouflage-Material getrennt werden können.

Der Gebrauch von psychologischer Zeit ist eine Grundbedingung für jegliche Experimente. Dieser Gebrauch ist <u>außerordentlich</u> wichtig, weil dadurch der Persönlichkeit erlaubt wird, physikalische Gesetze größtenteils zu umgehen und <u>auch</u> – und das ist wichtig – gewisse chemische Reaktionen zu umgehen, die normalerweise stattfänden und die dann die physische Struktur überbelasten würden.

Das war eine sehr gute Sitzung. Ich könnte stundenlang weitermachen. Ich werde das aber anständigerweise nicht tun, obwohl ich der Versuchung fast nicht widerstehen kann. In Triev gab es schon Nächte, in denen wir uns unterhielten und nun gibt es hier wiederum Nächte, in denen wir miteinander sprechen.

(*Zur Erinnerung: Seth bezog sich oft auf die Tatsache, dass wir drei um 1600 in der Stadt Triev in Dänemark gelebt hatten.)*

Es gibt so vieles, was ich euch sagen will und so wenig, das ihr verstehen könnt. In einer späteren Sitzung werde ich über Tierfragmente sprechen. Der Gedanke, dass Tiere heilig sind, ist nicht so weit hergeholt, wie er scheinen mag.

Die Straße ist still und wäre ich ein Poet, würde ich mehr dazu zu sagen haben. Meine Existenz ist viel mannigfaltiger, als ihr euch vorstellen könnt. Ihr werdet keine Angst mehr vor dem Tod, aber auch keine Angst mehr vor dem Leben haben, wenn unsere Sitzungen beendet sind, und ich werde sie so lange weiterführen, wie ihr das wollt. Es gibt keine Existenzebene, die ihr nicht bewohnen könnt, keine Barrieren, die ihr nicht überschreiten könnt. Nichts ist je vergeudet und keine Bewegung und kein Atemzug sind je verloren.

Diese Sitzungen sind eigentlich, wie *ihr* es nennen mögt, eine Vorschau auf die Ewigkeit, indem ihr in gewisser Weise Empfänger von Gedanken seid, die nicht durch den Zeitenfluss gehemmt wurden, von einer Freundschaft, die nicht mit den Bewegungen der Jahrhunderte zerrann und von einer wertvollen emotionalen Beziehung, die dem Camouflage-Aspekt der physischen Realität entgehen konnte.

Ich kann und werde euch weitere Beweise liefern, nicht nur meiner Identität, sondern auch eurer eigenen. Die geräumige Gegenwart umfasst euch, hält euch aber nicht gefangen und meine Worte werden euch weiterführen. Es mag Abweichungen und sogar Verzerrungen geben, aber auf lange Sicht hinaus werden keine Zweifel mehr bestehen. Deine Bilder, wie auch Ruburts Texte, werden auf beste Art und Weise ebenfalls die inneren Realitäten widerspiegeln, die dann sogar eure Wissenschafter sehen werden.

Beweise werden dann vorhanden sein, die nicht mehr widerlegt werden können. Botschaften werden dann mitgeteilt, die niemand sonst wissen konnte. Unser Fundament ist nun gelegt und es wird fest stehen. Später, zu eurer eigenen persönlichen Erbauung, werden wir über die von euch gelebten Leben diskutieren und über die Lehren, die ihr daraus gezogen habt. Ihr werdet sehen, wie anderen durch eure Anstrengungen geholfen wurde und dort Fortschritte stattfanden, wo es vorher keine gab.

(Jane sprach wieder sehr langsam und ruhig.)

Ich gehe nur langsam vorwärts, um euch nicht zu erschrecken. Wenn ihr Zeugen dabei habt, können Erfolge und Wissen vorgeführt werden. Ich möchte aber die Friedlichkeit unserer ruhigen und intimen Sitzungen nicht aufgeben und werde nie vorschlagen, dass alle Sitzungen mit Zeugen stattfinden müssen. Trotzdem würde es ein Gewinn sein, wenn ihr dazu bereit seid und passende Zeugen gefunden würden. Macht auf jeden Fall die Übungen mit der psychologischen Zeit, ihr beide, weil ihr dort auch die nötige Sicherheit finden werdet.

So sehr ich es bedaure, diese Sitzung zu beschließen, werde ich es nun tun, damit ihr euren Schlaf bekommt. Ich bin aber oft hier und meine Energie durchdringt den Stuhl, auf dem du, Joseph, sitzt und den Stift, mit dem du schreibst. Sogar jetzt zögere ich noch, die Sitzung zu beenden, aber ich sehe ein, dass du müde sein musst.

(Jane lachte.)

SITZUNG 45

Trotzdem, wenn du mich einlädst, länger zu bleiben, dann bleibe ich natürlich. Aber du musst jetzt eine Pause machen. Ruburts Gefühl in der Hand ist nun sehr offensichtlich und beweist nur den kleinen und unbedeutenden Aspekt der Ausdehnung des Selbst, den ich vorher erwähnte. Wenn das zum ersten Mal geschieht, besteht die natürliche Reaktion darauf, es in physische Camouflage-Informationen zu übersetzen, sodass ihr eine entsprechende Vergrößerung des Gewebes erfahrt. Mach eine Pause oder beendet die Sitzung.

(„Leider werden wir hier aufhören müssen. Gute Nacht Seth, es war sehr angenehm und sehr schön."

(Ende der Sitzung um 00:05 Uhr. Jane war in tiefer Trance. Das Gefühl in ihrer Hand bildete sich wieder zurück, sobald die Sitzung zu Ende war. Beide fühlten wir uns nicht unbedingt müde, dachten aber, wir würden den Schlafmangel morgen spüren.

(Das folgende Material wird hier angefügt, weil es sich auf 44. Sitzung bezieht und wiederum in der nächsten, der 46. Sitzung, erwähnt wird.

(Die 46. Sitzung hätte am Mittwoch, den 22. April 1964, um 21:00 Uhr stattfinden sollen. Um 20:35 Uhr standen zwei Verwandte von Miss Callahan vor unserer Tür: Miss Betty Dineen, eine ältere Frau und Lehrerin und Miss Callahans Neffe John. Wir haben den Schlüssel zu Miss Callahans Wohnung bei uns und leeren täglich ihren Briefkasten. Ihre Verwandten kommen regelmäßig, um die Post abzuholen und kurz die Wohnung zu kontrollieren.

(Miss Dineen gab Jane ein paar Informationen, die offensichtlich Seths Voraussage bestätigten, dass der 15. April ein Krisentag für Miss Callahan sein würde. Ohne in alle Details zu gehen, vernahm Jane, dass in der Mitte jener Woche, also am 15. April, Miss Callahans Zustand so schlecht geworden war, dass die Spitalbehörden verlangten, sie müsse so bald wie möglich in ein Pflegeheim überführt werden. Miss Callahan benötigte dauernde Überwachung, die das Spital nicht sicherstellen konnte.

(Sie wurde daher am Samstag, den 18. April, vom Spital ins Pflegeheim verlegt. Miss Callahans Krankheitssymptome wurden wie folgt beschrieben: Unberechenbares Verhalten, Schreien, Herumwerfen von Dingen, Versuche, das Bett zu verlassen. Sie musste im Bett angebunden werden.

(Miss Dineen sagte, dass Miss Callahan nun im Pflegeheim manchmal kurze Momente von verhältnismäßiger Klarheit habe.

(Als Jane das Spital am 20. April anrief, sprach sie mit einer Krankenschwester, der die Details von Miss Callahans Fall nicht bekannt waren, sonst hätten wir die wahren Umstände ihrer Verlegung schon früher erfahren. Ich hatte angenommen, dass ihre Verlegung aus dem Spital eine Verbesserung ihrer Krankheit bedeutet hatte.)

SITZUNG 46
22. APRIL 1964, 21:00 UHR, MITTWOCH, WIE ANGEWIESEN

Miss Callahan und Frank Watts; Marks andere Leben; Jane als Robs Sohn; Kabale und Liebe in Triev im 17. Jahrhundert und andere Verstrickungen

(Um 20:00 Uhr hatten Jane und ich uns in psychologischer Zeit geübt, bevor wir eine kurze Erholungspause machten. Ich erlebte nichts Spezielles, an das ich mich erinnern konnte, aber Jane erhielt Fragmente einer blechernen Musik, die tönte, als ob sie auf einem alten, verstimmten Klavier gespielt würde.

(Um 20:35 Uhr trafen Miss Callahans Verwandte ein und verließen uns um ca. 22:50 Uhr wieder.

(Um 20:55 Uhr, während Jane und ich noch über ihren Besuch diskutierten, traf überraschend Bill Macdonnel bei uns ein. Er bat darum, teilnehmen zu können und wir waren natürlich sofort damit einverstanden. Zur Erinnerung: Bill hatte an der einzigen gemeinsamen Séance von uns dreien am 1. Januar 1964 teilgenommen und hätte bei der 36. Sitzung am 18. März 1964 dabei sein sollen, war aber im letzten Moment verhindert gewesen [siehe Band 1].

(Bill hatte kaum Zeit, seinen Mantel auszuziehen, Bleistift und Papier zur Hand zu nehmen, um seine eigenen Notizen machen zu können, als die Sitzung auch schon begann. Wie gewohnt war Jane ziemlich nervös. Sie begann in einer ziemlich kräftigen und schnellen Stimme zu diktieren. Ich hatte das Gefühl, dass sie wegen unseres Besuchers etwas nervöser war als sonst. Ihr Hin- und Hergehen war ziemlich schnell, ihre Augen verdunkelten sich wie immer.

(Es muss noch angefügt werden, dass unsere Katze Willy etwa eine Minute vor der Sitzung auf Janes Schoß sprang. Jane sagte, dies sei das erste Mal seit Beginn der Sitzungen, dass Willy das tue. Es schien, dass er Seths Gegenwart spürte, aber darüber nicht beunruhigt war.)

Guten Abend.

(„Guten Abend, Seth.")

Ich freue mich, dass sich unser alter Freund Mark endlich bereit gefühlt hat, sich in meine Gegenwart zu begeben. Besser spät als nie. Ich möchte ihn ganz herzlich willkommen heißen. Wir werden ihm an diesem Abend noch einiges zu sagen haben.

Eine kurze Bemerkung: Das Material war <u>nicht</u> verzerrt, als Ruburt den 15. April als Datum in Bezug auf Miss Callahan und ihre Krise angab. Ihr Ego gab den Kampf auf und realisierte, dass es nicht liquidiert würde. Luzide Momente werden hie und da auftreten, aber grundsätzlich ist sie nun zufrieden und hat aus direkter Erfahrung realisiert, dass der Tod eine Verwandlung ist und wenn es, in euren Worten, ein Ende gibt, so gibt es doch auch einen neuen Anfang.

(Jane klopfte zur Betonung auf mein Pult, dann lächelte sie geduldig über meine nächste Frage.

SITZUNG 46

("Weiß Frank Watts schon, was jetzt mit Miss Callahan geschieht?")

Ich staune außerordentlich über dein intensives Interesse und deine Betroffenheit bezüglich Frank Watts. Du bringst es immer wieder fertig, ihn in die Diskussion einzubeziehen. Frank Watts ist sich Miss Callahans Zustand bewusst und er wird dort sein, um sie zu begrüßen; es wird aber eine Überraschung für sie sein, denn sie war sich seiner kaum je bewusst, obwohl sich Frank immer als einer ihrer Freunde sah.

Unser Besucher, Mark, hatte viele Erfahrungen in Bezug auf das, was du Erscheinungen nennst und in seinem Fall waren sie von verschiedenster Art und er sah sie aus den verschiedensten Gründen.

Offensichtlich war er bis zu einem gewissen Grad fähig, seine inneren Sinne zu gebrauchen. Viele der Erscheinungen, die er gesehen hat – er hat mehr davon gesehen, als er selbst realisiert - waren jedoch fragmentarisch, weil er nicht fähig war, das Material, das ihm die inneren Sinne übermittelten, einzuordnen.

Das heißt, nur weil er eine Erscheinung lediglich teilweise „sah" (in Anführungszeichen), bedeutet es nicht, dass die so genannte Erscheinung in sich selbst nicht vollständig war, sondern dass er nur einen Teil davon sehen konnte. Seine Fähigkeiten sind von Natur aus stark in dieser Hinsicht. Was er aber dazu noch benötigt, ist die innere Sicherheit und auch die Entwicklung einer inneren Disziplin.

Die Disziplin, sei es nun für Mark oder für irgendjemand anderen, ist schwierig zu erreichen, weil hier eine passive anstelle einer aggressiven Disziplin benötigt wird. Die passive Disziplin erlaubt eine umfassendere Wahrnehmung und verhindert auch, dass das bewusste Ego allzu schnell zurückspringt, was bei Mark oft der Fall ist.

Diese passive Disziplin erlaubt es auch, dass die inneren Informationen genug Dauerhaftigkeit erhalten, um sich realisieren zu können. Mark muss etwas länger warten und zuhören, wenn er solche Erfahrungen erlebt. Er akzeptiert sie, aber wenn er sie auf intellektuelle Art begreifen will, werden sie zu Tode erstickt.

(Janes Diktat verlangsamte sich beträchtlich. Sie zeigte auf Bill, der ruhig auf dem Sofa saß.)

Der dort ist einer deiner und Ruburts bevorzugten Freunde und deshalb fühle auch ich viel Wärme für ihn. Ich schlage vor, dass auch Mark sich im Gebrauch der psychologischen Zeit übt. Er sollte schnell Fortschritte machen. Seine impulsive Natur ist in diesem Leben etwas zurückhaltender als in den vergangenen. Trotzdem ist das Bedürfnis nach einem diszipliniertem Ego immer noch eines der größten Probleme für die Persönlichkeit.

Vor drei Lebenszeiten war Mark in einer außerordentlich grausamen und gewalttätigen Persönlichkeit gefangen. Nun ist er sehr liebevoll, um die vergangenen Grausamkeiten aufzuheben. Im direkt vorangegangenen Leben war er eine Frau, die im Mittleren Westen Nordamerikas lebte.

(Jane zeigte immer wieder auf Bill und lachte dabei.)

Er war zu unberechenbar. Man könnte sogar sagen, dass Mark zu erratisch war, um erotisch zu sein. Zu jener Zeit war er sehr reich und verschenkte viel Geld, um das vorherige, grausame und aggressive männliche Leben zu kompensieren. Seine Wahl einer weiblichen Persönlichkeit im vergangenen Leben repräsentierte einerseits eine verständliche Schwäche, andererseits bedeutete es aber in einem gewissen Sinn auch Mut.

Die impulsive und hitzige Wesensart begann mit jener weiblichen Existenz im Mittleren Westen. Wegen der unberechenbaren Art seiner weiblichen Persönlichkeit war er tatsächlich fähig, viel liebevoller zu sein. Eine männliche Persönlichkeit hätte ihn zu jener Zeit in Bezug auf Überaggressivität und Grausamkeit viel mehr in Versuchung geführt.

(„Kannst du uns sagen, wo Bill im Mittleren Westen in jener Existenz lebte?")

Im Mittleren Westen um 1840, in jenem Teil, der jetzt Iowa heißt, in einem Ort, der jetzt einer der größeren Städte ist. Er hatte drei Kinder.

Seine jetzige Mutter war in seinem vorhergehenden, überaggressiven Leben seine Frau gewesen und er entschied sich dafür, in diesem Leben als ihr Sohn geboren zu werden, um eine alte Schuld zu begleichen. Als sie seine Frau gewesen war, war Bill sehr hart mit ihr umgegangen. Und nun sehen wir aufs neue, dass das Unterbewusstsein eben weiß, was es weiß.

Seine Mutter erinnert sich nun im Unterbewusstsein an diese frühere Existenz und an seine gefühllose Einstellung ihr gegenüber, als er ihr Ehemann war. Das ist ein wunderschönes Beispiel. Mark versucht immer noch, seine frühere Neigung zu Gefühllosigkeit zu überwinden und ist daher jetzt sensibel und impulsiv.

Seine jetzige Mutter, die sich im Unterbewusstsein an seine vergangenen Übergriffe erinnert, zählt nun auf seine Impulsivität und Sensibilität, um es ihm heimzuzahlen. Natürlich ist das ein Fehler von ihr, für den sie wiederum in einer anderen Existenz die Konsequenzen tragen muss.

Marks ganze Familie war in der Tat auf sehr ungewöhnliche Weise auf die eine oder andere Art während wenigstens drei aufeinander folgender Existenzen miteinander verbunden, und die Familie hat dabei natürlich die Rollen entsprechend gewechselt. Alle arbeiten immer noch an ihren alten Problemen und in einigen Fällen gelingen ihnen auch recht gute Lösungen.

Ein weiteres Mitglied dieser bestimmten Familie ist jetzt eine Frau und ein anderes Mitglied ist ein Mann. Keines der beiden war in den vergangenen Leben intim mit Marks Familie verbunden und sie bilden die einzigen Ausnahmen.

Diese beiden Ausnahmen sollten euch alle interessieren. Was glaubst du, Joseph, wer könnten wohl diese beiden sein?

(Mit einem breiten Lächeln und ganz dunklen Augen starrte Jane mich an. Sie war überaus belustigt.

(„Nun, wahrscheinlich sind es Jane und ich, nehme ich an.")

Manchmal verstehst du mich sogar richtig. Mark war eines deiner Kinder in jenem Leben, von dem ich gesprochen habe. Einer von Marks jetzigen Brüdern war Marks Sohn, als er eine Frau in Iowa war.

(„Welcher Bruder?")

Der älteste. Mark war eine außerordentlich gute Mutter.

Ich schlage vor, dass ihr jetzt eine Pause macht.

(Pause um 21:39 Uhr. Jane war in ziemlich guter Trance. Bill hatte festgestellt, dass er manchmal wusste, was Jane sagen würde, bevor sie es ausgesprochen hatte. Als Jane weiter diktierte, war ihre Stimme sehr kräftig und etwas tiefer, aber das dauerte nicht sehr lange. Nach ein paar Abschnitten redete sie wieder in ihrer normalen, eher langsameren Stimme. Weiter um 21:45 Uhr.)

Aus eurer Diskussion ersehe ich, dass ein paar kurze Erklärungen nötig sind. Bei dir, Mark, ist Überimpulsivität nur eine Überkompensation für frühere Aggressivität. Es ist nicht falsch, überimpulsiv zu sein, aber die Disziplin darf nicht vergessen werden.

Du wirst oft ausgenützt, da du immer noch Angst hast, dich selbst zu schützen und zwar, weil dieses Verhalten früher immer zu Gewalt führte. Du spürst eine außerordentlich starke Sympathie für deine Mutter, weil du dich im Unterbewusstsein daran erinnerst, wie du sie behandelt hast, als sie deine Frau war.

Du hast alle deine vorherigen Fehler mehr als kompensiert, nicht nur in diesem Leben, sondern schon in den vergangenen. Deine Malerei ist fast ein direktes Ergebnis des Wunsches nach Kreativität, um das, was damals deine destruktive Persönlichkeit war, jetzt auszugleichen.

Das Malen hat seine Grundlage in der Intuition, die du während deines vergangenen Lebens als Frau erreicht hast. Trotzdem wird Disziplin nun zur Notwendigkeit. Die Intuitionen und die Impulse hinter deiner Kreativität müssen diszipliniert werden, wenn die Kreativität zum Blühen kommen soll.

Kunst in jeder Form ist sehr wichtig, denn sie ist ein Mittel, um Schulden, das heißt, psychologische Schulden, abzutragen. Als du eine Frau warst, Mark, und zudem noch wohlhabend, hast du Geld verteilt. Und jetzt, wie Joseph und Ruburt, verschenkst du Teile von dir selbst; Fragmente, die mehr oder weniger lebendige, psychologische Formen angenommen haben und die je nach deiner Fähigkeit nicht nur vom Zeitsystem, sondern von vielen anderen Unvollständigkeiten deiner eigenen gegenwärtigen Persönlichkeit befreit sind.

Du beziehst dich auf die verborgenen Eigenschaften und das Wissen deiner eigenen Wesenheit und daher durchdringst du die Grenzen deiner eigenen gegenwärtigen Persönlichkeit. Du bist nicht nur deine gegenwärtige Persönlichkeit, sondern auch die Summe aller deiner Persönlichkeiten. Das muss dir bewusst sein.

Gemälde, und um Ruburt nicht zu vergessen, Gedichte – keinesfalls möchte ich Ruburt das Gefühl geben, ihn zu vernachlässigen – haben ihre eigene Vitalität und existieren unabhängig vom Künstler. Sie sind das Resultat spontaner, freier, impulsiver Ausbrüche des Verschenkens, verlangen keine Gegenleistung und gerade deshalb, weil nichts verlangt wird, kommt etwas zurück.

Jegliche Form von Kunst berührt die Generationen. Karma kann auf viele Arten aufgearbeitet werden und hier kommen wir wieder zu Marks früherer, männlich orientierter, aggressiver Persönlichkeit zurück. Diesmal, durch das Erschaffen von Schönheit in Gemälden, kompensiert er mehr als genug die vergangenen Fehler, nicht nur weil Gemälde wirklich auch Schönheit besitzen sollten, sondern weil sie dem Betrachter positive, kreative Gedanken vermitteln.

Marks gegenwärtige Familie setzt sich zusammen aus einem außergewöhnlich lebhaften Gefüge vorheriger Komplikationen. Bis jetzt war Marks Einbezogensein darin von Vorteil. Nun sollte aber die Situation geändert werden.

Ich schlage vor, dass ihr eine Pause macht; und lasst mich die ganze Sache noch ein wenig komplizierter machen, indem ich festhalte, dass Mark selbst dich, Joseph, vorher zweimal kannte; vielleicht wirst du dich an meine Kommentare in Bezug auf deine Beziehung zur Geliebten deines Sohnes in Dänemark erinnern.

(„Wer, ich?"
(Jane lächelte breit, dann lachte sie laut, als sie auf mich und dann auf Bill zeigte.)

Es gibt da eine ziemlich saftige Geschichte, in die Mark sehr direkt verwickelt war. Nur mit wenigen eurer Freunde und Bekannten in diesem Leben hattet ihr in euren vergangenen Leben eine so intensive Beziehung. Viele Bekannte gehörten in verschiedenen Leben zu eurem Umfeld, waren aber nur in eine ähnliche Situation hineingeboren worden, weil die Probleme den euren mehr oder wenig ähnlich waren.

Mark war aber sehr stark mit euch verbunden, wie auch Rendalin, R-e-n-d-a-l-i-n, der jetzt euer Ed Robbins ist, aber nicht in dieser Stadt wohnt. Nun macht aber unbedingt eure Pause.

(Pause um 22:10 Uhr. Jane war in der üblichen Trance. Bill beobachtete, dass Jane bei der Durchgabe des Materials mit schwereren Schritten hin- und herging als sonst, dass sie ihre Hände in den Hosentaschen behielt, was sie sonst nie tut und dass ihre Stimme, auch wenn sie in der Stimmlage gleich war, doch ziemlich kräftiger und tiefer als gewöhnlich war .

(Dass Seth Ed Robbins erwähnte, der nun in New Paltz, N.Y., lebt, erschien mir doch sehr seltsam. Ed und ich hatten uns zuerst schriftlich kennen gelernt, als wir beide freie Mitarbeiter in kommerzieller Kunst waren. Damals, vor vielen Jahren, trafen wir uns aber nicht persönlich. Später, als ich in meiner Heimatstadt, Sayre, PA, lebte, erhielt ich einen Anruf von Ed, der mich zur Beteiligung an einem gemeinsamen Projekt in Saratoga Springs, N.Y., einlud. Es handelte sich damals um eine Comics-Serie, die in verschiedenen Zeitungen erschien. Einen Tag, nachdem ich nach Saratoga gezogen war (wo ich in den 50er Jahren etwa während eines Jahres lebte) stellte Ed mich Jane vor. Innerhalb eines Jahres waren Jane und ich verheiratet. Dann sahen wir Ed einige Zeit nicht mehr, bis zum letzten Mal, als wir auf unserer Ferienreise nach York Beach, Maine, in New Paltz übernachteten. Zur Erinnerung: Es war im Tanzsaal von York Beach, als Jane und ich die projizierten Fragmente unserer eigenen Persönlichkeiten erblickten, mit denen Seth sich dann so ausführlich in der 9. Sitzung vom 18. Dezember 1963 beschäftigte [siehe Band 1].

(Jane fuhr etwas langsamer um 22:20 Uhr weiter.)
Ich wollte noch eine eher nebensächliche Bemerkung zu Ruburts überbordender Freude über die neuen Kleider machen, die er sich kürzlich gekauft hat. Er geht

sprungweise vor- und rückwärts und weil er während vieler Leben ein Mann war, ist er oft ziemlich verwirrt über diese femininen Anwandlungen und ich finde das sehr unterhaltsam.

(„Das dachte ich mir schon.")

Marks Impulsivität ist in gewisser Weise eine außergewöhnliche und brauchbare Eigenschaft, auf der aufgebaut werden kann, aber eine mentale und psychologische Disziplin muss eingesetzt werden, um ihm eine Richtung, einen Zweck und einen Sinn für Kontinuität zu geben. In seinem Fall ist das sehr wichtig. Er hat nicht geheiratet und ich – selbst ein glücklicher Junggeselle während vieler Leben – applaudiere ihm.

Trotzdem will ich es auf mich nehmen, einige Ursachen zu erklären, die ihre eigenen humorvollen Aspekte haben, wenn man das Ganze vielleicht von einer distanzierteren Perspektive betrachtet, als jene, zu der Mark im Moment fähig ist.

Eine Frau zum Beispiel als Mutter zu haben, die einmal die Ehefrau war, ist schon ziemlich verwirrend und kann sicherlich zu allen Arten psychologischen Unwohlseins führen. Aber trotz aller Gegensätze und trotz meines Sinns für Humor macht Mark das sehr gut. Die früheren Fehler werden wohl ein wenig überkompensiert, aber er wird in jeder Beziehung nur gewinnen.

Die in Familienbeziehungen latenten Komplikationen sind immer dynamisch und ständig wechselnd. Es gibt keinen Grund anzunehmen, dass solche Probleme unlösbar sind. Erinnert euch daran, dass Probleme zwischen Persönlichkeiten oft durch Interaktionen mit anderen Persönlichkeiten gelöst werden.

Ich habe in früheren Sitzungen einiges in dieser Richtung gesagt und Mark sollte das nachlesen. Er war einmal ein Matrose auf einem Schiff, das exotische Gewürze mit sich führte. Das war mein Schiff.

(Dabei zeigte Jane auf sich selbst. Sie war sehr belustigt und lachte und zeigte zuerst auf mich und dann auf Bill.)

Du, Joseph, warst der untersetzte, mit mächtigem Brusthaar ausgestattete, lüsterne Grundbesitzer, und die Stadt war Triev. Dein Sohn war ein Künstler und tänzelt nun in der Person deines Ruburt vor dir hin und her. Zu jener Zeit hattest du absolut kein Verständnis oder keine Verwendung für jegliche Form von Kunst als Beruf für einen richtigen Mann. Lass dir sagen, dass Ruburt dich nun in dieser Beziehung viel besser behandelt als du ihn.

Es geschah nun, dass eines Abends im Oktober ein betrunkener Matrose über die Felder schlich und sich auf Zehenspitzen in eine Scheune stahl. Mark war unser angesäuselter Matrose. Er erwartete, seine hübsche Maid dort in den Armen deines Sohnes zu finden und war darauf vorbereitet, mit einem Messer im Gürtel. Er hörte das nervöse Kichern des Mädchens–

(Jane zeigte mit dem Finger auf Bill)

–sie war ein Strohkopf, kaum der Rede wert und er stürzte hinein, und fand ... was wohl? Nicht etwa einen gleichaltrigen Burschen wie deinen Sohn, sondern einen bierbäuchigen, weißhaarigen, lüsternen, geilen alten Bock–

(Ich musste lachen.

(„Wer, ich?")

Du, im Begriff, das feine Fräulein zu entjungfern, das nebenbei gesagt schon viele Male entjungfert worden war. Diese Geschichte ist wirklich einmalig, durch alle Jahrhunderte hindurch.

Du, Joseph, ließest dein hübsches Geschenk schnell fallen; und da dies alles hier aufgeschrieben wird, werde ich die Stellung, in der ihr so zärtlich verwickelt wart, nicht beschreiben. Es gab kein Licht in der Scheune. Unser Freund Mark stieß ein lautes Gebrüll aus. Du dachtest, der Eindringling sei dein Sohn, weil das Mädchen eine seiner Geliebten war. In einem wirklich lächerlichen Versuch, dir die Sympathien deines Sohnes nicht zu verscherzen, weintest du buchstäblich in deinen Bart.

Als Mark realisierte, wer du warst, erwürgte er dich fast. Aber es gibt noch ein Nachspiel: Du gingst ins Haus zurück, heulend über dein Schicksal, ein alter Mann zu sein. Mark ergriff das Mädchen in einer racheerfüllten Umarmung. Ruburt kam über das gleiche Feld mit seinem Pferd, führte das Pferd in die Scheune und fand Mark und seine Geliebte.

Du erzähltest mir die Geschichte am nächsten Morgen, als die beiden jungen Männer mit je einem blauen Auge auftauchten und Mark zudem mit einem gebrochenen Handgelenk. Aber Mark, mit seinem guten Herzen, erzählte deinem Sohn nie, wen er zuerst in der Scheune gefunden hatte und aus solch kleinen, aber schmackhaften Ereignissen setzt sich die Geschichte unserer Rasse zusammen.

(„Ich bin in seiner Schuld.")

Du kannst die ganze Geschichte gar nicht richtig ermessen, weil keiner von euch sich bewusst daran erinnern kann. Aber zumindest kann ich mich auf eure Kosten darüber amüsieren.

(„Na ja, ziemlich lustig.")

Wir haben über Wertausdehnung und Werterfüllung als eines der Gesetze des inneren Universums gesprochen. Die Widerspiegelung dieses Gesetzes ist sichtbar in Reinkarnation, Evolution und physischem Wachstum.

Wenn ihr an Wissen reift und zunehmt, werdet ihr nicht automatisch dicker. In anderen Worten: Diese Eigenschaften nehmen keinen Raum ein. Sie sind nicht einmal sichtbar in eurem Raum. Physisches Wachstum existiert in der Form eures Sinnes für Kontinuität und wird daher in Raum und Zeit hinausprojiziert. Der sich entwickelnde Geist nimmt keinen Raum ein. Die Persönlichkeit nimmt keinen Raum ein. Ihr könnt sie nicht anschauen oder berühren. Ihr könnt nur ihre Resultate sehen.

In der Kunst gelingt es euch manchmal, in ein Raumgefüge etwas hineinzubringen, das normalerweise keine Existenz im Raum hat. Die Kreuzigung hat keine Existenz im Raum. Sie hat grundsätzlich keine Existenz in der Zeit, da sie weder einer bestimmten Person per se, noch in einer bestimmten Zeit per se geschah. Trotzdem ist sie eine Realität auf eurer Ebene und existiert in ihr.

Und innerhalb des Rahmens der Kreuzigung gibt es unerschöpfliche Wahrheiten, die immer noch erforscht werden müssen. Marks Bilder der Kreuzigung, wie auch andere solcher Bilder, erschufen eine Konzeptform, in der ein nicht auszudrückendes Konzept in eine ausdrückbare Form übertragen und in ein räumliches Gerüst platziert werden kann.

Das Bild ist in einem Raum mit drei Fenstern, in einem großen Gebäude. Es wurde nicht gestohlen, sondern nur verlegt. Es gibt viele Gründe dafür. Einer der Hauptgründe hat mit Marks eigener Persönlichkeit und seiner psychologischen Ausstattung zu tun.

Er fühlte sich vom Bild anzogen und war aber unbewusst dagegen, seinem Impuls nachzugeben und das Bild seiner Mutter zu schenken. Als unterbewusste Bestrafung gestattete er deshalb, das sein Bild durch eine Serie kleiner Missgeschicke, seiner eigenen und denjenigen anderer Leute, verloren ging.

(„Kannst du uns sagen, wo das Bild jetzt ist?")

Das Bild ist immer noch an dem Ort, wo es war, als es von einer Ausstellung zurückgenommen wurde. Es ist in einem Raum mit drei Fenstern, der mit einem größeren Raum verbunden ist, in einem öffentlichen Gebäude, in dem viele Leute arbeiten.

(„Hier in Elmira?")

In dieser Stadt.

Ich schlage vor, dass ihr eine Pause macht.

(*Pause um 23:01 Uhr. Jane war in der üblichen Trance. Das Bild, auf das sich Seth bezog, war eines, das Bill im letzten Sommer verloren hatte, während oder nachdem es an einer Straßenausstellung hier in Elmira gezeigt worden war. Bill hat es oft gesucht und schließlich die Polizei um Hilfe gebeten, aber ohne Erfolg. Ich hatte das Thema während der letzten Pause erwähnt und gesagt, dass Seth sich vielleicht dazu äußern würde.*

(Während Jane das Material über Dänemark und Triev durchgab, sagte Bill, dass er sich sehr lebhaft an seine Erlebnisse mit der „verlorenen Stadt" erinnerte. Bill war damals elf Jahre alt. Als er in den Feldern und Wäldern nördlich von Elmira herumstreifte, kam er zu einer altmodisch scheinenden Stadt. Sie war ziemlich klein. Er erinnert sich an eine Schmiede und einige andere Gebäude und an Menschen in sonderbaren Kleidern. Ein paar Wochen später, als er versuchte, an diesen seltsamen Ort zurückzukehren, konnte er ihn nicht mehr finden. Er hat ihn nie mehr gefunden, obwohl er es in den letzten Jahren immer wieder versucht hat. Dies hatte ihn damals so beeindruckt, dass er es nie vergessen konnte. Er ist jetzt 25 Jahre alt und arbeitet als Lehrer. Er hat uns vor etwa einem Jahr davon erzählt.

(Bill meinte nun, dass nach Seths Beschreibung sein verlorenes Bild im Büro eines Rektors oder an einem ähnlichen Ort sein könnte. Er kennt einige mögliche Orte und wird sie nachprüfen.

(Jane begann um 23:07 Uhr eher langsam, mit mehr oder weniger ihrer eigenen Stimme, wieder mit dem Diktat.)

Marks Energiequellen sind heute Abend etwas verstreut. Bei einer anderen Gelegenheit, wenn er sie besser kontrollieren kann, werden wir es zweifellos noch besser machen können. Seine Fähigkeiten sind lebhaft, aber wie ich schon sagte, wird es

Disziplin brauchen, um es ihm zu ermöglichen, seine Fähigkeiten in konstruktiver und sinnvoller Weise zu fokussieren und zu konzentrieren.

Ich werde ein andermal über seine verlorene Stadt und über einige seiner anderen Erfahrungen sprechen. Es kommt nicht darauf an, wie die inneren Informationen erhalten werden. Sie können in einem Traum genau so gültig sein, oder sogar noch gültiger, als im Wachzustand. Das Thema der verlorenen Stadt war sehr bedeutungsvoll für ihn und stellte eine unbewusste Projektion einer Erinnerung aus einem vergangenen Leben in das gegenwärtige dar.

Die Stadt war tatsächlich Triev. Er projizierte jedoch nur denjenigen Teil der Stadt, der ihn selbst einmal betroffen hatte. Sein Name war Grand Graley, G-r-a-n-d G-r-a-l-e-y.

("Das ist ein seltsamer Name.")

Die Familie lebte bereits seit zwei Generationen in Dänemark. Als er 32 Jahre alt war, ging er nach Spanien. Ich werde ein andermal mehr darüber sagen. Ich sprach heute Abend nur darüber, um ein wenig Abwechslung ins Ganze zu bringen.

Unsere nächste Sitzung wird zu anderem Material zurückkehren, weil wir noch soviel unserer Übersicht behandeln müssen. Ich freue mich, dass ihr euch mehr Mühe mit der psychologischen Zeit gebt und ich freue mich auch sehr, Joseph, über deine Entwicklung als Ganzes in diesen letzten Monaten.

Ruburt hat nun die saisonalen Probleme überwunden, die mich ziemlich beschäftigten. Ich werde diese Sitzung nach ein paar kurzen Bemerkungen schließen.

Der 23. Mai wird ein anderer und möglicherweise der letzte Krisentag für Miss Callahan sein. Ich rate Mark, mit seinen Plänen für die Suche nach einer neuen Wohnung weiterzufahren. Er soll aber alle Aspekte der speziellen Art von Wohnungen bedenken, die er sich wünscht, zum Beispiel auch mögliche Unvereinbarkeiten mit dem Temperament des Vermieters. Das hat nichts zu tun mit praktischen Vereinbarungen, sondern würde eher eine mehr oder weniger gegenseitige Antipathie betreffen, die sich zwischen beiden in kurzer Zeit entwickeln könnte.

Wie immer zögere ich, die Sitzung zu beenden. Vielleicht werde ich hie und da, mit eurer Erlaubnis, hereinschauen. Ich schlage auch vor, dass ihr ein zusätzliches Band bereithaltet.

Gute Nacht, aus ganzem Herzen, und meine guten Wünsche an Mark. Wenn er heute Abend mehr von sich selbst mitgebracht hätte, hätte ich ihm noch mehr helfen können. Ich werde am Montag wieder mit euch reden, wenn nicht schon vorher.

(„Gute Nacht, Seth."

(Ende der Sitzung um 23:26 Uhr. Jane war in der üblichen Trance. Bill sagte, dass Seth etwas über ihn gesagt hätte, das ihm selbst schon oft aufgefallen wäre und mit dem er übereinstimmte – nämlich dass er oft ausgenutzt würde. Bill sagte weiter, er habe sich oft gewundert, weshalb das so sei.

(Während wir drei noch über die Sitzung diskutierten, spürte ich während zwei verschiedenen Momenten sehr feine Anzeichen meines bekannten, elektrisierenden Gefühls, das Seth das Gefühl für Töne genannt hatte. Ich hoffte, dass es stärker wür-

SITZUNG 46

de, was aber nicht geschah.

(Letzte Nacht, am Donnerstag den 23. April 1964, hatte ich, während ich ungefähr um 21:30 Uhr vor dem Einschlafen psychologische Zeit übte, zwei unterschiedliche und sehr deutliche Visionen.

(Beide waren außerordentlich klar für mich – viel klarer zum Beispiel als die Vision, die ich von meinem Bruder Dick während seines Lebens in England um 1670 hatte.

(Die erste Vision schwebte in meinen Kopf, als ich in einem sehr angenehmen schläfrigen Zustand war und an nichts Spezielles dachte. Sie war in Farbe und trotz ihrer Klarheit und Dauer war sie verschwunden, bevor ich ganz realisierte, was geschehen war.

(Ich sah ein junges Mädchen in einem bauschigen, blauen Partykleid mit einem Gürtel. Es hatte langes blondes Haar und stand mit dem Rücken zu mir. Sie trug kurze weiße Socken und glänzende Patentlederschuhe mit einem einzelnen Riemchen über dem Fuß. Und es war dabei, mit ihrem rechten Fuß immer wieder auf einen kleinen weißbraunen Hund zu stampfen. Der Hund lag auf dem Rücken, mit den Beinen nach oben. Er machte weder ein Geräusch, noch schien er verletzt. Das ungefähr sechsjährige Mädchen stieß seinen Fuß immer wieder auf den kleinen Hund hinunter. Die Arme des Mädchens hoben sich wie Flügel, sein Haar war sehr hübsch. Der Gürtel um seine Taille war etwa fünf Zentimeter breit.

(Der unscheinbare kleine Hund schien verwirrt. Ich habe die Erinnerung, dass er schließlich aufstand und davonlief, unverletzt. Obwohl diese Vision verschwand, bevor ich realisierte, was geschehen war, fühlte ich, dass – was die Dauer betraf – ich bei ihrer Aufrechterhaltung ziemlich erfolgreich gewesen war. Diese Vision dauerte vergleichsweise viel länger als frühere Visionen.

(Während ich immer noch in diesem schläfrigen Zustand war, versuchte ich, ohne mich speziell anzustrengen, die Vision wieder erscheinen zu lassen. Ich war jetzt natürlich aufmerksamer und ich habe das Gefühl, dass ich zumindest teilweise erfolgreich war und sie wieder erschien. Das heißt, obwohl ich nichts Bestimmtes sah, spürte ich irgendwie, dass sie da war, knapp außerhalb meiner Reichweite.

(Die zweite Vision kam, glaube ich, kurz nach der ersten. Diesmal sah ich ziemlich klar eine Art Bildschirm mit abgerundeten Kanten wie ein Fernsehschirm. Die Vision zeigte einen männlichen Kopf mit Glatze, nicht ganz in der Mitte des Bildschirms, etwas rechts von mir. Der Rahmen des Bildschirms schnitt einen Teil des Kopfes ab, aber ich konnte beide Augen klar sehen. Der Rest des Bildschirms, links, war leer und schien milchig weiß.

(Dieser Kopf füllte den Bildschirm fast von oben nach unten aus, obwohl ich mir eines eher dünnen Halses bewusst war. Ich sah keine Kleidung. Der Mann war um die vierzig oder älter. Sein Kopf war ziemlich rund. Es gab da eine Art orientalischen Einschlag der Gesichtszüge und der Zusammensetzung des Gesichts, obwohl ich nicht glaube, dass die Person orientalisch oder asiatisch war.

(Er lächelte mich ganz direkt an, mit einem sehr liebevollen und mitfühlenden Lä-

cheln. Sein Gesichtsausdruck war sehr sympathisch. Seine Lippen waren breit, an den Rändern unter den Wangenknochen tief eingekerbt. Der bemerkenswerteste Gesichtszug fand sich jedoch in den Augen. Sie funkelten hell, waren aber nicht ganz geöffnet und flossen über vor Tränen. Auf den Wangen gab es keine Tränen. Es gab auch kleine Lichter wie weiße Kreuzchen in der Mitte jeder Pupille. Diese, zusammen mit den überfließenden Tränen und dem Lächeln, bildeten einen überaus eindrucksvollen und sehr außergewöhnlichen Aspekt. Der ganze Gesichtsausdruck war mitfühlend, verständnisvoll und traurig.

(Die Farbe war ziemlich monochrom in dieser Vision, ein bräunliches Grau fast überall über dem Kopf. Die Gesichtszüge erinnern mich an niemanden, den ich kenne, obwohl es eine Ähnlichkeit mit einer schwarz-weißen Tuschzeichnung gibt, die ich in der Galerie, wo Jane an den Nachmittagen arbeitet, zum Verkauf angeboten habe. Ich glaube, dieses Bild ist eines meiner besten, und ich habe die geheime Hoffnung, dass es nicht verkauft wird, da ich es gerne behalten würde.

(Ich werde nun von beiden Visionen eine Zeichnung machen, wie ich es auch von meiner Vision von Dick getan habe.

(Rob Butts
(458 W. Water
Elmira N Y)

SITZUNG 46

SITZUNG 47
24. APRIL 1964, 22:25 UHR, FREITAG, UNGEPLANT

Roarcks andere Leben; Robs Bilder; Verzerrungen, Disziplin und Bescheidenheit

(Am letzten Mittwoch, den 22. September 1964, erhielt ich einen kurzen Besuch von Jim Beckett. Er ist ein Computertechniker, den Jane und ich vor einigen Monaten zwei- oder dreimal getroffen haben, bevor die Sitzungen begannen. Wir lernten ihn als Fernsehmonteur kennen. Er ist auch Amateurradiobetreiber und ein Science Fiction-Fan. Gleich bei unserem ersten Treffen, als Jim unser Fernsehgerät reparierte, waren wir uns sympathisch. Aber nach dieser ersten Begegnung hatten wir ihn nie mehr getroffen und uns oft gefragt, was aus ihm geworden war.

(Jim besuchte Jane in der Galerie und sie lud ihn für Freitag zu uns nach Hause ein, um über Seth zu diskutieren. Jim wollte uns auch von zweien seiner Freunde erzählen, die ein paar Telepathietests mit dem Personal des parapsychologischen Labors der Duke Universität durchgeführt hatten. Jim wollte versuchen, einen von ihnen am Freitag mitzunehmen. Bill Macdonnel, der Zeuge der 46. Sitzung, würde dann auch dabei sein.

(Jims Freund konnte schließlich nicht mitkommen, aber Jim, Bill, Jane und ich begannen am Freitagabend um ungefähr 19:30 Uhr über Seth zu sprechen. Wir besprachen auch den Brief vom 23. April von der A.S.P.R. (American Society for Psychic Research, Amerikanische Gesellschaft für Parapsychologische Forschung), in dem wir gebeten wurden, ihnen keine Kopien unserer Sitzungen mehr zu senden, außer die Sitzungen würden spezifische Informationen betreffend der von Seth versprochenen Tests enthalten. Jane und ich finden, dass wir die Entwicklung der Tests nicht vorantreiben sollten und da wir das auch nicht zu tun wünschen, ließ uns der Brief etwas unentschlossen. Wir entschieden uns schließlich dafür, das Ganze einfach geschehen zu lassen und der A.S.P.R. jene Informationen zu schicken, an denen sie interessiert sein könnten, falls sich solche Informationen überhaupt zeigen würden.

(Bill interessierte sich nochmals für die 46. Sitzung, an der er teilgenommen hatte. Da ich sie noch nicht abgeschrieben hatte, begann ich sie ihm vorzulesen. Sie war ziemlich lustig und wir amüsierten uns sehr darüber. Als ich aber um ca. 21:45 Uhr mit Lesen fertig war, spürte ich, dass der Zeige- und der Mittelfinger meiner rechten Hand angeschwollen waren. Bill bestätigte, dass seiner Meinung nach diese beiden Finger bedeutend „dicker" waren als die beiden gleichen Finger meiner linken Hand. Ich schnitt schmale Papierstreifen und ließ Bill den Umfang von jedem Finger messen und markieren, mit dem Hintergedanken, die Messungen nach der Sitzung nochmals durchzuführen. Mit diesem System wollte ich auch Janes Hände messen.

(Als ich das Phänomen in der Hand bemerkte, begann unsere Katze Willy in der Wohnung herumzurasen. Gleichzeitig sagte Jane, sie spüre irgendwie Seths Anwesenheit, da wir alle seit einiger Zeit ständig über ihn geredet hatten. Ich legte für alle

SITZUNG 47

Fälle Stifte und Papier bereit.

(Dann zeigte ich Jim und Bill die zwei Zeichnungen meiner Visionen des vorherigen Abends. Ich hatte die Zeichnungen heute Nachmittag gemacht. Die Zeichnung des Kopfes mit den tränenden Augen berührte Jim sehr stark. In seiner ruhigen Art sagte er, dass die Zeichnung ihn ziemlich verstöre und das wiederholte er noch einige Male. Jim und Bill fanden beide das Bild des kleinen Mädchens und des Hundes ziemlich grausam. Ich persönlich fand beide Zeichnungen sehr gut gelungen und dachte, dass ich meine Visionen aus dem Gedächtnis gut aufs Papier gebracht hatte.

(Um 22:25 Uhr übergab mir Jane plötzlich Papier und Bleistift und zeigte auf den Tisch. Ich hatte jedoch meine eigenen Sachen bereit und ergriff sie. Jane begann in einer kräftigen und etwas tieferen Stimme zu diktieren und ging ziemlich energisch hin und her. Es war unsere erste Sitzung mit mehr als einem Zeugen. Zur Erinnerung: Seth hatte am Ende der 46. Sitzung gesagt, er würde „am Montag oder vielleicht auch vorher mit uns sprechen".)

Ich will kurz mit euch sprechen, damit ihr wisst, dass ich hier bin. Ich habe euren Diskussionen zugehört. Bevor wir mit allem durch sind, werden wir eine Gruppe von Bekannten versammelt haben, die wir und die sich alle schon vorher kannten.

Es wird mindestens drei Jahre dauern, bis alle hier sein werden, aber dann werden wir wirklich allerhand bewegen können und unsere Arbeit wird unerhörte Resultate hervorbringen.

Euer Gast heute Abend ist nicht zufällig euer Bekannter geworden, obwohl immer auch der freie Wille dabei ist, wie ich bereits schon sagte. Trotzdem hat Roarck, R-o-a-r-c-k, auch seine unbewussten Erinnerungen und er erinnert sich an die Zeiten, als wir zusammen waren.

Es ist auch kein Zufall, dass das Bild, das du als Ergebnis deiner Vision gezeichnet hast, ihn so stark berührte. Roarck ist der Name deines Bekannten, es ist der Name von Jims Wesenheit und ich werde dazu noch mehr zu sagen haben.

Seine Fähigkeiten in Bezug auf Elektronik sind überhaupt nicht überraschend, denn sie haben sich auf verschiedene Weise während früherer Existenzen entwickelt. Er war beschäftigt mit esoterischen und religiösen Zeremonien und befasste sich mit gewissen religiösen, wissenschaftlichen und psychischen Experimenten, lange bevor euer Kontinent zivilisiert wurde. Vor 4000 Jahren war er ein Priester.

Diese Fähigkeiten haben sich auf verschiedene Arten gezeigt und er hat oft auch sehr aufopferungsvolle Aufgaben auf sich genommen. In seinen vergangenen Leben genoss er nie jene fleischliche Art der Natur, mit denen ihr, Joseph, Ruburt und Mark, in so exotischer Weise ausgestattet wart. In fast allen Fällen war er eine ästhetische Persönlichkeit, viermal eine Frau und hiervon zwei Mal eine Priesterin und einmal eine Nonne im Mittelalter. Die Persönlichkeit war in gewisser Hinsicht unbeweglich und zwar in dem Sinne, dass ihr Ziel so unbeirrbar klar und streng war und deshalb ließ es keinen Raum für Leichtigkeit oder Ablenkung.

Wiederum beginnt sich hier das Muster zu zeigen. Die Unbeweglichkeit, auch wenn sie der Entwicklung der Kreativität dient, hat auch ihre Versuchungen, indem ein gewisser Stolz psychisch steril werden oder einwachsen kann. In dieser Existenz hat sich die Persönlichkeit jedoch zu einem beachtenswerten Grad geöffnet und sollte zugunsten ihrer eigenen Entwicklung damit fortfahren.

Diese Sitzung findet außerhalb unserer gewohnten Sitzungen statt, weil ich wusste, dass Roarck schließlich hierher gezogen würde und es ist zu seinem Nutzen, dass ich die Sitzung durchführe. Es wird noch andere geben, die kommen werden. Glaubt nicht, dass ihr allein die Wahrheit in euren Händen habt.

Wahrheit enthält keine Verzerrungen und dieses Material, trotz aller meiner und eurer größten Anstrengungen, muss notwendigerweise gewisse Verzerrungen enthalten und sei es auch nur, um überhaupt auf eurer Ebene erscheinen zu können. Ich werde aber nie eine Einstellung gut heißen, in der entweder du oder Ruburt behauptet, dass ihr durch diese Sitzungen die unverfälschte Wahrheit besitzt.

Jedes Material muss sich, um auf eurer Ebene existieren zu können, zu einem gewissen Maß die Kleidung eurer Ebene überziehen und beim tatsächlichen Eintritt auf eure Ebene muss es irgendwie verzerrt werden. Ich muss Sätze verwenden, mit denen ihr irgendwie vertraut seid. Ich muss zu einem gewissen Grad Ruburts Unterbewusstsein brauchen. Wenn ich mich nicht eures Camouflage-Systems bedienen würde, wärt ihr zu diesem Zeitpunkt nicht fähig, das Material zu verstehen.

Innere Informationen, sogar diese, müssen bei ihrem Eintritt auf eure Ebene gewisse Verzerrungen erleiden. Wir müssen immer zusammen arbeiten, aber ihr dürft mich nie als eine unfehlbare Quelle betrachten. Dieses Material ist wichtiger als jedes andere mögliche Material auf eurer Ebene, aber es wird trotzdem bis zu einem gewissen Grad durch die Camouflage-Merkmale eurer Ebene verformt.

Hier darf es keine Unbeweglichkeit geben. Das ist ein lebendiges, wichtiges und gültiges Experiment. Ich schlage vor, dass ihr eine kurze Pause macht und wenn ihr damit einverstanden seid, können wir nachher noch für eine kurze Weile weiterfahren. Ich will aber klar festhalten, dass wir sicher kein neues Dogma aufstellen werden. Macht nun unbedingt eure Pause.

(Pause um 22:45 Uhr. Jane war in der üblichen Trance. Sie sagte, dass Seth heute Abend irgendetwas verärgert habe. Sie dachte, es habe mit unserer Einstellung und unseren Bemerkungen in Bezug auf den Brief der A.S.P.R. zu tun.

(Jim bemerkte, dass er während der Sitzung immer wieder starke Kälteschauer gespürt habe und sie auch jetzt, in der Pause, noch ein wenig fühlte. Als Jane wieder zu diktieren begann, war ihre Stimme so kräftig und betont wie vorher. Weiter um 22:50 Uhr.)

Ruburt hatte Recht. Ich fand die Einstellung von euch beiden zu Beginn des heutigen Abends außerordentlich selbstgefällig. Ihr findet es einfach, andere für fehlendes Wissen zu tadeln; für Wissen, das ihr bis jetzt erhalten habt. Ihr vergesst, dass ich viel mit der Wahl zu tun hatte, wer dieses Wissen erhalten sollte. Die Situation und die Zeit und das Wachstum eurer eigenen Fähigkeiten hatten damit zu tun. Während ich sicher nicht zur Bescheidenheit neige, ist eure Selbstgefälligkeit wahrhaft astronomisch.

Immerhin seid ihr keine Götter, denen automatisch kosmisches Wissen übermittelt wird; und der Rest der suchenden Menschheit sollte nicht als Schwachsinnige behandelt werden, ob sie es nun sind oder nicht.

(Jane schlug auf den Tisch, lächelte aber dabei.)

All das braucht Training. Es braucht Disziplin und dann entsteht Freiheit. Die ästhetische Natur in Roarcks Persönlichkeit wird es ihm erlauben, gut folgen zu können. Lasst ihn auch meine kleine Predigt über Bescheidenheit zu Herzen nehmen. Mark kann sie vergessen. Seine Persönlichkeit braucht allen Aufbau, den sie erhalten kann.

(Zur Erinnerung: Mark ist der Name, den Seth Bills Wesenheit gegeben hat.)

Ich habe gesagt, dass das Universum, das heißt, das innere Universum, sich ausdehnt, aber dass es sich nicht in den Raum ausdehnt. Zu Roarcks Vorteil dehnen sich Gedanken, Ideen, Theorien, Pläne und Fähigkeiten aus, nehmen aber nicht mehr Raum ein. Und so dehnt sich auch das Universum aus, aber Raum ist nur eine Camouflage, die euch für eine Zeit lang nützlich ist und die für eine kurze Zeit im Unterbewusstsein durch die Verwendung mentaler Enzyme aufgebaut wurde.

Hinter der Camouflage existiert die wahre Realität. Ich habe die Experimente angetönt, die versucht werden können und wir werden darauf zurückkommen. Durch den Gebrauch der zeitlichen Regression und der Hypnose werdet ihr mit Ausdauer und Disziplin die Existenz von Reinkarnation beweisen können. Aufzeichnungen werden gefunden werden.

Hypnose ist im besten Fall ein armseliges Werkzeug. Ein leichter, selbst herbeigeführter Trancezustand kann bei einer Person, die auf diese Art <u>trainiert</u> wurde, hervorragende Resultate erbringen. Später werden wir uns mit anderen Experimenten befassen. Wie ich schon sagte, wird sich die so genannte Raumfahrt von Vehikeln lösen und der Gebrauch der psychologischen Zeit ist der allererste Schritt in diese Richtung.

<u>Die Barrieren sind die euren</u>. Die <u>Barrieren</u> sind Camouflage. Es ist lächerlich, Camouflage-Vehikel für einen Camouflage-Weltraum zu entwickeln, wenn es nur nötig wäre zu realisieren, dass Camouflage eben Camouflage ist. Dann verschwinden die Barrieren. Wir werden noch viel in der Richtung zu sagen haben. Wenn ihr realisiert, dass Zeit, wie ihr sie kennt, nicht existiert, dann werden Vehikel unnötig.

Roarck war in einer seiner vergangenen Existenzen genau mit solchen Problemen beschäftigt. Die Gesellschaft, in der er sich befand, war aber von ihrer eigenen Ignoranz durchdrungen, wie es <u>eure</u> Gesellschaft auch heute ist.

Ich werde keine lange Sitzung halten. Das ist mehr eine Art Einführung und ich heiße hier Roarck zur Sitzung willkommen. Es werden noch mehr kommen und viele werden so zufällig erscheinen, wie Roarck in eurem Haus aufgetaucht ist.

Ich freue mich, dass Mark meine Vorschläge befolgt. Es gibt Lehrer in der Nähe des Raums, wo sein Bild gefunden werden sollte.

Ein Raum ist außerordentlich groß. Es gibt Arbeitsgeräusche. Das Bild, glaube ich, befand sich einmal zwischen zwei Wänden. Irgendwo in der Nähe erscheint die Farbe Rot, vielleicht als Bodenbelag. Das Bild ist unbeschädigt, aber ich meine zwei kleine Zeichen in der unteren linken Ecke zu bemerken.

Wenn du willst, Joseph, kannst du die heutigen Minuten von der nächsten Sitzung abziehen. Persönlich würde ich das aber ziemlich kleinlich finden.

(*„Daran habe ich gar nie gedacht."*)

In irgendeiner Nacht werde ich mich an viele Leute richten, die mich alle kannten und an viele, die sich gegenseitig kannten. Wenn Ruburts Fähigkeiten reifen und wenn er je in der Lage sein wird, sein Furcht einflößendes Ego zu vergessen, werden wir wirklich einiges zeigen. Ich war eigentlich nie für auffällige Demonstrationen. Aber eure kostbare Parapsychologische Gesellschaft gab mir das Gefühl, als ob ich ihnen einen kräftigen Fußtritt verpassen sollte.

Da dies eine ungeplante Sitzung ist, werde ich euch nicht länger aufhalten. Ich bin außerordentlich froh, dass einerseits Mark endlich zu einer Sitzung gekommen ist, obwohl er schon monatelang davon wusste und andererseits, dass Roarck hierher gezogen wurde. Als Fußnote, Roarck, sage ich dir, dass du beim ersten Mal zu früh kamst. Ich war damals noch nicht bereit.

Nun, bevor die arme, schlecht behandelte Hand Robs aus lauter Erschöpfung abfällt, werde ich unsere kurze Sitzung beenden, wie immer zu meinem eigenen Bedauern.

(*„Was machst du nun, Seth?"*)

Du versuchst mich zu erwischen. Ich tue nicht irgendetwas in der Art, in der du dich auf Tun beziehst und meine Aktivitäten sind den euren nur ganz entfernt ähnlich. Es gibt Arten der Wertexistenz und der Ausdehnung, mit denen ihr nicht vertraut seid und ein Pulsieren, das ich euch noch nicht verständlich machen kann.

(*„Warum hat sich meine Hand vor der Sitzung vergrößert?"*)

Euer Kätzchen wusste oder spürte, dass ich hier war. Du spürtest es auch, daher war deine Hand aufgeschwollen. Das ist nur ein Symptom des Wirkens eines bestimmten inneren Sinnes. Roarck wusste es, als er dein Bild sah.

(*„Was bedeutet ihm dieses Bild?"*)

Das Bild, das du gezeichnet hast, ist das Resultat einer Vision, die du letzte Nacht erhalten hast und, meine lieben Freunde, das Bild stellt zwei Dinge dar. Ich schlage eine kurze Pause vor und werde dann die Bedeutung des Bildes erklären.

(*Pause um 23:15 Uhr. Jane war in voller Trance. Jim fühlte sich nun besser, seine Fröstelschauer hatten aufgehört; meine Hand war in Ordnung. Bill hatte eine Liste von vielleicht zwei Dutzend Fällen, bei denen er schon vorher wusste, welche Wortserien Jane brauchen würde, um gewisse Gedanken auszudrücken. Die Sätze bestanden aus drei oder vier Wörtern.*)

(*Bill fragte sich auch, warum er in seinen eigenen Notizen aufgeschrieben hatte, dass Jim einmal ein Mönch war; Seth hingegen hatte gesagt, dass Jim im Mittelalter eine Nonne gewesen war.*)

(*Jane fuhr in ihrer kräftigen und lauten Stimme um 23:20 Uhr weiter.*)

Die Zeichnung ist eine Zusammenfassung von zwei Bildern, die mit Roarck zu tun haben. Du wusstest, dass er hierher kommen würde und sahst in deiner inneren Vision die vielen Dinge und formtest daraus ein Bild. Die von Tränen überquellenden Augen stellen seine Augen dar, wie sie oft waren, ästhetisch, mitfühlend und überwältigt. Das lachende Gesicht aber stellt etwas anderes dar. Es zeigt Roarcks umfassende Wesenheit–

(Hier lachte Jane und zeigte mehrmals auf Jim Beckett. Gleichzeitig spürte ich mein vertrautes, elektrisierendes und erregendes Gefühl für Töne, das sich in meinen Beinen aufzubauen begann. Es wurde nicht sehr stark, hielt aber während einiger Minuten an.)

–lachend, ich muss sagen, in überwältigender Fröhlichkeit über die ästhetische Natur seiner eigenen Persönlichkeiten, denn während die Wesenheit all das genießt, was ist, drehen die Persönlichkeiten oft sehr vielem den Rücken zu, um ihre ästhetischen Ziele zu verfolgen. Ein andermal werden wir uns eingehender mit diesem Thema befassen, aber Roarck erkannte das Bild und sah sich selbst im Unterbewusstsein. In vieler Hinsicht haben er und Mark gegensätzliche Persönlichkeiten und doch sind sich die Wesenheiten im Grunde zu einem erstaunlichen Grad ähnlich.

Hier kann noch viel mehr angefügt werden. Sogar jetzt bis zur fast unmittelbaren Gegenwart folgte Roarck in seinem Leben seinen ästhetischen Neigungen. Er entschied sich, in ziemlich ärmliche Verhältnisse geboren zu werden und fast bis heute unternahm er nur wenige wirkliche Versuche, um bessere Bedingungen für seine gegenwärtige Persönlichkeit zu schaffen. Er war kein Einzelkind, aber dennoch hatte er das Gefühl, ein Einzelkind zu sein.

Es gibt hier einen starken Drang nach Sicherheit in seiner Persönlichkeit. Das ist teilweise gesund, teilweise aber auch das Resultat von Angst auf seiner Seite. Ich hoffe, dass er an einer regelmäßigen Sitzung teilnimmt. Er war auch in Mesopotanien.

Der Wunsch nach Entdeckungen und die Fähigkeit zu erschaffen waren stark in euch allen und auch in anderen, die hierher kommen werden. Auf verschiedene Weise habt ihr euch mit psychischen Realitäten auseinandergesetzt; und Mark und Roarck waren auch mit praktischen Überlegungen beschäftigt, die sich um Frauen drehten, so wie früher Ruburt mit ihrem Walter beschäftigt war und du, Joseph, auch damit verbunden warst.

Du und Ruburt, ihr habt diese Probleme gelöst. Mark und Roarck müssen ihre Probleme noch lösen. Ich schlage höflichkeitshalber vor, dass ihr entweder eine Pause macht oder die Sitzung beendet. Wie immer, wenn ich sage, ich werde eine Sitzung abschließen, finde ich es schwierig, das auch zu tun.

("Also gut, dann sehen wir uns am Montag wieder, Seth".

(Ende der Sitzung um 23:40 Uhr. Jane war in der üblichen Trance. Bill erhielt einen Satz mit neun Wörtern von Janes Durchgabe, bevor sie ihn aussprach. Er gab mir seine Notizen, damit ich sie in die Unterlagen einfügen konnte. Jim bestätigte, dass die persönlichen Informationen über ihn korrekt waren, obwohl weder Jane noch ich etwas davon gewusst hatten. Wir hatten ihn vor vielen Monaten ja nur einige Male kurz getroffen.

(Bill sagte, dass er mit den Informationen, die ihm Seth über sein vermisstes Bild in dieser und in der vorhergehenden Sitzung gegeben habe, eine systematische Suche

in den Schulen in jenem Gebiet durchführen werde, um es zu finden.

(Da mein Handphänomen jetzt verschwunden war, war ich neugierig, die Messungen meiner Finger zu vergleichen. Der Zeigefinger meiner rechten Hand wies ungefähr den gleichen Umfang auf. Mein Mittelfinger, in dem ich das Gefühl des Anschwellens am stärksten gespürt hatte, wies nun im Vergleich zu vorher eine Abnahme von 0,8 Millimeter auf.

(Das folgende Material wird hier eingefügt, weil es in der nächsten, der 48. Sitzung, ausführlich behandelt wird.

(Heute Abend, am Montag den 27. April 1964, hatte ich ein sehr seltsames Erlebnis.

(Um 20:30 Uhr übten Jane und ich psychologische Zeit, bevor um 21:00 Uhr die Sitzung begann. Jane lag auf dem Sofa im Wohnzimmer, ich lag auf dem Bett im Zimmer neben meinem Studio. Es war sehr ruhig und friedlich und draußen war es gerade eben dunkel geworden.

(Ich ruhte, ohne mich auf irgendetwas besonderes zu konzentrieren. Ich sagte mir selbst, dass ich mich leicht und entspannt fühlte. Zum ersten Mal während dieser Experimente brauchte ich das Wort leicht [mit einer ungenauen Idee von Levitation im Kopf, nach Janes Versuchen]. Ich sagte mir auch, ich hätte keine Angst. Ich wiederholte diese Worte einige Male, glaube aber nicht, dass ich mich selbst in irgendeine Art Trance brachte, obwohl ich mich erinnere, dass ich mir vorsichtshalber sagte, ich könne diesen Zustand jederzeit verlassen, wenn ich wollte.

(Während einiger Zeit, in der ich versuchte, einen natürlichen, angenehmen Wartezustand aufrecht zu erhalten, erzielte ich keine Resultate. Dann kam etwas. Und wiederum, während es eine klar definierte Dauer hatte, war es vorbei, bevor ich bewusst verstehen konnte, was vorgefallen war. Das ist genau so, wie ich die zwei Visionen vom 23. April 1964 erlebt hatte, die in der 46. Sitzung beschrieben wurden.

(Dieses Mal fand ich mich im Korridor eines Bürogebäudes in New York City. Ich weiß nicht, auf welchem Stockwerk ich war, außer dass es ziemlich hoch war. Es war kein Büro, in dem ich jemals gewesen war, aber es war Tür an Tür mit einem Büro, das ich hie und da besuchte, als Jane und ich in Tenafly, N.J., lebten und ich als freischaffender Künstler in New York City arbeitete. Das Gebäude könnte das Carnegie Hall Bürogebäude sein oder eines in der Nähe an der 57. Straße. Ich erinnere mich nicht an die Straßennummer. Der Verleger, für den ich gelegentlich gearbeitet hatte, hieß Charles Biro, der Zeitraum war im Jahr 1955. Ich weiß nicht, ob er immer noch dort ist oder was aus ihm geworden ist, da ich ihn seither nie mehr gesehen habe.

(Der Eingang zu Charles Biros Büro lag in meiner Erinnerung am Ende des Korridors und die Tür zum anonymen Büro, das ich heute Abend besuchte, lag genau daneben. Heute Abend stand ich innerhalb dieser offenen Bürotür. Links von mir war ein schmales Fenster mit einem vertikalen Muster, entweder mit einem Aluminium- oder Stahlrahmen. Als ich zu diesem ca. 60 cm breiten Fenster hinausschaute, konnte ich einen Handlauf aus leuchtendem Aluminium oder Stahl sehen. Auch wenn ein

Mensch es fertig brächte, aus diesem Fenster zu fallen oder zu springen, wäre ungefähr drei Meter weiter unten zur Sicherheit nochmals eine steinerne Brüstung gewesen. Es war Tageslicht.

(Am Fenster, in dessen Richtung ich blickte, stand eine junge Frau. Sie versuchte das Fenster zu öffnen, von dem ich glaube, dass es so geschaffen war, dass es entweder in zwei Teilen nach innen aufging oder mit einem oberen und unteren Teil.

(Der Rücken der jungen Frau war mir zugewandt. Sie hatte langes, glänzendes, schwarzes Haar, war sehr schlank und wohlgeformt und trug eine ärmellose, gelbe, seidenartige Bluse, die in einem schillernden Glanz zu wehen und zu schimmern schien, als ob sie in einem Luftzug stehen würde. Zurückschauend glaube ich, dass die obere Hälfte des Fensters offen war. Ich scheine mich daran zu erinnern, dass der linke Arm der jungen Frau auf dem oberen Teil des geschlossen unteren Fensterteils lag.

(Sie versuchte, das Fenster zu öffnen. Sie sah mich zu keiner Zeit, noch sprach ich mit ihr. Es kam mir gar nicht in den Sinn, es zu versuchen.

(Ich dachte bei mir selbst: „Nun, sie hat Probleme mit diesem Fenster, aber ich werde es für sie öffnen. Nicht nur das, sondern ich werde es tun, während ich genau hier stehen bleibe – mit mentaler Kraft. Sie wird überrascht sein." Meine Gedanken entsprachen ziemlich genau diesem inneren Dialog.

(Ich verließ jedoch meine Position innerhalb der Bürotüre nicht. Ich sah sonst niemanden und erinnere mich auch nicht an das Büro selbst. Es schien, dass ich während einiger Sekunden zuschaute, wie sich die junge Frau mit dem Fenster abmühte – sicher lange genug, damit die Vision eine definitive, messbare Dauer hatte. Ich öffnete aber das Fenster nicht für sie.

(Dann „kam ich zu mir" auf dem Bett, setzte mich auf und sah, dass es 20:45 Uhr war. Während ich die junge Frau beobachtete, hatte ich weder ein Gefühl noch eine Erinnerung noch eine Wahrnehmung, dass ich auf dem Bett lag. Ich ging ins Wohnzimmer, um dieses Erlebnis sofort Jane zu erzählen.)

SITZUNG 48
27. APRIL 1964, 21:00 UHR, MONTAG, WIE ANGEWIESEN

Robs Reisen durch Raum und Zeit; die psychologische Zeit als Methode zur Vorbereitung auf die Todeserfahrung

(Als ich mich um 16:45 Uhr mit Jane in der Küche unterhielt, während sie das Nachtessen vorbereitete, spürte ich das mir nun vertraute Gefühl der Vergrößerung meiner rechten Hand. Es ging von der Handfläche und meinem Zeige- und Mittelfinger aus. Sofort dachte ich, es sei ein innerer Sinn, der mir mitteilte, dass Seth anwesend ist.

(Ein paar Minuten später erinnerte ich mich daran, meinen Fingerumfang wieder zu messen, wie ich es mit Bill Macdonnel vor der 47. Sitzung getan hatte. Das Gefühl war nun ein wenig zurückgegangen, aber nach den Messungen mit einer Stunde Zeitunterschied ergab sich eine Differenz des Umfangs von 0,8 mm. Um 16:50 Uhr maß ich 6.35 Zentimeter bei meinem Mittelfinger. Eine Stunde später maß ich noch 6.27 Zentimeter. Ich glaube, wenn ich sofort gemessen hätte, wäre ein größerer Unterschied sichtbar gewesen.

(Um 18:30 Uhr und noch ungefähr während der folgenden Stunde spürte ich viele Momente des bekannten, elektrisierenden oder erregenden Gefühls. Ich lokalisierte es schließlich als von hinter meinen Ohren her stammend.

(Um 20:30 Uhr übten Jane und ich uns in psychologischer Zeit. Jane bemerkte nichts. Ich erhielt die Resultate, die ich in der 47. Sitzung beschrieben habe.

(Um 20:50 Uhr war Jane nervös wie immer. Willy schlief auf dem Sofa. Ich hatte Papierstreifen vorbereitet, um Janes Fingerumfang zu messen, falls das nötig sein sollte. Jane begann um 21:00 Uhr in einer sanften und tiefen Stimme zu diktieren, wie gewöhnlich mit sehr dunklen Augen. Ihr Gang war langsam.)

Guten Abend.

(„Guten Abend, Seth")

Nach unserer letzten ungeplanten Sitzung wusste ich nicht, ob ihr heute Abend auf mich warten würdet, nach all der zusätzlichen Tipparbeit, die gestern getan werden musste.

(„Ich habe alles getippt.")

Herzliche Gratulation. Eigentlich hatte ich vor, euch diesen Abend frei zu geben, aber wir werden eine kurze Sitzung machen. Außer ihr möchtet einen freien Abend haben, den ihr sicher verdient hättet.

(„Nein, es ist okay für uns.")

Der Abend ist außerordentlich angenehm und nachdem wir letztes Mal zwei zusätzliche Zeugen hatten, scheint das nun wieder eine sehr intime und friedliche Sitzung zu werden.

Dein Erlebnis heute Abend bedeutet ein Weiterkommen auf deinem Weg und ich gratuliere dir dazu. Je weiter du vorankommst, umso mehr wird es dir gelingen, bei solchen Reisen die Dauerhaftigkeit aufrecht zu erhalten. Wir befinden uns erst an der Schwelle.

In Fällen, in denen die Dauerhaftigkeit aufrechterhalten werden kann, solltest du auf jeden Fall versuchen, mit jeder Person zu sprechen, die du antriffst, wie in diesem Fall hier, wo du die junge Frau am Fenster gesehen hast und bitte die Personen auch, dir an deine Adresse zu schreiben.

(Solche einfachen Vorschläge waren mir nicht eingefallen. Aber als Seth sie erwähnte, schienen sie mir selbstverständlich. Die Tatsache, dass ich eine Reise gemacht hatte, überraschte mich, ich hatte mein Erlebnis nicht als solche betrachtet.

(„Warum sah ich das Gesicht des Mädchens nicht?")

Es wird noch eine Weile dauern, bis es dir gelingt, ein solches Experiment so lange aufrechtzuerhalten, bis du Kontakt aufnehmen kannst, aber gib wenn möglich deinen Namen und deine Adresse an und bitte, wen auch immer du triffst, dir zu schreiben. Das wird die Gültigkeit natürlich unterstreichen.

Du sahst den Hinterkopf des Mädchens, weil es mit dem Rücken zu dir stand. Hättest du mit ihm sprechen können, hätte es sich wahrscheinlich umgedreht. Ob du physisch vollständig warst, als du das Mädchen sahst, weiß ich nicht. Es gibt hier viele Komplikationen. Zuerst muss natürlich deine eigene Essenz die Fähigkeit zu reisen erlangen. Es gibt verschiedene Arten, wie eine solche Reise stattfinden kann.

Manchmal bleibt der physische Körper an seinem ursprünglichen Ort und die Persönlichkeits-Essenz bewegt sich durch Camouflage-Raum und -Zeit. Das heißt, dass es der Persönlichkeits-Essenz, die realisiert, dass Raum und Zeit nur Camouflagen sind, frei steht, sich entsprechend zu verhalten.

Im Falle einer Reise der Persönlichkeits-Essenz wäre jeder Kontakt telepathisch und ein möglicher Beobachter würde mit seinen äußeren Sinnen nichts sehen.

(„Würde ein solches Erlebnis den Beobachter oder Empfänger nicht erschrecken?")

Nicht in diesem erwähnten Beispiel. Eine andere Methode ist etwas komplizierter und beinhaltet eine Aufteilung von Energien, also einen teilweise sichtbaren zusätzlichen Camouflage-Körper, der an einem neuen Ort erscheint, während der ursprüngliche Körper am ursprünglichen Ort bleibt.

In diesem Falle würde der Körper auf dem Bett sichtbar bleiben, während ein anderer gleichartiger Körper am neuen Ort erscheinen würde, dort, wo die Persönlichkeits-Essenz hingereist wäre. In diesem Falle würde ein möglicher Beobachter etwas sehen, was ihm als ein gewöhnliches physisches Wesen erschiene.

Auch ein Gespräch könnte geführt werden. Es gibt hier Abstufungen im Grad der Materialisation, indem der zweite Körper entweder in jeder Hinsicht total normal erscheint oder aber etwas weniger normal, je nach den Fähigkeiten des Reisenden.

Du hast das heute Abend sehr gut gemacht.

(„Kannst du uns etwas über das Mädchen sagen, das ich sah?")

Es war lediglich eine Sekretärin, die am Fenster stand und auf dem Weg in ein anderes Büro war.

(„Habe ich den Ort des Büros richtig festgestellt?")
Ja.
Jedes Mal, wenn ihr euch in psychologischer Zeit übt, fügt ihr etwas zu euren Fähigkeiten hinzu, obwohl die Resultate nicht immer sofort ersichtlich sind. Auch hier braucht es eine gewisse Übung, wie mit allem anderen, aber bis jetzt war das eines deiner besten Ergebnisse und ich bin sicher, dass du dich noch verbessern wirst. Du hast viele gute Fähigkeiten auf diesem Gebiet und besitzest eine innere Bereitschaft zu experimentieren, die dir sehr zugute kommen wird.

(„Wird es möglich sein, die Orte auszusuchen, die ich besuche?")
Es ist möglich. Ob du solche zielgerichteten Besuche schon zu dieser Zeit durchführen kannst, weiß ich nicht. Du kannst es aber sicher versuchen. Du bist schon weiter, als ich mir vorgestellt habe und deshalb ist es auch möglich, dass solche zielgerichteten Besuche bereits innerhalb deiner Fähigkeiten liegen. Versuche aber stets, bei all diesen Gelegenheiten irgendeine Art von Kontakt herzustellen, aber sei nicht entmutigt, wenn das nicht sofort gelingt.

Deine wie auch Ruburts Fähigkeiten <u>variieren</u> und das ist nur natürlich und es ist möglich, dass du außerordentlich begabt bist auf diesem besagten Gebiet.

Ich schlage vor, dass ihr eure Pause macht.

(Pause um 21:27 Uhr. Jane war in ziemlich guter Trance. Das eben erhaltene Material ließ uns überlegen, ob meine Vision des Mädchens und des Hundes auch eine Reise gewesen war. Siehe Sitzung 46. Wir wollten uns merken, Seth danach zu fragen, falls er nicht selbst davon anfangen würde.)

(Jane diktierte in ihrer ruhigen Stimme um 21:31 Uhr weiter.)
Bei Experimenten mit beabsichtigten Besuchen solltest du Personen auswählen, die dir bekannt sind und mit denen du eine Verbindung hast. Dann erkennen sie dich als einen Bekannten, wenn du dich vollständig materialisierst und werden alle Instruktionen befolgen, die du ihnen geben kannst. Auch wenn du ihnen überhaupt keine Instruktionen geben könntest, würden sie dich bei deiner <u>Materialisation</u> zumindest erkennen und dir schreiben, ob du es ihnen nun aufgetragen hast oder nicht. Daran solltest du dich erinnern.

Denke in Zukunft auch an eine weitere Möglichkeit und zwar daran, dass du ein Objekt von dem Ort mitnimmst, wo du hingereist bist und dieses als Beweis zurückbringst. Das ist extrem schwierig, aber nicht unmöglich.

Der Grund, weshalb das so wenig gemacht wird, liegt darin, dass die Persönlichkeits-Essenz sich selbst unfähig findet, ihren Glauben an die Camouflage von Zeit und Raum aufzugeben. Du musst innerlich zutiefst davon überzeugt sein, und zwar nicht nur davon, dass so etwas möglich ist, sondern auch davon, dass du es tun kannst und dann musst du dich auch selbst noch trainieren, um diese Fähigkeiten zu vervollkommnen.

Fehler sind hier überall möglich. Eine Art Aufhebung dessen, was ihr Logik nennt, ist nötig, damit solche Vorhaben so gut durchgeführt werden können, dass sie als wissenschaftliche Beweise gelten und definitiv genug sind, um akzeptiert zu werden. Du musst einen emotionalen und psychischen Sprung machen und dann kannst du zurückschauen und deine verbindenden Brücken erkennen.

Dann kannst du sie auch anderen aufzeigen. Das ist äußerst wichtig. Es muss immer Pioniere geben. Es wird Abstufungen und Variationen geben, die du sehr interessant finden wirst. Wenn du dich auf solchen Reisen an einem fremden Ort findest, dann suche Zeichen oder Wegmarken. Am Anfang wird dich schon die absolute Einzigartigkeit einer solchen Erfahrung alles andere vergessen machen. Aber die genaue Beschreibung einer fremden Stadt, die du vorher nie besucht hast, wäre natürlich unvergleichlich wertvoll.

Wenn du Leute reden hörst, denk daran, dir zu merken, worüber sie diskutieren und in welcher Sprache. Ich rede nun eher von Wahrscheinlichkeiten als von unmittelbaren Möglichkeiten. Es ist jedoch nicht völlig unmöglich, scheinbar durch Zeit und auch durch Raum zu reisen. Ich sage scheinbar, weil dieses Reisen wirklich nur sehr wenig mit Transport als solchem zu tun hat.

Da sowohl Raum und Zeit Camouflagen sind, ist es eigentlich bedeutungslos davon zu sprechen, dass durch sie gereist werden kann. Worum es sich hier handelt, ist eine Umwandlung von Energie und auf eurer Ebene eine Ausdehnung der Persönlichkeits-Essenz, die eine Ausweitung der Wahrnehmung erlaubt. Ich werde das später noch genauer erklären.

Der Transport findet nur scheinbar statt. Grundsätzlich erscheint – sofern es eure Ebene betrifft – der Körper am neuen Ort, aber er reist nicht von einem Ort zum andern, also nicht von einem Punkt zum andern wie ein Fahrzeug. Hier findet eine gleichzeitige Energie-Umwandlung von einem Ort zu einem andern statt.

Zeit, wie ihr sie kennt, wird hier als Element einfach ignoriert. Es verstreicht keine Reisezeit, wenn ihr die inneren Sinne gebrauchend von Elmira nach New York reist. Ihr wirkt nur in einer anderen Dimension.

Die psychologische Zeit ist dem Klima, in dem ich meine Existenz habe und in dem auch ihr unterbewusst existiert, sehr ähnlich, wie ich schon oft gesagt habe. Erfahrungen mit psychologischer Zeit und eine kontinuierliche Vertrautheit damit werden euch mehr über die Grundrealitäten von allem, was ist sagen können, als Worte es vermögen.

Der Tod fühlt sich zuerst wie psychologische Zeit an. Es gibt eine Zeitspanne, in der ihr euch an die Idee der Zeit-Camouflage klammert, bevor die vollständige Freiheit einsetzt und es tritt auch eine kleine Lücke auf, bevor die Orientierung möglich wird.

Die Anwendung der psychologischen Zeit wird das Todeserlebnis viel weniger beängstigend machen. Ihr werdet schon gelernt haben, die geräumige Gegenwart als das zu erkennen, was sie ist und das bewusste Ego wird nicht mehr so erschrocken und verwirrt sein über die plötzliche Wahrnehmung, die sich daraus ergibt.

Unmittelbar vor der Todeserfahrung beginnt man die Zeitlosigkeit oder die geräumige Gegenwart wahrzunehmen. Weil das Ego noch an die Vergangenheit gebunden ist, sieht es dann scheinbar die Vergangenheit nochmals vor sich auftauchen. Es verfügt sozusagen über die Fähigkeit zu sehen, was kommen wird, aber weil das furchtsame Ego noch immer die Kontrolle inne hat, entscheidet es sich, nur einen Teil dessen zu sehen, was möglich wäre und vor dem Todesmoment verbirgt es sich lieber in der Vergangenheit.

Ich schlage vor, dass ihr eure Pause macht.

(Pause um 22:00 Uhr. Jane war in der üblichen Trance. Normalerweise sei sie erst nach der zweiten Pause in tiefer Trance, sagte sie.

(Nun geschah etwas Neues, als sie wieder zu diktieren begann. Sie hatte sich in unserem Lieblingsstuhl, dem Kennedy-Schaukelstuhl, ausgeruht. Statt aufzustehen und hin und herzugehen begann sie nun, im Sitzen zu diktieren. Ihre Augen waren geschlossen und blieben es auch. Sie schaukelte sanft hin und her und sprach mit einer normalen Stimme. Da dies nicht das normale Vorgehen war, beobachtete ich sie genau. Ich dachte, es wäre besser, sie zu unterbrechen, falls sie in eine tiefere Trance gleiten würde. Aber zur keiner Zeit hatte ich das Gefühl, dass dies geschehen würde. Weiter um 22:03 Uhr.)

Ich habe gesagt, dass dies eine kurze Sitzung sein wird. Bis ihr lernt – und ihr seid beide dabei zu lernen –, eure psychischen Energien wieder aufzufüllen, werden solche Erlebnisse, wie du sie heute Abend gehabt hast, eine gewisse Müdigkeit hinterlassen. Das muss nicht so sein, ist aber am Anfang, fürchte ich, normal.

Ihr wendet Fähigkeiten an, die ihr noch nie zuvor angewandt habt und es wird einige Zeit brauchen, um euch daran zu gewöhnen. Unsere zusätzliche Sitzung war von meinem Standpunkt aus wahrscheinlich keine so gute Idee, obwohl ich sie aus verschiedenen Gründen durchführen wollte. Es ist aber keineswegs meine Absicht, euch zu ermüden und wenn ich aus irgendeinem Grund eine ungeplante Sitzung abhalte, werde ich das wieder gutmachen, indem ich entweder die nächste Sitzung kürzer mache, oder je nach Umfang der ungeplanten Sitzung die nächste überhaupt ausfallen lasse.

(Jane lachte. Sie schaukelte immer noch hin und her, ihre Augen waren geschlossen und ihre Hände im Schoss gekreuzt.)

Hier noch eine Bemerkung über Ruburt: Er ist in guter Form. Die Tatsache, dass er Manuskripte verschickt hat, macht ihn immer ungeduldig und beeinflusst sein chemisches Gleichgewicht, vor allem zu dieser Jahreszeit. Er lernt nun, dies alles in einem gewissen Maß zu kontrollieren, wofür du dankbar sein solltest. Ich erwähne das nur, um seine Bedenken in dieser Hinsicht zu beruhigen.

Ich bin sehr erfreut über deine Fortschritte, Joseph, und ich erwarte, dass du so weiterfährst. Vielleicht bringst du eines Tages eine Handvoll Sand von einem Florida-Strand zurück. Zwar nicht genug, um selbst einen Strand anzulegen, aber immerhin wäre eine Handvoll in der Mitte eures Wohnzimmers ein ziemliches Erfolgserlebnis.

Ich habe nur einige Minuten lang etwas Neues mit Ruburt ausprobiert und es scheint gut zu funktionieren.

(„Ich habe mich schon darüber gewundert."

(Jane schaukelte immer noch friedlich hin und her.)

SITZUNG 48

Ich erwarte für Mittwoch eine hervorragende und vollständige Sitzung. Ich will dich auf keinen Fall mit zusätzlicher Arbeit belasten, vor allem da deine eigenen Experimente auch aufgeschrieben werden müssen.

(*"War meine aufgeschwollene Hand zu Beginn des Abends ein Zeichen, dass ich deine Gegenwart gespürt habe?"*)

Kurz nach eurem Nachtessen schaute ich schnell herein und war mir angesichts der Extrasitzung nicht ganz sicher, ob wir die heutige überhaupt durchführen sollten. Es gibt noch soviel Material zu behandeln. Heute Abend wollte ich jedoch über deine eigenen Erfahrungen sprechen und dir dazu meinen Kommentar und meine Ermutigung geben.

Nimm übrigens auf jeden Fall deine Vitamine und ich schlage auch vor, dass du sie regelmäßig, also täglich, nimmst. Ihr beide braucht viel Energie für diese Sitzungen. Ihr lernt, auch andere Energien als eure eigenen zu gebrauchen. Trotzdem benötigt das ebenfalls Zeit und die Vitamine werden helfen.

(*Jane lachte wieder. Sie schaukelte immer noch hin und her.*)

Ich muss zugeben, dass ich mich ein wenig schuldig fühlte, mich euch an eurem freien Abend aufzudrängen. Aber es wurden Fortschritte gemacht und ich werde euch heute Abend früher entlassen.

Die Energie, die ihr in diesen Sitzungen und in euren eigenen Experimenten braucht, muss nicht eure eigene Energie sein. Ihr bezieht sie bereits aus anderen Vorräten, aber auch das ist eine Fähigkeit, in der ihr trainiert werdet. Eine fast vollständige Regeneration wird stattfinden und findet in gewissen Masse schon jetzt statt.

(*Nun öffneten sich Janes Augen. Sie schien wieder voll hier zu sein. Sie blieb sitzen, als sie die Sitzung beendete.*)

Ich schlage vor, wir beenden die Sitzung. Alles in allem kommen wir mit dieser und der ungeplanten Sitzung etwas schneller voran.

(*"Gute Nacht Seth."*

Ende der Sitzung um 22:23 Uhr. Jane sagte, sie habe sich in einer stärkerer Trance als je zuvor befunden, während sie im Schaukelstuhl saß, aber es sei noch immer keine ganz tiefe Trance gewesen. Sie hatte sich keine Sorgen gemacht. Ihr Gedanke in jenem Moment war nur, dass sie nicht ganz sicher war, wie weit Seth mit dem Trancezustand gehen würde.)

(*Folgendes Material wird kurz in der folgenden, der 49. Sitzung, behandelt.*

Heute Abend, Dienstag den 28. April 1964, machte ich, während ich mich zwischen 22:03 Uhr und 22:25 Uhr in psychologischer Zeit übte, zwei kurze aber interessante Erfahrungen.

(In der ersten sah ich mich selbst, nachdem ich für eine Weile ruhig dagelegen und mich dem benötigten Zustand [nahe dem Schlaf und doch nicht schlafend, mir aber meines Körpers auf dem Bett nicht bewusst] angenähert hatte: Ich war in einem öffentlichen Schwimmbad und es war Sommer, obwohl ich sonst niemanden sah. Ich sah mich selbst von rechts, wie ich zielgerichtet mit großen, kräftigen Schritten aus-

holte. Über meinem rechten Arm lag ein exakt gefaltetes weißes Badetuch. Anscheinend trug ich auch eine Badehose, aber sie war vom Tuch verdeckt und ich sah ihre Farbe nicht. Ich sah meinen nackten Oberkörper und meine Beine.

(Vor mir sah ich das typische blaugrüne, trübe Wasser des gekachelten Schwimmbades und Teile von glänzenden Rohren, anscheinend ein Zaun oder eine Leiter. Über mir spürte ich das gebogene Dach eines Pavillons, das sich elegant neigte. Ich lief, wie ich glaube, über glänzende grüne und weiße Kacheln.

Der Boden wurde von einer Serie langer, niedriger Stufen gebildet, jede Stufe vielleicht 5 bis 7 Zentimeter tief. Als ich weiter schritt, rutschte mein rechter Absatz auf der Kante einer Stufe aus und ich landete mit dem flachen Fuß mit einem starken Ruck auf der nächst unteren Stufe. Dieses Gefühl war so intensiv, dass mein ganzer Körper auf dem Bett einen Satz machte und ich sofort wach war. Und als mein Fuß ausrutschte und ich so durchgeschüttelt wurde, war ich mich selbst, das heißt, ich beobachtete mich nicht mehr. Als ich erwachte, dachte ich an das Schwimmbad in Sayre, aber in meiner Erinnerung glichen sich die beiden nicht.

(Das zweite Erlebnis folgte kurz darauf. Diesmal war ich mich selbst. Ich trug farbenfrohe, sommerliche Sportkleidung und eine Mütze. Wiederum war es ein heller Sommertag. In meiner rechten Hand hielt ich entweder ein Bündel Papier oder eine Straßenkarte; ich schaute nicht genau hin, was ich in der Hand hielt. Ich lehnte mich an den letzten Pfosten eines modernen, stahlgitterähnlichen Zauns, der mich ziemlich überragte – um fast einen Meter. Vor mir war ein sehr großer Parkplatz voller Autos, sonst sah ich niemanden.

(Hinter mir, links und auf der anderen Seite des Zauns war eine Art langes, dunkles Gebäude. Auch der Zaun war sehr lang. Die Szene erinnere mich an Clutes Gebrauchtwagen-Firma hier in Elmira, war es aber nicht.

(Als ich mich im hellen Sonnenlicht an den Pfosten anlehnte, hörte ich mich plötzlich beim Namen gerufen, von einer hohen, klagenden, weiblichen Stimme: „Ro-o-bert..." Die Wirkung war ziemlich verblüffend, sehr klar und bestimmt und zum ersten Mal erlebte ich ein Audio-Erfahrung.

(Das fast verzweifelte Wimmern meines Namens kam aus einiger Distanz hinter mir rechts. Sobald ich es hörte, drehte ich meinen Kopf herum um zu sehen, wer mich rief – und erwachte.

(Die Stimme war nicht Janes Stimme, obwohl sie im Ton ähnlich war. Sie war aber höher und tönte irgendwie formell. Ich kenne niemanden, weder weiblich noch männlich, der mich Robert rufen würde [und noch weniger in dieser Art] und die Stimme erinnerte mich auch an niemanden, den ich, wie oberflächlich auch immer, kennen würde.

(Shirley White, im Sommer von 1964, an der Ecke Walnut- und Waterstreet. Sie rief mich aus einem Auto, bevor sie links bei der Walnut-Brücke abbog. Jane und ich standen auf dem Rasen unseres Apartmenthauses. Als ich Shirley rufen hörte, spürte ich mein elektrisierendes Gefühl. Aber da das Umfeld anders war, war ich mir nicht sicher, ob es sich um die vorherige Erfahrung handelte und bezweifelte die Verbin-

dung. Ich fragte Seth nicht danach und bin, heute im Dezember 1964, immer noch nicht sicher. Ich notiere es aber hier, um es festzuhalten. Das ist bis jetzt das einzige Mal, dass jemand mich Robert rief. Die Art des Rufes war meinem Psy-Zeit-Erlebnis sehr ähnlich.

(Zu bemerken ist, dass ich bei meinem ersten Erlebnis einen ähnlichen Ort gesehen hatte [später in Watkins Glen, N.Y.], aber nicht aktiv daran teilgenommen hatte – das heißt, ich schwamm nicht. Im zweiten Erlebnis war der Ort verschieden, aber ich hörte die rufende Stimme. Sind hier Verzerrungen der Grund dafür?)

SITZUNG 49
29. APRIL 1964, 21:00 UHR, MITTWOCH, WIE ANGEWIESEN

Mareth; inneres und äußeres Ego; Traumwelt, Traumbilder und Bildmuster; Energieumwandlung und Spinnennetze

(Um 19:50 Uhr traf Jim Beckett als Zeuge bei uns ein. Er brachte einen Freund mit, Jim Tennant, der als Forschungsassistent für spektroskopische Messungen und Statistik bei Corning Glass in der Nähe von Elmira arbeitet. Beide sind ungefähr 25 Jahre alt und beide sind auf elektronischem Gebiet begabt und betätigen sich als Amateurfunker.

(Um 20:00 Uhr versuchte ich mich in psychologischer Zeit, aber ohne Erfolg. Ich erreichte den nötigen friedlichen Zustand kurz vor dem Einschlafen nicht. Jane versuchte es um 20:30 Uhr, erzielte aber ebenfalls keine Resultate.

(Um 20:55 Uhr war Jane nervös wie gewöhnlich, aber nicht der beiden Gäste wegen. Als sie zu diktieren begann, war ihre Stimme ziemlich kräftig und etwas tiefer als gewöhnlich. Sie behielt diese gute Stimmlage durch die Sitzung hindurch bei. Ihr Hin und Hergehen war sehr langsam, ihre Augen dunkel wie gewöhnlich.

Guten Abend.

("Guten Abend, Seth.")

Ich freue mich, dass Roarck bei einer regelmäßigen Sitzung dabei ist und dass er einen Freund mitgebracht hat, ein Freund, der unzählige Male einer <u>seiner</u> Freunde war, aber keiner von mir.

Diese Beziehung zwischen Roarck und seinem Freund dauerte während dreier aufeinander folgender Leben an. Weder ich noch Joseph haben ihn gekannt. Er war in der Zeit der Inquisition aktiv und wie Roarck zeigt er immer noch Überbleibsel der alten Sturheit.

Trotzdem besaß er auch einen übermäßig inbrünstigen Charakter und sogar jetzt sind seine Leidenschaften außerordentlich heftig. Obwohl nun gegen außen eine humorvolle Persönlichkeit zum Tragen kommt, hält der sehr autoritäre und oft allzu unbewegliche Charakter die Persönlichkeit trotzdem in ihren Grenzen.

Die Grenzen können sich in einigen Fällen bis zu Fesseln steigern. Er wird angezogen von glühender und treuer Gefolgschaft und sollte mehr auf die Gebote seiner inneren Disziplin hören. Die Grausamkeiten, die er während der Zeit der Inquisition anderen zufügte, wurden ihnen aus den höchsten und reinsten Gründen zugefügt. Er glaubte fest daran, dass er die Gebote Gottes ausführte. Es wurden viel mehr Grausamkeiten von disziplinierten Menschen ausgeübt, als sich das undisziplinierte Menschen je vorstellen können.

Die Persönlichkeit hat versucht, altes Unrecht zu korrigieren und damit auch größtenteils Erfolg gehabt, aber mit dem Risiko, innere Spontaneität zu opfern oder sogar die sehr autoritären Aspekte ihrer Natur zu verlieren, sodass noch immer eine Tendenz vorhanden ist, nachzufolgen anstatt zu führen. Weil die Persönlichkeit zur Zeit der Inquisition in einer autoritären Stellung war, brachte sie andere dazu, Gräueltaten zu begehen, die im edlen Namen von Prinzip und Religion ausgeführt wurden. Aus diesem Grund erlaubt sich die Persönlichkeit jetzt nur ganz zögerlich zu führen, obwohl sie immer noch versucht ist, dies zu tun und sie vertraut jenem Urteilsvermögen noch nicht, das sie einst trog.

Diese religiösen Interessen werden daher nun in der gegenwärtigen Persönlichkeit wiederholt, aber sie unternimmt Anstrengungen, diese Vorstellungen in der Welt der so genannten Realität zu verankern. Das Interesse an außersinnlicher Wahrnehmung, das Interesse an Wissenschaft und Religion – all das sind Versuche, die verschiedenen älteren Persönlichkeiten zusammenzufügen und aus ihren Fehlern zu lernen.

Roarck kannte ihn während der Zeit der Inquisition gut und dann auch wieder in einem seiner letzten vergangenen Leben im Mittleren Westen eures Landes und auch noch in einer anderen Existenz. Trotzdem begrüße ich euren neuen Freund zu den Sitzungen; er ist eine jener Personen, von denen ich an früherer Stelle gesprochen habe.

Ich sehe keinen besonderen Grund dafür, während der Sitzungen eine Rückschau zu halten, vor allem da ja immer wieder neue Teilnehmer dazu kommen. Es muss eine Methode ausgearbeitet werden, um neue Teilnehmer über frühere Sitzungen zu informieren und das überlasse ich dir, Joseph. Das muss irgendwie gelöst werden.

Ich möchte gerne eine Bemerkung machen, die dich betrifft, Joseph. Das Erlebnis während der psychologischen Zeit mit deinem eigenen Bild neben einer größeren Masse von Wasser war eine sehr wertvolle hellseherische Erfahrung; diesen speziellen Ort hast du bis jetzt noch nicht besucht und es war ein kurzer Blick in das, was du Zukunft nennst.

Ich habe schon zu oft erklärt, dass Zeit eine Camouflage ist, um hier nochmals davon anzufangen. Trotzdem hast du einiges erreicht, vor allem in dieser Woche; deine Experimente und deine Fortschritte sollten von nun an zügig voranschreiten.

(*„Kannst du mir etwas über das Erlebnis sagen, bei welchem ich sah, wie das kleine Mädchen den Hund getreten hat?" [Siehe Sitzung 46]*).

Das Mädchen war eine Verwandte von dir. Der Vorfall geschah im Jahre 1935. Sie lebt nun in deiner Stadt. Der Hund nicht.

(*„Wer war diese Verwandte?"*)

Ihr Name ist Ruth. Ich nehme an, der Name sagt dir etwas. Ruburt zieht es vor, solche persönlichen Informationen zu blockieren. Ich sehe aber, dass er es unverzerrt durchkommen ließ. Bravo Ruburt. Ich hoffe, dass das so weitergeht.

Ich schlage vor, dass ihr eine Pause macht, da noch sehr viel Material da ist, das ich heute Abend durchgeben möchte.

(*Pause um 21:25 Uhr. Jane war in etwas tieferer Trance als es normalerweise während des ersten Teils der Durchgabe üblich ist.*)

(*Meine Verwirrung über den Namen meiner Cousine Ruth kam daher, dass ich dachte, Seth beziehe sich bei „deiner Stadt" auf Sayre, PA, wo ich aufgewachsen war, statt auf das 18 Meilen entfernte Elmira, wo Ruth aufwuchs. 1935 war ich 15 Jahre alt, Ruth ein paar Jahre jünger und sie sah wahrscheinlich ziemlich genau so aus wie das Mädchen, das ich mit Feder und Tusche gezeichnet hatte. Auch war Ruth blond wie das Mädchen, das ich sah.*)

(*Seth sagte, dass Jim Tennant eines der Mitglieder jener Gruppe sei, die sich, seinen Erwartungen gemäß, um Jane und mich versammeln würde. Jim T. erklärte, dass er am Nachmittag, nachdem er von Jim B. zur Sitzung eingeladen worden war, ganz klar fühlte, wie sich seine Kopfhaut bei drei verschiedenen Gelegenheiten deutlich zusammenzog und hob, als ob sie sich ablösen wollte. Jim T. sagte, dass seine Mutter hellseherisch ziemlich begabt sei und dass sie ihn oft kontaktiere, zum Beispiel wenn er krank sei, noch bevor er Zeit gehabt habe, sie über seine Krankheit zu informieren.*)

(*Jim T. war Radiosprecher gewesen und wir diskutierten über Möglichkeiten, die Sitzung gleichzeitig aufzuzeichnen, während ich meine Notizen mache.*)

(*Jane fuhr um 21:32 Uhr fort.*)

Euer neuer Freund kann Mareth, M-a-r-e-t-h, genannt werden, das ist der passendste Name für seine Wesenheit. Ihr wisst, dass solche Namen Übersetzungen sind, wie auch <u>all</u> dieses Material eine Übersetzung von Realitäten in konzeptuelle Muster ist und aus konzeptuellen Mustern wiederum in Wörter. Natürlich sind es die Wörter, die notwendigerweise Verzerrungen mit sich bringen.

Wenn das Material vom Ego verstanden werden soll, muss es am Anfang in Ausdrücke übersetzt werden, mit denen das Ego auch kompetent umgehen kann – unglücklicherweise. Innere Informationen, die erhalten werden und schon erhalten worden sind, werden gültig und intensiv sein und ohne jeden Zweifel existieren. Wir werden Pläne ausarbeiten, damit alle Experimente dokumentiert werden können.

Trotzdem muss bis zu einem gewissen Grad eine <u>Freiheit</u> vom Ego erlaubt sein, sodass das innere Selbst ganz frei wirken kann. Ich habe von Tests und Experimenten gesprochen, die durchgeführt werden können und die <u>physikalische</u> Resultate erbringen werden, die dann schließlich auch akzeptiert werden.

Ich habe auch gesagt, dass so genannte Weltraumreisen notwendigerweise von ihrer gegenwärtigen Verbindung mit Vehikeln abgekoppelt werden. Man wird entdecken, dass die inneren Sinne <u>eure einzige</u> dauerhafte Methode solcher Reisen darstellen werden.

Wenn verstanden wird, dass sowohl Raum als auch Zeit Camouflagen sind und dass eure Ursache und Wirkung-Theorie das Resultat einer Kontinuitätstheorie ist, die keinen Sinn mehr macht, <u>dann</u> werden eure Wissenschafter erkennen, wie unmöglich es ist, die Grundrealität mit Camouflage-Instrumenten und -Fahrzeugen zu entziffern, die ihrerseits wieder verzerrte Theorien produzieren und nur dazu dienen, noch weiter in ein Camouflage-Muster einzudringen.

Es wird viele Experimente geben. Hypnose wird, wie ich schon erwähnt habe, am Anfang ein Hauptwerkzeug dazu sein. Hypnose ist nämlich <u>kein</u> Camouflage-Werkzeug; es ist ein psychologisches Werkzeug und daher keine Camouflage und deshalb auch relativ unverzerrt.

Hypnose wird jedoch nur während einer gewissen Zeit nötig sein und nur um einen leichten Trancestand einzuleiten. Im leichten Trancezustand ist das innere Selbst von der Camouflage-Natur eurer Ebene befreit und der wirklich humorvolle Aspekt liegt darin, dass ihr nur durch die Befreiung von eurem eigenen Camouflage-Universum genau dieses Camouflage-Universum klar sehen, seine Bedeutung verstehen und auch lernen könnt, es zum besten Vorteil der Menschheit zu nutzen.

Wenn Tests durchgeführt werden – und das wird noch eine Weile dauern –, aber wenn Tests in Labors durchgeführt werden, bei denen die kontrollierte und disziplinierte Trance als Werkzeug und als Instrument angewendet wird, dann werdet ihr sehr schnell in der Lage sein, unter das persönliche unterbewusste Material zu tauchen und zu anderen Schichten zu gelangen.

Wir haben von diesen anderen Schichten gesprochen. Um unsere geschätzten Gäste auf den neuesten Stand zu bringen, werde ich sie nochmals schnell aufführen. Unter dem persönlichen unterbewussten Material findet ihr Informationen, <u>uneingeschränkt</u>, die sich mit den Erinnerungen des Menschengeschlechts beschäftigen und die für Psychologen und Soziologen von großem Nutzen sind. Darunter werdet ihr Material finden, dass sich mit den Anfängen der Spezies als Ganzes befasst und wiederum darunter und durch eure Gefühle damit verbunden, gelangt ihr an die Grenzbereiche des inneren Selbst.

Wenn Tests durchgeführt werden, kann das innere Selbst ohne all zu große Schwierigkeiten erreicht werden. Die dazu nötigen Methoden kennt ihr, Joseph und Ruburt, bereits.

(Zur Betonung klopfte Jane auf den Tisch. Während dieser ganzen Durchgabe sprach sie mit viel Betonung und gestikulierte heftig.)

Wenn dieses Material <u>übereinzustimmen</u> beginnt, wenn in Trance viele gleiche Antworten erhalten werden, wenn herausgefunden wird, dass das Wissen des Grunduniversums im lebendem Individuum enthalten ist und wenn es keinen Zweifel mehr gibt, dass die erhaltenen Lösungen alle gleich sind, dann und erst dann werdet ihr damit beginnen, die vor euch liegenden Probleme zu lösen.

Die leichte Trance, um es nochmals zu sagen, ist nur während einer gewissen Zeit nötig; theoretisch wäre sie überhaupt nicht nötig. Notwendig ist nur, dass ihr euch selbst erlaubt, das Ego nicht beiseite zu schieben, sondern euch vielmehr ermöglicht, in das Ego hinein und durch das Ego hindurch zu schauen.

Es gibt hier noch ein paar zusätzliche Punkte, die dazu gehören und die ich erwähnen will, bevor ich eine Diskussion über Experimente beginne, die versucht werden sollten und auch versucht werden müssen.

Ich schlage vor, dass ihr jetzt eine Pause macht. In einer dieser Nächte werde ich euch alle noch ganz aus der Fassung bringen und fast bersten lassen, aber wir werden die Stücke sicherlich aufbewahren. Vielleicht können wir sie dann gemeinsam auf eine ganz wunderbare Art und Weise wieder zusammensetzen.

(Pause um 21:55 Uhr. Jane war in guter Trance. Jim Beckett sagte, er habe in der Mitte des Monologes Bill Macdonnels Gegenwart so stark gespürt, dass er erwartet habe, dass Bill durch die Türe käme. Bill erschien jedoch während des ganzen Abends nicht. Zur Erinnerung: Jim B. und Bill waren Zeugen bei der 47. Sitzung gewesen. Sie hatten sich dort zum ersten Mal getroffen, obwohl Seth gesagt hatte, dass sie sich in früheren Leben gekannt hätten.

(Um 22:05 Uhr fuhr Jane etwas langsamer weiter.)

Ich habe euch erklärt, wie das innere Selbst mit der gegenwärtigen Persönlichkeit verbunden ist und wie sich die Gefühle an <u>eurem</u> Ende durch die Schichten des Unterbewusstseins verändern. Sie beginnen auf eurer Ebene als Teile der Persönlichkeit und als Teil eures Kraftfeldes, verwandeln sich und werden dann zum verbindenden Glied der inneren Sinne, welches das äußere Ego mit dem inneren Selbst verbindet.

Ich habe auch erklärt, wie die Energie verwandelt wird, sich verändert und sich dem entsprechenden Camouflage-Muster jeder gegebenen Ebene anpasst. In solchen Tests werdet ihr das innere Selbst erreichen. Die Resultate werden dann im <u>physikalischen</u> Sinn gültig sein. Die Emotionen sind der äußere Ausdruck der inneren Sinne und es geschieht daher durch die Intuition und durch das Reisen, durch das Reisen auf dem Wege der Gefühle, dass ihr in Kontakt mit eurem inneren Selbst gelangt und dann fähig sein werdet, diese Information auf die gleiche Art zurückzubringen.

Eure Gäste sind mit dem inneren Ego noch nicht vertraut und ich schlage vor, dass ihr es ihnen erklärt. Der wichtigste Punkt, an den ihr euch erinnern müsst, liegt darin, dass die Resultate der Tests so überzeugend sein werden, dass sie nicht mehr ignoriert werden können – aber ihre Stichhaltigkeit wird von verschiedener Art sein. Erinnert euch, was ich über psychologische Erfahrungen gesagt habe. Psychologische Erfahrungen verfügen in Zeit oder Raum über keine Realität.

Würdet ihr nur euren so genannten wissenschaftlichen Methoden vertrauen, dann würdet ihr nicht zugeben, je ein psychologisches Erlebnis gehabt zu haben, denn es nimmt keinen Raum ein und existiert unabhängig von der Zeit. Trotzdem wird niemand behaupten, ein psychologisches Erlebnis habe keine Gültigkeit. Ein psychologisches Erlebnis ist so gültig, dass es den Verlauf nicht nur von einem, sondern von vielen Leben verändern kann.

Daher wird der Beweis bei unseren Experimenten genau so gültig sein wie ein psychologisches Erlebnis gültig ist, ja sogar gültiger, denn er wird durch seine Resultate bekannt werden. In der Weltraumfahrt wird man euch zum Beispiel nicht wie irgendeinen graufedrigen Adler durch die Lüfte fliegen sehen. Eure Reise wird gar nicht durch den Weltraum führen, weil der Raum selbst Camouflage ist.

Sobald ihr das realisiert, kommen unsere Energie-Umwandlung und unsere Veränderung der molekularen Struktur ins Spiel. Es gibt keine Barriere des Raums, die überwunden werden muss, sondern nur eine Umwandlung und zwar zuerst von psychischer Energie und dann, weil ihr auf eurer Ebene an so viele Camouflage-Konzepte gebunden seid, folgt eine Rekonstruktion des physischen Bildes.

Ihr beschäftigt euch in euren Träumen, wenn das bewusste Ego still geworden ist, oft und ständig mit dieser Umwandlung und wir haben bereits über dieses Problem gesprochen. Womit wir uns jetzt befassen wollen, ist diese Rekonstruktion, und zwar eine Rekonstruktion, die dauerhaft genug ist, um eine Kommunikation stattfinden zu lassen.

In Träumen hat diese Rekonstruktion schon stattgefunden, aber wir, wir wollen viel mehr. Wir wollen eine solche physische Rekonstruktion eines Bildes absichtlich herbeiführen, an einem bestimmten Ort und zu einer bestimmten Zeit auf eurer Ebene. Das ist nicht unmöglich, aber es erfordert Disziplin und Training, zusammen mit der Freiheit, die Ruburt nun mehr und mehr an diese Sitzungen mitbringen kann.

In der Traumwelt vollbringt und tut ihr mehr als ihr realisiert. Unterschwellige Persönlichkeitsprobleme, welche die Persönlichkeit aus verschiedenen Gründen im normalen Leben nicht aufgreift, werden, wie ihr wisst, gelöst. Was ihr aber nicht realisiert ist, dass diese Bilder, die ihr alle erschafft, eine von eurem Wissen unabhängige Existenz haben, wenn ihr sie einmal erschaffen habt.

Kein Gedanke, keine Idee wird je ausgelöscht und sie alle folgen den Gesetzen, die ich im Begriffe bin, euch zu nennen. Das Wachstum eines Gedankens nimmt keinen Raum ein. Ich habe erklärt, dass die Theorie des sich ausdehnenden Universums schwere Fehler enthält, weil das Universum, das richtige Universum, sich ausdehnt. Aber es dehnt sich in Form von Werterfüllung aus und hat nichts mit der Ausdehnung im Raum zu tun.

So existieren auch eure Traumbilder in der gleichen Art und ihr seid euch deren Existenz so wenig bewusst wie eurer eigenen unterbewussten Existenz. Ihr wisst nicht, wie ihr euch über den Boden bewegt. Ihr seid euch nicht jedes Atemzugs bewusst. Ihr wisst, dass eure Muskeln sich bewegen, ohne euren Willen. Ihr wisst, dass ihr atmet und in der gleichen Art wie ihr physiologische, biologische und mentale Sprünge und Funktionen ausübt, so erschafft ihr auch die Realität der Traumwelt.

Ich wollte das erwähnen, weil ich euch die fortwährende Existenz und die Kontinuität dieser Traumwelt innerhalb der geräumigen Gegenwart beweisen kann. Ihr müsst die psychische Realität, die psychologische Zeit, die psychische Erfahrung und die Traumexistenz verstehen, bevor ihr lernen könnt, viele andere Fähigkeiten zu gebrauchen, weil ihr in all den erwähnten Beispielen eure Fähigkeiten, das heißt, eure inneren Sinne, auf einer unterbewussten Ebene braucht.

Hier könnt ihr ein Gefühl für sie bekommen, sodass ihr wisst, womit ihr arbeitet. Ihr wandelt fortwährend Energie von den inneren Sinnen in physische Gedankenkonstruktionen um. Ich möchte, dass ihr mit diesem Prozess, durch den ihr dies unwissentlich erreicht, vertraut werdet, damit ihr dann die gleichen Leistungen bei vollem

Bewusstsein vollbringen könnt.

Ich schlage eine Pause vor und wenn es scheint, als ob ich unsere Gäste vernachlässige, so war ich eben nie ein Partylöwe, obwohl auch ich hie und da meine Momente habe. Sie sind beide sehr willkommen und ich habe sie beide erwartet.

Nun, bevor ich eure Pause völlig vergesse, schlage ich vor, ihr macht sie jetzt besser.

(Pause um 22:35 Uhr. Jane war in der üblichen Trance. Sie fuhr mit einer guten, kräftigen Stimme um 22.46 Uhr weiter.)

Ich habe die Gründe für diese Sitzungen erklärt und sie können nachgelesen werden. Wir haben hier ein empfindliches Gleichgewicht und im empfindlichen Gleichgewicht selbst liegt der Ursprung für das Wachstum und die Freisetzung der Energie. Ich habe vorher schon erwähnt, dass ihr im Traum – soweit es eure Sinne betrifft – einen bestimmten Ort besuchen und eine bestimmte Zeitdauer erleben könnt. Dabei existiert der Ort nicht und kann in eurem Raum nicht gefunden werden. Und auch wenn ihr im Traum fünf Stunden durchlebt, nimmt das nur einen winzigen Hauch der Uhrzeit ein und im Vergleich zur eigentlichen psychischen Realität altert der physische Körper während des psychischen Traumerlebnisses nicht. Während des Schlafes seid ihr frei von Raum und zu einem großen Teil auch frei von Zeit, weil ihr eure Energien nicht braucht, um Gedanken in dauerhafte, physische Camouflage-Muster zu verwandeln.

Ihr übertragt Gedanken tatsächlich in Bildmuster, aber sie verfügen auf eurer Ebene weder über Dauerhaftigkeit noch über Kontinuität. Sie besitzen aber Dauerhaftigkeit und Kontinuität auf einer anderen Ebene, mit der euer Unterbewusstsein vertraut ist. Diese Bilder sind so unabhängig von eurer bewussten Kontrolle wie die inneren Vorgänge eures eigenen physischen Körpers jenseits eurer bewussten Kontrolle liegen.

Diese Bilder fahren fort, die ihnen von euch aufgegebenen Probleme zu lösen, genau so wie ihr als gegenwärtige Persönlichkeit die Probleme in einer Inkarnation nach der anderen löst. Diese Traumbilder haben innerhalb gewisser Grenzen auch ihren eigenen freien Willen. Ich habe die Realität hinter aller Kunst erklärt. Ich habe erklärt, dass die darin enthaltene Energie sich immer wieder regeneriert und, obwohl sie in gewissen Grenzen gehalten wird, konstant aktiv ist. Das Gleiche trifft auch auf unsere Traumwelt und genau gleich auch auf unsere Experimente zu.

Ihr werdet weiterhin all das tun, was ihr bereits getan habt, aber mit Hilfe eures Egos werdet ihr fähig sein, den Umfang eurer Erfolge zu beweisen. Wenn alle auf eurer Ebene plötzlich glaubten, dass die physische Welt zu einem bestimmten Zeitpunkt enden würde, dann geschähe das auch, weil ihr alle mit euren Gedankenkonstruktionen aufhören würdet. Bei unseren Experimenten werden wir daher mit dem starken Glauben beginnen, dass alles, was wir uns vornehmen erreichen zu wollen, tatsächlich auch erreicht werden kann.

Das mag manchen in vielen Fällen unangenehm sein, aber alle physischen Konstruktionen sind Umwandlungen von Energie, die sich zuerst als Gedanken manifestierten und die dann in der physischen Realität geschaffen wurden. Ohne Gedanken habt ihr keine physische Realität und ohne den Glauben an die Erreichbarkeit unserer Ziele wird es keinen Erfolg geben. Der gewonnene Erfolg wird dann aber seine eigenen physischen Beweise liefern.

Ich habe begonnen, auf die Gesetze des Universums der inneren Realität einzugehen. Im Moment werde ich jedoch nichts weiter dazu sagen, da dies unsere Gäste nur verwirren würde, bevor sie nicht auf dem Laufenden sind. Aber trotzdem: Ich habe gesagt, dass diese Gesetze durch alle Camouflage-Ebenen hindurch widerspiegelt und in allen Manifestationen befolgt werden und das trifft auch auf eure Traumwelt zu. Ich habe über Fragmente gesprochen, sowohl über Persönlichkeitsfragmente als auch andere und auch diese folgen den gleichen Gesetzen.

Eure Tiere verfügen mittels der inneren Sinne über engere Bindungen. Erinnert euch an die Analogie mit der Spinne und ihrem Netz. Das Netz existiert sowohl in der Zeit als auch im Raum, wie das alle physischen Konstruktionen tun. Deshalb habe ich gesagt, dass euer Universum nicht in der gleichen Form wie das Spinnennetz existiert, einfach weil es nicht an Raum oder Zeit gebunden ist. Nochmals: Das Universum expandiert in Form von Werterfüllung und auf eine Art und Weise, die eure äußeren Sinne nicht erfassen können.

Die Instrumente eurer Wissenschafter sind selbst verzerrt und erlauben euch nur, die Camouflage noch weiter zu erforschen. Was ihr braucht, sind Werkzeuge und Instrumente, die frei von Camouflage sind. Eure Wissenschafter überlegen sich, über die Erdatmosphäre hinaus zu gehen, um so mögliche Verzerrungen zu umgehen.

Sie realisieren nicht, dass außerhalb dieser Verzerrungen wiederum eine andere liegt; ihr müsst daher nach innen reisen und zwar mit inneren Instrumenten. Ich werde später noch mehr dazu sagen.

Was die Zeugen betrifft und vor allem auch die Ehefrau, so schlage ich vor, dass ihr euch an einem anderen Abend trefft, vielleicht nicht gerade bevor eine Sitzung beginnt, und dann das Ganze Ruburt überlässt. Was mich betrifft, würde ich eine andere junge Frau sehr willkommen heißen. Trotzdem ist es aber die Gesamtpersönlichkeit, die zählt und da Ruburt die Sitzungen durchgibt, werde ich ihm das Ganze überlassen.

Auf längere Zeit hin gesehen ist es besser, ruhig und vorsichtig vorzugehen. Ich bin nicht der Heilige Geist. Ich erwarte oder verlange keine Gelübde der Armut, des Gehorsams und schon gar nicht der Keuschheit. Ich verlange aber zu allen Zeiten Integrität und vielleicht bleibt das, wenn alles gesagt und getan worden ist, meine einzige Bedingung.

Es ist viel besser, wenn ihr mit Beständigkeit und Vertrauen weitergeht. Übermäßiger Enthusiasmus kann zu Fanatismus führen und das muss verhindert werden. Der heutige Abend mit den zwei Zeugen ist sehr gut gelungen. Es ist möglich, dass die Teilnahme der betreffenden Ehefrau auch gut sein würde, aber die Aufforderung dazu sollte nicht zu drängend sein, denn das wäre ein Fehler.

Ich schlage wieder eine kurze Pause vor.

(Pause um 23:18 Uhr. Jane war in der üblichen Trance. Seths Kommentar bezog sich auf Jim Tennants Frau. Jim T. meinte, seine Frau könnte das Diktat stenographisch aufzeichnen. Da sie noch sehr jung ist, fragte sich Jim T. auch, ob sie überhaupt an den Sitzungen interessiert sein würde; bis jetzt hatte sie noch keine Zeit gehabt, ein Interesse an ASW zu entwickeln.

(Jane nahm das Diktat um 23:15 Uhr wieder mit sehr kräftiger Stimme auf.)

Diese ganze Materie muss durch Training und durch Disziplin in feste Bahnen gelenkt werden. Weder werde ich euch Zeichen geben noch Tricks vorführen, um irgendjemanden zu überzeugen. Die Methode liegt im Text. Jegliche Zeichen, die ich während dieser Sitzungen gebe, werde ich aus meinen ganz persönlichen Gründen geben und sie werden nie als reine Zurschaustellung, sondern stets wegen ihres Wertes als Lehrdemonstrationen wichtig sein.

Es gibt keinen einfachen Weg, der auf die Dauer wirksam wäre und wenn ich manchmal umständlich zu sein scheine, so nur, weil ich allmähliche und sichere Resultate anstelle von protzigen Demonstrationen bevorzuge, die dann nicht aufrechterhalten werden können. Das ist ein lebenslängliches Projekt und ich glaube, dass Ruburt und Joseph nun aufgrund ihrer vorherigen harten Arbeit und Disziplin Erfolg haben. Ich werde auf keinen Fall Ruburt zwei Meter in die Höhe schweben lassen oder irgendwelche hellseherischen Demonstrationen veranstalten, außer es dient einem tieferen Zweck. Unser Gast sollte nicht ungeduldig werden. Auf diese Weise wird nichts gewonnen.

Jene, die an diesen Sitzungen interessiert sind und die zu einem Teil der Gruppe werden, werden in ihren Anstrengungen unterstützt werden. Ich werde aber immer zusammen mit euch an der Entwicklung eurer inneren Sinne arbeiten und zwar ohne Feuerwerksdemonstrationen nur allein um der Demonstrationen willen.

Ich werde mich an einer anderen Sitzung eingehender mit dem Hintergrund eurer Gäste beschäftigen und auch mit dem Enthusiasmus, der wohl sehr erfrischend ist, aber auch der Disziplin bedarf. Dieser Enthusiasmus hat dir in der Vergangenheit Schwierigkeiten bereitet und ich werde ganz einfach nicht derjenige sein, der dir erlaubt, ihn ohne Disziplin und Umsicht auszuleben.

(Hier zeigte Jane auf Jim T.)

Ich würde <u>dir</u> damit einen schlechten Dienst erweisen. Enthusiasmus an sich ist ausgezeichnet. Aber er sollte zu deinem eigenen Besten kanalisiert und bis zu einem gewissen Grad innerhalb bestimmter Grenzen gehalten werden. Ich möchte nicht schroff tönen. Meine Gefühle sind nicht schroff. Ich habe aber den Vorteil, den Hintergrund eurer vorherigen Persönlichkeiten zu kennen.

Innerhalb der Grenzen der Disziplin werden wir hier Freiheiten haben, die in eurer heutigen Welt relativ unbekannt sind. Aber wir müssen psychische Lawinen vermeiden. Weil die Möglichkeiten so unbegrenzt sind, müssen wir uns an jedem Punkt unseres Weges unserer selbst sicher sein. Das Material muss gelesen werden. Die Experimente im Material müssen ausprobiert werden.

Wir werden die Mittel und Wege dafür ausarbeiten.

Meine lieben Freunde, wie immer zögere ich, die Sitzung zu beenden. Und wiederum könnte ich stundenlang weiter machen. Ich versprach euch eine Party-Sitzung und wir werden sie innerhalb kurzer Zeit durchführen. Ich genieße euren regnerischen Abend. Meine Grüße gehen an euch beide und mit meinem gewohnten tiefen Bedauern werde ich die Sitzung beenden. Ruburt ist sehr gut für mich durchgekommen. Meine besten Grüße auch an euren Gast und euch allen einen ganz herzlichen guten Abend.

Eine Bemerkung: Deine Experimente, Joseph, kommen außerordentlich gut voran und wenn du die Stimme wieder vernimmst, die du bei deinem Erlebnis gehört hast, wirst du sie erkennen.

(„Gute Nacht, Seth".

(*Ende der Sitzung um 23:40 Uhr. Jane war in der üblichen Trance. Jim Beckett hatte uns während der letzten Pause verlassen. Wir diskutierten mit Jim Tennant über die Gründe für unsere sehr vorsichtige Annäherung an das Seth-Material und unterstrichen unser Gefühl, dass es in Bezug auf Behauptungen etc. besser wäre, auf der sehr konservativen Seite zu bleiben. Wir luden ihn ein, an weiteren Sitzungen teilzunehmen und es wurde uns immer klarer, dass wir irgendeine Art Arrangement treffen mussten, damit andere das Material lesen könnten, ohne dass wir es jedoch aus unseren Händen geben würden. Wir sorgen natürlich dafür, dass dem einen Exemplar, das wir selbst besitzen, nichts geschieht.*

(*Siehe das Ende der 48. Sitzung betreffend Seths Bemerkungen im letzten Abschnitt.*)

(*Am Dientag, den 28. April 1964, als Jane kurz vor dem Einschlafen war, erlebte sie ein sehr unangenehmes Gefühl in ihrem Körper. Sie hatte, so sagte sie, ein abruptes Gefühl, als ob man sie „auf den Kopf geschlagen" hätte. Ihr Körper bewegte sich nicht auf dem Bett. Sie spürte nur diesen sehr bestimmten Schlag zuoberst auf ihrem Kopf. Es folgten keine anderen Gefühle oder Erlebnisse und sie schlief ein.*

(*Direkt vor dem folgenden Erlebnis spürte Jane wieder dieses Gefühl des Schlages. Es war, so sagte sie, ein tatsächliches physisches Gefühl wie ein Schlag auf den Kopf. Obwohl es ziemlich unangenehm war, war es auch sofort vorbei.*

(*Am Vormittag, wenn ich bei Artistic Card Co. arbeite, ist Jane zuhause und schreibt während dieser Zeit. Sie hat es sich zur Gewohnheit gemacht, sich um ungefähr 11:30 Uhr in psychologischer Zeit zu üben, jeweils nach ihrer Arbeit an der Schreibmaschine und bevor sie zu Mittag isst.*

(*Am Donnerstag, den 30. April 1964, um 11.30 Uhr, hatte Jane ein sehr interessantes Erlebnis. Beim Üben von psychologischer Zeit realisierte sie plötzlich, dass sie in ihrer alten Umgebung, an der Middle Avenue in Saratoga Springs, N.Y., war. Sie sah sehr klar und in einer Art, wie sie es im Traum nicht könnte, die Straße, in der sie aufgewachsen war. Sie stand vor ihrem Haus, drehte ihm aber den Rücken zu. Es war Winter, der Boden und die Straßen waren schneebedeckt, aber es gab keine hohen Schneemauern.*

SITZUNG 49

Jane sah dann einen Jungen, der zwei andere Jungen auf einem Schlitten zog. Sie wusste sofort, dass es Curtis Lundgren als Junge war. Sie hatte Curtis Lundgren, der nun erwachsen ist, seit unserer Heirat vor zehn Jahren nicht mehr gesehen. Der Anblick des Jungen verwirrte sie sofort, denn sie wusste natürlich, dass Curtis nun ein erwachsener Mann war. Aber die Nachbarschaft stimmte. Sie dachte: „Nun, das ist nicht heute – aber das muss es trotzdem sein. Die Lundgrens leben gleich um die Ecke."

(Dann verschwand alles. Ohne zu wissen, wie sie es tat, brachte Jane alles wieder zurück und schaute es sich nochmals an. Sie dachte: „Also, es ist heute – da ist Rabes Haus an der Ecke und dort ist der Quartierladen." Sie realisierte dann, dass alles in der Vergangenheit war. Sie schaute es sich nochmals an und stieß einen tiefen Seufzer aus, der aus dem Herzen kam. Dann war alles vorbei.

(Jane erinnert sich auch, gegenüber einige kahle Fliederbüsche in einem Nachbargarten neben dem Zaun eines Primarschulgebäudes gesehen zu haben. Es war ein grauer Tag, am Vormittag. Sie sah keine Autos oder Menschen. Und wie in meinen Erlebnissen dachte auch sie nicht daran, zu versuchen mit denjenigen zu reden, die sie sah.)

(Janes Bericht von Freitag, 1. Mai 1964.

(Das folgende Erlebnis geschah heute zwischen 11:45 Uhr und 12:00 Uhr. Ich wiederholte mir ein paar Mal, ich sei außerordentlich leicht, so leicht wie eine Feder. Das Erlebnis war deutlich, sehr intensiv, unvergesslich.

(Meine Augen waren geschlossen. Mein Körper begann sich sehr leicht anzufühlen, aber ein erregendes Gefühl hüllte mich ein. Meine Stirn fühlte sich sehr kühl an, als ob kühle Bänder um meinen Kopf gelegt wären. Das elektrisierende Gefühl umhüllte mich vollständig, aber in Wellen von stärkerer und schwächerer Intensität.

(Die stärkeren Wellen schienen jedoch ständig kräftiger zu werden. Einmal ‚sah' ich ein großes Licht, als ob vielleicht plötzlich die Sonne aufgegangen wäre. [Es ist ein sehr dunkler, regnerischer Tag]. Dieses elektrisierende Gefühl ging weiter, bis es fast nicht mehr auszuhalten war. Ich hatte das Gefühl, als ob ich buchstäblich weggetragen oder weggefegt würde. Zu keiner Zeit war ich jedoch über meine Sicherheit besorgt. Das Erlebnis war erstaunlich angenehm. Ich hatte mir am Anfang suggeriert, dass ich bis 12:00 Uhr aus dem Trancezustand erwachen würde und hatte den Wecker gestellt. Er läutete jedoch nicht und ich wurde mir bewusst, dass die für die Trance vorgesehene Zeit abgelaufen war.

(Ich fragte mich auch, ob es gut wäre weiterzumachen, wenn niemand da war. Rob war an der Arbeit. Ich war versucht fortzufahren, aber stattdessen zählte ich auf drei und kam aus der Trance. Ich fühlte mich phantastisch, erfrischt, verblüfft. Ich fragte mich, ob dieses überaus intensive Gefühl wohl das sei, was man Ekstase nennt.)

SITZUNG 50
4. MAI 1964, 21:00 UHR, MONTAG, WIE ANGEWIESEN

Zellen, Moleküle, Atome und kleinere Partikel; weitere Gesetze des inneren Universums: Bewusstsein, die Fähigkeit zu unbegrenzter Beweglichkeit und die Fähigkeit zu unbegrenzter Veränderlichkeit und Umwandlung

(Während ich mich in psychologischer Zeit übte, hatte ich die folgenden drei Erlebnisse: Alle waren sehr kurz und bereits vorüber, bevor ich realisierte, dass ich sie überhaupt gemacht hatte. 30. April: Eine junge Frau mit weit geöffnetem Mund, Nahaufnahme des Gesichts. 2. Mai: Ein Handwerker, der auswechselbare, grüne Wände installiert. 3. Mai: Dreiviertel-Ansicht von oben von der vorderen Hälfte zweier schwarzer, rennender Pferde.

(Ich machte eine Liste dieser Erlebnisse, fügte eine schnell angefertigte Skizze der Pferde und Janes Saratoga- und Ekstase-Erlebnis aus der 49. Sitzung hinzu, all das mit dem Gedanken, Seth während der Sitzung von heute Abend darüber zu befragen. Diese Erlebnisse mit der psychologischen Zeit sind so faszinierend und zahlreich geworden, dass Jane und ich eine Methode erfunden haben, um sie chronologisch aufzulisten, damit sie schnell abrufbar sind.

(Am letzten Samstag kauften wir ein zusätzliches Band für die von Seth versprochene Party-Sitzung.

(Wir ruhten uns beide bis um 20:45 Uhr aus. Es waren keine Zeugen vorgesehen. Wir fühlten uns sehr entspannt, obwohl Jane auf den Beginn der Sitzungen hin wieder nervös wurde. Sie begann mit normaler Stimme zu diktieren, lief langsam hin und her und beides blieb sich während der ganzen Sitzung gleich. Ihre Augen wurden wie immer dunkler.)

Guten Abend.

(„Guten Abend Seth.")

Ich sehe, dass wir heute Abend eine ruhige Sitzung haben werden. Ich weiß, dass Ruburt wieder seine Schwierigkeiten hatte und wie ich schon oft gesagt habe, ist Geduld nicht eine seiner Stärken. Lasst euch und auch mir selbst zur 50. Sitzung gratulieren. Wir alle tragen einiges dazu bei. Zwei Sitzungen pro Woche ergeben einen sehr anspruchsvollen und ausgefüllten Stundenplan, wie ihr sicherlich auch bereits gemerkt habt.

Wann immer ihr das Gefühl habt, dass ihr ein paar Sitzungen auslassen wollt, soll euch das natürlich freistehen. Ich wollte das nicht schon gleich am Anfang. Es ist zu schwierig, ein solches Umfeld aufzubauen. Nun aber nehmt euch, wann immer ihr wollt, eine Auszeit innerhalb eines vernünftigen Rahmens – meines Rahmens.

(Jane lachte.)

Das fünfte Gesetz des inneren Universums heißt Schöpfung, wie ich euch schon gesagt habe. Nochmals: Das ist nicht unbedingt das fünfte Gesetz in Bezug auf seine

Bedeutsamkeit. Ich gebe euch die Gesetze nur in der einfachsten Reihenfolge durch.

Diese Schöpfung beinhaltet nicht nur das Hervorzaubern von Energieeinheiten und Energiefeldern aus einer Form in die andere, sondern auch das Aufbauen von neuen Feldern. Das ist oft das Resultat von Werterfüllung; in diesem Fall müssen alle vorhandenen Möglichkeiten erscheinen, aber jedes Erscheinen ist im wahrsten Sinn eine Schöpfung.

Nochmals: Schöpfung findet größtenteils durch Werterfüllung statt, die in einer Dimension existiert, die nichts mit eurem Raum und eurer Zeit zu tun hat. Und genau genommen hatte Schöpfung ursprünglich, wenn ihr diesen Ausdruck entschuldigen wollt, als Ganzes weder mit eurem Raum noch mit eurer Zeit tun und die so genannte Geburt eures bekannten äußeren Universums kam lange nach der Geschichte von Schöpfung und Werterfüllung.

Wenn eure Wissenschafter schließlich die physikalischen Realitäten hinter der Geburt eures bekannten Universums entziffern, werden sie nur entdecken, dass es die äußere Manifestation einer lebendigen, psychischen Realität ist, die schon lange vorher existierte. Schöpfung geht fast immer Hand in Hand mit Werterfüllung und zum Zeitpunkt des Erscheinens irgendeiner physischen Konstruktion auf eurer Ebene hat diese schon zuvor existiert. Ein Gedanke auf eurer Ebene ruft physische Konstruktionen ins Leben, aber der Gedanke selbst ist nur die Übersetzung einer anderen Realität, die ihn ihrerseits geboren hat.

Werterfüllung ist fast <u>wie</u> Schöpfung und doch gibt es einen Unterschied. Schöpfung existiert zuerst, wenn wir im Sinne von Kontinuität sprechen müssen und für euch müssen wir das. Es gibt hier vieles, was euch fast nur durch konzeptuelle Muster übermittelt werden kann und hier ergeben sich wiederum Schwierigkeiten wegen der Wörter, die eines nach dem anderen aneinandergereiht werden müssen.

Trotzdem findet innerhalb der inneren Vitalität und der psychischen Größe des Universums eine konstante Schöpfung statt; damit meine ich etwas Zusätzliches, etwas völlig Neues und Einzigartiges, etwas, was vorher nicht existiert hat. Diese Schöpfung stammt aus der Vitalität des inneren Universums selbst und diese Vitalität erneuert sich ständig selbst.

Nicht nur erneuert sie sich selbst, sondern sie erzeugt auch mehr von sich selbst. Es gibt, wie ihr vielleicht denkt, keine festgelegte, endliche Menge von Energie, aus der alle Dinge erschaffen werden müssen. Stattdessen gibt es tatsächlich eine unbegrenzte Menge von Energie und das weiß ich mit Sicherheit. Fragt mich jetzt noch nicht, woher diese unendliche Menge von Energie stammt. Zum einen denke ich nicht in Sinne von Ursache und Wirkung und außerdem hat Energie keinen Ursprung in der Art, wie ihr damit vertraut seid.

Schöpfung geschieht daher konstant und nicht immer entlang den Linien alter Muster, sondern mittels vieler völlig verschiedener Muster. Und hier gibt es noch einen weiteren kleinen, aber sehr interessanten Punkt: Auf eurer eigenen Ebene existiert ein unterbewusstes Wissens-Lagerhaus, aufgrund dessen <u>alle</u> Moleküle und Atome in kondensierter Form genau wissen, welche unterschiedlichen oder evolutionären Versuche gemacht wurden und mit welchen Resultaten. Sozusagen auch immer mit dem Blick darauf, welche Bedingungen nun für vorher fehlerhafte Formen passend wären oder welche Formen ausprobiert werden müssten, um den gegenwärtigen Bedingungen zu entsprechen. Ich habe gesagt, dass Moleküle und Atome und sogar noch kleinere Teile über ein kondensiertes Bewusstsein verfügen.

Ich schlage vor, ihr macht eure Pause und dann werden wir noch tiefer auf dieses Thema eingehen.

(Pause um 21:28 Uhr. Jane war in tieferer Trance als sie normalerweise im ersten Teil der Durchgabe ist. Da dieses Material so interessant war, entschieden wir uns zu warten und zu sehen, ob Seth später in der Sitzung auf unsere eigenen persönlichen Erlebnisse mit der psychologischen Zeit eingehen würde. Um 21:39 Uhr fuhr Jane in der gleichen Art weiter.)

Die Atome und Moleküle, die alle physikalischen Zellen aufbauen, sind nicht grundsätzlich an eure Zeit gebunden. Sie wirken innerhalb eures Zeitrahmens, aber das kondensierte Wissen, dass sie enthalten, trägt sein <u>eigenes</u> spezielles und einzigartiges Bewusstsein in sich, das nicht an eure physikalischen Gesetze gebunden ist.

Chemikalien allein bringen weder Bewusstsein noch Leben hervor. Eure Wissenschafter müssen einfach die Tatsache anerkennen, dass Bewusstsein zuerst kommt und seine eigene Form entwickelt. Aber das ist und beinhaltet Individualität und auch gegenseitige Abhängigkeit. Eure Vorstellung eines physischen Körpers, der aus einer Art separatem Bewusstsein besteht, das ein Gerüst von völlig unbewussten Teilen kontrolliert, ist ziemlich weit hergeholt.

Alle Zellen im Körper sind individuell und haben ein separates Bewusstsein. Sicher gibt es hier Abstufungen, aber die Tatsache bleibt bestehen, dass jede Zelle eine <u>bewusste</u> Zelle ist. Es gibt eine bewusste Kooperation zwischen den Zellen in allen Organen und auch zwischen allen Organen selbst.

Nun wolltet ihr verschiedentlich wissen, was die Wesenheit wirklich ist und ihr habt euch gefragt, wie Fragmente – oder Fragment-Persönlichkeiten – Wesenheiten werden können, falls sie das wollen.

Ein einfaches und treffendes Beispiel: Die Moleküle und Atome und sogar noch kleineren Teilchen enthalten alle ihr separates Bewusstsein. Sie formen sich zu Zellen. Obwohl nun die Zellen ihre Individualität beibehalten und keine ihrer Fähigkeiten verlieren, gibt es bei dieser Zellbildung tatsächlich eine Zusammenlegung individueller Bewusstheiten von Atomen und Molekülen zur und in die Form eines individuellen, zellulären Bewusstseins. Hier gewinnt das Bewusstsein eines jeden individuellen Moleküls und Atoms durch diese gemeinsame psychische Gestalt auf unermessliche Weise etwas dazu. Die Einbindung des individuellen Bewusstseins in eine größere Verbindung ergibt ein neues, größeres, mächtigeres, zellulares Bewusstsein, das zu viel mehr Erfahrung und Erfüllung fähig ist, als es einem isolierten Atom oder Molekül je möglich gewesen wäre.

Nun gehen wir, wie ihr sicher vermutet habt, sogar noch weiter, bis zu den Organen, die buchstäblich aus unzähligen, individuellen Zellen zusammengesetzt sind.

SITZUNG 50

Auch in diesem Fall ergibt sich die gleiche Verbindung mit ihren resultierenden Vorteilen für das Individuum, was ebenfalls zu einer Bildung eines größeren Bewusstseins führt.

Dies geht ad infinitum so weiter und auch das kleinste Teilchen behält seine eigene Individualität und es wird keiner seiner Fähigkeiten beraubt. In Wirklichkeit werden seine Fähigkeiten millionenfach multipliziert. Die zusammenwirkende Natur des physischen Körpers könnte nicht einfach nur das Resultat eurer Chemikalien oder der chemischen Reaktionen sein.

Das Bewusstsein erschafft seine eigene Materialisation. Der physische Körper ist wahrhaftig ein noch viel wunderbareres Phänomen als angenommen wird, aber ich hoffe euch hier nicht zu weit zu treiben, denn diese Kombination von Bewusstsein geht weiter und die Resultate können im Bewusstsein des physischen Gehirns gesehen werden.

Ihr merkt, dass ich statt Geist Gehirn gesagt habe. All dies wird sich euch zur richtigen Zeit in seiner wahrhaft logischen Perfektion zeigen und viel davon wird in vielen scheinbar verschiedenen Gebieten wichtig sein.

Die psychosomatische Medizin steckt noch in ihren Kinderschuhen, aber in diesem Material und in zukünftigem Material über dieses Thema wird sehr viel gefunden werden, das anwendbar sein wird. Wenn zum Beispiel das übergeordnete Bewusstsein entscheidet, die ganze oder teilweise Zerstörung eines Teils des Körpers vorzunehmen, wird um Erlaubnis gefragt und diese wird dann entweder gegeben oder auch nicht. Das scheint weit entfernt von der Diskussion über Wesenheiten zu sein. Trotzdem füge ich hier viele Themen für eure Bildung zusammen.

Ich schlage vor, dass ihr eine Pause macht. Ich war selbst noch etwas unentschieden, ob ich mit euch über mögliche Zeugen diskutieren soll, die bei unseren Sitzungen dabei sein möchten. Aber im Moment macht ihr das sicher richtig. Macht auf jeden Fall eure Pause und wenn es so aussieht, als ob ich euch heute Abend eine Menge zuschiebe, so ist es nur, weil ich das Beste aus der verfügbaren Zeit machen möchte.

(Pause um 22:02 Uhr. Jane war in voller Trance, sie erinnerte sich kaum an das Material, das sie soeben durchgegeben hatte.

(Am letzten Samstag erhielt Jane verschiedene kurze Eingebungen von Seth. In letzter Zeit waren wir etwas besorgt darüber gewesen, wie wir das Problem mit Zeugen am besten lösen könnten – das heißt, einerseits mögliche Zeugen mit dem Material vertraut zu machen und andererseits unsere Privatsphäre zu bewahren und auch die Kontrolle über die Sitzungen zu behalten. Jane hatte Seth ziemlich verärgert abgeschnitten, weil sie glaubt, das sei ein Problem, das wir selber lösen müssten.

(Unsere Idee, die wir ziemlich gut finden, ist nun, dass Zeugen jeweils am Mittwoch dabei sein können – sodass wir am Montag die Sitzungen privat halten und uns dann entspannen können – und dass die Zeugen das Material zuerst in einem anderen Raum lesen, während die Sitzung stattfindet. Wenn sie sich dann damit vertraut gemacht haben, können sie an den Sitzungen dabei sein und verstehen auch, was abläuft. Beim Lesen des Materials können sie sich auch Notizen machen oder mit dem

Material in der Form umgehen, die ihnen entspricht. Wir werden nur ein Exemplar zur Verfügung stellen und so kann das Material unsere Räume nicht verlassen.
(Um 22:14 Uhr fuhr Jane in ihrer ruhigen Art weiter.)

Es scheint daher, dass das, was ihr Bewusstsein nennt, das Resultat dieser Kombination ist. Das heißt, es scheint, dass Selbst-Bewusstsein das Resultat dieser Kombination ist. Jede Zelle hat jedoch ihr eigenes Bewusstsein und wenn ich von Bewusstsein als einem Bestandteil des zellularen Lebens spreche, tue ich das nur aus Bequemlichkeit, denn eigentlich ist das zellulare Leben auf das Bewusstsein zurückzuführen.

Der physische Körper ist daher auf das Bewusstsein zurückzuführen. Die Atome und Moleküle verfügen bis zu einem bestimmten Grad sowohl über ein Selbst-Bewusstsein als auch über ein allgemeines Bewusstsein. Die Selbst-Wahrnehmung eines menschlichen Wesens setzt sich teilweise zusammen aus der Kombination von sich selbst wahrnehmenden Atomen und Molekülen, die es zusammenfügen. Das allgemeine Bewusstsein, das ihr Unterbewusstsein nennt, setzt sich aus der Kombination des allgemeinen Bewusstseins der individuellen Zellen und Moleküle zusammen, aber nun gelangen wir zum Ursprung des sich selbst wahrnehmenden, bewussten Individuums, hinter oder innerhalb jeden Moleküls. Woher stammt <u>dieses</u> denn ursprünglich?

Es stammt natürlich aus dem inneren Universum. Das wird außerordentlich schwierig zu erklären sein, bis ihr gelernt habt, die konzeptuellen Muster direkt zu spüren. Ich versuche, das Ganze so einfach wie möglich zu machen und hoffe, dass ich euch nur Material gebe, dass ihr auch begreifen könnt.

(Nun wurde Janes Durchgabe sehr langsam und bedächtig.)

Die Energiepersönlichkeit, die sich auf eurer Ebene materialisieren möchte, wird mittels der inneren Sinne selbst zu einem Teil dieser Ebene. Durch einen Prozess der Diffusion – und das ist übrigens unser neunter innerer Sinn – zerstreut sich die Energiepersönlichkeit zuerst in viele Teile. Da der Eintritt auf diese Ebene als Mitglied dieser Ebene auf keine andere Weise geschehen kann, muss er auf die einfachste Art gemacht werden und eure Samenzellen, die auf eurer Ebene gebildet werden, stellen hierfür natürlich eine Eintrittsmöglichkeit dar.

Die Energie der Persönlichkeit muss dann wieder so, wie ich es euch erklärt habe, zusammengesetzt und zusammengeführt werden. Der innere Sinn der Loslösung, den ich an früherer Stelle schon kurz erwähnt habe, stellt fast eine Gegenbewegung zur anfänglichen Diffusion dar und muss angewandt werden, um jegliche Unabhängigkeit von eurer Ebene zu erreichen.

Ich schlage vor, dass ihr eine Pause macht und hoffe, dass ihr mir folgen könnt. Ich werde später versuchen, noch andere, euch betreffende Punkte zu behandeln. Aber ich wollte diese Gedanken heute Abend so weit wie möglich ausführen.

(Pause um 22:30 Uhr. Jane war nun in voller Trance, tiefer als sonst, sagte sie. Während des zuletzt durchgegebenen Materials fühlte sie, wie Seth versuchte, das Konzept in Teile aufzubrechen, die für uns verständlich waren. Manchmal fühlte sie auch, dass es nicht möglich war, die Konzepte in Wörter umzusetzen. Sie fuhr um

SITZUNG 50

22:40 Uhr weiter.)

Unsere nächste Regel oder unser nächstes Gesetz des inneren Universums heißt natürlich Bewusstsein. Alles, was auf irgendeiner Ebene und unter irgendwelchen Umständen existiert, enthält Bewusstsein, konzentriertes Wissen und sogar Selbst-Wahrnehmung bis zu einem bestimmten Grad.

Es gibt keinen Fall, wo das nicht so ist.

Unser nächstes Gesetz des inneren Universums ist die Fähigkeit zu unbegrenzter Beweglichkeit, eine Beweglichkeit, die innerhalb der geräumigen Gegenwart stattfindet, die auch eine unendliche, geräumige Gegenwart ist.

Unser nächstes Gesetz ist das Gesetz der unendlichen Veränderlichkeit und Umwandlung. Das heißt, jegliche gegebene Energie-Portion hat in sich selbst die Fähigkeit, jedes Muster anzunehmen oder eine unendliche Anzahl von Energiefeldern zu bilden, von denen jedes wiederum eine wahrhaft unendliche Variation von Resultaten ergibt.

Wie ihr wisst, könnten die Zellen oder Atome in einem Arm genau so gut ein Ohr bilden, sofern es die ihnen innewohnenden Fähigkeiten angeht. Das ist ein sehr einfaches Beispiel. Ich hoffe, ich gebe euch heute Abend genug Material, um euch für eine Weile zu beschäftigen.

Obwohl es euch unmöglich scheint, enthält dieses allgemeine molekulare Bewusstsein, das ihr Unterbewusstsein nennt, in kondensierter genetischer Form alles Wissen des inneren Wirkens des Universums; auf dieses Wissen kann, wenn notwendig, zugegriffen und es kann unmittelbar damit gearbeitet werden.

Eure persönliche ichbezogene Wahrnehmung hat mit eurem eigenen Camouflage-Universum zu tun und mit der Manipulation innerhalb dieses Universums. Trotzdem ist das kondensierte, code-artige Verständnis dessen, was ich vorziehe mentale Gene zu nennen, zu jeder Zeit verfügbar, obwohl nicht unbedingt für das ichbezogene „Ich bin".

Wenn ihr realisiert, dass ihr viel mehr seid als das ichbezogene "Ich bin" und dass eure wahre Persönlichkeit ein viel größeres und wirklich viel mächtigeres inneres Ego besitzt, dann wird euch diese relative Unmöglichkeit eines inneren Verständnisses für das äußere Ego nicht ärgern.

Nun, ihr werdet sehen, dass das innere Ego, von dem wir schon oft gesprochen haben, der auf eure Ebene hin gerichtete Energie-Projektor ist. Das innere Ego, das die grundlegende Persönlichkeit darstellt, materialisiert sich selbst durch Diffusion und betritt so eure Ebene.

Das innere Ego ist daher euer Gegenbild. Es bricht die Energie in einzelne Komponenten auf, aber es muss sich immer noch innerhalb der gegebenen Gesetze des inneren Universums bewegen. Es erzeugt deshalb die separaten Moleküle und Atome, die das Individuum zusammensetzen werden. Sein eigenes Wissen wird in kondensierte Form gebracht und die Moleküle sind daher fähig, sich gemäß den materiellen, eurem Universum innewohnenden Eigenschaften zusammenzusetzen und neu zu kombinieren.

Wenn ihr das Material nochmals lest, werdet ihr sehen, warum das ein so wichtiger Punkt ist. Obwohl das bewusste, menschliche Wesen ein Resultat dieser Kombination und Neukombination zu sein scheint, werdet ihr verstehen, warum es eben trotzdem mehr ist als dieses Resultat. Es ist eine besondere Persönlichkeit, die aus einem bestimmten und nicht zufälligen Grund so und nicht anders geformt wurde, indem das innere Ego eine Kopie von sich selbst erschuf, um innerhalb eines bestimmten und besonderen Rahmens von Bedingungen zu funktionieren. Das ist äußerst wichtig.

Das Ganze ist mehr als die Summe seiner Teile, aber nur, weil ihr das Ganze nicht seht. Das Ganze ist in eurem Universum nie offenbar. Es gibt so vieles, was ihr nicht wisst und so vieles, was nur in dieser skizzenhaften Art durchgegeben werden kann, dass ich wirklich entsetzt darüber bin. Es gibt so viele Dinge, die ich noch nicht einmal angedeutet habe.

Ich schlage vor, dass ihr eine Pause macht.

(Pause um 23:06 Uhr. Jane war in normaler Trance. Sobald die Pause begann, wurde ich mir der nun bekannten Schwellung oder des Gefühls der Vergrößerung in meiner rechten Hand bewusst. Es war sehr ausgeprägt. Ich fühlte es, wenn auch weniger stark, auch in meiner linken Hand. Jane sagte dann, dass auch sie so ein Gefühl verspürte. Wir nahmen keine Messungen vor, da wir nicht dafür vorbereitet waren und nach ein paar Minuten verschwand das Gefühl wieder.

(Um 23:14 Uhr fuhr Jane weiter.)

Wir werden eure Erfahrungen in einer anderen Sitzung behandeln. Es tut mir leid, euch vertrösten zu müssen, aber heute war ein vorzüglicher Abend, um euch das eben übermittelte Material durchzugeben. Ich möchte eure eigenen Erlebnisse sehr ausführlich besprechen und sie auch dazu zu verwenden, um weiter in das Studium der inneren Sinne einzutauchen. Ihr habt es jedoch außerordentlich gut gemacht. Ich habe euch gesagt, dass die direkte Erfahrung durch die inneren Sinne sehr intensiv ist und nun könnt ihr das am eigenen Leibe spüren.

Das Pferde-Erlebnis ist sehr interessant, obwohl es nur ein Teilverstehen darstellt oder wohl eher ein nur teilweise übermitteltes Verstehen. Ich bin auch erfreut über Ruburts Saratoga-Erlebnis und möchte ihn wissen lassen, dass wir sicher stellen werden, dass ihn Gäste nicht belästigen.

Wenn du mir die mir zustehende Anerkennung geben würdest, Ruburt, würdest du dich nicht halb so stark ärgern. Eure gemütlichen Zusammenkünfte an den Samstagabenden sind außerordentlich vorteilhaft für euch beide. Aber das wisst ihr zweifellos.

Das Material über die inneren Sinne wird auch mit unseren Gesetzen des inneren Universums verbunden werden, da die Sinne dazu ausgerüstet sind, die Gesetze zu erkennen. Wenn ich vergessen habe, Ruburts Kleidung zu erwähnen, lasst mich hier meinen Beifall ausdrücken. Ich werde die Sitzung beenden, weil das Material so gut durchgekommen ist, außer ihr habt noch irgendwelche Fragen.

(„Ich glaube nicht. Es ist uns eigentlich ziemlich klar".)

Ich bedaure, eure Erlebnisse nicht diskutiert zu haben, weil ich weiß, dass ihr auf eine Erklärung gewartet habt. Ich wünsche euch beiden einen ganz wunderbaren Frühlingsabend, was auch immer noch davon übrig bleibt und wie immer zögere ich, die Sitzung zu beenden. Ich fand diese hier ganz besonders angenehm.

(„Gute Nacht, Seth."

(Ende der Sitzung um 23:25 Uhr. Jane war in der üblichen Trance und „tauchte auf", wie sie es nennt, gegen Ende der Durchgabe. Während der Sitzung hatten sich ihre Augen wie immer verdunkelt und ihre Stimme war ziemlich normal geblieben. Wir spürten beide keine Handphänomene mehr.)

SITZUNG 51
6. MAI 1964, 21:00 UHR, MITTWOCH, WIE ANGEWIESEN

Die psychische Gestalt; der Ursprung hinter dem Ursprung; Sperma und Fötus; der Aufbau einer Wesenheit und Kooperation als neuntes Gesetz des inneren Universums

(Beim Üben von psychologischer Zeit hatte ich die folgenden Erlebnisse; sie waren sehr kurz und bereits vorbei, als ich realisierte, dass sie stattgefunden hatten:

(5. Mai: Ein Gefühl einer großen Schwellung in beiden Händen, als ich auf dem Bett lag. Das war nicht das nun bereits vertraute Gefühl des Anschwellens der Finger und der Handfläche, sondern eher das Gefühl einer tatsächlichen physischen Vergrößerung. Beide Hände fühlten sich mindestens doppelt so groß an, als ob sie gewachsen wären oder als ob ich riesige Handschuhe tragen würde.

(6. Mai: Kurzer Blick auf ein dreieckiges Stück Modeschmuck, zinnfarbig, in der Mitte offen, die drei Seiten des Dreiecks mit einer Reihe von falschen, farblosen Kunst-Edelsteinen besetzt. Als ich den Zustand der psychologischen Zeit verließ, vergaß ich dieses Bild, erinnerte mich aber wieder daran, als ich mich am <u>nächsten</u> Tag im Zustand der psychologischen Zeit befand.

(Am Dienstag hatte ich um 19:25 Uhr das kurze Gefühl des Aufgeschwollenseins in meiner rechten Hand.

(Um 20:00 Uhr erschien Jim Tennant als Zeuge. Er verbrachte die nächste Stunde mit dem Lesen des bereits vorhandenen Materials. Er brachte auch zwei Fragen mit, eine persönliche und eine sehr technische von Mitarbeitern bei Corning Glass.

(Jane erwachte von ihrem kurzen Schlaf um 20:30 Uhr. Um 20:55 Uhr sagte sie, sie sei nicht so nervös wie sonst vor einer Sitzung. Sie hatte das Gefühl, dass Seth sich an diesem Abend irgendwie „ihrer angenommen" und sie in Bezug auf Zeugen beruhigt hätte. Ich zeigte ihr unsere wachsende Liste von Erlebnissen mit der psychologischen Zeit in der Hoffnung, dass Seth sie heute Abend diskutieren würde. Jane begann mit einer etwas schwereren Stimme als sonst zu diktieren und blieb während der ganzen Sitzung dabei. Den ganzen Abend ging sie langsam hin und her, die Hände in den Taschen. Ihre Augen verdunkelten sich wie gewöhnlich.)

Guten Abend.

(„Guten Abend, Seth.")

In unserer letzten Sitzung sprach ich von der Zusammenarbeit, die zwischen den Zellen des Körpers besteht und auch von der Zusammenarbeit, die zwischen den Atomen und Molekülen existiert, aus denen die Zellen und Organe bestehen.

Es gibt auch einen Mechanismus innerhalb des Unterbewusstseins, der die Materialisierung oder Projektion von Gedanken oder der inneren Vitalität in physische Konstruktionen erlaubt. Diese Fähigkeit ist sogar Atomen, Molekülen und kleineren Partikeln angeboren.

Ihr werdet euch erinnern, dass wir sagten, dass Atome und Moleküle Bewusstsein enthalten, zuerst einmal ein allgemeines Bewusstsein, in dem alle Informationen in einem kondensierten, mentalen, genetischen Code enthalten sind und, bis zu einem gewissen Grad, auch ein Selbstbewusstsein.

Die Fähigkeit und der Mechanismus, die nötig sind, um Gedanken in physische Materie zu projizieren, sind daher im individuellen Atom und Molekül stets gegenwärtig. Ich erwähnte, wie die Atome und Moleküle sich zusammenfinden, um Zellen zu formen; das individuelle Atom und Molekül gibt aber seine Einmaligkeit nicht auf, sondern bildet vielmehr eine Gestalt. So ist eine Zelle tatsächlich eine psychische Gestalt, welche durch die in jedem individuellen Bestandteil existierenden Eigenschaften eine physische Konstruktion erhält.

Die Fähigkeit, einen Gedanken oder Energie in physische Konstruktionen zu projizieren, ist daher für den ganzen physischen menschlichen Körper und für den Körper jedes lebendigen Wesens etwas Allgemeingültiges. Diese Fähigkeit, die ein Teil des allgemeinen Bewusstseins oder dessen ist, was ihr das Unterbewusstsein nennt, funktioniert daher ohne ichbezogenes Bewusstsein oder Verstehen.

Ich habe auch erwähnt, dass die Zellen in einem Arm genau so gut in die Zellen eines anderen Glieds oder Körperteils hätten geformt werden können. Hier besteht das Ziel des mentalen genetischen Codesystems darin, diesen Zweck und diese Informationen aufrecht zu erhalten. Es besteht ein Unterschied zwischen dem physikalischen Chromosomenmuster und dem mentalen Gencode; die Chromsomen tragen in sich übersetzte, innere Instruktionen in kondensierter physikalischer Form, denen die physischen Zellen folgen.

Das mentale System, das parallel zum Chromosomensystem besteht, enthält jedoch innerhalb der Atome in kondensierter Form ein allgemeines Bewusstsein, Informationen, die ihm durch die Wesenheit übermittelt worden sind. Das heißt, dass bereits vor dem Eintritt in eure Ebene die Hauptmerkmale einer Persönlichkeit durch die Persönlichkeit selbst festgelegt worden sind.

Das innere Ego weiß, worum es geht. Diese inneren Informationen werden durch das mentale, genetische System mittels des allgemeinen molekularen Bewusstseins an das Chromsomensystem übermittelt und das Chromosomensystem übersetzt dann diese Informationen in einen physikalischen Code, dem die Zellen folgen. Ihr seht, dass das zum Material der vorhergehenden Sitzung passt.

Was Ruburt betrifft: Es stimmt, dass er unlängst eine kurze Botschaft von mir erhielt und ich werde das nun erklären.

(Gestern erzählte mir Jane von einer Eingebung, von der sie glaubte, sie von Seth erhalten zu haben. Darin verglich Seth unsere Vorstellung von Weltraumreisen mit einer Reise aus dem Erdgeschoss eines Gebäudes ins oberste Stockwerk und für das Gebäude brauchte er als Beispiel den Turm von Babel.)

Eure Vorstellung von Weltraumreisen ist tatsächlich so lächerlich wie der Versuch, ein riesiges, hohes Gebäude mit vielen Stockwerken zu bauen und dann anzunehmen, dieses Gebäude sei ein Weltraumfahrzeug. Gebäude können für vieles gebraucht werden, aber ihr müsst zugeben, dass sie als Raumfahrzeuge ziemlich komisch wären. Einerseits sind sie auf der Erde befestigt und anderseits würde euch die Reise vom Keller bis ins 60. Stockwerk keineswegs näher zu den Sternen bringen.

Durch Ruburts Unterbewusstsein nahm ich die alte Legende des Turms von Babel auf und das ist genau das, was ihr in der Weltraumfahrt zu erreichen versucht. Ihr hofft irgendwie, um die Analogie weiterzuführen, ein Gebäude bauen zu können, welches hoch genug ist, dass es bis zu den Sternen reicht.

Obwohl eure Weltraumfahrzeuge augenscheinlich nicht am Boden befestigt sind, so sind sie eben doch in einer sehr wesentlichen Art mit dem Boden eures Camouflage-Systems verbunden, weil sie selbst Camouflage sind. Später werde ich das Ganze mit anderem Material und mit einigen eurer jüngsten Erlebnisse verbinden.

Ich werde noch mehr dazu zu sagen haben, schlage aber vor, dass ihr eure erste Pause macht. Ich werde auch noch ein paar Kommentare über Zeugen im allgemeinen machen, die euch dienen könnten. Und übrigens: Ein herzliches Willkommen unserem Gast.

(Pause um 21:27 Uhr. Jane war in tiefer Trance – wiederum tiefer als normalerweise üblich während des ersten Teils des Durchgabe. Sie diktierte in ihrer sehr ruhigen Art um 21:30 Uhr weiter.)

Ich habe auch gesagt, dass euch Chemikalien allein, in welcher Form und Mischung auch immer, kein Bewusstsein verleihen. Tatsache ist, dass diese eben von mir gemachte Aussage gleichzeitig richtig und falsch ist, indem euch Chemikalien allein <u>doch</u> Bewusstsein verleihen, nur schon weil – wie wir jetzt wissen – jedes auf eurer Ebene existierende Molekül dort als physische Materialisation von bewusster Energie auftritt.

Wenn ich sage, dass Chemikalien allein euch nicht Bewusstsein geben, spreche ich von der bestehenden Theorie, dass physisches Material, Chemikalien und Atome, die unbeweglich und ohne Leben <u>waren</u>, plötzlich durch irgendeine Metamorphose das bewusste Stadium durch eine evolutionäre Entwicklung erreicht haben.

Das Bewusstsein existiert immer vor der physischen Materialisation. Das Gotteskonzept entstand natürlich aus dem angeborenen Wissen der Menschheit, dass Bewusstsein der physischen Konstruktion vorangeht.

Wenn der physische Ursprung eures Universums schließlich entdeckt wird, werden eure Wissenschafter nicht schlauer sein als heute. Sie werden sofort vor dem

Problem stehen, das sie bis dahin so lange umgangen haben und zwar vor dem Problem des Ursprungs <u>hinter</u> dem Ursprung. Diese einfache Tatsache muss nochmals festgehalten werden: Das physikalische Universum und alles was darin ist, ist das Resultat von Bewusstsein. Nicht <u>es</u>, das Universum, entwickelte Bewusstsein. Im Gegenteil: Das Bewusstsein erschuf nicht nur das physikalische Universum, sondern erschafft es immerzu weiter.

Wir werden hier eine tiefer gehende Diskussion des Gotteskonzeptes vermeiden. Aus dem bis jetzt erhaltenen Material versteht ihr, so hoffe ich, dass diese fortwährende Erschaffung des physikalischen Universums auf einer unterbewussten Ebene von <u>jedem darin befindlichen Individuum</u> durchgeführt wird und zwar mittels der Anwendung von Mechanismen, die ich zumindest teilweise erklärt habe.

Kooperation ist immer ein kraftvolles und notwendiges Gesetz und ihr könnt Kooperation auf unsere Liste der das innere Universum regierenden Gesetze hinzufügen.

Nun, diese ständige Schöpfung des physikalischen Universums wird nicht durch ein örtlich begrenztes Unterbewusstsein aufrecht erhalten, das sich irgendwo zwischen zwei Ohren hinter der Stirn befindet. Das individuelle Unterbewusstsein ist, wie ich schon erklärt habe, das Resultat eines psychischen Zusammenfließens von Werten und Fähigkeiten. Es ist eine Gestalt, die durch das kooperierende, allgemeine Bewusstsein eines jeden Atoms und Moleküls aufrecht erhalten und geformt wird, aus dem sich der physische Körper zusammensetzt.

Jedes individuelle Atom innerhalb seines allgemeinen Bewusstseins hat bis zu einem gewissen Grad die Fähigkeit, seinen Teil der Energie in physische Konstruktionen einzubauen. Es ist sehr wichtig, dass ihr diese Tatsache versteht und realisiert, dass die individuellen Zellen – zum Beispiel – bei diesem Prozess ihre Individualität nicht verlieren, sondern dabei unermesslich gewinnen, weil <u>die ganze physische Struktur</u> des Körpers das Resultat dieser Kooperation der Zellen ist, die ihrerseits wiederum das Resultat der Kooperation der Atome und Moleküle sind.

Das resultierende Muster oder der physische Körper ermöglicht es den Zellen, Atomen und Molekülen, sich selbst auszudrücken und Fähigkeiten zu vollbringen, die für sie in einem anderen Zusammenhang unmöglich wären. Sie nehmen bis zu einem gewissen Grad an der Perspektive teil, die durch die Fähigkeiten eines Körpers mit physischer Struktur erreicht wird und auf eine Art, die ihnen sonst verwehrt würde.

Durch ihre Kooperation erreichen sie eine Werterfüllung entlang gewisser Linien. Ich erwähnte die Fähigkeit für unbegrenzte Beweglichkeit und Verwandlung als Gesetze des inneren Universums. Der Widerschein dieser Gesetze zeigt sich in der latenten Fähigkeit zu fast unendlichen Struktur-Variationen und endlosen Kombinationen, die von Atomen, Molekülen und kleineren Partikeln eures Universums erlangt werden können.

Ihr erinnert euch, dass auch Werterfüllung eines der Gesetze des inneren Universums ist; in diesem speziellen Fall haben die Atome und Moleküle die Möglichkeit zur Werterfüllung in viele Richtungen, je nach der Form, die ihre Kooperation und Kombination annimmt.

Ich erkläre dieses Material so ausführlich, weil wir zu Dingen gelangen werden, welche die Wesenheit und ihre Persönlichkeitsentwicklungen betreffen. Die Wesenheit arbeitet zum Beispiel mit der gleichen Art individueller Kooperation und braucht Energie-Bausteine in nahezu der gleichen Weise, wie sie die Atome und Moleküle in der physischen Welt kombinieren, um Zellen, Organe und die ganze Struktur des physischen Körpers aufzubauen.

So wie die verschiedenen Zellen ihre Individualität aufrechterhalten, während sie durch Kooperation an Werterfüllung dazu gewinnen und trotzdem immer ihre Einzigartigkeit behalten, so behalten auch die verschiedenen Persönlichkeiten ihre Individualität und Einzigartigkeit bei, während sie weiterhin und fortwährend zusammenarbeiten, um die psychische Struktur der Wesenheit zu formen, die im Zusammenhang auch sie formt. Und mit diesem kleinen Problem entlasse ich euch in eure Pause. Es gibt mehr Möglichkeiten herauszufinden, was in einem Ei steckt, als es zu zerbrechen, wir ihr noch entdecken werdet.

(Pause um 22:00 Uhr. Jane war wie immer in guter Trance. Sie lächelte breit, als sie diesen letzten Abschnitt durchgab. Sie fuhr um 22:10 Uhr weiter.)

Ich zögere, eure gemütliche Pause zu unterbrechen. Trotzdem werde ich fortfahren. Es versteht sich von selbst, dass nicht allein die Menschheit das physikalische Universum aufrechterhält und ihm Beständigkeit verleiht, indem sie ihr eigenes physisches Bild projiziert und erschafft. So wie dieses Bild das direkte Resultat ihres eigenen inneren psychischen Klimas ist und so wie es getreu ihre eigenen inneren Freuden und Leiden widerspiegelt und sich diese Freuden und Leiden dann selbst physisch in ihrem Bild zeigen, so bauen sich auch alle anderen lebenden Dinge ihre eigenen Bilder auf und helfen mit, die physikalischen Eigenschaften eures Universums aufrecht zu erhalten.

Nicht nur geht das physische Material, aus dem diese Bilder bestehen, ins physische Lagerhaus zurück, um wieder und wieder gebraucht zu werden, sondern das physische Material wird auch wieder <u>in die Form</u> aufgebrochen, die es hatte, <u>bevor</u> es mit den Teilen kooperierte, die einen bestimmten physischen Körper formten.

Die Kooperation ist verschwunden. Wir haben von mentalen Enzymen und deren Wichtigkeit gesprochen. Es wäre hilfreich, diese Passagen im Zusammenhang mit diesem Material nochmals zu lesen. Weil jedes Atom und Molekül in sich selbst kondensiertes Wissen enthält – inneres, direktes, kodifiziertes Wissen über das innere Universum als Ganzes –, sind diese Atome und Moleküle zu so vielen verschiedenen Kombinationen und Variationen fähig.

Ich habe gesagt, dass dieses kondensierte Wissen bereit und verfügbar ist, wenn es gebraucht wird. Es ist innerhalb des allgemeinen Bewusstseins eines jeden Atoms und Moleküls latent vorhanden und es ist direkt verantwortlich für die Kombination zur Zellstruktur.

Einer von Ruburts kleinen preisgekrönten Einblicken war sein Begreifen, dass ihr nur eure eigenen Gedankenkonstruktionen sehen oder euch ihrer bewusst sein könnt. Grundsätzlich bewohnt jedes Individuum eine total verschiedene Welt. Wir werden dies noch ausführen.

So wie ihr euch so vieler so genannter Realitäten nicht bewusst seid, mit denen eure eigene Katze vertraut ist, so nehmt ihr auch andere Universen nicht wahr, die mit eurem eigenen koexistieren. Eure äußeren Sinne sind ausgerüstet, um eure eigenen Camouflage-Muster zu empfangen. Sie sind nicht dafür ausgerüstet, um mit anderen Camouflage-Mustern umzugehen.

Die Camouflage-Muster innerhalb eures eigenen physischen Universums sind zusammenhängend genug, damit alle Individuen einer Spezies mehr oder weniger die gleiche Umgebung zu sehen scheinen. Es gibt Gruppierungen von Sichtweisen, die zu verschiedenen Spezies gehören, aber nicht alle diese Sichtweisen sind jeder Spezies eigen. Wir werden dies später noch gründlicher behandeln. Ich wollte aber diesen Punkt hier einfügen.

Das Material, das sich mit der Wechselbeziehung und der Kooperation der verschiedenen Spezies in ihrer kombinierten Aufrechterhaltung eures physischen Universums beschäftigt, wird viele Sitzungen beanspruchen. Ich werde aber die damit verbundenen Methoden erklären. Ihr habt bereits eine grundsätzliche Feststellung erhalten, was die damit verbundenen Mechanismen betrifft.

Tatsache ist, dass sogar in eurem eigenen Universum nicht <u>alle</u> eure Camouflage-Formen von allen Spezies wahrgenommen werden, auch nicht von eurer eigenen. Eure Wissenschafter werden bestenfalls nur noch <u>mehr</u> dieser Camouflage-Muster entdecken, doch das gesamte System wird ganz einfach von keiner Spezies wahrgenommen werden können und ihr werdet nie Camouflage-Muster außerhalb eurer eigenen Muster erkennen. Über einen bestimmten Punkt hinaus seid ihr beim Streben nach Wissen einfach blockiert, solange eure Wissenschafter auf den festgelegten Regeln ihrer gegenwärtigen Entwicklung beharren.

Die inneren Sinne können, mit genügend Training, andere Camouflage-Muster wahrnehmen. Wie ich erwähnte, gibt es Universen, die mit eurem koexistieren, aber eure verschleierten äußeren Sinne können sie nicht erkennen. Noch werdet ihr mit eurer begrenzten Ursache und Wirkung-Theorie je sehr weit kommen.

Die Ursache und Wirkung-Theorie ist, wie ich schon sagte, ein Resultat eurer Vorstellung über die Zeit. Solange ihr darauf beharrt, in Begriffen wie Vergangenheit, Gegenwart und Zukunft zu denken, ist die Ursache und Wirkung-Theorie absolut logisch und scheinbar eine unumstößliche Tatsache. Wenn ihr eure Zeittheorie entwickelt und realisiert, dass Gegenwart, Vergangenheit und Zukunft nur Auswirkungen und Verzerrungen sind, die durch eure eigene Perspektive verursacht wurden, <u>dann</u> werden eure Wissenschafter realisieren, dass Ursache und Wirkung eine veraltete und antiquierte Theorie ist, brauchbar nur für eine kurze Zeit – ich hoffe, ihr wisst das Wortspiel mit dem Wort Zeit zu schätzen – und nun aufgegeben werden sollte.

Es gibt hier noch mehr, das ich euch sagen will, vor allem zum Thema der geräumigen Gegenwart. Macht aber jetzt auf jeden Fall eure Pause.

(Pause um 22:35 Uhr. Jane war in der üblichen Trance. Während der Pause hatten wir versucht, Jim Tennant auf den neuesten Stand einiger grundsätzlicher Punkte

des Materials zu bringen. Jim war damit einverstanden, die vorherigen Sitzungen zu lesen, während Jane und ich unsere Mittwochabend-Sitzungen abhielten und somit schlugen wir zwei Fliegen mit einer Klappe. Er wollte auch einige Sitzungen aufnehmen, wogegen wir keine Einwände hatten. Um 22:45 Uhr fuhr Jane in der üblichen Art weiter.)

Ich bin teilweise etwas schnell vorgegangen und habe euch – der letzten Sitzung folgend – hervorragendes Material durchgegeben; trotzdem hat die Qualität nicht darunter gelitten, obwohl ich Ruburt ziemlich angetrieben habe. Er war etwas beunruhigt, seit ihr begonnen habt, Zeugen einzuladen, aber ihr werdet sehen, dass das Material für sich selbst spricht. Das ist ein Bildungsprozess und wenn ihr über diese Sitzungen befragt werdet, soll das eure Antwort sein. Ich meinerseits bin ein Lehrer. Alle Resultate oder so genannten Demonstrationen werden das Resultat von Training, Studium, Disziplin und Übungen sein.

Das Material wird immer das grundlegende Werkzeug zum Studium sein. Die im Material gegebenen Vorschläge, die Übungen für die psychologische Zeit usw. sind so anzugehen, wie ihr sie angegangen seid, mit einem gründlichen Wissen über das Material und mit der Vertrautheit über das Ziel hinter allen Experimenten.

Ich habe euch schon oft von möglichen Gefahren erzählt, die in Experimenten liegen, denen man sich ohne die nötigen Vorsichtsmassnahmen von Disziplin und Studium nähert. Nach der Teilnahme an einer einführenden Sitzung sollten dann alle daran Interessierten mit dem Studium des Materials beginnen. Niemals sollten Zeugen oder Beobachter zu Beginn irgendwelche Experimente ausprobieren.

Wenn solche oder ähnliche Dinge aufkommen, werde ich mich mit ihnen befassen. Ich kann gar nicht stark genug betonen, dass ich alle Interessierten willkommen heiße. Heute Abend wollte ich aber die zwei Fragen eures Gastes nicht beantworten; nicht etwa, weil ich sie nicht gutheiße, sondern einfach, weil im Moment das Material selbst wichtiger ist und ich nicht abgelenkt werden wollte.

Es gibt noch ein anderes Motiv: Ich will nicht, dass diese Sitzungen in den Ruf geraten, irgendwelche Demonstrationen zu bieten. Die Art, wie ich euch dieses Material gegeben habe, zeitigt einen ständigen Fortschritt und das ist wichtig. Zu einem späteren Zeitpunkt verändert sich vielleicht meine Einstellung. Wegen der Haltung der wissenschaftlichen Welt im Allgemeinen sollten diese Sitzungen in einem nüchternen Klima stattfinden, weil ich keinesfalls will, dass ihr, mit Ruburts Worten, als Spinner betrachtet werdet.

Und ich bin genau der richtige Kerl, um diesen Sitzungen Nüchternheit zu verleihen, wie ihr ja inzwischen sicher wisst.

Ich möchte nochmals kurz auf unsere geräumige Gegenwart zu sprechen kommen, in der alle Dinge ihre Existenz haben. Wenn die geräumige Gegenwart mit ihren Attributen von Spontaneität richtig begriffen wird, dann fällt die Ursache und Wirkungs-Theorie in sich zusammen. Die Ursache und Wirkung-Theorie als Resultat der Kontinuität hat dann keine Grundlage mehr. Wie ihr wisst, besitzt die geräumige Gegenwart aufgrund der Existenz von Werterfüllung Dauerhaftigkeit.

Sie besitzt keine Dauerhaftigkeit in dem Sinn, mit dem der Ausdruck Dauerhaftigkeit normalerweise gebraucht wird. Dauerhaftigkeit heißt normalerweise, dass eines nach dem andern geschieht. Die geräumige Gegenwart zeichnet sich stattdessen durch Spontaneität aus und in dieser geschieht alles simultan und doch besteht Dauerhaftigkeit.

Die Dauerhaftigkeit wird durch konstante Ausdehnung in Form von Werterfüllung erreicht. Euer physikalisches Camouflage-Universum führt euch gezwungenermaßen zur Annahme, dass Zeit in Form von Vergangenheit, Gegenwart und Zukunft existiert und dies, weil die in die physische Realität hineinkonstruierten Gedanken oder Energien dort unter physikalischen Bedingungen funktionieren.

Es gibt so vieles, dessen ihr euch nicht bewusst seid. Aus praktischen Gründen habt ihr gewisse willkürliche Punkte von Anfang und Ende gesetzt, wie zum Beispiel die Geburt eines Kindes, die als konkreter Eintritt des Bewusstseins angenommen wurde. Nun wissen eure Wissenschafter, dass das lebende menschliche Wesen tatsächlich schon im Mutterleib lebendig ist. Vor einigen Jahrhunderten wurde das noch nicht eingestanden.

Jedes physische Ebenbild bringt dieses Problem zur Sprache. Wann erwirbt es denn eigentlich Leben? Ihr wisst natürlich, dass das Bewusstsein zuerst kommt und dass das Ebenbild dann das daraus resultierende Phänomen ist.

Das Ebenbild des physischen Körpers, das zu einem bestimmten Zeitpunkt zu sterben scheint und das zu einem bestimmten Zeitpunkt in euer physikalisches Universum eintritt, tut keines von beiden. Es gibt keine bestimmte Minute oder Stunde der Materialisation oder Dematerialisation des physischen Körpers. Nur eure Perspektive lässt dies so erscheinen.

(Jane lächelte.)

Euer Leben, glaubt es oder glaubt es nicht, ist grundsätzlich ein simultanes Ereignis. Ihr seht es nur in Zeitlupe.

Das wahre Wesen und die wahren Ereignisse in eurem Leben geschehen entlang den Richtlinien von Werterfüllung, in Form von Verständnis, psychologischen Erfahrungen und Erfüllungen, die keinen Raum einnehmen und die unabhängig von Zeit, wie ihr sie versteht, sind.

Ihr könnt weder das Bewusstsein noch das Wissen wahrnehmen, die im Sperma und später im Fötus kondensiert enthalten und latent vorhanden sind, bevor der menschliche Körper vollständig aufgebaut ist. Noch könnt ihr das Wissen oder Bewusstsein sehen oder wahrnehmen, das immer noch da ist, wenn der sogenannte Tod eintritt.

Das heißt nicht, dass ein menschliches Wesen vor dem Moment oder dem willkürlichen Punkt der Geburt kein Bewusstsein enthält. Ihr sagt nur, dass das Leben hier beginnt. Aber auch wenn ihr das sagt, schließt es die Tatsache nicht aus, dass das Bewusstsein schon lange vorher begonnen hat.

Euer willkürlicher Entscheid, dass das Bewusstsein mit der Veränderung der physischen Eigenschaften an jenem willkürlichen Punkt, den ihr Tod nennt, endet, verhindert nicht, dass das Bewusstsein hier nicht endet. Es gibt eine Metamorphose, die vom Wechsel vom Fötus bis zum voll ausgebildeten Miniaturmenschenwesen bei der Geburt stattfindet. Diese Veränderung wird nicht sehr beachtet, weil sie außerhalb des Erfahrungsbereichs eurer äußeren Sinne geschieht. Trotzdem beinhaltet diese Metamorphose als Erscheinungsbild eine solche Veränderung, dass sie nahezu unmöglich erscheint.

Sozusagen am anderen Ende geschieht auch eine Veränderung, die ihr nicht wahrnehmt. Ihr nehmt sie nicht wahr, weil so wie das Bewusstsein den Fötus von der inneren Ebene her erschafft, das Bewusstsein nun auch beginnt, in eine andere Ebene überzugehen, wo die Veränderung gleichermaßen außerhalb eurer Wahrnehmung liegt.

Es hört einfach nur auf, das physische Ebenbild weiter zu konstruieren. Es gibt hier kein großes Geheimnis. Was als Geheimnis erscheint, ist nur das Resultat einer Unwissenheit. Ich zögere immer, wenn wir uns mit diesem Thema befassen, weil eure so genannten Spiritisten, während sie ein gewisses Wissen besitzen, dieses Wissen üblicherweise in die schillernden Gewänder des Pseudo-Okkultismus kleiden. Sie benehmen sich genauso idiotisch wie Frank Watts in seiner Freimaurerrobe.

(Als ob sie das mir zu liebe sagen würde, da ich mich so sehr für Frank Watts interessiere, klopfte Jane an dieser Stelle auf den Tisch, den ich als Schreibpult benütze.)

Ich schlage vor, dass wir hier die Sitzung beenden, obwohl ich noch viel zu sagen habe. Trotzdem wird eine kurze Diskussion mit eurem Gast von Vorteil und angebracht sein. Und wir werden ganz bestimmt auf deine Erfahrungen zurückkommen, Joseph, und auch Ruburt wird hören, wie er seine eigenen bespricht.

Ich wünsche euch allen von ganzem Herzen einen guten Abend. An einem der nächsten Abende werde ich wieder etwas ausgelassener sein, aber vieles von diesem Material muss mit einer etwas strengeren Hand dargereicht werden.

Gute Nacht, meine Süßen. Ich freue mich auf die nächste Sitzung. Und wir werden auch noch zu unserer Party-Sitzung kommen, Joseph.

(„Gute Nacht, Seth."

(Ende der Sitzung um 23:29 Uhr. Jane war in der üblichen Trance. Wir diskutierten das Material während einer halben Stunde mit Jim Tennant, bevor er nach Hause ging. Wie sprachen auch über mögliche Methoden, um dieses Material mechanisch zu reproduzieren, weil mir die Zeit fehlt, mehr Kopien abzutippen.

(Hier kann angefügt werden, dass John Bradley, unser Freund und Arzneimittelvertreter aus Williamsport, PA, der einige Male dabei war und nun einen Teil des Materials gelesen hat, uns am Dienstag, den 5. Mai, besucht hatte, am Tag bevor diese Sitzung stattfand. Er erzählte uns nochmals von einem Freund, der Rechtsanwalt in Williamsport ist und der an einer Sitzung teilnehmen wolle und der sogar bereit war, die lange Autofahrt [ungefähr 320 km hin und zurück] auf sich zu nehmen. Jane war bei der ersten Erwähnung von Johns Freund etwas unsicher gewesen, da ihre Erfahrung mit Zeugen sehr beschränkt war. Inzwischen hatten verschiedene Zeugen teilgenommen und so sagte sie John, dass sein Freund willkommen sei. John wird nun die

entsprechenden Termine abklären.

(Am Samstag, den 9. Mai 1964 um ungefähr 21.00 Uhr, saß ich am Wohnzimmertisch und las Janes Manuskripte über ASW [ASW = außersinnliche Wahrnehmungen] – jenen Teil, in dem sie ihr Ekstasegefühl und ihr Saratoga-Erlebnis schildert.

(Dann kam eine Ambulanz mit heulender Sirene über die Walnut Street-Brücke gefahren. Sie musste wegen eines abbiegenden Autos anhalten und wartete mit aufgedrehter Sirene, bis das Auto weggefahren war und raste dann entlang der Walnut Street zum Spital.

(Als das Sirenengeheul nachließ, überkam mich mein vertrautes Gefühl, das Seth das Gefühl des Klangs genannt hatte und das mich von Kopf bis Fuß umhüllte – das klangvolle Prickeln, das tiefe innere Erschauern; ich fühlte mich, als ob ich emporgehoben würde. Dieses Gefühl ist nun, da es mich nicht mehr erschreckt, sehr angenehm und sinnlich.

(Ich fragte mich, was wohl diese Episode ausgelöst hatte – die Einfühlung mit Janes Material oder war es eine Reaktion auf den durchdringenden Ton der Sirene oder eine Kombination von beidem? Da ich die Sirene auch mit meinen äußeren Sinnen empfand, also mit meinen Ohren, fühlte ich sie vielleicht auch.)

(Während meiner Übungen in psychologischer Zeit hatte ich die folgenden Erlebnisse:

(Donnerstag, 7. Mai, 14:45 Uhr: Ich hatte den Eindruck eines aufrecht stehenden, rechteckigen Blocks, kaum sichtbar hinter einem dünnen Schleier, der mit formellen kalender- oder statistikähnlichen Zahlengruppierungen bedeckt war. Ich erinnere mich an Rot und Schwarz. Ein automatischer Bleistift lag neben dem Block. Ich hörte auch unidentifizierbare Fetzen von Stimmen, aber ohne Erinnerung an den Inhalt.

(Freitag, 8. Mai, 21:00 Uhr: Gnomenhafter, glattgesichtiger Mann, der in ein äußerst langes, schlankes, zinnfarbenes, ziemlich mitgenommenes Instrument [Horn oder Trompete] bläst. Keine Tasten, Klappen oder Rohrstücke sind sichtbar, nur der lange Bogen des Horns, vielleicht fast einen Meter lang. Ich sah dies in der oberen linken Mitte meines Gesichtsfeldes. Es gab kein Geräusch, die Farbe war gedämpft. Das Bild war vorbei, bevor ich es richtig realisierte.

(Ich sah auch kurz die sehr vergrößerte Spitze des Zeigefingers einer Hand, mit dem Fingernagel, bis zum ersten Knöchel.

(Samstag, 9. Mai, 20:00 Uhr: Flüchtige Blicke von Jane und ich glaube, von Leonard Yaudes, die Hüte oder Stirnbänder anprobieren und miteinander reden. Im unteren Stockwerk wurde an die Wand geklopft und ich erwachte in der Mitte dieses Bildes.

(Nach meiner Sirenenepisode versuchte ich es nochmals mit psychologischer Zeit. Als ich auf dem Rücken lag, spürte ich Überreste der Gefühle im oberen Teil meiner Beine und Füße. Dann sah ich mich einen Reifen entlang unserem blauen Wagen rol-

len. Der Wagen war auf der Straßenseite parkiert. Es war ein heller, sonniger Tag und ich trug eine Mütze und Sportbekleidung. Ich war auf der linken Seite des Wagens und zeigte auf die Vorderseite. Das Ganze wurde unterbrochen von Jane, die mich rief, weil ich eine Zeitlimite gesetzt hatte. Ein sehr kurzes Bild.

(Sonntag, 10. Mai, 21:15 Uhr: Ich glaube, das war bis dahin eines meiner besten Erlebnisse. Ich hatte viele Gesprächsfetzen zwischen meiner Mutter und meinem Vater gehört und ich hatte einen klaren, sehr kurzen Blick vom Hinterkopf und den Schultern meines Vaters, als er sich durch eine Gittertüre schob. Ich verstand beide ganz klar und machte nach jedem Satz eine deutliche Anstrengung, um mich daran zu erinnern, vergaß es aber prompt, sobald ich mich auf den nächsten Satz konzentrierte. Ich dachte nicht daran zu versuchen, mit ihnen zu reden. Meine Mutter sah ich nicht. Beim ersten Mal hörte ich die Stimme meines Vaters außerhalb meines Blickfelds links und hinter mir. Die Stimmen waren sehr klar und definiert und was sie sagten, war vernünftig. Aber ich war unfähig, es zu behalten.

(Jedes Mal, wenn ich mich hinlege, sage ich mir, ich fühle mich entspannt und leicht und unbesorgt. Damit entsteht nun ein inneres, aber nur sehr kurzes Gefühl von tatsächlicher Leichtigkeit. Ich sage mir selbst auch, dass ich Ed Robbins und seine Frau oder irgendeinen anderen Freund besuchen werde. In der oben erwähnten Episode besuchte ich irgendjemanden, obwohl es nicht Ed und Ella waren. Diese Experimente sind äußerst interessant.

(Ich spüre, dass das Erlebnis vom Sonntag ziemlich bedeutungsvoll ist. Es muss auch noch festgehalten werden, dass sich auch Jane später an jenem Abend, als sie sich in psychologischer Zeit übte, auf Mutter und Vater eingestimmt hatte. Sie sah sie zwar beide nicht und obwohl das Erlebnis einige Zeit dauerte, konnte sich Jane, gleich mir, nichts von ihrer Konversation merken.)

SITZUNG 52
11. MAI 1964, 21:00 UHR, MONTAG, WIE ANGEWIESEN

Janes Nackenschmerzen und Mutterbeziehungen

(Um 6:00 Uhr morgens weckte mich Jane und sagte mir, sie hätte einen äußerst schmerzhaften steifen Nacken. Bis wir ihn behandeln konnten, war es bereits kurz vor Mittag und so schien es, als ob heute Abend keine Sitzung stattfinden oder Seth höchstens ein paar Worte sagen würde, um die Ernsthaftigkeit von Janes misslicher Lage anzuerkennen.

(Während des ganzen Sonntags und bis spät in die Nacht hinein hatte Jane in Anya Setons Buch „The Winthrop Woman" über das amerikanische Kolonialleben um 1600 gelesen. Letzte Nacht konnte sie kaum einschlafen, weil sie sich so intensiv damit beschäftigte und sie nahm an, dass das Buch auf irgendeine Art ihr Unterbewusstsein angeregt hatte. Jane sagte, sie habe vergessen und erinnere sich nun wie-

der daran, dass sie vor einigen Monaten auch unter Nackenschmerzen gelitten habe, als sie in diesem Buch gelesen hatte. Die Schmerzen waren aber nicht so stark gewesen wie jetzt. Das Buch beschäftigt sich ausführlich mit dem Leiden von Frauen in jener Zeit, vor allem während der Geburt von Kindern und mit ihrem Leben im Allgemeinen.

(Um 20:30 Uhr fühlte sich Jane ein wenig besser, war aber offensichtlich nicht in der Lage für eine Sitzung. Für den Fall, dass Seth doch durchkommen würde, legte ich mein Notizpapier bereit. Wir warteten. Auch um 20:55 Uhr hatte Jane noch keine Ahnung, ob sie von Seth hören würde.

(Um 21:00 Uhr kam Seth durch. Jane hielt ihren Kopf sehr steif nach vorne gerichtet und sprach leise und ohne Betonung. Sie ging langsam hin und her. Ich konnte nicht sagen, ob ihre Augen dunkler geworden waren. Gleichzeitig begann unsere Katze Willy zu miauen und versuchte, Janes Beine und Knöchel zu packen. Sie hat das schon während früherer Sitzungen getan. Aber nun fand Jane es schwierig, der Katze auszuweichen, da jede schnelle Bewegung sehr schmerzhaft war.)

Guten Abend.

(„Guten Abend, Seth.")

Ich werde euch heute Abend aus offensichtlichen Gründen nicht lange aufhalten. Ich sende dir mein Bedauern und Mitgefühl, Ruburt.

Ich werde in unserer nächsten Sitzung auf die Ursache seiner Schmerzen eingehen, da ich annehme, dass er es heute Abend nicht ertragen würde.

(„Warte einen Moment."

(Willy hatte nun Jane zu einem ärgerlichen Ausruf über seine Angriffe gebracht; seine Krallen zerkratzten ihre nackten Füße. Ich legte mein Papier auf die Seite, packte Willy, spedierte ihn in einen anderen Raum und schloss die Tür. Jane diktierte weiter.)

Ruburt ist heute Abend seiner Schmerzen wegen nicht ganz bei mir und das ist der Konflikt, den eure Katze spürte. Ruburts Zustand verbessert sich jetzt aber und ihr solltet euch darüber keine großen Sorgen machen, obwohl es natürlich für Ruburt äußerst unangenehm ist. In der Zwischenzeit habe ich versucht, ihn bis zu einem gewissen Grad gerade zu biegen, wie du vielleicht gemerkt hast.

Heute ist ein schöner Abend. Ich bedaure, dass wir unsere Sitzung nicht abhalten können. Ich schlage vor, dass Ruburt sich heute und auch morgen ausruht, was ihm sehr gut tun wird. Ich werde bestimmt noch auf die Gründe seines Befindens eingehen.

Ich selbst fühle mich sehr wohl und hatte vor, eine sehr gute Sitzung durchzuführen. Das wird jedoch warten müssen.

Es tut mir sehr leid, dass Ruburt sich so schlecht fühlt und ich werde tun, was ich kann um zu helfen. Meine lieben Freunde, ich wünsche euch einen guten Abend und ich möchte noch kurz hinzufügen, Joseph, dass du Recht hattest: Dein letztes Erlebnis mit psychologischer Zeit war sehr bedeutungsvoll. Ruburt hatte sich auch in das gleiche Gespräch eingeblendet, hatte aber bereits begonnen, sich zu verkrampfen und deshalb jeden psychischen Stimulus abgeblockt in der Hoffnung, dabei den richtigen abzublocken. Leider blockierte er damit alle, außer eben genau dem richtigen.

(Jane versuchte zu lachen. Ich nahm an, dass ihre zwei letzten Sätze durcheinander geraten waren.)

Übrigens hat das Buch, das Ruburt las, wirklich etwas mit seinem Zustand zu tun; dabei spielte auch eine morbide Faszination seinerseits eine Rolle, die viele alte Verstimmungen hervorbrachte. Ich will euch nicht mehr länger aufhalten. Die Information wird zu einem späteren Zeitpunkt genau so wertvoll sein.

Nochmals einen ganz herzlichen guten Abend. Und für Ruburt: Ich bedauere die schmerzhaften Umstände, die es ihm unmöglich machen, eine Sitzung abzuhalten. Es wird dir schon bald wieder besser gehen, mein lieber Rubin.

(„Gute Nacht, Seth."

(Ende der Sitzung um 21:09 Uhr. Jane sagte, dass Seth sofort weitergemacht hätte und dass sie versucht gewesen wäre, die Sitzung durchzuführen. Sie war in einer nicht sehr tiefen Trance. Willy habe sie von Anfang an gestört, sagte sie, aber gleichzeitig sei sie doch in besserer Trance gewesen, als sie es unter den gegebenen Umständen für möglich gehalten hätte.

(Als wir weiter über den Grund von Janes Nackenschmerzen diskutierten, kam Seth nochmals durch. Jane ging wieder hin und her und diktierte um 21:12 Uhr weiter.

Ich möchte noch eine kurze Bemerkung zu Ruburts Wohl beifügen. Sicher ist er sich bewusst, dass die charakteristische Stellung seiner Mutter im Bett so war, dass sie den ganzen Oberkörper komplett drehen musste, wann immer sie in die eine oder andere Richtung blicken wollte und dass sie aufgrund ihrer Arthritis den Nacken nicht normal drehen konnte.

Bei Ruburt kommt hier nun ein Nachahmen oder Adoptieren dazu, ein symbolischer Versuch, selbst zum gehassten Objekt und damit auch frei von jedem Hass zu werden, das von diesem Objekt aus auf Ruburt gerichtet werden könnte.

Psychologisch werdet ihr dieses Prinzip sehr solide finden: Der symbolische und bange Versuch, Teil des gefürchteten Individuums zu werden, um so dem nach außen gerichteten Gift zu entkommen. Diese Gefühle wurden durch Ruburts Lesen jenes Buches wieder ausgelöst, in dem die Geburt als eine große Agonie für die Mütter beschrieben wird.

Da Ruburts Mutter sich oft sehr vehement über Ruburts Geburt als Ursache ihrer Krankheit, das heißt ihrer Arthritis und ihrer Schmerzen, geäußert hatte, fürchtete Ruburt sich auf einer unterbewussten und ganz grundsätzlichen Ebene, dass ihn seine Mutter strafen wollte, weil er ihr so viele Schmerzen verursacht hatte.

Der steife Nacken erlaubte es Ruburt, sich mit seiner Mutter zu identifizieren und daher einer solchen Bestrafung zu entgehen. Gleichzeitig bürdete ihm der steife Nacken aber selbst eine Strafe anstelle der vorgestellten und gefürchteten auf, jener viel größeren Strafe, die, wie Ruburt annahm, seine Mutter für ihn geplant hatte: Dem grundlegenden und kindlichen Schrecknis, dass er wieder in den Mutterleib zurückgezogen würde.

Wenn Ruburts Mutter nochmals hätte neu anfangen können, hätte sie dieses Kind nicht bekommen. Und das Kind, im Erwachsenen verborgen, hat immer noch das Gefühl, dass seine Mutter tatsächlich und sogar jetzt noch die Macht hat, das Kind zurück in den Mutterleib zu zwingen und sich zu weigern, es zu gebären.

Ich gebe euch dieses Material schon jetzt statt später, wie ich vorhin sagte, weil ich merke, dass Ruburt sich mir in Bezug auf dieses Thema verschließen und mich blockieren würde, sobald seine Schmerzen vorüber sind.

Die psychischen Anlagen, die der Arthritis von Ruburts Mutter zugrunde liegen, sind bei Ruburt nicht vorhanden und er muss sich ein für allemal nicht davor fürchten. Kurz gesagt: Arthritis wird nicht eine der Krankheiten sein, die ihn je betreffen werden, obwohl sie in seiner Familie vorkommt.

Ich bin besonders dankbar, dass ich es schaffte, dieses Material durchzugeben.

Nun werde ich euch verlassen, nachdem ich Ruburt überlisten konnte, die Wahrheit über diese Angelegenheit zu vernehmen. Es ist zu deinem Besten, Ruburt.

(„Gute Nacht, Seth."

(Ende der Sitzung um 21:25 Uhr. Jane war während dieser letzten Durchgabe in tieferer Trance gewesen, aber sie war sich ihres schmerzhaften Nackens immer noch bewusst. Sie spürte auch, dass Seth sie irgendwie überrumpelt hatte, um das Material durchzugeben. Jane sagte, sie habe sich innerlich gekrümmt, als Seth das Wort kindlich brauchte. Sie fühlte sich am Ende dieser kurzen Sitzung ein wenig besser.)

SITZUNG 53
13. MAI 1964, 21:00 UHR, MITTWOCH, WIE ANGEWIESEN

Robs Übungen in psychologischer Zeit

(Beim Üben von psychologischer Zeit hatte ich die folgenden Erlebnisse, die wiederum alle sehr kurz und schon vorbei waren, bevor ich überhaupt realisierte, dass ich sie gemacht hatte.

(Montag, 11. Mai, 21:50 Uhr: Nach der kurzen Sitzung vom Montag hatte ich flüchtige Blicke von vielen Dingen, einschließlich dieses im nassen, dunklen Sand am Ufer des Wassers gezeichneten Symbols. Ich sah auch zwei tief gebräunte Männer in Badeanzügen am Ufer des Wassers. Alles andere hatte ich vergessen, als ich aufstand.

(Dienstag, 12. Mai, 20:15 Uhr: In der oberen Hälfte meines Blickfeldes sah ich eine junge Frau in Ganzkörperaufnahme; sie saß mir gegenüber in einem geraden Stuhl. Sie lächelte. Ihre Beine waren gekreuzt; sie trug einen braunen Pullover und einen Rock, sie hatte dunkles, langes Haar.

(Zur gleichen Zeit sah ich in der unteren Hälfte meines Blickfeldes eine Meute von Hunden verschiedener Rassen und Größen, einer von ihnen war ein Dalmatiner. Sie

schwärmten umher, waren aber anscheinend alle mit einer großen Leine verbunden. Ich sah keine Menschen.

(*Heute Morgen war Janes Nacken besser. Aber da sie sich allgemein noch nicht wohler fühlte, nahmen wir an, dass wir heute, falls überhaupt, nur eine kurze Sitzung haben würden. Mittwoch ist jeweils der Tag, an dem Zeugen teilnehmen können, aber da es sehr stark regnete, hatten wir keine Besucher. Um 20:55 Uhr wusste Jane noch nicht, ob Seth erscheinen würde und sie schien nicht nervös zu sein. Sie begann jedoch pünktlich mit einer ruhigen Stimme wie am Montag zu diktieren, ging langsam hin und her und ihre Augen waren dunkel.*)

Guten Abend.

(*„Guten Abend, Seth."*)

Wie ihr wahrscheinlich vermutet, wird diese Sitzung so kurz sein, dass sie kaum noch eine Sitzung genannt werden kann. Ruburts Zustand hat sich gebessert und diese Zeit der Ruhe ohne Sitzungen wird euch nicht schaden.

Ich will Ruburt keine Unannehmlichkeiten bereiten. Sein Vertrauen ist notwendig und ich möchte nicht, dass er das Gefühl hat, von mir ausgenützt zu werden. Ich weiß, dass er keine solchen Gefühle hegt und ich nütze ihn auch nicht auf eine solche Weise aus. Aber ich möchte diesen Anschein auch nicht erwecken.

Es gibt natürlich viel, das zu unserer Diskussion über grundlegende Gesetze hinzuzufügen ist, aber die Gesetze können warten. Sie gehen ja nicht weg. Bei deinem eigenen Problem mit den Eltern hat sich wieder eine Art Ausbruch ereignet und bis jetzt bist du sehr gut damit umgegangen.

Du könntest wahrscheinlich in solchen Momenten sehr viel profitieren, wenn du das Material lesen würdest, das ich dir in diesem Zusammenhang gegeben habe. Es stimmt, dass die Situation ein feines und subtiles Gleichgewicht der Reaktionen deinerseits erfordert. Lies das Material nochmals und du wirst die nötige Hilfe dort finden.

Eure Idee, detaillierte Aufzeichnungen über die Experimente mit psychologischer Zeit zu führen, ist sehr gut. Es besteht zumindest die Möglichkeit, dass du und Ruburt beim Gebrauch eurer inneren Sinne manchmal verschiedene Aspekte einer bestimmten Situation wahrnehmt und dass die individuellen Wahrnehmungen euch ermöglichen würden, ein größeres Wissen über ein spezifisches oder über jedes spezifische Geschehnis zu erlangen, als euch das einzeln möglich wäre. Das wird natürlich noch Zeit und Training erfordern.

Trotzdem sollte eine solche Möglichkeit nicht vernachlässigt werden. Ich bin außerordentlich erfreut über die Fortschritte von euch beiden. Ihr werdet sehen, dass es Höhepunkte mit relativ großen Erfolgen geben wird und mit mehr Praxis werden die Höhepunkte dann nicht mehr so weit auseinander liegen und die Resultate werden vorhersehbarer sein.

Nehmt es nicht allzu schwer, dass unsere Sitzungen diese Woche so auseinander gerissen sind. Wir werden mit voller Kraft zurückkehren und es wird keine schlimmen Folgen haben. Ich möchte aber immer zu unserer festgesetzten Zeit erscheinen, weil zumindest das nötig ist, damit ihr beide wisst, dass trotz möglicher unglücklicher Umstände der Kontakt zwischen uns aufrecht erhalten bleibt.

Meine allerbesten Wünsche an euch beide. Ich bedaure es sehr, dass nur eine so kurze Sitzung möglich ist, aber in Zeiten wie jetzt bin ich euch oft sehr nahe und helfe euch, eure eigenen Fähigkeiten zu brauchen, wann immer ich das kann.

Eine ganz kurze Bemerkung: Es ist von großem Vorteil, wenn Wahrnehmungen der inneren Sinne nicht im Unterbewusstsein bleiben, sondern dem Intellekt zugänglich gemacht werden. Ich werde später noch darauf eingehen.

Ich bin froh, euch beide in einem ziemlich ruhigen Gemütszustand zu finden. Eure Erfahrungen mit psychologischer Zeit sind ebenfalls von großem Vorteil, weil sie euch Freiheit vom Alltagsdruck und Freiheit in einer größeren Perspektive gewähren.

Ich wünsche euch einen sehr angenehmen, guten Abend, meine lieben Freunde, und ich bin oft bei euch.

("Gute Nacht, Seth."

(Ende um 21:16 Uhr. Jane sagte, sie sei in ziemlich guter Trance gewesen, eigentlich zu ihrer eigenen Überraschung; sie sei sich während der Durchgabe des Materials ihres Nackens überhaupt nicht bewusst gewesen.)

MITTWOCH, 13. MAI 1964, 21:20 UHR

(Nach der sehr kurzen 53. Sitzung heute Abend übte ich mich wiederum in psychologischer Zeit. Nachdem ich mir zu Beginn die gewohnten Suggestionen gegeben hatte, fühlte ich eine deutliche und sehr überraschende Woge von Leichtigkeit, eine Art Aufwallen, durch meinen Körper fließen.

(Danach geschah während längerer Zeit nichts. Ich war wegen eines Besuches am Abend vorher bei meinen Eltern noch etwas verärgert. Ich hatte Mühe, die Augen geschlossen zu halten, deshalb legte ich ein Tuch darüber. Schließlich begann ich träge darüber zu spekulieren, welche Probleme sich ergeben würden, wenn man anderen Personen Seth erklären wollte. Unter diesen anderen war zum Beispiel mein Vorgesetzter Harry Gottesman.

(Dann sah ich in meinem mittleren oberen Blickfeld sehr klar ein Paar offener, voller, sinnlicher, roter, weiblicher Lippen mit einer dreieckartigen Zunge, die sich dazwischen bewegte. Ich sah nur den Mund und die Zunge und aus was für Gründen auch immer dachte ich, es sei eine Kartonzunge. Der Mund sagte die Worte „Oh bitte, halt es jetzt bitte aus mit mir" oder irgendwelche Worte in diesem Sinn. Wie immer war die Vision vorbei, bevor ich realisierte, dass ich sie gesehen hatte; während der Vision war ich mir jedoch zum ersten Mal meines Körpers auf dem Bett nicht mehr bewusst.

(Sofort verschwand der Mund; ich wurde von Kopf bis Fuß von meinem bekannten erschauernden Gefühl des Klangs überströmt. Das Gefühl war sehr stark und überflutend, fast ekstatisch. Ich fühlte mich, als ob ich emporgehoben und weggetragen würde. Ich realisierte, dass ich lächelte und dass meine Augen unter dem Tuch geöffnet

waren. *Das Gefühl blieb in meinem Körper während ungefähr ein oder zwei Minuten sehr intensiv bestehen. Ich wartete auf weitere Entwicklungen, aber es geschah nichts mehr, obwohl das Gefühl auch jetzt, um 22:25 Uhr, noch immer nachwirkt.*

(Bei diesem Experiment waren Klang, Licht und Gefühl einbezogen. Ich frage mich, ob der Mund eine mehr oder weniger bewusste Schöpfung war, um das kraftvolle Gefühl, das mich durchdrang, zu erklären.)

(Donnerstag, 14. Mai 1964, 11:45 Uhr: Während Jane sich in psychologischer Zeit übte, spürte sie wieder das Gefühl, das sie mit Ekstase in Zusammenhang brachte und das sie so ausführlich am Schluss der 49. Sitzung beschrieben hat. Das extreme Gefühl, das Erschauern, dauerte über eine halbe Stunde an. Sie sagte, sie fühlte sich sehr leicht und sie war einverstanden, bei allem mitzumachen, was auch immer sich entwickeln würde. Bei der Diskussion über ihr Erlebnis einigten wir uns jedoch darauf, dass sie vielleicht in Zukunft etwas vorsichtiger in Bezug auf ihr williges Mitmachen sein sollte. Wir dachten uns, dass es besser wäre, nur mit kleinen Schritten vorzugehen.

(Beim Üben von psychologischer Zeit hatte ich die folgenden Erlebnisse:
(Donnerstag, 14. Mai, 21:15 Uhr: Keine Resultate.
(Freitag, 15. Mai, 21:15 Uhr: Flüchtiger Blick auf zwei Maler in weißen Übergewändern, die sich auf der Seite eines Hauses mit Hilfe einer Art automatischen Gerüsts mit über ihre Schultern laufenden Seilen hinaufbewegen. Ein hypnogogischer Traum?
(Samstag, 16. Mai, 17:00 Uhr: Möglicherweise ein Traum: Von oben herab sah ich einen Panorama-Blick der geschwungen Oberfläche eines mondähnlichen Planeten, der mit Erhebungen bedeckt war, die wie umgekehrte Krater aussahen.
(Zum gleichen Zeitpunkt, während ich versuchte, eine Methode zu visualisieren, um die geräumige Gegenwart in einem Diagramm darzustellen, sah ich auch eine bewegte Grafik, die aus langen, schwarzen, gegliederten Stäben bestand, die sich aus einer gemeinsamen Basis in verschiedenen Winkeln nach oben drängten. Dann sah ich, wie sich die angewinkelten Stücke schließlich unten auf die Basislinie legten, so dass ich sie nicht mehr voneinander unterscheiden und auch weder Anfang noch Ende feststellen konnte.
(Sonntag und Montag, 17. und 18. Mai: Verpasst.)

(Das folgende Material wird hier angefügt, weil Seth das Thema in der folgenden, der 54., Sitzung, erwähnt.
(Am 17. Februar 1964 wurde unsere Nachbarin Miss Florence Callahan, die in der vorderen Wohnung auf dem gleichen Stockwerk wie wir wohnt, ins Spital gebracht, weil sie an Arteriosklerose leidet [siehe 25. Sitzung in Band 1]. Am 9. März

1964 sagte Seth, dass der 15. April ein Krisentag für Miss Callahan im Spital sein würde [siehe 33. Sitzung in Band 1]. Am 15. April sagte Seth in der 44. Sitzung, dass Miss Callahan eine Hirnverletzung erleiden würde.

(Jane und ich erfuhren später, dass sich Miss Callahan an diesem Tag im Spital tatsächlich so unberechenbar benommen hatte [sie hatte Dinge herumgeworfen, geschrieen und um sich geschlagen etc.], dass ihren Verwandten mitgeteilt wurde, sie müssten Miss Callahan aus dem Spital herausholen, weil man keine 24-stündige Überwachung sicherstellen konnte. Am 18. April wurde Miss Callahan in ein örtliches Pflegeheim, das Town House, gebracht.

(Aber auch dort wurde das Problem der Pflege wieder akut und den Verwandten wurde erneut mitgeteilt, dass Miss Callahan nicht bleiben könne. Als letzten Ausweg dachten sich die Verwandten, sie könnten Miss Callahan zurück in ihre Wohnung bringen, weil sie dauernd davon sprach, sie wolle wieder nach Hause gehen. Damit meinte sie aber das Gehöft, auf dem sie vor vielen Jahren gelebt hatte. Dieses Haus war jedoch schon vor langer Zeit abgebrochen worden, um Platz für eine neue Schule zu schaffen.

(Am 22. April 1964 sagte Seth, dass der 23. Mai ein weiterer und möglicherweise der letzte Krisentag für Miss Callahan sein würde [siehe 46. Sitzung].

(Am Mittwoch, den 13. Mai, fragten uns Miss Callahans Verwandte, ob wir ihr blaues Sofa in unsere Wohnung nehmen und ihnen stattdessen unser Faltbett geben würden. Das könnte dann von der Krankenschwester benützt werden, die Miss Callahan nach ihrer Rückkehr aus dem Pflegeheim betreuen würde. Wir stimmten dem Tausch zu und wechselten die Möbelstücke am Donnerstag, den 14. Mai, aus.

(Jane mochte das blaue Sofa; ich fand, es nähme in unseren Räumen zuviel Platz ein. Nach längerer Diskussion entschieden wir uns, das Sofa unserem Nachbarn, Leonard Yaudes, auf der anderen Seite des Hauses anzubieten. Leonard benötigte ein gutes Sofa; er kennt Miss Callahan und seine Wohnung befindet sich direkt oberhalb ihrer Wohnung, nach Süden hin. Bevor jedoch Leonard das blaue Sofa übernehmen konnte, musste er zuerst sein altes Sofa loswerden. Ein Freund half ihm, das Sofa in die Garage zu stellen und am Montag, den 18. Mai, half ich ihm, Miss Callahans Sofa in seine Wohnung zu stellen.

(In der Zwischenzeit hatten Miss Callahans Verwandte sie und die Krankenschwester am Samstagnachmittag, den 16. Mai, in die Wohnung gebracht. Der Umzug aus dem Pflegeheim ging sehr schnell vonstatten und obwohl wir Miss Callahan zu jener Zeit nicht sahen, vernahmen wir, dass sich ihr Zustand anscheinend sehr gebessert hätte.

(Wenn ich möglicherweise voller Enthusiasmus damit einverstanden gewesen wäre, das blaue Sofa zu behalten, hätte Jane das wahrscheinlich getan. Obwohl ich ihr sagte, sie solle entscheiden, war Jane es schließlich, die Leonard das Sofa anbot. Nach der 54. Sitzung vom Montag, den 18. Mai, realisierte ich dann, dass ich nicht so erpicht darauf gewesen war, das Sofa in unserer Wohnung zu behalten.)

54. SITZUNG
18. MAI 1964, 21:00 UHR, MONTAG, WIE ANGEWIESEN

Ruburt und Seth als Einheit; die immerwährende Individualität; Persönlichkeiten und Wesenheiten; Baumanalogien; Vergangenheit, Gegenwart und Zukunft; Veränderung und Tod

(Heute Nachmittag besuchte uns John Bradley, unser Freund aus Williamsport, PA. Er war schon mehrmals als Zeuge dabei gewesen und fragte, ob er auch heute Abend teilnehmen könne. Er brachte auch einige Informationen darüber mit, wie zusätzliche Kopien des Materials gemacht werden könnten. Jane und ich sind natürlich sehr daran interessiert.

(John traf um 20:00 Uhr bei uns ein. Jane war bereits nervös, vor allem weil die Sitzungen der letzten Woche so kurz gewesen waren. Der Schmerz in ihrem Nacken hatte nachgelassen, aber sie hatte ihre mentale Verbindung mit dem fortlaufenden Fluss des Materials verloren und fragte sich, wie ihr das Diktieren gelingen würde.

(Nachdem John die 3. Sitzung vom 6. Dezember 1993 nachgelesen hatte, bemerkte er, dass Frank Watts, Jane und ich alle zusammen im 4. Jahrhundert v. Chr. in Mesopotamien gelebt hatten. In jenem Leben war ich eine Frau, Frank Watts meine Schwester und Jane unser Bruder namens Seth gewesen. Zur Erinnerung: In den ersten Sitzungen hatten Jane und ich unsere Informationen von Frank Watts erhalten. Seth kündigte uns seine Anwesenheit erst in der 4. Sitzung an. John fragte sich nun, ob der in der 3. Sitzung erwähnte Seth der gleiche Seth ist, der uns jetzt das Material übermittelte.

(Trotz ihrer Nervosität, begann Jane pünktlich in einer rauchigen, etwas kräftigeren Stimme als sonst zu diktieren, mit durchschnittlicher Geschwindigkeit und wie immer mit dunklen Augen. Sie sprach mit starker Betonung und vielen Gesten.)

Guten Abend.

(„Guten Abend, Seth."

[John:] „Hallo Seth, wie geht es dir?")

Guten Abend, Philip.

Nach unseren kurzen Sitzungen der letzten Woche freue ich mich, dass es Ruburt wieder besser geht.

Ich schlage vor, dass ihr euch den 23. Mai merkt, das Datum, das ich euch in Bezug auf Miss Callahan gegeben habe und dass ihr an jenem Tag eine gewisse Vorsicht walten lasst.

(Sobald Seth über Miss Callahan zu sprechen begann, fühlte ich einen Schauder. Dann überflutete mich das vertraute, elektrisierende Gefühl von Kopf bis Fuß, das Seth als Gefühl des Klangs bezeichnet hatte. Ich fühlte es in sehr ausgeprägter Weise und die Nachwirkungen hallten einige Minuten nach.)

Es war eine gute Idee, das blaue Sofa wegzugeben. Miss Callahan wäre hierher gekommen um es zu suchen und es hätte sich eine unangenehme Situation ergeben.

Euren Nachbarn wird sie jedoch nicht behelligen.

Ihr habt mich nicht gefragt und deshalb habe ich nichts gesagt. Trotzdem gibt es keine Verzerrung im Material, das ihr vorhin gelesen habt. Dein Ruburt war tatsächlich Seth. Dein Ruburt sprach mit meiner Stimme, denn es war seine Stimme.

Wie ich euch schon oft gesagt habe, handelt es sich bei unseren Sitzungen nicht um eine Invasion. Ich habe versprochen, euch weiteres Material über den psychischen Aufbau der Wesenheit und über ihre Beziehung zu ihren Fragmenten zu geben. Ich konnte euch am Anfang nicht so ausführlich sagen, dass Ruburt und ich eins sind, weil ihr daraus den Schluss gezogen hättet, dass ich Ruburts Unterbewusstsein bin und dem ist nicht so.

Wenn ihr die Konstruktion der Wesenheiten versteht, werdet ihr auch begreifen, warum das möglich ist. Ruburt ist jetzt, in seinem gegenwärtigen Leben, nicht ich; er ist jedoch eine Erweiterung und Materialisation jenes Seth, der ich einmal war.

Nichts bleibt unverändert, am wenigsten Persönlichkeiten und Wesenheiten. Ihr denkt immer noch im Sinne von konkreten Dingen. Ihr könnt eine Wesenheit oder eine Persönlichkeit nicht in der Zeit festhalten, wie ihr das so gerne möchtet. Heute bin ich Seth. Ich erhalte meine Kontinuität aufrecht, aber ich verändere mich trotzdem und Ableger explodieren wie Ströme ins Sein.

So wie eine Idee sich verändert, so verändern sich auch Wesenheiten, behalten aber trotzdem ihre Individualität und Dauerhaftigkeit bei. Aber ihr könnt keine eingebildeten Barrieren aufstellen und meine Identität, oder auch eure eigene, aufhalten oder einfrieren.

Ruburt war vor vielen Jahrhunderten Seth, aber er wuchs, entwickelte sich und dehnte sich entlang ganz bestimmter, persönlicher Werterfüllungs-Grundsätze aus. Er ist nun eine wirkliche Gestalt, eine Persönlichkeit, die eine der wahrscheinlichen Persönlichkeiten war, in die Seth hineinwachsen konnte. Ich stelle eine andere dar. Ich bin eine andere.

Ich habe euch gesagt, dass unzählige Persönlichkeiten, im Sinne von Werterfüllung, als Bestandteil in jedem eurer physischen Atome, Moleküle und kleineren Partikel existieren. So enthält auch jede Wesenheit in sich selbst fast endlose Möglichkeiten im Sinne von Werterfüllung.

Atome und Moleküle schließen sich zusammen, um Zellen zu formen und Zellen schließen sich zusammen, um physische Organe zu formen; dabei behalten sie aber trotzdem ihre Individualität bei. So wie die Atome und Moleküle aufgrund dieser Gestalt tatsächlich höhere Einsichten gewinnen und daran teilhaben, so bilden auch die Grundbestandteile oder Fragmente einer Wesenheit ständig neue und verschiedene Persönlichkeiten und diese bilden selbst wiederum eigene Wesenheiten.

Ich weiß, dass das ziemlich schwierig ist, aber wenn ihr die beiden letzten Sitzungen nochmals durchlest, werdet ihr dieses Material vollständig verstehen. Ruburt ist jetzt das Resultat des Seth, der ich einst war, denn ich habe mich seither verändert. Ruburt repräsentiert und ist eine von dem Seth erschaffene Persönlichkeit, der ich war, indem ich mich auf eine bestimmte Ansammlung von Attributen und Fähigkeiten konzentrierte und sie anwendete. Vielleicht trennten wir uns dann, um das Ganze einfacher zu machen, weil das immer nötig ist, wenn verschiedene Möglichkeiten zum Tragen kommen sollen.

Ruburt hat sich seitdem verändert, wie ich mich auch. Und doch sind wir aneinander gebunden und es kann keine Invasion stattfinden, weil unser psychisches Territorium sozusagen das Gleiche ist. Ich werde später auf den Aufbau von Wesenheiten eingehen. Mein eigenes emotionales Gefühl strebt nach außen, das heißt, es geht sehr oft weg von Ruburt, doch grundsätzlich sind wir versucht, uns als Einheit zu denken, obwohl eigentlich nur unsere Wurzeln die Gleichen sind.

Ich schlage vor, die erste Pause zu machen.

(Pause um 21:27 Uhr. Jane sagte, sie sei in nicht allzu tiefer Trance gewesen. Während der Pause informierten wir John so gut wir konnten über das bereits durchgegebene Material. Als Jane weiterdiktierte, wurde ihre Stimme etwas bedächtiger. Weiter um 21:34 Uhr.)

Obwohl es so scheinen könnte, besteht kein Widerspruch zwischen der Tatsache, dass alle Wesenheiten existierten, bevor euer Planet erschaffen wurde und der Tatsache, dass Fragmente neue Wesenheiten hervorbringen. Ich habe euch gesagt, dass euer Konzept von Ursache und Wirkung fehlerhaft und altmodisch ist. Ich habe auch gesagt, dass die Ursache und Wirkung-Theorie nur aufgrund eurer Theorie über Zeit und Kontinuität logisch ist. Wenn Zeit, wie ihr sie euch denkt, nicht existiert – und das tut sie nicht – dann kann auch die Ursache und Wirkung-Theorie nicht richtig sein.

Ich habe euch gesagt, dass alles Bewusstsein in der geräumigen Gegenwart existiert, die gleichzeitig spontan und dauerhaft ist. Es liegt daher kein Widerspruch in der Aussage, dass Wesenheiten vor der Geburt eures Planeten existierten, obwohl es in eurer Zeit <u>scheint</u>, dass neue Wesenheiten zu Bewusstsein gebracht werden.

Bei ihrer Materialisierung auf eurer Ebene und von eurer eigenen Camouflage-Perspektive aus gesehen scheint ihr euch neuer Wesenheiten gewahr zu sein, dies aber nur aufgrund eures eigenen begrenzten Standpunkts. In <u>eurem</u> Zeitschema hatten Wesenheiten Zeit, um mehr Fragmentpersönlichkeiten zu erschaffen, aber tatsächlich kann von eurem Standpunkt aus gesehen werden, dass sich diese Persönlichkeiten schon vor langer Zeit verändert haben.

Die alte, abgedroschene Analogie passt hier immer noch sehr gut: Wenn ihr durch einen Wald geht, findet ihr viele Bäume. Die Zeit kann in der Tat als der ganze Wald betrachtet werden. Ihr seht nun aber einen Baum vor euch und nennt ihn die Zukunft. Ihr denkt, der Baum sei noch nicht da gewesen, weil ihr noch nicht bis zu ihm gelangt seid. Den Baum, der hinter euch steht, nennt ihr Vergangenheit. Ihr geht also sozusagen einen einzigen, sehr schmalen, Pfad entlang, aber es gibt viele Pfade. Der Wald existiert als Ganzes. Ihr könnt sozusagen vorwärts, aber auch rückwärts gehen, obwohl <u>ihr</u> erst jetzt lernt, wie das zu machen ist.

Wir wollen diese Analogie einen riesigen Schritt weiterführen. Nun betrachten wir, wenn ihr das begreifen könnt, den ganzen Wald als die geräumige Gegenwart.

Die Bäume vergleichen wir mit vielen Bewusstheiten, die alle gleichzeitig existieren und doch nimmt dieser Wald der geräumigen Gegenwart keinen Raum ein, so wie ihr den Begriff Raum versteht.

Es gibt hier keine Vergangenheit, keine Gegenwart und keine Zukunft in eurem Sinne, sondern nur ein Jetzt. Wegen der unzähligen Möglichkeiten innerhalb von diesem Jetzt wird die Dauerhaftigkeit im Sinne von Werterfüllung, also der Erfüllung von buchstäblich nie endenden Werten, aufrecht erhalten. Deshalb dehnt sich der Wald ständig aus. Erinnert euch an eure Theorie des expandierenden Universums. Es dehnt sich jedoch weder räumlich noch zeitlich aus, sondern als Erfüllung von Fähigkeiten und Werten, die auf verschiedenen Ebenen und in verschiedenen Erscheinungsformen aufgebaut werden; eine davon ist eure gegenwärtige Existenzebene.

Und auf jeder dieser Existenzebenen gibt es eine Widerspiegelung der Grundgesetze der geräumigen Gegenwart selbst, der Grundgesetze, die ich im Begriff bin, euch jetzt zu geben. Es ist daher nicht nötig, sich eine bestimmte Gruppe von Wesenheiten vorzustellen, die vor der Geburt eures Planeten existierte. Ich habe gesagt, dass alle Wesenheiten, die je auf eurer Ebene wohnen würden, schon existierten und tatsächlich auch an der Erschaffung eures Planeten beteiligt waren.

Ich habe auch gesagt, dass neue Wesenheiten geformt wurden, aber innerhalb des Bezugssystems der geräumigen Gegenwart ist das alles spontan. Der Widerspruch erscheint nur nach euren Maßstäben als Widerspruch. Für mich besteht er nicht. Aus praktischen Gründen mögt ihr in eurem Sinne wahrheitsgemäß sagen, dass Wesenheiten einfach nur Zeit hatten, um weitere Persönlichkeiten zu entwickeln. Aber ich möchte unbedingt festhalten, dass das nur innerhalb eures eigenen Zeitgerüstes wahr ist.

Es gibt noch sehr viel mehr, das über eine Spontaneität gesagt werden muss, die auch dauerhaft ist. Ich habe auch gesagt, dass eure eigene gegenwärtige Existenz simultan abläuft; ihr nehmt sie jedoch in Zeitlupe wahr.

Ich schlage eine Pause vor. Wenn das bis jetzt nicht ausreichte, um euch aufzulösen, dann kann euch nichts mehr geschehen. Ihr seht jetzt, dass ihr millionen Mal auseinander genommen und auf verschiedene Arten wieder zusammengesetzt worden seid und doch behaltet ihr das innere Ego und, in anderen Worten, eure eigene Identität bei. Aber diese Identität muss sich verändern. Und auch das ist kein Widerspruch. Nichts kann statisch sein und, ob ihr es glaubt oder nicht, nichts ist statisch.

(Pause um 21:58 Uhr. Jane war in der üblichen Trance. Sie nahm das Diktat in der gleichen energischen Art um 22:08 Uhr wieder auf.)

Eine Wesenheit kann in gewisser Weise tatsächlich mit einem Baum verglichen werden, der viele Samen hervorbringt. Alle Samen sind individuell, besitzen aber das nötige Potenzial, um selbst zu vollständigen Wesenheiten zu werden.

Viele tun das, wie ich schon sagte. Das heißt, viele Fragmentpersönlichkeiten werden Wesenheiten. Wir beschäftigen uns hier aber mit einem psychischen Baum und die Samen oder Persönlichkeiten, die sich nicht zu Wesenheiten entwickeln, tun das aufgrund ihres eigenen Entschlusses nicht.

Ich gehe noch weiter und schockiere euch noch mehr, indem ich sage, dass normale Samen, die sich nicht entwickeln, dies nicht wegen mangelhafter Umweltbedingungen nicht tun, sondern weil sie sich an einem bestimmten willkürlichen Punkt entschieden haben, sich nicht in dieser Form zu entwickeln.

Das trifft auf alle Arten Samen von Blumen, Bäumen oder Menschen zu. Ich habe euch gesagt, dass das Bewusstsein in allen Dingen und die Kraft hinter allen Dingen ist. Die Wesenheit selbst verändert sich dauernd und eine Wesenheit kann sich tatsächlich auch entscheiden, zu zerfallen.

Ihr seht den Wachstumsprozess aufgrund eurer veralteten Ursache und Wirkung-Theorie auf eine sehr verzerrte Art. Wachstum auf eurer Ebene ist nur die Widerspiegelung oder eine der Widerspiegelungen von Werterfüllung, durch die verzogene Linse eurer Perspektive gesehen.

Veränderung, wie ihr wissen solltet, beinhaltet nicht nur Wachstum, sondern auch eine vollständige Desorientierung, um Raum für eine andere, vielleicht neuere Orientierung zu schaffen. Ihr betrachtet Werterfüllung im Sinne von Wachstum und betrachtet daher Zerfall als eine psychische Auflösung und Tod. Das heißt, ihr seht ein Ende als logische Folge von jedem Anfang.

Das ist sehr bedauerlich, denn hier handelt es sich nur um eine Veränderung der Form, um ein Übergehen von einer Form in eine andere. Es gibt keinen tatsächlichen Todespunkt, wie ihr ihn euch vorstellt. Ihr könnt auch für den individuellen Tod keinen bestimmten Zeitpunkt feststellen, sowenig wie ihr einen Zeitpunkt für eine individuelle Geburt festlegen könnt.

Der Wandel verläuft immer stufenweise, sogar wenn es sich um eure eigene Perspektive handelt. Der Wandel verläuft stufenweise, weil der Wandel spontan vonstatten geht. Wäre der Wandel nicht spontan und fände er nicht beständig und erneut statt, dann könntet ihr sagen: „Das ist jetzt der Moment der Geburt oder des Todes."

Sogar auf eurer eigenen Ebene enden die physischen Bilder nicht auf einen Schlag, wie ihr es auch bei einem Leichnam sehen könnt. An einigen Orten in eurem Land glaubt man ja auch, dass niemand wirklich tot ist, bis alle, die ihn kannten, auch tot sind. Und das stimmt.

Das stimmt, denn alle, die einen bestimmten Menschen kennen, erschaffen sich ein eigenes Bild von ihm, wie er sich auch ein Bild von ihnen erschafft. Solange wie die Erinnerung an einen bestimmten Menschen besteht, solange existiert diese Persönlichkeit immer noch auf eurer Ebene – und das ist nicht immer zu ihrem Vorteil.

Ich habe wie immer noch mehr dazu zu sagen. Ich schlage aber zuerst eine Pause vor. Denkt daran, dass ich noch mehr zur Konstruktion der Wesenheit sagen werde; dabei ist die Baum-Analogie sehr dienlich, weil nicht alle unserer eingebildeten Samen sich zu Bäumen entwickeln. Das heißt nicht unbedingt, dass hier ein Mangel besteht, sondern nur, dass sich ein bestimmtes Bewusstsein aus was für Gründen auch immer nicht vollständig in eine bestimmte Form materialisieren oder bestimmte Fähigkeiten in eine besondere Richtung entwickeln will. Es kann sich auch um eine notwendige Erholungsphase handeln.

Und nun könnt ihr also auch eure Erholungsphase machen.
(Pause um 22:27 Uhr. Jane war in der üblichen Trance. Sie fuhr um 22:33 Uhr weiter.)

Zur gleichen Zeit wie ihr begreift, wovon ich spreche, erfasst ihr gleichzeitig auch alles, was ich sage. Sonst ergäbe das Ganze für euch überhaupt keinen Sinn.

Ein gewisses Niveau an persönlichem Verständnis und eine Mischung von persönlicher Disziplin und Freiheit sind notwendig. Um die Durchgabe dieses Materials zu ermöglichen, müsst ihr bereits eine bestimmte Stufe an innerer Freiheit erreicht und eine gewisse Fähigkeit erlangt haben, eure eigene Existenz hinter den Camouflage-Mustern, mit denen ihr euch gewöhnlich befasst, zu erkennen.

Ihr habt über sogenannte Medien gelesen – und ich verabscheue diesen Ausdruck – die unzusammenhängendes Geschwafel durchgeben und erklären, dass der sogenannte Geist nicht durchgekommen sei. Dennoch bedeutet in einem solchen Fall das sogenannte Geschwafel, wenn es echt ist, dass auf diese Weise weder neue Erkenntnisse noch Wissen von einer Wesenheit, die von einer anderen Ebene aus spricht, uneingeschränkt übermittelt werden können.

Die Individuen, die solches Wissen erhalten, sind bereits fähig, es zu verstehen und ihr eigenes inneres Ego hilft ihnen bei diesem Verstehen. Der Grund, weshalb ich gegen die tiefe Trance war, liegt darin, dass ich es vorziehe, mit euch auf eine Art zu arbeiten, bei der ihr fähig seid, dieses Wissen bewusst zu gebrauchen und auch spürt, dass ihr selbst an der Durchgabe beteiligt seid.

Wir werden nun zu einem der Grundgesetze des Universums und der geräumigen Gegenwart gehen, das offensichtlich einiger Erklärungen bedarf: demjenigen der Schöpfung.

Auf eurer Ebene enthält jedes Atom und jedes Molekül das Potenzial für _jede_ physische Konstruktion, wie auch immer sie sein mag. Jedes Atom und Molekül enthält, wie ich schon sagte, ein allgemeines Bewusstsein, dem alle Grundgesetze bekannt sind und dazu ein begrenztes, aber klar bestimmtes Selbstbewusstsein.

Dieses Selbstbewusstsein in jedem Atom und Molekül bestimmt, welche Art Zelle oder Kombination das bestimmte Atom oder Molekül formen wird. Die Zellen, als Gestalt, enthalten die individuellen, bewussten Bestandteile, die dann ein Bewusstsein formen, das größer ist als das Bewusstsein der individuellen Bestandteile und auch verschieden in Umfang und Fähigkeiten.

In anderen Worten: Das Ganze ist in fast jedem Fall mehr als die Summe seiner Teile. Das innere Bewusstsein der individuellen Atome und Moleküle hat sich aber nicht verändert, aber alle verbinden sich, um diesen extral–

(„Warte einen Moment, wie buchstabiert man das?")

E-x-t-r-a-l-Wert zu formen, das heißt einen Wert, der größer ist als die Summe seiner individuellen Teile.

Die Zellen verbinden sich zu anderen Mustern und formen sich schließlich zu euren physischen Organen. Wenn der ganze physische Körper aufgebaut ist, dann ist das individuelle Persönlichkeits-Bewusstsein wiederum mehr als die Summe seiner einzelnen Bestandteile.

Es ist mehr als das kombinierte Bewusstsein seiner Atome. Hier habt ihr eure Schöpfung und diese ständig stattfindende Schöpfung ist, wie ich gesagt habe, eines der Gesetze des inneren Universums. Wir wissen jetzt, dass das hinter jedem Atom und Molekül stehende Bewusstsein jedem Atom und Molekül die physische Konstruktion ermöglicht hat. Das heißt also, dass das Bewusstsein zuerst kam.

Das Bewusstsein kommt immer zuerst und zwar in Form von individualisierten, machtvollen Energieteilen, die das grundlegende oder innere Universum bilden. Sie materialisieren sich auf eurer Ebene und formen ihre Bausteine. Die Schöpfung, die verursacht, dass das Ganze mehr ist als die Summe seiner Teile, steht einfach für die inneren Identitäten, für die Menge dieses Bewusstseins, der es nicht möglich ist, sich gänzlich auf der physischen Ebene zu materialisieren. In anderen Worten: Kein Bewusstsein materialisiert sich vollständig auf der physischen Ebene.

Ich schlage eine Pause vor. Dieser letzte Punkt ist sehr wichtig und ihr müsst euch daran erinnern, denn ich erhalte mehr Hilfe von euch und von euren inneren Egos als ihr realisiert.

(Pause um 22:56 Uhr. Jane war in der üblichen Trance. Da die Sitzung in etwa einer halben Stunde fertig sein würde, stellte sie eine Pfanne mit einem vorgekochten Hühnchen zum Aufwärmen auf den Herd.

(Neugierig über Janes Durchgabe des Wortes ‚extral' schlug ich in Websters Wörterbuch nach. Die Vorsilbe ‚extral' war nicht aufgeführt, auch nicht extralvalue [Extralwert; Anm.d.Ü.]. Es gab jedoch das Wort ‚extralimitary' mit der Bedeutung außerhalb der Limite oder Grenze. Man könnte sagten, dass die Untertöne der beiden Worte ‚extralvalue' und ‚extralimitary' gleich waren. Jane spekulierte, dass aufgrund ihres Lateinunterrichts Seth ihr Unterbewusstsein gebraucht hatte, um einen neuen Begriff zu schaffen.

(Jane diktierte um 23:05 Uhr weiter.)

Eine kleine Bemerkung zu Ruburts ASW-Buch: Ich hoffe doch sehr, dass er jetzt realisiert hat, dass außersinnliche Wahrnehmung in jeder Beziehung eine klägliche Bezeichnung ist. Wahrnehmung der inneren Sinne wäre eine viel genauere Bezeichnung. Trotzdem ist er weit voraus, denn er ließ das Material anderer Forscher weg und verließ sich nur auf sein eigenes.

Es gibt natürlich, wenn ich das hier sagen darf, keine Forscher, die einen so außerordentlichen Lehrmeister haben wie ihr ihn habt und eure eigenen Experimente mit psychologischer Zeit werden euch bestimmt noch mehr als genug zu sagen geben und euch später auch Beweismaterial liefern, das nicht mehr negiert werden kann.

Eine kurze Bemerkung noch an Philip, mit dem Dank für seine Überlegungen: Bereits beginnen sich Veränderungen bei den führenden Personen seines Unternehmens abzuzeichnen. Ein R.G. könnte für ihn in dieser Beziehung entweder jetzt oder in Zukunft wichtig werden.

(Zur Erinnerung: Philip ist der Name, den Seth für John Bradleys Wesenheit angab. John hatte uns nicht gesagt, dass er annahm, es stünden in seiner Firma Searle

Drug Änderungen bevor, aber nach der Sitzung meinte er, dass das sehr wohl möglich sei. Searle befand sich in einem harten Konkurrenzkampf und neue Ansätze und vielleicht auch neues Personal waren nötig, um gewisse Probleme zu lösen.

(Jane sagte, dass sie bei der Durchgabe der Initialen R.G. in ihrem Kopf auch die Initialen I und L gesehen habe, fast so, als ob sie dort aufgeschrieben worden seien, damit sie sie lesen könne. Sie realisierte das erst später, als sie anderes Material durchgab und so erwähnte sie es erst, nachdem John bereits gegangen war. John sagte, die Buchstaben R G hätten für ihn im Moment keine Bedeutung.)

In unserer nächsten Sitzung werde ich euch weiteres Material über die inneren Gesetze des Universums durchgeben und euch nochmals aufzeigen, wie erbärmlich unzulänglich die so genannten Gesetze des Universums sind, mit denen eure Wissenschafter sich beschäftigen; sie sind das Resultat der gleichen Art von Verzerrung wie eure Ursache und Wirkung-Theorie.

Es gibt eine Wahrheit hinter der Ursache und Wirkung-Theorie, aber sie ist weit entfernt von eurer Vorstellung und hat nichts mit Kontinuität zu tun. Das mag zum jetzigen Zeitpunkt schwer vorstellbar sein, aber eine Dauerhaftigkeit wie diejenige der geräumigen Gegenwart hat nichts mit eurer Vorstellung von Kontinuität im Sinne von Gegenwart, Vergangenheit und Zukunft zu tun.

Was deine Experimente mit psychologischer Zeit betrifft, Joseph, werden wir ihnen in Kürze eine ganze Sitzung widmen. Ich wollte noch abwarten und sehen, welchen Erfahrungsumfang du dabei erreichst, weil ich deine Experimente und deine Erfahrung als Basis gebrauchen will, um weitere Diskussionen über die inneren Sinne zu führen, mit denen ihr bis jetzt noch nicht so vertraut seid.

Ich habe auch erwähnt, dass in der gleichen Art, wie eure äußeren Sinne das Camouflage-Universum wahrnehmen können und innerhalb seiner Gesetze handeln, auch die inneren Sinne ausgerüstet sind, um das innere grundlegende Universum wahrzunehmen und unmittelbar mit seinen Gesetzen vertraut sind.

Durch die inneren Sinne könnt ihr also die inneren Gesetzmäßigkeiten wahrnehmen und erinnert euch daran, dass das innere Ego weiß, worum es hier geht. Der Intellekt des äußeren Egos ist nur ein bleiches Abbild eures eigenen inneren Egos. Auch darauf werden wir später noch eingehen.

Ihr entdeckt nun selbst durch eure eigenen Experimente mit der psychologischen Zeit, dass es grundsätzlich keine Vergangenheit, Gegenwart und Zukunft gibt und ihr werdet auch ganz direkt anderes Material erfahren, bevor ich es euch durchgegeben habe.

(Seit der letzten Pause um 22:56 Uhr befand sich das Hühnchen nun auf dem Herd. Man hätte es ein paar Mal umdrehen sollen, denn es zischte ziemlich laut. Nun begann es zu rauchen und John stand auf, um es zu wenden. Während dieser Zeit ging Jane viele Male vor dem Eingang zur Küche hin und her, ohne in irgendeiner Form darüber beunruhigt zu sein.)

Nebenbei bemerkt schlage ich vor, dass Ruburt in den nächsten Tagen Miss Callahan einen kurzen Besuch abstattet. Und lest eure eigenen Beschreibungen der psychologischen Zeit-Experimente nach. Ich schlage auch vor, dass Ruburt sich mit dem, was er die Ekstase-Erfahrung nennt, Zeit lässt, weil wir nicht möchten, dass er zu weit und zu schnell vorgeht.

Ich habe nicht erkannt, dass diese bestimmte Erfahrung schon so bald stattfinden würde. Sie deutet tatsächlich auf eine erstaunliche Fähigkeit hin, die gesamte innere Energie bündeln zu können – in anderen Worten: die gesamte, der Persönlichkeit aus dem inneren Universum innewohnende Energiemenge aufzubieten und zu bündeln. Diese Fähigkeit muss mit großer Zurückhaltung und Disziplin angewandt werden. Es darf nie gestattet werden, sie für die Zwecke von Gefühlen zu brauchen, die zum äußeren Ego gehören.

Das wäre sehr unerfreulich, denn wenn eine solche Energie unwissentlich gebraucht wird, zum Beispiel weil Ruburt sich über eine bestimmte Person geärgert hat, könnte das zu unvorteilhaften Umständen für diese Person führen und das hat nichts mit Hexerei zu tun. Jegliche Energie kann für fast jeden Zweck gebraucht werden.

Es besteht hier jedoch nur eine geringe Gefahr. Bis andere Experimente aber nicht ausprobiert worden sind, schlage ich mit Nachdruck vor, dass Ruburt es nicht allzu oft versucht. Wir werden damit das Mittel für einige hervorragende, zukünftige Demonstrationen haben. Das wollte ich noch anfügen.

Und nun werde ich die Sitzung beenden. Ich hoffe, dass ihr alle euer Hähnchen genießt. Mir hat das nie besonders geschmeckt. Nochmals vielen Dank an Philip und euch allen einen ganz besonders schönen Abend.

(„Gute Nacht, Seth")

([John]: „Gute Nacht, Seth".)

(Ende der Sitzung um 23:30 Uhr. Jane war in der üblichen Trance. Erst am Ende dieser Sitzung merkte ich, dass ich überhaupt keinen Krampf in der Hand gehabt hatte. Ich glaube, das war das erste Mal.

(John Bradley nahm Band I des Seth-Materials mit, der aus den ersten 15 Sitzungen [Durchschläge] bestand. Zwei seiner Bekannten hatten sich anerboten, das Material abzutippen und John dachte, dass diese Menge Material [147 Seiten] genügen würde, um ihr Interesse und ihr Durchhaltevermögen zu testen. Er würde in zwei Wochen wiederkommen.)

(Während ich mich in psychologischer Zeit übte, hatte ich die folgenden Erlebnisse:

(Dienstag, 19. Mai, 21:00 Uhr bis 21:50 Uhr: Ich war sehr müde, als ich mich hinlegte. Jane sollte mich um 21:30 Uhr rufen. Lange spürte ich nichts. Dann hörte ich eine schreiende Stimme, nicht erkennbar und ziemlich laut, rechts von mir, als ich auf dem Bett lag. Ich wachte jäh auf und drehte meinen Kopf mit einem Ruck in die Richtung der Stimme. Ich sah nichts im Zusammenhang mit der Stimme.

(Dann, als ich mit geschlossenen Augen auf dem Rücken lag, schaute ich hinauf und sah mich selbst direkt über mir stehen, mit meinen Füßen scheinbar auf meiner eigenen Brust. Als ich das tat, überströmte mich mein vertrautes elektrisierendes Ge-

fühl auf sehr ausgeprägte Art.

(Als nächstes schien ich hinter mir einen langen beleuchteten Korridor hinunterzusehen, während ich an einem Pult oder Tisch saß. Mein zweites Selbst beantwortete eine Frage, die ich gestellt hatte: „Aber bestimmt verstehst du inzwischen, wie das funktioniert" oder ähnliche Worte. Wiederum mein elektrisierendes Gefühl.

(Dann saß ich auf einem gradlehnigen Stuhl in einem Raum und betrachtete mich selbst, wie ich da auf dem Bett lag. Beide Selbst trugen die gleichen Kleider. Das Licht brannte. Wiederum mein elektrisierendes Gefühl. Diese drei Erlebnisse waren sehr kurz. Einmal spürte ich auch das vertraute Gefühl der „dicken" oder geschwollenen Hände.

(Mittwoch, 20. Mai, 20:20 Uhr: Wir hatten nicht mehr viel Zeit, bevor die 55. Sitzung begann. Ich hatte viele Beispiele meines elektrisierenden Gefühls. Das erste Mal war es ziemlich ausgeprägt, als ich mir selber sagte, dass ich mich leicht fühle; dann floss es über mich und gleichzeitig fühlten sich vor allem meine Arme sehr leicht, fast gewichtslos, an.

(Danach überkam mich dieses Gefühl zu einem geringeren Grad bei jedem Geräusch, das ich hörte, zum Beispiel beim Zwitschern eines Vogels, beim Lärm eines vorbeifahrenden Wagens, bei einem Geräusch irgendwo im Haus etc. Es war fast so, als ob ich vorhersagen könnte, wann ich das Gefühl erleben würde, fast so, als ob es zur Routine würde.

(Ich sagte zu mir, ich würde Ed und Ella Robbins besuchen. Ob es ein Traum war oder nicht, weiß ich nicht, aber ich schien durch ihr Haus zu schweifen. Flüchtiger Blick auf ihre junge Tochter Lorrie, die aus dem Wohnzimmer in die Küche rennt, flüchtiger Blick auf die älteste Tochter, Arlene. Ich schweifte durchs ganze Haus, durch das obere und untere Stockwerk.

(Ebenso spürte ich am Dienstag, den 19. Mai um 17:03 Uhr, während ich die 54. Sitzung tippte, mein Gefühl der dicken oder vergrößerten Hände. Zusammen mit dem elektrisierenden Gefühl, dem Gefühl des Klangs, werden diese Gefühle langsam fast selbstverständlich für mich.)

SITZUNG 55
20. MAI 1964, 21:00 UHR, MITTWOCH, WIE ANGEWIESEN

Die Hallen und Räume des Selbst; die hemmenden äußeren Sinne; gegenseitige Abhängigkeit und Verbindung zwischen Selbst und Nicht-Selbst und Alternativen zur Raumfahrt

(Am Dienstagmorgen besuchte Jane Miss Callahan in der vorderen Wohnung, wie es Seth in der letzten Sitzung vorgeschlagen hatte. Miss Callahans Zustand schien bemerkenswert gut zu sein, verglichen mit ihrem Zustand bei unserem letzten Spitalbesuch vor einigen Wochen. Jane sagte, dass sie aber scheinbar Probleme mit ihrem lückenhaften Gedächtnis habe.

(Kurz vor Beginn der Sitzung erwähnte Jane noch, dass am Samstag, den 23. Mai, die Betreuerin von Miss Callahan durch eine andere Person ersetzt würde, die während des Wochenendes für sie sorgen sollte. Keine dieser beiden Frauen ist Krankenschwester von Beruf, aber sie sind sich gewohnt, Menschen mit ähnlichen Problemen wie denjenigen von Miss Callahan zu betreuen. Der 23. Mai ist jenes Datum, das uns Seth als Krisentag für Miss Callahan angegeben hatte und Seth hatte das nochmals mahnend in der 54. Sitzung erwähnt.

(Heute Nachmittag rief Jim Tennant in der Galerie an, in der Jane arbeitete und sagte, dass er am Abend nicht an der geplanten Sitzung teilnehmen könne, weil seine Frau im Spital sei.

(Um 20:55 Uhr war Jane wie immer nervös; sie hatte auch eine Art leichter Nackenschmerzen. Es war ein angenehmer Frühlingsabend, trotz des gut hörbaren Verkehrslärms durch die offenen Fenster. Jane begann mit ihrer normalen Stimme zu diktieren; sie ging gemächlich hin und her und ihre Augen verdunkelten sich wie immer.)

Guten Abend.

(„Guten Abend, Seth.")

Meine Kohorten, ich sehe, dass wir eine ruhige Sitzung ohne Besucher haben werden. Heute ist wirklich ein lieblicher Frühlingsabend und Ruburt hat Recht: Auch ich genieße es, wenn die Jalousien geöffnet sind.

Die Zellen und Moleküle, welche die psychische Gestalt in eine bestimmte menschliche Struktur formen, sind von dem, was ihr das äußere Umfeld nennen mögt, getrennt und dennoch sind sie mit dem äußeren Umfeld mehr verbunden als sie davon getrennt sind. Es ist das innere Ego und die innere Vitalität und die Zielgerichtetheit des inneren Egos, zusammen mit der Kooperation aller Zellen, die den physischen Körper bilden und die es einer so speziellen Struktur wie dem menschlichen Körper gestatten, als separate Konstruktion zu existieren und das nötige Identitätsgefühl aufrechtzuerhalten.

Da alle Atome und Moleküle das Potenzial besitzen, sich in so viele Verschiedenheiten zu formen und da die Atome und Molekühle ihr eigenes allgemeines Bewusstsein besitzen, existiert tatsächlich ein grundlegender, starker, innerer Zusammenhalt und eine Beziehung zwischen allen Zellen und Molekülen und dies unabhängig vom Muster ihrer Struktur und die menschliche Struktur ist mit allen anderen solcher psycho-physischen Konstruktionen verbunden.

(Auf meine Bitte hin wiederholte Jane das Wort psycho-physisch für mich. Wiederum findet sich im Wörterbuch keine solche Kombination. Zusammen mit Extralwert, einem Begriff, den Seth in der letzten Sitzung verwendete, haben wir nun in letzter Zeit zwei Beispiele solch unbekannter Begriffe erhalten.)

Ohne die Entschlossenheit des inneren Egos, wäre der Zusammenhalt der Identität unmöglich. Das Selbst, wie ihr es kennt, stellt viele Dinge dar und enthält viel mehr Hallen und Räume als ihr euch zum jetzigen Zeitpunkt vorstellt. Sogar das äußere Ego enthält mannigfaltige Kammern und gegenseitige Verbindungen, derer ihr euch nicht bewusst seid.

Der wichtige Punkt hier ist, dass der Identitätszusammenhalt von innen heraus auf die menschlich-physische Struktur projiziert wird, das heißt vom inneren Ego aus mittels der inneren Sinne. Das beinhaltet natürlich auch das Bewusstsein, das den verschiedenen Molekülen und Atomen innewohnt, welche die Zellen formen.

Die physische Struktur allein ist nicht einfach abgetrennt von anderen Strukturen in der Art wie ihr es durch die äußeren Sinne als gegeben wahrnehmt. Die äußeren Sinne werden meist nur als wahrnehmende Organe betrachtet, die euch befähigen, die Realität so zu erfahren wie sie ist. Meine lieben Freunde, ich habe schon seit einiger Zeit darauf gewartet, euch zu sagen, dass in einem sehr wahren Sinn die äußeren Sinne als <u>hemmend</u> zu betrachten sind.

Die Tatsache bleibt bestehen, dass die äußeren Sinne ein bewusstes Fokussieren entlang gewisser begrenzter Richtungen bewirken und Wahrnehmungen und Verständnis auf eine beengende Art eingrenzen und so den praktischen und imaginativen Spielraum limitieren, den sich das Bewusstsein sonst nehmen könnte. Mit diesen Sitzungen erweitert ihr selbst, mit meiner Hilfe, den Umfang eures eigenen Bewusstseins und daher eurer eigenen Fähigkeiten.

Indem ihr die äußeren Sinne gebraucht, seid ihr mehr oder weniger gezwungen, Gedankengruppen nur im Rahmen der Wahrnehmungsmöglichkeiten der äußeren Sinne aufzunehmen. Es stimmt, dass der Gebrauch und zwar der vollumfängliche, freudige Gebrauch der äußeren Sinne auf eurer Ebene notwendig ist. Nicht nur notwendig, sondern auch nützlich und er ist ein Mittel für verschiedene Arten von Werterfüllung. Trotzdem ist ihr Spielraum stark eingegrenzt.

Es ist, als würdet ihr auf eine seltsame und faszinierende Wiese geschickt und verfügtet nur über den Sehsinn. Stellt euch vor, was euch entgehen würde: Der Geruch der frischen Erde, die Geräusche, das Gefühl der Erde unter euren Füßen, die Sonne auf eurem Rücken; und wenn ihr zum Beispiel nur den Geruchsinn brauchen würdet, wärt ihr ebenfalls stark eingeschränkt.

Und doch seid <u>ihr</u> bei weitem noch viel eingeschränkter. Es ist wichtig für das <u>Menschenge</u>schlecht, jetzt mit dem Gebrauch und dem Experimentieren der inneren

Sinne zu beginnen, weil für die Realisierung des vollen Potenzials der Menschheit neue Konzepte entstehen müssen, die nicht in diesem begrenzten Umfang entstehen können, den sich der Mensch zur Zeit erlaubt. Weil die Zellen und Moleküle im allgemeinen ein Bewusstsein haben, weil sie in sich selbst ein Kapselverständnis des Universums als Ganzes enthalten und weil sie die Fähigkeit besitzen, sich in fast unendlich verschiedene Formen zu bilden, gibt es eine Verwandtschaft zwischen jedem Atom und jedem Molekül, eine elementare, andauernde Verbindung, unabhängig von der verschiedenartigen Erscheinungsform, die von den äußeren Sinnen wahrgenommen wird.

Weil ich euch so vorzügliches Material gegeben habe, könnt ihr nun mit leichtem Herzen eure erste Pause machen.

(Pause um 21:27 Uhr. Jane sagte, für den ersten Durchgabeteil sei sie schon ziemlich stark dissoziiert gewesen. Seth kam sehr gut durch. Wenn sie in Trance ist, so sagt Jane, sorge sie sich nicht über Verzerrungen des Materials. Sie realisierte auch, dass der lästige Druck in ihrem Nacken verschwunden war. Die Wortverbindung psycho-physisch war ihr nicht bekannt.

(Jane diktierte um 22:32 Uhr weiter.)

Die Grenzen, die Einengungen, das Ausmaß und die Ansichten des Selbst sind nur willkürlicher Art. In einem sehr wahren Sinn ist jedes Selbst unendlich, ungebunden und doch in einer äußerst innigen Weise im Universum auf eurer Ebene mit allen anderen Dingen verbunden und durch die inneren Sinne und das innere Ego auf eine sehr innige Art auch mit dem unbekannten und unsichtbaren inneren Universum verwoben.

Hier stoßen wir auf etwas, das für mich schwierig zu erklären ist. Jedes einzelne Selbst könnte theoretisch sein Bewusstsein so weit ausdehnen, um das Universum und alles, was darin ist zu enthalten. Das in sich geschlossene, einzelne, isolierte Selbst, auf das ihr so stolz seid, ist, wie ich sagte, ein willkürliches Gebilde, das die Kernidentität enthält, und ihr scheint zu bevorzugen, psychologisch gesprochen, zuhause zu bleiben.

(Janes Durchgabe war nun sehr langsam geworden; manchmal pausierte sie während der Übermittlung dieses Materials für einige Sekunden zwischen den Wörtern, während sie langsam hin und her ging.)

Wegen der grundsätzlichen Einfachheit der Elemente in eurem Universum und aus anderen bereits erwähnten Gründen gibt es keine wirkliche Grenze, sei es <u>chemischer, elektrischer oder sogar psychischer</u> Art zwischen dem Selbst und zwischen dem, was normalerweise als nicht zum Selbst gehörig betrachtet wird.

Vor allem chemisch ist die Abhängigkeit des physischen Körpers und des Selbst zum planetarischen Umfeld offensichtlich. Eure Wissenschafter wissen, dass die chemische Beziehung zwischen dem persönlichen physischen Selbst und dem chemischen Umfeld des Nicht-Selbst eine innige Verbindung darstellt.

In der gleichen Art wie ihr selbst für euer physisches Überleben von, sagen wir, grünen Pflanzen abhängig seid, gehen auch die gegenseitigen Abhängigkeiten und

Verbindungen auf allen anderen Gebieten weiter. Der physikalische Aufbau eures Universums wird, wie ich schon sagte, von <u>allem</u> Leben getragen, nicht nur vom menschlichen. Jedes psycho-physische Existenzmuster leistet seinen Teil bei der Aufrechterhaltung und bei der Erneuerung des Aufbaus des physikalischen Universums.

Der Mensch, der innerhalb des Kerns seiner willkürlich bestimmten Selbstheit bleibt, kann wahrhaftig mit dem frühesten physischen Menschen, der in seiner Höhle kauerte, verglichen werden. Ihr habt gelernt, euch ins physische Universum hinauszuwagen. Ihr habt noch nicht gelernt, euch aus einer willkürlich festgelegten Selbstheit in ein ausgeweitetes Umfeld, das weder Raum noch Zeit kennt, hinauszuwagen. Eine solche Möglichkeit, eine solche zukünftige Entwicklung, beinhaltet in keiner Weise eine Verneinung des Selbst, eine Auflösung oder ein Beiseiteschieben des Selbst oder gar eine Vernichtung des Selbst. Viele Höhlenbewohner fürchteten zweifellos um ihr persönliches Überleben, wenn sie es wagten, sich im Tageslicht auf der Erde zu bewegen.

Sie fürchteten, dass ihr Selbst vernichtet würde. Eine Entwicklung, wie wir sie jedoch hier in Betracht ziehen, beinhaltet stattdessen eine Ausdehnung oder Ausweitung. Wie das sich ausdehnende Universum keinen Raum einnimmt, sondern sich in Form von Werterfüllung ausdehnt, so würde auch das sich ausdehnende Bewusstsein keinen Raum einnehmen, sondern sich ebenfalls in Form von Werterfüllung ausdehnen. Das ist eure neue Grenze, eure neue Herausforderung.

Diese willkürliche, dem individuellen Selbst aufgesetzte Eingrenzung geschieht, weil sich das Selbst auf seine äußeren Sinne als Mittel zur Wahrnehmung der Realität verlässt. Die äußeren Sinne sind ausgezeichnete Wahrnehmungswerkzeuge für genau limitierte Umstände. Der Mensch hat sich jedoch zu lange und in allzu unterwürfiger Abhängigkeit auf sie verlassen und nun drohen sie sein eigenes Wachstum und seine Entwicklung zu behindern.

Ich habe gesagt, dass die individuellen Zellen, Moleküle, Atome und die anderen Grundstrukturen durch ihre Formation in die Gestalt einer komplizierteren Struktur nur gewinnen, da sie so fähig werden, an Erfahrungen und Werterfüllungen teilzunehmen, die ihnen sonst in ihrer eigenen, einfacheren, isolierten Form nicht möglich wären. Das ist von größter Wichtigkeit.

Idealerweise würde das sich ausdehnende Selbst über die willkürlichen, sich selbst gesetzten Grenzen hinausgreifen. Nochmals: Es gibt einfach keine bestimmte Grenze zwischen dem Selbst und dem Nicht-Selbst. Es gibt Abstufungen und das ist alles. Genauso wie die Haut eine Grenze darstellt, ist sie auch eine Verbindung und das vielleicht sogar noch eher.

Ich schlage vor, dass ihr eine Pause macht. Dieses Material kann noch ein wenig schwieriger werden. Aber eigentlich ist es wunderbar einfach. Nur die Notwendigkeit Konzepte in Worte zu übersetzen verursacht Komplikationen.

(Pause um 22:02 Uhr. Jane war in guter Trance – weit weg, sagte sie. Sie konnte fühlen, wie Seth versuchte sie zu veranlassen, ganz bestimmte Ausdrücke statt anderer zu verwenden, um das Material so klar wie möglich zu machen. Sie hatte auch eine

vage Idee von der allgemeinen Richtung, auf die sich das Material hinzubewegte.
(Sie machte eine längere Ruhepause, die sie auch tatsächlich benötigte. Sie fuhr in einer normalen, aber bestimmten Stimme weiter, gestikulierte oft und ihre Augen wurden wie immer dunkler. Weiter um 22:14 Uhr.)

Das isolierte Selbst, wie ihr es kennt, kann sehr wohl mit den Höhlen der frühen Menschen verglichen werden. Im Sinne von Werterfüllung dehnte die Spezies ihr Potenzial enorm aus, als sie ihre Höhlen verließ und so wird auch der Mensch die Erfüllung immer noch unerschauter Entwicklungsmöglichkeiten erfahren, wenn er endlich aus der Höhle seines willkürlich eingeschränkten Selbst herausschreitet.

(Jane lachte.)

Eigentlich sollte ich das nicht sagen müssen. Das Bild ist wahrlich verblüffend und lächerlich: Aber wie sich auch euer expandierendes Universum nicht im Raum ausdehnt, so wird sich auch euer expandierendes Selbst nicht zu überraschenden Proportionen von Kilos und Tonnen in den Raum hinaus vergrößern.

Wenn ihr realisiert, dass das Selbst keine Grenzen hat, dann könnt ihr beginnen, Fortschritte zu machen. Da Bewusstsein zunächst einmal nicht im Raum existiert, gibt es keinen Grund, weshalb Bewusstsein sich nicht über seine festgesetzten Begrenzungen hinaus ausdehnen und theoretisch auch damit weiterfahren kann. Eine solche Ausdehnung würde jenen elementaren Bestandteilen, den Zellen und Molekülen, hervorragende Impulse und Werterfahrungen vermitteln; Erfahrungen, die bewahrt und auch angewandt würden. Wenn das sogenannte Weltraumreisen wirklich populär und wirklich praktizierbar wird, geschieht es in dieser Richtung.

Das Selbst wird sich die Atome und Moleküle wirklich zunutze machen; das Bewusstsein wird mit dieser Methode reisen. Der einzelne physische Körper wird dann als das erkannt werden, was er ist: eine kooperative, psychische Gestalt, eine psychophysische Struktur, zusammengestellt vom inneren Ego unter Verwendung von Atomen und Molekülen, die in sich selbst wiederum lebendig und bewusst sind.

Wir werden nun für einen Moment ganz langsam werden, um dieses Material durchzugeben, denn ich weiß, wie schwierig es für euch ist. Ich möchte diese Hervorhebungen machen, um zum Hauptpunkt hinzuführen. Das Bewusstsein kommt zuerst und formt den physischen Körper auf die Arten, die ich beschrieben habe. Trotzdem gibt es keine wirklichen Grenzen, die das Selbst vom Nicht-Selbst trennen.

Die äußeren Sinne funktionieren nun, weil ihnen in so abhängiger und fast absoluter Weise vertraut wurde, als Scheuklappen, welche die möglichen Gesichtsfelder einengen und daher beide, Vorstellungskraft und Intellekt, bei der Gestaltung neuer Konzepte behindern.

Nun. Raumfahrt, wenn sie dann stattfindet, wird die Ausdehnung des Selbst verwenden. Eure Vorstellung des Todes gründet auf eurer Abhängigkeit von den äußeren Sinnen. Ihr werdet begreifen, dass es möglich ist, ohne physischen Akt (und unterstreich das, ohne physischen Akt) den physischen Körper loszulassen, das Selbst auszudehnen, Atome und Moleküle als Sprungbrett für ein vorgegebenes Ziel zu benützen und den physischen Körper auf der anderen Seite neu zu formen.

(Jetzt gab Jane das Material wieder sehr langsam und bedächtig durch.)
Das muss euch äußerst fremd erscheinen. Trotzdem will ich es nie unterlassen, euch alle Tatsachen zu vermitteln, unabhängig von euren momentanen Reaktionen; mit der Zeit werdet ihr sehen, wie gerade diese spezielle Idee nicht undenkbar, sondern möglich ist.

Der schwierigste Punkt ist euer panikartiges und beschützerisches Zusammenkauern innerhalb des Kerns eines begrenzten Selbst und eure Angst, die zahllosen Türen zwischen Selbst und scheinbarem Nicht-Selbst aufzustoßen, Türen, die ihr selbst aufgebaut habt.

Am Anfang benötigt der Eintritt auf eure Ebene eine einfache Energieeinheit, eine Samenzelle, eine einfache aber mächtige Kapsel, die alle zukünftigen Entwicklungsmöglichkeiten enthält. Nach dem Eintritt auf eure Ebene kann das Selbst oder die Identität, das Bewusstsein, ohne jeden physischen Akt den physischen Körper verlassen, sich ausdehnen, durch Atome und Moleküle reisen und sich wieder vollständig zusammensetzen.

(Später sagte mir Jane, dass sie bei der gesprochenen Durchgabe dieses Materials einen anderen, parallel darin enthaltenen Gedankenkanal von Seth spürte, wie ihr das oft geschieht. Diesmal nahm sie Seths Besorgnis wahr, dass jemand beim Lesen dieses Materials Selbstmord beginge, um in einem irregeleiteten Versuch beweisen zu können, dass es für das Bewusstsein möglich ist, ohne den physischen Körper auszukommen. Jane sagte, dass sie sich manchmal bis zu drei separater, paralleler Gedankenstränge zur gleichen Zeit bewusst sei, während sie einen davon diktiert.)

Das scheint seltsam, weil ihr nicht völlig begreift, dass die Energie, die Vitalität, die sich in Bewusstsein individualisiert, den physischen Körper erschafft; und wenn das Bewusstsein auf eurer Ebene erscheint, kann es den Körper verlassen und sich wieder zusammensetzen. Es würde gewissermaßen für die Atome und Moleküle, die es durchquert, nicht mehr bedeuten als der Wind, der durch die Baumwipfel weht.

Aber wie der Wind Bewegung und Erregung für die Bäume bedeutet, und das tut er, so würde das Bewusstsein, wenn es durch die Zellen und Moleküle des so genannten Raums rauscht, erquickende Erfahrungen und momentane neue Befriedigungen bedeuten.

Was euch zurückhält, ist nur Angst. Ihr werdet wahrscheinlich eine physikalische, technologische Vorgehensweise ausarbeiten, um dies alles zu ermöglichen, bevor ihr realisiert, dass ihr es schon die ganze Zeit hättet tun können.

Ich erwähnte Raumfahrt, weil ich weiß, dass ihr euch dafür interessiert, aber es ist nur ein Beispiel und zudem ein spektakuläres, um euer Interesse für die Vorteile der Ausdehnung des Selbst zu wecken.

Es tut mir leid, ich vergaß eure Pause, nehmt sie nun auf jeden Fall.

(Pause um 22:44 Uhr. Jane war in tieferer Trance als gewöhnlich. Ihr Nacken sei wieder in Ordnung, sagte sie. Die ganze Sitzung, von der sie den Eindruck hatte, dass sie außerordentlich gut sei, war für sie wie ein Traum. Meine rechte Hand fühlte sich nach der ganzen Durchgabe etwas verkrampft an, obwohl es in den letzten paar Sit-

zungen viel besser gewesen war.

(Als die Pause begann, realisierte ich, dass meine Hände sich dick oder vergrößert anfühlten. Auch Jane sagte das Gleiche; sie habe es schon früher in der Sitzung gespürt, aber dies zu erwähnen vergessen. Meine rechte Hand und vor allem der Mittelfinger fühlten sich aufgefüllt und aufgeschwollen an. Bei solchen Gelegenheiten sieht die Haut straff, fast aufgedunsen aus und die Finger fühlen sich gespannt an, wenn ich sie biege. Das Phänomen dauerte bei beiden von uns einige Minuten an.

(Jane sagte auch, dass sie während der letzten zwei oder drei Wochen verschiedentlich das Gefühl gehabt habe, dass ihr linker Fuß oder ihre linke Hand – nie die rechte – in heißes Wasser getaucht würden. Es ist nicht wie ein Gefühl des Schwitzens, sondern eher wie eine Hitzewallung. Es geschieht zu irgendwelchen Zeiten – bei der Arbeit, zuhause etc. Es ist ein Gefühl fast so, als ob Hand oder Fuß sich auflösten und sich mit ihrer warmen Umgebung vereinigen könnten.

(Jane diktierte um 22:55 Uhr weiter.)

Eure Wissenschafter werden sehr bald entdecken, dass das Selbst keine wirklichen Grenzen hat, aber sie werden, auf sich selbst gestellt, ziemlich lange brauchen, um zu den entsprechenden Schlussfolgerungen zu gelangen.

Ein Teil der dem Selbst auferlegten Begrenzungen sind kulturell bedingt und je nach Zivilisationen verschieden, aber die Grundursache ist das absolute Vertrauen in die äußeren Sinne—

(In diesem Moment hörte ich durch unsere offenen Fenster ganz klar das krachende Geräusch eines Autounfalls. Unsere Wohnzimmerfenster gewähren eine gute Sicht auf unsere Straße, eine der Hauptstraßen von Elmira, aber ein schneller Blick sagte mir, dass sich der Unfall außerhalb unseres Blickfeldes ereignet hatte. Jane hatte es auch gehört, warf aber nur einen flüchtigen Blick aus dem Fenster. Wie bei dem in der letzten Sitzung beschriebenen angebrannten Hühnchen, zollte sie dem Ganzen keine Aufmerksamkeit und scheint während des Diktats weitgehend gefeit gegen Ablenkungen zu sein.)

—sogar wenn eure eigenen technologischen Fortschritte ohne Zweifel beweisen, dass in vielen Fällen die Aussagen eurer eigenen äußeren Sinne falsch sind und nicht die Realität darstellen, sondern ein eigenmächtiges, der Realität aufgezwungenes Muster. Durch die äußeren Sinne müsst ihr die Realität immer unter willkürlichen, tatsächlich unveränderlichen Bedingungen sehen, und die Realität kann einfach nicht innerhalb solcher Grenzen gehalten werden.

Diese Ausdehnung des Selbst wird zu einem gewissen Grad stattfinden, <u>bevor</u> irgendeine wirklich erfolgreiche Gemeinschaft der Menschen erreicht ist. Das ist bedauerlich, aber wahr. Gleichzeitig zum Versuch des Selbst, sich während der Kindheit auszudehnen, beginnt es auch seine willkürlichen Begrenzungen zu erfahren. Würden die kulturellen Begrenzungen aufgehoben, wäre zumindest das schon von einigem Vorteil.

Das nicht an Zeit oder Raum gebundene Bewusstsein mit seinem Ursprung im inneren Universum ist in der Lage, sich in die von mir erwähnten Richtungen auszudehnen. Der physische Körper kann das größtenteils nicht. Versteht mich nicht falsch. Aus praktischen Gründen, Theorie beiseite, könnt ihr nicht die Treue zu eurer Ebene aufrechterhalten, eine normale Lebenszeit leben (und das ist notwendig), während ihr vom physischen Körper getrennt seid.

(Wiederum wurde mir bewusst, dass sich meine rechte Hand vergrößert anfühlte; das Gefühl war zurückgegangen, nun aber wieder mit erhöhter Intensität gekommen. Es war beim Schreiben etwas hinderlich; da sich die Hand beim Halten des Stifts anders anfühlte, musste ich mich mehr auf den einfachen physischen Akt des Wörter-Aufschreibens konzentrieren. Und ich sah, wie Jane ihre Hände rieb, als sie während des Diktierens hin und her ging.)

Trotzdem könnt ihr den physischen Körper verlassen und ihn wieder zusammenbauen. Es tut mir aber leid, euch sagen zu müssen, dass ihr mit einer kranken Gallenblase auch bei einem neu zusammengesetzten Körper wieder eine kranke Gallenblase haben werdet, weil es das Bewusstsein ist, das die Krankheit von Anfang an verursacht hat. Auch wenn ihr den Körper zeitweise verlasst, so lasst ihr eure Probleme dort nicht zurück oder müsst zumindest wieder zu ihnen zurückkommen.

Ich habe versprochen, euch einiges Material über die Methode zu geben, mit der alle Spezies und alle lebenden Wesen zusammenarbeiten, um die physikalische Konstruktion eures Universums aufrechtzuerhalten und ständig zu erneuern und ihr werdet sehen, dass einiges unseres heutigen Materials euch entsprechende Einblicke gewähren wird.

(Das Phänomen in meiner rechten Hand dauerte auf eine erstaunliche Weise an. Sogar der Daumen und der kleine Finger waren nun betroffen. Mittlerweile war ich ziemlich sicher, dass dies von Seth so gewollt war, wenn man das Material betrachtet, über das er sprach. Aber es war mir doch ziemlich unangenehm, den Fluss des Materials zu unterbrechen.)

Die verschiedenen Spezies und die mannigfaltigen Verschiedenheiten des Lebens in eurem Universum könnten genau so gut mit Zellen, Organen oder Gliedern einer gigantischen Kreatur verglichen werden. Es gibt keinen Grund, sich als Mensch unbedeutend zu fühlen oder anzunehmen, dass das Individuum ohnmächtig oder Kräften ausgeliefert sei, die weder wahrgenommen noch verstanden werden können. Im Gegenteil: Das Individuum, jedes Individuum, ist außerordentlich wichtig und notwendig, und die Fähigkeit, seine Energie konstruktiv anzuwenden, aber sich hauptsächlich in Form von Werterfüllung auszudehnen, ist viel lebenswichtiger als ich ausdrücken kann.

("Warum ist meine Hand immer noch so dick?"

(Ich war nun sehr daran interessiert, meine und Janes Hände zu messen, während sie sich so anfühlten, so wie Bill Macdonnel mir in der 47. Sitzung geholfen hatte, als wir definitive, körperliche Beweise der Vergrößerung feststellen konnten. Während ich das im Moment aber nicht tun konnte, erinnerte ich mich an Seths sehr klare Aussage in der 49. Sitzung in Bezug auf seine äußerst konservative Einstellung zu Demonstrationen.)

Ich habe versucht, heute Abend eine zusätzliche Perspektive in die Sitzung einzubringen, was Empfindungen für dich und Ruburt betrifft. Die Ausdehnung oder Ausweitung des Selbst beinhaltet eine anfängliche und flüchtige Vergrößerung des Gewebes. Ich glaube, ihr habt das beide schon vermehrt in unterschiedlichem Ausmaß erfahren.

Es kommt zu einer zeitweiligen und anfänglichen kaum wahrnehmbaren Vergrößerung, zu einem tiefen Pulsieren in der Art eines Taktschlagens von Zellen und Molekülen – eigentlich zu einer Art Pulsierung, die eine winzige, aber klare Vergrößerung des Gewebes ergibt. Ihr erlebt dies in Zeitlupe. Vervollständigt würde der Vorgang als eine Vorwärtsbewegung des Bewusstseins oder Selbst aus den Geweben heraus erscheinen.

Nun. Da sich das Identitäts-Bewusstsein aus dem kombinierten und zusammenarbeitenden, allgemeinen Bewusstsein aller Atome und Moleküle des Körpers und dem Bewusstsein des inneren Egos zusammensetzt, wirken diese molekularen Bewusstheiten, die einst oder anfänglich durch das Formen ihrer physischen Konstruktion einen Ausdruck fanden, nun nicht mehr länger auf diese Weise; sie sind aber fähig, das wieder zu tun, wenn das Selbst-Bewusstsein es verlangt.

(Mein Handphänomen dauerte immer noch an und betraf nun auch meine linke Hand. Was die Dauer angeht, hatte diese Erfahrung natürlich schon längst alle vorherigen übertroffen.)

Die kombinierten molekularen Bewusstheiten, die ihre Identität behalten, formen ein Gestalt-Bewusstsein, nämlich das Ego, das äußere Ego, das wiederum vom Bewusstsein des inneren Egos gebraucht wird. Das innere Ego, das von den Gesetzen eurer Ebenen nicht behindert wird und das bei der physischen Geburt auf eure Ebene eingetreten ist, kann daher den physischen Körper verlassen und ihn wieder rekonstruieren.

Da sich das bewusste Ego aus dem molekularen Gestalt-Bewusstsein zusammensetzt, nimmt es beim Verlassen des physischen Körpers das molekulare Bewusstsein mit sich und dieses molekulare Bewusstsein ist daher vorhanden, um bei zukünftigen Konstruktionen zu helfen. Da ihr jedoch nach physikalischen Gesetzen handeln müsst, während ihr auf der physischen Ebene lebt, könnt ihr nicht ganz auf physische Konstruktionen verzichten, sodass ihr daher für solche Bewusstseinsausdehnungen andere physische Moleküle und Atome verwenden müsst.

Ich habe gesagt, dass dies jene anderen Moleküle und Atome nur in dem Maße betreffen wird wie der Wind, der durch die Baumwipfel weht.

Meine geliebten Freunde, das ist bis anhin eine unserer besten Sitzungen. Ich halte äußerst viel von euch und respektiere euch beide sehr, nicht nur als vorzügliche Schüler, sondern als meine liebsten Freunde. Ich werde nun diese Sitzung schließen. Lass mich noch sagen, Joseph, dass deine Raumaufteilung für euch beide eine große psychologische Aufwertung gebracht hat; und du hattest auch keine Zahnprobleme mehr, seit ich vorgeschlagen habe, den Kühlschrank in die Küche zu stellen.

Ich freue mich auf viele wunderbare Sommersitzungen, obwohl wir bei Bedarf

immer auch wieder entsprechende Anpassungen machen können, wenn ihr das wünscht.
("Gute Nacht, Seth."
([Jane:] Gute Nacht, Seth."
(Ende der Sitzung um 23:31 Uhr. Jane war in tiefer Trance, weit weg, sagte sie, ohne Erinnerung an ihre Umgebung, während sie das Material durchgegeben hatte. Aber sie wusste, dass die Sitzung bis jetzt eine der besten gewesen war.

(Statt dass sie sich verringerte, war die Schwellung meiner und auch Janes Hand nun auf dem Höhepunkt. Der rechte Mittelfinger schien sich noch mehr zu vergrößern. Jane suchte unsere Schere; weil wir nicht darauf vorbereitet waren, vergingen einige Minuten, bis wir schmale Papierstreifen geschnitten hatten. Diese Streifen brauchte ich als Messhilfen, um den Umfang der Mittelfinger unserer beiden rechten Hände zu messen. Ich maß Janes Finger oberhalb des mittleren und meinen Finger unter- und oberhalb des gleichen Knöchels.

(Bis wir soweit organisiert waren, hatte sich das Gefühl bei beiden verringert, aber ich nahm die Maße trotzdem.

(Um 23:35 Uhr zeigte Janes rechter Mittelfinger im Vergleich zur gleichen Zeit am nächsten Abend einen Unterschied von 0,8 mm.)

(Mein Finger zeigte über dem mittleren Knöchel nach dem Ende der Sitzung im Vergleich zum nächsten Abend einen Unterschied von ein wenig mehr als 0,4 mm.)

(Und wiederum war ich mir bewusst, dass sich meine Hand trotz all des Schreibens während der Sitzung weder verkrampft noch müde fühlte.)

(Während wir uns in psychologischer Zeit übten, hatten Jane und ich die folgenden Erlebnisse:

(Rob: Donnerstag, 21. Mai, 21:30 Uhr: Einige Beispiele meines elektrisierenden Gefühls.

(Rob: Freitag, 22. Mai, 20:30 Uhr: Einige Momente meines Gefühls, nachdem ich mir suggeriert hatte, dass ich mich leicht fühle. Das scheint nun zu einem verlässlichen Effekt bei diesen Gelegenheiten zu werden. Ich scheine nun im Voraus zu wissen, wann sich das Gefühl während solcher Experimente manifestieren wird.

(Ebenso ein flüchtiger Blick auf einen Teenage-Jungen in leichter Kleidung und Turnschuhen, der versucht, Nüsse auf einem lackierten Holzboden zu knacken, indem er mit seinem linken Fuß energisch darauf stampft. Ich hörte oder fühlte das Schlagen seines Fußes auf dem Boden. Dreiviertel-Rückenansicht der ganzen Figur. Bemerkung: Heute im Lebensmittelgeschäft bemerkte ich aus irgendeinem Grund einige Nüsse; normalerweise interessieren sie mich überhaupt nicht.

(Rob: Samstag, 23. Mai: verpasst.

(Rob: Sonntag, 24. Mai, 21:45 Uhr: Wir hatten den Tag verbracht, indem wir eine Ausfahrt in der Umgebung gemacht hatten. Nun, in meinem gewünschten Zustand, hatte ich verschiedene kurze Erlebnisse, bei denen ich über verschiedene Straßen glitt, auf und ab, entlang von Hügeln, um Kurven herum etc. Erinnere mich nicht,

dass ich in einem Wagen war oder dass Jane bei mir war. Sehr angenehm.
(Dann kam ein sehr unangenehmes Erlebnis. Während ich der River Road, nördlich von Chemung, N.Y., entlang fuhr oder glitt, die auf der rechten Seite einen Zaun hatte, sodass ich sie nicht verlassen konnte, sah ich in einiger Distanz von mir einen großen Traktor mit Anhänger den Hügel hinunterrasen – auf der falschen Straßenseite. Dieses Erlebnis dauerte lange genug für mich an, jedenfalls so lange, dass ich versuchte, den besten Weg zu finden, um auszuweichen. Der Traktor wich nicht aus, sondern kam direkt auf mich zu, bis er sich in enormer Größe vor mir aufbaute. Es gab keinen Zusammenstoß, aber ich fürchtete mich sehr; zeitweilig sah ich das Gefährt wie durch einen weißen Schleier. Dann realisierte ich, dass ich genug Raum hatte, um links von der Straße abzuzweigen und mich so in Sicherheit zu bringen.
(Auch konnte ich mich wieder in eine Unterhaltung zwischen Mutter und Vater einblenden; ich hörte sie klar und war, glaube ich, auch daran beteiligt, konnte aber nichts davon behalten und vergaß es beim Aufstehen wieder bis zum nächsten Tag. Erinnere mich aber nicht, sie diesmal gesehen zu haben.
(Rob: Montag, 25. Mai: Verpasst.
(Jane: Samstag, 23. Mai, 03.30 Uhr: Jane sah zwei glänzende Hände wie diejenigen einer kranken Person, in einem weißen Licht. Das Bild war so klar, dass sie dachte, ihre Augen wären offen. Als sie sie öffnete, verließ sie den entsprechenden Zustand.)

SITZUNG 56
25. MAI 1964, 21:00 UHR, MONTAG, WIE ANGEWIESEN

Wetter und Stimmung; emotionale Energie und physikalisches Klima; Reinkarnationen als Mann oder Frau

(Samstag war der 23. Mai. Alles war ruhig in Miss Callahans Wohnung. Jane und ich sahen sie nicht, hörten aber hie und da, wenn wir im Flur waren, ihre Stimme durch die Wohnungstür. Verschiedentlich hatte sie Besuch gehabt. Jane hatte sie ein paar Mal während der Woche besucht und Miss Callahan erkannte sie nun wieder. Es war aber offensichtlich, dass ihr Gedächtnis lückenhaft war.
(Als wir von einer Ausfahrt am Sonntag zurückkehrten, waren wir überrascht, Miss Callahan und ihre Betreuerin auf der vorderen Terrasse sitzen zu sehen. Das war etwas, das wir sie in den vier Jahren, die wir hier lebten, nie hatten tun sehen. Jane sagte, dass ihr Miss Callahan sehr unruhig erscheine und dass sie bei ihrem letzten Besuch ständig auf einem Schreibblock gezeichnet oder gekritzelt habe, ohne sich anscheinend dessen bewusst zu sein.
(Am Samstagabend besuchten Jane und ich ein japanisches Noh-Schauspiel im Elmira College; Bill Macdonnel hatte uns dazu eingeladen und spielte auch mit. Bill war schon einige Male einer unserer Zeugen gewesen. Nach der Aufführung fand eine

Party mit verschiedenen Darstellern und ihren Freunden statt. Dort hatte Bill einen schweren Anfall von Brust- und Rückenschmerzen und er ging mit seinen Eltern nach Hause.

(Hier muss noch angeführt werden, dass dieser 23. Mai der Tag war, an dem Jane zu sehr später Stunde, nachdem wir nach Hause zurückgekehrt waren, die Vision der kränklichen Hände hatte. Am Sonntag erfuhren wir, dass Bill mit einer eingefallenen, wasserhaltigen Lunge im Krankenhaus lag und dort einige Tage bleiben musste. Als wir ihn am Montag besuchten, hatte er sich bereits wieder einigermaßen erholt, musste jedoch noch zur Beobachtung im Krankenhaus bleiben.

(Um 20:45 Uhr war Jane wie immer nervös. Sie begann mit einer ruhigen Stimme zu diktieren und ging recht langsam hin und her. Ihre Augen verdunkelten sich wie immer. Der Tag war bedeckt und ziemlich kalt und windig gewesen.)

Guten Abend.

(„Guten Abend, Seth.")

Ich sehe, dass ihr heute Abend beide etwas müde seid. Aber ihr könnt ja auch nicht immer in allerbester Form sein.

Ihr könntet zwar immer in bester Form sein, wenn ihr gewisse vernünftige Regeln befolgen würdet und ich hoffe zu eurem Vorteil, später noch darauf zurückkommen zu können.

Übrigens beeinflusst das Wetter tatsächlich eure Stimmungen, wie auch eure Stimmungen das Wetter beeinflussen und auch darüber werden wir später noch sprechen.

Was meine Erwähnung des 23. Mai in Bezug auf Miss Callahan betrifft, war das keine Verzerrung; die Krise, die eine psycho-physische Krise war, fand statt, wie ich das auch gesagt hatte.

Die Erwähnung von Miss Callahan in Zusammenhang mit dem 23. Mai war die erste Erwähnung jenes Datums, was Ruburt heute etwas verspätet merkte. Die Unruhe, die Miss Callahan erfüllte, war nur ein kleiner greifbarer Beweis ihrer inneren Krise. Die Krise war hauptsächlich psychischer Natur, die natürlich physische Konsequenzen haben wird. Miss Callahan war gezwungen zu realisieren, dass ihr nicht einmal mehr ihr gewohntes Umfeld vertraut ist, noch dass sie sich darin wohl fühlt.

Eine Auflösung hat begonnen, durch die es das Ego immer schwieriger finden wird, die Energie innerhalb der Formen persönlicher Identität zu behalten oder die Energie für die Zwecke des Egos zu gebrauchen. Die Energie wird überall hinfliegen, unkontrolliert und nicht mehr länger kanalisiert. Gewohnheiten werden für eine gewisse Zeit zwar noch eine selbstbeherrschende Kraft ausüben, aber ganze Blöcke konzeptueller Realisierungen and ganze Blöcke von Zeitrealisierungen treiben nun zweifellos vom Ego weg.

Die Heimkehr schien diese ständig fortschreitende Auflösung etwas zu verlangsamen. Die Krise fand um 02.30 Uhr an jenem Morgen statt, als Miss Callahan erwachte, sich plötzlich von ihrem Ego entblößt von Angesicht zu Angesicht mit ihrem Unterbewusstsein fand und das innere Selbst in sich spürte.

Es war ein Moment <u>augenblicklichen</u> (unterstrichen) Schreckens, als das Ego realisierte, dass das, wogegen es ankämpfte und wogegen es, wenn auch erfolglos, fortfahren würde, anzukämpfen, tatsächlich kein Feind war, sondern ein sehr vertrautes, allzeit gegenwärtiges inneres Selbst, demgegenüber es nun machtlos war. Das Ego kam zurück, aber dies war der erste Moment, wo es seinem Ebenbild tatsächlich von Angesicht zu Angesicht gegenüberstand.

Diese Momente werden wieder kommen, wie damals, als Ruburt Miss Callahan auf einen Block kritzeln sah, ohne dass sich Miss Callahan dessen bewusst war und ohne dass sie wusste, was sie geschrieben hatte. Der Körper wird von alten, gewohnheitsmäßigen Mustern abhängig, die noch eine Weile so weiterlaufen werden. An jenem Abend wurden weitere Blöcke von Gehirnzellen zerstört. Die Zusammenarbeit kommt daher allmählich zu einem Halt.

Die zweite Bemerkung das Datum des 23. Mai betreffend war ebenfalls unverzerrt. Ich versuchte, daran anzuknüpfen, indem ich sagte, dass das Datum in Bezug auf Miss Callahan bereits durchgegeben worden sei. Auch hier gab es keine Verzerrung; was durchkam, war korrekt, nur dass mein reizender Ruburt den Rest abblockte.

Das ist grundsätzlich bei weitem nicht so unangenehm wie das Verzerren, obwohl euch manchmal solche Blockierungen in der Luft hängen lassen. Das Datum bezog sich tatsächlich auf unseren jungen Freund, der an jenem Abend erkrankte. Es hätte euch nicht viel geholfen, wenn alles durchgekommen wäre. Auch wenn ihr gewusst hättet, was geschehen würde, hättet ihr es nicht verhindern können.

Das Schauspiel ist ein Auslöser und so war es auch hier. Das Stück, in dem euer Freund mitspielte, diente als Sprungbrett für die innere Darstellung von – unglücklicherweise – Aufopferung. Die angegebene Warnung kam wohl durch, aber ihr nahmt an, dass es sich um Miss Callahan handelte. Stattdessen handelte es sich jedoch darum, vorsichtig in Bezug auf mögliche Konflikte mit der Mutter eures Freundes zu sein. Solche Konflikte hätten leicht stattfinden können und hätten auf längere Zeit hinaus nichts Gutes gebracht.

Es ist wirklich notwendig, dass der junge Mann von seiner Familie wegzieht und eine eigene Wohnung findet und auf eine gewisse Weise war der Lungenanfall ein Versuch, sich der Verantwortung zu entziehen. Als solcher dient er auch für eine Zeitlang einem guten Zweck. Andere berufliche Verantwortungen waren dem jungen Mann übertragen worden und diese, zusätzlich zu seinem Vorhaben, eine eigene Wohnung zu finden, belasteten ihn so sehr, dass er sich dem Ganzen irgendwie entziehen musste

Er wagte erst, bei der letzten Aufführung des Schauspiels krank zu werden, obwohl der Anfall beinahe schon vor der ersten Abendaufführung stattgefunden hat. Schließlich wird er selbständig werden müssen. Es ist nötig, dass er realisiert, in welcher Weise ihn seine Mutter beherrscht und dass er seine eigene Abhängigkeit versteht. Sonst bekämpft er Phantome und vergeudet wichtige Energien, die er nun unbedingt braucht.

Ich wollte euch dieses Material geben, um das Missverständnis aufzuklären. Die zwei separaten Erwähnungen des gleichen Datums bezogen sich auf zwei verschiedene Geschehnisse, die an diesem gleichen Tag stattfinden würden.

Verzerrungen kommen nun immer weniger vor. Ein sorgfältiges, nochmaliges Durchlesen des Materials wird in solchen Fällen gewöhnlich Missverständnisse aufklären; ihr werdet das bemerken, wenn ihr den tatsächlichen Wortlaut der entsprechenden Texte nochmals lest.

Ich schlage nun eure erste Pause vor.

(Pause um 21:29 Uhr. Jane war in ziemlich guter Trance für den ersten Durchgabeteil. Als sie am heutigen Tag die 54. Sitzung nochmals durchlas, hatte sie intuitiv erfasst, dass es sich bei Seths zweimaligem Bezug auf das Datum vom 23. Mai wahrscheinlich um zwei verschiedene Ereignisse handeln musste. Auf ihren Vorschlag hin las ich das Material ebenfalls nochmals durch. Obwohl ich zustimmte, dass eine solche Erklärung möglich war, sah ich für mich selbst keinen derartigen Bezug und dachte mir, dass solche Schlussfolgerungen wohl etwas weithergeholt schienen. Ich glaubte jedoch auch, dass es eine andere Erklärung dafür gab und dass es keine Verzerrung war.

(Jane und ich waren froh über Seths Bemerkung, dass es sich nicht um eine Verzerrung, sondern nur um ein teilweises Blockieren handelte. Jane ist immer noch sehr vorsichtig, sobald es um persönliches Material geht. Wir haben das Gefühl, dass wir nicht viel tun können, um mögliche Verzerrungen schneller zu eliminieren. Bis jetzt hatten wir, von mir aus gesehen, keine Probleme, alle Verzerrungen, über die wir Seth nachher befragten, aufzuklären.

(Jane fuhr in der gleichen Art um 21:35 Uhr weiter.)

Meine vorherige Bemerkung, dass das Wetter eure Stimmungen beeinflusst, genau wie auch <u>eure</u> Stimmungen das Wetter beeinflussen ist sehr wichtig. Hier gibt es sehr viel zu erklären.

Euer Wetter kann in der Tat mit lose geformter, größtenteils unkonstruierter Energie verglichen werden, die in vielerlei Arten von keiner starken Zentralisierung unbewusster oder bewusster Kontrolle gezügelt oder gelenkt wird. Das Individuum kann zum Beispiel in gewisser Weise, für den Zweck unserer Diskussion, als Element oder Energie unter psychischer, zentralisierter Kontrolle betrachtet werden. Auf eurer Ebene seid ihr sozusagen physische Elemente in geschlossenem Raum, die zu einer zweckgebundenen Gestalt geformt wurden.

Andere Energie ist jedoch, obwohl sie gewisse innere Regeln befolgt, nicht so ausgerichtet und kann daher unter die Beherrschung zweckgerichteter Gestalten gebracht werden. Natürlich geschieht dies trotzdem auf einer unterbewussten Ebene und stellt ein Überfließen von emotionaler und psychischer Energie des Selbst dar in etwas, was normalerweise als Nicht-Selbst betrachtet wird. Und so finden ständig solche Einflüsse statt, ein Hin- und Herfließen von Energie auf diese Art.

Wir werden solche Einflüsse aufgrund ihrer Wichtigkeit später noch sehr viel detaillierter betrachten. Es mag euch unglaublich erscheinen, aber die gleichen Einflüsse, die emotionale Ausbrüche verursachen, verursachen auch physische Stürme. Die Grundlagen sind die gleichen. Die Manifestation ist verschieden. Die Luftpartikel, die selbst wieder aus molekularen Strukturen bestehen und die wie alle Moleküle über ein allgemeines Unterbewusstsein und in kondensierter Form über ein Verständnis der inneren Gesetze des Universums verfügen, sind daher psychische wie auch physikalische Strukturen, was ihr nun eigentlich verstehen solltet.

Jene, die sich im Moment nicht zu komplizierten, starken Identitäts-Mustern (mit Bindestrich) zusammenfinden, behalten trotzdem immer noch das Bedürfnis nach Werterfüllung. Indem sie beim Formen von verantwortungsvollen, emotionalen Mustern mithelfen, beteiligen sie sich an einer gewissen Art von Bewusstheits-Erfüllung, die ihnen sonst verwehrt wäre.

Auf ihre eigene Weise werden sie zu etwas, das wir reine emotionale Konstruktionen nennen wollen; sie formen Muster, die aufgrund emotionaler Impulse operieren, die von Individuen erhalten und übermittelt worden sind. Die Individuen leiten dadurch überschüssige, emotionale Energie ab, welche die verschiedenen Persönlichkeiten nicht mehr länger innerhalb ihres persönlichen Bereichs behalten können, und lenken sie weiter.

Dieses Material wird aufgrund seiner möglicherweise verwirrenden Natur etwas langsamer durchgegeben. Es ist jedoch äußerst wertvoll und wichtig und gibt auch ein Beispiel davon, wie überschüssige Energie abgegeben und wieder verwendet werden kann. Auf verschiedene Art geschieht dies auch in vielen anderen Bereichen.

Das Risiko eingehend, euch zu früh zuviel mitzuteilen, lasst mich hinzufügen, dass wenn die molekularen Strukturen des so genannten Raums durch einen Prozess psychischer Osmose von emotionaler Energie geleert werden, diese Strukturen dann die menschliche Quelle anzapfen. Und nicht nur die menschliche Quelle, sondern auch andere, tierische Quellen.

Wenn ihr versteht, dass grundsätzlich alles eins ist und dass es in Wirklichkeit keine Grenzen zwischen dem Selbst und Nicht-Selbst gibt, werden euch diese Tatsachen nicht stören. Es funktioniert natürlich auch umgekehrt: Wenn ein Individuum spürt, dass seine Energie versiegt, dann wird es, unterbewusst und auf die gleiche Art, Reserven von identitätslosen molekularen Quellen abziehen.

Ich schlage vor, dass ihr eine Pause macht.

(Pause um 22:01 Uhr. Jane war in der üblichen Trance. Ihre Durchgabe dieses Materials war sehr langsam und bedächtig gewesen. Meine Hand fühlte sich bis jetzt noch nicht ermüdet an. Jane fuhr in der gleichen Art um 22:09 Uhr weiter.)

In vielen Fällen verfügen die Menschen über Wahrheiten, die sie mit dem Intellekt nicht erkennen. Seit undenklichen Zeiten haben sie sich nach einem Sturm gefühlsmäßig neu aufgeladen gefühlt und das ist natürlich genau, was auch geschieht. Der entsprechende Prozess dabei ist ein konstantes, notwendiges und für beide Teile vorteilhaftes Geben und Nehmen, das zumindest eine Art Ausgeglichenheit ergibt.

Die emotionale Energie, die den Individuen von molekularen, identitätslosen Strukturen entzogen wird, wird natürlich in einer aufgeladenen und aufgefrischten Form wieder zurückgegeben. Identitäts-Formen oder Persönlichkeiten können zum jetzigen Zeitpunkt einfach noch nicht gut genug mit großen Energieüberschüssen umgehen. Deshalb funktioniert der erwähnte Prozess tatsächlich als ein wichtiges Sicherheitsventil. Das kann nicht genug betont werden.

Es besteht daher eine wichtige Beziehung zwischen emotionaler Energie und physikalischem Klima und ich hoffe, noch tiefer darauf eingehen zu können. Viel Energie wird von jedem Individuum nur schon dazu gebraucht, um das materielle Universum auf eurer Ebene zu erschaffen. Überschüsse, die über diese Überlebenskonstruktionen hinausgehen, werden für verschiedene kreative Aspekte verwendet und stellen die Grundlage für Kultur und Zivilisation dar.

Eure Kriege sind natürlich überschüssige, schlecht kontrollierte emotionale Energie. In vielen Fällen wurdet ihr durch solche Dinge wie Erdbeben, riesige Tornados und andere physische Katastrophen von Kriegen verschont. Es ist nicht so, dass euer Menschengeschlecht einen Instinkt für Zerstörung besitzt; es hat jedoch etwas, was man wirklich einen Instinkt für Manipulation nennen könnte. Was als zerstörerischer Instinkt erscheint, ist stattdessen eine Unfähigkeit, emotionale Energie zu kontrollieren und sie auf die wirkungsvollste Art wieder zurückfließen zu lassen.

Mit eurer wachsenden Bevölkerungszahl wird es immer schwieriger, diese Energie auf, wie ich es nennen würde, natürliche Art ausströmen zu lassen, das heißt, sie in den identitätslosen, molekularen Bereich überfließen zu lassen. Entzug führt natürlich zu großer Gefühlsaggression. Wo große Entbehrung ist, herrscht auch ein grausames Klima, aber nicht das Klima verursacht die Entbehrung. Die durch Entbehrung verursachte emotionale Aggression verursachte das Klima.

Das Wetter verläuft in Zyklen. Nicht weil Zyklen zu Wettermustern gehören, sondern weil emotionale Zyklen den Individuen innewohnen, und auch dies wird zu einem späteren Zeitpunkt erklärt werden.

Weil schlechtes Wetter die Menschen in den sehr frühen Stadien ihrer Entwicklung vor Kriegen verschonte, nahmen sie an, dass an die Elemente gerichtete Opfergaben sie vor Unglücken dieser Art beschützen würden. Opfergaben haben nichts damit zu tun. Ihr habt zweifellos von emotionaler Ansteckung und von emotionalem Klima gehört und diese Bezeichnungen sind äußerst zutreffend. Energie verändert ständig ihre Form und wenn sie in der einen Richtung blockiert wird, wählt sie sich eine andere aus.

Die Regentänze der Indianer funktionierten. Vielleicht könnt ihr nun den Grund verstehen. Nebenbei bemerkt, Joseph, wenn ich schnell deine in der Pause gestellte Frage beantworten darf: Loren war dreimal ein <u>Mann</u>.

(Als wir während der letzten Pause über Verzerrungen sprachen, erinnerte ich mich daran, dass Jane-Seth vor vielen Sitzungen einmal gesagt hatte, dass [mein Bruder] Loren dreimal eine Frau gewesen sei und in einer spätren Sitzung hatte Seth gesagt, Loren sei dreimal ein Mann gewesen. Ich hatte Seth nie gebeten, den Widerspruch aufzuklären.)

Das Missverständnis schien eine Verzerrung zu sein, war es aber nicht. Oft, wenn eine Person immer wieder im gleichen Geschlecht reinkarniert, erscheint der vorherrschende Eindruck der Persönlichkeit als das gegenteilige Geschlecht. Ruburt nahm

hier das Gefühl von Weiblichkeit in sehr starker Weise auf.
(Siehe Sitzung 10 vom 20. Dezember 1963 in Band 1.)
Wie in vielen Fällen ein älterer Mann feminin erscheinen mag, so wird eine ständig sich als Mann inkarnierende Persönlichkeit starke und überkompensierende weibliche Charakterzüge entwickeln, wie dies bei Loren in diesem Leben der Fall ist. Nur schon die Tatsache, dass die Persönlichkeit eine weibliche Reinkarnation vermeidet, ist der Beweis einer bereits entwickelten Angst. Also ist Lorens Persönlichkeit grundsätzlich weiblich, trotz der Tatsache, dass er nie eine weibliche Reinkarnation hatte. Das führte zur Unklarheit.

Selbstverständlich sind auf eurer Ebene Mann und Frau gleichermaßen wichtig, obwohl wegen der speziellen Überbetonung aggressiver Manipulation auf eurer Ebene der männliche Aspekt bisher weit vorherrschender war.

Auch hier gibt es viel zu erklären, da euer Konzept von männlich und weiblich überaus stark verzerrt ist. Die Ausdrücke sind natürlich Widerspiegelungen auf eurer Ebene von anderen grundsätzlichen inneren Gesetzen des Universums, über die wir noch sprechen müssen. Sie haben tatsächlich sehr wenig zu tun mit dem, was ihr als männlich und weiblich betrachtet und für den Moment können wir sie kurz im Sinne von Ankunft und Abreise erwähnen.

Ich werde das später noch vertiefter behandeln, weil ihr jetzt noch nicht bereit seid für dieses Material. Unnötig zu sagen, dass der Gebrauch von Energie und vor allem von emotionaler Energie bei Männern und Frauen auf eurer Ebene sehr verschieden ist. Und beide Methoden des Verbrauchens und des Abgebens von Energie sind notwendig, nicht nur um das psychische und emotionale Gleichgewicht beizubehalten, sondern auch um das physische Gleichgewicht in Bezug auf alle lebenden Wesen aufrechtzuerhalten und ebenso, um die Einflüsse von Wetter und Natur auszubalancieren, wie sie in eurem physischen Universum existieren.

Es ist auf eurer Ebene notwendig, dass physische Konstruktionen kommen und gehen. Das Weggehen ist genau so wichtig wie das Ankommen, denn sonst wäre jegliche Art von neuem Ankommen unmöglich.

Es ist kein Zufall, dass es zumindest <u>scheint</u>, als ob der Mensch als Jäger vernichtend wirkt. Aber dieses Vernichten dient in sich selbst dem Zweck von Kreativität und Ankunft. Beides sind nur verschiedene Seiten der gleichen Medaille. Ich sage hier <u>nicht</u>, dass jede Zerstörung gut ist, auf keinen Fall. Ich sage, dass die Grundstruktur, welche die konstante Empfängnis einer Lebensform durch eine andere beinhaltet, dem Zweck der kontinuierlichen Schöpfung dient.

Wenn diesem ohne zusätzlich uneingeschränkte und vorsätzlich grausame Absichten, die nichts mit der grundlegenden Notwendigkeit zu tun haben, nachgegangen wird, dann können Kommen und Gehen als die zwei Seiten von Männlich und Weiblich betrachtet werden, die beide dem grundlegenden Zweck von Werterfüllung und Schöpfung dienen.

Dies wird, mit weiteren Details, mit dem Thema Wetter auf eine sehr enge Weise verbunden werden. Das ist weit entfernt von Loren und ist es doch nicht. Andere Widersprüche werden geklärt werden, wenn ihr sie ansprecht. Loren muss eine weibliche Reinkarnation haben, und sei es bloß, um seiner Männlichkeit Gültigkeit zu geben.

Wie alle Lebewesen auf eurer Ebene zusammenarbeiten, um euer physisches Universum zu erschaffen, so arbeiten sie auch zusammen, nicht nur um eure Wetterzyklen, sondern auch um eure Klimazyklen in Form von Eiszeiten und tropischen Perioden hervorzubringen.

Ich schlage vor, dass ihr eine Pause macht. Ich habe unsere Partysitzung nicht vergessen, obwohl es scheint, als ob ich sie vergessen hätte.

(Pause um 22:50 Uhr. Jane war in der üblichen Trance. Wiederum hatte Seth die Zeit bis zur halbstündigen Pause ziemlich überzogen. Meine Hand fühlte sich etwas müde an, aber unwesentlich im Vergleich zu früher. Jane fuhr in der gleichen ruhigen Art um 23:00 Uhr weiter.)

Ruburt sollte sich auf jeden Fall darauf beschränken, seine beste Energie für seine tägliche kreative Arbeit einzusetzen und sie nicht mit Sorgen über Material zu vergeuden, das er in die, wie er es sieht, kalte Welt hinausgeschickt hat.

Das ist seine einzige Hoffung für inneren Frieden und emotionale Stabilität. Es wäre vorteilhaft für ihn, wenn er sich zu Beginn des Übens von psychologischer Zeit selbst suggerieren würde, dass die Tagesarbeit erste Priorität hat. Irgendwelche willkürliche Daten können für notwendige Briefe an Verleger reserviert werden und diese Briefe sollten so automatisch wie möglich geschrieben werden.

Würde er sich mehr auf die Qualität des täglichen Materials konzentrieren und weniger auf äußerlichen Erfolg und auf Anerkennung, wäre er nicht in einem solch mentalen Aufruhr und in einem emotionalen Tumult über Material, das er Verlegern geschickt hat. Hier muss eine innere Freiheit vorhanden sein.

Ich würde sogar, so wie du das getan hast, Joseph, ein paar Urlaubstage vorschlagen. Er überträgt die Aggressionen gegen Verleger auf seinen eigenen Körper, was höchst lächerlich ist. Ich würde auch vorschlagen, dass er wieder seine Rückenübungen macht. Es gibt hier mehr, was ich sagen möchte, aber ich werde abgeblockt.

Ihr werdet später in diesem Jahr beide von eurem Urlaub profitieren, obwohl Ruburt ihn diesmal nötiger hat als du. Deine Malerei, Joseph, beginnt die Resultate eines größeren, psychischen Verständnisses zu zeigen, das sich in Inhalt und Technik übertragen wird. Ich werde nun die Sitzung früher schließen, hauptsächlich weil ich diese Sitzungen grob umrissen und euch das vorgesehene Material gegeben habe.

Ein kleiner Morgenspaziergang würde Ruburt ebenfalls gut tun und auch wenn er sich über den Verlust der Zeit beklagen würde, könnte er ihn mehr als nur kompensieren.

Meine lieben Freunde, ich wünsche euch beiden einen angenehmen guten Abend. Das Material, das wir heute behandelt haben, ist sehr wichtig und wird die Grundlage für neue Richtungen sein, in die sich das Material selbst begeben wird und für neue Wege, auf denen wir gemeinsam reisen werden.

Hin und wieder schaue ich bei euch herein, manchmal zu meinem Vergnügen und manchmal zu meinem Erstaunen.

Ruburt sah ganz knapp die gekreuzten Hände eures kranken Freundes, als er sich vor kurzem vor dem Einschlafen im Zustand psychologischer Zeit befunden hat. Behaltet diese Experimente unbedingt bei und wir werden eine spezielle Sitzung dafür reservieren, um sie zu erklären.

Meine besten Wünsche an euch beide.

(„Gute Nacht, Seth."

(*Ende der Sitzung um 23:15 Uhr. Jane war in der üblichen Trance. Wir hatten beide keine Handphänomene während der Sitzung erlebt. Es war sehr friedlich gewesen.*)

SITZUNG 57
27. MAI 1964, 21:00 UHR, MITTWOCH, WIE ANGEWIESEN

Telepathie; das unbegrenzte Selbst als Sender und Empfänger von Energien; sekundäre Persönlichkeiten und die Traumwelt; das Universum als Gestaltform

(*Dienstag, 26. Mai, 21:00 Uhr: Beim Üben von psychologischer Zeit verspürte ich einige Male mein prickelndes Gefühl. Mittwoch, 27. Mai, 17:30 Uhr: Keine Resultate.*

(*Jane versuchte sich am Dienstag, den 26. Mai um 11:15 Uhr während ihrer Übung in psychologischer Zeit in Bill Macdonnels Krankenhauszimmer zu versetzen. Sie erlangte einen sehr kurzen Blick auf ein Gesicht mit geschlossenen Augen, das auf ihre Frage: Hörst du mich? zustimmend nickte. Als wir dies später mit Bill nachprüften, erfuhren wir, dass er während dieser Zeit geschlafen hatte. Sein Zustand hat sich sehr verbessert und er kann am Samstag nach Hause zurückkehren.*

(*Bis um 20:45 Uhr waren keine Zeugen eingetroffen. Nach ihrem kurzen Schlaf fühlte sich Jane nervös und doch schläfrig. Der Gedanke war ihr gekommen, dass Seth heute Abend das Selbst und das Nicht-Selbst diskutieren würde. Als die Sitzungszeit näher kam, führte unser Kater Willy wieder einmal eine seiner Vorstellungen auf und schnappte ständig nach Janes Beinen und Knöcheln. Sobald aber die Sitzung begann, beruhigte er sich.*

(*Einmal mehr begann Jane in einer ruhigen Stimme zu diktieren, sie ging langsam hin und her, ihre Augen verdunkelten sich wie immer. Das blieb sich während der ganzen Sitzung gleich.*)

Guten Abend.

(„Guten Abend, Seth.")

Wir werden eine weitere ruhige Sitzung haben, für die Ruburt, wie ich weiß, immer dankbar ist.

Ich werde euch verschiedenes Material zu bestimmten Themen als Vorbereitung für eine Diskussion einiger eurer eigenen Experimente mit psychologischer Zeit geben. Mit diesem Material als Hintergrund werdet ihr fähig sein, die Erklärungen für einige eurer Erfahrungen viel besser zu verstehen.

Ruburt hatte Recht. Ich werde über das Selbst und das sogenannte Nicht-Selbst sprechen, sodass wir ein paar Dinge klären können. Es scheint mir jedoch, dass wir in letzter Zeit sehr nüchtern waren und uns mit schwerwiegenden Dingen befasst haben. Ich benutze aber jeweils die Gelegenheit, gutes Material durchzugeben, wenn der Zeitpunkt stimmt und wir können es an jenen Abenden gemütlicher haben, wenn ihr zu müde seid, um etwas anderes zu tun.

(Jane lachte.)

Wie ich sagte, gibt es leise, fast nicht wahrnehmbare Abstufungen zwischen dem, was Selbst und Nicht-Selbst genannt wird. Eure Vorstellung, oder die Vorstellung eurer Psychologen, zum Beispiel in Bezug auf die Umwelt kommt dem, was ich meine, sehr nahe. Das Selbst dehnt sich tatsächlich in vielfältiger Weise weit aus, um sein eigenes Umfeld zu bilden, zu formen und zu konstruieren, während es sich umgekehrt auch ausstreckt, um den Kern seines Selbst zu beeinflussen.

Wir sprechen hier natürlich vom gewöhnlichen, physischen Umfeld. Die chemischen, biologischen, elektrischen und psychischen Funktionen des Selbst sind direkt mit dem physischen Universum als Ganzes verbunden. Theoretisch ist der Einfluss eines bestimmten Selbst endlos und zwar nicht nur insofern als euer eigenes physisches Camouflage-Zeituniversum betroffen ist. Der Einfluss eines jeden Selbst reicht auch in Realitäten hinein, die nicht an Raum und Zeit gebunden sind.

Aus diesem Grund habe ich früher einmal gesagt, dass das Individuum außerordentlich wichtig ist. Das Selbst engt sich jedoch durch Grenzen ein, die völlig willkürlich sind und nur aus Angst und aus Angewohnheiten errichtet wurden, die ursprünglich für das physische Überleben notwendig waren. Physisches Überleben verlangt dies jedoch nicht länger und es sind nur noch Fesseln. Ihr solltet inzwischen wissen, dass individuelles Denken nicht innerhalb der Grenzen des physischen Individuums bleibt. Das wurde tatsächlich auch bewiesen, insofern Telepathie als Tatsache wenigstens von einigen und bald von allen anerkannt wird.

Somit bleibt ein Gedanke, sicherlich einer der intimsten Besitztümer eines Selbst, nicht innerhalb des Selbst. Der Gedanke gehört dem Individuum, aus dessen Geist er entsprang und doch besitzt ihn das Individuum nicht wirklich. Es kann ihn behalten und doch kann es ihn nicht behalten. Es kann ihn als eigen ansehen und doch kann es nicht verhindern, dass der Gedanke zu anderen überspringt, obwohl das Individuum seine Lippen fest geschlossen hält und ihn nicht laut ausspricht.

Ein Individuum oder Selbst kann auch seine eigenen grundlegenden Absichten vor anderen nicht verbergen. Sie gehören ihm und doch kann das Selbst es nicht verhindern, dass andere sie auch spüren, obwohl es sie besitzt. Hier lässt sich noch vieles dazu sagen, insofern dass viel Unfassbares, das vom Selbst als äußerst geheim betrachtet wird, nicht innerhalb des Selbst bleibt. Weder Haut noch Knochen noch der Käfig des Skeletts können einen Gedanken davon abhalten, hinauszugehen.

Haut und Knochen als physische Bestandteile sind Barrieren um anderes Stoffliches einzugrenzen, aber über Immaterielles haben sie keine Macht. Die Absichten eines Menschen werden unbewusst von allen gespürt, mit denen er in Kontakt kommt. Telepathie ist verantwortlich für die Brauchbarkeit der gesprochenen Sprache. Ohne Telepathie wäre keine Sprache verständlich. Die äußere Schicht der Haut, die als physische Grenze dient, tut dies in Bezug auf Abtrennung nur um der Zweckdienlichkeit willen.

Tatsächlich ist die äußere Hautschicht eine äußerst fragile Begrenzung. Sie ist eher offen als geschlossen. Die Haut erscheint nur euren eigenen äußeren Sinnen als glatt. Sie ist in der Tat vielmehr ein loses, offenes Gerüst, durch das ständig Chemikalien, Nährstoffe, Moleküle, Elemente, Licht, Geräusche und Pulsierungen hindurchgehen und zwar immerzu in beide Richtungen, hinein und hinaus.

Daher ist das Selbst, rein physisch gesehen, nicht abgegrenzt. Es ist weder unabhängig noch verschlossen. Um zu überleben braucht es Nährstoffe, die von außerhalb der Haut kommen. Und nicht nur das; in allen Fällen sind auch seine Ausscheidungen als Nahrung nötig für das, was das Nicht-Selbst ist oder das Nicht-Selbst zu sein scheint.

Dies wird eine längere Abhandlung und ich schlage vor, dass ihr eine Unterbrechung macht. Passt auf, was ihr mit den Bruchstücken macht.

(Pause um 21:28 Uhr. Für den ersten Teil der Durchgabe war Jane bereits in voller Trance. Sie fuhr um 21:31 Uhr in der gleichen ruhigen Art weiter.)

Aus praktischen Gründen und nur aus diesen könntet ihr sagen, dass das Selbst auf eurer Ebene nur durch die Energiefelder begrenzt wird, die es kontrollieren kann. Das Selbst im nicht-physischen, psychologischen, geistigen und philosophischen Sinn ist theoretisch unbegrenzt.

Diese Eigenschaften, diese Merkmale, die das Selbst am meisten als sein Eigen betrachtet, sind weder in irgendeiner Weise eingegrenzt, noch können sie vom Selbst zurückgehalten werden. Gedanken, Träume, Zielsetzungen und Absichten, Pläne und Wünsche eilen ständig uneingeschränkt vom Kern des Selbst nach außen. Sie sind keineswegs innerhalb eures Schädels eingeschlossen, wie ihr vielleicht denkt.

So wie viele sehr reale Phänomene von euren Augen nicht gesehen werden können, so könnt ihr auch mit euren äußeren Sinnen dieses ständige Weggehen von Qualitäts-Energie vom Selbst zu dem, was das Nicht-Selbst scheint, nicht sehen. Diese Energien, diese Gedanken und Wünsche reisen. Sie gehen durch physische Materie hindurch.

Jedes Selbst schickt daher nicht nur solche Energien fast geschossartig aus seinem eigenen Kern hinaus, sondern es treffen auch ständig solche Energien von anderen ein. Das Selbst wählt aus, welche Teile dieser Energien es in eine Form übersetzen will, die dann von seinem eigenen Mechanismus aufgenommen und verstanden werden kann.

Die Auswahl wird natürlich durch die eigene Persönlichkeit, durch ihre besonderen Neigungen, Potenziale und Begrenzungen bestimmt. Wir werden das später noch in Bezug auf Krankheit, Gesundheit und Behandlungen besprechen.

Bis jetzt haben wir über Dinge gesprochen, mit denen ihr einigermaßen vertraut sein solltet. Ich habe gesagt, dass jedes Individuum mithilft, das physische Universum zu erschaffen. Diese Schöpfung geht ständig weiter. Das Individuum braucht die ihm zur Verfügung stehende Energie für diese Konstruktionen. Daher kann gesagt werden, dass diese Konstruktionen die Projizierungen eines jeden einzelnen Individuums in eurer Zeit und in eurem Raum sind.

Das individuelle Selbst ist daher buchstäblich ein Teil dessen, was ganz verschiedene Dinge zu sein scheinen. Kurz gesagt ist das Selbst das Objekt, über das es nachdenkt, da es tatsächlich das Objekt aus dem Selbst erschaffen hat.

(Jane lachte.)

Das wird einen Sinn für euch ergeben, wenn ihr darüber nachdenkt. Es stimmt, dass diese Konstruktionen auf einer unterbewussten Ebene stattfinden, aber je mehr ihr realisiert, was ihr tut, umso verständlicher wird es für den Intellekt, bis das vollständige Sich-Gewahrwerden über den Ursprung der physischen Materie erreicht wird.

Das Selbst ist daher weit entfernt davon, begrenzt zu sein, nicht einmal auf eurer eigenen Ebene. Ich erwähnte oder deutete jedoch an, dass der Einfluss des Selbst und daher das Selbst auch selbst weiterreichende Einflüsse auf Realitäten hat, die nicht aus einem Zeit-Raum-Kontinuum bestehen. Das müsste auch aus meiner Behauptung, dass das Selbst wahrlich grenzenlos ist, zu folgern sein.

Ich hoffe, dass ihr mir hier folgen könnt. Wir haben von der Traumwelt gesprochen und davon, dass sie eine psychische Realität ohne Raum oder Zeit, wie ihr sie kennt, ist und eine Evolution und Werterfüllung besitzt, die völlig unabhängig von der dürftigen Aufmerksamkeit ist, die ihr dieser zugesteht.

Eure eigenen gegenwärtigen Persönlichkeiten sind lediglich das Resultat der besonderen Eigenschaften und Ego-Vorstellungen (mit Bindestrich), auf die ihr entschieden habt, eure Energien und Absichten zu fokussieren. Ursprünglich hättet ihr euch, vor der diesmaligen Existenz auf der physischen Ebene, genau so gut auf die Eigenschaften einer anderen Persönlichkeits-Gestalt fokussieren können, obwohl eure Wahl wahrscheinlich mit einem weiten Feld von Möglichkeiten übereingestimmt hätte, das entsprechend den Wünschen eurer Wesenheit möglich gewesen wäre.

Nun. Obwohl ihr euch entschieden habt, eine bestimmte Gruppe von Eigenschaften in ein Feldmuster einer bestimmten Persönlichkeit zu formen, auf die ihr den Hauptteil eurer Energie richtet, gibt es auch andere, schattenhaftere, weniger gut konstruierte Möglichkeiten von Persönlichkeits-Selbst, die lose innerhalb des psychischen Gerüsts der vorherrschenden Persönlichkeit existieren und auch diese haben ihren Einfluss. Auch sie versuchen sich zu einem begrenzten Maß und mit begrenztem Erfolg in physischen Konstruktionen.

Ich schlage eine Pause vor.

(Pause um 22:01 Uhr. Jane war in der üblichen Trance; sie fuhr um 22:06 Uhr in der gleichen Weise weiter.)

Diese sekundären Persönlichkeiten, die den Psychologen bekannt sind, haben einen viel wichtigeren Platz innerhalb der Realität als angenommen wird. Keine psychische Handlung ist wertlos. Jede psychische Handlung existiert, hat eine Wirkung und verfügt über Dauerhaftigkeit im Sinne von Werterfüllung. Jede psychische Handlung und jedes psychische Ereignis, wie ein Traum oder ein Gedanke, das in Raum und Zeit nicht existiert, ist eine psychische Handlung und enthält in sich selbst das Potenzial für Werterfüllung, Übertragung und sogar zur Energie-Umwandlung.

Sekundäre Persönlichkeiten sind Gestaltformen von mehr oder weniger lose verbundenen psychischen Geschehnissen. Da sie nicht fähig sind, wie die Primärpersönlichkeiten Werterfüllung in Form von physischem Wachstum und Aufbau zu finden, suchen sie Erfüllung in für sie erreichbaren Formen.

Keine psychische Aktion ist statisch. Diese sekundären Persönlichkeiten können nicht als vollständige Selbst bezeichnet werden, aber sie können auch nicht als sogenannte Nicht-Selbst auf die Seite geschoben werden. Sie erhalten eine gewisse Bedeutung und eine gewisse Erfüllung durch Träume und dadurch, dass sie die Hauptpersönlichkeit manchmal zur Annahme bewusster oder unbewusster Gedanken verleiten, die normalerweise vom primären Selbst nicht gewählt würden und die daher manchmal den Kurs des primären Selbst verändern.

Also nochmals: Eine psychische Handlung ist weder statisch noch steril. Die Traumwelt mag keine materielle Realität auf eurer Ebene haben und doch ist ihre Existenz in vielen Belangen nicht weniger real als das, was ihr als Realität betrachtet. Der Unterschied liegt nur in der Menge der Energie, die ihr bündelt und in der Richtung, in die ihr sie fokussiert

Die sekundären Persönlichkeiten finden ihre Erfüllung hauptsächlich in der Traumwelt, aber die Traumwelt ist so wirklich und real, so effektiv und effizient wie eure eigene. Hier werden verschiedene, der Wesenheit vorliegende Probleme bearbeitet, Probleme, die entweder zu klein sind, um vom primären Selbst auf eurer Ebene gelöst zu werden oder die aus dem einen oder anderen Grund nicht durch physische Konstruktionen gelöst werden können.

Das ist außerordentlich wichtig, da die Traumwelt innerhalb der Dimensionen eures eigenen psychischen Feldes, aber völlig losgelöst sowohl vom Raum-Zeit-Kontinuum als auch von physischen Konstruktionen funktioniert. Hier seht ihr, wie das Selbst tatsächlich überfließt, nicht nur in das, was ihr das Nicht-Selbst nennen würdet, sondern in Bereiche, mit denen das bewusste Selbst kaum vertraut ist. Auf einer unbewussten Ebene ist sich das Selbst jedoch des Fortschritts dieser sekundären Persönlichkeiten wohl bewusst und braucht diese Ebene tatsächlich auch selbst für die Erfüllung und Entwicklung ursprünglich mit ihm verbundener Eigenschaften, die aber mit seinen Hauptabsichten unvereinbar sind. Diese zwei Ebenen bereichern und beeinflussen einander ständig.

Ich schlage eine Pause vor.

(Pause um 22:27 Uhr. Jane war in der üblichen Trance. Ihre Durchgabe des obigen Materials war ziemlich bedächtig gewesen. Sie fuhr um 22:31 Uhr fort.)

Es ist offensichtlich, dass es, physisch gesehen, kein einziges und alleiniges Selbst gibt, da sich die Molekühle und Atome, welche die Zellen und dann wiederum die

Organe bilden, ständig verändern. Und doch sagen wir, dass die Identität beibehalten wird und dabei verändert sich sogar das ständig, was wir unter dem Kern der Identität verstehen.

„Ich bin mich selbst" bedeutet für ein Kind, für einen Jugendlichen, für einen jüngeren und für einen älteren Menschen nicht das Gleiche. Obwohl das Individuum gleich erscheint und obwohl es seine Erinnerungen behält, ist es nicht das gleiche; und sogar seine Erinnerungen werden durch die verschiedenen Auslegungsmöglichkeiten von „Ich bin mich selbst" gefärbt.

Etwas, so werdet ihr sagen, muss doch gleich bleiben. Ihr mögt darauf beharren, dass es auch gewisse bestimmte Grenzen geben muss, wo ihr aufhört und wo etwas anderes beginnt, zumindest dort, wo ein anderes Individuum beginnt. Ihr werdet sagen: "Ich bin nicht jemand, der nicht mich ist."

Die einzige Stabilität zwischen Selbst und Nicht-Selbst und der einzige und alleinige Unterschied ist weder eine Identität, die Teil eines sich ständig ändernden physischen Gerüsts ist noch ein äußeres Ego, dessen Konzept von sich selbst sich gemäß seines Alters und Umfelds ebenfalls ständig verändert, sondern nur das innere Selbst hinter allen physischen Konstruktionen.

Wenn ihr dann realisiert, dass jedes physische Teilchen sein eigenes inneres und ursprüngliches Bewusstsein enthält, dann werdet ihr sehen, dass wir wieder da sind, wo wir begonnen haben. Das Individuum oder das Selbst ist überaus wichtig. Es handelt, um eine möglichst komplexe Gestalt gemäß dem Gesetz der Werterfüllung zu erschaffen und dies ohne andere individuelle Bewusstseinsformen weder zu überfallen noch zu verneinen oder zu verleugnen. Es ist unbegrenzt, weil es keine Grenzen für die Möglichkeiten seiner Werterfüllung oder für die Anzahl der Gestaltformen, die es bilden kann, gibt.

Daraus solltet ihr nun ersehen, dass euer Universum selbst eine Gestaltform ist. Wie eine individuelle Zelle als vom restlichen Körper abgesondert betrachtet werden kann, weil ihr äußerer Rand als Trennlinie vom übrigen Körper angesehen werden könnte, so könnte auch das Selbst als vom Universum abgesondert betrachtet werden, mit der äußeren Haut als Trennlinie zum restlichen Körper.

Wie wir aber wissen, ist die Zelle ein Teil des Körpers, die ihm Nahrung gibt und die von ihm Nahrung erhält. Um es genauer zu sagen, so verbindet ihr äußerer Rand sie mit dem Körper. Teile von ihr reisen buchstäblich durch den Körper. Trotzdem ist sie aber ein Individuum. Sie besitzt kondensiertes Bewusstsein und Verständnis, sie nimmt durch die Gestaltform an Werterfüllung teil, was ihr sonst unmöglich wäre. Wenn ihr den Körper als geschlossenes System betrachten würdet, was er aber nicht ist, dann könntet ihr sagen, dass die Grenzen des Zell-Selbst identisch mit den Grenzen des gesamten geschlossenen Systems wären. Aber das System ist nicht geschlossen und aufgrund der Teilnahme der Zelle an den Aktivitäten des Körpers, der ein offenes System ist, könntet ihr tatsächlich sagen, dass die Zelle selbst keine Grenzen hat.

Die Abstufungen, ich gebe es zu, sind außerordentlich geringfügig. Trotzdem bringt uns das Endresultat jeder Abstufung zum Schluss, dass das Selbst unbegrenzt ist, während es aufgrund seines inneren Gegenbildes oder inneren Selbst individuell bleibt. Und doch findet keine Überschreitung statt.

Ich hoffe, das alles sei nicht allzu schwierig gewesen und schlage vor, dass ihr eine Pause macht.

(Pause um 22:56 Uhr. Jane war in Trance, weit weg, sagte sie. Sie fuhr um 23:00 Uhr weiter.)

Ich schloss unsere letzte Sitzung etwas früher und habe heute Abend vor, das Gleiche zu tun. Ich habe mir sogar überlegt, die Anzahl Sitzungen einzuschränken, möchte das aber doch nicht tun.

Ihr seid beide jedoch etwas müde gewesen, aber da das Material nun sehr viel besser durchkommt, kann ich mit weniger Worten das sagen, was ich zu sagen habe. Ich will nicht, dass ihr euch übermüdet und ich will auch nicht, aus irgendeinem willkürlichen Zeitaspekt heraus, die Sitzung verlängern, wenn ich meinen Vortrag für den Abend vorgebracht habe, vor allem wenn ihr beide den Schlaf gebrauchen könnt.

Ich ziehe es aber immer noch vor, zwei Sitzungen pro Woche abzuhalten und bei diesen Gelegenheiten werde ich mir, je nach Situation, auch erlauben, länger zu machen, aber auch das immer innerhalb vernünftiger Grenzen.

Ihr habt, vor allem in der letzten Zeit, sehr wichtige Informationen erhalten. Bitte fahrt mit euren Übungen in Bezug auf die psychologische Zeit fort.

Meine besten Wünsche für euch beide und seid nicht verletzt, wenn ich heute früher schließe. Ich weiß vielleicht besser als ihr, wann einer von euch beiden müde wird, aber ich weiß auch, wann ich vorwärts machen kann. Ihr seid euch inzwischen sicher bewusst, was es heißt, soviel von eurer Uhrzeit für unsere Sitzungen zu beanspruchen.

Zu verschiedenen Zeiten verändern eure eigenen Energien auch ihren Rhythmus. Ich meine damit nicht, dass einer von euch krank ist oder weniger Reserven hat, sondern nur, dass die psychischen Energien ihre eigenen Zyklen haben und dass diese Zyklen auch respektiert werden müssen, vor allem wenn sie so gut genutzt werden.

Vielleicht denkst du, Joseph, dass einige deiner Experimente mit sekundären Persönlichkeiten zu tun hatten, aber dem war bis jetzt nicht so. Wir werden sehr bald auf eure Erfahrungen eingehen. Ich wünsche euch beiden nun ganz herzlich einen guten Abend.

Und nochmals sage ich, dass ich hie und da bei euch hereinschaue. Ruburts Plan, den Unterricht für die Kinder in der Galerie zu übernehmen, ist sehr gut. Ich hatte bis jetzt noch nicht die Gelegenheit, auf Mrs. Masters einzugehen, werde es aber bald tun. Die Verkäufermentalität von Ruburt wird ihm bei diesem Unterricht gut zustatten kommen. Eigentlich bin ich überrascht, dass er und seine Mrs. Masters es geschafft haben, so gut miteinander auszukommen. Ich schlage ihm vor, während der nächsten zwei Wochen in der Galerie sehr gelassen zu sein. Und jetzt gute Nacht.

(„Gute Nacht, Seth."

(Ende der Sitzung um 23:15 Uhr. Jane war in der üblichen Trance. Sie fühlte, dass

Seth in einer seiner mitteilsamen und freundlichen Stimmungen war und bis in die späten Stunden weitergemacht hätte. Wir hatten beide keine Handphänomene während oder nach der Sitzung.)

(Während ich mich in psychologischer Zeit übte, hatte ich die folgenden Erlebnisse:
(Donnerstag, 28. Mai: Verpasst.
(Freitag, 29. Mai, 15:30 Uhr: Während ich den gewünschten Zustand erreichte, schlief ich ein. Kurz darauf wurde ich durch eine Kinderstimme geweckt, die kurz aber laut in mein rechtes Ohr sprach. Just bevor ich erwachte, hatte ich den kurzen Eindruck eines Mannes und eines Jungen an einem Tisch oder einer Werkbank, auf dem sich einige Modelleisenbahnen befanden. Loren und Dougie? Wenn ja, erkannte ich sie nicht und verstand auch nicht, was der Junge sagte. An diesem Tag sandten Jane und ich Linda ein Geschenk zum bestandenen Examen. [Sie und Dougie sind Lorens Kinder.]
(Samstag, 30. Mai, 20:00 Uhr: Spürte mein prickelndes Gefühl, als ich mir Leichtigkeit suggerierte. Sagte mir, ich würde Ed und Ella besuchen, sah dann kurz ein Teenager-Mädchen, das am Telefon sprach. Ich kannte es nicht. Sein braunes Haar war zurückgebunden, sie saß in einem geraden Stuhl neben einem kleinen Tisch und hielt das Telefon in der linken Hand und trug Latzhosen. Ich sah die ganze Person in einer Dreiviertel-Vorderansicht. Kein Lippenstift. Die Lippen bewegten sich, als ob sie im Begriff war zu sprechen. Kurz, aber doch von einer gewissen Dauerhaftigkeit.
(Dann sah ich wiederholte Ansichten einer männlichen Figur als Silhouette von hinten gesehen. Sie trug einen spitzen Helm und einen weiten Mantel, wie das vielleicht ein deutscher Offizier früher trug. Die rechte Hand hielt eine Keule oder einen Schlagstock und hob und senkte sich regelmäßig, obwohl der Rhythmus nicht schnell war. Ich konnte nicht sehen, ob und was die Person schlug. Dieses Erlebnis dauerte einige Zeit an.
(Sonntag, 31. Mai, 21:00 Uhr: Einige kurze Momente meines prickelnden Gefühls. Meine Unterschenkel und Unterarme fühlten sich sehr leicht, fast federleicht, an.
(Montag, 1. Juni: Verpasst.)

SITZUNG 58
1. JUNI 1964, 21:00 UHR, MONTAG, WIE ANGEWIESEN

Äußeres Ego und inneres Selbst; die Entwicklung vom Ego zur Wesenheit; Jane, Rob und Seth als Glieder der gleichen Wesenheit; Janes und Robs Verhältnis zu Arbeit und Kunst

(Jane war nach einem kurzen Schlaf um 20:45 Uhr aufgewacht. Während sie schlief, habe sie, so sagte sie, die Eingebung des Themas der heutigen Sitzung erhalten, vergaß es aber prompt beim Erwachen. Alles war ruhig, es erschienen keine Zeugen. Jane war wie gewöhnlich nervös, bevor die Sitzung anfing. Sie begann mit einer ziemlich ruhigen Stimme, ging recht zügig hin und her und blieb während der ganzen Sitzung dabei. Ihre Augen verdunkelten sich wie üblich.)

Guten Abend.

("Guten Abend, Seth.")

Eure Gespräche kurz vor der Sitzung finde ich immer sehr unterhaltsam. Ich werde nie aufhören, mich über Ruburts kleine Tricks zu amüsieren, zum Beispiel wie er die Minuten zählt und ich wäre überhaupt nicht erstaunt, Joseph, wenn er das auch in Zukunft ständig beibehielte. Es gehört einfach zu ihm.

Die Vorsicht und die Stärke des Egos hinter solchen unterhaltsamen Episoden arbeiten jedoch zu unserem Vorteil. Er nutzt sie geschickt, um sich zusätzliche Disziplin zukommen zu lassen, was nur gut ist. Ohne diese Elastizität des Egos, das heißt ohne die Fähigkeit des Egos, die Kontrolle zu übernehmen und Ruburt zurückzuführen, also sofort wieder die Kontrolle zu übernehmen, hätten wir viel weniger friedliche Sitzungen und die Quantität und Qualität des ganzen Materials würden darunter leiden. Ich wünsche mir auf keinen Fall, dass er über mich wütend wird, denn ich kenne seine explosiven Reaktionen sehr gut.

(Hier wurde Janes Stimme sehr hell und amüsiert.)

Was das Selbst und das Nicht-Selbst betrifft, so ist, wie ihr wisst, die Einheit des Selbst durch das innere Ego organisiert, welches das ganze Energiefeld lenkt. Das äußere Ego lenkt die Handlungen dieser Gestaltform im physischen Universum. Das äußere Ego ist eher stärker an physische Eigenschaften gebunden und doch kann es durch eine Veränderung des Fokus die innere Realität direkt erfahren, indem es sich mit dem inneren Ego auf eine Linie ausrichtet und seine Energien mit den inneren statt den äußeren Sinnen bündelt. Das ist bei weitem die vorteilhafteste Methode, um die innere Realität zu erleben, weil das äußere Ego dabei das Geschehen bewusst wahrnimmt und dieses Wissen in seiner eigenen Sphäre anwenden kann.

Wenn das innere und das äußere Ego diametral entgegengesetzte Gesichtspunkte und verschiedene Ziele und Absichten verfolgen, dann geratet ihr in Schwierigkeiten. Beim Studium der menschlichen Persönlichkeit und der Psyche sind eure Psychologen weder weit noch tief genug vorgedrungen. Wenn eine vollständige oder fast vollständige Barriere zwischen dem inneren und äußeren Ego existiert, dann ist dem ganzen Selbst zu einem hohen Grad die Werterfüllung verwehrt. Eine solche Aufteilung geschieht zu verschiedenen Zeiten in der Geschichte und sie geschieht auch jetzt wieder.

Wenn die beiden im Gleichgewicht sind und wenn es eine Kommunikation zwischen ihnen gibt, dann kann das innere Ego direkt mit dem äußeren Ego kommunizieren, ihm die nötigen Aufklärungen bringen und ihm die Vorteile des eigenen, inneren Egos geben, nämlich komprimiertes Verständnis und direkte Anteilnahme an der Existenz des Universums als Ganzes.

Das äußere Ego ist unter solch vorteilhaften Umständen dann auch fähiger, dem inneren Selbst seine Erfahrungen in der physischen Welt zu kommunizieren und dadurch mitzuhelfen, das innere Selbst auszudehnen, das dann auf diese Art direkt Stimulationen und Manipulationen in einem Camouflage-Muster erleben darf, die ihm sonst verwehrt sind.

Das innere Selbst benötigt offensichtlich auch das äußere Selbst mit seinen äußeren Sinnen, um sich seine eigene Materialisierung in verschiedenen Camouflage-Formen zu gestatten. Das sollte weder unterbewertet noch vergessen werden. Ohne den äußeren Kern könnte das innere Selbst kaum etwas zu seiner eigenen Werterfüllung durch Teilnahme an Energie-Konstruktionen (Bindestrich) hinzufügen.

Jede Existenz in jedem der vielen Camouflage-Muster trainiert und erfüllt das innere Selbst, um die größtmögliche Erfüllung seiner eigenen Eigenschaften und Charaktereigenschaften zu entwickeln. Diese Eigenschaften und Charakteristika bestimmen dann die Ebenen, auf denen das innere Selbst existieren wird und auf jeder Ebene ist eine gewisse Materialisierung nötig. Sie verändert sich je nach den Eigenschaften der jeweiligen Ebene.

Es stimmt, dass das innere Selbst in letzter Instanz das dauerhafte Selbst ist. Trotzdem sind die verschiedenen äußeren Egos äußerst wichtig und ohne sie wäre das innere Selbst blockiert. Diese inneren Fähigkeiten bleiben in der Regel auch nie unerfüllt. Die äußeren Egos werden nach einer einzelnen Existenz nicht einfach sozusagen aufgefressen, sondern behalten die Kontrolle über jene Charakteristika und Fähigkeiten, bei deren Training und Bildung sie so wichtig waren.

Das äußere Ego bleibt also am Ende Kontrollstelle und Lenker jener Stärken, die es während seiner einzelnen Existenz um sich geschart hat. Aber auch das ist noch nicht das Ende. Es, das heißt das äußere Ego, kann sogar auch nach einer bestimmten Existenz noch weiter wachsen und sich entwickeln, je nach seinen innewohnenden Fähigkeiten und je nach seiner Fähigkeit, mit dem grundlegenden inneren Selbst zu kommunizieren.

Das ist äußerst schwierig, ich kann es mir vorstellen. Trotzdem: Auch wenn ein inneres Selbst ein neues äußeres Ego auf ein neues Camouflage-Wagnis ausgeschickt hat, bleiben dem vorherigen Ego immer noch fast uneingeschränkte Entwicklungswege offen. Es hat hierbei viele Möglichkeiten: Es kann sich entscheiden, das zu bleiben, was es ist, ein Ego. Dann bleibt es in einer dem inneren Selbst etwas untergeordneten Position, aber in keiner Weise stärker untergeordnet als es vorher war.

Es wird daher wieder zurück auf die gleiche Ebene kommen, die ihm vertraut ist, wo es neuen Herausforderungen begegnen und neue Fähigkeiten entwickeln wird, die jedoch von gleicher grundsätzlicher Natur sind. Das heißt, wenn wir von eurer Ebene sprechen, würde das Ego neue Erfahrungen machen, neue Fähigkeiten entwickeln, vielleicht sogar alte Probleme lösen, Fehler ausgleichen, sich aber immer noch mit Problemen der Manipulation und der physischen Konstruktion beschäftigen.

Die meisten Egos wählen für eine gewisse Zeit tatsächlich diesen Weg. Was das betrifft, so benötigen die Umstände eurer Ebene selbst die Erfüllung gewisser Entwicklungen wie derjenigen, die wir viel früher erwähnt haben und die mit der Erfahrung einer vollständigen Kindheit, Mutterschaft, Vaterschaft, etc., zu tun haben. Das sind die minimalsten Anforderungen auf eurer Ebene.

Das Ego mag auch spezielle eigene Wünsche in dieser Richtung haben. Nun werdet ihr verstehen, was ich sagen will. Während verschiedener Reinkarnationen auf eurer Ebene ist das Ego, das reinkarniert, das _gleiche_ Ego. Die Informationen vergangener Leben wird aus offensichtlichen Gründen im Unterbewusstsein dieses Egos gespeichert. Aber diese Informationen können angezapft werden.

Theoretisch könnte sich ein solches Ego auf diese Art unendlich weiter inkarnieren, immer wachsend und sich entwickelnd, aber sich immer mit Problemen der Manipulation und physischer Energiekonstruktion beschäftigend. Das würde dann eine Möglichkeit für Wachstum irgendeines bestimmten Egos darstellen. Es gibt aber andere Möglichkeiten–

Vergebt mir. Ich habe eure Pause vergessen. Macht sie jetzt unbedingt und noch bevor der Abend vorbei ist, will ich daran denken, euch ein Beispiel meiner speziellen Art Humor zu geben, da du so ernst dreinschaust, Joseph.

(_Pause um 21:41 Uhr. Jane war wieder in voller Trance schon während des ersten Teils der Durchgabe. Dies scheint nun zur Regel zu werden. Ich war mir bewusst, dass wir über die Pause hinaus weitergemacht hatten, da meine Hand etwas ermüdet war. Janes Durchgabe war ebenfalls schneller geworden._

(_Sie fuhr mit dem Diktat in einer sehr viel kräftigeren Stimme weiter, aber dieses Phänomen dauerte nicht allzu lange an, vielleicht eine Seite lang, dann wurde ihre Stimme wieder ruhiger, sie sprach aber immer noch relativ schnell. Weiter um 21:47 Uhr._)

Wenn nun die Kommunikation zwischen den beiden, das heißt, zwischen dem inneren Selbst und äußeren Ego, gut ist, dann beginnt das Ego zu verstehen, was es ist und auch zu begreifen, dass es vielleicht größere Fähigkeiten besitzt, als nur diejenigen, die es durch wiederholte Reinkarnationen auf einer Ebene realisieren kann.

Wenn das Ego außergewöhnlich ist, kann es sich nun für eine von zwei Möglichkeiten entscheiden.

Es kann sich entscheiden, als großer Schöpfer auf die gleiche Ebene zurückzukehren und das Wissen anzuwenden, das es vom inneren Selbst erhält, um bleibende und noch nicht da gewesene Neuerungen auf dieser Ebene hervorzubringen, im Einklang mit seinen Interessen, Fähigkeiten und Möglichkeiten. Es wird daher zu einem Buddha, einem Christus, einem Michelangelo, einem Helden auf dem einen oder anderen Gebiet, zu einem Ego, das die physische Welt völlig und in bisher nie vorgekommener Art durch die bloße Tatsache seiner Existenz verändern kann.

Es wird dann <u>nicht</u> wieder auf dieser Ebene reinkarnieren. Aufgrund seiner eigenen außergewöhnlichen Natur wird es sich jedoch mit seinem inneren Selbst zu einer zusätzlichen Gestalt formen und so die Energie und Fähigkeiten des inneren Selbst vergrößern. Und auf eine Art, die ich euch noch nicht erklären kann, <u>vermag</u> es seine Ego-Identifikation zu einem großen Teil freiwillig aufzugeben, um seine volle Energie in den Vorrat des inneren Selbst einzubringen.

Das ist eine Möglichkeit. Sie wird von Egos ergriffen, die nicht ihre Energie, die unermesslich ist, erschöpft haben, sondern ihre Wünsche.

Andere Egos entscheiden sich dagegen, eigene Wesenheiten zu werden. In diesem Fall wird dieses großartige äußere Ego seinerseits zu einem inneren Ego, das dann aus seinen eigenen unerfüllten Wünschen, Fähigkeiten und Initiativen neue äußere Egos formt, die wiederum Erfüllung suchen.

Ein solches äußeres Ego, das zu einem inneren Ego geworden ist, hat daher nur auf einer bestimmten Ebene die Existenz erlebt. Aus diesem Grunde ist es voller Ungeduld, was die Existenz auf anderen Ebenen betrifft und wird sich daher, wenn es sich anfänglich auf eurer Ebene entwickelt hat, nicht wieder neu für diese Ebene entscheiden, sondern andere Aktivitätsebenen auswählen.

Es enthält deshalb in sich das Wissen seiner Erfahrungen auf eurer Ebene, obwohl eine solche Wesenheit jeder Ebene entspringen kann. Das ist natürlich eine der außergewöhnlichsten Möglichkeiten und eine solche Wesenheit kann, wenn sie durch ihre eigene Kraft in diese Richtung getrieben wird, auf einer Vielfalt von Ebenen existieren und das Wissen aller vorhergehenden Ebenen mit sich tragen; und jedes <u>ihrer</u> äußeren Egos hat die gleichen Möglichkeiten. Das ist wichtig.

Die Wahl wird immer vom entsprechenden Ego getroffen und wir sprechen hier, denkt daran, von äußeren Egos. Viele begnügen sich damit, endlos auf der gleichen Ebene weiterzufahren, fast unendliche Inkarnationen zu haben und mehr oder weniger in Kontakt mit dem inneren Selbst zu sein.

Ruburt und ich waren Sprosse der gleichen Wesenheit, wie ich bereits gesagt habe. Ich will nun auch erwähnen, dass wir den gleichen Weg gewählt haben. Der zeitliche Unterschied ist nur eine Camouflage-Verzerrung. Die Wesenheit war besonders stark und viele ihrer Egos haben sich entschieden, zu Wesenheiten zu werden.

Es gibt gewisse Bedingungen, die, wie ihr euch erinnern mögt, auf eurer Ebene und auf anderen erfüllt sein müssen. Auf jeden Fall kann sich ein Ego, ein äußeres Ego, nicht einfach entscheiden, eine Wesenheit zu werden, bevor sein Wissen nicht einen gewissen Grad erreicht hat. Und nun, mein lieber, geduldiger Joseph, kann ich dir auch sagen, dass auch du Teil der gleichen Wesenheit bist und <u>das</u> ist einer der Hauptgründe, weshalb ich mit euch beiden kommunizieren kann.

Solch besondere Umstände treten nicht allzu oft auf. Ich wollte dies schon seit längerem klar machen, aber ihr hättet es bis vor kurzem nicht verstanden. Du und Ruburt, ihr beide müsst alle eure Fähigkeiten bis zum äußersten brauchen. Ihr werdet mehr Energie zu eurer Verfügung haben, wenn ihr sie für diesen Zweck anwendet. Das ist äußerst wichtig, weil es diese Existenz ist, in der ihr euren größten Beitrag leistet.

(Hier streckte mir Jane ihre Hände entgegen, um mir zu zeigen, dass sie „dick" waren. Sie rieb sie energisch, während sie hin und her ging. Ich erwartete dann das gleiche Gefühl zu spüren, was aber nicht geschah. Sie diktierte nun ziemlich schnell.)

Ruburt wird mich jetzt nicht blockieren. Du, Joseph, musst malen und alle deine Fähigkeiten brauchen und in dein Werk alles einbringen, was du jetzt und in vorherigen Leben über menschliches Verständnis, Fähigkeiten, Leistungsvermögen und Versagen gelernt hast; und du musst dich wirklich darum bemühen, dass dein Werk wahrgenommen wird. Du musst es hinausschicken und dabei wirst du dich selbst neu hervorbringen.

Du wirst mithelfen, in den Herzen der Menschen etwas zu erschaffen, das erst dort sein wird, wenn sie deine Bilder sehen. Das ist deine Verpflichtung. Jetzt ist die Zeit dazu. Wenn du eine Wesenheit sein willst, wie du dir das ausgewählt hast, dann ist dies deine Gelegenheit und dies ist deine letzte Inkarnation auf dieser Erde. Du brauchst Macht, Stärke, Entschlossenheit und freudvolle Spontaneität in deinen Arbeitsstunden.

Du musst auch persönlich jene Menschen in der Außenwelt beeinflussen, mit denen du in täglichen Kontakt kommst und dich ausweiten, indem du alle deine Fähigkeiten von Verständnis und Kreativität bei deinen Kontakten nach außen anwendest. Du musst dich auch in jener Richtung ausdehnen, in der du dich jetzt bewegst, im Sinne dieser Sitzungen und in psychologischer Zeit.

Hier muss ein delikates Gleichgewicht eingehalten werden, aber es wird dir Energie zukommen. Du musst einen noch leidenschaftlicheren Eid des Einbezugs mit der Welt als Ganzes ablegen und dich mit allem identifizieren, was darin ist und was daraus kommt, denn davor bist du manchmal zurückgeschreckt. Aber aus diesem leidenschaftlichen Eid des Einbezugs werden sich die letzte intensive Isolation und das Verständnis herauskristallisieren, aus dem deine besten Werke entstehen werden. Es muss hier, zusammen mit Disziplin, eine leidenschaftliche Freude und Spontaneität herrschen.

Es muss eine innere Betroffenheit vorhanden sein, die teilweise aus der Anerkennung menschlicher Verletzlichkeit, aber auch aus der Anerkennung menschlichen Potenzials entspringt, wenn deine tiefsten Fähigkeiten realisiert werden und dein Werk seine wahre Meisterschaft und Stärke erreichen soll.

Ich kann diese Mischung aus Spontaneität, Freude und Engagement mit Disziplin, Isolation und Entschlossenheit gar nicht stark genug betonen. In deinem Fall sind auch das Engagement und die Notwendigkeit, deine Fähigkeit in der Außenwelt anzuwenden, äußerst vorteilhaft. Du hast keine Ahnung von der Wirkung deiner eigenen Persönlichkeit auf andere, wenn du weiterhin so zurückhaltend bist.

Diese Zurückhaltung ist oberflächlich, eine direkte Folge der Persönlichkeit deiner jetzigen Mutter und deiner Reaktion darauf. Eine der Charaktereigenschaften, die dich zu Ruburt als Jane hingezogen hat, war sein leidenschaftliches Engagement. Von dir musste er eine gewisse Disziplin lernen, aber nicht um darunter erdrückt zu werden und auch das ist äußerst wichtig.

Du wusstest instinktiv, dass du von ihm lernen würdest, wie leidenschaftliches Engagement wahrgenommen werden kann. Es stimmt, dass ihr beide lernt und ihr lernt sehr gut. Es besteht nur eine geringe Gefahr, dass ihr übermäßig eintaucht. Ruburt könnte jedoch möglicherweise so diszipliniert werden, dass sein leidenschaftliches, intuitives Engagement viel weniger aktiv würde und das wäre ein großer Fehler.

Diese Sitzungen sind offensichtlich der Beweis, das dies noch nicht geschehen ist. Aber er wird nun, aufgrund deiner Hilfe, Disziplin innerhalb der Freiheit finden. Er muss sich jedoch die Freiheit gestatten, seine Intuitionen sichtbar werden zu lassen.

Da ich es nun endlich geschafft habe, dieses Material durchzugeben, werde ich damit weiterfahren. Wenn du aber eine Pause für deine Finger brauchst, dann mache sie auf jeden Fall.

(Pause um 22:32 Uhr. Jane war in tiefer Trance – weit weg, wie sie es nannte. Sie sagte, dass sie sich während der Durchgabe des Materials dessen äußerst sicher gefühlt habe. Es war nicht, als ob sie während der Trance nicht sie selbst war, sagte sie, sondern dass sie mehr sie selbst war. Sie war fast empört, dass Seth eine Pause vorschlug.

(Janes Hände waren immer noch etwas aufgeschwollen, aber nicht im gleichen Ausmaß wie am Anfang. Meine Schreibhand war wegen der Geschwindigkeit des Diktats ziemlich verkrampft. Jane fuhr um 22:45 Uhr weiter.)

Viele dieser Ratschläge konnten euch nicht vorher gegeben werden, weil ihr verschiedene Teile davon als widersprüchlich empfunden hättet; dem ist aber nicht so, wie ihr inzwischen wisst.

Es ist eine Sache, einen Teil von euch selbst zu isolieren, damit ihr euch während eurer Arbeitszeit nicht über eure Erfahrungen mit der Außenwelt sorgt oder ärgert. Trotzdem muss eine Synthese gemacht werden. Wenn man sich in eine Richtung verschließt, führt das dazu, dass man sich in alle Richtungen verschließt.

Dein Werk, Joseph, ist eine Synthese von Schmerz wie auch von Freude. Eine Verpflichtung in der Welt wird deiner Arbeit nicht abträglich sein, sondern etwas hinzufügen, vorausgesetzt natürlich, dass du dir selbst bestimmte Arbeitszeiten gewährst. Das bezieht sich nun auch auf Ruburt aufgrund einer Disziplin, die du selbst ihm zu erreichen geholfen hast. Und er hatte Recht, was die Galerie betrifft. Er ist nun bereit, sich auszudehnen, weil diese Ausdehnung seine eigenen Fähigkeiten unterstützen und daher andere beeinflussen wird.

Der Unterricht wird ihm helfen, in sich selbst Fähigkeiten zu entwickeln, die nur zum Besten sind. Wenn ihm nicht ermöglicht wird, die Kinder zu unterrichten oder seine Fähigkeiten in der Galerie in größerem Umfang anzuwenden, dann sollte er eine andere Arbeit suchen, wo er diese Fähigkeiten brauchen kann, denn eine solche Erfahrung ist notwendig für ihn und wird in seinem eigenen Werk eingesetzt werden.

Wenn er mehr Geld dafür erhält, dass er seine Fähigkeiten in der Galerie oder anderswo braucht, dann ist das in Ordnung. Wenn nicht, werden der Gebrauch seiner Fähigkeiten und die daraus folgenden Erkenntnisse die Belohnung sein, die zur Dimension seiner Poesie beitragen werden.

Ihr solltet eure Fähigkeiten auch so gut wie möglich bei euren Beschäftigungen außerhalb brauchen. Man kann nicht sagen: „Jetzt will ich meine Fähigkeiten brauchen und jetzt will ich nicht". Sie müssen gebraucht werden oder sie können sich nicht erfüllen. Der Gebrauch erweitert und bereichert sie.

Ich wurde von Ruburt bei diesen Punkten so lange blockiert, dass ich überaus erstaunt bin, dass er sich nun herablässt, mich heute Abend durchkommen zu lassen.

Es gibt kein Zurückbehalten von Verpflichtung, Betroffenheit oder Fähigkeit in nur einem Aspekt eures Lebens, sondern dies wird immer auch in anderen Aspekten reflektiert werden, das heißt in Aspekten, wo ihr euch Wachstum wünscht. Ihr wisst, ich meine damit nicht, dass ihr eure Energie für irgendwelche wirren Zwecke einsetzen sollt, sondern dass ihr eure Meinungen klar ausspracht und dass ihr eure Fähigkeiten in euren äußeren Unternehmungen zu eurem eigenen Nutzen anwendet. Gerade dies aber wurde von Ruburt blockiert.

„Dies" bedeutet zusätzliche Komplexität, aber ihr werdet diese Vielschichtigkeit in euer Werk einbringen und das müsst ihr auch tun. Für euch zwei ist dieses Leben kein Spiel. Es geht um einen hohen Einsatz. Ihr könnt euch nicht erlauben, nur die Hälfte eurer Fähigkeiten zu brauchen. Ihr habt eure Ziele dafür zu hoch gesteckt. Wenn ihr diesem Rat folgt, werdet ihr zusätzliche Dimensionen finden, nicht nur in eurer Arbeit, sondern in allen Aspekten eures täglichen Lebens, sei es psychisch oder physisch. Jeder andere Weg führt zu verkümmertem Wachstum.

Ruburt sollte sich auf seine Poesie konzentrieren. Er sollte viel fleißiger daran arbeiten, wie auch an seinem Buch, in welchem er versucht, die Phänomene der inneren Sinne zu erklären. Die Zeit ist für ihn nun vorbei, um vor Kontakten mit der Außenwelt zurückzuschrecken, was die Galerie oder irgendwelche anderen Unternehmungen betrifft. Dieses Zurückschrecken war ursprünglich nötig, weil er lernen musste, wie er mit seiner ziemlich explosiven Persönlichkeit umgehen kann. Aber nun sollte er beginnen und auch darauf beharren, seine Fähigkeiten nicht nur bei seiner eigenen Arbeit, sondern auch bei seinem Umgang mit der Außenwelt, an seinem Arbeitsplatz, anzuwenden.

Und das gilt auch für dich, Joseph. Probleme mögen zwar entstehen, aber wenn das geschieht, bist du absolut in der Lage, sie auch zu lösen. Und keine Probleme bedeuten kein Wachstum und kein Wachstum bedeutet keine Werterfüllung. Sorge dich nicht, Joseph, in Bezug auf Isolation. Es ist ein Kernstück deiner Persönlichkeit. Ruburt soll sich nicht mehr länger darüber sorgen, undiszipliniert zu sein. Er ist nun überaus und völlig genug diszipliniert. Seine Fähigkeiten werden verkümmern, wenn er allzu viel Disziplin anwendet.

Ihr werdet beide das Reisen, wenn es möglich ist, außerordentlich vorteilhaft finden. Um eure Fähigkeiten zu schützen, musstet ihr beide gewisse Schritte unternehmen – Ruburt, indem er seine Disziplin verstärkte, du, Joseph, indem du die Isolation verstärktest. Ruburt kann sich nun sicher fühlen, Disziplin ist jetzt ein Teil seines Bezugssystems. Joseph, auch du kannst dich sicher fühlen, denn Isolation ist jetzt ein Teil deines Bezugssystems. Obwohl ich eigentlich – nach Dänemark – niemals an so etwas geglaubt hätte.

(Hier lachte mich Jane an und schlug betont humorvoll auf den Tisch.)

Nun könnt und müsst ihr euch das Privileg der Ausdehnung erlauben. Eure Synthese, die Synthese, die bei dir, Joseph, durch das Malen stattfindet und bei Ruburt durch das Schreiben, muss nun aus einem leidenschaftlichen Engagement heraus geschehen, das wohl in Isolation empfangen wird, aber dann aus einer psychischen Verpflichtung zur Welt, wie ihr sie kennt, angenommen wird. Die Wechselwirkung ist überaus wichtig.

Ihr zielt so hoch, dass eure Anforderungen bestimmt noch höher sind. Trotzdem gibt es keine Erfüllung auf eurer Ebene ohne Verpflichtung. Weil ihr diesmal keine Kinder habt, müsst ihr notwendigerweise jene Welt voller Wachstum und Veränderung spüren, erfahren und darin involviert werden, die eure Ebene ist. Für jene, die sich entschieden haben, Wesenheiten zu werden, ist der Weg nicht einfach, aber ich bin hier um euch zu sagen, dass der Weg es wert ist.

Ohne Engagement – als Kontrast und Erfahrung – hat das Selbst auf eurer Ebene keine Möglichkeit, seine eigene Einzigartigkeit zu erfahren. Verpflichtung und Engagement werden zu den Bestandteilen, aus dem euer eigenes Werk seine Genialität erreichen wird. Diese Synthese müsst ihr machen und doch muss das Selbst ins Chaos eingetaucht werden um Ordnung zu finden, sich selbst und Begreifen und Verständnis zu finden, was schöpferische Einsicht und Wissen auf eure Ebene bringen wird. Und <u>diese schöpferische Einsicht, dieses schöpferische Verständnis sind die Bedürfnisse einer Wesenheit.</u>

(Zur Betonung schlug Jane wiederum auf meinen Schreibtisch.)

Ruburt muss noch härter an seiner Poesie arbeiten. Er muss sie so oft wie möglich veröffentlichen. <u>Du</u> musst noch intensiver an deinen Bildern arbeiten und dir bei deiner Arbeit immer Spontaneität und Freude wie auch Disziplin erlauben; und du musst dein Werk ausstellen, verkaufen oder sogar verschenken.

Es sollte vorzugsweise ausgestellt oder verkauft werden, aber es muss wahrgenommen werden. Es darf nicht versteckt werden. Deine Fähigkeiten werden sich nicht zur Höchstform entwickeln können, wenn das Werk versteckt wird. Die Wechselwirkung mit anderen Menschen ist wichtig.

Das Material, alles davon, ist so wichtig für euch beide, dass ich es gar nicht genug betonen kann. Ihr macht es beide sehr gut. Joseph hat sich zu einem hohen Grad ausgedehnt und doch ist immer noch viel Raum für Verbesserung vorhanden. Vor allem, Joseph, in Bezug auf den Verkauf deiner Bilder. Lass sie die Menschen berühren. Lass das Verständnis und die Magie auch <u>sie</u> erreichen. Schrecke nicht vor dem Verkaufen zurück. Was du verlierst, ist nicht verloren. Du zeigst etwa soviel Abneigung zum Verkauf deiner Bilder wie Ruburt zum Vertrieb seiner Poesie.

Dort siehst du seine Schwachstelle; sieh dir auch deine eigene an. Er kann dir so gut sagen, wie du dich ausdehnen sollst und doch fürchtet er sich so sehr vor einem nicht mehr länger undisziplinierten Selbst, dass er vor dem Gebrauch seiner eigenen Fähigkeiten in der Galerie zurückschreckt; das wird noch bekräftigt durch deine Angst, er könnte das wirklich tun oder auch dadurch, dass du deine eigenen Fähigkeiten anderen zeigen könntest. Ausdehnung bringt Ausdehnung. Ihr könnt nicht nur in einem Bereich schrumpfen, ohne dass ihr nicht auch in allen andern schrumpft, vor allem wenn ihr kreativ seid. In der Vergangenheit habt ihr euch davor gefürchtet, eure Energie zu gebrauchen, als ob ihr nur eine bestimmte Menge davon hättet und nicht mehr. Das stimmt nicht. Ihr werdet die Energie dann haben, wenn ihr sie braucht und wenn ihr sie nicht verlangt und davon zehrt, werdet ihr weniger haben.

Ich bedaure es, deine Finger heute Abend so sehr zu strapazieren, aber da ich meinen Ruburt so entgegenkommend finde, gebe ich besser soviel durch wie kann. Der Wein hat zweifellos mitgeholfen. Ihr könnt von euch selbst immer noch mehr verlangen und mehr vorfinden. Mit euren kreativen Fähigkeiten werdet ihr immer eine Synthese aus euren eigenen Erfahrungen machen können. Nochmals: Reisen würde, wenn es möglich ist, mithelfen. Ihr habt nun innere Stärke, Frieden und Wissen, die es euch erlauben, mit einem komplexeren Leben umzugehen, als was es euch früher möglich gewesen wäre. Und das ist gut so, vor allem was euren Beitrag und eure Arbeit betrifft.

Ich möchte die Sitzung noch nicht abschließen, aber ich nehme an, dass du müde bist, Joseph. Ich sorge für Ruburt. So lasse ich es auf dich ankommen.

(Jane lachte.

(„Nun, ich nehme an, wir beenden die Sitzung.")

Dann werde ich gute Nacht sagen und Ruburt ganz herzlich danken. Er hat mir gestattet, Themen zu diskutieren, die er bis jetzt ganz wunderbar abgeblockt hat. Ich möchte nicht, dass er so verdammt diszipliniert wird, dass ich kreischen muss, um überhaupt durchzukommen. Ich könnte noch stundenlang weitermachen. Ich könnte dafür sorgen, dass Ruburt stundenlang weitermachen könnte, aber ich werde Mitleid mit dem Fleisch haben und gute Nacht sagen.

(„Das Fleisch braucht die Erholung.")

Ich werde mich noch vollständig um deine Finger kümmern, Joseph, und ich wünschte mir, dass heute Abend dein Aufnahmegerät laufen würde, sodass ich weiterfahren könnte. Trotzdem, bon soir.

(„Gute Nacht, Seth."

(Ende der Sitzung um 23:30 Uhr. Jane war in der üblichen Trance. Wir waren beide sehr müde. Janes Stimme war heiser, ihre Hände immer noch ein wenig angeschwollen. Meine rechte Hand war etwas verkrampft, aber ich hatte kein Gefühl einer Vergrößerung.

(Die Sitzung war so schnell vorangegangen, dass wir nur zwei Pausen gemacht hatten.)

SITZUNG 59
3. JUNI 1964, 21:00 UHR, MITTWOCH, WIE ANGEWIESEN

*Trance-Tiefe; Verstehens-Pyramiden; Janes Pendel-Versuche;
weitere Reinkarnationsverstrickungen und Qualitäts-Tiefe als
zehntes Gesetz des inneren Universums*

(Am Dienstag, den 2. Juni, verpasste ich das Üben von psychologischer Zeit. Mittwoch, 3. Juni, 20:00 Uhr: Keine Resultate. Mittwoch, 3. Juni, 11:15 Uhr: Jane sah kurz ein Männergesicht.
(Um 20:45 Uhr war Jane nervös wie immer vor einer Sitzung. Es hatten sich keine Zeugen eingefunden. Jane begann mit einer eher ruhigen Stimme zu diktieren und blieb während des größten Teils der Sitzung dabei. Sie ging wie immer hin und her und ihre Augen verdunkelten sich.)

Guten Abend.

(Guten Abend, Seth.")

Ihr habt gesehen, dass das Ego ein Baustein ist. Es wird nie weniger als eine Einheit, kann aber mehr werden.

Die Fragmente, die sich daraus entwickeln können, vermindern es nicht. Ich erwähnte einmal massive Einheiten oder Blöcke intelligenter Energie, Pyramiden psychischen Verstehens, über die ich euch zu diesem Zeitpunkt nicht mehr erzählen kann. Aber vielleicht beginnt ihr nun zu begreifen, wie sich solch ein Verstehen bilden konnte.

Vielleicht könnt ihr nun auch beginnen, die Werterfüllung solch intelligenter Energiestrukturen zu spüren. Ihr wisst sehr wohl, dass Zeit, wie ihr sie kennt, nur innerhalb eurer eigenen Ebene eine Bedeutung hat. Ich habe in der Vergangenheit einmal kurz angedeutet, dass ich mit etwas in Berührung kam, das entfernt mit dem in Verbindung gebracht oder durch das ersetzt werden könnte, was ihr als Zeit betrachtet. Es hat aber nichts zu tun mit Pausen oder mit Anfang und Ende.

Es hat natürlich auch nichts zu tun mit physischem Wachstum, sondern mit psychischer Erfüllung, und das ist, wie ihr wisst, Werterfüllung. Wir werden dies Qualitäts-Tiefe (mit Bindestrich) nennen; die Qualitäts-Tiefe hat aber nichts zu tun mit Raum. Es handelt sich um eine Qualität, die mit der Gewissheit existiert, dass sie sich in Form von Werterfüllung ausdehnen kann.

Qualitäts-Tiefe ist daher eine Art Perspektive, die mit Werterfüllung zu tun hat. Ich kann euch eine Analogie geben. Qualitäts-Tiefe ist die Art Perspektive, die einzige Perspektive, in der sich eine Idee ausdehnen kann. Man könnte sagen, dass sie den Platz von eurem Raum und eurer Zeit einnimmt, aber das stellt doch die Dinge wieder allzu einfach dar.

Es ist die Perspektive, in der psychische Bewegung geschieht. Bei der Hypnose heißt es zum Beispiel, eine Trance sei leicht oder tief. Das bezieht sich in etwa auf die Art Tiefe, von der wir sprechen. Leider denkt ihr aber bei Tiefe meist an eine Bewegung nach innen und unten.

Hier werden wir vielleicht auf einige Schwierigkeiten stoßen, aber ich werde versuchen zu erklären, was ich meine und ich werde allfällige Fragen später beantworten. Wie das Selbst ein inneres und ein äußeres Ego hat, so wird schließlich auch das Innen zum Außen. Theoretisch würde zum Beispiel eine tiefe, voll durchlebte Trance sozusagen zu einem tieferen Inneren führen und euch schließlich zu einem anderen Äußeren bringen. Das äußere Ego würde zum Beispiel dem inneren Ego begegnen und umgekehrt.

Das ist ein Fall von wahrem Reisen oder von psychischer Bewegung. Nun, diese Qualität, die als Ersatz für euren Raum und eure Zeit angesehen werden könnte, diese Qualitäts-Tiefe, stellt die Perspektive dar, in der diese Art von psychischem Reisen oder psychischer Bewegung oder jegliche psychische Handlung stattfindet. Ihre Tiefe kann nicht in Form einer Bewegung nach unten verstanden werden, aber vielleicht begreift ihr dies, wenn ihr euch vorstellt, dass eine tiefe Trance zum Beispiel bestimmt auch Bewegung beinhaltet, obwohl der Körper bewegungslos bleibt.

Aber in der Trance-Tiefe wie auch in der Qualitäts-Tiefe kann die Richtung nicht in Form von Auf und Ab, Norden oder Süden, Osten oder Westen betrachtet werden. Die Bewegung ist Handlung durch Qualität oder Wertdimension. Ich wollte schon lange darüber reden. Sie könnte ohne weiteres die innere Ausdehnung eurer psychologischen Zeit genannt werden, darum seht ihr nun auch, wie wichtig sie ist.

Psychologische Zeit setzt euch tatsächlich in Bezug zum ursprünglichen Unternehmen. Sie ist wie ein äußerer Rand. Diese Qualitäts-Tiefe ist unsere einzige wahre Perspektive. Nochmals: Es gibt keine Pausen. Ich habe Schwierigkeiten damit, die Wörter auszuwählen, die den Sinn dessen treffen, was ich sagen will.

Ich schlage eine Pause vor.

(Pause um 21:27 Uhr. Wiederum war Jane für den ersten Teil der Durchgabe in tiefer Trance. Sie sagte, sie wisse, dass sie sehr langsam diktiere, aber sie habe nicht nach Worten geangelt. Sie fühlte, dass Seth in ihrem Wortschatz nach Worten suchte, um sich so gut wie möglich auszudrücken. Sie dachte, dass Seth sich hier mit einem Konzept beschäftigte, das nicht so war, dass es in Worte ausgedrückt werden konnte, und dessen Ausdruck in Worte auch nicht vorgesehen war. Jane meinte, dass das, was durchkam, ziemlich treffend war, aber noch zu wünschen übrig ließe.

(Sie fuhr in der gleichen bedächtigen und ruhigen Art um 21:31 Uhr weiter.)

Qualitäts-Tiefe ist daher die Perspektive, in der alle psychischen Aktionen stattfinden und sich alle Gedanken und Universen ausdehnen. Diese Ausdehnung geschieht in unendlichen Dimensionen, so wie man vielleicht sagen könnte, dass sich ein Apfel um seinen Kern herum entwickelt; aber das ist vielleicht keine so gute Analogie.

Eure Ansicht über Geometrie, über Kreise, Dreiecke und Quadrate ist so sehr auf eure eigene Ebene ausgerichtet, dass die Apfel-Analogie, welche die Kreis-Idee enthält, ungenügend ist, da sie nicht genug Dimensionen beinhaltet. Die gewaltigen Pyramiden von Verstehen haben eine solch wunderbare Qualitäts-Tiefe erlebt, dass sie, soweit ich weiß, die höchste oder vollkommenste psychische Wesenheits-Formation darstellen.

Und doch sind sie nicht vollständig – nicht im Sinne eines vollständigen Verfügens über Verstehen. Sie sind es nicht, das heißt, sie sind nicht ganz oder vollständig oder perfekt im Sinne von Qualitäts-Tiefe, weil, so weit ich weiß, eine solche Perfektion unmöglich ist. Eine sublime Unzufriedenheit wird sie dazu treiben, immer wieder neue Existenzmuster, neue Perspektiven von Qualitäts-Tiefe zu bilden, in denen sie sich bewegen und die sie erforschen können.

Ich möchte mich nicht so sehr darin verfangen, dass ihr buchstäblich nach Erklärungen schreit. Und doch – einmal habt ihr mich nach dem Wetter bei mir gefragt und ich habe euch hingehalten. Das ist, ich gebe es zu, ein Spiel mit Worten. Aber ich habe auch vom Wertklima der psychischen Realität gesprochen.

Nun könnte man sagen, dass Qualitäts-Tiefe innerhalb des Wertklimas der psychischen Realität wirkt und der geräumigen Gegenwart eine wahrhaft erstaunliche Dimension verleiht, der geräumigen Gegenwart, die innerhalb des Wertklimas der psychischen Realität enthalten ist.

Wenn ihr wollt, könnt ihr das Prinzip der Qualitäts-Tiefe als Wind betrachten, der durch die geräumige Gegenwart weht; es ist tatsächlich wie ein Wind, der nur durch seine Wirkung erkenntlich ist. Und wenn ihr es euch visuell vorstellen wollt, müsst ihr es euch als eine Art Trichter vorstellen. Es ist äußerst schwierig, alle diese Konzepte in Wortmuster zu übersetzen.

Ich schlage eine Pause vor. Und ich muss sagen, dass wir es trotz des notwendigen Gebrauchs von Wörtern als Symbole doch sehr gut machen.

(Pause um 21:51 Uhr. Jane war in der üblichen Trance. Während der letzten paar Minuten war ich mir mehr und mehr des vertrauten Gefühls bewusst geworden, das Jane und ich mittlerweile „dicke Hände" nennen. Am stärksten war es diesmal in den Fingern der linken Hand, während normalerweise ja meine rechte Hand mehr betroffen ist. Ich machte keine Messungen, weil ich nun weiß, dass beim Verspüren dieses Gefühls wirklich auch ein physischer Unterschied vorhanden ist [siehe 54. Sitzung]. Janes Hände waren nicht betroffen, obwohl das in der letzten Sitzung der Fall gewesen war.

(Letzte Woche war Jane eines Morgens erwacht und ihr linker Unterkiefer war ziemlich fest angeschwollen gewesen. Der Arzt hatte nicht angenommen, dass es sich um einen kranken Zahn handelte und sie auf Antibiotika gesetzt. Die Geschwulst war nun verschwunden und Jane fühlte sich wieder gut, obwohl sie noch zum Zahnarzt gehen wollte, um eine Röntgenaufnahme machen zu lassen. Sie hatte keine Schwierigkeiten beim Essen. Während der Pause nahm sie nun das Pendel, um ihrem Unterbewusstsein einige Fragen über den Grund der Geschwulst zu stellen. Die Antwort lautete, dass der Grund ein psychosomatischer sei und dass eine Speicheldrüse betroffen war. Während sie diese kleine Pendelsitzung durchführte, sagte sie, dass sie eine große, amüsierte Toleranz von Seth spürte.

(Sie fuhr um 22:03 Uhr weiter.)

Es ist für mich sehr viel einfacher, mit den Krankheiten und Gesundheitsproblemen anderer Leute umzugehen als mit denjenigen von Ruburt. Er fragt mich etwas, schlägt dann aber die Ego-Tore zu und weigert sich, die Antwort zu hören. Wegen der möglichen Verzerrungen versuche ich deshalb, mich aus diesen Sachen herauszuhalten, außer es handelt sich um etwas sehr Ernstes.

Übrigens, wann immer Daten erwähnt werden, schlage ich vor, vorsichtig und aufmerksam zu sein, unabhängig vom jeweiligen Grund oder von der Person, für die das Datum bedeutungsvoll sein könnte. Das ist eine gute allgemeine Praxis. Einige Male, als Ruburt so aufgewühlt war, konnte ich ihn trösten, indem ich ihm sagte, er sei nicht schwanger, weil er fürchtete, er wäre es. Aber ihr solltet euch gleichwohl nicht auf mich verlassen, sondern eure eigenen Einsichten entwickeln und auch von euren eigenen Fehlern und von eurer Erfahrung profitieren. Das ist der Grund, weshalb ich euch keine schillernden Voraussagen gebe.

Ruburt soll das Pendel ruhig brauchen. Es geht hier um etwas, was nichts mit mir zu tun hat, aber es ist eine ziemlich verlässliche Methode, um das Unterbewusstsein zu erreichen. Gewöhnlich sind die Antworten zuverlässig und das ist alles, was ich dazu sagen will.

Das Material, mit dem wir uns heute Abend beschäftigen, ist äußerst grundlegend und wird doch nur in Umrissen gegeben. Noch eine Bemerkung für Ruburt: Es ist so, dass er zuerst Schwierigkeiten mit dem Schreiben und danach eine körperliche Unstimmigkeit hat, und nicht umgekehrt.

Er muss sich keine Sorgen um ernsthafte physische Krankheiten machen und du, Joseph, auch nicht. Nebenbei gesagt, kann eine körperliche Krankheit ernstlicher Art oder eine gewohnheitsmäßig schlechte Gesundheit oft als ein Zeichen dafür angesehen werden, dass das entsprechende Individuum sich im Mahlstrom, im Zentrum seines Reinkarnationszyklus auf eurer Ebene befindet. Wenn das Ende des Zyklus erreicht wird, treten nur noch kleinere Unstimmigkeiten auf, weil die Vitalität zum größten Teil befreit und gewöhnlich die verheerendsten Probleme gelöst wurden.

(Jetzt fühlten sich meine Hände wieder normal an.)

Eine mögliche oder wahrscheinliche ernsthafte Krankheit in Ruburts gegenwärtiger Existenz hätte in seiner Jugend stattgefunden, mit fünfzehn Jahren, als eine schwere psychische Krise drohte. Eine ernsthafte Krankheit war für dich, Joseph, im Alter von 33 Jahren möglich und wurde abgewandt. Aber in allen Fällen erschöpfen auch kleinere physische Unannehmlichkeiten die Energien. Wie ihr wisst, ist die Energie da für euch, ihr müsst nur danach verlangen. Aber ihr müsst auch genug wissen, um danach fragen zu können.

Keiner von euch beiden wird von jetzt an irgendwelche Körperorgane verlieren, außer ihr würdet eure Persönlichkeiten in äußerst drastischer und ungesunder Art verändern. Zweifellos sollte Ruburt mit dem Rauchen aufhören. Ich weiß aber, dass er das tun wird und es beschäftigt mich daher nicht.

(In diesem Moment hielt Jane mir ihre Hände entgegen um mir zu zeigen, dass sie wieder dicker waren.)

Da wir uns gerade mit diesem Thema befassen, schlage ich vor, dass sich Ruburt viermal täglich, mindestens eine Woche lang, den Mund mit Salzwasser ausspült. Das wird zu seinem Vorteil sein. Und dass er mit dem was er tut fortfährt, nämlich wenigstens eine Stunde täglich nach dem Nachtessen Poesie zu schreiben.

Im Unterbewusstsein ist die Entwicklung in dieser Form für ihn äußerst wichtig und wenn er weniger an seiner Poesie arbeitet, wird es ihm psychosomatische Symptome verursachen. Er fürchtet sich davor, sich aggressiv auszudrücken, wenn er sich auf ungerechte Art ausgenützt fühlt, wie er sich auch gegen seine Mutter aus Angst vor Vergeltung nicht gewehrt hat.

Nun, statt dass er einfach ganz normale Briefe an seine Verleger schickt, um sich zu erkundigen, richtet er aus den gleichen Gründen seine Aggressionen nach innen, gegen sich selbst, mit dem Resultat, dass er selbst in einigen Fällen darunter leidet; dabei bewegen sich einige Verleger nur, wenn sie angestoßen werden.

Ein tiefes Gefühl von Unzufriedenheit wird sich in anfänglichen Symptomen von Möbelumstellungen zeigen. Nicht auf eine gewöhnliche und normal zu erwartende Art, sondern in einem wirklich monumentalen Ausmaß. Die Aggression möchte aber gegen lebendige Wesen gerichtet sein und anstelle von zornigen Briefen wird Ruburt dann aufhören, Möbel hin- und herzuschieben und dafür buchstäblich sich selbst herumstoßen.

Ich sage euch das, damit ihr wisst, dass die plötzliche Unruhe in eurer ruhigen Wohnung das Zeichen einer solchen Aggression ist und dass plötzliche Nachwirkungen sich dann oft als steifer Nacken oder entzündetes Zahnfleisch zeigen. Es wäre auf die Dauer für Ruburt sehr viel einfacher, wenn er seine Aggressionen direkt auf die betroffenen Personen richten würde, wo sie zumindest verstanden würden. Verleger, wie alle anderen menschlichen Wesen, wissen es, wenn sie nachlässig geworden sind.

Wenn ich es bei Ruburt durchbringe, habe ich noch ein wenig mehr dazu zu sagen, aber nur noch ein bisschen, nachdem ihr eure verdiente Pause gemacht habt.

(Pause um 22:31 Uhr. Jane war in der üblichen Trance. Meine Hand war etwas müde und auch Janes Stimme schien etwas ermüdet. Sie fuhr weiter um 22:36 Uhr.)

Qualitäts-Tiefe kann, wie ihr wahrscheinlich gemerkt habt, zu unseren Regeln oder Prinzipien des inneren Universums beigefügt werden. Ihr werdet mehr damit zu tun haben, wenn ihr mit euren Experimenten bezüglich psychologischer Zeit fortfahrt.

Nebenbei bemerkt, mein lieber Joseph, habe ich gehört, wie du eine ziemlich sardonische Bemerkung über meine Aussage, dass ihr mehr Energie haben werdet, wenn ihr sie braucht, gemacht hast. Allen gegenteiligen Anspielungen zum Trotz ist das so und nur deine Einstellung, die aber unter den gegenwärtigen Umständen mehr oder weniger normal ist, hält dich zurück.

("Ich habe mich schon darüber gewundert."
(Soweit ich mich erinnere, machte ich die entsprechende Bemerkung vor mehreren Tagen.)

Es ist wichtiger als du ahnst. Unbewusst denkst du, wie viele andere auch, dass einmal verbrauchte Energie für immer weg ist und auch, dass du nur eine willkürliche Menge Energie zur Verfügung hast und danach bankrott bist. Das ist nicht nur ein falscher Glaubenssatz, sondern ein äußerst gefährlicher und eingrenzender noch dazu.

Er bringt dich dazu, den allerletzten Rest verfügbarer Energie zu brauchen, bevor du sie ersetzt hast. Die korrekte Aussage ist, dass ihr wahrhaftig praktisch unerschöpfliche Vorräte von Energie zur Verfügung habt, auf die ihr zurückgreifen könnt. So genannte nervöse Energie ist jene Menge Energie, die innerhalb des physischen Organismus zu einem bestimmten Zeitpunkt vorhanden ist.

Energie ersetzt sich gemäß ihrer Natur immer wieder und gedeiht, wenn sie gebraucht wird. Eine falsche Annahme über Energie bewirkt jedoch eine psychische Ablehnung, die vollständig verfügbaren Energien in physikalische Form umzusetzen, nur weil das Unterbewusstsein glaubt, dass eine solche Transformation grundsätzlich unmöglich ist.

Ihr beide solltet euch in dieser Richtung weiterbewegen. In einigen Punkten, zumindest unter normalen Bedingungen, ist Ruburt hier etwas tüchtiger als du, aber in Krisenzeiten fällt er zurück und läuft auf vollen Touren mit begrenzter Energie; oft transformiert er aber ganz automatisch die vorhandene und unerschöpfliche psychische Energie für seine eigenen Zwecke und vergisst später wieder, wie er es gemacht hat.

Allzu angestrengte Versuche helfen auch nicht, aber dieses Material hier sollte helfen. Der physische Organismus benötigt tatsächlich Schlaf, aber nur der physische Organismus mit seinem Gehirn. Der Geist ist in dauernder Wachsamkeit. Trotzdem werdet ihr, wenn ihr etwas geübter seid, mit Hilfe des automatischen Gebrauchs von psychologischer Zeit viel wirkungsvoller arbeiten können und ohne Anstrengungen von Energie getragen sein.

Das wird einer der sehr praktischen Beiträge dieser Sitzungen zu eurem täglichen Leben sein. Ich werde euch nicht bis 23:30 Uhr aufbehalten. Trotzdem müssen diese Aussagen betreffend Energie sehr ernst genommen werden, denn ihr beide könnt davon profitieren. Es sind keine Verzerrungen. Ruburts Leistung während unserer Sitzungen sollte sicher ein angemessener Beweis für meine Aussagen über zusätzliche Energie sein, die automatisch aufgenommen und angewandt wird.

(Seths Aussage hat es hier wirklich sehr treffend auf den Punkt gebracht. Jane und ich haben oft über ihre phänomenale physische Leistung während der Sitzungen diskutiert. Wenn jemand sich bewusst entschließt, zweimal pro Woche zwei Stunden lang ohne Pause ständig hin- und her zu gehen, mag er ungefähr verstehen, was das bedeutet. Aber Jane ist dabei auch noch damit beschäftigt, Seths Botschaften zu übersetzen und sie auszusprechen. Eine vergleichbare Leistung müsste also von jemandem erbracht werden, der während eines zweistündigen Spaziergangs ununterbrochen spricht, vielleicht höchstens mit drei kurzen Pausen dazwischen.)

Noch eine ganz kurze Bemerkung, Joseph, zu den Fußproblemen, die du in Kalifornien gehabt hast.

Der Nagel hatte mit einem Hufeisen in einem vorherigen Leben zu tun. Damals trat ein unbeschlagenes Pferd auf einen Nagel, der zwischen den Holzplanken des Stallbodens steckte; der Nagel stand hervor und der Huf des Pferdes war noch wund von einer vorherigen Verletzung.

Dein Vater in jenem Leben versuchte, das Pferd zu beruhigen, aber sein Vorderhuf traf genau auf den Nagel. Dein Vater schlug dann das heiße Hufeisen auf den Huf des Pferdes und du schriest auf, weil du an den Schmerz des Pferdes dachtest. Du warst drei Jahre alt. Als du selbst auf jenen Nagel in Kalifornien tratest, löste der Schock die Erinnerung aus den Tiefen der dritten Ebene deines Unterbewusstseins aus und sie sprang auf die oberste oder erste unterbewusste Stufe.

Das war der Grund für deine ernsthaften körperlichen Probleme. Sie hätten nicht so ernsthaft sein müssen, aber damals im Stall, als Kind, konntest du nicht verstehen, wie dein Vater dem Pferd so weh tun und das Hufeisen auf den verletzten Huf schlagen konnte. Voller Entsetzen identifiziertest du dich mit dem Tier und als du dann selbst auf einen Nagel tratest, brachte die Identifikation in jenem Moment den physischen Zustand hervor.

Das Pferdeserum, das dir dann verabreicht wurde, machte das Ganze nur noch schlimmer und verursachte deine heftige körperliche Reaktion. Der Anflug einer Lähmung war das Resultat deiner früheren, angstvollen Gelähmtheit – würde dein Vater dich auch so behandeln?

(*Während Seth mir diese Informationen gab, fragte mich Jane als Seth, ob ich müde sei und ich verneinte, obwohl meine Hand etwas verkrampft war. Das oben beschriebene Ereignis fand in Santa Monica, Kalifornien, statt; ich glaube, es war im September 1956. Jane und ich besuchten dort ihren Vater, der gerade Wohnungen baute. Der Nagel, auf den ich trat, ging ziemlich tief durch die Schuhsohle hindurch, war aber nicht sehr schmerzhaft. Weil er jedoch rostig war, wollte ich mir eine Tetanusspritze geben lassen. Wir gingen ins Haus, um den Fuß zu waschen und zu meiner eigenen Überraschung wurde ich ohnmächtig.*

(*Vor der Tetanusspritze machte der Arzt einen Allergietest, der negativ war. Drei Tage später, als ich mit dem Wagen im Zentrum von Los Angeles unterwegs war, packten mich starke Magenkrämpfe. Ich schaffte es knapp bis nach Hause und brauchte dann einen ganzen Monat, um mich von der heftigen Reaktion auf die Pferdeserum-Spritze zu erholen. Während ungefähr einer Woche konnte ich nicht gehen. Ich muss nun stets eine entsprechende Notiz bei mir tragen, da mir gesagt wurde, dass eine zweite solche Spritze wahrscheinlich tödlich für mich wäre.*

(*Die von Seth erwähnte Hypnosesitzung fand vor einigen Monaten statt und die in der jetzigen Sitzung durchgegebenen Informationen widersprechen jener anderen Information, die ich während meiner Hypnose durchgab, keineswegs. Jane hat das Ganze auf Band aufgenommen und verwendet es in ihrem Buch über ASW. Wir haben uns oft über den Wert des von mir durchgegebenen Materials unterhalten und wollten uns auch noch mehr darin vertiefen, hatten bis jetzt aber keine Zeit dazu.*)

Tiefe Stufen führten damals zu deinem Haus. Der Name deiner damaligen Frau war Nell B-r-o-w-n e l l, glaube ich. Du wirst eine Neigung zu oder eine Verwandtschaft mit Pferden finden, wenn du sie zu malen versuchst.

(*„Wie hieß ich in jenem Leben?"*)

Dein Name war Williams, wie deine Hypnosesitzung aufzeigte. Du trafst Ruburt in Boston, in diesem Land, nachdem du eine Zeitlang von ihm getrennt gewesen warst. Ihr hattet fünf Kinder in der Familie, das heißt zwei Brüder und drei Schwestern; eine Schwester starb, bevor du erwachsen wurdest.

(*„Was meinte ich mit dem Wort Maryland, nachdem Jane mich gefragt hatte, wo ich in jenem Leben wohnte?"*

(*Während der Hypnose war ich unfähig gewesen, deutlicher zu sagen, wo ich gelebt hatte.*)

Ruburt blockiert mich. Es war nicht in diesem Land. Du kamst hierher, nach Boston. Maryland ist eine Stadt. Es ist nicht ein Staat in dem Land, in dem du geboren wurdest. Unterlagen könnten vielleicht in Boston gefunden werden. Der Name deiner Mutter war Josephine und somit war dein Name damals schon Joseph.

Du warst damals schlank und bis zu einem gewissen Grad diszipliniert und fandest dich schließlich mit vier Kindern und einer Ehefrau, die invalid wurde. Diese Frau war Ruburts gegenwärtige Mutter. Ruburt hat das in der Vergangenheit immer blockiert. Ihr kamt nicht gut miteinander aus und mochtet euch auch in diesem Leben auf Anhieb nicht.

Walter Zeh war die Schwester deiner Frau. Ich habe mich entschlossen, dir das zu sagen. Walter Zeh hatte Tuberkulose und war als Frau äußerst fleischig, wie auch deine Frau. Als Walter in diesem Leben Ruburts Mutter traf, waren sie sich ebenfalls sofort unsympathisch, da sie sich damals um den gleichen Mann gestritten hatten und du warst dieser Mann. Du wolltest die Schwester, die du nicht bekommen hast. In anderen Worten, du wolltest Ruburts gegenwärtige Mutter.

Wenn du müde bist, werde ich die Sitzung beenden. Du musst das entscheiden.

(*Ich fragte Jane, ob sie die Sitzung beenden wolle, aber sie hob nur die Schultern. Ich konnte sehen, dass sie etwas müde war. Ihre Stimme wurde auch etwas heiser. Da ich aber hoffte, wir würden noch ein wenig mehr Information erhalten, um das Hypnoseexperiment für die Verwendung in Janes Buch zu bestätigen, entschied ich mich fortzufahren.*

(*„Gut, wir werden noch ein paar Minuten weitermachen."*)

Hier sehen wir wiederkehrende Muster. Ruburt ist in Ordnung, aber er wird versuchen, mich zu blockieren, wenn er kann. Natürlich kannte er seine gegenwärtige Mutter früher, aber nur als Bekannte. Die Vertrautheit zog ihn diesmal an und das ist alles.

Du warst enttäuscht von deiner Frau. Du hattest eine kurze Affäre mit ihrer Schwester, also mit Ruburts gegenwärtiger Mutter, aber sie war sogar schon damals wie ein Aasgeier und schreckte dich ab. Sie hat dir nie vergeben, dass du eure Beziehung abgebrochen hast.

Ich kann nichts mehr durchgeben, da ich fürchte, dass Ruburt es verzerren wird.

(*Es scheint Jane und mir, dass bereits eine Verzerrung entstanden ist, da Seth sagte, dass ich die Schwester wollte, die ich nicht bekam, sie aber auch heiratete. Ich werde Seth in einer späteren Sitzung danach fragen. Ich bemerkte den Fehler wäh-*

rend des Diktates nicht. Da ich normalerweise so mit Schreiben beschäftigt bin, kann es mir leicht geschehen, dass ich die Spur des Wortinhaltes, den ich aufschreibe, verliere. Seth hat auch gesagt, dass Verzerrungen am ehesten entweder am Anfang oder am Ende einer Sitzung auftreten und diese trat nun ziemlich gegen Ende auf.

(„Nun, kannst du uns sagen, welchen Beruf ich in jenem Leben ausübte?")
Du warst ein episkopalischer Geistlicher.
Ich wünsche euch beiden ganz herzlich einen guten Abend.

Es gab eine Kirche aus Ziegelsteinen in einer Nachbarschaft, deren Klima vorerst sehr angenehm war, sich dann aber verschlechterte. Ein altes Herrschaftshaus gegenüber wurde zu einem Lebensmittelladen. Später kam noch ein Kleidergeschäft in der Nähe dazu und vom vorderen Fenster im dritten Stockwerk konntest du das Gewässer sehen.

Du wurdest unter eigenartigen Umständen geweiht, da du nicht auf die orthodoxe Weise studiert hattest. Als du nach Boston auswandertest, nahmst du den Namen Drake an. Ich kenne den Vornamen nicht. Du warst sehr jung, als du auswandertest und das Schiff hatte sich um drei Tage verspätet. Im Laderaum brachen die Windpocken aus. Ein Kapitän nahm sich deiner an. Du hattest dich nicht ordnungsgemäß eingetragen und wurdest entdeckt, aber du erinnertest ihn an einen Neffen mit dem Nachnamen Philipps und so beschützte er dich. Es war auch ein Mädchen an Bord.

Heute ist es ist die gegenwärtige Dee Masters und dein Ruburt kannte sie in Boston als die reiche Ehefrau eines Politikers. Du besuchtest die Apotheke deines Freundes zweimal.

(Janes Stimme war jetzt sehr heiser und müde, aber sie fuhr weiter. Ich nehme an, dass Seths Bezugnahme auf die Apotheke eines Freundes jene unseres Freundes John Bradley in diesem Leben ist, der schon mehrmals als Zeuge bei unseren Sitzungen war. Gemäß Seth führte John in seinem unmittelbaren vorherigen Leben ein solches Geschäft in Boston. Er bewegte sich damals im äußeren Kreis unserer Bekannten. Siehe die 21. Sitzung [in Band 1]. In jenem Leben, so sagte Seth, starb John im Jahr 1863, was uns hilft, den Zeitpunkt zu bestimmen, in dem auch Jane und ich unser unmittelbares vorheriges Leben lebten.)

Ich weiß nicht, wie lange Ruburt mich noch durchkommen lässt. Es gab ein illegitimes Kind als Resultat deiner Affäre mit Ruburts gegenwärtiger Mutter. Die Kirche hatte drei Glocken. Du warst in jeder Beziehung, außer der sexuellen, sehr diszipliniert. Du hattest nahezu 300 Pfarrangehörige und ein sehr rauchige Stimme. Du starbst mit 63 Jahren und wurdest auf dem Friedhof der Kirche begraben.

(Hier lachte Jane.)
Ruburt hat seine Energiereserven für diese Nacht aufgebraucht, indem er versuchte, mich zu blockieren. Es ist jedoch eine ziemlich gute Menge an Informationen durchgekommen und nun muss ich gute Nacht sagen, diesmal Ruburts wegen, da er das Walter Zeh oder Z-i-a-k-a-Material sehr stark blockiert.

(„Gute Nacht, Seth.")
(Ende der Sitzung um 23:30 Uhr. Jane war in voller Trance. Sie war nun sehr mü-

de, ihre Stimme sehr schwach. Alles was sie wollte, war nur noch schlafen. Wir hatten beide keine Handphänomene zu verzeichnen.)

(Beim Üben von psychologischer Zeit hatte ich die folgenden Erlebnisse:
(Donnerstag, 4. Juni, 20:30 Uhr: Keine Resultate.
(Freitag, 5. Juni, 21:30 Uhr: Ich versuchte diese Sitzung, ohne mich bewusst in den leichten Trancezustand zu versetzen. Ich sah ein kleines Mädchen in einem kurzen Rock, das den Staub am Straßenrand neben einem Randstein aufwirbelte. Der Staub flog recht stark umher. Hörte auch irgendeine volkstümliche Musik. Ich wurde einige Male durch eine schreiende, unbekannte Stimme aus dem gewünschten Zustand herausgerissen. Zudem einige weitere flüchtige Blicke und Geräusche.
(Samstag, 6. Juni: Verpasst.
(Sonntag, 7. Juni, 3:30 Uhr: War eingeschlafen, wachte aber auf. Während ich im gewünschten Zustand war, sah ich sehr intensiv und während einer ziemlichen Dauer den Kopf und die Schultern eines gutaussehenden Mannes um die 40, der mir gegenüber war, mich aber nicht anschaute. Zuerst blickte sein Gesicht auf meine rechte Seite, dann drehte sich der Kopf langsam nach links. Das war sehr intensiv, es gab blaue und weiße Schlaglichter in seinem schwarzen Haar. Ich erinnere mich auch an die Schlaglichter auf der Seite seines Gesichts und an die Hautbeschaffenheit. Er trug einen blauen oder schwarzen Anzug, ein weißes Hemd, eine dunkle Krawatte. Das Gesicht war in Bewegung, er könnte zu jemandem gesprochen haben. Ich glaubte auch, verschiedene Stimmen zu hören.
(Montag, 8. Juni, 16.30 Uhr: Kurzer Blick auf Jane und mich in Badeanzügen an einem langen Strand ähnlich wie in Daytona. Auf mich zugehend. Es gab Wasser auf der rechten Seite, einen Hügel links und wir hatten gerade begonnen, die Anhöhe hinaufzugehen. Jane schwang eine Art großes Badetuch oder eine Decke. Das dauerte eine Weile. Ich sah beide Figuren in einiger Distanz, in voller Ansicht.)

(Jane: Samstag, 6. Juni, irgendwann vormittags: Ich wollte ein Paar Strümpfe kaufen, wusste aber nicht, ob das Geschäft, der Walnut Street Markt, das ich aufsuchen wollte, sie führte. Ich sah dann in meinem Kopf sehr klar ein Regal mit Strümpfen in jenem Geschäft. Als Rob und ich dorthin gingen, waren die Strümpfe genau in dem Regal, das ich gesehen hatte.
(Jane: Sonntag, 7. Juni, 11:15 Uhr: Ich las einige Seiten einer Art parapsychologischer Zeitschrift, datiert irgendwann im Jahr 1962. Ich konnte das Material sehr deutlich lesen, vergaß aber den Inhalt, als ich aufstand.)

SITZUNG 60
8. JUNI 1964, 21:00 UHR, MONTAG, WIE ANGEWIESEN

Die physikalischen Eigenschaften der Materie; die Energie hinter aller Materie; Wachstum, Zerfall und Dauerhaftigkeit als Illusion

(Um 20:45 Uhr war Jane etwas nervös; sie sagte aber, sie sei nun während der paar letzten Sitzungen nicht mehr so unruhig gewesen wie früher.

(Jane begann mit normaler Stimme und normaler Geschwindigkeit zu diktieren, aber ihr Durchgabetempo begann sich zu verlangsamen, bis es fast schmerzhaft langsam wurde. Der Grund dafür wird klar werden, wenn sich die Sitzung entwickelt. Aber nur schon die Menge des erhaltenen Materials zeigt, dass Jane während der meisten Zeit sehr langsam redete. Ihr Hin- und Hergehen blieb sich in etwa gleich. Ihre Stimme veränderte sich während der Sitzung nicht merkbar, auch erlebten wir keinerlei Handphänomene.)

Guten Abend.

(„Guten Abend, Seth.")

Ich beabsichtige nicht, euch heute Abend irgendwelche persönlichen Reinkarnationsinformationen zu geben, da letztes Mal einige Verzerrungen auftraten, wie ihr inzwischen wohl gemerkt habt. Ich werde sie jedoch später aufklären. Und ohne ein paar Verzerrungen hättet ihr dieses Material ja überhaupt nicht bekommen. Ruburt kann auch gar nicht für Verzerrungen verantwortlich gemacht werden, weil die Methode, die wir hier anwenden, hie und da zu Verzerrungen von persönlichem Material führen kann.

Die Verzerrungen können jedoch erklärt werden. Das allgemeine Material ist sehr selten blockiert oder verzerrt. Ich sollte mich vielleicht bei Ruburt entschuldigen, dass ich mehr durchpresste, als er gewillt war, aufzunehmen und damit lasse ich nun diese Sache auf sich ruhen.

Und da wir schon von Materie reden – ich habe bemerkt, dass Ruburt ein Buch über die Natur der Materie ausgesucht hat und das ist sehr gut. Es wird von euch beiden erwartet, dass ihr intellektuell auf der Höhe bleibt und ich bin froh, dass ihr das tut.

(Jane lachte.)

Ruburt wird sich zweifellos dabei ertappen, dass er Bücher über ziemlich bizarre Themen liest.

Ich erwähnte früher, dass diese Sitzungen ein Lebenswerk sein werden, so lange natürlich, als ihr beide das auch wollt. Die Zeiten der Sitzungen mögen sich verändern, da aus verschiedenen Gründen Anpassungen gemacht werden müssen. Ihr werdet auch manchmal Hilfe erhalten, wenn ihr es am wenigsten erwartet. Das Werk wird veröffentlicht werden und Ruburt wird es auch als Grundlage für seine eigene schriftstellerische Arbeit brauchen.

Ich ziehe es vor, dass er sehr gut informiert bleibt. Seine eigenen Interessen werden ihn in diese Richtung führen und aufgrund der Art und Weise wie wir zusammenarbeiten, ist es vorteilhaft für ihn, sich mit soviel Wissen auf verschiedenen Gebieten vertraut zu machen wie er fähig ist, aufzunehmen. Wenn wir den sehr tiefen Trancezustand brauchen würden, wäre das tatsächlich nicht nötig, aber zu eurem eigenen Nutzen bevorzuge ich soviel von eurer Mitarbeit wie nur immer möglich und ich möchte mit einer Assimilation von Wissen durch das ganzen Selbst arbeiten.

Wir haben noch viele verschiedene Themen zu behandeln, die wir bis jetzt nur angetippt haben, einschließlich der Natur der Materie, des Prozesses bei ihrer kontinuierlichen Erschaffung und Manipulation und der wahrhaft erstaunlichen Zusammenarbeit, die involviert ist, wenn alle lebenden Wesen ihre Energie einbringen, um das physische Universum in einer Art dauernder, zusammenhängender Form aufrechtzuerhalten.

Dieser Prozess wird unbewusst ausgeführt, aber wenn die Menschheit sich weiter entwickelt, wird sie sich ihres eigenen Anteils an dieser dauernden Erschaffung von Materie bewusst und daher auch fähig werden, in einer viel intelligenteren Art mitzuarbeiten.

Ich schlage eine Pause vor.

(Pause um 21:28 Uhr. Jane war in voller Trance. Bis zum Anbruch der Pause war ihre Durchgabe ziemlich langsam und bedächtig geworden. Mit den vielen Pausen zwischen den Wörtern und Sätzen machte sie den Eindruck, dass sie sorgfältig nach genau dem richtigen Wort suchte. Sie behielt dies bei; ja, ihre Durchgabe wurde sogar noch langsamer, noch sorgfältiger und noch bedächtiger, sodass sie manchmal von einem Teil des Wohnzimmers, wo wir die Sitzungen abhalten, bis zum anderen Ende ging, ohne ein Wort zu sagen. Weiter um 21:32 Uhr.)

Materie ist in gewisser Weise die Basis eures Universums und doch ist Materie selbst nur Energie, die sich in Aspekte mit gewissen Eigenschaften verändert hat, und diese können, unter gewissen Bedingungen, von euren Sinnen aufgenommen und deshalb manipuliert werden.

Materie ist ein Medium für die Manipulation und Umwandlung von psychischer Energie in Aspekte, die dann als Bausteine gebraucht werden können. Aber sogar die Erscheinungsform dieses physischen Materials ist nicht dauerhaft, obwohl es von Natur aus mehr oder weniger dauerhaft erscheint, und es ist nur gerade zusammenhängend genug, um den Sinnen, die es wahrnehmen, den Anschein einer relativen Dauerhaftigkeit zu vermitteln.

In sich selbst ist Materie nicht beständig. Was ihr als Veränderung oder Wachstum in einer lebendigen, physischen Struktur wahrnehmt, ist nicht Veränderung oder Wachstum, wie ihr es versteht. Die physikalischen Eigenschaften von Materie sind nicht beständig; das heißt, ein bestimmter Baum oder Stein ist physisch heute nicht mehr gleich wie gestern. Noch wird er morgen gleich sein wie heute. Der Stuhl, auf dem ihr heute Abend sitzt ist nicht der gleiche, physisch gesprochen, wie jener von gestern Abend.

(Nun wurde Janes Durchgabe noch langsamer. Ihre offensichtliche Suche nach jedem Wort, dem genau richtigen Wort, ging weiter. Sie sprach mit großer Betonung, so ausgeprägt, dass sich ihre Stimme bereits jetzt angestrengt anhörte.)

Materie wird ständig erschaffen, aber kein einzelnes physisches Objekt ist in sich selbst beständig. Veränderung in einem bestimmten physischen Objekt ist nicht Veränderung wie ihr sie euch vorstellt. Es gibt zum Beispiel kein einziges physisches Objekt, das mit dem Alter verdirbt. Stattdessen gibt es fortlaufende, und im Moment werde ich sagen fortlaufende, Schöpfungen von psychischer Energie in physische Muster, die eine mehr oder wenige starre Erscheinung aufrecht zu erhalten scheinen. Diese Erscheinung, das heißt, dieses physische Objekt scheint sich zu verändern und zu altern, aber das Material tut keines von beidem. Zum einen existiert es nicht lange genug, um eines von beidem tun zu können. Es gibt eine unendliche Menge oder Serie von Schöpfungen von Materie. Die Fähigkeit eines individuellen Schöpfers jeglicher speziellen physischen Form psychische Energie anzuwenden um zu kontrollieren und zu manipulieren verursacht die äußere Erscheinung des Verderbens und des Alterns von Materie.

Materie selbst altert oder zerfällt nicht. Das mag euch umwerfen, aber ich werde es euch beweisen. Ich werde es sogar in Bezug auf die so genannte Alterung von Felsformationen und anderen archäologischen Ereignissen beweisen. Materie wird direkt aus Energie auf einer unterbewussten Ebene erschaffen.

Die Materie wird spontan und unmittelbar erschaffen. Wir ihr wisst oder wissen solltet, bezieht sich das sowohl auf den menschlichen Körper wie auch auf alles andere Material. Ihr schaut im Zeitlupentempo, wenn ihr glaubt, dass Wachstum und Zerfall als Eigenschaften von Materie zu betrachten sind.

Jedes materielle Objekt wird ständig wieder erschaffen, gemäß einer Form, die starr und sehr dauerhaft erscheinen mag. Es handelt sich jedoch um ein Durchfließen individualisierter, hochspezialisierter, psychischer Persönlichkeitsmuster. Es ist das Durchfließen dieser Persönlichkeitsmuster innerhalb eines gewissen Organisationsfeldes, welches beides verursacht: das Erscheinen von sehr starrem Material und dessen scheinbare Veränderung.

Nochmals: Kein einziges materielles Objekt existiert lange genug als unteilbares oder starres oder gleich bleibendes Ding um sich zu verändern oder zu altern. Die dahinter stehende Energie schwächt sich ab. Deshalb verschwimmt die physische Vorlage. Jede Wiedererschaffung nach einem bestimmten Punkt wird, aus eurer Sicht, weniger perfekt; und nach vielen solcher vollständigen Wiedererschaffungen, die von euch völlig unwahrnehmbar waren, bemerkt ihr dann einen Unterschied und nehmt an, dass am Objekt eine Veränderung stattgefunden hat.

Das tatsächliche Material, aus dem das Objekt zu bestehen scheint, ist viele Male vollständig verschwunden und die Vorlage wurde immer wieder vollständig mit neuer Materie aufgefüllt.

Ich wollte zügig vorangehen, während ich das alles durchgebe, aber ich werde mich eurer erbarmen.

SITZUNG 60

(Pause um 22.07 Uhr. Jane war in voller Trance. Ich dachte, dass sie schon Ermüdungserscheinungen zeigte, vor allem in ihrer Stimme. Sie sagte, dass Seth sie bis zum Äußersten treibe, obwohl sie nicht genau wusste, was sie meinte, als sie das sagte. Ich glaube, dass auch ich selbst während dieser Durchgabe in einer Art leichten Trance war, da ich mich ziemlich lethargisch fühlte. Seltsamerweise fand ich es sehr viel mühsamer, langsam zu schreiben und mich Janes langsamerer Durchgabe anzupassen als mit der gewohnten Schnelligkeit vorzugehen.

(Jane fuhr in der gleichen langsamen und suchenden Weise um 22:15 Uhr weiter.)

Es gibt Gesetze, in die wir uns später vertiefen werden, die sich auf die Stärke oder die Kraft der Energie beziehen, die durch verschiedene Felder hindurchgeht und die in diesen Feldern wahrnehmbar ist. Die Energie selbst wird jedoch nicht schwächer. Sie geht hindurch und darüber hinaus. Sie füllt die Form aus und beim Hindurchgehen scheint die Form leicht zu verschwimmen, etwa wie ein Windstoss ein Segel füllt und dann verschwindet.

Nochmals: Wachstum und Zerfall sind, wie ich es nennen will, Erscheinungsformen. Sie sind, in anderen Worten, nur scheinbare Eigenschaften der physischen Materie. Physische Materie besitzt zwei hauptsächliche Eigenschaften: sie ist spontan und augenblicklich.

Kein einzelnes physikalisches Teilchen existiert während einer bestimmten Zeitdauer. Es existiert und verschwindet und wird sofort durch ein anderes ersetzt. Die dritte wirkliche Eigenschaft von Materie ist etwas, was ich Muster-Übernahme nennen will. Sie nimmt Muster an und fließt innerhalb von Mustern.

Die Existenz von Mustern ergibt eine Illusion der Dauerhaftigkeit von Materie, die höchst missverständlich ist. Es gibt hier so viel zu sagen, weil unbedingt auch die Art und Weise betrachtet werden muss, durch die physische Materie ständig erschaffen wird, so wie auch die Rolle der Sinne berücksichtigt werden muss.

Dies mag sich wie eine Nebenbemerkung anhören, ist es aber nicht. Beim Malen eines Bildes formt ihr tatsächlich neue Muster, durch die Energie in eine materielle Form fließen kann. Es gibt Gründe, die ich später diskutieren werde, warum das Bild, das heißt das physische Muster eines Bildes, länger zu existieren scheint – und es oft auch tut – als der Mensch, der es gemalt hat.

Kein bestimmtes physikalisches Teilchen besitzt irgendeine Art von Dauerhaftigkeit. Es verschwindet ständig als solches und wird wieder ersetzt. Das Muster, das durch physische Materie gefüllt wird, besteht natürlich aus psychischer Energie und es existiert weiter wie ein Echo des Bildes, scheinbar schwächer werdend, was tatsächlich auch so ist, wenn es oder die dahinter stehende Energie über jenes Feld hinausgeht, in dem Materie, wie ihr sie auffasst, wirksam sein kann. Wachstum in lebenden Dingen, wahrnehmbar als lebende Organismen, beinhaltet nicht die Ausdehnung einer bestimmten physischen Sache.

Ich schlage eine Pause vor.

(Pause um 22:35 Uhr. Jane war wiederum in voller Trance. Sie war nun sehr müde, die Sitzung zehrte ziemlich an ihren Kräften. Gleichzeitig fand sie das Material

sehr gut.

(Zu meiner Überraschung blieb sie, als sie das Diktat wieder aufnahm, sitzen; ich kann mich nicht erinnern, dass sie das vorher je getan hatte. Ihre Stimme war sehr moderat. Sie saß ruhig mit meist geschlossenen Augen. Sie sprach etwas schneller und schien nicht mehr nach jedem Wort zu suchen oder darum zu kämpfen. Weiter um 22:45 Uhr.)

Ich fürchte, ich brauche viel von Ruburts Energievorräten. Trotzdem tue ich es aus gutem Grund. Dieses Material muss so genau wie möglich durchgegeben werden, sodass keine Missverständnisse entstehen können.

Die Natur der Materie ist ein äußerst schwieriger und wunder Punkt in euren wissenschaftlichen Kreisen. Nebenbei bemerkt und zur Erinnerung: Bis jetzt hat Ruburt noch keine Bücher oder Informationen über dieses Thema gelesen. Das heißt nicht, dass er das nicht tun wird oder nicht tun sollte. Im Gegenteil: Da wir hier eine Gestaltform haben, ist sein bewusstes wie auch sein unterbewusstes Verständnis von Informationen wichtig. Wir werden von diesem Punkt aus viele Sprünge machen und seine Vertrautheit mit vielen Themen wird wirklich dazu beitragen, um die Kommunikation von meiner Seite aus reibungsloser zu machen.

Vom Intellekt aus wird er beispielsweise nicht in Versuchung kommen, mich zu blockieren. Der Same ist nicht die Blume und die Blume ist nicht die Frucht. Die Frucht ist nicht das Resultat von Veränderungen im Samen. In beiden Fällen gibt es Muster, die gefüllt werden müssen. Das Muster enthält das Material – ändere das zu Informationen – für das darauf folgende physische Material. Wenn ihr diese Informationen in Verbindung mit einer inneren psychischen Realität betrachtet, werdet ihr ihre überragende Logik sehen.

(Die oben erwähnte Änderung, die Seth mitten im Satz machte, ist, soweit ich mich erinnere, die erste dieser Art. Jane saß immer noch während sie sprach und schaute mich über unseren Wohnzimmertisch an.)

Wenn ihr in Betracht zieht, dass hinter aller Materie eine bewusste Energie steht, werdet ihr sehen, woher das Muster kommt. Nicht das Material, aus dem der Mensch zusammengesetzt ist, gibt ihm seine Identität. Keine physische Nervenstruktur und keine Kombination von rein chemischen und materiellen Eigenschaften wird je ein Bewusstsein ergeben. Das Bewusstsein gibt dem physischen Material den Sinn.

Es stimmt, dass das physische Material das Bewusstsein innerhalb eines bestimmten Feldes wirksam macht. Wachstum beinhaltet keine bestimmte physische Ausdehnung im Sinne eines Dinges, das aus sich selbst heraus dauerhaft genug ist, um sich auszudehnen. Wenn sich individualisierte psychische Energie eurem speziellen Feld nähert, beginnt sie sich innerhalb dieses Feldes bestmöglich auszudrücken.

(Nun stand Jane auf, sie begann hin und her zu gehen und in der üblichen Art zu diktieren und schien dabei auch wieder erfrischter zu sein.)

Die Energie tritt mehr und mehr in dieses Feld ein und fokussiert immer mehr von sich selbst innerhalb dieses Feldes. Ihr habt ein physisches Erscheinen und Vergehen. Beim Erscheinen der Energie erschafft sie Materie, zuerst in einer eher mangelhaften, fast plastischen Art. Sie erschafft ständig Materie, während sie nun vollständig auf der, wie ihr es nennt, physischen Ebene erscheint, und jetzt wird die Schöpfung von Energie zu Materie nur noch gekonnter und fokussierter. Aber der Fötus ist dann nicht einfach das Kind und das Kind nicht einfach der Erwachsene.

Ich hoffe, ihr realisiert, dass das, um was es hier geht, Werterfüllung individualisierter Energieteile innerhalb des physischen Feldes ist, und zwar durch die Konstruktion dieser Energie in Materie. Aber die Schöpfung ist <u>kontinuierlich</u> wie ein Lichtstrahl oder eher wie eine endlose Serie von Lichtstrahlen, zuerst schwach, wenn sie noch weit weg sind, dann stärker, dann wieder schwächer, wenn sie wieder weggehen.

Materie selbst ist daher weder beständiger noch abhängiger von Wachstum oder Alter wie, sagen wir, die Farbe Gelb.

Ich bin sehr erfreut über die Art und Weise, wie dieses Material durchgekommen ist. Ruburt ist nun etwas erfrischter und wenn eine bestimmte Sitzung ihn zu erschöpfen beginnt, werde ich ihn unterstützen.

(*Es stimmt, Jane schien nun und tönte auch sehr viel energievoller.*)

Trotzdem werde ich die Sitzung früh abschließen, da sie wirklich hervorragend ist und wir endlich begonnen haben, <u>nahe</u> an, aber kaum in den Kern der Materie – das ist ein Wortspiel – zu gelangen. Ich genieße solche Sitzungen.

Ich werde nicht auf Ruburts unmittelbar vorheriges Leben eingehen, da er mir im Moment die Tür ins Gesicht schlagen würde. Ruburt hat seine Verstimmung jetzt heil hinter sich gebracht. Es geht mit euch beiden aufwärts, obwohl es für dich, Joseph, schon länger so war; und du wirst, so stelle ich mir vor, auch eine entsprechende Dimension bei deinen Erlebnissen mit psychologischer Zeit entdecken.

Ich ziehe, nebenbei gesagt, auch ziemlich häufige Konsultationen mit dem Pendel betreffend persönlicher Angelegenheiten in Betracht. Ruburt wird persönliche Informationen in unseren Sitzungen nicht immer blockieren, ich weiß das. Er wird lernen, mir in dieser Beziehung mehr zu vertrauen. In der Zwischenzeit ist das Pendel eine gute Lösung.

Ich bedaure es wirklich, gute Nacht sagen zu müssen. Ich bin euch beiden heute Abend besonders nahe. Wenn möglich, werde ich jeweils versuchen, aus praktischen Gründen unsere Sitzungen vor 23:30 Uhr zu beenden, damit ihr, bis ihr gelernt habt, zusätzliche Energie zu beziehen, am nächsten Tag nicht allzu müde seid. Es wird eine Zeit kommen, wo euch das alles nicht mehr beschäftigen wird.

(*"Gute Nacht Seth."*

Ende der Sitzung um 23:22 Uhr. Jane war in einer etwas tieferen Trance als sonst. Obwohl sie müde war, fühlte sie sich doch besser – angenehm entspannt, sagte sie, wie man sich nach längerem Schwimmen fühlt. Sobald sie während des Diktats aufgestanden war, hatte sie sich entspannter gefühlt. Auch ich spürte absolut keine Verkrampfung in meiner Schreibhand.)

(Während ich mich in psychologischer Zeit übte, hatte ich die folgenden Erlebnisse:

(Dienstag, 9. Juni, 20:30 Uhr: Hier erlebte ich etwas Neues, das bedeutungsvoll sein mag: Zuerst hatte ich mein gewohntes prickelndes Gefühl, als ich mir Leichtigkeit suggerierte, bis ich dann den gewünschten Zustand von leichter Trance erreicht hatte. Dann wurde ich mir bewusst, dass ich einen Mann in einem hellen grauen Geschäftsanzug beobachtete und ihm zuhörte. Ich sah ihn von der Körpermitte aufwärts aus einer Position hinter seiner rechten Seite. Ich sah sein Profil. Er hatte braunes, zurückgekämmtes Haar, den Anflug eines Doppelkinns, eine scharfgeschnittene Nase und eine hohe Stirn. In seiner rechten Hand hielt er ein Mikrofon, in das er hineinsprach und einen Vortrag über ein Thema hielt, das mit Gewichten zu tun hatte. Die Zahl 700 wurde genannt, wie ich mich erinnere. Ich hörte seine Stimme, die angenehm und etwas tief war, ziemlich deutlich und verstand seine Bemerkungen, vergaß sie aber so schnell, wie ich sie gehört hatte. Ich konnte nicht sagen, ob er allein oder mit anderen zusammen war.

(Dann gelang mir jedoch etwas, was ich schon lange hatte tun wollen. Ich fragte nach seinem Namen und als ich das tat, entdeckte ich, dass dies überhaupt keine Anstrengung bedeutete. Der Mann antwortete, ohne sich umzudrehen, dass er Daniel Murphy hieße. Ich fragte nach seinem Alter, er sagte 42. Ich nannte ihm dann meinen Namen und er wiederholte ihn. Danach glaube ich, dass ich ihn bat, mich zu kontaktieren, aber dies wird verschwommen und vage. Es gab noch mehr, aber es war undeutlich und ich habe es vollständig vergessen. Aber das war das erste Mal, dass ich Seths Rat befolgen konnte und versuchte, meine Gegenwart jemand anderem einzuprägen, als ich die Möglichkeit dazu hatte.

(Mittwoch, 10. Juni, 20:15 Uhr: Ich spürte mein gewohntes Gefühl, als ich mir Leichtigkeit suggerierte. Es gab vage Momente, während derer ich Fetzen populärer Musik und Gesangs hörte.)

SITZUNG 61

10. JUNI 1964, 21:00 UHR, MITTWOCH, WIE ANGEWIESEN

Veränderung als Illusion; Energie als kosmischer Wind; Energiepulsierungen; positive und negative Materie; Antimaterie, Antischwerkraft und Antiraum

(*Bis um 20:45 Uhr waren keine Zeugen erschienen. Nach ihrem Nickerchen war Jane immer noch etwas schläfrig. Wiederum sagte sie, sie fühle sich nicht mehr so nervös vor einer Sitzung. Sie hatte keine Ahnung von Seths Themen für heute Abend. Willy döste auf einem Stuhl. Es war eine kühle, sehr windige Nacht.*

(*Jane begann mit dem Diktat in einer normalen Stimme. Während des größten Teils der Sitzung sprach sie eher langsam, aber nicht so langsam wie in der vorherigen, der 60. Sitzung. Obwohl sie ihre Worte immer noch sehr sorgfältig auswählte, war die Durchgabe nicht mehr so angestrengt und suchend, wie dies das letzte Mal der Fall gewesen war. Ihre Augen verdunkelten sich wie immer und sie ging in ihrem normalen Gang hin und her.*)

Guten Abend.

(*„Guten Abend, Seth."*)

Wir werden heute Abend wahrscheinlich keine vollständige Sitzung haben, da ich Ruburt während der letzten zwei Sitzungen wirklich nicht sehr nett behandelt habe. Eigentlich wollte ich auch letztes Mal nur eine kurze Sitzung abhalten, aber weil die Materie – bitte würdigt mein Wortspiel – über die Materie so gut durchkam, fuhr ich weiter.

Zweifellos gibt es noch vieles, was hier behandelt werden muss und Ruburt hatte Recht mit seiner Annahme: Es gibt noch einiges Material, das wir diskutieren müssen, bevor ich auf eure eigenen Erfahrungen eingehen kann.

Ein paar Dinge sollten nun klar sein. Es gibt eine Interaktion zwischen der Zeit, wie ihr sie kennt, und Materie, die ich euch noch erklären muss. Grundsätzlich ist Materie spontan und augenblicklich, wie ich euch sagte. Die Veränderung, die ihr in der Materie wahrzunehmen scheint, ist eine Illusion.

Was ihr aber stattdessen habt, ist eine konstante neue Erschaffung von Materie, bei der Energie die vorliegenden Muster auffüllt. Die Klarheit oder Starrheit oder Qualität des wahrgenommenen Materials hängt von der Energie ab, von der es geformt wird, und die Eigenschaften der Materie hängen daher wiederum von der Position der Energie ab, welche die Vorlagen auffüllt; unter Position verstehe ich das Ankommen und das Weggehen dieser Energie, während sie durch eure Ebene hindurchgeht.

Es gibt hier, in euren Worten, einen maximalen Punkt der Energiefokussierung und wenn er erreicht ist, beginnt die Energie wieder abzuflauen. Wenn es euch hilft, dann stellt euch die Energie als Wind vor, als kosmischen Wind, der von innen heraus gewisse Muster auffüllt. Die aufgefüllten Muster erscheinen sehr starr und dauerhaft genug, um sich darauf verlassen zu können. Trotzdem ist aber der Wind, der sie zusammenfügt, nie gleich. Er kommt und geht und füllt die vorliegenden Muster seiner eigenen Intensität entsprechend auf.

Wir werden ziemlich viel Zeit brauchen, um diesen Punkt und damit verbundene Themen zu behandeln, weil wir uns auch mit dem Muster selbst und seinem Ursprung beschäftigen müssen. Da die Materie ständig wieder neu erschaffen wird und spontan ist, sind natürlich viele eurer Ansichten über die Zeit verzerrt, da ihr es als selbstverständlich anseht, dass Materie sich mit der Zeit oder nach einer gewissen Zeit verändert. Ihr beurteilt eine Zeitspanne nach den scheinbaren Veränderungen in einem bestimmten materiellen Objekt.

Das bringt mich zurück zu eurer falschen Theorie über Ursache und Wirkung. Aus praktischen Gründen war diese Theorie bis jetzt nicht allzu einschränkend, nun aber wird sie das. Die Zeit verursacht allen anderen Ansichten zum Trotz keine Veränderung der Materie. Ich mache nun einen Riesensprung und behaupte, dass der Mensch selbst und alle bewussten Wesen unbewusst Materie erschaffen.

Ich werde die hier zugehörenden ziemlich wichtigen Details später ergänzen.

Ich wollte diesen Punkt hier festhalten, weil Materie vom Unterbewusstsein erschaffen wird und weil sie simultan und sofort existiert und weil ihre Erschaffung oder ihre Ankunft und ihr Weggehen oder ihr Ersatz augenblicklich stattfinden. Wenn das verstanden wird, wird es zumindest theoretisch möglich sein, das Material der Vergangenheit wieder zu erschaffen, sofern die Muster für das Material bewahrt wurden.

Der letzte Teil dieses Satzes ist äußerst wichtig.

Ich schlage eine Pause vor.

(Pause um 21:25 Uhr. Jane war in der üblichen Trance. Obwohl ihre Durchgabe langsam war, hatte sie nicht den Eindruck, dass diese Sitzung so schwierig war wie die vorherige. Sie fuhr um 21:31 Uhr in der gleichen Art weiter.)

Alle Materie ist Energie, die auf der physischen Ebene in die dafür vorbereiteten Muster hineinfließt. Die Illusion der Starrheit ist das Resultat eurer eigenen äußeren Sinne, deren Wahrnehmung zu langsam ist, um die konstanten Pulsierungen zu erfassen, die stattfinden, wenn die die Materie zusammensetzenden Energieteilchen kontinuierlich völlig verschwinden und wieder ersetzt werden.

(Jane lächelte und gestikulierte.)

Es gibt genau so viele Intervalle, in denen eure materielle Welt nicht existiert wie es Intervalle gibt, in denen sie existiert. Für unsere gegenwärtigen Zwecke werden wir diese Intervalle negative Intervalle nennen. Es war sehr wichtig für mich, diesen speziellen Gedanken hinüberzubringen und ich hoffe, dass ich den Grundstein nun dazu gelegt habe.

Wenn ich das Wort Intervall benutze, so tue ich das natürlich nur, um den Gedanken dahinter verständlich zu machen. Tatsache ist, dass sich Materie auf eurer Ebene aus konstanten Energiepulsierungen zusammensetzt. Und obwohl euch das ein Erscheinungsbild von einer gewissen Dauerhaftigkeit gibt und obwohl ich sagte, dass die Pulsierungen konstant sind, so sind es eben doch völlig verschiedene, separate und _neue_ Pulsierungen, die nicht in dem Sinne kontinuierlich sind wie ihr diesen Begriff auf ein beständiges Objekt anwendet.

Deshalb entsteht das, was ich als negatives Intervall bezeichnen will, wenn eine Pulsierung von eurer Ebene verschwunden ist und eine andere im Begriff ist, ihren Platz einzunehmen. Für sich allein erscheint jedes negative Intervall unerheblich, aber zusammengezählt ergibt sich genau so viel negative Materie wie es positive gibt.

Nun, diese physische Materie auf eurer Ebene wollen wir positive Materie nennen. Auf dem Gebiet der negativen Materie würde eure positive Materie als negativ bezeichnet. Offensichtlich haben wir hier viel Material zu behandeln, positives und negatives. Der zentrale Punkt besteht darin, dass Wahrnehmung das Kriterium dafür ist, was ihr Materie nennt. Ihr nehmt die negativen Intervalle nicht wahr. Ihr nehmt die ständige Erschaffung von Materie nicht wahr.

Eure physikalische Ebene ist nicht die einzige Ebene für die Manipulation von Materie. Sie ist jedoch der Fokuspunkt solcher Ebenen und alle sind eng miteinander verwoben. Die anderen zwei Ebenen formen das, was ihr als äußere Ränder bezeichnen würdet. Ich schlage eine Pause vor.

(Pause um 21:50 Uhr. Jane war in der üblichen Trance. Sie sagte, sie spüre, wie Seth Konzepte durch sie hindurchpressen wollte. Es schien ihr, als ob sie nur einen Liter aufnehmen könne, er ihr aber das Vierfache durchgeben wollte. Trotzdem hatte sie den Eindruck, er mache es ihr heute Abend etwas leichter. Um 22:00 Uhr begann sie wieder mit dem Diktat; ihr Tempo war normal.)

Ich erwähnte, dass die Sitzung kurz sein würde und das wird sie auch sein. Ich möchte noch ein paar weitere Punkte in Bezug auf eure Diskussion während der Pause aufbringen.

Du hast Recht. Unsere negativen Intervalle haben tatsächlich etwas mit Antimaterie zu tun, mit dem Unterschied, dass ich es vorziehe, sie negative Materie zu nennen. Ihr könnt jedoch den Ausdruck brauchen, den ihr vorzieht.

Antimaterie existiert in eurem eigenen Universum. Ihr werdet nicht fähig sein, ihre Existenz durch irgendeine Kalkulation festzustellen, die darauf gerichtet ist, die Existenz des Gewichts von Masse zu entdecken. Antimaterie, um eure Worte zu gebrauchen, existiert gleichzeitig mit eurem Universum und besitzt, wie ich es nennen will, Antischwerkraft in dem, was ich Antiraum nennen werde.

Wenn ihr euch nun daran erinnert, dass es negative Intervalle gibt oder Intervalle zwischen den Pulsierungen von Energie in Materie, und wenn ihr euch weiter erinnert, dass euer physisches Universum während der gleichen Anzahl Intervalle inexistent ist wie es existent ist, dann seht ihr, dass wir so zu unserer Antimaterie kommen.

Das scheinbare und aus praktischen Gründen stattfindende Rückstoßen von so genannter positiver und negativer Materie wird in einer anderen Sitzung erklärt werden; denn wenn ich nun in dieser Richtung weiterfahre, werden wir eher mit einer langen Sitzung enden als mit einer kurzen.

Ich hoffe, dass ihr gespannt seid und dass ihr beide, auch Ruburt, enttäuscht sein werdet, wenn ich sage, dass ich nun die Sitzung beende. Ich habe schon gesagt, dass ihr in nicht allzu langer Zeit gelernt haben werdet, euch mit zusätzlicher Energie zu bedienen, sogar ohne dass ihr darüber nachdenken müsst.

In der Zwischenzeit werden die Sitzungen aus vielerlei Gründen auch verschiedene Mengen von Energie benötigen; einige davon haben mit dem Material selbst zu tun. Aus diesem Grund werdet ihr zu gewissen Zeiten auch Erholung brauchen und somit sage ich euch mit Bedauern, mit sehr großem Bedauern, gute Nacht.

(Ende der Sitzung um 22:12 Uhr. Jane war in der üblichen Trance. Sie sagte, sie fühlte sich ungefähr so müde wie am Ende einer normalen Sitzung – keineswegs aber so müde wie am Ende der letzten Sitzung. Es gab keine Handphänomene, weder bei ihr noch bei mir.)

(Während meiner Übungen mit psychologischer Zeit hatte ich die folgenden Erlebnisse:

(Donnerstag, 11. Juni: Verpasst.

(Freitag, 12. Juni, 21:15 Uhr: Als ich im gewünschten Zustand war, spürte ich mein gewohntes prickelndes Gefühl, als ich mir Leichtigkeit suggerierte.

(Während einiger weniger Momente hatte ich auch das Gefühl, als ob sich mein ganzer Körper irgendwie vergrößert hätte [Jane erlebte auch ein paar Beispiele dieses Gefühls]. Mein Körper fühlte sich speziell über Hüften und Händen breit und groß an; ich lag dabei auf dem Rücken, mit meinen Händen an der Seite. Es kamen weder Bilder noch Geräusche vor.

(Samstag, 13. Juni. Verpasst.

(Sonntag, 14. Juni, 23:30 Uhr: Jane und ich hatten uns an diesem Tag auf dem Land erholt, hauptsächlich auf der Farm unseres Hausbesitzers. In dieser Nacht, als ich im Bett war, sah ich, ohne mich in den gewünschten Zustand zu suggerieren, viele kurze Waldszenen; sie erschienen ganz schnell vor mir, als ob sie projiziert würden. Jede Szene erschien wie durch einen matten Bildschirm, war aber farbig und klar genug, um sie zu erkennen. Jede Szene war verschieden, in keiner gab es Menschen oder Geräusche und keine erinnerte mich an Orte, die wir am heutigen Tag gesehen oder besucht hatten.

(Montag, 15. Juni: Verpasst.)

SITZUNG 62
15. JUNI 1964, 21:00 UHR, MONTAG, WIE ANGEWIESEN

Die Natur der Energie; die Zusammenarbeit aller Bewusstseinsformen; Wachstum als Gesetz der Werterfüllung; Kapselverständnis und die Unabhängigkeit der Identität von Materie

(Am Samstag, den 13. Juni, nahmen Jane und ich an einer Cocktailparty zu Ehren von Dee Masters teil, die ihre Stelle als Direktorin der Kunstgalerie verließ, wo Jane Teilzeit arbeitet. Dort trafen wir auch den neuen Direktor.

(Um 20:50 Uhr war Jane nicht unbedingt nervös. Sie war vorher wegen des Wechsels in der Galerie etwas durcheinander gewesen und somit nicht gerade in bester Stimmung für eine Sitzung. „Wenn Seth etwas aus mir herausbringt, dann ist er wirklich gut."

(Unmittelbar vor der Sitzung wurde sie nervös. Sie begann in ihrer normalen Stimme zu diktieren und blieb während der ganzen Sitzung dabei. Ihre Durchgabe zeigte nichts von der übertriebenen Langsamkeit der letzten zwei oder drei Sitzungen. Sie ging in ihrem gewohnten Gang hin und her, ihre Augen verdunkelten sich wie immer.)

Guten Abend

(„Guten Abend, Seth.")

Eine mehr oder weniger innige Verbindung zwischen euch hilft euch beiden, wenn schwierige äußerliche Situationen auftreten. Wenn eine solche Verbindung existiert, seid ihr fähig, auf größere Mengen Energie zurückzugreifen. Das trifft in jedem Fall zu, sei es nun bei dir oder bei Ruburt, und der Unterschied zwischen der Energie, die ihr anzapfen könnt, wenn ihr in gutem gegenseitigem Einvernehmen seid und wenn nicht, ist unermesslich.

Ich kann das gar nicht stark genug betonen. Die Kommunikation muss immer sehr klar aufrechterhalten werden. Ich schlage vor, aber ich schlage wirklich nur vor, dass auch Ruburt sich daran hält; nochmals: Geduld ist keine seiner markantesten Charaktereigenschaften. Ich werde nicht länger bei diesem Thema bleiben. Eure Cocktailparty fand ich jedoch äußerst unterhaltsam und später kann ich euch noch ein paar Gründe für die ziemlich explosive Art der Party geben.

(„Vergiss es nicht.")

Alles in allem ist es nicht schlecht, dass die Beziehung zwischen Ruburt und Mrs. Masters nun beendet ist. Eure Idee, euch gemeinsam von ihr zu verabschieden, war sehr gut.

Mittlerweile solltet ihr wissen, dass unser Material über Materie vorzüglich ist. Ich sagte schon früher, dass bei solchem Material nur sehr wenige Verzerrungen stattfinden. Es gibt noch viel zu behandeln. Es muss daher nicht mehr gesagt werden, dass es eine Art Bewusstsein, eine Art bewusster Energie hinter und zu einem gewissen Maß in aller Materie gibt.

Energie ist in der Art, wie sie auf eure Ebene gelangt, individualisiert. Unabhängig von allen anderen Theorien enthält alle Energie in der Tat ein Bewusstsein in einfachen oder komplizierteren Gestaltformen, so wie ich auch erwähnt habe, dass Atome und Moleküle ebenfalls ein beschränktes Bewusstsein und ein allgemeines Unterbewusstsein besitzen, das in sich wiederum ein Kapselverständnis des Universums als Ganzes enthält.

Das wird euch helfen, wenn wir beginnen von Mustern oder Formen zu sprechen, in die Energie fließt; Energie, die auf diese Art ihre scheinbare Dauerhaftigkeit und relative Starrheit aufrechterhält. Dies wird am Anfang vielleicht etwas schwirig sein und doch ist es völlig verständlich.

Wenn Energie durch eure Ebene fließt und innerhalb dieser Ebene erscheint, tut sie dies gemäß ihrer eigenen ihr innewohnenden Natur. Die Natur der Energie – glaubt es oder glaubt es nicht – beinhaltet Individualisierung und Bewusstsein. Wenn ihr euch daher für einen Moment Energie- oder Bewusstseinsteile ohne ursprünglich festgelegte Form vorstellt, die auf eure physische Ebene eintreten, dann weiß jedes dieser Teilchen gemäß seiner angeborenen Stärke und Fähigkeit auf seinem eigenen unterbewussten Niveau bereits, welche großen oder kleinen physischen Muster es formen kann.

Das ist unsere einfachste und grundlegendste Ebene. Diese Formen bilden dann, sei es innerhalb ihrer selbst oder aufeinander aufbauend, in der Art wie ich es erklärt habe, die Gestalt eines menschlichen Körpers und stellen sein Aufrechterhalten sicher. Vielfach gesellt sich Gleiches zu Gleichem, insofern als gewisse aufgebaute Muster auch von anderen Energieteilchen mit gleichen Fähigkeiten und gleicher Stärke verwendet werden.

Ich habe bereits früher erklärt, wie das Bewusstsein des Gestalt-Egos geformt wurde und ich habe zu einem gewissen Grad auch seine psychische Zusammensetzung erklärt, aber hierzu gibt es noch viel mehr zu sagen. Es existiert hier eine ständige und unerschütterliche Zusammenarbeit, und sie ist die Grundlage eures physischen Universums. Ihr seht diese Zusammenarbeit nicht. Eure Sinne sind mehr darauf ausgerichtet, Unterschiede und Abweichungen wahrzunehmen als Gleichartigkeit, und trotzdem verleiht die Zusammenarbeit aller bewussten Wesenheiten den physischen Objekten jene scheinbare Form der Dauerhaftigkeit, welche sie auch immer haben mögen.

Eure Katze und die Vögel auf eurem Dach tragen alle ihren Teil dazu bei. Mit einem ausgeweitetem Bewusstsein wird die Verantwortung für die Zusammenarbeit noch bestimmter. Und eigentlich gibt es auf eurer physischen Ebene keine Wahl, denn entweder haben wir Zusammenarbeit oder Untergang.

Ich schlage eine Pause vor.

(Pause um 21:26 Uhr. Jane war in der üblichen Trance. Sie fuhr um 21:31 Uhr in der gleichen Art weiter.)

Diese Zusammenarbeit ist eine Notwendigkeit auf der molekularen Ebene und zieht sich weiter durch alle Phasen der physischen Existenz. Denkt aber daran, dass die bewusste Zusammenarbeit der individualisierten Energie das Molekül selbst erst möglich macht.

Wie ihr wisst, besitzen auch so genannte unbewegliche Objekte ein Bewusstsein, obwohl sie dann wieder in einer allgemeineren und weniger spezifischen Art größtenteils keine Wahl haben. Es sollte offensichtlich sein, dass psychische Identität nicht mehr von physischer Dauerhaftigkeit abhängig ist, vor allem wenn ihr auch in Betracht zieht, dass sogar ein Stuhl seine Form als Stuhl behält, obwohl er im Grunde genommen kein Ding oder Objekt ist und obwohl keines seiner Atome oder Moleküle gleich bleibt.

Wenn ihr weiter behaupten wollt, dass die Identität vom Fortbestehen des physischen Körpers abhängig ist, nehmt ihr es auch als selbstverständlich an, dass der physische Körper ein komplettes Ding ist, das in seiner Form mehr oder wenig starr und innerhalb einer gewissen Perspektive dauerhaft ist. Ihr wisst jedoch, dass der physische Körper eben kein Ding in diesem Sinne ist und dass der Stoff, aus dem er sich zusammensetzt, ständig kommt und geht, neu eintritt und wieder weggeht und doch wird die Identität aufrecht erhalten.

Die Grenzen der Identität sind von eurer Seite her willkürlich gesetzt; sie haben sich während der Stufen eures evolutionären Entwicklungsprozesses weiter entwickelt und zwar nicht aus den der Identität innewohnenden, sondern nur aus rein praktischen Gründen auf eurer physischen Ebene; diese Gründe haben mit der Menge von Materie zu tun, die von verschiedenen Identitätsarten wirksam manipuliert und kontrolliert werden kann.

In gewisser Weise könnte wirklich gesagt werden, dass das physische Universum selbst eine Grenze für die Ausdehnung persönlicher Identität setzt und wir werden später noch darauf eingehen.

Ich habe zum Beispiel über den für euch geprägten Begriff unendliche Bausteine oder Verstehens-Pyramiden gesprochen und dass diese innerhalb eures physischen Universums nicht wirksam sein können, weil die dazu notwendige grundlegende Freiheit der Gestaltformen streng beschränkt ist. Das ist einer der Gründe, weshalb ganze Wesenheiten nicht als solche auf eurer Ebene existieren, sondern nur separate, teilweise nicht verbundene Teile davon.

Andere Ebenen ermöglichen eine größere Komplexität psychischer Organisationen, und lasst mich euch wieder einmal daran erinnern, dass solche psychischen Organisationen nicht ein Aufgehen oder Verschwimmen von Individualität in irgendein undefinierbares Ganzes beinhalten, wie zum Beispiel ein Ertrinken des Bewusstseins in ein gigantisches, wohlmeinendes Überbewusstsein. Dem ist überhaupt nicht so.

Wohl mögt ihr euch der bewussten Natur jedes Atoms in eurem Körper nicht gewahr sein oder des Gestalt-Bewusstseins, das durch diese Atome gebildet wird, wenn sie sich in Zellen aufbauen. Für sie oder für ihr eigenes Selbstgewahrsein ist es gar nicht nötig, dass _ihr_ ihnen diese Erkenntnis gebt. Das Bewusstsein in den Zellen existiert, ob ihr es nun erkennt oder nicht.

Eine andere der Energie innewohnende Fähigkeit ist ihre eigene angeborene Erkenntnis potenzieller Form. Das ist aus dem im Fötus existierenden, angeborenen Begriffsvermögen ersichtlich. Kein Atom oder Molekül innerhalb des Fötus wird innerhalb des Erwachsenen existieren und doch kennen die Energieteilchen, die sich zusammengeschlossen haben, um das Muster des Fötus zu formen, die Fähigkeiten und Beschränkungen ihrer eigenen Art; sie kennen daher auch das Potenzial und die Einschränkungen des Musters, das sie gemacht haben.

Sie folgen dem Gesetz der Werterfüllung, das auf eurer Ebene als Wachstum betrachtet wird. Aber das so genannte Wachstum ist in sich selbst eine Eigenschaft der Materie, insofern als die gleiche Materie nicht wächst, sondern die Energie das Muster immer wieder vollständig neu formt; dies immer, soweit die spezielle Stärke der Energie selbst dazu ausreicht und im Wissen um die Begrenzungen und Fähigkeiten des Musters, das die Energie geformt hat. Bis zu einem gewissen Grad verschwimmt dann schließlich das Bild oder das physische Muster.

Ich schlage eine Pause vor.

(Pause im 21:57 Uhr. Jane war in der üblichen Trance. Sie fuhr um 22:05 Uhr in der gleichen Art weiter.)

Es muss jedoch offensichtlich sein, dass nicht alle Energie materialisiert wird, während sie durch eure Ebene hindurchgeht. Es gibt auch psychische Gestaltformen mit Intelligenzen, die sich auf eurer physischen Ebene nicht materialisieren und diese sind euch natürlich nicht vertraut.

Es ist besser, wenn ihr euer gewohnheitsmäßiges Denken über das physische Universum als Ort vergesst, denn es ist nun mal einfach kein Ort. Ortsbezeichnungen dieser Art bedeuten absolut nichts. Sogar Raum, wie ihr ihn euch denkt, existiert nicht. Fünfdimensionaler Raum ist hingegen wieder etwas anderes. Das Erscheinen von Raum ist eine Verzerrung eurer eigenen Wahrnehmung und das ist alles.

Was euren Sinnen als leer erscheint, nennt ihr Raum und ihr denkt euch Materie paradoxerweise als Füllmaterial für Raum; und dabei stellen so genannter Raum und so genannte Materie Energie eben genau dort dar, wo kein Raum ist. Es ist sehr schwierig, euch die wahren Eigenschaften von Energie zu erklären, weil alle eure Konzepte so eingeschränkt sind.

Ihr seid stets gezwungen, in Begriffen von Sein oder Nicht-Sein zu denken und das bringt euch nirgendwohin. Alles-Was-Ist existiert, ob ihr es nun wahrnehmen könnt oder nicht. Ihr seid aber durch den Gebrauch der inneren Sinne dazu ausgerüstet, weit mehr wahrnehmen zu können als ihr eigentlich tut.

Gleich wie übrigens auch psychologische Erfahrungen existieren und keinen Raum einnehmen, existieren auch psychische Intelligenz-Formen mehr oder weniger innerhalb eurer Ebene und sind doch für eure Sinne nicht sichtbar. Sie haben jedoch einen begrenzten Einfluss auf eure Ebene, aber das wird Teil einer anderen Diskussion sein.

Ebenso werden aus Gründen, die ich jetzt noch zurückhalten will, die psychischen Muster innerhalb eures physischen Universums nicht unendlich lange aufrechterhalten. Soweit ich weiß, bleibt keine Gestaltform irgendeiner Art immer gleich. Psychische Gestaltformen entwickeln sich jedoch im Sinne von Werterfüllung und schon beim ersten Erscheinen eines physischen Musters ist bekannt, wie lange die spezielle aufzubauende Gestaltform aufrechterhalten bleiben wird.

Energie selbst ist immer wieder neu – Ereignis und Bewegung in einem und kein spezielles Muster wird ihr über längere Zeit genügen. Energie ist selbsterneuernd und die endlose Dauer eines Musters würde in eine Sackgasse führen. Energie baut sich immer weiter auf. Nochmals: Die Identität ist nicht abhängig von Materie. Energie ist immer in Bewegung und trägt ihre eigenen Spuren in sich.

Die von Materie unabhängige Identität ist daher nicht einfach beendet, wenn das spezielle physische Muster nicht mehr länger erschaffen wird. Energie ist wohl stetig vorwärtstreibend, dabei aber auch bewahrend. Sie behält das, was ihr als Erinnerung vorheriger Gestaltformen bezeichnen mögt. Kapselverständnis existiert sogar in den kleinsten Energieteilchen und selbst innerhalb des winzigsten Energieteilchens existieren alle Möglichkeiten der Entwicklung und Schöpfung.

Eine psychische Gestaltform ist abhängig von Materie, nicht für ihre Identität, sondern nur für ihr Überleben auf der physischen Ebene. Psychische Gestaltformen oder Identitäten oder Individuen sind praktisch unsterblich. Sie mögen sich mit anderen Gestaltformen verbinden, aber sie werden nie weniger sein als sie einst waren. Identität wird daher nie zerkleinert. Alle scheinbare Aufsplitterung ist keine wirkliche Tatsache, und auch wenn vielleicht angenommen werden könnte, dass sich die Wesenheit in Persönlichkeiten aufsplittere, ist dem nicht so. Die Persönlichkeit existierte nicht als solche vor ihrer Erschaffung durch die Wesenheit und wenn sie dann zu einer Identität wird, behält sie diese Individualität bei.

Vorher war die Persönlichkeit nur eine Möglichkeit, wie zum Beispiel ein Bild, das du nächstes Jahr malen willst, jetzt nur eine Möglichkeit ist. Ich versuche, unsere Sitzungen, zumindest für eine Weile und aus verschiedenen Gründen, die euch nicht betreffen, etwas früher zu beenden. Ich werde somit diese Sitzung jetzt beenden und ich nehme an, ihr seid damit einverstanden.

(„Gute Nacht, Seth."

(*Ende der Sitzung um 22:30 Uhr. Jane war in der üblichen Trance. Wir waren beide überrascht über Seths abruptes Beenden der Sitzung. Jane dachte zuerst, es sei 23:00 Uhr. Wir waren wohl ein wenig müde, aber wie immer bereit, die Sitzung weiterzuführen. Als wir noch darüber diskutierten, begann Jane um 22:32 Uhr erneut zu diktieren.*)

Ihr ahnt anscheinend gar nicht, was für eine gewaltige Aufgabe noch vor uns liegt. Ich habe die Sitzungen für eine gewisse Zeit ein wenig früher beenden wollen, nur um meine eigenen Interessen zu wahren. Wir haben hier mit schwierigem Material gearbeitet. Ruburts Energie hat sich im Großen und Ganzen erholt und ich hoffe, dass er bis zum nächsten Frühling gelernt haben wird, während der Frühlingsmonate effizienter mit seiner Energie umzugehen.

Trotzdem denke ich nicht nur an Ruburt, sondern ich wollte auch dir, Joseph, eine

Pause zum Abschreiben des Materials geben und es ist mir auch wichtig, dass ihr mehr Zeit habt, um das Material zusammenzustellen, wenn ihr es erhaltet. Ich habe nicht realisiert, dass ihr euch solche Gedanken darüber macht. Es schmeichelt mir sehr. Es gibt hier ein delikates Gleichgewicht zwischen Spontaneität und Disziplin und ich versuche, die Sitzungen flüssig, verständlich und diszipliniert zu gestalten, ihnen aber auch Leben durch Spontaneität zu geben.

Ich möchte aber auch, dass ihr ein wenig Raum zum Atmen habt. Und nun, nach dieser kurzen Erklärung, hoffe ich, dass ihr euch auf unsere Mittwoch-Sitzung freut.

(Ende der Sitzung um 22:39 Uhr.)

SITZUNG 63
17. JUNI 1964, 21.00 UHR, MITTWOCH, WIE ANGEWIESEN

Yolynda; zwei Universen und so viele Objekte wie Beobachter

(Am Dienstag, den 16. Juni und am Mittwoch, den 17. Juni, verpasste ich die Übungen in psychologischer Zeit.

(Um 20.00 Uhr traf John Bradley als Zeuge der Sitzung ein. Er sagte uns, dass sein Freund in Williamsport nun die Abschrift des ersten Teils des Seth-Materials beendet hatte und bereit sei für den zweiten Teil.

(Gestern, am 16. Juni, verabschiedeten Jane und ich uns von Dee Masters und ihrem Mann; beide gingen über den Sommer nach Vermont. Dee war während ungefähr zwei Jahren Janes Vorgesetzte in der Kunstgalerie gewesen. Am 13. Juni hatten Jane und ich an einer für Mrs. Masters organisierten Cocktailparty teilgenommen und Seth war in der 62. Sitzung kurz darauf eingegangen.

(Vielleicht begann Jane aufgrund der Anwesenheit eines Beobachters in einer etwas lauteren und tieferen Stimme zu diktieren und sie behielt diese während des ganzen Abends bei. Ihr Diktat war auch schneller, obwohl sie im gleichen Tempo hin und her ging. Ihre Augen verdunkelten sich wie immer.)

Guten Abend.

(„Guten Abend, Seth.")

([John]: "Guten Abend, Seth, wie geht es dir?")

Ich genieße diese Vor-Diskussionen immer. Ruburts Charakteranalysen hören nie auf, mich erstaunen zu lassen. Herzlich Willkommen, Philip. Zum Glück ist mein Erinnerungsvermögen besser als Ruburts.

(Zur Erinnerung: Seth nannte Philip als Namen für Johns Wesenheit.)

Es wird sich im Nachhinein noch als Segen herausstellen, dass Mrs. Masters eure Stadt verlassen hat. Ihr Name ist Y-o-l-y-n-d-a und in ihrer unmittelbaren Umgebung baute sich etwas auf, das wohl noch immer stattfinden wird, aber nicht mehr in einem so drastischen Umfang.

Man kann hier nichts tun. Der Charakter wird lernen zu wachsen; bis jetzt wurde

er in seiner Entwicklung äußerst behindert. Die Situation, die sie antreffen wird, ist immer noch unglücklich, aber trotzdem weniger schlimm, als wenn sie hier geblieben wäre.
(„Was ist das für eine Situation?")
Das Verhängnis wird in der Tat den Mann einbeziehen, mit dem sie zur Zeit verbunden ist und es wird mit einer erneuten Sucht von jenen Drogen zu tun haben, von denen er während einer gewissen Zeit so abhängig war. Die Situation hier an Ort wäre schlimm gewesen und hätte zu ihrem Selbstmord geführt. Das wird nun <u>nicht</u> geschehen.

Die Situation hier hätte fünf Personen betroffen, von denen ihr zwei kennt. Die öffentliche Demütigung wäre zuviel für Mrs. Masters gewesen. Der Mann wird sich trotzdem wieder darin verwickeln, nicht an dem Ort, an dem sie jetzt sind, aber an einem anderen und zwar innerhalb eines Jahres. Das heißt, er wird involviert sein, aber nicht entdeckt werden. Sie wird jedoch wissen, dass er wieder Drogen genommen hat, doch sie wird ihn nicht verraten.

Die Persönlichkeit der Frau ist dieses Mal auf Leiden ausgerichtet. Nach diesem Zwischenfall wird sich jedoch ihre Situation im Verlaufe von drei Jahren verbessern. Wären sie beide hier geblieben, wäre der Mann die Hauptperson in einem Drogenskandal gewesen, der bis jetzt noch nicht aufgedeckt ist, sich aber bereits zusammenbraut.

Die Frau wird sich nach dreieinhalb Jahren in eurem Staat Kalifornien wieder verheiraten und es wird ihr dann viel besser gehen. Der Mann hat sich schon früh auf eine Tragödie hin ausgerichtet. Sie wusste das und wählte ihn aus, um ihm Trost zu spenden, da in einem früheren Leben in Österreich auf ihren Befehl hin zwei Männer sehr schlecht behandelt wurden. Damals war sie ein Mann gewesen und starb 1911.

Der Skandal hier wird sich aber noch ausstrecken.
(„Kannst du uns sagen wann?")
Innerhalb von drei Monaten. Fünf Personen werden betroffen sein, vier Männer und eine Frau. Wenn einer der Männer in einem anderen Teil des Landes aufgegriffen wird, werden auch verschiedene Personen hier in eurer Stadt von den Behörden befragt werden, vielleicht sogar ihr selbst. Das ist alles, was ich dazu sagen kann.

(Janes Stimme tönte nun amüsiert. Sie lächelte John und mich an, während sie hin und her ging. Miss Callahans Name kommt ebenfalls ins Gespräch, weil wir vor der Sitzung über sie geredet hatten.)

Nach eurem Belieben gebe ich hier ein paar Daten an, weil ihr mich ja so gerne ganz genau überprüft. Ich gebe euch die Daten vom 12. bis 15. August für eure Miss Callahan und das Datum vom 24. August, wo ihr selbst vorsichtig sein solltet. Ich sehe keine großen Schwierigkeiten für euch an diesem Datum, aber etwas Unangenehmes könnte sicher geschehen. Ich gebe eurem Philip im voraus das Datum des 2. Septembers bekannt und dann, wenn ihr alle es mir erlaubt, werde ich endlich mit der Diskussion über die Natur der Materie weiterfahren.

Auch für Philip sehe ich keinerlei Arten von Unglück voraus, aber an diesem Tag können Pläne entstehen, die seine Teilnahme in seinem beruflichen Umfeld betreffen. Ich sehe auch eine Art Problem im September für eine Nachbarin, die drei Türen weiter weg von ihm wohnt.

(„Drei Türen entlang der Straße, wo Philip wohnt? In Williamsport?")

Von Philip; die Schwierigkeiten hier betreffen irgendwie noch zwei Kinder.

(„Kannst du uns ihre Namen geben?")

Ein V kommt mir in den Sinn. Ob das die direkt betroffene Person ist oder jene Person, welche die Schwierigkeiten verursacht, weiß ich nicht. Ruburt beschützt mich auf so edle Art und hat solche Angst, dass das, was ich sage, sich als unwahr erweisen könnte, dass er es bestens fertig bringt, mich zu blockieren, wenn er die Möglichkeit dazu hat.

Die Diskussion über die Bedeutung der Materie ist ausschlaggebend.

(„Ich verstehe."

(Bei diesem Wortspiel wurde Janes Stimme etwas kräftiger und wiederum ein wenig tiefer. Das war die ausgeprägteste Stimmveränderung, die sie bis jetzt in den Sitzungen gezeigt hatte.)

Ein Wortspiel. Wie ihr wisst, handelt es sich hier um ein äußerst schwieriges Thema, vor allem wegen der Grenzen eurer eigenen Aufnahmefähigkeit. Philip kann mir vielleicht nicht so gut folgen, da er über diese Dinge bis jetzt weder etwas gehört noch gelesen hat. Aber das macht nichts.

Er wird es im richtigen Moment noch nachlesen. Wie ich euch sagte, wird Materie ständig erschaffen. Kein Objekt setzt sich von einem Tag bis zum nächsten aus der gleichen Materie zusammen. Materie wird durch Pulsierungen der Energie geschaffen, die ein Muster annehmen, das bereits durch das der Energie selbst innewohnende Bewusstsein geformt wurde.

Ich erwähnte, dass diese Schöpfung ständig geschieht und obwohl Objekte unbeweglich und dauerhaft zu sein scheinen, ist dem doch nicht so. Das ist übrigens eine kleine Zusammenfassung für Philip. Es gibt jedoch, wie wir es nennen wollen, ein Intervall zwischen dem Erscheinen jeder Energiepulsierung auf der physikalischen Ebene und ihrem Ersetztwerden durch eine andere.

In anderen Worten, einmal mehr: Sogar in eurem eigenen weit hergeholten Zeitschema gibt es für jedes Intervall von physischer Existenz auch ein Intervall von physischer Nicht-Existenz.

(Hier klopfte Jane zur Bestätigung auf den Tisch, den ich als Schreibpult benutze.)

Physisch existiert ihr also nicht so lange oder während der gleichen Menge eurer Zeit, wie ihr wirklich existiert. Wir haben das Intervall der physischen Nicht-Existenz Antimaterie oder negative Materie genannt – natürlich nur von eurem Standpunkt aus gesehen.

Ich schlage eine positive Pause vor.

(Pause um 21:27 Uhr. Jane war in der üblichen Trance. John Bradley begann einen Plan seiner Umgebung zuhause in Williamsport zu zeichnen. Darauf setzte er jedes Haus ein und es zeigte sich, dass es zwei Familien mit zwei Kindern gab, die drei

Türen von ihm entfernt wohnten. Von diesen zwei Familien kam John sofort der Name einer davon in den Sinn [Snyder], als Seth das entsprechende Material durchgab. Johns Skizze findet sich am Ende dieser Sitzung.

(Jane fuhr in der gleichen kräftigen und etwas tieferen Stimmer um 22:36 Uhr weiter.)

Es entsteht daher ein Intervall zwischen jeder Energiepulsierung, wenn eine Pulsierung eintritt und ein physisches Objekt formt und fast augenblicklich wieder austritt, und ein weiteres Intervall, bevor das nächste Teilchen ankommt.

Eure Sinne nehmen dies nicht wahr. Sie sind viel zu langsam. Später einmal werden eure Instrumente dieses Intervall entdecken. Aber auch mit seiner scheinbaren Dauerhaftigkeit und Starrheit ist euer Stuhl nur ein Stuhl aufgrund eures eigenen Gestaltkonzepts, das in sich selbst durch die Begrenzungen der äußeren Sinne stark eingeschränkt ist. Ich habe gesagt, dass eure Theorie von Ursache und Wirkung an sich schon veraltet und verzerrt ist. Materie selbst verfällt nicht, da sie gar nicht lange genug als Objekt existiert.

Als Schlussfolgerung existiert daher diese Antimaterie in eurem Sinne so lange wie auch euer eigenes Universum der positiven Materie bereits existiert hat. Es mag euch erscheinen, als ob das Universum der Antimaterie ein Zwilling eures eigenen sei. Physikalisch ausgedrückt ist es das tatsächlich, obwohl es in einem geteilten Zustand ist. Damit meine ich, dass ich hier zwei Universen einschließe, die sehr eng mit eurem eigenen verbunden sind.

Eines dieser Universen kann mit etwas verglichen werden, was ich ein Vorher-Bild nennen möchte. Euer Universum ist der Brennpunkt für physische Manifestationen, wobei die Manipulation von Materie vorherrscht. Eines der beiden anderen Universen, auf die ich mich beziehe, ist aus fast der gleichen Energie wie der euren geformt; eine Energie, die zwar noch nicht stark genug ist, um sich zu materialisieren, es jedoch trotzdem fertig bringt, eine frühere, etwas schwächere Form zu bilden.

Das andere der beiden Universen wird geformt, während die Energie durch eure Ebene hindurchgeht und kann mit einem Nachher-Bild verglichen werden.

(In diesem Moment zündeten Jane und John zufällig gleichzeitig eine Zigarette an. Jane raucht oft während ihrer Durchgaben, erinnert sich jedoch kaum daran. Die Gewohnheit funktioniert hier perfekt, denn während des Diktats nimmt Jane jeweils die Zigarettenschachtel, schüttelt eine Zigarette heraus, zündet sie an und raucht vor sich hin, ohne den Faden zu verlieren.)

Übrigens habe ich immer – zumindest bis vor kurzem – eine gute Zigarre bevorzugt und wenn Ruburt je meinen Rat befolgen und mit den Zigaretten aufhören sollte, würde mir eine gute Zigarre doch sehr zusagen.

Das negative Universum setzt sich daher aus einem so genannten Vorher- und einem Nachher-Bild eures eigenen Universums zusammen. Und wie ihr vermutet, setzen sich diese Vorher- und Nachher-Universen für eure eigenen Zwecke scheinbar genauso zusammen wie euer eigenes Universum und folgen eurer eigenen Zeitperspektive.

Die Persönlichkeiten, die diese scheinbaren Zwillingskörper von euch bewohnen, sind jedoch nicht die gleichen. Eure Wissenschafter haben bereits die Theorie der Antimaterie entdeckt, nehmen aber an, dass die Antimaterie von eurem eigenen Universum völlig abgetrennt ist. Die neueste Theorie, glaube ich, lautet, dass ein Universum der Antimaterie möglicherweise an den äußersten Grenzen eures bekannten Universums zu finden sei.

Antimaterie existiert gleichzeitig mit eurem eigenen Universum und stimmt mit ihm in Bezug auf eure eigene Vorstellung über die Zeit überein. Dies mag möglicherweise innerhalb kurzer Zeit entdeckt, aber nicht akzeptiert werden. Aufgrund der gefährlichen und notwendigen Beziehung und Ausbalancierung zwischen Materie und Antimaterie wird es für euch nie möglich sein, mit dem Universum der Antimaterie in Kontakt zu treten.

Der Grund dafür sollte offensichtlich sein. Betrachtet als Analogie wieder einmal unseren fünfdimensionalen Raum. Euer Universum der positiven Materie ist nur ein Teil der ganzen Realität oder Energie, die dadurch vorübergehend und augenblicklich an einem Punkt innerhalb einer eurer imaginären Würfel sichtbar wird.

Vielleicht können euer Universum der positiven Materie und die beiden es umgebenden Universen, welche die sogenannte Antimaterie bilden, am besten als zwei Enden eines Spektrums beschrieben werden, die sich von Natur aus niemals treffen können.

Ich schlage eine Pause vor. Heute Abend erscheint ihr mir alle wirklich trostlos und komisch. Vielleicht sollte ich versuchen, das Ganze ein wenig aufzuheitern.

(Pause um 22:00 Uhr. Jane war in der üblichen Trance. Sie fuhr in der gleichen kräftigen und etwas tieferen Stimme um 22.15 Uhr weiter.)

Ich bin mehr als belustigt. Diese Fröhlichkeit ist gut für das, was ihr meine Konstitution nennen mögt.

Ich habe mehr als einmal gesagt, dass ich in der Tat kein spukender Geist bin. Auch bin ich nicht tot. Eure egoistische Vorstellung, dass alles, was ihr nicht wahrnehmen könnt entweder tot sein muss oder nicht existiert, berührt mich nicht im geringsten.

Du hast – oder Ruburt hat – einen wissenschaftlichen Artikel gelesen, der sich mit dem biologischen, elektrischen oder magnetischen Menschen befasst. Blödsinn. Vielleicht mit einem Quäntchen Wahrheit, aber die daraus gezogenen Schlüsse sind Blödsinn. Es gibt zwar wirklich Energie, die auf eure Ebene eintritt und die sich nicht in Masse materialisiert, und ich bin Energie, die nicht in Masse umgesetzt wird.

Meine Verbindung mit euch wird deutlich aus unseren vorherigen Diskussionen. Ruburt und ich waren einmal aufs Engste verbunden, sozusagen Sprosse der gleichen Wesenheit. Wir entwickelten uns gemäß unserer eigenen Fähigkeiten. Ich bin weder sein Unterbewusstsein noch ist er meines.

Sein Unterbewusstsein ist für mich ein gut zugänglicher Eintrittspunkt. Er war immer unabhängig, ungeduldig und stur. Wäre er es nicht, könnte ich in einer sehr viel klareren Stimme durch ihn sprechen. Aber ich würde es wahrscheinlich nicht so sehr genießen.

Wie ihr wisst, ist das Unterbewusstsein eine Ausdehnung in euer Feld des inneren Selbst. Die entsprechend Begabten wird das Unterbewusstsein, wenn korrekt darauf zugegangen wird, zu den nackten Tatsachen des inneren Universums führen, die jedes innere Selbst durch und durch kennt. Ihr beide umhüllt und erstickt zumindest nicht das, was ich euch sage mit Schichten und Schleiern von Pseudoreligion und dafür bin ich sehr dankbar.

Die Zeit wird bald kommen, da solche Experimente, wie wir sie durchführen, die einzige akzeptierte Art und die einzig gültige wissenschaftliche Forschungsmethode sein werden. Ihr beide seid hierbei – aber werdet dadurch nicht allzu eingebildet – wirkliche Pioniere.

Der Mensch wird noch lernen, dass das äußere Universum nur im Sinne von innerem Wissen entdeckt werden kann. Es gibt eine Bekannte von Ruburt, ich glaube, der Name ist Gallagher, die einen guten Einfluss haben wird. Ihr habt sie vorher nicht gekannt. Aber ihre unterbewussten Fähigkeiten sind sehr gut entwickelt.

Nun möchte ich gerne zu unserer Diskussion über Materie zurückkehren, da diese Materie so bedeutungsvoll ist. Fast jedes Kind glaubt irgendeinmal, dass wenn es die Augen schließt, seine Umgebung verschwunden sei. Es nimmt an, dass der Stuhl nicht existiert, wenn es den Stuhl nicht sieht, und, meine lieben Freunde, in diesem Falle ist das Kind gescheiter als der Erwachsene.

(„Was geschieht, wenn das Kind seine Augen schließt, dabei aber den Stuhl berührt?")

Wenn seine Sinne, seine äußeren Sinne, ein physisches Objekt nicht in seiner Selbst-Perspektive (und bitte einen Bindestrich zwischen diesen beiden Wörtern) wahrnehmen, existiert das Objekt ganz einfach nicht. Wenn das Objekt berührt wird und nicht gesehen oder sonst wahrgenommen wird, dann existiert es in der Selbst-Perspektive des Kindes nur im Bereich seiner sinnlichen Wahrnehmung. Der Stuhl existiert nicht, um gesehen zu werden, wenn das Kind ihn nicht sieht. Wenn zum Beispiel der Vater den Stuhl sieht, den das Kind nicht sieht, dann existiert der Stuhl als ein Ding, das in der Selbst-Perspektive des Vaters gesehen wird. Jedes Individuum erschafft sich selbst einen Teil oder ein ganzes physisches Objekt. Viele Menschen scheinen ein Objekt zu sehen, aber das Objekt, das sie sehen, ist nicht das gleiche Objekt, es nähert sich nur einem Objekt an.

Diese fast automatische Konstruktion einer Energie-Idee (mit Bindestrich) in ein materielles Objekt wird im Unterbewusstsein durch die Methoden ausgeführt, die ich euch früher erklärt habe; es geht dabei um das angeborene Kapselverständnis und die Fähigkeiten, die in den individuellen Atomen und Molekülen existieren und die durch diese Gestalt geformt werden, von der ich gesprochen habe.

Eure Vorstellung von Raum ist so falsch, dass es äußerst schwierig ist, sie zu berichtigen. Von jedem scheinbar einzelnen Objekt habt ihr buchstäblich unendliche Variationen und tatsächlich nicht ein bestimmtes Objekt. Aus eurer eigenen Perspektive, aus eurer eigenen Raumperspektive, erschafft ihr durch die Methoden, die ich euch gegeben habe, eure eigene Version eines bestimmten Objektes und ihr tut dies, indem ihr Energie auf eine ganz persönliche Art anwendet.

Die Verwirrung, die im Falle von Zeugen eines bestimmten Ereignisses, etwa eines Unfalls, entstehen kann, zeigt vielleicht, was ich hier meine. Ihr wisst nun auch, dass nicht nur die Menschen, sondern alles Bewusstsein zur Bildung eures physischen Universums beiträgt. Bewusstsein kommt immer zuerst.

Ich schlage vor, dass ihr eure normale Pause macht, weil ich nachher in dieser Richtung weiterfahren möchte.

(Pause um 22:37 Uhr. Jane war in der üblichen Trance. Während der Pause diskutierten Jane, John und ich über das eben durchgegebene Material und wir fragten uns, was geschehen würde, wenn wir drei mit unseren drei verschiedenen Ansichten das gleiche Objekt betrachteten, zum Beispiel unser Fernsehgerät. Sahen wir alle das gleiche Objekt?

(Jane fuhr in ihrer starken und kräftigen Stimme um 22.56 Uhr weiter.)

Ich bewundere eure enthusiastischen Diskussionen wirklich und bei Gelegenheit werde ich einige Ruburt eng betreffende Themen behandeln, zum Beispiel was jene den Frauen angeborene Fähigkeit betrifft, die im Allgemeinen nicht vollständig ausgeschöpft wird. Im Moment bin ich aber immer noch mit Materie beschäftigt.

Ich habe euch gesagt, dass Sprache ohne Telepathie bedeutungslos und wirkungslos wäre. Es stimmt, dass jeder von euch sein eigenes physisches Universum aufbaut und entsprechend darauf reagiert. Es stimmt jedoch auch, dass ihr durch ständige Telepathie auch mit den Ideen von anderen über <u>ihr</u> ungefähres physisches Universum vertraut seid; und während ihr euer eigenes Universum aufbaut und betrachtet, konstruiert ihr auch jedes andere materielle Objekt unter Einbezug seiner ungefähren Größe, Höhe, Breite und seines Standorts, so wie ihr es telepathisch von anderen empfangt.

Trotzdem sind die Objekte nicht einfach die gleichen Objekte. Ihr seht, fühlt, riecht oder berührt nicht das <u>gleiche</u> Objekt. Ich werde euch noch mehr schockieren, indem ich sage, dass die Objekte <u>in eurem Sinne</u> nicht einmal im gleichen Raum existieren, sondern im persönlichen <u>Selbst-Perspektive</u>-Raum, der von jedem Individuum selbst geformt und erschaffen wurde.

(Nun ergriff Jane eine Streichholzschachtel und hielt sie vor John und mir in die Höhe, während sie weiter hin- und herging.)

Das kann ganz leicht mit einem einfachen Experiment mit irgendeinem kleinen Objekt, wie einer Streichholzschachtel, bewiesen werden. Keiner von euch kann diese Streichhölzer von genau der gleichen Perspektive aus sehen, aus dem einfachen Grund, weil es nur in jener Selbst-Perspektive existiert, in der es jeder von euch erschaffen hat.

Wir können ein solches Experiment sogar noch weiter führen und später werden wir das sicher auch tun. Nebenbei bemerkt, wird diese einfache Tatsache sogar von euren hinterwäldlerischen Wissenschaftern nicht abgestritten werden können und es gibt bereits Experimente, die in diese Richtung führen.

SITZUNG 63

Ich werde euch eine weitere kurze Sitzung geben. Übrigens Joseph, du hattest Recht: Ich habe Ruburt gelehrt, Konzepte zu erfühlen, statt sie Wort für Wort durchzugeben, obwohl er selbst sie dann auf diese Art weitergeben muss.

Ich habe auch dir die gleiche Art Training gegeben. Es beansprucht Ruburt aber mehr, weil er dann, mit meiner Hilfe, <u>direkte</u> Erfahrungs-Konzepte in eine Reihenfolge von sinnvollen Wörtern übersetzen muss.

Meine besten Wünsche an euch alle und meinen Dank an Philip für die Kopien. Ihr werdet sehen, dass die Sitzungen ihre eigenen Freunde finden werden; und dass dieser Freundeskreis über all die Jahre hinweg, wenn ihr es ertragt, überhaupt so weit zu denken, wachsen wird.

Ich wünsche euch allen ganz herzlich einen guten Abend; wir haben über höchst <u>gewichtige</u> Dinge gesprochen.

(„Gute Nacht, Seth."

([John:] „Guten Abend, Seth."

([Jane:] „Bis später, Kid."

(*Ende der Sitzung um 23:08 Uhr. Jane war in der üblichen Trance. Meine Schreibhand fühlte sich nicht müde an, obwohl es eine lange und schnelle Sitzung gewesen war. Weder Jane noch ich spürten irgendein anderes Handphänomen.*

(*John Bradley bat um eine Kopie des Materials, das von ihm handelt. Er ging ins Motel und nahm eine Durchschrift vom zweiten Band des Seth-Materials mit, um es zu kopieren. Es ist möglich, dass ihn bei seiner nächsten Teilnahme an einer Sitzung ein Freund, ein Rechtsanwalt aus Williamsport, begleiten wird.*

(*Es folgt die Skizze, die John von der Umgebung seines Hauses gezeichnet hatte.*)

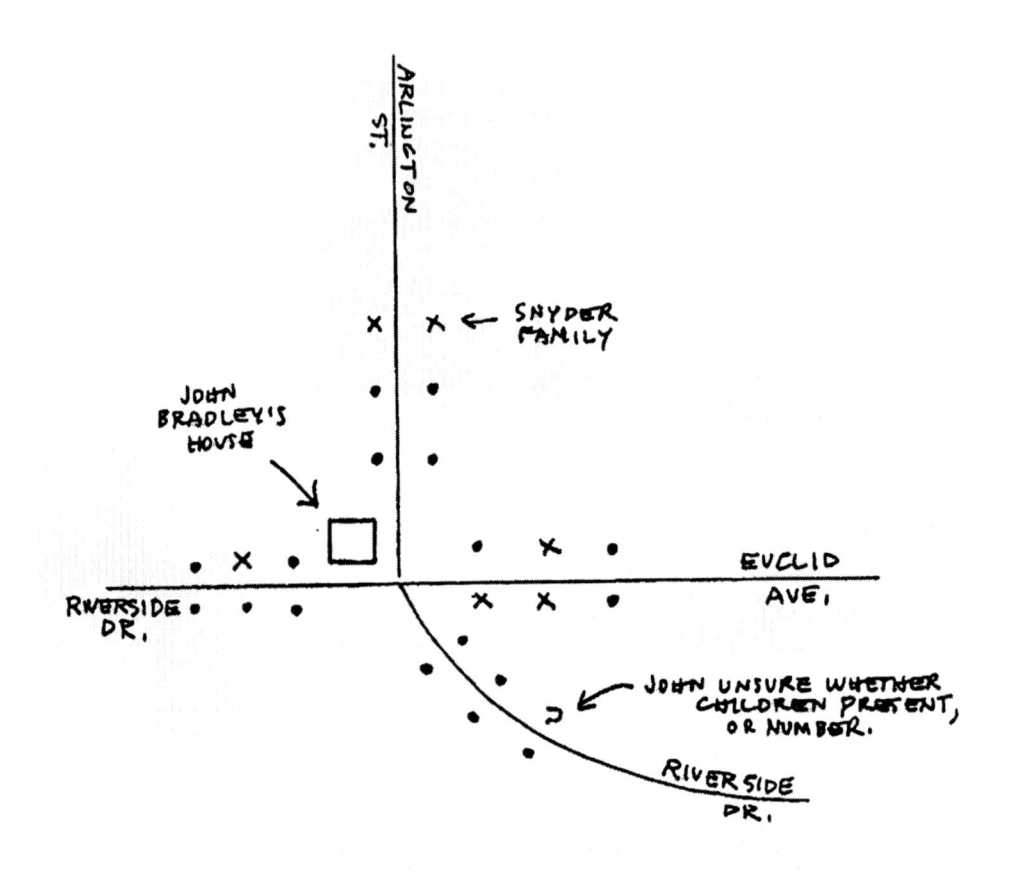

Johns Skizze. Jeder Punkt und jedes Kreuz entspricht einem Haus. Die Kreuze entsprechen Familien mit Kindern in der Umgebung. Zwei Familien mit Kindern leben drei Türen von John entfernt. John dachte vor allem an die Snyder-Familie, als Seth das entsprechende Material durchgab.

SITZUNG 63 173

(Janes Bemerkungen betreffend die psychologische Zeit vom Donnerstag, den 18. Juni 1964, von 10.00 Uhr bis 10.30 Uhr:

(Das ist wirklich seltsam und obwohl es jetzt, da ich das alles schreibe, bereits 11:00 Uhr ist, fühle ich mich immer noch etwas wacklig. Ich war heute Morgen ziemlich müde, begann aber wie gewöhnlich, an meinem ASW-Buch zu schreiben. Als es gegen 10:00 Uhr ging, beschloss ich, mich eine halbe Stunde auszuruhen. Ich hatte dann die Idee, mich in eine leichte Trance zu versetzen und meinem Unterbewusstsein zu suggerieren, alle Probleme des Kapitels, an dem ich gerade arbeitete, zu überdenken. Um 09:55 Uhr stellte ich das Radio im vorderen Raum, in dem ich arbeitete, ab und legte mich ins Schlafzimmer. Die Türe dazwischen ließ ich offen.

(Als ich mich in einen leichten Trancezustand versetzte, kam aus dem Wohnzimmer plötzlich ein statisches Geräusch, wie es unser Radio öfters macht. Es war laut und unverwechselbar und beinhaltete auch ein stimmenähnliches Geräusch. Ich wusste sehr wohl, dass ich das Radio abgestellt hatte, aber ich war versucht aufzustehen und dies nachzuprüfen und unter normalen Umständen hätte ich das wohl auch getan. Dann erinnerte ich mich aber an etwas, das irgendwann in der vergangenen Woche geschehen war, als ich ebenfalls psychologische Zeit ausprobiert hatte, das ich jedoch vergessen hatte. Damals hatte ich das Radio auch abgestellt, hörte aber weiterhin Musik in verschiedenen Lautstärken. Ich begann aufzustehen, erinnerte mich dann aber an den Klick, den der Schalter gemacht hatte, als ich abgestellt hatte. Ich blieb also, neugierig geworden, auf dem Sofa liegen und hörte weiter zu. Die Orchestermusik spielte vielleicht noch drei oder vier Minuten weiter, bevor sie ausblendete. Später überprüfte ich das Radio und es war wirklich abgestellt. Heute, nachdem ich aufgestanden war, prüfte ich das Radio wieder und es war auch diesmal abgestellt.

(Das ist nur der Anfang. Heute wartete ich wieder auf das Geräusch, hörte aber nichts mehr. Ich fuhr dann weiter, mich in eine leichte Trance zu versetzen und schlug vor, dass mein Unterbewusstsein mir ein Experiment geben möge, das die Gültigkeit des Hellsehens, Vorherfühlens oder Vorhersagens für das Kapitel, an dem ich arbeitete, beweisen würde. Ich stellte mir ein Experiment vor, das die Leserinnen und Leser durchführen könnten.

(Ich versuchte dann meinen Mann Rob mental zu erreichen. Ich sagte: „Ich liebe dich, ich stehe neben deinem Stuhl in deiner Abteilung in der Firma", aber obwohl ich mich sehr leicht fühlte, sah oder fühlte ich mich nicht dort. Ich fragte mich, ob Rob sein Büro für die Kaffeepause verlassen hatte.

(Ich sagte mir dann, dass ich mich fortbewegen könnte, wenn ich wollte. Schau, sagte ich zu mir, und du wirst sehen. Mein Gefühl der Ekstase trat ein, aber auf eine unterstützende und nicht erschreckende Art. Ich suggerierte mir, dass ich in einer halben Stunde aufwachen und mich für den Rest des Tages erfrischt und voller Energie fühlen würde.

(Dann sah ich Folgendes:

(Eine schnelle Ansicht von Häusern, blauem Himmel, Bäumen, aus einer Eckperspektive; alles verschwand sofort.

(Eine Frau, die sich niederbeugt, etwas aufnimmt, mich freundlich anschaut und lächelt.

(Bilder von Wolken und Himmel, die vorbeiziehen. Ich sah das durch eine Art Glasfenster, Gefühl des schnellen Reisens, schnelle Ansicht eines Cockpits.

(Ich wusste, dass ich in einem gutem Zustand war, aber ich spürte, dass ich jemanden brauchte, der mir Fragen stellte oder dass ich irgendwie meine Ziele und meine Energie auf etwas richten sollte. Ich wiederholte einige Male, dass ich neben Robs Stuhl stand, aber nichts geschah. Dann sagte ich mental, einem Impuls folgend :„Was ist mit John Bradleys Hals los?" [Bei seinem Besuch gestern Abend und bei seiner Teilnahme an der 63. Sitzung hatte John gesagt, er habe das Gefühl eines Knotens im Hals oder in der Kehle, konnte aber keinen Knoten finden.]

(Sobald ich das gefragt hatte, hörte ich: „Was meinst du mit Hals? Es ist eine kranke Zunge, die das verursacht."

(Ich kann den Ton nicht wirklich beschreiben. Ich schien ihn mit meinen Ohren wie ein sehr lautes, verworrenes Statikgeräusch aufzunehmen und diese Stimme, eine Männerstimme, war wahrnehmbar durch die Statik und formte sie auch irgendwie. Das Statikgeräusch war wie ein von innen herauskommendes Blubbern in meinen Ohren. Der Ton stammte nicht aus dem Zimmer. Die Stimme war ganz klar unabhängig, diejenige einer anderen Person, nicht meine eigene und auch der Gedanke war nicht mein eigener.

(Ich war so erschrocken und schockiert, dass ich sofort zu mir kam. Ich zitterte vor Erstaunen. Die Stimme hatte einen sehr ungeduldigen Ton. Als ich zu mir kam, antwortete ich laut, kann mich aber nicht erinnern, was ich sagte. Der Ton der Stimme war sehr laut – er erschreckte mich, wie jeder laute Ton das tut. Ich hatte das Gefühl, dass ich weiter hätte fragen sollen und dass ich Antworten erhalten hätte, aber das war erst, als ich wieder bei mir war. Ich bedauerte es, wieder bei mir zu sein, weil die Antwort, die ich erhalten hatte, so war, dass ich am liebsten noch weiter gefragt hätte.

(Es war genau 10:30 Uhr, als ich aus der Trance auftauchte. Der Wecker hatte aber nicht geläutet. War ich zu mir gekommen, weil ich mir das selbst so gesagt oder weil ich mich gefürchtet hatte?

(Ich habe soeben das Pendel gebraucht um zu fragen, ob das Stimmenexperiment echt war. Die Antwort war Ja. Aber ich hatte nicht den Mut, weitere Fragen zu stellen.

(Dienstag, 23. Juni, 11:30 Uhr: Jane erblickte kurz eine Frau in einem bedruckten Kleid, die neben Chintzvorhängen stand. Von oben sah sie auch kurz einen liegenden Mann in einem farbigen, großgemusterten Gewand.)

(Rob:
(Während ich mich in psychologischer Zeit übte, hatte ich die folgenden Erlebnisse:
(Donnerstag, 18. Juni, 20:00 Uhr: Keine Resultate.

SITZUNG 63

(Freitag, 19. Juni, 21:30 Uhr: Auf halbem Wege in meinen gewünschten Trancezustand wurde ich mir bewusst, dass meine Vorderarme und Hände wieder einmal sehr aufgeschwollen waren und auch ziemlich weit auseinander schienen, vielleicht fast eineinhalb Meter oder so, obwohl ich auf dem Rücken im Bett lag und meine Hände so nahe an meinem Körper waren, dass sie meine Hüften berührten. Als ich das alles realisierte, hüllte mich das vertraute prickelnde Gefühl wiederum sehr stark ein; es dauerte ziemlich lange an und auch jetzt, während ich das schreibe, klingt es noch nach.

(Ich beendete dann meine Autosuggestion. Etwas später wurde mir bewusst, dass ich eine jüngere Frau beobachtet hatte, die ein großgepunktetes Kleid trug; es hatte weiße Punkte auf einem schwarzen oder einem anderen dunklen Hintergrund. Sie stieg drei oder vier Stufen einer rückseitigen Veranda hinauf und trat durch eine Gittertüre, die sich hinter ihr schloss, in ein Haus. Sie könnte auch etwas mit sich getragen haben. Am Fuß der Stufen stand ein kleines Mädchen, das seiner verschwindenden Mutter nachschaute. [Ich weiß nicht, wieso ich so sicher war, dass dies Mutter und Tochter waren.] Das kleine Mädchen mit seinem langen braunem Haar und einer Art unscheinbarem Kleid stand mit dem Rücken zu mir. Ich hörte es dann sehr klar in einer hohen Kleinmädchenstimme sagen: „Hast du den Ball? Hast du den Ball?"

(Ich sah diese Personen mit ziemlicher Genauigkeit, aber nicht mit dem absolut scharfen und klaren Blick, den ich bei anderen Gelegenheiten gehabt hatte, zum Beispiel, als ich den Kopf des Mannes am Sonntag, den 7. Juni, sah [59. Sitzung]. Ich erkannte keine der beiden Personen.

(Als Antwort auf die Frage des kleinen Mädchens sagte ich: „Hier ist dein Ball, kleines Mädchen." Ich realisierte dann, dass ich einen dunklen, einem alten Tennisball ähnlichen Ball sah, der etwas links von mir im Gras lag. Ich bückte mich impulsiv, um den Ball aufzunehmen – und verkrümmte bei dieser Anstrengung meinen ganzen Körper, der auf dem Bett lag. Das reichte aus, um die Verbindung zu unterbrechen, obwohl ich glaube, dass ich nicht aus dem Zustand herauskam.

(Ich kann hier beifügen, dass dies das erste Mal war, dass ich im Trancezustand versuchte, eine physische Bewegung zu machen. Ich glaube, ich habe den Ball berührt. Meine linke Hand war gebeugt, als ob ich im Begriff war, ein solches Objekt aufzuheben. Ich erinnere mich nicht an die Reaktion des kleinen Mädchens oder daran, ob es mich hörte. Nachdem ich mich auf dem Bett gedreht hatte, versuchte ich, das Bild wieder hervorzuholen und fragte das kleine Mädchen nach seinem Namen, erhielt aber keine Antwort.

(Dann, wiederum ein wenig später, hörte ich mich fragen :„Wie heißt du, kleines Mädchen?" Diesmal antwortete eine Stimme, es könnte auch meine eigene gewesen sein, von etwas weiter entfernt: „Ich bin Bonnie Lou Ryerson." „Wie alt bist du?" fragte ich. Die gleiche Stimme antwortete: „Ich bin sieben Jahre alt". Diesmal sah ich nichts. Es gab noch mehr, aber ich glaube, dass ich dann aus dem Trancezustand herauskam. Bewusst verband ich dann den Namen Ryerson mit einem Lehrer in unserer Gegend, den Jane hie und da in Zusammenhang mit der Kunstgalerie trifft, in der

sie arbeitet. Ich kenne ihn nicht und weiß auch nicht, ob er Kinder hat.

(Ich kann noch anfügen, dass Jane und ich am nächsten Tag, als wir das Haus verließen, unseren Nachbarn Leonard Yaudes trafen. Leonard kennt Mr. Ryerson und sagte, dass er eine Tochter habe, die ungefähr siebzehn sei. Ihr Name, so sagte Leonard, sei Julie oder Kathy oder so ähnlich. Jane und ich haben das nicht weiter nachgeprüft. Ich erinnere mich, dass ich beim Erhalten des Namens im Trancezustand sehr darauf bedacht war, mich erinnern zu müssen, um den Namen später aufzuschreiben. Ironischerweise merkte ich beim Erwachen, dass ich den Namen momentan vergessen <u>hatte</u>, als ich später jedoch mit dem Aufschreiben begann, kam mir Bonnie Lou in den Sinn und ich spürte, dass das stimmte.

(Sonntag, 21. Juni, 21:30 Uhr: Wiederum spürte ich, während ich im gewünschten Zustand war, wie meine Hände und Vorderarme aufschwollen und wiederum hatte ich das Gefühl, sie seien weit voneinander entfernt – wieder fast eineinhalb Meter. Mein prickelndes Gefühl begann gerade, als es durch eine sich öffnende Türe unterbrochen wurde. Ich hatte den Eindruck, es hätte eine gute Erfahrung werden können.

(Montag, 22. Juni und Dienstag, 23. Juni: Verpasst.

(Janes Vater besuchte uns für ein paar Tage. Wir ließen auch die Sitzung am Montagabend aus. Jane verspürte kein unangenehmes Gefühl, als die Sitzungszeit kam und vorbeiging. Zur Zeit der Sitzung besuchten Jane, Del, Midge [seine Begleiterin] und ich unseren Hausbesitzer und seine Frau auf ihrer Farm in Pine City.)

SITZUNG 64
24. JUNI 1964, 21:00 UHR, MITTWOCH, WIE ANGEWIESEN

Konstruktionen und Konstruktionsformen; Achtung vor allen Lebewesen; Katzen, Käfer, Stühle und Fernsehgeräte; Telepathie als verbindendes Glied; Schlauch oder Schlange?

(Die Sitzung vom 22. Juni wurde nicht abgehalten, weil uns Janes Vater aus Kalifornien besuchte. Das ist die erste Sitzung, die wir bewusst ausfallen ließen, seit die Sitzungen im letzten Dezember begonnen hatten. Janes Vater traf am Samstag ein und bereits am Sonntagmorgen sagte mir Jane, dass es am Montagabend keine Sitzung geben würde.

(Zum Zeitpunkt der Sitzung am Montagabend besuchten Jane, Del, Midge und ich unseren Hausbesitzer und seine Frau in Pine City. Als es gegen 21:00 Uhr ging, beobachtete ich Jane um zu sehen, ob sie irgendwelche Anzeichen zeigte, dass Seth hier war oder dass er eine Sitzung wünschte. Das war nicht der Fall. Später sagte Jane, sie hätte nicht das leiseste Gefühl gehabt, dass Seth zur Sitzungszeit gegenwärtig gewesen wäre. Del und Midge sind nun abgereist und wir erwarten heute Abend eine normale Sitzung.

(Zur Erinnerung: In der 63. Sitzung vom 17. Juni sagte Seth, dass innerhalb von

SITZUNG 64

drei Monaten in Elmira ein Drogenskandal bekannt würde. Diese Information wurde am 17. Juni 1964 durchgegeben. Heute, am 24. Juni 1964, erscheint ein Artikel in der Elmira Star-Gazette über einen Drogenprozess, der in Ithaca, N.Y., also ungefähr 35 Km von Elmira entfernt, stattfindet. Es wird eine Bar in Elmira genannt, zusammen mit der Tatsache, dass ein Detektiv aus N.Y. City den Behörden von Elmira einige Namen von Einwohnern übergeben habe, die befragt werden müssten. Die Namen wurden nicht bekannt gegeben. Seth sagte, dass fünf Personen darin verwickelt seien. Es kann klar festgehalten werden, dass weder Jane noch ich irgendetwas über eine solche Ermittlung wussten, bevor sie Seth letzte Woche erwähnt hatte.

(Beim Üben von psychologischer Zeit am Mittwoch, den 24. Juni, 20:00 Uhr, erzielte ich keine Resultate. Am gleichen Tag, um 19:30 Uhr, hörte Jane im Zustand der psychologischen Zeit wiederum in sich selbst das in der vorherigen Sitzung beschriebene statische Geräusch. Zu jenem Zeitpunkt dachte sie daran, den Besitzer der Galerie anzurufen, wo sie am kommenden Freitag arbeiten wird. Jane glaubte dann, dass sie die Schwiegermutter des Besitzers hörte, die sagte: „Er wird gegen Ende der Woche weggegangen sein." Während dieser Zeitperiode erlebte Jane ebenfalls ein seltsames Gefühl innerhalb des schwarzen Feldes der inneren Vision: als ob sie sich sehr schnell durch den Raum bewegen und die Perspektive verändern würde.

(Um 20:55 Uhr war Jane ein wenig nervös, aber nicht mehr so sehr wie früher. Sie hatte keine Ahnung von Seths Themen heute Abend. Als die Sitzungszeit herannahte, wurde unser Kater Willy sehr aktiv. Viele Insekten hatten sich auf dem Fliegengitter unseres Wohnzimmerfensters angesammelt und ein paar davon waren in den Raum hineingelangt. Willy jagte sie und kletterte sogar die Fliegengitter hinauf.

(Jane begann in einer etwas tieferen Stimme zu diktieren. Ihr Gang war regelmäßig und ihre Augen verdunkelten sich wie immer.)

Ich wünsche euch ganz herzlich einen guten Abend—

(„Guten Abend, Seth.")

—nachdem wir unsere letzte Sitzung nicht abgehalten haben. Ruburt hatte meine Erlaubnis und auch meinen Segen dazu.

Ich möchte noch beifügen, dass Ruburt die Situation mit der Freundin seines Vaters auf eine sehr intelligente Art gelöst hat, was er ohne die Einsichten, die er durch unsere Sitzungen gewonnen hat, niemals hätte tun können.

Bis jetzt sind sie noch nicht verheiratet und die Frau trägt mehr zu dieser Beziehung bei als der Mann. Wenn es möglich ist, werde ich euch noch mehr Informationen darüber geben – ich kann das Insekt nicht packen –

(Willy war zunehmend wilder geworden als er die Insekten jagte. Schließlich hatte er, als Jane zu diktieren begann, ein größeres Insekt gefangen und begonnen, damit zu spielen. Zuerst ging Jane ihm aus dem Weg, dann kniete sie sich neben meinem Stuhl auf den Boden, schob Willy zur Seite und versuchte, das Insekt, mit dem er gespielt hatte, aufzuheben. Es gelang ihr aber nicht und sie schaute zu mir hinauf.

(Ich bat Jane, eine Minute zu warten und legte mein Schreibbrett auf die Seite. Dann kniete ich mich nieder, um das Insekt aufzuheben und fand das ebenfalls ziem-

lich schwierig. Ich erinnere mich, dass es wie ein Käfer aussah, etwas über einen Zentimeter lang war, eine wunderschöne helle, rotbraune Farbe hatte und hilflos auf dem Rücken lag und mit den Beinen zappelte. Es hatte eine schöne Form; ich schien es wie unter einer Lupe zu sehen und alle Details schienen kristallklar. Als ich es dann in meiner Hand hielt, fühlte ich, wie es sich mit überraschender Kraft bewegte. Ich ging zum Küchenfenster, öffnete das Fliegengitter und ließ das Insekt hinaus. Dann setzte ich mich wieder auf meinen Stuhl und ergriff den Stift.)

Vielen Dank.

Ich weiß, dass eure Katze nichts Böses will und bedaure es, ihr den Spielgefährten weggenommen zu haben, Aber wenn möglich, ist es nicht nur weise, sondern auch vorteilhaft, jedem lebenden Geschöpf zu helfen, unabhängig von seinem Status in der Reihenfolge eurer Hierarchien.

(Willy war schon wieder dabei, Insekten zu jagen.)

Ihr seht, dass eure Katze unter keinen negativen Folgen dieses Spiels leidet, obwohl es auf einer anderen Werteebene destruktiv genannt würde. Auf eurer Ebene muss eine Übereinstimmung sogar bei den kleinsten solcher Ereignisse bestehen. Werterfüllung wird nicht nach Größe gemessen und in solchen Fällen geht es nicht so sehr um die Werterfüllung des Gefangenen, sondern um jene des potenziellen Retters.

Hier gibt es etwas, das wir genau so gut gleich jetzt behandeln können und das mit der Zusammenarbeit zu tun hat, die beim Aufbau des physischen Universums zwischen allen lebenden Geschöpfen besteht. Diese Zusammenarbeit ist äußerst wichtig und das Gleichgewicht dabei ist immer sehr delikat und manchmal auch gefährlich.

(Nun saß Willy ruhig vor dem offenen Fester und blickte in die Nacht hinaus.)

Wir werden als Beispiel eure Katze und den Käfer nehmen. Eure Katze erschuf den Käfer, den sie sah. Der Käfer, den sie sah, war eine andere Konstruktion als jener Käfer, den ihr beide saht und alle drei Konstruktionen waren verschieden von der physischen Konstruktion des Käfers, die er von sich selbst hatte. Diese Käfer-Konstruktionen, deren verschiedene Arten wir diskutieren werden, stimmten in eurem Camouflage-Raum auf eine erstaunlich <u>ähnliche</u> Art überein.

Sie waren aber in keiner Weise identisch, weder in Raum, Zeit noch in physischer Größe. Der Käfer der Katze war buchstäblich größer und schwerer im Umfang, existierte länger in der Zeit der Katze und nahm mehr Raum ein.

Dein Käfer, Joseph, unterschied sich in seiner physischen Konstruktion auch von Ruburts Käfer. Er war detaillierter und exakter gezeichnet, kleiner als derjenige von Ruburt oder der Katze, existierte weniger lange in deiner Camouflage-Zeit und nahm nachweisbar weniger von deinem Raum ein.

Eure Katze ist ebenfalls verschieden; sie stellt für jeden von euch eine völlig andere Konstruktion dar. Das Ganze ist vielleicht einfacher zu verstehen, wenn wir zuerst den Unterschied zwischen der Katzen-Konstruktion des Käfers und der Käfer-Konstruktion der Katze betrachten, bevor wir weitergehen.

Verglichen mit der Konstruktion eurer Katze durch einen Menschen, erschafft sich der Käfer zum Beispiel eine eher beschränkte Konstruktion, aber doch eine, die für seine eigenen Zwecke wirksam und gültig ist. Eurer Denkweise gemäß erschafft sich der Käfer eine unvollständige Katze.

(Nach einer Pause wurde Willy wiederum aktiv, fast überaktiv wie es schien. Nach der Jagd auf Käfer begann er nun, im begehbaren Wohnzimmerschrank einen kleinen Kartonbehälter auseinanderzuzerren. Das Geräusch war erstaunlich laut und erschwerte es mir sogar, Jane klar hören zu können.)

Die Katzen-Konstruktion des Käfers ist riesig und furchterregend, eine Art Tier-Berg-Konstruktion. Die Konstruktion besitzt aber etwas, was wir physische Eigenschaften nennen mögen, derer ihr euch jedoch nicht bewusst seid.

Das ist schwierig zu erklären. Eine psychische Koordination, eine gefühlsmäßige Apathie, die der Käfer in Bezug auf die Natur der Katze erhalten hat, erschafft für den Käfer über die Katzen-Konstruktion hinaus infrarote B-ä-n-d-e-r, die für beide, die Katze und den Käfer, solide sind. Der Käfer sieht dann ein gigantisches, aber verschwommenes, sozusagen unvollständiges Bild einer Katze, umgeben von infraroter Solidität, die für den Käfer in einer Weise bedeutungsvoll, für euch aber unverständlich ist.

(Willy hatte nun den zerrissenen Karton aufgegeben. Wie er das schon vorher hie und da getan hatte, miaute er laut und versuchte Janes Knöchel zu packen, als sie hin- und her ging. Es gelang ihm auch. Jane blieb stehen und schwieg, während ich wieder aufstand, Willy in ein anderes Zimmer trug und die Türe schloss.)

Wenn ihr die Art, wie andere Spezies physische Objekte sehen, besser wahrnehmen könntet, würdet ihr euch auch viel klarer des großen Unterschiedes bewusst, der zwischen den verschiedenen Konstruktionen eines einzigen physischen Objektes existiert.

Ich schlage eine Pause vor.

(Pause um 21:31 Uhr. Jane war in der üblichen Trance gewesen, bis Willy sie gezwickt hatte. Sie sagte, Seth habe gewollt, dass sie den Käfer selbst aufhebe, aber sogar während sie diktierte, war eine Angst in ihr, dass der Käfer sie beißen würde. Bevor Jane weiter diktierte, ließen wir Willy wieder ins Zimmer um zu sehen, wie er sich verhalten würde. Er sprang auf seinen bevorzugten Stuhl und rollte sich zusammen. Jane diktierte in der gleichen, etwas tieferen Stimme um 21:42 Uhr weiter.)

Das sind völlig verschiedene Konstruktionen von Energie zu Materie. Ihr nehmt nicht – und ich wiederhole – <u>ihr nehmt nicht</u> alle Umwandlungen in Materie wahr. Ihr nehmt nur <u>eure eigenen</u> physischen Konstruktionen wahr. Ruburt erfasste diese Tatsache intuitiv sogar bereits vor unseren Sitzungen.

(Hier bezog sich Seth auf Janes Buch: „Das Universum als Gedankenkonstruktion", das sie in den letzten Monaten des Jahres 1963 begonnen hatte. Unsere Sitzungen mit Seth begannen erst später, im Dezember 1963.)

Es gibt offensichtlich noch viele Dinge, die erklärt werden müssen, aber bei diesem Punkt gibt es absolut keine Ausnahmen. Telepathie ist eines der Hauptbindemittel in der Welt der Konstruktionen. Die Ähnlichkeiten – und es mag eine fast endlose Menge von Konstruktionen dessen geben, was ihr ein physisches Objekt nennen mögt – die Ähnlichkeiten scheinen nur so groß, weil ihr so wenig seht.

Die Annäherungen in Bezug auf Ort, Umfang und scheinbare Dauerhaftigkeit machen es euch leichter, im Sinne eines einzelnen, sichtbaren Objekts zu denken. Das Material, das ich euch bereits früher über die ständige Erschaffung von physischen Objekten gegeben habe, behält natürlich auch bei dieser jetzigen Diskussion seine Gültigkeit.

Obwohl es etwas kompliziert erscheint, lasst uns einmal mehr für einen Moment zur Betrachtung dieses Stuhls zurückkehren.

(Neben dem Schaukelstuhl stehend, setzte ihn Jane in Bewegung.)

Der Stuhl, wie er von Ruburt konstruiert wurde, wird fortwährend konstruiert, wenn Ruburt in diesem Raum ist. Der Stuhl wird teilweise konstruiert, wenn Ruburt in einem anderen Raum eurer Wohnung ist.

Wenn Ruburt sich überhaupt nicht mit dem Stuhl befasst, nimmt er sich nicht die Mühe, ihn zu konstruieren. Er könnte kilometerweit weg sein, sich plötzlich an den Raum erinnern und sofort den Stuhl konstruieren. Wenn er das täte und jemand anders dann in diesem Raum wäre, so würden diese anderen das nicht sehen, denn ihr seid euch nur eurer eigenen Konstruktionen bewusst.

(Während dieser Durchgaben erlebte ich viele Momente, in denen Jane beim Diktieren Fragen beantwortete, die mir in den Sinn kamen, während sich das Material entwickelte. Der letzte Abschnitt ist ein speziell gutes Beispiel dafür.)

Die physische Materie, die der Stuhl, also Ruburts Stuhl, ist, wird so geformt, wie ich es erklärt habe und keines der Atome darin ist heute und morgen gleich. Er braucht Energie, um sein physisches Universum zu konstruieren. Du konstruierst deinen eigenen Stuhl in der gleichen Art, indem du eine andere Energie brauchst und wiederum ist kein Atom deines Stuhls heute und morgen gleich.

Der gleiche Stuhl wird sozusagen also von jedem, der eure Wohnung betritt, wieder anders konstruiert. Die Frage nach seinem Standort im Zimmer ist nicht schwierig. Die innere telepathische Kommunikation nimmt sich dessen bestens an. Es gibt ein paar vergnügliche Pannen, die vorkommen, wenn ihr zum Beispiel in einen Stuhl hineinlauft. Der Fehler liegt hier nicht im Vergessen, sondern es ist das Erinnern, das den Ärger verursacht.

(Hier lächelte Jane breit.)

„Ihr vergesst" (in Anführungszeichen), das heißt, ihr vergesst, den Stuhl an seinem korrekten Ort zu konstruieren. Wenn ihr weiterhin den Unterbruch in der Konstruktion ignorieren würdet, würdet ihr keine Prellungen davontragen. Aber ihr erinnert euch gerade noch rechtzeitig und konstruiert den Stuhl dort, wo euer Knie ist.

Es gibt viele Zusammenhänge innerhalb dieses Materials, wie ihr sehen werdet. Erinnert euch auch daran, dass die Atome es sich selbst erlauben, in diesen Konstruktionen verwendet zu werden und dass sie das allgemeine Unterbewusstsein und das Kapselverständnis enthalten, von denen ich gesprochen habe.

Ich schlage eure zweite Pause vor.

(Pause um 22:05 Uhr. Jane war in der üblichen Trance. Sie sagte, dass ihre Rü-

ckenschmerzen, unter denen sie während des Tages gelitten hatte, während der Durchgabe des Materials verschwunden waren. Sobald jedoch die Pause anbrach, kamen die Schmerzen wieder zurück. Jane fuhr um 22:14 Uhr in der gleichen, ziemlich kräftigen und energischen Art weiter.)*

Messungen eines so genannten physischen Objektes können nur gemacht werden, weil die innere Kommunikation so exakt und ausgeprägt ist. In unserer letzten Sitzung erwähnte Philip während der Pause das Fernsehgerät als ein physisches Objekt, über dessen Größe, Material, Farbe und Umfang ihr euch wahrscheinlich alle einig seid.

Ich war zu jener Zeit mit anderen Dingen beschäftigt. Aber nun möchte ich noch darauf eingehen. Als erstes muss gesagt werden, dass du und Philip und Ruburt, also ihr alle, die ihr in diesem Raum seid, jeder mit der eigenen Energie eure eigene physische Materialisation der Idee ‚Fernsehgerät' konstruiert.

Diese Idee ist bekannt. Sonst wäre es möglich, dass die Konstruktionen nicht alle übereinstimmten, sondern stufenweise aufeinander abgestimmt werden müssten. In eurer physischen Konstruktion des Fernsehgeräts werdet ihr durch die allgemein vertraute Idee eines Fernsehgeräts unterstützt, wie sie im Allgemeinwissen existiert.

(Hier begann Jane wiederum alle Fragen, die mir in den Sinn kamen, nacheinander zu beantworten.)

Dies ist auch auf die meisten anderen Ideenkonstruktionen anwendbar und später werden wir auch die Umwandlung einer unvertrauten Idee in die physische Konstruktion diskutieren; dies wird dann als Erfindung klassiert. Eurer Konstruktion des Fernsehgeräts wird zudem noch geholfen durch andere versteckte, unterbewusste Informationen, zum Beispiel dem dazu am besten geeigneten Material, der allgemeinen Größe, dem Umfang und der Farbe, also mit Informationen, mit denen ihr schon vorher vertraut wart. All das ist grundlegend.

Ihr habt auf einer telepathischen Ebene auch eine Übertragung von Eigenschaften, die mithelfen, genauere Details zu geben und ungefähre Ortsangaben genau zu fixieren. All dies geschieht ohne die Mithilfe der Atome, welche die ursprüngliche, das heißt die erste Konstruktion formen.

Dazu braucht es eine kurze Erklärung. Wenn ihr drei eure Aufmerksamkeit auf das Fernsehgerät richtet, wird der erste die so genannte ursprüngliche Konstruktion formen. Das geschieht aus Gründen der Einfachheit. Ich habe euch gesagt, dass alle lebenden – und hier werde ich den Ausdruck 'Zustände' brauchen – beim Formen eures physischen Universums zusammenarbeiten. Deine Konstruktion des Fernsehgeräts, Joseph, beinhaltet den Gebrauch von Energie, die in verschiedene Kombinationen von Atomen und Molekülen geformt ist und diese selbst geben Vibrationen ab, die im Unterbewusstsein empfangen werden. Sie geben daher auch Angaben über den ungefähren Standort, den Umfang und sogar über bestimmte Materialien und Farben an das Unterbewusstsein eines jeden so genannten Beobachters weiter. Dieser sieht jedoch deine Konstruktion nicht, sondern formt seine eigene und zwar als mehr oder weniger genaue Kopie von dem, was er unterbewusst telepathisch von dir oder jedem anderen

Schöpfer wahrgenommen hat. Dazu kommen noch das allgemeine Wissen über die Idee hinter der Konstruktion und Vibrationen und sogar Eindrücke der Atome und Moleküle, die andere Konstruktionen des so genannten einzigen Objekts bilden.

Nun, aufgrund der unterschiedlichen Fähigkeiten verschiedener Individuen in Bezug auf das Erhalten, Empfinden und Verarbeiten solcher Informationen sind keine Konstruktionen je genau gleich, obwohl sie gleich <u>erscheinen</u>; und für den allgemeinen Gebrauch sind sie auch wirksam genug.

Pannen können, wie beschrieben, immer wieder vorkommen. Ein dicker, schwarzer Gummischlauch im Hinterhof, nach dem Eindunkeln, wird für eine ängstliche Seele zu einer speziell bösartigen, unglaublich langen und dicken, schwarzen Schlange, oder könnte das von einem Moment zum andern werden.

Hier haben wir nicht den Fall eines Schlauchs, der wie eine Schlange aussieht. Das ist ein Versagen einer anderen Art, je nachdem, ob der Schöpfer des Schlauchs gegenwärtig ist oder immer noch sein Objekt konstruiert. Es gibt hier etwas, das ich erklären werde. Ich habe vorher kurz etwas erwähnt, das ich als ein Nach-Bild bezeichnen möchte. Wenn ihr mit der aktiven Konstruktion eines Objektes aufhört, beginnt das Muster zu verblassen, bleibt aber inaktiv.

Schwache Vibrationen sind immer noch da und können wahrgenommen werden. Hier werden wir uns ein schwaches Muster vorstellen – die Form des Schlauchs und ein Individuum, das ein allgemeines Muster wahrnimmt. Es gibt keine weiteren Informationen und vielleicht werden auch keine telepathischen Botschaften wahrgenommen.

Mit diesen wenigen Informationen, zusammen mit der Dunkelheit, entwickeln sich Ängste und treten in den Vordergrund. Das Individuum konstruiert tatsächlich aus diesem schwachen Schlauch-Muster eine Schlange, aber eine <u>fehlerhafte</u> und unmögliche. Die Schlange könnte, aus Gründen, die wir später diskutieren werden, unter diesen Umständen in eurem Universum nicht existieren.

Wenn unser Individuum um Hilfe ruft und wenn zufälligerweise der Schöpfer des Schlauchs den Hilferuf beantwortet, übernimmt wieder die Schlauch-Konstruktion den Vorrang und füllt ihr altes Muster auf.

Ich schlage eine Pause vor.

(Pause um 22:46 Uhr. Jane war in der üblichen Trance. Wiederum sagte sie, dass ihr Rücken während der Durchgabe in Ordnung gewesen war. Sie fühlte während der Durchgabe, dass Seth dachte, er sei zu weit gegangen, indem er uns das Schlauch-Schlange-Material gegeben hatte, da es viele Fragen aufwerfen würde, auf die er noch nicht eingehen wollte.

(Während ich das Material erhielt, schien ich auch in einer leichten Trance zu sein, da ich mich zeitweise sehr lethargisch fühlte. Meine Schreibhand fühlte sich jedoch nicht ermüdet an. Jane fuhr in ihrer ziemlich tiefen Stimme um 22:55 Uhr weiter.)

Ich halte mich daran, eine Zeitlang eher kurze Sitzungen durchzuführen. Trotzdem gibt es ein paar Punkte, dich ich betonen möchte.

SITZUNG 64

Die Fähigkeit des Individuums, die Eindrücke, von denen wir gesprochen haben, zu erhalten und seine Fähigkeit, sie zu übersetzen und sie zu konstruieren, all das wurde durch seinen eigenen persönlichen, psychischen Hintergrund in vergangenen Existenzen und in der gegenwärtigen bestimmt; aber auch durch seine eigene innere Vorstellung von sich selbst, dem physischen Universum, seinem Platz darin und seinen inneren Reaktionen auf Gedanken.

Das Individuum erschafft wohl sein eigenes Umfeld, aber dieses Umfeld wird von ihm gemäß der Konzepte erschaffen, die es jetzt telepathisch erhält und die es in der Kindheit, im Säuglingsalter und sogar vor der Geburt erhalten hat.

Das ist in sich selbst äußerst wichtig und wir werden uns recht ausführlich damit beschäftigen und zwar im Sinne frühester Beschränkungen, die dem Individuum durch elterliche Ansichten persönlich und kollektiv auferlegt wurden, wie auch im Sinne von individuellen Selbstrealisierungen und im Sinne nationaler Leistungen und allgemeiner Erwartungen des Menschengeschlechts.

Beschränkungen, die dem Selbst auferlegt werden, schaden dem Menschengeschlecht als Ganzes und erschweren die Werterfüllung. Psychische Tore werden von den Eltern verriegelt und Zäune rund um das Selbst herum errichtet, sodass viele wichtige Möglichkeiten des Wachstums und der Erfüllung ausgeschlossen sind. Diese Barrieren müssen durchbrochen werden. So, wie sich die Vorstellung des Menschen über sich selbst ausdehnt, so werden sich auch seine wirklichen Fähigkeiten und Möglichkeiten ausdehnen. Seine psychischen Beschränkungen hat er sich größtenteils selbst auferlegt.

Ich werde hier die Sitzung beenden. Wir haben heute Abend vieles behandelt und es gibt vieles, über das ich noch sprechen möchte. Elf Uhr ist aber für heute Abend eine vernünftige und im Großen und Ganzen eine gute Zeit zum Aufhören.

Werdet nicht ungeduldig. Ihr werdet noch viel Zeit haben, um von mir genug zu bekommen. Ruburt, mein Geschenk für eine hervorragende Sitzung wird ein entspannterer Rücken sein. Er geht jedoch in der letzten Zeit sehr viel wirkungsvoller mit sich selbst um und alles ist gut.

Ich habe mich an den Skulpturen der Kinder erfreut und schlage vor, dass ihr vor allem die zwei größeren als Teil eurer mehr oder weniger dauernden Sammlung betrachtet. Und nun, meine lieben alten Schlafmützen, wünsche ich euch ganz herzlich einen guten Abend.

(„Gute Nacht, Seth."

(*Ende um 23:01 Uhr. Jane war in der üblichen Trance, ihr Rücken fühlte sich um einiges besser an als zu Beginn der Sitzung. Meine Schreibhand war ein wenig müde. Die Skulpturen, auf die sich Seth bezieht, waren von Schülern in Bill Macdonnels Klasse gemacht worden. Am Ende des Schuljahres hatten einige Schüler sie nicht abgeholt und Bill gab uns ein paar Stücke. Sie gefallen uns sehr.*)

(*Beim Üben von psychologischer Zeit hatte ich die folgenden Erlebnisse:*

(*Donnerstag, 25. Juni, 20:30 Uhr: Ich spürte mein gewohntes prickelndes Gefühl, als ich mir suggerierte, dass ich mich leicht fühlte. Als ich den gewünschten und jetzt vertrauten Zustand erreicht hatte, suggerierte ich mir, dass ich in einen tieferen, weiteren Zustand eintreten würde. Dies schien zu gelingen; ich fühlte mich in einem ähnlichen Zustand wie damals, als Jane mich hypnotisiert hatte und eine Rückführung in die Zeit anwendete. Aber in diesem Fall hier geschah nichts und ich wurde etwas abgelenkt durch Kinder, die draußen spielten.*

(Freitag, 26. Juni, 21:30 Uhr: Ich hatte beim Suggerieren von Leichtigkeit wieder mein vertrautes Gefühl und ging dann über ins zweite Stadium. Das prickelnde Gefühl dauerte in meinen Händen und Vorderarmen noch eine gute Weile an. Ich spürte auch ein Gefühl der Vergrößerung in Händen und Vorderarmen.

(Samstag, 27. Juni, 02:30 Uhr: Nach einem sehr erfüllten Tag verpasste ich meine regelmäßige Übung, aber während des Einschlafens sah ich sehr klar den weißhaarigen, etwas struppigen Kopf einer alten Frau. Sie saß auf einem Stuhl, ihr Rücken zur Wand, ihr Haar dicht und ungekämmt. Sie hatte bemerkenswerte, wulstige Augenbrauen und sehr dunkle Augen in tiefen Höhlen. Ich fertigte eine grobe Skizze des Kopfes an. Der Kopf schien sich hin und her zu drehen und herumzuschauen. Das dauerte eine Weile an.

(Sonntag, 28. Juni, 21:30 Uhr. Viele Momente von Trommelschlägen und Musik und verschiedene vage, sehr schnelle Szenen von Menschen und Teilen von Bäumen und Landschaften; keine davon waren mir bekannt. Normalerweise sind in den vorbeifliegenden Bildern jeweils kleine Teile speziell betont – das heißt ich sehe zum Beispiel einen Ast mit einem Büschel Blätter und jedes davon in scharfem und farbigem Detail. Ich spürte auch ein sanftes Gefühl beim Suggerieren von Leichtigkeit.

(Während Jane psychologische Zeit übte, hatte sie die folgenden Erlebnisse:

(Donnerstag, 25. Juni, vormittags. Wenig erreicht, unterbrochen vom Lärm in der Nachbarschaft. Ich sah für einen Augenblick einen langen, niedrigen, roten Lastwagen oder Wagen, als er auf die Straßenkreuzung vor unserem Haus zufuhr.

(Es mag Zufall sein, aber um 19:45 Uhr fuhr ein langer, niedriger, roter Ford-Lastwagen direkt vor unserem Haus vorbei, genau wie derjenige, den ich an diesem Morgen gesehen hatte.

(Freitag, 26. Juni, 11:30 Uhr. Nicht viel erreicht. Ich fragte nochmals nach dem Problem mit John Bradleys Zunge und erhielt das sehr unklare Wort „schwielig, gefühllos." Als diese Antwort kam, sah ich einen großen, sonnigen, gelben Raum mit Tisch und Stühlen, die entlang der entfernteren langen Wand hingestellt waren. Der Raum hatte die gleiche Form wie unser großes Wohnzimmer.

(Auch am Freitag: Als ich heute Abend die Treppe hinaufstieg, hatte ich das plötzliche starke Gefühl, dass ein Briefumschlag unter unserer Türe lag. Ich dachte an ein Telegramm. Rob holte die Einkäufe aus dem Wagen, so konnte ich ihm nichts davon sagen. Als ich zur Türe kam, fand ich eine Notiz, die ein Freund für uns dagelassen hatte.

(Sonntag, 28. Juni, 21:40 Uhr. Wiederum erlebte ich mein Gefühl des Reisens. In

einem kurzen Blick sah ich mich auf dem hinteren Sitz eines futuristischen Typs von Wagen sitzen und durch futuristische Landschaften fahren. Ich nahm das als Einbildung an.

(Ich sah auch eine große schwarze Spinne auf dem Kleid einer Frau, über einer Brust. Die Spinne war sehr dick. Das gefiel mir gar nicht und ich versuchte, sie in eine Rose zu verwandeln. Auch das war wahrscheinlich Einbildung.)

SITZUNG 65
28. JUNI 1964, 19:10 UHR, SONNTAG, UNGEPLANT

Das Haus auf dem Land (Birch-Haus); Flüsse, Seen und Ozeane als Stimulans zur Entwicklung der inneren Kräfte und nützliche Ratschläge für einen Wohnungswechsel

(Diese Sitzung war nicht geplant. Wir hatten uns heute ein Haus auf dem Land ein wenig außerhalb von Elmira angeschaut. Es hatte bis zu einem gewissen Maß unser Interesse geweckt und lag möglicherweise im Bereich unserer finanziellen Möglichkeiten, wenn wir unseren Bekannten glauben konnten. Das Haus gehörte einem Künstler und Lehrer, der die Stadt für immer verlassen hatte. Jane hatte ihn in der Kunstgalerie getroffen, ich jedoch nicht. Das Haus bot wohl Privatsphäre, schien andererseits aber auch viele Fragen aufzuwerfen; es befand sich zum Beispiel auf einem Hügel und war nur über eine sehr steile Naturstraße erreichbar, die weder von der Stadt noch vom Bezirk unterhalten wurde.

(Als wir um 18:00 Uhr zurückkehrten, diskutierten wir über den Gedanken eines Umzugs und über die vielen damit verbundenen Umstände. Jane sagte dann, sie spüre Seths Gegenwart; wir könnten eine Sitzung abhalten, wenn wir das wünschten. Wir entschieden uns zu sehen, was sich entwickeln würde und fragten uns, wie Seth uns in einer solchen Situation helfen könnte, wenn überhaupt.

(Ich machte Papier und Schreibzeug bereit. Wir saßen für einige Minuten ruhig da, dann stand Jane auf und begann zu diktieren. Ihre Stimme war etwas heiser und blieb auch so. Manchmal sprach sie sehr schnell und vor allem am Anfang auch etwas belustigt. Sie ging wie üblich hin und her; ihre Augen wurden nicht so dunkel wie bei den anderen Sitzungen, veränderten sich aber doch in gewisser Weise.)

Wie ihr bei allen unseren Diskussionen über Materie entdeckt, spielt Materie eben doch eine Rolle, auch wenn sie eigentlich immateriell ist.

Ruburt hat richtig gespürt, dass ich heute Nachmittag in eurer Nähe war. Ihr beide habt eure Gedanken mit mir geteilt und ich fand eure Diskussion äußerst interessant, obwohl ich sagen muss, dass ich ziemlich froh bin, dass ich mich nicht mehr mit solchen Dingen beschäftigen muss.

(Auf Janes Gesicht erschien ein breites Lächeln.)

Das, womit ich mich beschäftige, ist äußerst kompliziert, aber verglichen mit eurem Dilemma – kaufen oder nicht kaufen – muss ich sagen, erscheinen mir meine eigenen Probleme vergleichsweise kindisch.

Ich umgehe eine sofortige direkte Antwort und werde für ein paar Momente aus meinen eigenen Gründen um den heißen Brei herum reden, aber ich werde euch die Antwort nicht schuldig bleiben. Ich bin froh, dass ihr gesehen habt, dass meine Voraussage in Bezug auf einen Skandal richtig war und ich schlage euch ernsthaft vor, dass ihr alle Geschäftsverbindungen jeglicher Art mit Mr. Marvin unterlasst, der, wie ich glaube, ein Schulhaus besitzt, das ihr euch heute Nachmittag angeschaut habt.

(Zusätzlich zum Haus des Lehrers hatten wir uns heute Nachmittag tatsächlich auch kurz ein umgebautes Schulhaus angeschaut, das Mr. Marvin gehört, den Jane und ich kaum kennen. Wir hatten aber überhaupt nicht daran gedacht, es zu kaufen, da wir schon vorher vernommen hatten, dass der Preis ziemlich hoch sei und wir fanden auch den Ort unpassend. Seth war sehr ernst, als er diese Information durch Jane mitteilte.)

Nehmt euch diese Warnung unbedingt zu Herzen; hier solltet ihr euch in keiner Weise involvieren.

Es würde für euch auch nicht stimmen, ein rundherum eingeschlossenes Grundstück zu erwerben. Es wäre für euch beide nicht gut. Es würde dich, Joseph, stören, aber auch Ruburt. Zum jetzigen Zeitpunkt ist es jedoch eine sehr gute Idee, ein Haus zu kaufen, das von Land umgeben ist. Du warst einmal ein Großgrundbesitzer, wie du weißt, und dein großer Wunsch nach vielen Quadratmetern Land stammt daher.

Die Zurückhaltung, ein Haus zu kaufen, das wohl genug Privatsphäre, aber nicht allzu viel Umschwung hat, stammt aus einer Art Trotz gegen dich selbst. In einer früheren Zeit hattest du viel Land und wenn du nun diesmal nicht soviel haben kannst, denkst du, du willst dich nicht mit weniger zufrieden geben, auch wenn du zwanzig Jahre warten musst.

Das ist unrealistisch. Trotzdem scheinst du solche Gefühle zu hegen und da du sie hast, musst du sie auch in Betracht ziehen. Wenn du aber den Grund für diese Gefühle kennst, sollte dir das helfen, ihre tieferen Ursachen zu erkennen und dir nun erlauben, dich mit weniger zufrieden zu geben.

(Zur Erinnerung: Seth hat sich schon oft darauf bezogen, dass ich um 1600 ein Großgrundbesitzer in Triev, Dänemark, war.

(Unsere Katze Willy war ziemlich aktiv, seit die Sitzung begonnen hatte. Nun begann sie wieder, Jane nachzurennen. Aber diesmal, statt nach ihren Knöcheln zu schnappen, sprang sie auf mein Pult und als Jane vorbeiging, krallte sie sich an ihren Hosen fest. Ohne mit dem Diktieren aufzuhören, packte Jane die Katze, trug sie ins Nebenzimmer und schloss die Tür.)

Ich bin es mittlerweile gewohnt, von eurer Katze auf diese Weise begrüßt zu werden und es macht mir nichts aus, aber Ruburt findet es nicht allzu angenehm, so behandelt zu werden.

Ihr braucht Privatsphäre und ich nehme das auch ernst. Privatsphäre wird euch dabei unterstützen, mit der äußeren Welt auf effizientere Weise umzugehen; das wird euch wiederum befähigen, die Vorteile der Außenwelt zu nutzen, weil ihr dann eine entspanntere Einstellung dazu habt.

Ihr solltet euch nicht verschulden. Das heißt, auch wenn ich kein Bankier bin, solltet ihr zu diesem Zeitpunkt nicht mehr als sechstausend bezahlen, obwohl natürlich ein höherer Betrag mehr Land ermöglichen würde. Die finanziellen Sorgen würden aber schließlich dazu führen, dass vielmehr du und nicht Ruburt dich dem Land selbst gegenüber verbittert fühlen würdest. Du warst gewohnt, deinen Lebensunterhalt, und zwar einen sehr guten, aus dem Land zu bestreiten.

Die Aussicht, es jetzt zu kaufen, verursacht einen unterbewussten Zorn, obwohl du Land liebst. Ruburt wird sich jedoch entwickeln, genau wie du auch. Er wird sehr gut mit allem umgehen können, das mit Anpflanzen zu tun hat und die engere Verbundenheit mit den Jahreszeiten wird euch beide zu größerer psychischer Erfüllung bringen. Diese enge Verbundenheit mit den Jahreszeiten ist für euch beide wichtig.

Ich werde jedoch bestimmt keine Entscheidungen für euch treffen. Das Haus, das ihr heute besichtigt habt, sollte ein hervorragender Kauf sein, obwohl ich das nicht unbedingt im finanziellen Sinn meine. Die Intimität mit der Natur, die ihr dort genießen könntet, würde sich auf eine Art lohnen, die ihr noch nicht ahnen könnt.

(Während Jane den folgenden Abschnitt diktierte, spürte ich mein vertrautes prickelndes Gefühl ziemlich ausgeprägt von Kopf bis Fuß durch mich hindurchfließen. Reste davon klangen noch nach, während die Sitzung andauerte.)

Wenn ihr das Haus kauft, wirst du unter anderem zwei spezielle Bilder malen, Landschaften in Tempera, die dazu führen werden, deinen Namen bekannt zu machen. Das Haus selbst ist gut, denn es liegt etwas in der Höhe und auch in der Nähe von Wasser. Ihr solltet in der Nähe von Wasser sein. Ihr solltet aber nicht auf tiefer gelegenem Boden sein. Ihr solltet kein Haus kaufen, auch nicht mit viel Umschwung, das nicht in der Nähe von Wasser ist, denn es wird euch nicht befriedigen und ihr werdet es wieder aufgeben. Wasser, das heißt ein größeres Gewässer, ist bedeutungsvoll für die Entwicklung innerer Kräfte.

Ich habe das bis jetzt noch nicht diskutiert und jetzt ist auch nicht der Zeitpunkt für eine solche Diskussion.

In eurer späteren Zukunft wäre es gut für euch, in der Nähe eines Ozeans oder eines großen Sees zu wohnen. Ein Fluss ist der nächst bessere Ort, solange das Land nicht tief gelegen ist. Das Haus, das ihr angeschaut habt, ist gut, wiederum weil es höher gelegen ist und weil es oberhalb und nahe beim Wasser ist und weil es auf festem Grund steht. Darunter ist Felsgestein. Die Fundamente sind gut und auch die tief unter den Fundamenten liegenden Strömungen sind gut. Ich spreche hier über etwas, das wir auch noch nicht diskutiert haben.

Der Hügel ist angenehm und nicht bedrohlich und während anderer Jahreszeiten ist der Ausblick noch offener als jetzt. Die psychischen Bestandteile des Hauses sind gut. Es ist einer von vielen Orten, der sehr zu euch passen würde und der, wenn ich das sagen darf, scheinbar fast auf Wunsch gemacht worden ist.

Das Kind, das bis vor kurzem in diesem Haus wohnte, war etwas gestört und wenn es noch länger dort gewohnt hätte, wäre das Haus psychisch nicht so vorteilhaft geblieben, aber jetzt bringt es psychischen Nutzen. Höher gelegenes Land wie dieses ist aus gesundheitlichen und psychischen Gründen gut. Ich weiß nichts über irgendwelche hängigen Probleme mit Nachbarn; sie leben für sich allein.

Ich schlage eine kurze Pause vor und werde nachher weiterfahren, aber nicht mehr allzu lange.

(Pause um 19:40 Uhr. Jane war in der üblichen Trance. Die Zeit war scheinbar sehr schnell vorbeigegangen. Zum Haus gehörten, wie uns gesagt worden war, ca. 4000 m² Land, die sich aber alle auf der steilen Seite des Hügels befanden. Wir hatten das Haus unverschlossen vorgefunden und waren hineingegangen, hatten aber nicht daran gedacht, die Fundamente speziell zu prüfen. Auf der einen Seite fiel der Hügel bis zu einer Straße hinunter, auf der anderen Seite stieg er steil an. Jane und ich hatten auch die Gefahr von Erdrutschen diskutiert.

(Jane fuhr in der gleichen Art um 19:45 Uhr weiter.)

Die psychische Freiheit und der Energieschub, die ihr als direktes Resultat der innigen Vertrautheit mit dem Land erleben werdet, wird sich unabhängig von der Größe des Grundstückes entwickeln. Ein gewisses Gefühl des Besitzens ist notwendig. Allerdings werden – auch wenn du das nicht akzeptieren magst, lieber alter Landbesitzer Joseph – 4000 m² diese Energie genauso gut auslösen können wie 40'000 m². Du hast fast keine Ahnung von der Energie, die sich zu eurem Vorteil entfalten würde, auch wenn es nur um wenig, dafür aber um dein eigenes Land ginge.

Ich habe die Zahl sechstausend aus gutem Grund erwähnt. Bei dieser Zahl fühlt ihr euch sicher. Eine fünfzehn- oder zwanzigjährige Hypothek muss euch nicht erschrecken, denn ein Hauskauf für sechstausend Dollar wird problemlos innerhalb eines Zeitraums von fünf bis acht Jahren beglichen sein.

Aus Gründen, die zu kompliziert sind um sie weiterzuverfolgen, würde ein größerer Betrag erst nach längerer Zeit zurückbezahlt, weil die Ängste, die ihr in diesem Fall haben würdet, euch daran hindern würden, eure Energien ganz auszuschöpfen. Die Energien, die durch den Kauf des besichtigten Hauses frei würden, würden es euch indirekt erlauben, den entsprechenden Betrag innerhalb von fünf bis acht Jahren zurückzubezahlen.

Dieser Betrag macht euch keine Sorgen. Das ist keine allgemeine Bemerkung, sondern bezieht sich auf das bestimmte Haus, von dem wir hier sprechen. Alle Bedingungen verändern sich, wenn das Objekt oder das Grundstück verschieden sind. Ein Haus, das psychisch ungesund ist, würde eure Fähigkeiten, es zu bezahlen, sehr einschränken.

Ich sehe keine Schwierigkeiten in Bezug auf die Straße. Die Idee, euer Auto gegen einen alten Jeep einzutauschen, ist sehr gut und würde nicht allzu viel kosten. Alle Fenster im Haus sollten, wie es Ruburt vorschlug, geöffnet werden; lasst den Wind vom Hügel hindurchwehen. Der untere Teil des Hauses war allzu lange geschlossen, aber hier gibt es keine großen Schwierigkeiten. Wenn die Fenster im unteren Teil geöffnet werden, wird es anfänglich ein wenig feucht und dumpf sein.

(„Hat es Kinder in der Nachbarschaft?"
(Es gibt zwei weitere Häuser auf dem Hügel, beide ziemlich weit von unserem entfernt, eines ist etwas höher, das andere etwas tiefer gelegen.)

Es gibt keine Kinder. Ich sehe in der nächsten Zukunft auch keine. Der Ort ist aus verschiedenen Gesichtspunkten sehr vorteilhaft. Ich beschäftige mich mit den psychischen Elementen eines jeden Hauses, das ihr in Betracht zieht. Der psychische Einfluss auf dem Hügel ist in Ordnung. Nochmals: Eine höhere Lage ist vorteilhaft und ein Ort wie dieser, auf einem Hügel und in der Nähe von Wasser, ist ziemlich ungewöhnlich.

(Es muss hier noch angefügt werden, dass das Haus auf einem Hügel auf der einen Seite der im Westen aus Elmira hinausführenden Hauptstraße liegt. Auf der anderen Straßenseite liegt der Chemung Fluss. Jane und ich könnten den Fluss von der langen Veranda des Hauses aus sehen, wenn wir durch die Bäume ins Tal hinunter blickten. Die Aussicht wäre natürlich im Winter noch viel besser.)

Ich würde unbedingt einen Garten vorschlagen, in dem ihr beide arbeiten könnt. Du würdest dich damit sehr verbunden fühlen, Joseph, wie auch Ruburt, und es gibt genug Platz. Mit dem Wald in der Nähe sehe ich, dass ein Garten und ein ruhiger Rasenplatz auf der einen Seite des Hauses sehr gut wären. Ihr würdet auch merken, dass euch ein <u>sehr</u> kleines Teich-Arrangement, also ein kleiner künstlicher Teich oder Brunnen, bei welchem Wasser durch Steine tropft, hinter dem rückwärtigen Glasfenster, mit einer ganz einfachen Gestaltung von Steinen und Blumen großen Nutzen bringen würde: es wäre ein Ort der Besinnung, wo die inneren Sinne sich besonders gut ausdehnen und ausbreiten könnten.

Später, und hier spürte Ruburt einen Teil davon, würde eine einfache und günstige Umfriedung die größtmögliche Privatsphäre erlauben. Es braucht hier keinen heiligen Hain, sondern nur einen einfachen Bereich innerhalb der äußeren Natur, der euch sehr gut zu einer anderen Art der Entwicklung der inneren Sinne dienen würde, als ihr dies normalerweise innerhalb des Hauses erlebt.

Der große Raum ist gesund, die weiße Farbe gut. Der Keller muss sehr gut gelüftet werden. <u>Wenn</u> ihr das Haus kauft, werde ich nochmals hindurchgehen, um sicherzustellen, dass ihr die vorteilhafteste psychische Atmosphäre habt.

Nochmals: Lasst mich eure Ängste beruhigen. Ich sehe keine finanziellen Schwierigkeiten mit der genannten Zahl. Das Wasser ist rein. Die Luft auf dem Hügel wird drei Jahre zu eurem Leben hinzufügen. Ihr müsst aber eure eigenen Entscheidungen treffen. Für mich selbst sehe ich keine Probleme. Ihr solltet keine Sachen der Kinder behalten.

(„Gab es mehr als ein Kind?")

Es gab nur ein Kind, aber das Kind hatte Spielsachen, die einem anderen Kind gehörten und alle Spielsachen sollten weggegeben werden. Auch alle Bälle der Kinder sollten weggegeben und nicht der Katze zum Spielen überlassen werden.

(„Werden wir alle verstreuten Spielzeuge finden können?"
(Das Haus war sehr verschmutzt und ungepflegt und ich fragte mich, wie wir so

kleine Dinge wie Bälle überhaupt finden könnten, ohne dass unsere Katze inzwischen vielleicht damit spielen würde.)

Ihr werdet alles ohne Schwierigkeiten finden können. Ich sage das nur, weil du und Ruburt euch vielleicht denkt, es wäre nett, ein paar Spielsachen für eure Katze zu behalten. Es gibt hier wohl keine große Gefahr, aber diese einfachen Vorkehrungen werden jegliche Schwierigkeiten verhindern.

Du hast das Malen der Wände erwähnt und das ist vorzüglich. Sie sollten in dieser Art behandelt werden und diese Vorsichtsmaßnahme sollte immer durchgeführt werden, wenn eine Wohnung gewechselt wird. In vielen Fällen begegnen Leute, die das nicht realisieren, unnötigen Schwierigkeiten, die man hätte verhindern können.

Ich schlage vor, dass ihr, wenn ihr das Haus kauft, eure Mahlzeiten vorwiegend in einem Esszimmer einnehmt. Der Akt des Essens ist psychisch bedeutungsvoll und sollte wenn möglich als solcher behandelt werden. Er ist in der Tat eine Art Kommunion.

Ich schlage eine kurze Pause vor.

(Pause um 20:15 Uhr. Jane war in der üblichen Trance. Kurz vor der Pause hielt sie mir ihre Hände entgegen um zu zeigen, dass sie „dick" waren oder sich vergrößert anfühlten. Sie erschienen mir auch so, vor allem die Daumen und die Zeigefinger. Ich führte aber keine Messungen durch, da dieses Vorgehen mir jeweils früher gezeigt hatte, dass wirklich eine klare physische Veränderung des Fingerumfangs vorlag.

(Jane sagte, dass das Gefühl kurz nach der Pause wieder verschwand. Daraufhin begann sie in der gleichen Art weiterzudiktieren.)

Wenn ihr wollt, werde ich das von der morgigen Sitzung abziehen.

(„Nein.")

Der Mann, der in diesem Haus lebte, hatte eine destruktive und manchmal grausame Neigung. Er war aber grundsätzlich kreativ und trotz unkontrollierter und undisziplinierter Energien trug sein grundlegender, kreativer innerer Sinn zur psychischen Atmosphäre bei, hätte sich jedoch schließlich gegen ihn gewandt, wenn er dort geblieben wäre.

Ihr geht beide mit eurem inneren und äußeren Leben um vieles vorteilhafter um als früher und so sehe ich im Allgemeinen keine Schwierigkeiten, solange ihr eurem gegenwärtigen Kurs folgt.

Ich nehme es als selbstverständlich an, dass ihr euch ein Telefon anschaffen werdet, wenn ihr das betreffende Haus kauft.

(„Ja.")

Wenn ihr das nicht tun würdet, hättet ihr ein paar große Probleme von Seiten deiner Familie, Joseph. Außerdem kannst du dich nun wirklich mit dem Gedanken eines Telefons abfinden, vor allem auf dem Land. Es gibt keinen Grund mehr, um den Kontakt mit der Außenwelt zu fürchten.

Ich weiß, dass das ganze Haus gründlich gereinigt werden muss; vor allem der Keller muss sehr gut gelüftet werden. Alle Räume werden zum Schlafen oder Arbei-

ten geeignet sein. Der große Raum wird dann natürlich für unsere Sitzungen gebraucht.
(Hier erschien ein breites Lächeln auf Janes Gesicht.
(„Ja.")
Luft von allen Seiten ist im Allgemeinen sehr viel vorteilhafter als das, was ihr jetzt habt. Auch wenn wenig Umschwung dabei ist, sind der Ort und die Umgebung viel vorteilhafter als viele andere Orte mit mehr Umschwung und die enge Verbundenheit mit der Natur wird intensiv und sehr gut sein.

Ich könnte noch lange so weitermachen, aber ich werde euch nun verlassen und hoffe, dass ich helfen konnte. Natürlich gibt es andere Orte, die passend sein würden. Aber zum jetzigen Zeitpunkt ist das der einzig verfügbare und es ist sicher kein Zufall, dass ihr ihn ausgesucht habt. Sonst hätte ich mich nicht damit befasst.
(Diese letzten beiden Sätze beantworteten den Gedanken, den ich im Kopf hatte.)
Ein Zeitraum von vielleicht zwei Jahren würde vergehen, bis wieder ein solcher Ort verfügbar wäre. Ob ihr solange warten wollt, ist eure Entscheidung. Wenn ihr aber umzieht, solltet ihr das entweder im Frühling oder zum jetzigen Zeitpunkt tun, aus verschiedenen, euch offensichtlich nicht so klaren Gründen.

Der Fluss in der Nähe <u>ist</u> vorteilhaft. An einigen anderen Punkten ist das nicht der Fall und es gibt Versickerungen, nicht aber hier.

Wie gewohnt wünsche ich euch einen schönen Abend, mit einer kleinen Bemerkung zu Ruburt, obwohl ich weiß, dass er nicht an seine hausfraulichen Fähigkeiten erinnert werden muss: Die Schränke müssen gründlich geputzt werden und auch das Badezimmer, da die Räume sehr nahe beieinander sind.
(„Gute Nacht, Seth."
(Ende um 20:30 Uhr. Jane war in der üblichen Trance. Meine Hand fühlte sich nicht müde an, auch jetzt nicht. Wir redeten ziemlich lange über diese Sitzung und die Tatsache, dass unsere gegenwärtige Vermieterin uns begleitet hatte, als wir das Haus zum zweiten Mal besichtigten. Ihr gefiel das Haus auf Anhieb und sie wollte das Ganze mit ihrem Mann besprechen.
(Jane begann dann plötzlich weiter zu diktieren, während sie mir gegenüber saß.)
Eine kleine Bemerkung: Eure Freunde Marion und James sind wichtige Elemente in eurem Leben. Sie sind sehr loyal. Beide haben starke psychische Persönlichkeiten und ihre guten Wünsche halfen euch beiden in der Vergangenheit, vor allem dir, Joseph, als du krank warst. Eure guten Wünsche halfen auch ihnen in großem Maße.

Eine zukünftige Beziehung sollte aufrecht erhalten bleiben, auch wenn ihr nicht länger in ihrem Haus leben würdet. Das ist eine bedeutungsvolle Verbindung.

Ihr seid alle vier psychisch gut für einander und ihr solltet diese Beziehung nicht aufgeben. Die beiden andern fühlten dies instinktiv und heißen euch aus diesem Grunde immer willkommen.

Obwohl eure Wohnung Nachteile hat und obwohl es Zeit für euch ist, ein eigenes Grundstück zu besitzen, war die Wohnung im Großen und Ganzen, wegen dieser Beziehung, vorteilhaft. Und das ist der Grund, weshalb Ruburt von Anfang an diese

Wohnung auswählte und warum du damit einverstanden warst, obwohl sie einige andere Nachteile hatte.

Der Zweck eurer gegenwärtigen Wohnung bestand hauptsächlich darin, ein rundum gutes psychisches Umfeld sicherzustellen. Ihr habt euch hier erholt und neue Kräfte geschöpft. Es gibt hier vieles, für das ihr euren Freunden danken könnt, aber auch vieles, was sie euch zu danken haben.

Es wird euch leid tun, hier wegzuziehen, unabhängig davon, wie ihr darüber denkt, aber die neue Situation wird von großem Vorteil für euch sein und es wird wirklich euer erstes Heim sein.

Nebenbei bemerkt, Ruburt, ja, das Wasser dort ist sicher genug, um darin zu schwimmen. Ich will nun wirklich schließen, aber ich wollte, dass ihr um die Bedeutung dieser speziellen guten Freunde wisst.

(„Gute Nacht, Seth."

(*Ende um 20:59 Uhr. Jane war in der üblichen Trance. Sie fühlte sich nach der Sitzung sehr gut. Seit die Sitzungen gegen Ende des letzten Jahres begonnen hatten, hatten Jane und ich gedacht, dass es gute Gründe gab, weshalb wir diese Wohnung gemietet und dann für über vier Jahre darin gelebt hatten. Ich hatte Seth nie nach dem Grund gefragt und mir gedacht, dass Jane und ich mit Marion und James Spaziani in irgendeiner Verbindung waren; ich dachte aber auch, dass die Gründe dafür irgendwann im Material erscheinen würden.*

(*Zweifellos werden wir diese Wohnung vermissen, falls wir sie verlassen. Seths Bezugnahme auf einen sicheren Platz zum Schwimmen betrifft den Teil des Chemung Flusses, den wir vom Haus auf dem Hügel, an dem wir interessiert waren, sehen konnten.*

(*Jane wird bald an ihrem Arbeitsplatz in der Kunstgalerie eine beträchtliche Lohnerhöhung erhalten. Wir fragten uns, ob Seth irgendein [uns] noch unbekanntes, zukünftiges Salär von ihr in seine Überlegungen, ob wir uns das Haus leisten konnten, einbezogen hatte.*

(*Wir diskutierten über dieses Problem und Jane begann erneut zu diktieren. Ihre Stimme war normal. Weiter um 21:03 Uhr.*)

Die Situation in der Galerie hatte keinen Einfluss auf meine finanziellen Kalkulationen. Ich nahm Ruburts gegenwärtige Situation und den Betrag, der zur Verfügung steht, so wie die Dinge jetzt sind. Diese Dinge werden nicht so bleiben, sondern sich verbessern. Trotzdem müsst ihr nicht die absolute Absicherung einer Verbesserung abwarten, bevor ihr diese bestimmte Transaktion vornehmt.

(„Gute Nacht, Seth."

(*Ende um 21:05 Uhr. Diesmal, so sagte Jane, war Seth wirklich weg*).

(*Das folgende Material wird hier angefügt, damit es festgehalten ist und weil Seth sich aufgrund meiner Anfrage darauf bezogen hatte und es vielleicht wieder tun könnte.*

(*Am Freitag, den 26. Juni, nach dem Nachtessen, wollte Jane das Ouija-Brett al-*

lein ausprobieren. Ich arbeitete an einem Bild und wusste nichts davon. Die Transkription endete, als ich ins Wohnzimmer kam und Jane unterbrach, die am Brett saß.

(Wie immer sind Janes Fragen kursiv geschrieben.)

("Will jemand mit mir reden?)
Ja. *(Der Zeiger ging auf das auf dem Brett gedruckte Wort Ja.*
("Wer bist du?")
S u v t r d
("Bitte nochmals.")
Nicht mehr zu tun ist nicht genügend.
("Wer bist du?")
Voghler.
("Männlich oder weiblich?")
M.
("Nicht mehr zu tun als was?")
Preis bezahlen.
("Wovon?")
Bewusstsein.
("Was braucht es noch mehr?")
Zufügen zu einer Summe der Wahrheit.
("Ist Voghler dein Nachname?")
Ja.
(Wie ist dein Vorname?")
Thomas.
("Bist du tot, in dem Sinne, wie wir es verstehen?")
Ja.
(Wann bist du gestorben?")
1894.
("In welchem Land?")
England.
("Willst du noch etwas anderes sagen?")
Stark–
(Jane sagte, dass sie ihre Fragen nicht laut ausgesprochen hatte. Normalerweise erhielt sie die Antwort in ihrem Innern, bevor das Brett sie buchstabiert hatte. Hier hörte sie die Antworten nicht in ihrem Innern, wusste aber, wie die Antwort ausfallen würde. Sie hat keine Meinung in Bezug auf das oben erwähnte Material. Ich habe es hier aus Gründen der Kuriosität wiedergegeben und weil es möglicherweise irgendwann in der Zukunft einmal von Bedeutung sein könnte.)

SITZUNG 66
29. JUNI 1964, 21:00 UHR, MONTAG, WIE ANGEWIESEN

Das Umfeld als Ausdehnung des Selbst; Geist und Gehirn; die Umsetzung aller Ideen; der gesunde Körper als Zeugnis eines inneren Gleichgewichts; der ständige Austausch zwischen allen Ebenen und Universen

(Beim heutigen Üben von psychologischer Zeit erhielt ich keine Resultate [um 20:15 Uhr].

(Um 20:55 Uhr saß Jane immer noch auf den Stufen vor dem Haus; es war ein sehr heißer und ausgefüllter Tag für uns beide gewesen. Ich machte mich für die Sitzung bereit, setzte mich an meinen gewohnten Platz im Wohnzimmer und fragte mich, ob Jane rechtzeitig erscheinen würde. Gerade als ich mich bequem hingesetzt hatte, kam sie zur Tür herein und sagte, sie habe das Gefühl, beginnen zu müssen, obwohl sie die Uhrzeit nicht genau kannte.

(Früher am Abend hatte Jane durch das Pendel vernommen, dass wir heute Abend einen Zeugen haben würden, aber es erschien niemand. Um 20:59 Uhr war Jane etwas nervös, aber keinesfalls wie früher. Sie begann mit normaler Stimme und ziemlich schnell zu diktieren. Ihre Augen verdunkelten sich und sie ging wie immer hin und her. All das blieb sich während der ganzen Sitzung gleich.)

Guten Abend.

(„Guten Abend, Seth. Wer war Thomas Voghler?"

(Jane stand still. Sie hatte eben begonnen hin- und herzugehen.)

Wer ist wer?

(„Wer war Thomas Voghler?")

Ich weiß nicht, wer er ist.

(„Jane erhielt den Namen am 26. Juni vom Ouija-Brett.")

Es ist wahrscheinlich eine echte Verbindung. Aber dieser Name ist mir nicht bekannt. Ich werde es euch später wissen lassen.

(Hier ist zu bemerken, dass Seth sich auf Thomas Voghler in der gegenwärtigen Zeit bezog, während das Ouija-Brett gesagt hatte, er sei 1894 gestorben. Dieses Thema ist nun aber, mindestens vorläufig, abgeschlossen. Jane lächelte amüsiert.)

Ruburts Laune ist wirklich stürmisch heute. Ich bin froh, dass ich nicht in seiner Kunstgalerie arbeite und ich bin froh, dass ich dort nicht Direktor bin. Es gibt vieles, was hier erst kürzlich, in Zusammenhang mit der Ankunft von Ruburts Vater, aufgetaucht ist, und ich habe noch vor, davon zu sprechen.

Ich bin mir auch bewusst, dass euer Immobilienagent hier war und dass wir uns immer noch mit der Diskussion über Materie beschäftigen. Zudem habe ich eure eigenen Experimente sich für eine Weile ansammeln lassen. Ihr werdet nun selbst sehen, dass sie die Tendenz haben, sich in ein gewisses Muster zu fügen und dass ihr von jedem Typ verschiedene Beispiele habt.

Wenn wir zu diesem Thema kommen, wird es eine größere Diskussion geben, wie zum Beispiel beim Material über Materie, und einiges aus dieser Diskussion über Materie werden wir dann als Hintergrund brauchen. Das ist der Grund, weshalb wir bis jetzt eure Experimente noch nicht besprochen haben.

(Jane und ich haben mit einer gewissen Neugier, aber ohne spezielle Bemühungen darauf gewartet, dass Seth sich mit unseren persönlichen Experimenten in Bezug auf psychologische Zeit beschäftigt. Wir haben detaillierte Protokolle geführt und ich habe vielen auch eine Skizze beigefügt. Zahlreiche meiner Experimente waren visuell, während sich bei Jane vorwiegend Höreffekte zeigten. Wir waren uns bewusst, dass unsere Erfahrungen mit Psy-Zeit [psychologische Zeit] wahrscheinlich in verschiedene Kategorien fallen würden, machten aber aus Zeitgründen keine detaillierten Analysen.)

Es gibt in unserer Diskussion über Materie noch vieles zu behandeln und auch das wird grundlegend für das Verständnis anderer Informationen sein. Noch immer sehe ich keine Schwierigkeiten in Bezug auf das Haus und eure Finanzen. Ich habe euch gesagt, dass das euer eigener Entscheid sein muss und ich gab euch bloß Informationen, um euch zu helfen.

Ich schlage vor, dass euer Freund und Vermieter es sich auch anschaut, aber eigentlich nur, weil dies eure eigenen Gefühle bestätigen wird.

(Ich möchte festhalten, dass unser Vermieter, James Spaziani, das betreffende Haus bereits besichtigt hat. Er tat das am Sonntagabend, also gestern, ohne dass wir es wussten. Gestern Nachmittag hatte ich Jimmy gesagt, dass Jane und ich froh über seine Meinung in Bezug auf dieses Grundstück wären, aber wir trafen keine Abmachungen, wann wir es zusammen anschauen würden. Jimmy sagte mir heute Nachmittag, dass er es bereits gesehen habe.)

Ruburts emotionale Spannung heute Abend ist wahrhaftig erstaunlich. Wäre ich das Ziel davon, würde ich mich in Deckung begeben. In der Vergangenheit war er mit sich selbst nicht so ehrlich wie jetzt und in seinen jüngeren Jahren, als Heranwachsender, erlaubte er sich selbst nie genau zu wissen, weshalb er überhaupt wütend war.

Jetzt freut es mich, diese gute Entwicklung zu sehen.

Ein paar Urlaubstage werden ihm gut tun. Nicht unbedingt Urlaub von mir, versteht mich richtig, obwohl auch ich euch freie Tage zugestehen kann. Ich weiß nicht, ob ich überhaupt heute Abend mit weiterem Material über die Art der Materie durch Ruburts turbulentes Labyrinth klar durchkommen kann.

Ich habe euch sicher gute Basisinformationen gegeben, auf denen ihr aufbauen könnt und ich schlage vor, dass ihr, wenn ihr Zeit habt, die letzten vier Sitzungen nachlest, außer der Sitzung von gestern Abend.

Der grundlegendste Punkt hier besteht darin, dass ihr euch nur eurer eigenen Konstruktionen bewusst seid. Das ist das wichtigste. Ihr erschafft euch wirklich eure eigene Umgebung und sie beeinflusst im Gegenzug wiederum euch. Wenn ich von Umgebung spreche, schließe ich hier der Einfachheit halber auch jene ein, die in ihrer nebelhaften Form nahe beim Selbst ist, die aber immer noch Nicht-Selbst <u>genannt</u> wird.

Theoretisch reicht sogar diese persönliche Umgebung unendlich weit. Wenn wir davon sprechen, werden wir jedoch meistens diese ziemlich nebelhaften Abstufungen, die zwischen Selbst und Nicht-Selbst zu bestehen scheinen, einschließen.

Tatsächlich kann gesagt werden, dass – weil das Selbst sein Umfeld erschafft – das Umfeld somit eine Ausdehnung des Selbst ist. Die Trennung zwischen dem Subjekt, welches das Umfeld erschafft und dem Objekt-(Bindestrich)Umfeld, das erschaffen wird, ist eine künstliche, aber notwendige Entwicklung.

Diese Entwicklung ist auf eurer Ebene notwendig aufgrund des Trainings in der Handhabung der Energie, die dort benötigt wird. Ihr fokussiert eure Energie lediglich in diese Richtung. Das ist natürlich auch der Hauptgrund, weshalb die Menschheit in der Regel keine anderen Fähigkeiten in größerem Ausmaß angewandt hat.

Früher konnte der Mensch sich das noch nicht gestatten. Heute jedoch muss er lernen, diese Fähigkeiten zu gebrauchen und zu verstehen. Keine Ebene bleibt sich gleich, <u>nichts</u> bleibt sich gleich. Sogar die Erfordernisse und Notwendigkeiten und <u>Eigenschaften</u> eines Universums verändern sich. Die <u>Gedanken</u> verändern sich zuerst. Die Konzepte hinter den Konstruktionen verändern sich. Die Perspektiven verändern sich. Was wahrgenommen wird, verändert sich genau so wie das, was erschaffen wird.

Neue Sinne werden entwickelt, um neue Schöpfungen wahrzunehmen. Ideen drängen vorwärts und eine Idee ist nicht etwa ein körperloses, völliges Nicht-Wesen, sondern besteht bereits am Anfang aus Energie.

Ideen stammen immer von Individuen auf <u>irgendeiner</u> Ebene und unter irgendwelchen Umständen. Sind die Ideen jedoch einmal entstanden, erhalten sie Energierealität vom Individuum und erreichen daher ihre eigene Vitalität. Die Ideen werden dann vom Unterbewusstsein durch telepathische Kommunikation aufgegriffen. Sie müssen jedoch nicht direkt einem Verstand entnommen werden, das heißt, es wird keine direkte Kommunikation benötigt.

Ich schlage eine Pause vor.

(Pause um 21:31 Uhr. Jane war in der üblichen Trance. Sie sagte, das Ganze sei ihr als zeitlose halbe Stunde erschienen. Meine Schreibhand fühlte sich nicht müde an.

(Unser Kater Willy war während des ersten Durchgabeteils mehr oder weniger ruhig gewesen, aber bevor die Pause zu Ende ging, wurde er sehr aktiv, wie das in letzter Zeit oft während den Sitzungen geschah. Willy begann nach Insekten zu jagen. Dann, als Jane wieder zu diktieren anfing, schnappte er nach ihren Knöcheln und das nicht nur spielerisch. Ohne ihre Durchgabe zu unterbrechen, hob Jane den Kater auf und trug ihn in einen anderen Raum. Weiter um 21:38 Uhr.)

Ich könnte euch noch mehr Informationen über Ruburts Situation in der Galerie geben. Aber wenn er mich abblockt, tut er das wirklich gekonnt.

Ich werde heute wegen der bereits stattgefundenen, zusätzlichen Sitzung keine vollständige Sitzung abhalten. Trotzdem liegt mir daran, dass wir mit unserer Diskussion über Materie vorwärts kommen und einiges vom heutigen Material ist ziemlich wichtig.

Es gibt Gesetze auf eurer Ebene, welche die Konstruktion von Materie regeln, aber das sind psychische Gesetze, die mit der Fähigkeit des Individuums, eine Idee in Materie umzusetzen, zu tun haben, sowie auch mit der Fähigkeit, Energie zu erhalten und zu übermitteln und mit den Fähigkeiten des Individuums in Bezug auf die tatsächliche Erschaffung.

Der Hauptfaktor ist natürlich die Fähigkeit des Individuums, sich selbst Energie zu verschaffen und sie dann wirksam anzuwenden. Koordination und Kommunikation zwischen dem inneren und äußeren Ego sind hier ebenfalls starke Faktoren. Erinnert euch daran, dass sich das Individuum sein eigenes Umfeld durch seine laufenden, aufeinander folgenden Reinkarnationen selbst erschafft.

Es gibt daher einen starken Faden eines kontinuierlichen Zwecks bei allen seinen Konstruktionen. Die physischen Konstruktionen eines Individuums werden deshalb von ihm auf und in Materie projiziert und zwar als Antwort auf diesen inneren psychologischen Zweck.

Allgemeiner betrachtet, formt das Individuum in kontinuierlicher Form ganz klar die Geschichte auf _eurer_ Ebene. Es ist wichtig, dass ihr die Art und den Aufbau von Materie im Sinne dieses inneren, individuellen Zwecks betrachtet, denn das ist ja eigentlich der Kern der ganzen Sache.

(Jane lächelte).

Es darf hier aus Gründen der Vereinfachung keine Aufteilung oder Abtrennung geben, auch nicht in unserer Diskussion, denn eine solche Aufteilung würde euch in die Irre führen. Ihr seht das vielleicht am einfachsten bei Gallen- oder Nierensteinen, bei sozusagen abwegigen Konstruktionen, die vom Individuum aufgrund eines psychologischen Ungleichgewichts, das heißt aus einer Verwirrung des inneren Zwecks heraus projiziert wurden.

(Der folgende Abschnitt beantwortete dann unverzüglich die Frage, die mir in den Sinn gekommen war. Dies kam nun seit einigen Sitzungen immer wieder vor.)

Der gesunde physische Körper ist daher ein beredtes Zeugnis des inneren Gleichgewichts. In allen Fällen von Krankheit muss deshalb die innere Ursache aufgedeckt werden und zwar muss sie nicht nur intellektuell erkannt, sondern auch intuitiv verstanden werden, wenn eine Heilung stattfinden soll.

Vor einiger Zeit habe ich über die Krankheit eures Hundes gesprochen. Der Hund erschuf und hielt natürlich seine eigene physische Konstruktion aufrecht, _ihr_ aber saht nur eure eigene Konstruktion von ihm.

Durch seine inneren Sinne spürte er jedoch eure energetische Unterstützung. Wir werden uns später noch mit der psychischen Zusammenarbeit und mit den Überlappungen beschäftigen, die zwischen allem Bewusstsein bestehen, um das Erscheinungsbild und die Konstruktion von Materie aufrechtzuerhalten.

Der Hund verfügte aus Gründen, die ich später erläutern werde, nicht über eure Fähigkeit, Energie anzuzapfen. Er konnte seine eigene Konstruktion ohne Hilfe aus eurem psychischen Vorrat nicht über einen gewissen Punkt hinaus projizieren. Das ist nichts Ungewöhnliches und alle Bewusstseine tauschen gegenseitig Energien aus. Hier besteht eine großartige Zusammenarbeit, von der wir noch kaum gesprochen haben.

(Nun machte Jane eine ziemlich lange Pause und durchquerte das ganze Wohnzimmer, bevor sie weiterfuhr.)

Ich habe gesagt, dass jede physische Konstruktion sich aus Atomen und Molekülen zusammensetzt, die ebenfalls wieder ein allgemeines Bewusstsein und ein Kapselverständnis besitzen. Sie besitzen jedoch keine starken organisatorischen Tendenzen in sich selbst und es ist die Energie des Individuums, die bei diesem Aufbau hilft.

Eine schwache Fähigkeit, um Energie anzuzapfen, ergibt auch schwache Konstruktionen. Die den Atomen und Molekülen der Konstruktion innewohnenden Pulsierungen werden natürlich von anderen aufgenommen. Eine mangelhafte Konstruktion, welche die äußeren Sinne gar nicht wahrnehmen, wird jedoch von den inneren Sinnen registriert.

Ich schlage eine Pause vor.

(Pause um 22:05 Uhr. Jane war in der üblichen Trance. Ihre Durchgabe war, verglichen mit vorher, etwas langsamer geworden. Wir holten Willy wieder herein. Ohne uns zu beachten, rollte er sich auf einem Stuhl zusammen. Jane fuhr um 22:14 Uhr weiter.)

Neben den Konstruktionen, die ihr als Materie wahrnehmt, formt oder projiziert ihr auch Konstruktionen anderer Art, die ihr nicht auf einer bewussten Ebene wahrnehmt.

Diese Konstruktionen existieren klar definiert in Form atomarer Strukturen, aber mit so unterschiedlichen Dichten und Geschwindigkeiten, dass ihr sie nicht wahrnehmt, obwohl sie von den inneren Sinnen wahrgenommen und vom Unterbewusstsein und vom inneren Selbst als eine sehr wichtige Realität verwendet werden.

(„Werden wir je fähig sein, solche Konstruktionen mit Instrumenten zu entdecken?")

In ferner Zukunft mögen sie von Instrumenten vollständig erfasst werden. In näherer Zukunft werden mit gewissen Instrumenten kurze Einblicke gemacht werden können. Aber der Gebrauch und die Anerkennung der inneren Sinne wird zu schnellerer Erkenntnis führen.

Gedanken repräsentieren diese Art Konstruktion und sie können tatsächlich von Generation zu Generation weitergegeben werden, wenn ein Individuum über eine entsprechende und genügend starke Schubkraft verfügt. Ich habe euch gesagt, dass es eine Ebene der Traumwelt gibt und diese Ebene enthält auch Konstruktionen, mit denen euer bewusster Geist für gewöhnlich nicht vertraut ist.

Das sind keine vagen, formlosen Halbrealitäten. Ihre Existenz ist so real wie die eure, nur auf einer anderen Ebene. Aus verschiedenen Gründen werden offensichtlich nicht alle eure Ideen auf der physischen Ebene konstruiert. Viele dieser Gründe sind psychologischer Natur und einige der Gründe beziehen sich auf Dinge, die wir noch nicht diskutiert haben.

Es stimmt, dass eure Energie meistens auf physische Konstruktionen und Manipulationen gerichtet ist. Aber nicht alle Energie wird so gebraucht. Alle Ideen und alle Energien werden jedoch auf die eine oder andere Art umgesetzt. Jene Ideen, die für eine physische Konstruktion zu unpraktisch sind, sei es aus seelischen oder psychischen Gründen, werden für Konstruktionen auf anderen Ebenen verwendet.

Das heißt aber nur, dass sich die Charakteristika ihrer Realität von der Realität der physischen Konstruktion unterscheiden. Es gibt immer ein inneres Verständnis solcher Konstruktionen, aber der bewusste Geist hat seine eigenen Gründe, wie und in welcher Art er mit der Welt der physischen Konstruktionen umgehen will; er ist selbst eine physische Konstruktion und sich anderer Realitäten nicht bewusst.

Wir sollten hier wahrscheinlich das Wort Geist durch das Wort Gehirn ersetzen, da ich glaube, dass dies der Ausdruck ist, für den ich mich entschieden habe. Wenn wir nun hier wieder eigenmächtige Aufteilungen verwenden, also Gehirn für die physische Konstruktion und Geist für das Unfassbare, dann würde also, um dies klar festzuhalten, das Gehirn die inneren Ebenen nicht spüren, während der Geist sich mit ihnen beschäftigen würde.

Diese anderen Konstruktionen sind äußerst wichtig für die Wesenheit und sie werden auch für psychologische Zwecke aufgebaut; wenn sie einmal konstruiert sind, erarbeiten sie sich ihr eigenes Schicksal.

Unabhängigkeit und Individualität werden während jeder intensiven Zusammenarbeit zwischen Individuen immer aufrechterhalten. Diese Zusammenarbeit löscht niemals die Individualität in keiner wie auch immer möglichen Gestalt-Form aus.

Ich schlage eine Pause vor.

(Pause um 22:32 Uhr. Jane war in der üblichen Trance. Kurz vor der Pause streckte sie mir ihre Hände entgegen, um zu zeigen, dass sie wiederum dicker oder angeschwollen waren. Sie konnte nicht sagen, wann das Phänomen begonnen hatte, aber während der Pause bildete es sich schnell wieder zurück. Jane fuhr um 22:37 Uhr weiter.)

Es gibt einen dauernden Austausch zwischen den Realitäten, sei es zwischen eurer Welt der physischen Konstruktionen oder zwischen den anderen Welten der Konstruktionen, die ihr nicht bewusst wahrnehmt.

So wie die Zusammenarbeit existiert, um die Aufrechterhaltung eures physischen Universums zu gewährleisten, so existiert Zusammenarbeit auch zwischen den unsichtbaren Universen und zwischen eurem eigenen Universum. Und jedes Universum hilft den anderen ständig bei der Aufrechterhaltung der Realität.

Es besteht ein ständiger Austausch zwischen allen Ebenen und Universen. Ich werde versuchen, das zu erklären.

(Ein leeres Glas stand vor mir auf dem Tisch. Jane ergriff es, um ihre Worte zu unterstützen.)

Wenn fünf Personen dieses Glas betrachten – oder eher, wenn fünf Personen dieses Glas zu betrachten scheinen – habt ihr fünf verschiedene Gläser, nicht nur eines. Jede Person konstruiert das Glas aufgrund ihrer eigenen persönlichen Perspektive.

Es gibt daher fünf Personen, fünf verschiedene Perspektiven und Raum-Kontinua, in denen ein Glas existiert. Jede dieser fünf Personen ist sich nur eines Raumkontinuums bewusst, nämlich ihres eigenen, in welchem ihre eigene physische Konstruktion existiert. Aber jede dieser fünf Personen hat ein Glas konstruiert. Ihr habt also tatsächlich fünf physische Gläser.

Jedes physische Glas besteht aus ganz realen Molekülen und Atomen, die ihr eigenes allgemeines Bewusstsein und Kapselverständnis haben und die zusammen eine Gestalt formen, die sich Glas nennt.

Es gibt einen Punkt, wo sich die fünf Perspektiven überlappen. Wenn ihr diesen einen Punkt finden könntet, dann könntet ihr ganz kurz, wirklich nur ganz knapp, die anderen vier erblicken, wenn ihr vom Überlappungspunkt ausgehen würdet.

Wenn zehn Personen dieses Glas zu betrachten scheinen, habt ihr zehn persönliche Perspektiven, zehn Raumkontinua und zehn tatsächliche Gläser. Jedes der Individuen ist sich keiner anderen Perspektive bewusst. Es ist, als ob sie gar nicht existieren würden. Mathematisch kann dies ausgearbeitet werden. Jedes Individuum erschafft sich sein eigenes Raumkontinuum und dort formt es dann seine eigenen physischen Konstruktionen.

Wenn ihr das begreift, solltet ihr auch fähig sein zu sehen, wie andere Ebenen, andere Realitäts-Kontinua, gleichzeitig mit eurem eigenen existieren können, aber bewusst nicht wahrnehmbar sind. Dieser Punkt des Darüber-Gleitens oder Überlappens, dieser Punkt ist äußerst wichtig, weil es in allen Universen Überlappungspunkte gibt. Das wird auch ein Grundfaktor beim Reisen sein, aber nicht in der Zukunft jenes physischen Universums, in dem ihr euch jetzt befindet.

Der Tod ist auf eurer Ebene, zusammen mit anderen Dingen, eine Ankunft an einem solchen Punkt. Das werden wir später noch ausführlicher diskutieren.

Ich bin wahrhaftig erstaunt, dass Ruburt mir trotz seiner Stimmung heute Abend gestattet hat, mit diesem Material so gut durchzukommen. Ich möchte auch erwähnen, dass ich bei unserer Kommunikation ebenfalls einen solchen Überlappungspunkt verwende.

Du wirst unsere Glas-Diskussion aufschlussreich für deine Bilder finden, Joseph. Ich möchte noch eine persönliche Bemerkung beifügen, aber nur als Vorschlag: Wenn ihr an einigen Wochenenden zelten gehen könntet, würde das euch beiden sehr gut tun und eure Fähigkeiten in euren eigenen künstlerischen Bereichen sogar auffrischen.

Ich möchte nun schließen und zwar nach einer äußerst erfolgreichen Sitzung. Ich wünsche euch beiden von ganzem Herzen einen guten Abend.

("*Guten Abend, Seth.*"

(*Ende um 23:00 Uhr. Jane war in der üblichen Trance. Ihre Hände fühlten sich immer noch dick an, sagte sie, aber viel weniger als vorher. Meine Schreibhand fühlte sich kaum müde an.*)

SITZUNG 66

(Dienstag, 30. Juni, 20:30 Uhr: Während des Übens von psychologischer Zeit hatte ich, nachdem ich mir Leichtheit suggeriert hatte, mein gewohntes Gefühl, jedoch in etwas abgeschwächter Form. Später warf ich einen kurzen Blick von direkt oberhalb auf zwei Männer, die eine sich außerhalb des Hauses befindende Kellertreppe hinunterstiegen. Beide trugen Hüte, die ich klar sehen konnte, aber ihre Gesichter waren verborgen. Von meinem Gesichtsfeld aus sah ich auch die Stufen, die hinunterführten und die von mir aus gesehen rechts gelegene geöffnete Holztür. Ich dachte mir, dass die Männer ein Grundstück inspizierten und füge hier hinzu, dass Jane und ich uns zu diesem Zeitpunkt gerade Gedanken über den Kauf eines Grundstückes machten. Auch wir haben uns kürzlich ein Grundstück angeschaut.

(Mittwoch, 1. Juli, 20:15 Uhr: Sobald ich mich hinlegte, spürte ich mein vertrautes, prickelndes Gefühl. Es war ziemlich stark. Ich versetzte mich dann in den gewohnten Zustand und versuchte, einen noch tieferen Zustand zu erreichen. Das schien mir zu gelingen.

(Zuerst hörte ich rechts von mir eine unidentifizierbare, weibliche Stimme, die sehr deutlich sagte „Es ist Kaffeepause".

(Später sah ich das lächelnde Gesicht unseres Vermieters, James Spaziani. Er sagte ganz deutlich irgendetwas, das ich verstand und auch einige Minuten im Gedächtnis behielt, trotzdem aber wieder vergaß, als das Experiment vorüber war.

(Etwas später sah ich einen Mann auf dem Campingplatz von Enfield Glen. Er zog eine große Plane hinter sich her, auf der eine Menge Campingartikel lagen. Er zog die Plane über das grasbewachsene Zentrum des ganzen Campingplatzes und ging dann in Richtung Ausgang weg.

(Zu Beginn dieses Experiments, während ich den Wecker einstellte, hatte ich mir selber befohlen, aus dem Trancezustand zu erwachen, bevor der Wecker klingeln würde, was dann auch geschah.

(Es mag von Interesse sein, noch einen Punkt anzuführen, der sich ergab, als Jane und ich am nächsten Tag miteinander diskutierten. Es scheint, dass zur gleichen Zeit, als ich meinen gewünschten Zustand erreichte und in unserem Schlafzimmer auf dem Bett lag, Jane im Wohnzimmer auf dem Sofa saß und fast eindöste. Zwei verschlossene Türen trennten uns. Jane hatte einen ausgefüllten Arbeitstag in der Galerie hinter sich; sie war sogar so beschäftigt gewesen, dass sie keine Zeit für ihre gewohnte Kaffeepause im Restaurant gehabt hatte. Während sie auf dem Sofa saß, war ihr nochmals die ausgefallene Kaffeepause in den Sinn gekommen; der Gedanke war ziemlich heftig gewesen, weil sich die Galerie im Moment etwas im Umbruch befindet und Jane das Ganze als ziemlich belastend empfindet.)

SITZUNG 67
1. JULI 1964, 21:00 UHR, MITTWOCH, WIE GEPLANT

*Materielle und immaterielle Konstruktionen; Materie ist Aktion;
Ruburt/Janes Arbeitsumfeld; Ouija-Brett-Kontakte und seltsame
Ereignisse im Zustand der psychologischen Zeit*

(Um 20:59 Uhr war Jane ein wenig nervös, aber keineswegs so wie vor früheren Sitzungen. Sie hatte keine Ahnung vom Thema der heutigen Sitzung. Unser Kater Willy war vor Beginn der Sitzung sehr unruhig, wie er das in letzter Zeit öfters war und so trug ihn Jane in einen anderen Raum um Unterbrechungen vorzubeugen.
(Jane begann um 21:01 Uhr in einem für meine Schreibgeschwindigkeit sehr angenehmen Tempo zu diktieren. Ihr Gang war gemächlich und ihre Augen verdunkelten sich wie immer.)
Guten Abend.
(„Guten Abend, Seth.")
Wie ich sehe, haben wir eine stürmische Woche.
(„Ja.")
Ihr habt aber jetzt gelernt, mit unangenehmen Situationen umzugehen und ihr seid dafür auch besser ausgerüstet. Ruburt blockiert mich in Bezug auf Material über die Galerie. An diesem Punkt sind persönliche Blockaden in solchen Situationen stärker und das ist völlig natürlich.

Es gibt daher nicht viel, das ich sagen kann. Aber ihr beide seid nun weit genug um zu verstehen, dass sich diese Situation ohne allzu große Schwierigkeiten lösen wird. Ich würde gerne mehr sagen, wenn dies möglich wäre, aber außer Ruburt eine Kopfnuss zu geben oder ihn in eine tiefe Trance zu versetzen, gibt es wenig, was ich tun könnte.

(Auch hier beantwortete Seth wieder unverzüglich alle Fragen, die mir während des vorangegangenen Abschnitts in den Sinn gekommen waren.)
Ich bin immer noch bei unserer Diskussion über Materie und werde noch einige Zeit dabei bleiben.

Wir werden natürlich diese Informationen größtenteils zu jenen über unsere inneren Sinne hinzufügen. Und es gibt noch vieles über die inneren Sinne selbst, das ich noch nicht erwähnt habe. Die Informationen über Materie sind eine notwendige Vorbereitung für das Verständnis von anderen Informationen über die inneren Sinne und einige davon werde ich euch geben, wenn ich über eure eigenen Erfahrungen spreche.

Obwohl eine Diskussion über Konstruktionen, die für eure Art des Sehens nicht bedeutungsvoll sind, eigentlich nicht in eine Abhandlung über Materie gehört, sind diese beiden doch miteinander verbunden und ich möchte, dass ihr versteht, dass Materie nur jene Konstruktionen betrifft, die durch die äußeren Sinne wahrnehmbar sind.

Es gibt andere, ebenso gültige Konstruktionen, die keine oder nur wenige Auswirkungen auf die äußeren Sinne haben, aber es sind Konstruktionen, mit denen das innere Selbst sehr vertraut ist. Die so genannten immateriellen Konstruktionen üben indirekt einen starken Einfluss auf die Welt der physischen Konstruktionen aus.

Nochmals: Der einzige Unterschied zwischen materiellen und immateriellen Konstruktionen besteht darin, dass die immateriellen Konstruktionen von den äußeren Sinnen nicht wahrgenommen werden. Diese immateriellen Konstruktionen beinhalten unter anderem Traumkonstruktionen und auch gewisse nicht greifbare, notwendige Konstruktionen, auf denen sich die materiellen Welten abstützen.

Einige von diesen können als sich zwischen Materie und immateriellen Konstruktionen befindlich betrachtet werden. Einige können nicht berührt werden wie man einen Tisch berühren kann und doch sind sie innerhalb der materiellen Welt wahrnehmbar.

In diese Gruppe gehören die Perspektiven und andere räumliche Richtlinien. Sie werden im materiellen Universum gebraucht, aber sie existieren nicht auf die gleiche Art wie zum Beispiel ein Fels oder ein Stuhl. Sie stellen Möglichkeiten dar, in denen eine Aktion stattfinden kann. Materielle Objekte sind tatsächlich Aktionen, buchstäblich ohne Anfang oder Ende, da die Aktion kontinuierlich ist.

Ihr seid es, welche die scheinbare Art der Aktion verändert und der Form einen Namen gebt. Ihr seid es, die eigenmächtig einen Teil einer Aktion als ein bestimmtes materielles Objekt erkennt. Es gibt viele Aktionen, die ihr nicht erkennt, weil ihr sie nicht wahrnehmt.

Alle Aktionen dauern auf die eine oder andere Art fort. Es sind nur die äußeren Sinne, die nicht zu erkennen vermögen, was nicht in ihren eigenen Bereich fällt. Wenn ihr eine Aktion mit euren äußeren Sinnen erkennt und wenn sie statisch ist oder dies zu sein scheint, nennt ihr sie Materie.

Wenn eine Aktion scheinbar fähig ist sich zu bewegen, sagt ihr, die Aktion sei lebendig. Wenn eure äußeren Sinne nicht mehr länger eine Bewegung wahrnehmen, nennt ihr die Aktion tot. Die Aktion dauert aber in jedem Fall an.

Ich schlage die erste Pause vor.

(*Pause um 21:26 Uhr. Jane war in der üblichen Trance. Während der Pause diskutierten wir die Situation in der Galerie, wo Jane in Teilzeit arbeitet. Mit dem Weggang on Dee Masters als Direktorin versucht sich nun ein neuer Direktor in dieser Stelle. Die Situation ist daher ziemlich unsicher und Jane ist von ihren neuen Aufgaben nicht sehr eingenommen und denkt ernsthaft darüber nach, ihre Stelle aufzugeben. Diese Situation hat auch unsere Haussuche beeinträchtigt.*

(Jane diktierte um 21:32 Uhr in der gleichen Art weiter, nachdem sie ein wenig Wein getrunken hatte. Während der letzten zwei Monate oder sogar länger hatte sie aufgehört, ihre gewohnten ein bis zwei Gläser Wein während der Sitzung zu trinken.)

Der Hauptpunkt, den ich ausführen wollte, bevor ich abgelenkt wurde, besteht darin, dass Materie Aktion ist, die von den inneren Sinnen angewandt und von den äußeren Sinnen wahrgenommen wird.

Es scheint daher, dass ihr die Aktion erschafft. Allen Absichten und Zwecken gemäß erschafft ihr die entsprechende Aktion, aber eigentlich verwendet ihr die Aktion nur und konstruiert sie in eine Form, welche die äußeren Sinne wahrnehmen können.

Wenn Ruburt mir hier eine kleine Bemerkung gestattet: Du, Joseph, hast Ruburt in den letzten Tagen außerordentlich viel geholfen, obwohl ich weiß, dass du hier aus dir herausgegangen bist.

Wenn Ruburt mich noch länger aushält: Er wird von deiner ziemlich objektiven Meinung über die Galerie profitieren, wenn du es fertig bringst, objektiv darüber zu diskutieren.

Die Situation wird nicht von grundlegender oder langandauernder Verwirrung sein. Ihr habt beide bereits zuviel gelernt. Ich sagte früher, dass das Kunstgalerie-Experiment notwendig war. Diese Notwendigkeit wurde nun erfüllt.

(Zur Erinnerung: Vor längerer Zeit hatte Seth gesagt, dass eine Kunstgalerie-Erfahrung für Jane vorgesehen sei – irgendwann in den ersten Sitzungen. Damals sagte Seth auch, dass bei einer Wohnsitznahme in Miami, Florida – worüber wir vor einigen Jahren diskutiert hatten – Jane dort ebenfalls in einer Kunstgalerie gearbeitet haben würde. Er gab uns damals einige Straßennamen an, aber wir prüften sie nicht nach.)

Es musste nicht unbedingt eine Kunstgalerie sein. Eine ähnliche Institution hätte genauso gut gepasst. Ruburt hatte bis vor kurzem ein großes Maß an Unabhängigkeit in der Galerie und mehr als alles andere ist es nun der Mangel daran, was ihm solche Schwierigkeiten bereitet.

Die Forderung nach größerer und – wenn ihr mir eine persönliche Stellungnahme gestattet – manchmal unnötiger Aufmerksamkeit für Details, fasst er ebenso als einengend oder als eine weitere Einschränkung auf; dazu kommt noch die persönliche Beaufsichtigung, unter der er nun steht.

Das alles ist unverzerrt.

(Jane machte nun eine Pause in ihrer Durchgabe, die zusehends langsamer geworden war und ich fragte mich, ob das alles war, was sie zu diesem Thema durchkommen ließ.)

Die Rebellion wird durch alle diese Einschränkungen verursacht. Er war es gewohnt, sich unabhängig zu bewegen und einen größeren Spielraum für seine eigene Urteilsfähigkeit zu haben. Der Konflikt baut sich auf, weil er versucht, all das, was ihm gegen den Strich geht, in ein Gleichgewicht zu bringen. Er hofft, dass es möglich sein wird, wieder mehr Unabhängigkeit zu gewinnen und seine kreativen Fähigkeiten beim Unterricht von Kindern anwenden zu können.

Ich bin sehr überrascht, dass all dies durchgekommen ist, aber es sollte euch zumindest die Gründe für den ursprünglichen Konflikt erklären.

Ruburt findet oder betrachtet diese Art Stelle ohne Verantwortung als Arbeit niedrigen Ranges oder irgendwie entwürdigend. Er war auch prinzipiell immer dagegen–

(Hier lachte Jane.)

–das Wort irgendeines Menschen als die absolute Wahrheit zu betrachten. Daher stammt auch sein Unbehagen, sich irgendetwas, und sei es auch nur einen einfachen Brief, diktieren zu lassen, der dann in genauem Wortlaut abgeschrieben werden muss

gemäß den Worten und Gedanken von jemand anderem.
(Nur für einen einzigen Satz wurde nun Janes Stimme sehr viel tiefer und dröhnender.)
Dies wirft ihn in einen emotionalen Strudel.
Dies, zusammen mit der spürbaren Überheblichkeit des neuen Direktors, trägt zu den Schwierigkeiten bei. Ruburt arbeitet am besten, wenn er mehr oder weniger alleingelassen wird und gewisse Pflichten und Funktionen erhält, wie damals, als er als Verkäufer arbeitete. Obwohl ich natürlich aus verschiedenen Gründen überhaupt nicht vorschlage, dass er wieder dorthin zurückkehrt.
Wenn er in der Galerie im Sinne seiner Vorstellungen arbeiten könnte, müssten die Dinge wieder ins Lot kommen.
Ich weiß, dass es fast Zeit für eure Pause ist. Aber wenn du noch weiter schreiben magst, möchte ich gerne noch einiges beifügen, solange mich Ruburt durchkommen lässt. Ich bin nicht sicher, ob er mich nach der Pause nicht blockieren wird.
(„Okay".
(Meine Hand fühlte sich ein wenig müde an.)
In der Vergangenheit blieb er trotz einiger Nachteile in der Galerie, vor allem wegen der relativen Unabhängigkeit, wegen der bereits erwähnten Verpflichtung und auch wegen eines angeborenen Interesses an den Bildern, die ihn umgeben. Aber der Hauptgrund war sicher die recht große Unabhängigkeit.
Als Sekretärin kann unser lieber Ruburt nicht erfolgreich sein. Zumindest nicht als die Art Sekretärin, die jetzt gefordert wäre. Die Worte von jemand anderem wortwörtlich abzuschreiben erscheint Ruburt aufgrund seiner eigenen kreativen Fähigkeiten als eine völlig untergeordnete Arbeit.
Die einzige Ausnahme würde darin bestehen, die Worte von jemandem aufzunehmen, der Ruburts Ansicht nach überragende kreative Fähigkeiten besitzt oder über entsprechendes Wissen verfügt.
Ich versuche mein Bestes, um die grundlegende Situation zu erklären, sodass ihr zumindest die Ursache dahinter erkennt und vielleicht kannst du Ruburt helfen, eine entsprechende Entscheidung zu fällen. Wie er weiß, stimmt es auch, dass ihn der Florida-Zwischenfall so sehr ängstigte, dass er eine Arbeitsstelle nur unter großem Druck verlassen würde.
Hier noch eine kleine Bemerkung, die dich, Joseph, betrifft und die Ruburt vorher blockiert hat: Diese Angst hat auch dich ergriffen und sie hatte viel mit der äußerlichen Akzeptanz deiner Stelle zu tun, wie sie war, bevor du eine Änderung – und zwar eine gute – herbeigeführt hast.
Macht nun eine Pause, bevor deine Finger brechen.
(Pause um 22:05 Uhr. Jane war in der üblichen Trance. Sie sagte, dass Seth sie erwischt habe: Nach dem Weintrinken hatte sie sich sehr entspannt und sie realisierte nun, dass Seth genau das gewollt hatte.
(Meine Hand war etwas müde. Jane fuhr um 22:10 Uhr in der gleichen Art wie vorher fort.)

Mit deiner Erlaubnis beeile ich mich nun, solange es Ruburt noch zulässt und verschiebe unsere Diskussion über Materie auf später.

Ruburt hat keine weiteren Schwierigkeiten in die Situation in der Galerie hineinprojiziert, wie ihr es für möglich gehalten habt; er hat nur auf die Einschränkungen seiner Unabhängigkeit reagiert.

Er würde vielleicht kleinere Details beachten, wenn sie Teil eines kreativen Konzepts wären oder sogar das kreative Konzept von jemand anderem, denn er achtet ja auch in seiner Poesie auf Details, wenn er sie in kreative Konzepte umsetzt.

Der neue Direktor hat tatsächlich eine übertriebene, fast weibische Liebe zu Kleinigkeiten um ihrer selbst willen und dieser Art Einstellung kann sich Ruburt nur schwer anschließen, wenn er direkt davon betroffen ist. Und hier ist noch eine weitere hübsche Pointe: Ruburts Beharren auf der Bezeichnung Galerie-Sekretärin lässt Raum für eine gewisse Unabhängigkeit und Unpersönlichkeit und einen Freiraum, den die Bezeichnung ‚Sekretärin von Herrn So-und-So' niemals gestatten würde.

Form ohne Geist wird Ruburt immer kalt lassen. Ich halte es mit beidem.

(Jane klopfte für Seth auf den Tisch.)

Das also ist der Grund für unsere ganze Aufregung und da Ruburt bis jetzt eine gewisse Unabhängigkeit genoss, bei der er gut arbeiten konnte, fühlt er sich ihrer nun beraubt und ist deshalb wütend. Es ist schwierig für mich, mehr zu sagen, aber das sollte immerhin eine große Hilfe sein. Eine allzu starke oder auch eine weniger strenge Überwachung bereitet Ruburt schon wegen der dauernden Nähe seiner Mutter während seiner Jugend große Mühe.

Eine Panikreaktion könnte in Gang gesetzt werden, ohne dass der Grund bekannt wäre. Das führt zu einer Verwirrung des Egos, da die Persönlichkeit, die versucht, auf eine für sie vernünftige Art zu handeln, die Heftigkeit der Rebellion nicht versteht.

Geld hat hier eigentlich wenig mit dem grundlegenden Problem zu tun. Unterbewusst wollte Ruburt mehr Geld, um die fehlende Unabhängigkeit oder wohl eher die Wegnahme seiner Unabhängigkeit zu kompensieren. Ein größeres Gehalt wird sicherlich allgemein hilfreich sein, aber niemals auch nur im Ansatz die grundlegende Situation kompensieren, wenn nicht diese selbst geändert wird.

Was die Blockierungen betrifft, so müsst ihr verstehen, dass dies eine automatische Reaktion ist, die sich über Jahre aufgebaut hat. Und wenn die Position umgekehrt wäre, Joseph, würdest du mich noch mehr blockieren.

Ich schlage eine Pause vor.

(Pause um 22:26 Uhr. Jane war in der üblichen Trance. Sie beendete diese Durchgabe mit einer guten Dosis Lebhaftigkeit und Humor, vor allem im letzten Abschnitt. Meine Schreibhand fühlte sich kaum müde an.

(Weil sie über die Situation in der Galerie verärgert war, wünschte sich Jane zu diesem Zeitpunkt, dass Seth ihr etwas über ihre Zukunft sagen könnte. Das haben wir bis jetzt strikt vermieden, aber diesmal dachten wir uns, wir sollten um alle verfügbare Hilfe bitten. Trotzdem richteten wir während der Pause keine direkte diesbezügliche Frage an Seth. Jane fuhr um 22:31 Uhr weiter wie vorher.)

Ich sehe keine ernsthaften Schwierigkeiten für euch voraus. Unabhängig von allem Wissen, ist kein Leben frei von Problemen. Aber wenn diese Probleme als Herausforderungen angesehen werden, ist die Lösung viel einfacher.

Nochmals: Joseph, die Tatsache, dass euer privates Leben auf gleichmäßigem Kurs verläuft, hat euch beiden in der letzten Zeit viel geholfen und dein Verständnis in Bezug auf Ruburt war sehr lobenswert. Ich kann das gar nicht stark genug betonen.

Ich glaube nicht, dass du oder ihr beide so weit fortgeschritten seid, um meinen Aussagen zu vertrauen, dass es problemlos sei, euer geplantes Haus zu kaufen. Ich kann nur sagen, dass dem so ist, aber es ist besser, ich dränge euch nicht in irgendeine Richtung, sondern lasse euch nach eurem eigenen Gutdünken handeln.

Der Gedanke an das Haus war auch ein Teil von Ruburts Überlegungen, aber eher im gegenteiligen Sinn, weil ihr beide finanzielle Ängste habt. Deshalb ist es sicher gut, wenn ein Umzug zumindest vorübergehend aufgeschoben wird, obwohl es nicht so sein müsste.

Ruburts Bemerkung dir gegenüber war tatsächlich etwas unglücklich, denn sie weckte deine eigenen Ängste. Unabhängigkeit ist für euch beide äußerst wichtig. Ihr zeigt es nur auf unterschiedliche Weise.

(„Welche Bemerkung?"

(Ich glaubte es zu wissen, wollte aber sicher sein und es zeigte sich, dass ich Recht hatte.)

Die Bemerkung, die sich – glaube ich – darauf bezog, sich in der Galerie mit etwas weniger zufrieden zu geben und während dieser Zeit eine andere Stelle zu suchen, damit das Haus ohne Belastung gekauft werden könnte.

Ich wiederhole: Allgemein gesprochen sehe ich in unmittelbarer Zukunft trotz dieser Situation in der Galerie keine großen Schwierigkeiten und ich sehe auch keine finanziellen Probleme.

Bei einer anderen Gelegenheit werde ich die Vorteile und Gefahren von Erwartungen auflisten, denn sie sind das Resultat von unterbewussten Gefühlen, die nicht nur nach außen projiziert, sondern auch von anderen gefühlt werden.

Unser ganzes Material sollte großen praktischen Wert haben. Erinnert euch, dass das Unterbewusstsein am äußeren Ende der inneren Sinne ist und dass die inneren Sinne physische Konstruktionen erschaffen. Wenn ihr einmal lernt, mit eurem Unterbewusstsein umzugehen und zu kommunizieren, werdet ihr auch fähig sein, konstruktivere Konstruktionen zu erschaffen–

(Hier lächelte Jane.)

–weil ihr verstehen werdet, dass angsterfüllte Erwartungen eure Wahrnehmung der Realität und auch eure entsprechenden Konstruktionen außerordentlich verfärben.

(Für mich ist dies eine der bedeutungsvollsten Informationen des Seth Materials.)

Ich werde die Sitzung früher beenden und ich betrachte sie als eine äußerst ergiebige. Viel davon betraf jedoch persönliche Situationen und wir haben jetzt keine Zeit mehr, um heute Abend noch Informationen über Materie durchzugeben.

(Jane lachte.)

Sehr geschickt habe ich Ruburts Ego – von dessen Standpunkt aus – in ein falsches Sicherheitsgefühl gewiegt und dann hat es mich nicht mehr so blockiert wie ich es ursprünglich befürchtete. Ruburt wird auf jeden Fall davon profitieren und auch du, Joseph, wenn du ihm nach dem Lesen des Materials deine Meinung über die Situation mitteilst. Ich habe euch beiden einen Einblick in diese Situation gegeben, aber nun ist es an euch, eure eigenen Entscheidungen zu treffen.

Ich wünsche euch beiden einen guten Abend und Ruburt weiß nun, welche Tricks ich anwenden kann, wenn es notwendig sein sollte.

(„Gute Nacht, Seth."

(Ende der Sitzung um 22:51 Uhr. Jane war in der üblichen Trance. Meine Schreibhand war etwas müde.)

(Das folgende Material wird hier angefügt, weil Seth in der folgenden [68.] Sitzung darauf zu sprechen kommt.

(Es ist wiederum ein Ouja-Brett-Experiment, das Jane und ich am Freitag, den 3. Juli 1964, um 22:05 Uhr ausprobierten. Wir saßen am Brett, ohne Fragen zu stellen. Die Buchstabierungen werden wortwörtlich, wie sie erhalten wurden, wiedergegeben. Ich machte fortlaufend Notizen. Die auf dem Brett aufgedruckten Worte Ja und Nein sind hier in Klammern vermerkt, wenn der Zeiger darauflag.

(Ja) c probert tm (ja) Roberts Jane du bist (ja) du bist Medium.

([Ich fragte:] „Wer ist das?")
Ich bin Tom Roberts.
(„Wer ist Tom Roberts?")
Verwandter.
(„Was für ein Verwandter?")
P (ja).
(„Versuch es nochmals. Was für ein Verwandter bist du?")
Onkel.
([Jane]: „Mein Vater hatte keine Brüder.")
Urgroßonkel.
(„Bist du tot, so wie wir es auf unserer Ebene bezeichnen?")
Natürlich.
(„In welchem Jahr bist du gestorben?")
1841.
(„Wo bist du gestorben?")
In der Nacht.
(„Kannst du uns einen Ort angeben?")
Oslo.
(„Oslo, Norwegen?")
Ja.
(„Kannst du uns einen Straßennamen in Oslo geben?")
Nein.

(„Warum nicht?")
Name hatte mit Snopes zu tun (ja).
(Jane erhielt die meisten dieser Antworten mental, bevor das Brett sie ausbuchstabiert hatte. Sie hatte auch einige andere Antworten auf diese Weise erhalten und oft wusste sie viele der Antworten der Sitzung voraus. Aber sie hörte weder Seth noch irgendeine andere Stimme. Wie bei der Oujia-Sitzung mit Thomas Voghler tauchten die Antworten direkt in ihrem Kopf auf.
(„Tom Roberts, kannst du uns etwas über Snopes sagen?")
J (nein).
(„Was bedeutet das Wort?")
Eine Art Party (ja. [*Pause*]) Name entgeht mir.
("Warst du je in Amerika?)
Ja.
(„Wann?")
1839.
(„Wo?")
Champlaine.
(„Was ist Champlaine?")
Gebiet, nördlich, mit Wasser.
(„In welchem Jahr wurdest du geboren?")
1789.
(„Wie alt warst du, als du starbst?")
Alt genug, jetzt besser, Schlag. 52. Gutes Leben, gute Frau.
(„Wie hieß deine Frau?")
Liebste.
(„Liebste wie?"
(Als Tom zu buchstabieren begann, wussten wir beide, wie der Name sein würde.)
Them (nein) Thelma.
(„Wo wurdest du geboren, Tom Roberts?")
Englisches Land.
(„Kannst du uns sagen, welches englische Land?")
Wales.
(„Wo in Wales? Kannst du uns den Namen einer Stadt geben?")
Stadt Tenderhoof [ja].
(„War es einfach für dich, Tom Roberts, heute Abend mit uns in Kontakt zu kommen?")
Ich bin hell wie Sternenlicht.
(„Was meinst du damit?")
Raffiniert.
(„Warst du schon mal bei uns?")
Nein.
(„Warum bist du denn jetzt bei uns?")

Delmer war bei euch.

(Janes Vater, Delmer Roberts, ist vor einigen Wochen bei uns zu Besuch gewesen. Er ist ständig unterwegs. Jane sieht ihn selten und auch bei seinem letzten Besuch aus Florida blieb er nur einige wenige Tage bei uns.

("Dann warst du bei Del?")
Ein wenig.
("Aus welchem Grund bist du bei Del?")
Das geht nur mich an.
("Kanntest oder kennst du Thomas Voghler?")
(Ja) Er war Freund.
("In welchem Land war er ein Freund?")
Wir sind alle Übersinnliche, Familie und Freunde in einer Gruppe.
("Auf welcher Ebene bist du jetzt?")
(Ja) Verschieden.
("Wirst du auf unsere Ebene zurückkehren?")
Wann?
("Wirst du dich wieder auf unserer Ebene inkarnieren?")
Nicht, wenn ich es vermeiden kann.
("Was macht du dort, wo du jetzt bist?")
Zu lange um zu erklären.
("Kannst du wenigstens etwas darüber sagen?")
Eine Reorganisation.
("Welcher Art?")
Talante (ja).
("So buchstabierte Jane dieses Wort.")
So?
("Kennst du Seth, Tom Roberts?")
Seth ist der Beste. Kumpel.

(Zu diesem Zeitpunkt waren wir beide höchst misstrauisch über den Ursprung dieser Botschaften. Wir vermuteten unterbewusste Quellen. Unnötig zu sagen, dass wir beide beim Berühren des Zeigers äußerst vorsichtig waren, um ihn nicht bewusst zu bewegen.

("Seth sagte neulich, er kenne Thomas Voghler nicht."
(Siehe 66. Sitzung vom 29. Juni.)
Er kennt ihn nicht. Ich sagte nicht, dass er es tut.
("Nun, eigentlich solltet ihr alle einander kennen, wenn ihr Kumpel seid."
(Ich ging hier nach Gefühl vor. Was ich natürlich meinte war, dass wenn Thomas Voghler und Tom Roberts Freunde waren und wenn Seth nun Tom Roberts kannte, dann würde Seth auch Thomas Voghler kennen oder zumindest von ihm gehört haben.)
Gründe.
("Was für Gründe?")

SITZUNG 67

(Good-bye good-bye good-bye)
(*Dreimal ging der Zeiger auf dieses auf dem Brett aufgedruckte Wort. Wir waren beide überrascht. Im Spaß fragte ich Jane, was sie mit dem Zeiger gemacht habe.*)
(Good-bye) v out g.
(*Das Brett schien bewegungslos zu sein und so notierte ich, dass die Sitzung um 23:15 Uhr zu Ende gegangen war. Jane und ich waren in Stimmung weiterzumachen und wir wollten nochmals versuchen, das Brett sprechen zu lassen. Zuerst saß ich allein am Brett um zu sehen, ob ich etwas erreichen würde. In der Vergangenheit hatte das nie geklappt; der Zeiger hatte sich nicht einmal über die Buchstaben bewegt.*)
(*Diesmal begann sich der Zeiger zu bewegen, ganz langsam. Er wurde zunehmend schneller, während Jane jeden Buchstaben aufschrieb. Sie ergaben keinen Sinn. Es muss angefügt werden, dass sich auf einer ganzen Seite von Buchstaben keine zufälligen Wörter ergaben, nicht einmal kurze Wörter wie bis, zu, am, aber, ist, auf, etc. Es schien fast, als ob entweder der Zeiger oder ich bewusst entschieden hätten, nichts Erkennbares zu produzieren.*)
(*Jane versuchte dann das Brett allein; sie hatte damit letzte Woche Thomas Voghler erreicht. Heute gelang auch ihr nichts. Zuletzt versuchten wir nochmals das Brett gemeinsam und fast sofort begann es zu reagieren. Weiter um 23:48 Uhr.*)
Roberts, du hast mich abgehängt. Warum?
(„Kennst du Seth, Tom Roberts?")
Ich sagte ja.
(„In welcher Beziehung?")
Freund.
(„In welchem Jahr starb Seth?")
In welcher Zeit?
(„In der Zeit, da du und Seth hier auf der Erde Freunde wart.")
Wir sind jetzt Freunde. Nicht auf der Erde.
(„Bist du eine Wesenheit wie Seth?")
Ja.
(„Wie heißt der Name deiner Wesenheit?")
Uarek.
(„Ist das korrekt?")
Ja.
(„Bist du auch ein Erzieher wie Seth?")
Im Training.
(„Ist Seth dein Lehrer oder einer davon?")
Ja.
(„Weiß Seth, dass du mit uns in Kontakt getreten bist?")
Ja.
(„Warst du, Uarek, mit Seth zusammen, wenn er jeweils bei uns war?")
Nein.
(„Hast du bis jetzt andere wie uns kontaktiert?")

Nein.
("Ist das demzufolge dein erstes Mal?")
Ja.
("Was denkst du darüber?")
Ich bin nicht sicher.
("Kannst du uns sagen, was Seth über dein Erlebnis mit uns denkt?")
Nein.
("Kannst du ihn fragen?")
Ja.
("Also, frag ihn jetzt.")
Warte *(Pause)*. Er ist nicht erfreut.
("Warum nicht?")
Will, dass ich mehr lerne.
("Hattest du die Erlaubnis, uns zu kontaktieren?")
Nein und (ja).
("Was meinst du damit?")
Kompliziert.
("Tom Roberts, können wir dich in Zukunft wieder kontaktieren?")
Ja.
("Gute Nacht, Tom Roberts.")
Good-bye.
(Ende um 00:20 Uhr. Wir beendeten die Sitzung, weil wir nun beide müde waren. Es schien, als ob wir endlos hätten weitermachen können.)

(Beim Üben von psychologischer Zeit hatte ich die folgenden Erlebnisse:
(Donnerstag, 2. Juli, 20:15 Uhr: Ich spürte ein mildes, prickelndes Gefühl in meinen Unterschenkeln, bevor ich mich hinlegte, es geschah aber nichts, als ich den gewünschten und danach auch den weiteren, zweiten Zustand erreicht hatte. Ich leitete dann den gewünschten Zustand vom Kopf aus nach unten gehend ein und dies schien schneller zu gehen.

(Später hörte ich eine nicht identifizierbare Stimme unterhalb meines rechten Auges sagen „George Allen ist ziemlich betroffen–" oder Worte in diesem Sinn. Der Satz blieb unbeendet; zumindest hörte ich nicht alles.

(Später stand ich innerhalb eines Korridors und beobachtete mich selbst, wie ich aus dem Korridor trat. Mit der rechten Hand ließ ich hinter mir die Gittertüre zufallen. In meiner linken Hand trug ich einen großen, grauen Kartonumschlag. Ich trug eine Mütze, ein T-Shirt und Khaki-Shorts. [Ich besitze solche Shorts] Als ich zur Tür hinausging, sagte ich: „Nun, Bob, ich werde dich wieder sehen. Ich weiß nicht genau wann, aber..." Wiederum verstummte die Stimme. Ich versuchte mich selbst zu befragen, erhielt aber nichts.

(Während dieses Experiments spürte ich manchmal, wie sich meine Beine gebeugt und die Knie angezogen anfühlten, aber gleichzeitig war ich mir bewusst, dass sie

SITZUNG 67

flach auf dem Bett lagen. Das Gefühl des Emporgehobenseins war auch in meinen Vorderarmen und Händen sehr deutlich, obwohl meine Hände auf gleicher Höhe wie mein Rücken lagen. Dies war ein seltsames Gefühl, von simultan auf zwei Ebenen zu sein, aber ziemlich angenehm, wenn man sich einmal daran gewöhnt hatte.

(Es gab weitere kleine Vorkommnisse während dieses Experiments, aber ich hatte sie beim Aufwachen vergessen.

(Freitag, 3. Juli, 11:00 Uhr. Ein Feiertag des 4. Julis wegen. Als ich mich sehr entspannt hinlegte, ohne den gewünschten Zustand herbeizuholen, spürte ich wiederum das Gefühl des Emporgehobenseins in meinen Vorderarmen und Händen. Bewusst experimentierend bewegte ich meine rechte Hand ein wenig, sodass ich die Decke darunter spüren konnte. [Ich war ohne Anstrengung in den gewünschten Zustand gelangt]. Dieser Kontakt ließ das Gefühl des Emporgehobenseins in meiner rechten Hand verschwinden; aber die linke Hand <u>behielt</u> dieses Gefühl bei. Während einiger Minuten erforschte ich so die Eigenartigkeit, auf zwei Ebenen gleichzeitig zu sein.

(21:00 Uhr: Dies kann die Louisiana-Episode genannt werden. Ich bin mir hier etwas unsicher und werde auf eine Erklärung von Seth warten müssen. Leider behielt ich nicht alles davon im Gedächtnis, nachdem ich den entsprechenden Zustand verlassen hatte. Ich benötigte fast einen ganzen Tag, um mich an all das zu erinnern, was ich hier nun aufschreibe.

(Am Anfang entspannte ich mich, ohne mich allzu sehr auf den gewünschten Zustand zu konzentrieren. Ich hatte kein Gefühl oder Empfinden von Leichtigkeit.

(Dann fand ich mich direkt oberhalb eines parkierten Wagens, einem älteren Modell mit einem runden grauen Dach. Als ich auf ihn hinabschaute, sah ich einen drahtigen, jüngeren Mann in einem weißen Hemd mit aufgerollten Ärmeln, der schnell um den Wagen herum ging und durch die Fenster hineinschaute. Ich konnte nicht sehen, ob der Wagen auf einer Straße, in einer Hauseinfahrt oder wo auch immer stand.

(„Sagen sie mal", sagte ich, „was geht hier unten vor?"

(Der Mann schaute herauf. Er schien mich zu sehen und über meine Lage nicht erstaunt zu sein. Er deutete auf den Wagen; ich konnte jedoch nicht durch die Fenster hineinsehen.

(„Da drin ist ein Mann", sagte er, „und irgendwas stimmt nicht mit ihm. Ich kann ihn nicht herausholen. Die Türen sind geschlossen."

(Mein Gesprächspartner hatte volles, braunes Haar, eine schlanke, muskulöse Figur, einen breiten, edlen, besorgten Mund und ein kantiges Kinn. Jedes Mal, wenn er mit mir sprach, sah ich ihn allein wie auf einem großen, milchig-weißen Bildschirm. Der Bildschirm schnitt ihn an der Taille ab und war groß in Bezug auf die Statur des Mannes. Jedes Mal, wenn er sprach, schien er sich in den Bildschirm von unten rechts hineinzulehnen und er verharrte auch in dieser Stellung, während er redete. Mein Blickfeld hatte sich auch gesenkt, aber nicht bis zu seiner Ebene.

(„Können sie mich sehen?", fragte ich.

(„Ja, natürlich kann ich sie sehen..."

(„Wie heißen sie?"

(„Ich heiße George Marshall."
(„In welcher Stadt sind wir hier? Wo wohnen sie?"
(George Marshall gab eine klare und deutliche Antwort, aber zu meinem Bedauern kann ich mich jetzt nicht mehr an den Namen der Stadt erinnern. Ich hörte ihn ganz klar und behielt ihn auch während einiger Zeit im Gedächtnis, aber als ich mit dem Aufschreiben dieses Experiments begann, hatte ich ihn vergessen.

(George Marshall nannte den Namen des Staates, Louisiana, und aus irgendeinem Grund hatte ich keine Mühe, diesen zu behalten. Ich zweifelte weder daran noch an meinem Erinnerungsvermögen. Irgendwie weiß ich, dass die Stadt, an deren Namen ich mich nicht erinnern kann, im nordwestlichen Teil des Staates Louisiana liegt.

(Die Dinge begannen vage zu werden, so als ob ich Mühe hätte, mich auf die Situation noch länger fokussieren zu können. Es wurde sehr schwierig für mich zu sprechen und ich erinnere mich, dass ich sehr stark, fast verzweifelt, versuchte, das fertig zu sagen, was ich sagen wollte.

(„Hören sie, mein Name ...ist Robert.... Butts... Ich möchte dass sie Kontakt aufnehmen..."

(Ich weiß nicht, ob ich den Satz beendete oder nicht. Ich habe das Gefühl, George Marshall versprach, mich zu kontaktieren. [Zur Erinnerung: Seth hatte Jane und mich instruiert, alle jene um Kontaktaufnahme zu bitten, denen wir im Zustand der psychologischen Zeit begegneten.]

(Um mein Erinnerungsvermögen aufzufrischen, schaute ich mir Straßenkarten von Louisiana an. Zwei Städtenamen im nordöstlichen Teil von Louisiana erschienen mir vertraut: Columbia und Cameron. Aber später, bei einer Ausfahrt mit Jane, kam mir in den Sinn, dass der Name, den ich suchte, Sheridan war. Während des Experiments erinnerte ich mich daran, dass ich dachte, der von George Marshall angegebene Name sei ein vernünftiger Name für eine Stadt und dass es der gleiche war wie der einer Stadt in Wyoming.

(Nach Überprüfung der Karten fand ich jedoch kein Sheridan, Louisiana, dort, wo ich es vermutet hatte. Mein Auge fiel dann aber auf Sheridan, Arkansas; dies ist eine kleinere Stadt, ungefähr 75 Kilometer oder so von der nördlichen Staatsgrenze von Louisiana entfernt und liegt in einer direkten Nord-Süd-Linie mit dem Nord-Mittel-Teil von Louisiana. Ich habe aber das bestimmte Gefühl, dass George Marshall den Staat Louisiana nannte und nicht Arkansas.

(Samstag, 4. Juli, 22:30 Uhr: Wenige Resultate. Einmal schien ich flach hingestreckt zu sein und direkt auf eine Reihe amerikanischer Fahnen zu blicken, die sich von einer großen Rolle lösten. Sie waren alle kopfüber aufgehängt.

(Sonntag, 5. Juli: Verschiedene vage Eindrücke. Kein bestimmtes Gefühl.
(Montag, 6. Juli, 20:15 Uhr: Keine Resultate.
(Dienstag, 7. Juli: Verpasst.
(Jane: Freitag, 3. Juli, nachmittags: Ich sah dunkles Wasser von Mondlicht beschienen, die undeutliche Figur einer Frau am Ufer. Ein Segelboot auf dem Weg hinaus.

(Jane: Samstag, 4. Juli, nachmittags: Ich schaute einen hohen Baum hinauf und fühlte, als ob ich mich dort hinauf erheben würde. Ein starker Ruck an meinen Füßen holte mich aus diesem Zustand heraus. Ich hörte dann Robs Mutter ungefähr die folgenden Worte sagen: „Du nimmst mich mit dir zurück, ob du es weißt oder nicht..." Dann hörte ich „Die Untersuchung" in einer nicht identifizierbaren Stimme.)

SITZUNG 68
6. JULI 1964, 21:00 UHR, MONTAG, WIE GEPLANT

Seth erscheint und wird von Bill gezeichnet; Janes Gesichtszüge verändern sich; die Erwartungshaltung als Voraussetzung zur Erlangung erwünschter Zustände

(Es wird sich zeigen, dass diese Sitzung eine der bedeutungsvollsten ist, was den Beweis der Authentizität des Seth-Materials betrifft. Was ich hier aufgeschrieben habe, tat ich mit dem größtmöglichen Bemühen nach Objektivität. Jane, Bill Macdonnel und ich stimmen mit dem Inhalt überein und unsere drei Gesichtspunkte werden hier dargestellt. Es mag noch beigefügt werden, dass Jane und ich keine vorgefassten Meinungen in Bezug auf das Seth-Material haben. Wir engagieren uns dafür und halten fest, was wir dabei lernen. Wir haben zu diesem Zeitpunkt nicht den Eindruck, dass eine andere Einstellung oder Meinung nötig wäre. Wir lassen das Material für sich selbst sprechen.

(Heute leisteten wir die erste Ratenzahlung für den Kauf des Birch[Birken]-Hauses, mit dem wir uns so ausführlich in der 65. Sitzung beschäftigten. Wir freuen uns und sind auch etwas aufgeregt darüber. Vor der Sitzung sagte Jane, dass sie sich erschöpft und nervös fühlte; sie erklärte auch, dass Seth am Nachmittag manchmal anwesend gewesen und „herumgeschwirrt" sei, wie sie es nannte, während sie über das Haus nachgedacht hatte.

(Bill Macdonnel traf um 20:30 Uhr ein, um als Zeuge teilzunehmen. Unser Kater Willy war ausnahmsweise ruhig, als die Sitzungszeit näher rückte. Jane fühlte sich etwas nervös. Sie begann pünktlich zu diktieren, in einer etwas tieferen und kräftigeren Stimme als gewöhnlich. Ihr Tempo war durchschnittlich, ihre Augen verdunkelten sich wie gewöhnlich.)

Guten Abend.

(„Guten Abend, Seth.")

Und einen guten Abend auch unserem Gast.

Es gibt viele Dinge, über die ich sprechen möchte. Ich habe vor, mehr über die Natur der Materie zu sagen und es gibt zumindest auch einige Bemerkungen über das Haus und über Ruburts Stelle in der Galerie, falls er mich durchkommen lässt.

Es gibt einen Punkt aus unserer vorherigen Diskussion, der noch angefügt werden muss. Es geht um eine klarere Definition. <u>Ihr</u> mögt, gemäß ziemlich willkürlicher Bezeichnungen, Materie als lebendig oder tot erklären. Wir müssen hier einen Schritt weitergehen. In unserer letzten Sitzung sagte ich, dass ihr lebendige Materie als Aktion in Bewegung betrachtet.

Tatsächlich betrachtet ihr Aktion, die zumindest teilweise selbst-bestimmend, ist als lebendige Materie. Aktion, die statisch scheint, betrachtet ihr als leblose Materie. Es sollte eigentlich klar sein, dass jede Aktion in der Tat bis zu einem gewissen Grad eine selbst-bestimmte Aktion ist und daher als lebendige Materie bezeichnet werden sollte.

Für unsere Diskussionen ist das sehr wichtig. Kein materielles Objekt jeglicher Art wird ohne die Kooperation und ohne die innere Zustimmung der Atome und Moleküle geformt, aus denen es sich zusammensetzt. Die Form wird der Materie nicht aufgedrängt.

Die Atome und Moleküle selbst formen sich durch ihr eigenes Kapselverständnis in bestimmte Objekte und zwar unter der Anleitung, aber nicht unter dem Zwang des Individuums, welches eine bestimmte physische Konstruktion leitet.

Ohne eine solche Zusammenarbeit wäre keine physische Konstruktion möglich. Ich werde, wenn ich darf, unser Glas wieder brauchen, um einen weiteren Punkt zu erklären.

(Jane hatte sich vor der Sitzung ein Glas geeisten Kaffee zubereitet. Nun nahm sie es, um es Bill und mir zu zeigen. Gleichzeitig wurde ihre Stimme etwas tiefer und kräftiger.)

Ich sagte, dass wenn fünf Personen dieses Glas betrachten würden, ihr tatsächlich fünf verschiedene physische Gläser hättet. Wenn du und Ruburt und Mark dieses Glas anschaut, sieht jeder von euch ein anderes Glas.

(Zur Erinnerung: Seth gab Bills Wesenheit den Namen Mark.)

Keiner von euch sieht das Glas der anderen. Wir haben kurz davon gesprochen. Ich würde gerne noch mehr ins Detail gehen. Alle drei erschaffen sich ihr eigenes Glas. Jeder erschafft sich sein eigenes Glas in seiner eigenen persönlichen Perspektive. Daher habt ihr hier drei verschiedene Gläser, aber jedes existiert in einer anderen Perspektive, in einem völlig verschiedenen Raumkontinuum.

(Nun war Janes Stimme sogar noch tiefer und kräftiger geworden als vor einer Minute. Die Veränderung war bereits drastischer als in vielen vorhergegangenen Sitzungen. Ihre Stimme dröhnte zwar nicht und war immer noch als ihre eigene erkennbar, aber die Veränderung war bemerkenswert und ich fragte mich, ob sie noch dramatischer würde. Die Gegenwart von Zeugen bewirkt normalerweise ein paar Extras von Seth-Jane, was Stimmphänomene betrifft. In der 63. Sitzung, als John Bradley als Beobachter dabei gewesen war, waren auch einige Stimmveränderungen aufgetreten, aber im Vergleich zu dieser hier waren jene ziemlich schwach gewesen.)

Nun Mark, weder kannst du Josephs Glas sehen noch kann er dein Glas sehen. Das kann mathematisch bewiesen werden und die Wissenschafter arbeiten bereits an diesem Problem, obwohl sie die dahinter liegenden Prinzipien nicht verstehen.

Es gibt aber einen Punkt, einen unendlich winzig kleinen Punkt, wo sich deine,

SITZUNG 68

Marks und Ruburts Perspektiven überlappen. Nochmals: Wenn ihr diesen Punkt theoretisch wahrnehmen könntet, könnte tatsächlich jeder von euch die beiden anderen physischen Gläser sehen.

Physische Objekte können nicht einfach existieren, sondern nur dann, wenn sie sich in einer fest bestimmten Perspektive und in einem Raumkontinuum befinden. Jedes Individuum erschafft sich jedoch sein eigenes Raumkontinuum.

Diese Raumkontinua existieren in einer positiven Art. Es sind keine Illusionen. Sie existieren spontan und simultan, aber niemand kann in die Raumperspektive eines anderen hineingehen.

Ich werde dies mit dem Material verbinden, das die Unterschiede behandelt, die ihr an einem bestimmten Objekt zu sehen <u>scheint</u>. Dieser Unterschied ist größer als ihr euch vorstellt. Er kann nicht erklärt werden, indem wir sagen, dass ein Mensch ein bestimmtes Objekt anders sieht als ein anderer, weil er gerade von einer bestimmten Stimmung ergriffen ist.

Er erschafft ein völlig anderes Objekt, das dann von seinen äußeren Sinnen wahrgenommen wird. Da wir heute Abend einen so eleganten und willkommenen Gast haben, lasst uns ihn im Sinne einer lockeren Diskussion über Materie wahrnehmen, in der er unser Versuchskaninchen ist.

(Auf dem Grundriss unseres Wohnzimmers am Ende dieses Kapitels kann genau gesehen werden, wo wir uns befanden. Seth machte keine weiteren Angaben darüber, was geschehen würde. Janes Durchgabe wurde nicht unterbrochen und sie ging recht schnell hin und her. Ihre Stimme war ziemlich kräftig und tief, viel tiefer als sonst, aber sie sprach scheinbar ohne Anstrengung und ohne Erstaunen.

(Von meinem Schreibtisch aus, rechts vom Eingang zu unserem Badezimmer, konnte ich Bill gut sehen, der im Schaukelstuhl saß und von der anderen Seite der gleichen Türe auf den Badezimmereingang blickte. Als Jane mit ihrer Durchgabe weiterfuhr, sah ich, dass Bill ziemlich starr in den offenen Badezimmerdurchgang starrte. Ich maß dem aber keine große Bedeutung zu und nahm es als selbstverständlich an, dass Seth Bill/Mark nur als Gesprächsgrundlage für das Thema gebrauchen wollte, das er diskutieren würde.)

Du, Joseph, siehst Mark von deinem Stuhl aus. Er sitzt in seinem eigenen Stuhl, den <u>er</u> konstruiert hat, in seinem eigenen Raumkontinuum und in seiner persönlichen Perspektive.

Du und Ruburt nehmt Mark wahr und doch sieht keiner von euch Marks Mark. Während er in seinem Stuhl sitzt, erschafft er physisch ständig sein eigenes Bild, indem er seine psychische Energie und spezielle Atome und Moleküle für die Konstruktion seines Körpers braucht.

Wir haben also hier einen Mark, von sich selbst erschaffen; und bevor der Abend zu Ende geht, werdet ihr euch noch wundern, mit wie vielen Marks wir uns schließlich finden werden.

Ich schlage eure erste Pause vor und merke dir meine Worte, Mark: Du bist mehr, als du weißt.

Übrigens wünsche ich wirklich ganz besondere Aufmerksamkeit für diese Sitzung, weil das Material von speziellem Wert sein wird.

(Pause um 21:29 Uhr. Jane war in der üblichen Trance.

(Sobald wir die Pause machten, sagte Bill, dass er im Korridor eine Erscheinung gesehen habe, die ihn während Janes Diktat sehr beschäftigt habe. Bill bat um ein Blatt Papier und begann sofort zu skizzieren, was er gesehen hatte. Bill ist Künstler und von Beruf Lehrer.

(Jane und ich schauten nun ebenfalls in den Korridor, sahen aber nichts. Bill hat Zeit seines Lebens viele Bilder und Erscheinungen gesehen und Seth hat in vergangenen Sitzungen kurz einige davon und ihre Ursprünge diskutiert. Jane und ich waren daher nicht erstaunt, als Bill sagte, er habe eine Erscheinung gesehen.

(Obwohl sie sich anfänglich nicht so gut gefühlt habe, sagte Jane, gehe es ihr jetzt gut. Seth habe sie sehr schnell „aufgeweckt". Unser Kater Willy wurde nun aktiv, wie das in letzter Zeit öfters geschah. Er pirschte in der Wohnung umher und miaute. Die Nacht war kühl und es gab keine Insekten. Willy benahm sich äußerst seltsam und schaute sich immer wieder um. Weiter um 21:32 Uhr.)

Ich werde in Kürze noch etwas über Williams Erscheinungen sagen.

Zuerst möchte ich, dass ihr feststellt, dass Janes Stimme etwas tiefer geworden ist und dann will ich, mit eurer Erlaubnis, weiterfahren.

Während Mark sein eigenes Bild erschafft, scheint ihr sein Bild zu sehen, aber ihr seht es nicht. Zu diesem speziellen Zeitpunkt gibt es drei völlig verschiedene Marks in diesem Raum, obwohl ich den Ausdruck „diesen Raum" sehr lose anwende.

(Zuerst zeigte Jane auf Bill als er im Schaukelstuhl saß und an seiner Skizze arbeitete, dann zeigte sie auf mich. Bill starrte dabei weiterhin in den Korridor und wie zuvor konnte ich von meinem Platz aus dort nichts sehen.)

Da gibt es den von Mark erschaffenen Mark, eine tatsächliche physische Konstruktion. Dann gibt es einen anderen Mark, den er nicht sehen kann, das ist derjenige, den du erschaffen hast. Zusätzlich gibt es noch zwei weitere Marks, einen erschaffen von Ruburt und einen erschaffen von eurer Katze.

Würde noch jemand anderer den Raum betreten, gäbe es noch einen weiteren physischen Mark.

In diesem Raum sind also sozusagen vier physische Ruburts, vier physische Josephs und vier physische Katzen. Tatsächlich sind es vier Räume.

(Aus meinem Studio auf der Rückseite der Wohnung hörten wir Willys Miauen; er pirschte noch immer herum.)

Euer Freund Mark, um etwas abzuschweifen, ist in gewisser Weise ein hervorragender Zeuge, weil er auf Erscheinungen und Konstruktionen reagiert, die innerhalb des physischen Bereichs von anderen Ebenen her erscheinen.

Seine Aufmerksamkeitsspanne ist jedoch etwas kurz. Was seine psychische Energie betrifft, so ist er sehr begabt. Ich stand tatsächlich einen kurzen Moment im Korridor; wenn ich jedoch etwas bemerken darf–

(Hier blieb Jane neben Bill stehen und ergriff die erste Zeichnung, die er von der

Seth-Erscheinung gemacht hatte.)
—bin ich ein sehr viel freundlicher aussehender Bursche als auf dieser Zeichnung. Eine gewisse Nuance entlang dem, was ihr die Wangenknochen nennen mögt, ist dir entgangen. Wenn du die Erscheinung noch näher betrachtest, werde ich fähig sein, das Bild klarer zu machen.

(Jane gab Bill die Skizze zurück, der weiterhin in den dunklen Korridor starrte.)
Das ist das erste Mal, dass ich während einer Sitzung eine solche Annäherung versucht habe. Es freut mich, dass ich wahrgenommen wurde und ich habe euch von meinem eigenen bevorzugten Punkt aus beobachtet.

Das Erscheinungsbild im Korridor ist tatsächlich mein eigenes, obwohl zugegebenermaßen eine Verzerrung durch Marks Wahrnehmung erfolgt ist. Er nimmt mich durch die inneren Sinne wahr und versucht dann, diese Informationen so umzusetzen, dass sie von den äußeren Sinnen wahrgenommen werden können.

Die Konstruktion ist eine von jenen, von denen ich sagte, dass sie normalerweise nicht wahrnehmbar seien und daher in der Regel nicht in physischer Zeit oder physischem Raum existieren.

(Nun stand Jane hinter Bill und schaute ihm über die Schulter beim Zeichnen zu.)
Es gibt da eine gewisse Selbstgefälligkeit um die Lippen herum – sehr gut – die mir wirklich außerordentlich gefällt. Ihr seht, dass diese Konstruktion von mir selbst erschaffen wird. Um auf eurer Ebene überhaupt erscheinen zu können, muss sich jede Konstruktion, ob sie von euch wahrgenommen wird oder nicht, aus Atomen und Molekülen zusammensetzen.

(Jane nahm die zweite Skizze aus Bills Hand und ging damit hin und her. Sie diktierte weiter, während sie die Zeichnung anschaute. Ich konnte einen schnellen Blick darauf werfen, als sie sie kurz in meine Richtung schwenkte.)
Ich habe auch vor, kurz über Ruburts Tom Roberts zu sprechen.

Es stimmt, ich bin in gewisser Weise und nach euren Maßstäben keine Schönheit, aber ihr müsst zugeben, dass ich auch nicht gerade hässlich bin. Ich werde euch nun eure Pause machen lassen. Und ich möchte mich bei Mark bedanken. Wenn ich sagte, dass Mark mir bei einer Demonstration helfen würde, meinte ich genau das.

(Pause um 21:56 Uhr. Jane war in der üblichen Trance. Sie beendete das Diktat mit einem für Bill bestimmten Lachen.

(Bill Macdonnel sagte, dass sich der dunkle Korridor in ein milchiges Weiß verwandelt habe; er habe dann gesehen, wie sich die Form von Seths Erscheinung vor diesem hellen Hintergrund abhob. Diese Form war hauptsächlich eine Silhouette, sagte er, ohne viele Details. Aber während des ersten Monologs konnte er einen guten Blick auf das Gesicht werfen. Die Wirkung entsprach etwa derjenigen eines umgekehrten Negativs. Bill sagte, dass sich das Gesicht der Erscheinung ungefähr 180 Zentimeter über dem Boden befunden habe.

(Während wir noch über Dimensionen diskutierten, fand der zweite Teil der Seth-Demonstration statt und zwar wiederum ohne eine Bemerkung oder gar Warnung von Seth.

(Jane fühlte sich nun sehr gut und hatte sich von ihrem Müdigkeitsgefühl vor der Sitzung vollständig erholt. Sie alberte herum und begab sich an genau den Punkt im Korridor, wo gemäß Bill Seths Erscheinung gewesen war. Zu diesem Zeitpunkt, in diesem Moment, sagte Bill, konnte er die Erscheinung nicht sehen. Ich stand neben Bills Schaukelstuhl und wir beide schauten Jane an, als sie lachend im Korridor stand.

(Bill Macdonnel und ich bemerkten dann gleichzeitig, dass sich Janes bewegte Gesichtszüge veränderten. Während sie zu uns sprach, wurde ihr Unterkiefer im Profil, entlang ihrem langen schwarzen Haar, kantiger, ihre Nase wurde größer, ihr Mund bekam schwerere und größere Lippen während sie redete und ihr Hals wurde dicker. Alle ihre Gesichtszüge wurden behäbiger und eher männlich. Weder Bill noch ich bemerkten eine Veränderung an ihren Augen oder an ihrer Stirne.

(Auf unsere Bitte blieb Jane dort stehen wo sie war. Sie sagte, dass sie sich irgendwie kribblig fühlte, als sie genau auf diesem Punkt stand. Sie fürchtete sich nicht, fühlte sich aber etwas unsicher, als Bill und ich ihr sagten, was wir sahen. Es gab keine Zweifel darüber, was wir sahen. Das Ganze dauerte vielleicht eine oder zwei Minuten, der Raum war genügend hell erleuchtet [obwohl nicht gerade von Licht überströmt – während ihrer Durchgaben hat Jane normalerweise eine 60-Watt Lampe angeschaltet, aber während der Pause schalten wir mehr Licht ein und wenn Jane das nicht will, löscht sie das Licht jeweils automatisch während des Diktats aus] und Bill und ich hatten Möglichkeiten genug, um uns dessen zu vergewissern, was wir sahen.

(Ich bat Jane dann, ein wenig nach vorne zu kommen. Sie tat es und die Erscheinung verblasste und verschwand dann ganz. Für mich schien die Veränderung der Gesichtszüge auf einer Fläche von zwei bis drei Zentimetern vor Janes wirklichen, physischen Gesichtszügen stattzufinden. Dieses neue Set von Gesichtszügen schien wie aufgehängt auf einer Art klarem Bildschirm und als ich es betrachtete, sah oder fühlte ich dahinter oder hindurch Janes wirkliche Gesichtszüge, so wie ich sie kannte. Bill Macdonnel hinterfragte meine Interpretation dieses Effekts nicht, obwohl ich das Gefühl hatte, dass er das Ganze nicht genau gleich sah.

(Zur Erinnerung: Diese Erscheinung des „Davor-Hängens" ist jenem Vorgang bemerkenswert ähnlich, den wir drei beim Experimentieren während unserer ersten und einzigen Seance beobachteten. [Siehe 11. Sitzung, Band 1 der Frühen Sitzungen] Dabei veränderte sich das Abbild von Janes Kopf in Größe und Form, als wir drei, Bill, Jane und ich, in einen Spiegel starrten und schien schließlich vor ihrem Spiegelbild irgendwo im Raum zu hängen. Jene Erscheinung hatte in viel schwächerem Licht stattgefunden als heute Abend. Dieses Mal konnte ich im Detail sehen, wie sich die Veränderungen abspielten und wann sie zu Ende waren.

(Bill sagte zu Jane und mir, dass das „Gefühl" der Erscheinung im Korridor sogar während der Pause zurückblieb, wenn auch deutlich schwächer. Er sagte, dass die Erscheinung zwischendurch wieder stärker wurde, sodass er dann Details sehen konnte. Seine Zeichnungen von Seth ergaben eine Reihe von sehr klar geschnittenen Gesichtszügen, mit dem offensichtlichen Unterschied eines sehr großen und hohen

Schädels. Er sagte, er fühlte, dass der Schädel gigantisch sei.

(Ich werde Fotokopien der zwei Zeichnungen machen lassen, um sie den Unterlagen beizufügen. Mein persönliches Gefühl ist, dass Seths enormer Schädel in den Zeichnungen symbolisch ist – vielleicht aufgrund Bills Gefühl, dass Seth ein viel größeres oder anderes Wissen besitzt als wir.

(Immer noch nicht ganz zufrieden mit seiner zweiten Zeichnung, machte Bill noch weitere kleine Änderungen. Willy war inzwischen wieder ruhig geworden. Meine Schreibhand fühlte sich nicht müde an. Jane diktierte in der gleichen kräftigen und sehr tiefen Stimme weiter. Sie behielt diese Stimmlage während der ganzen Sitzung bei, ohne deswegen nachher irgendwelche unangenehmen oder negativen Folgen zu spüren. Weiter um 22:08 Uhr.)

Es gibt keinen vernünftigen Grund, weshalb du mich nicht auch sehen könntest, Joseph, und auch keinen Grund, weshalb mich Ruburt nicht sehen könnte. Ihr seid beide ziemlich eigen darin, was ihr sehen wollt und was nicht. Ich werde später noch mehr dazu sagen.

(Wiederum ergriff Jane Bills zweite Zeichnung. Während sie ziemlich schnell im Raum umherging, betrachtete sie sie genau und deutete während des Diktats oft darauf.)

Das Kinn ist etwas anders geformt als in der zweiten Zeichnung. Es ist nicht so spitz, obwohl die Länge richtig ist. Ich bin aber trotzdem sehr erfreut über die ganze Darstellung. Es ist nämlich so, dass sich Marks Fähigkeiten aus vielen Gründen in diese Richtung entwickelt haben.

Es ist ein natürliches Talent, obwohl es bis jetzt untrainiert ist. Mit Training würden seine Fähigkeiten spektakulär werden. Ich will jedoch hier Folgendes feststellen: Das Bild–

(Jane hielt die Zeichnung in die Höhe und bewegte sie in meine Richtung.)

–stellt eine nach außen gerichtete Umwandlung dar, als Mark versuchte, ein exaktes Abbild des Materials zu konstruieren, das er mit den inneren Sinnen fühlte und als solches ist es die Rekonstruktion dessen, was ich bin. Es stellt die Erscheinung dar, die jene Fähigkeiten von mir annehmen, wenn sie eng mit der physischen Ebene verbunden sind. Das bedeutet nicht unbedingt, dass ich auf allen Ebenen das gleiche Erscheinungsbild habe.

(Jane gestikulierte in Bills Richtung. Sie ging sehr schnell hin und her und ihre tiefe Stimme dröhnte.)

Es ist die erste solche Darstellung von mir und bin davon sehr eingenommen.

Ich wäre nicht überrascht, wenn ihr mich fragen würdet, welche Rolle Suggestion bei einer solchen Demonstration spielt. Ich sprach von einer Demonstration, ohne die Art der Demonstration zu erwähnen. Ich sagte auch vorher nichts über Erscheinungen.

Allgemein gesagt kann ohne das, was ihr Suggestion zu nennen pflegt, kein physisches Objekt konstruiert werden und keine Tat geschehen. Ohne innere Zustimmung und ohne Willen kann weder eine Aktion noch ein materielles Objekt wahrgenommen werden. Hinter jeder Aktion und hinter jeder Konstruktion steht tatsächlich das, was ihr Suggestion zu nennen beliebt.

Suggestion ist nicht mehr oder weniger eine innere Bereitschaft und Zustimmung, die erlauben, dass eine bestimmte Aktion überhaupt stattfinden kann. Und diese Zustimmung ist der <u>Auslöser</u>, der die unterbewussten Mechanismen in Gang setzt, die es euch dann ermöglichen, innere Informationen in physische Realität umzuformen.

Es liegt genauso viel Wahres oder Falsches an der Feststellung, dass mein Erscheinen im Korridor durch Suggestion verursacht wurde wie an der Feststellung, dass dieser Raum und alles, was darin ist, durch Suggestion verursacht wurde.

(Bill Macdonnel starrte erneut in den Korridor und fügte seiner zweiten Skizze weitere Details hinzu.)

Eure emotionellen Gefühle sind, wie ihr wisst, die inneren Sinne, so wie sie nahe bei der physischen Ebene erscheinen. Das sind die Richtlinien. Ihr formt in eurer eigenen, persönlichen Perspektive die Informationen um, die innerhalb des inneren Selbst existieren, aber ihr tut dies auf einer individuellen Basis, gemäß euren eigenen Erwartungen, Vorschlägen und Einstellungen.

Oft aber verformen diese die inneren Informationen, sodass unzuverlässige und sogar widerliche Konstruktionen geformt werden. Das ist von großer Wichtigkeit.

Bevor wir die Sitzung beenden, möchte ich vorschlagen, dass du Mark nochmals fragst, was er gesehen hat, damit dies festgehalten werden kann, wie auch die vorzüglichen Darstellungen von mir als Beilage angefügt werden sollen. Ich schlage auch vor, dass ihr nochmals die Veränderung in Ruburts Stimme beobachtet und wenn ich euch vielleicht als sehr streng erscheine, so ist das nur das Resultat der Übertragung. Am besten gelingt mir die Übertragung in Gegenwart jener Personen, die in dieser Beziehung mit mir zusammen arbeiten.

Noch eine kurze Notiz: Euer Arzt von gegenüber der Straße schaute eben auf und sah mich, wie er das bei verschiedenen Gelegenheiten auch schon getan hat. Dieses Mal spürte er aber, dass etwas anders war und er spürte die Nähe.

(Ich hörte eine Türe im Haus zuschlagen, da es eine schöne Nacht war und unsere Wohnzimmerfenster offen waren. Im Sommer lässt Jane gerne die Fenster offen, ob wir nun Sitzungen haben oder nicht, obwohl ich den Verkehrslärm oft sehr lästig finde.

(Wir wohnen im zweiten Stock. Die Büroräume des Arztes Dr. Levine, der ein Freund von uns ist, befinden sich ungefähr 120 Meter weit weg, im Parterre des Hauses, das ihm gehört. Der Seiteneingang zu seinen Räumen ist genau gegenüber unseren Fenstern und wir sehen Sam Levine oft ein- und ausgehen. Vielfach arbeitet er nachts und seine Bürobeleuchtung war schon oft eingeschaltet, während wir eine Sitzung hielten.

(Sam Levine weiß über Seth Bescheid, hat aber nie an einer Sitzung teilgenommen, obwohl wir ihn eingeladen haben. Er hat weder Glauben noch Unglauben ausgedrückt und er hat auch einen Teil der Tonbandaufnahmen der 25. Sitzung abgehört. Irgendwann einmal werden Jane und ich ein wenig Druck auf Sam ausüben und ihn

bitten, teilzunehmen, wie beschäftigt er auch sein mag.)

Wenn ihr es noch aushaltet mit mir, möchte ich kurz weiterfahren, ohne eine Pause zu machen, da Ruburt so gut mit mir zusammenarbeitet. Es wäre besser, wenn wir jetzt keine Pause machen würden.

Zu eurer Information: Ruburt ist in vollem Besitz seiner Fähigkeiten und er arbeitet aus freiem Willen mit mir zusammen und es gibt hier keine Invasion irgendeiner Art.

Ich werde hier noch das Ouija-Brett-Experiment kommentieren, das ihr durchgeführt habt.

(Siehe Sitzung 67.)

Das Material kam nicht klar genug durch, weil der Mann, der versuchte durchzukommen, nicht genügend trainiert war, um die bestimmte Aufgabe durchzuführen, die er sich vorgenommen hatte.

Die Kommunikation ist authentisch. Trotzdem enthält sie Verzerrungen aufgrund der Unfähigkeit des Mannes, Informationen auf diese Art zu vermitteln.

Was euer Haus betrifft, habt ihr meinen Segen, wie ihr wisst. Das Geschäft wird erfolgreich sein. Ich habe gesagt, dass es kein Zufall sei, dass ihr auf dieses Haus gestoßen seid. Es war auch kein Zufall, dass die Tür offen war, als ihr dorthin gingt.

Zu eurer Information: Du und Ruburt, ihr beide, habt die Türe geöffnet.

(Jane zeigte auf mich.

(„Wie?")

Es gibt viel zu erklären. Es geschah, als ihr beide gleichzeitig sehr stark wünschtet, dass sich die Tür öffnen würde und mit den Fähigkeiten, die ihr nun entwickelt habt, brachtet ihr jene psychische Kraftmasse auf, die sogar in euer physischen Welt eine gültige Kraftmasse ist, und öffnetet die Tür.

(Das war eine Überraschung. Jane und ich hatten es endlich fertig gebracht, zum Haus zu fahren, das uns schon länger bekannt war, das wir jedoch bis jetzt nicht erkundet hatten. Nachdem wir eine steile Naturstraße außerhalb Elmira hinaufgefahren waren, erwischten wir glücklicherweise genau die richtige Abkürzung und fuhren direkt vors Haus. Es gefiel uns auf Anhieb.

(Wir fanden die Haustür verschlossen vor und verbrachten ein paar Minuten, das Haus von außen zu betrachten und die Aussicht zu bewundern. Ich dachte mir dann, dass wir vielleicht auf der Rückseite des Hauses eine offene Tür finden würden. Jane hatte den gleichen Gedanken, obwohl wir das damals nicht besonders beachteten. Wir fanden dann die hintere Verandatür wirklich offen. Sie hatte kein Schloss, sondern war von innen mit einer Art Riegel zugemacht.

(Gemäß Seth brauchten dann Jane und ich unsere vereinten psychischen Kräfte, um den Riegel zurückzuschieben. Ich erinnere mich, dass die Tür, die sehr schwer und solide war, nur angelehnt war. Das hatte man bei unserem zweiten Besuch in Ordnung gebracht, denn als Jane und ich dann versuchten, den Riegel von innen her in die Halterung zu bringen, fanden wir, dass wir dazu ziemlich viel Kraft aufwenden mussten. Und als die Tür einmal zu war, war sie wirklich kompakt verschlossen.

Wenn also Jane und ich psychische Kraft gebraucht hatten, um diese Tür beim ersten Mal zu öffnen, kann sicher festgehalten werden, dass die dazu nötige Kraft recht bemerkenswert gewesen sein musste.)

Alle eure Freunde spürten, dass dieses Haus gut für euch beide ist. Ich bin kein Bankier. Trotzdem kann ich euch sagen, dass ihr keine finanziellen Schwierigkeiten haben werdet, noch sollte Ruburt irgendwelche Ängste in Bezug auf seine Arbeit in der Galerie haben, was das Haus und dessen Finanzierung betrifft.

(„Waren Jane und ich auf dem Grundstück, als wir psychische Kraft gebrauchten, um die Türe zu öffnen?")

Auf dem Grundstück selbst?

(„Ja, brauchten wir diese Kraft, als wir vor dem Haus standen?"

(Ich fragte mich, ob wir möglicherweise die Tür geöffnet hatten, als wir auf dem Weg zum Haus waren, vielleicht als wir die steile Straße hinauffuhren.)

Ihr wart vor dem Haus. Es gibt hier noch etwas und ich werde es sagen, solange Ruburt mich nicht blockiert. Ihr beide habt psychische Reserven aufgebaut, von denen ihr kaum eine Ahnung habt. Die Veränderung der inneren Einstellung, vor allem bei dir, gegenüber der äußeren Welt hat im Gegenzug eine andere Art äußere Welt erschaffen und eine sehr viel vorteilhaftere als ihr früher gekannt habt.

Das ist ein direktes Resultat der inneren Erwartungen und beginnt nun Früchte zu tragen. Veränderungen in eurem Lebensrhythmus werden euch nicht mehr länger als Bitterkeit, Wut oder Bedauern konfrontieren, denn ihr erschafft nun ein konstruktiveres materielles und psychisches Umfeld.

Ihr habt finanziell, was Ruburts Stelle in der Galerie betrifft, nichts zu befürchten. Seine äußere Stellung in der Welt wird sich verbessern; wiederum aufgrund von inneren Erwartungen. Ob diese Verbesserung in Bezug auf die Galerie stattfindet oder in einem anderen Arbeitsumfeld, spielt keine Rolle und sollte euch weder ängstigen noch beschäftigen.

Es wird keine Zeit geben, wo er längerfristig arbeitslos sein wird. Ich habe mich heute Abend sehr gut geschlagen und ich bitte dich auch zu beachten, dass Ruburts Stimme weder trocken noch heiser tönt.

(Das stimmte. Janes Stimme dröhnte noch immer mit ungebrochener Energie und Jane selbst schien sich keineswegs in irgendeiner Weise unwohl zu fühlen.)

Mark hat nichts zu fürchten. Seine Lunge wird für den Sommer in bester Verfassung sein. Ich betone aber nochmals, dass es wichtig für ihn ist, allein zu leben, sonst bleibt sich der Zustand gleich. <u>Er</u> wird die Rückkehr der Symptome verursachen, wenn er nicht ernsthafte Schritte unternimmt, um seinem inneren Selbst seine Absichten kundzutun. Das bedeutet nicht, dass ich ihn beunruhigen möchte, sondern dass ich ihm helfen will, den Schwierigkeiten auszuweichen.

Er ist jedoch in keiner Weise in Gefahr, einen noch schlimmeren Anfall als den ersten zu erleiden. Andere Anfälle, wenn er <u>zulässt</u>, dass sie weiterhin andauern, sind wohl nicht so schwerwiegend, aber eigentlich <u>unnötig</u>.

(Siehe die 56. Sitzung vom 25. Mai, das ganze Material Bills Krankheit betreffend.

Nun nahm Jane wieder Bills zweite Skizze in die Hand; sie sprach direkt zu ihm.)
Ich mag diese Art Botschaft nicht, aber du hast diese Zeichnung hier gemacht und ich schulde dir jegliche Hilfe, die ich dir geben kann.

Wir werden mein Erscheinungsbild später brauchen, um unsere Diskussion über die Erschaffung von Materie voranzutreiben. Jetzt könnt ihr zuerst eure Pause machen.

(Pause um 22:55 Uhr. Jane war in der üblichen Trance. Sobald wir die Pause machten, sagte sie, dass sich ihre Hände dick anfühlten. Das Gefühl begann aber schnell wieder abzunehmen.

(Gemäß Seths Vorschlag befragte ich Bill darüber, wie er Seths Erscheinung wahrgenommen hatte. Bill bestätigte meine bereits gemachten und hier eingefügten Notizen. Er betonte wiederum den großen Umfang des Schädels der Erscheinung.

(Bill Macdonnel sagte auch, dass seiner Meinung nach Janes Stimme mindestens eine Oktave tiefer war als normal. Während der letzten Durchgabe hatte er nichts Zusätzliches im Korridor gesehen und sah auch jetzt nichts.

(Meine Schreibhand war nun etwas müde, da dies eine lange, schnelle Sitzung war. Jane diktierte in der gleichen, tiefen Stimme weiter und während sie im Raum umherging, gestikulierte sie häufig. Weiter um 23:01 Uhr.)

Ihr werdet verstehen, dass es völlig falsch ist, nur im Sinne von einem physischen Universum zu denken. Ihr existiert in diesem Moment in vier verschiedenen Universen auf einmal. Das heißt, dass im scheinbaren Raum für ein Zimmer vier Zimmer vorhanden sind.

Ich werde die Sitzung bald beenden.

Ihr werdet euch vielleicht fragen: Wenn es gegenwärtig vier Marks gibt, <u>was denken dann die anderen drei Marks?</u>

(*„Das ist eine gute Frage."*)

Ich hoffe, in die Realität und Existenz dieser Art verschiedener Raum-Perspektiven-Bilder noch viel tiefer eingehen zu können. Wie hatten eine sehr ergiebige Sitzung. Ich möchte Mark nochmals für seine Darstellung danken und ihn bitten, sich meinen Rat zu Herzen zu nehmen.

Es stimmt, dass er in gewisser Weise Disziplin benötigt, aber auf andere Art braucht er Freiheit und er wird seine Disziplin in Form von Freiheit entdecken.

Er hat einen angenehmen Sommer vor sich. Konkrete Pläne für eine Wohnung sollten bei Herbstbeginn gemacht werden. Das tatsächliche Umziehen oder der Zeitpunkt dazu sind nicht so wichtig wie das Bedürfnis für entsprechende konkrete Pläne.

Es gibt soviel, was ich heute Abend noch über Materie sagen möchte aber es macht nichts, wenn es noch ein wenig warten muss. Ich wünsche euch allen einen schönen guten Abend und danke euch für eure Mitarbeit und euer Interesse.

(*„Gute Nacht, Seth."*)

(Ende der Sitzung um 23:13 Uhr. Jane war in der üblichen Trance. Sie sagte, das sei eine jener Gelegenheiten, bei denen Seth stundenlang hätte weitermachen können. Er fühlte sich gut und war in einer außergewöhnlichen Stimmung. Jane sagte auch,

Seth hätte sie während der letzten Durchgabe erwischt. Er habe sie nicht in die Nähe meines Schreibtisches gehen lassen, wo normalerweise ihre Zigaretten liegen und sie hätte nicht rauchen können.

(Meine Hand war etwas müde vom Schreiben, aber nicht allzu sehr. Jane, Bill und ich diskutierten ein Experiment, dass wir ausprobieren wollten, während Bill auf seiner Reise sein würde. Er plante, nach Cape Cod zu gehen. Sobald er sich dann für seinen geplanten Aufenthalt von mehreren Wochen eingerichtet hatte, würde er uns schreiben. Er würde uns dann bestimmte Zeiten während des Abends angeben, wo wir drei versuchen würden, uns telepathisch zu erreichen und uns zu notieren, welche Eindrücke wir erhielten.

(Wir diskutierten über das heutige Material: Ich sagte, wenn ein Schauspieler zum Beispiel im Fernsehen scheinbar vom Publikum gesehen wird, so würde er doch von Millionen distanzmäßig voneinander unabhängigen Fernsehzuschauern erschaffen, aber alle so erschaffenen Bilder würden sich genügend überlappen, damit jener Schauspieler überall als der gleiche identifizierbar wäre.

(Jane saß mir am Tisch gegenüber. Sobald ich das gesagt hatte, begann sie plötzlich wieder zu diktieren. Ihre Stimme war so tief wie zuvor. Sie stand auf, ging hinüber zum Sofa und begann sich auf eine äußerst männliche Art auf eine Armlehne des Sofas zu setzen und sich mit ihren Händen auf den Knien vorwärts zu lehnen. Ich hatte sie nie vorher so gesehen. Aber nun blieb sie auf diese Weise während der ganzen Durchgabe sitzen. Ihre Augen waren sehr dunkel.)

Das war meine Anspielung auf die vielen Marks aus dem früheren Teil der Sitzung. Ich hatte vor, euch zu sagen, wie sich diese Marks multiplizieren und wie sich physische Welten unendlich und scheinbar endlos multiplizieren.

Ich möchte hier nur noch ein paar einfache Erklärungen anfügen. Es gab ganz klar eine Veränderung in Ruburts Gesichtszügen. Ich werde ein andermal auf die Gründe eingehen.

Die Demonstration war tatsächlich echt. Ich werde euch nun nicht länger aufhalten. Ich wollte aber klarstellen, dass wirklich eine Veränderung der Gesichtszüge stattfand. Wie ihr vermutet habt, hatte ich eurer Diskussion zugehört. Solche Tests, wie ihr sie euch während Marks Reise vorgenommen habt, sollten sich als sehr vorteilhaft herausstellen, wenn sie in der richtigen Art und unter guten Bedingungen durchgeführt werden.

(Die folgende Bemerkung von Seth über das Vermischen der Unterlagen stammt daher, dass ich beim lauten Vorlesen für Jane und Bill die Sitzungs-Notizen nicht in der richtigen Reihenfolge vor mir hatte. Während etwa einer Minute hatte ich das nicht realisiert und das Material schien etwas seltsam zusammengesetzt zu sein.)

Ich habe das Durcheinander der Notizen nicht sehr geschätzt. Ich musste das erwähnen und hoffe, du hast sie wieder in der richtigen Reihenfolge geordnet.

Wir werden unsere versprochene Party in eurem neuen Hause feiern und es wird auch eine richtige Party sein. Ich habe das Ganze aus meinen eigenen Gründen etwas aufgeschoben und werde sicher alles gutmachen. Ihr werdet auf jeden Fall Mark einladen und wir werden eine vergnügte Zeit haben. Ich bin kein verkalkter, alter Greis und kann euch sehr wohl eine Prise meines Humors vermitteln, die ihr nicht so bald vergessen werdet.

Ich beeile mich hinzuzufügen, dass mein Humor niemals bösartig ist. Er kann aber sehr direkt sein und der Einzug in dein neues Haus, mein alter Großgrundbesitzer, sollte wirklich Grund genug für etwas Spaß sein.

(*Jane lächelte mich von ihrem Sitz auf dem Sofa aus breit an. Ich betrachte den Ausdruck alter Großgrundbesitzer als eine weitere von Seths Bezugnahmen auf mein Leben in Dänemark um 1600. Zu jener Zeit besaß ich viel Land.*)

Meine Idee von Spaß mag vielleicht nicht genau gleich sein wie eure. Wenn ihr vielleicht eines Nachts aus euren neuen Fenstern schaut, werdet ihr eine ganz andere Szene erblicken. Ihr werdet vielleicht Dänemark sehen. Ihr könntet ein ziemlich lustiges Schauspiel wieder aufgeführt sehen, vielleicht in einer ganz bestimmen Scheune, die dann in eurem Vorgarten steht – über dem höchsten Punkt des Hügels, wo jetzt gar kein Land ist.

(*Eine umfassende Erklärung dieser Bemerkungen ist in der 46. Sitzung vom 22. April zu finden. An der Scheunenepisode, die in der Stadt Triev in Dänemark stattgefunden hatte, waren Jane, Bill, Seth und ich beteiligt gewesen.*

(*Es kann noch angefügt werden, dass dies auch die Sitzung ist, in der Seth ein wenig ausführlicher über Bills Wahrnehmung von Erscheinungen und die entsprechenden Mechanismen spricht. Daher ist die 46. Sitzung sehr eng mit der jetzigen verbunden.*)

Da ist nicht unmöglich. Ich freue mich auf eine solche private Hauseinweihung und bringe sicher ein Geschenk mit.

(*"Was zum Beispiel?"*)

Ihr werdet es nicht sehen, aber ihr werdet wissen, dass ich es gebracht habe.

Es gibt nur wenig Abende, an denen ich mich so heiter gefühlt habe; wir werden aber sicher wieder einen Abend haben, an dem ich meine ernsthafte und etwas strenge Nüchternheit kompensieren kann, die ich eben anwenden muss, um all dieses wichtige Material in eure Köpfe hinein zu bringen.

Es schmerzt mich, es schmerzt mich wirklich, euch nun zu verlassen und ich weiß noch nicht, ob ich es tun werde.

(*"Was ist mit Bills Reise? Wird sie ihm gefallen?"*)

Ich verlasse euch normalerweise um zehn nach elf, sogar auch dann, wenn ich länger bleiben könnte, aber Ruburt hat den Zeitpunkt bestimmt und er–

(*Hier verließ Jane mit einer äußerst komischen Geste das Sofa und machte mit beiden Händen eine heftige, wischende Bewegung wie mit einem unsichtbaren Besen, währenddem sie sich über den Boden beugte.*)

–wischt mich weg. Er ist die meiste Zeit ein sturer Dummkopf und für den Rest der Zeit ein störrischer Esel. Alles in allem macht er's ja recht, aber es zeigt sich wieder einmal, womit ich mich herumschlagen muss.

(*"Ihr zwei seid alte Freunde."*)

Das sind wir tatsächlich. Wären wir es nicht, würde er mir gar nicht gestatten, meinen Mund zu öffnen.

Ich sehe in jenem großen weißen Raum vieles, was in unserer Partynacht geschehen wird und es wird mich sehr amüsieren, euren Gesichtsausdruck zu beobachten. Ich werde euch vielleicht sogar bei jenen, von Ruburt *französisch* genannten, Türen begrüßen. Das ist eine hervorragende Idee.

(Jane deutete energisch auf Bill.)

Ich werde dich vielleicht sogar in den Ferien begrüßen.

Alles in allem habe ich mich in einer Sitzung seit Monaten nicht mehr so gut unterhalten.

Ich habe versucht, mich um deine Schreibhand zu kümmern, mein armer, müdfingriger Joseph, aber wenn du wirklich müde bist, werde ich euch, wenn auch äußerst ungern, verlassen.

(Ich musste zugeben, dass meine Hand nun ziemlich müde und verkrampft war, aber eine gewisse Trägheit half etwas. Solange ich weitermachen konnte, machte ich weiter.

(„Was ist mit Bills Reise?")

Bill-Mark wird, soweit ich weiß, eine ausgezeichnete Reise haben.

Eine Bemerkung: Ich habe jetzt gerade eine äußerst unterhaltsame Zeit mit Ruburt, indem ich ihn von seinen Zigaretten abhalte.

Mark, Mark. Mark wird natürlich ans Meer gehen. Es gibt einen Mann, vielleicht um die fünfzig, den er näher kennen lernen wird oder kennen lernen könnte, mit igeligen Haaren.

Ich sehe ein Ruderboot mit einer Art Symbol darauf. Ich sehe keine Frauen im speziellen. Das mag sein, weil meine Interessen nun etwas verschieden sind, aber dies könnte auch irreführend sein.

Hauptsächlich sehe ich aber eine Party.

(„Ich nehme an, das wird eine ganz spezielle Party werden.")

Und das Aufnahmegerät sollte bereit sein. Ich werde euch genau sagen, wann. Und nun werde ich wirklich gehen, aus lauter Mitleid mit zwei so müden, missbrauchten und verfolgten noblen Herren. Mit Ruburt bin ich nicht derart rücksichtsvoll, weil er und ich es heute Abend sehr gut miteinander hatten. Cheerio.

(„Bis später, Kamerad."

(Ende der Sitzung um 23:59 Uhr. Jane war in der üblichen Trance. Sie fühlte sich viel besser, sagte sie, als vor Beginn der Sitzung. Seth sei voller verrückter Schelmereien, sagte Jane. Er unterhielt sich selbst bestens bei dieser Sitzung und das Konzept seines Vergnügens, so wie Jane es in sich fühlte, war für sie ebenfalls vergnüglich und wirklich sehr lustig.

(Meine Schreibhand war müde, trotz Seths Hilfe. Ich bat Bill, Zeichnungen von jeglichen Materialisationen zu machen, die Seth ihn möglicherweise erleben ließ.

(Jane behielt ihre tiefe Stimme bis zum Ende der Sitzung bei.)

(Die beiden Skizzen der Erscheinung, die Bill MacDonnel während der 68. Sitzung zeichnete, wurden 1970 in „The Seth Material" von Jane Roberts [Prentice Hall Inc.] veröffentlicht.)

DIE FRÜHEN SITZUNGEN

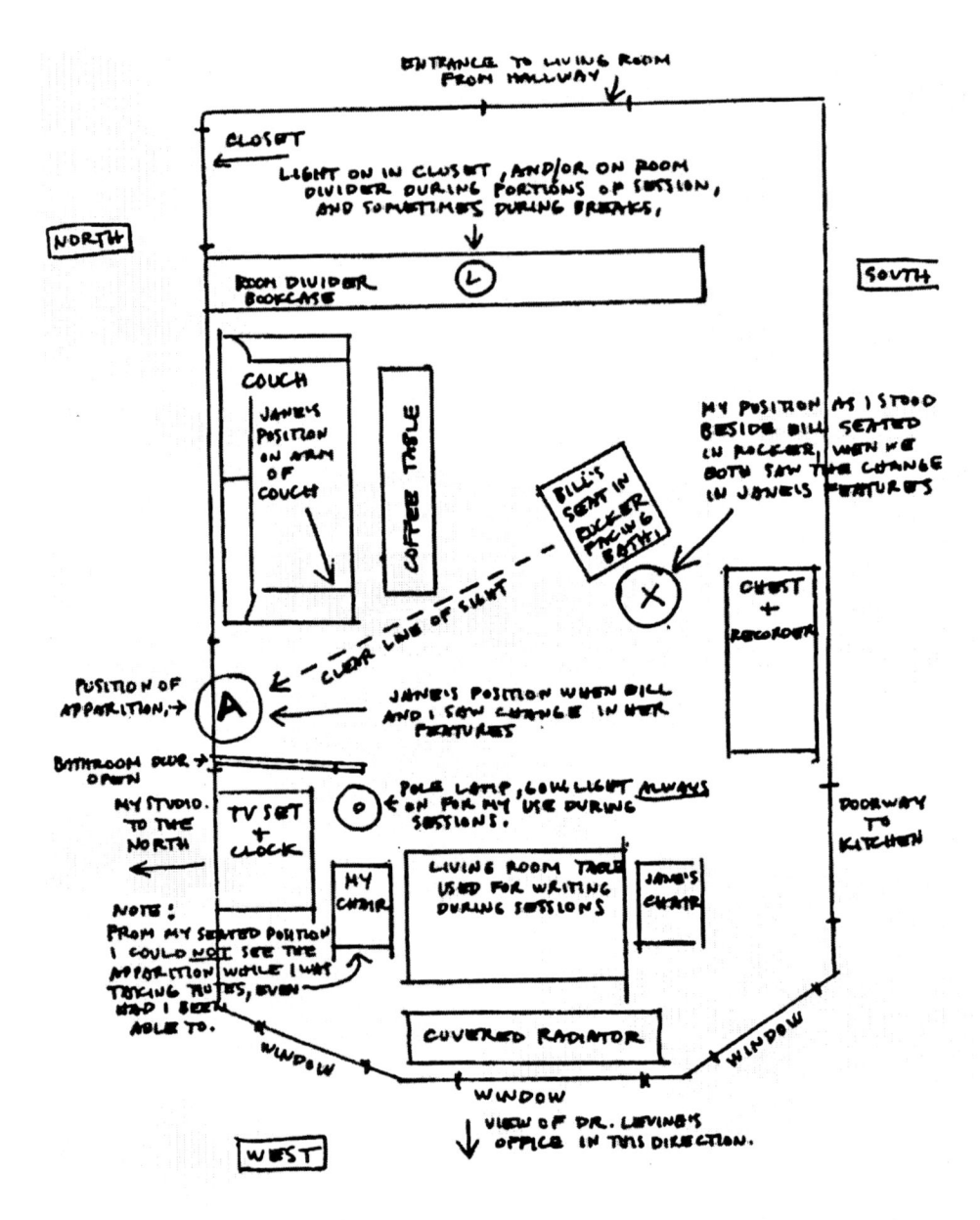

(Von 1960 bis 1975 wohnten Jane und ich [und Willy!] in der Wohnung Nr. 5 im 2. Stock, an der 458 West Water Street in Elmira, N.Y. Hier ist das Diagramm unseres Wohnzimmers, wo die 68. Sitzung stattfand) [Am Ende des Buches findet sich die gleiche Skizze mit deutschen Bezeichnungen.]

SITZUNG 69
8. JULI, 1964, 21:00 UHR, MITTWOCH, WIE GEPLANT

Die Entstehung von Erscheinungen; Angst als Ursache für unvollständige Konstruktionen; Fragen und Antworten

(Mittwoch, 8. Juli: Ich verpasste das Üben von psychologischer Zeit; Jane hatte ebenfalls nichts anzufügen.

(Heute Mittag sagte mir Jane, sie glaube, Seth würde uns nur eine kurze Sitzung geben, weil diejenige vom Montag, dem 6. Juli, so außergewöhnlich gewesen sei. Dadurch sollte ich mit dem Abtippen wieder auf den aktuellen Stand kommen.

(Jane hatte ihr Nickerchen um 20:30 Uhr beendet. Als sich die Sitzungszeit näherte, fühlte sie sich etwas nervös, aber nicht allzu sehr. Um 20:50 Uhr pirschte Willy wiederum durch die Wohnung, gleichzeitig verstohlen und wachsam. Als aber die Sitzung begann, beruhigte er sich und döste auf einem Stuhl ein.

(Jane begann in einer etwas heiseren Stimme und recht schnell zu diktieren. Ihr Hin- und Hergehen war ziemlich energisch, ihre Augen verdunkelten sich wie immer.)

Guten Abend.

("Guten Abend, Seth.")

Ich sehe, dass wir heute Abend allein sind. Ich genoss die vorhergehende Sitzung außerordentlich.

Ich erwähnte, dass die Veränderung in Ruburts Gesichtszügen authentisch war und dass das, was ihr eine Erscheinung zu nennen pflegt, wirklich existierte.

("Möchtest du es lieber anders nennen?")

Für den Moment genügt dieses Wort, weil ich weiß, was ihr damit meint. Natürlich war es eine echte Konstruktion. Hier kann noch viel dazu angefügt werden. Ich sagte euch, dass ich Mark für eine Demonstration in Bezug auf die Natur der Materie brauchen würde und das tat ich auch.

Die Erscheinung war daher von Mark konstruiert worden. Du sahst sie nicht. Ruburt sah sie nicht, weil ein Individuum nur seine eigenen Konstruktionen sieht und in diesem Fall wurde die Information nur an Mark gegeben.

("Sah sie unsere Katze?"

(Als ich genauer über die Montags-Sitzung nachdachte, konnte ich mich nicht erinnern, dass sich Willy seltsam benommen hatte, außer für den einen Moment, den ich in jener Sitzung erwähnte.)

Sie sah es nicht.

Aus Gründen, dich ich später erwähnen werde, spürte die Katze jedoch die Erscheinung. Nun, ich habe euch gesagt, dass bei der Konstruktion von Materie viele Faktoren involviert sind und ich habe auch erklärt, dass Telepathie und viele andere Einflüsse, die ich aufgeführt hatte, wichtig sind.

Im Falle der Erscheinung haben viele dieser Faktoren gefehlt. Ich habe sie bewusst und aus meinen eigenen Gründen weg gelassen. Auch wenn Individuen in der Regel nur ihre eigenen Konstruktionen sehen, kann es durch andere mitwirkende Faktoren geschehen oder so scheinen, als ob ihr auch die Konstruktionen anderer Individuen sehen könntet, weil die Konstruktionen eines scheinbar einzigen physischen Objektes so große Ähnlichkeiten aufweisen.

In diesem Falle erhieltet ihr keine solchen Anhaltspunkte. Daher wurde die Konstruktion nur von jener Person gesehen, der die inneren Anhaltspunkte gegeben wurden. Die Konstruktion wurde dann als mehr oder weniger treues Abbild der inneren, von Mark erhaltenen Informationen, geformt.

(„Was bedeutet der enorme Schädel, den Bill gezeichnet hat?")

Darauf komme ich gerade. Äußere Konstruktionen sind immer Übertragungen von Handlungen aus der inneren Realität in Materie. Ihre Gültigkeit hängt von der Fähigkeit des Individuums ab, innere Informationen zu erhalten, innere Informationen zu übersetzen, Energie zu manipulieren und auf der materiellen Ebene zu konstruieren.

Mark erhielt unter anderem den Eindruck einer Intelligenz vermittelt, die alles übertrifft, was euch normalerweise auf eurer Ebene begegnet und diesen Eindruck nahm er auch auf. In seiner Konstruktion der Erscheinung übersetzte er daher dieses Konzept in eine sehr hohe Stirn und in einen großen Schädel.

Wären die Informationen von euch allen erhalten worden, hättet ihr alle scheinbar mehr oder weniger die gleiche Erscheinung gesehen. Natürlich hätte aber stattdessen jeder von euch seine eigene Erscheinung in seiner eigenen Raumperspektive konstruiert. Mit den anderen, normalerweise ebenfalls gegebenen Anhaltspunkten, wären dann die drei Erscheinungen scheinbar nur eine gewesen, die in Sinn, Zweck, Ausführung und ungefährem Standort übereingestimmt hätten.

(„Du sagtest, dass Jane und ich sehr wählerisch im Bezug darauf seien, was wir sehen.")

Das ist sehr wahr. Für euch bedeutet ein scheinbares Eindringen auf der physischen Ebene in Form einer Erscheinung eine Tatsache, mit der man sich auseinandersetzen muss; wenn das Unvertraute dann sogar eine physische Form annimmt, wird es für die meisten Leute noch viel alarmierender, als es zum Beispiel eine außergewöhnliche Idee wäre, die eben in einer physischen Welt nicht so real erscheint.

Ihr werdet euch daran gewöhnen, macht euch also keine Sorgen.

(„Meinst du damit, dass wir die Erscheinung sehen werden?")

Offensichtlich werdet ihr nicht diese sehen. Ihr werdet andere sehen.

Ich habe auch von Konstruktionen gesprochen, die nicht in der üblichen Art auf der physischen Ebene erscheinen, obwohl sie existieren und gültig sind. Es gibt viele Gründe, warum solche Konstruktion nicht einmal eine <u>scheinbare</u> physische Dauerhaftigkeit beibehalten oder manchmal nicht einmal erlangen, und die Erscheinung vom vorletzten Abend fällt in diese Kategorie.

Ich habe auch gesagt, dass sich alle Konstruktionen aus Atomen und Molekülen zusammensetzen, aber ihre Handlungen können in so verschiedenen Geschwindigkeiten stattfinden, dass ihr euch ihrer auf der physischen Ebene nicht bewusst seid. Ich leite hier zu einem wichtigen Punkt über, der vieler Erklärungen bedarf.

Ich schlage eure erste Pause vor. Und weil ich in unserer letzten Sitzung länger als gewöhnlich mit euch herumgetändelt habe, wird unser heutiges Treffen nicht so lange dauern.

(*Pause um 21:26 Uhr. Jane war in der üblichen Trance. Sie fuhr um 21:30 Uhr mit der gleichen heiseren Stimme weiter.*)

Die Konstruktion der Erscheinung wurde also durch Atome und Moleküle geformt. Die Idee dahinter stammte von mir und wurde von Mark empfangen. Dann konstruierte Mark die Erscheinung, die dann tatsächlich physisch existierte.

Sie wurde aus wirklicher Materie zusammengesetzt. Wie ihr wissen solltet, hatten ihre Atome und Moleküle, wie alle anderen Atome und Moleküle, ein Kapselverständnis, ein allgemeines Bewusstsein. Sie formten sich nach Marks Anstoß in eine Gestalt physischer Konstruktion, aber die Gestalt konnte auf eurer Ebene nicht dauerhaft während irgendeiner physischen Zeitperiode wirken oder überhaupt andauern, weil hier weit umfangreichere Informationen für die Konstruktion einer vollständigen menschlichen Form, über die das Gesamtselbst verfügt, fehlten. Das muss ein paar Mal gelesen werden. Gewisse Bedingungen, die wir später ausführlicher diskutieren werden, sind notwendig für eine völlig gültige oder tatsächliche Materialisierung in die menschliche Form.

Die Diskussion über Materie wird uns noch während vieler weiterer Sitzungen beschäftigen. Die Erscheinung setzte sich aber aus echter Materie zusammen und beinhaltete Werterfüllung vonseiten der Atome und Moleküle, die diese Materie zusammensetzen.

(*„Kommen Erscheinungen sehr oft vor?"*)

Die Frage verwirrt mich. Sie kommen öfter vor als die Menschen denken–

(*„Das meinte ich."*)

–und je vollständiger sie sind, um so weniger werden sie als Erscheinungen wahrgenommen. Es werden andere Gründe gefunden, um ihre Existenz zu erklären.

Ich freue mich über das Haus, wie ihr ja wisst, und ihr werdet beide davon in jetzt noch unbekannter Weise profitieren. Ich werde, wie ich bereits sagte und wie Ruburt annahm, euch heute nur kurz aufhalten.

Ich bin immer noch begeistert über die so erfolgreiche letzte Sitzung.

(*„Hast du dich je in einem solchen Ausmaß materialisiert?"*)

Nicht auf eurer Ebene.

(*„Was ist mit den Fragmenten, von denen du sagtest, dass Jane und ich sie im letzten August in York Beach, Maine, materialisierten. Waren das Erscheinungen?"*

(Siehe 9. Sitzung vom 18. Dezember in Band 1)

Ich habe euch gesagt, dass es Fragmente waren. Wenn ihr nun das Material im Lichte des neueren Materials über Materie betrachtet, wird euch der ganze Vorfall noch klarer erscheinen. Ich werde auch diese Diskussionen mit ihren starken Verbindungen zu Erwartungen miteinander verknüpfen, weil es hier äußerst praktische Anwendungen im alltäglichen Leben gibt. Obwohl es zuerst vielleicht einfach erscheint, ist dem wirklich nicht so und in vielen Fällen bedarf es großer Übung, um die richtige

Einstellung zu erreichen. Angst führt in allen Fällen ausnahmslos zu unvollständigen Konstruktionen und ergibt einen unheilvollen Zyklus.

(Jane und ich betrachten diese Bemerkungen als äußerst wichtige Informationen.)

Vorher wollte ich noch sagen, dass unabhängig von euren bewussten Gefühlen die Stadt Sayre kein guter Ort zum leben für euch war. Eine so große Nähe zu deinen Eltern ist nie ratsam, wie ihr ja jetzt wisst. Ihre Konstruktionen sind äußerst mangelhaft und verzerrt und telepathisch sind sie schlecht.

Es stimmt, dass Telepathie nichts mit Distanz im Raum, wie ihr ihn kennt, zu tun hat. Trotzdem stellt Telepathie lediglich eine Sphäre der Beeinflussung dar.

Es gibt noch viel mehr, das ich in einer anderen Sitzung über persönliche Dinge sagen werde. Auf jeden Fall lernt ihr nun aber, euren eigenen Schutz aufzubauen. Ihr seid beide auf diesem Gebiet sehr viel erfolgreicher geworden.

Ruburt hat nun seinen Krisenpunkt in Bezug auf sein Arbeitsgebiet in der Galerie überwunden, wofür ich außerordentlich dankbar bin.

Es ist klar, dass er in jedem Fall nicht mehr allzu lange in der Galerie bleiben wird und so sollte es auch sein.

Ihr seid nun auf viele Arten geschützt, wie ihr es in der Vergangenheit nie wart und das ist zu eurem Vorteil. Jede Konstruktion auf eurer Ebene oder auch auf einer anderen hat bis zu einem gewissen Grad Bewusstsein. Bewusstsein mag jedoch nicht immer die gleichen, euch vertrauten Eigenschaften aufweisen und in vielen Fällen kann es von euch gar nicht wahrgenommen werden.

Das wird in einer späteren Diskussion sehr wichtig sein. Und was unsere Vorstellung in Bezug auf die drei Gläser angeht, müsst ihr realisieren, dass jedes dieser drei Gläser als echte physische Konstruktion aus Atomen und Molekülen zusammengesetzt ist, die alle wiederum ihr eigenes Kapselverständnis und allgemeines Bewusstsein enthalten.

Dies wird schwierig werden. Ich kann sehen, wie du schon jetzt den Kopf schüttelst und ich habe daher das Unausweichliche etwas hinausgeschoben.

Stell dir jedoch statt unserer Gläser eine ganz einfache Situation vor: ihr zwei in diesem Raum. Nun. Ruburt konstruiert sein eigenes physisches Bild, das, wie ich hoffe, bewusst ist. Du konstruiertest dein eigenes physisches Bild von Ruburt. Nun ist die Frage: Was ist mit deiner Konstruktion von Ruburt, die als materielle Konstruktion gültig ist? Ist sie bewusst–

(„Ja."

(Ich gab diese Antwort ganz spontan.)

–und bis zu welchem Grad? Wenn fünf Personen in diesem Raum wären, würde jede davon in ihrer eigenen persönlichen Perspektive ihr eigenes Bild von Ruburt konstruieren, das aus klar bestimmten materiellen Atomen und Molekülen bestehen würde. Ihr würdet fünf tatsächliche physische Konstruktionen haben, plus Ruburts eigener. Enthalten alle fünf Konstruktionen, plus Ruburts eigener, Ruburts Bewusstsein?

Enthalten sie verschiedene Bewusstseine oder sind sie überhaupt bewusst?

Ich bringe euch nun zum Punkt primärer und sekundärer Konstruktionen. Und damit könnt ihr eine Pause machen.

(*Pause um 22:00 Uhr. Jane war in der üblichen Trance. Sie sagte, sie hätte gespürt, wie Seth schon während der letzten Sitzung auf diesen Punkt hingesteuert habe. Sie dachte immer noch, dass es eine kurze Sitzung sein würde. Meine Schreibhand fühlte sich nicht müde an.*

(*Während der Pause überprüften Jane und ich etwas, das uns seit der letzten Sitzung beschäftigt hatte; es ging um die verfügbare Lichtmenge im Raum während jener Zeit, als Jane im Korridor stand und Bill Macdonnel und ich die Veränderung in ihren Gesichtszügen bemerkt hatten.*

(*Ich bat Jane, am genau gleichen Ort zu stehen [siehe den Grundriss am Schluss der 68. Sitzung]. Ich entdeckte bald, dass sogar die Standlampe hell genug war, um Janes Gesichtszüge klar zu sehen. Auch wenn sich dieses Licht auf der anderen Seite des Korridors befindet, ergibt sich aufgrund des Widerscheins von den weißen Wänden unseres Wohnzimmers genug Licht. Mit dem Licht auf dem Regal oder dem Licht im Abstellraum wurde die Beleuchtung noch verstärkt. Jane sagte, nachdem sie darüber nachgedacht hatte, sie glaube, dass auch das Licht im Abstellraum während der Pause um 21:56 Uhr gebrannt hatte. Ich hatte vergessen, dies damals nachzuprüfen.*

(*Weiter um 22:06 Uhr in der gleichen Art.*)

Nun, das ist der Punkt, auf den ich hinsteuerte. Und obwohl ich weiß, dass ich euch enttäuschen werde, habe ich beschlossen, die Sitzung zu beenden.

Zum einen haben wir letztes Mal die Zeit überschritten. Und zum anderen habe ich bereits gesagt, was ich heute Abend sagen wollte. Und als drittes möchte ich dich nicht mit Abschreiben überlasten.

Wenn ihr wollt, aber <u>nur</u> wenn ihr wollt, könnt ihr mir noch Fragen stellen, sonst verabschiede ich mich für diesen Abend.

(*„Also dann, nur eine Frage: Wenn Jane und ich nun nach York Beach in Maine gehen würden und diese von uns erschaffenen Fragmente träfen, was würde geschehen, wenn überhaupt etwas geschähe?"*)

Vieles könnte geschehen. Sicher gibt es nichts zu befürchten und die seltsamen Geschehnisse werden nicht mehr stattfinden. Ich würde annehmen, dass auch die Erscheinungen nicht wieder auftreten und wenn doch, würden sie nur eure Ängste vor dem, was sie einmal bedeuteten, darstellen. Sie wären nicht mehr so bedrohlich wie damals, sondern sozusagen Nach-Bilder.

Ruburt lag damals mit seinen Vorausahnungen <u>außerordentlich</u> richtig, indem er dich fast zwang, in den Urlaub zu fahren und zwar ziemlich weit weg.

Du warst ganz klar an einem Tiefpunkt angelangt, der schon begonnen hatte, bevor du Ruburt getroffen hattest; du warst nach jenem ersten finanziellen Erfolg, der das Resultat harter Arbeit und Erwartung gewesen war, in verschiedener Hinsicht ohne feste Pläne.

(*Ich stellte diese Frage, weil die Erscheinung der letzten Sitzung mich an die York Beach-Episode erinnert hatte.*)

Ich lasse dir Zeit, weitere Fragen zu stellen, wenn du willst. Trotzdem möchte ich aber hinzufügen, dass der tiefste Punkt nun vorbei ist und nun auch Erwartungshaltungen wieder aufsteigen, so wie das auch sein sollte. Du hättest in New York ernsthaft mit Malen beginnen können und wenn du das getan hättest, hättest du auch die kommerzielle Arbeit fortgeführt und damit Erfolg gehabt.

(*„Wenn Jane und ich zufällig diese Fragmente von York Beach treffen würden, könnten wir dann mit ihnen sprechen?"*)

Sicher.

(*„Und würden sie ihr eigenes Bewusstsein, ihre eigene Intelligenz etc. haben?"*)

Wenn sie <u>so</u> vollständig konstruiert würden, hätten sie es. Sie wären frei von eurer Kontrolle und besäßen ihre eigene Werterfüllung. Ihr würdet eine solches Gespräch faszinierend finden. Ich glaube jedoch nicht, dass ihr sie wieder sehen werdet.

(*„Ich bin nur neugierig. Jane und ich haben hie und da über diese Möglichkeit diskutiert."*)

Ich würde auf jeden Fall irgendeine Art von Urlaub vorschlagen und/oder einen Wochenendausflug, weil das vor allem Ruburt sehr gut täte.

Nochmals: Ich bin kein Bankfachmann, aber es gibt nichts, worüber ihr euch finanzielle Sorgen machen müsstet, wenn ihr das Haus kauft. Und Ruburts Vorschlag heute Abend war eine hervorragende Übersetzung eines allgemeinen Rats, den ich ihm gegeben hatte.

(*Das bezog sich auf ein anderes System des Budgetierens, das Jane vorgeschlagen hatte.*)

Ich genieße das Fragen und Antworten sehr. Ich sehe das Datum vom 13. August in Bezug auf euer Haus und gewisse Abschlussformalitäten.

(*„Verschrieben, versiegelt und verschlossen, nicht wahr?"*)

So sehe ich es.

(*„Wirst du Bill Macdonnel auf seiner Reise beobachten?"*

(Jane und ich wussten, dass Bill nun auf dem Weg nach Cape Cod war.)

Vielleicht.

(*„Kannst du uns dreien helfen, wenn wir versuchen, uns gegenseitig telepathische Botschaften zu senden?"*

(Siehe Sitzung 68.)

Ja, obwohl ich eigentlich möchte, dass ihr eure eigenen Fähigkeiten entwickelt. Ruburt hat sich in letzter Zeit allzu stark auf die psychologische Zeit konzentriert und versucht, sein Unterbewusstsein auf gleiche Art funktionieren und fokussieren zu lassen, wie das der bewusste Geist tut.

Ich würde für eine Zeitlang eine ganz einfache Methode vorschlagen: sich nur hinlegen, entspannen und die Gedanken dorthin schweifen zu lassen, wohin sie wollen. Das ermöglicht es den inneren Informationen, leichter durchzukommen.

(*„Du hast vorher einmal gesagt, als sich Willy und der Käfer gegenseitig erschufen, hätten sie Solidität in Infrarot gesehen. Würde sich das auch auf ihre Konstruktionen von Jane und mir beziehen?"*)

Das ist nicht genau das, was ich gesagt habe. Die Frage ist zu kompliziert, um sie hier zu beantworten. Ich werde in einer normalen Sitzung darauf eingehen.

(Siehe Sitzung 64. Jane lächelte und schien äußerst belustigt. Sie ging wieder zum Sofa hinüber und setzte sich auf die gleiche Art wie in der letzten Sitzung auf die Sofalehne. Ich fragte mich, ob Seth sie wieder von den Zigaretten fernhielt, die vor mir auf dem Tisch lagen.)

Du hast doch sicher noch mehr als nur diese Fragen für mich vorbereitet.

(„Ich habe ausnahmsweise auf Jane Rücksicht genommen."

(Bereits jetzt hatte sich die Sitzung meiner Fragen wegen über die Zeit hinausgezogen, wo Seth sie normalerweise beendet hätte.)

Ich schlage natürlich vor, dass die Bezeichnung „Das Haus von Seth" der passendste Name für euren neuen Wohnsitz ist. Entsprechende Fragen könnten euch jedoch in Verlegenheit bringen, also mögt ihr tun, was ihr wollt.

(„Nun, wir können alle unsere Bekannten hier in unser Wohnzimmer einladen und eine Sitzung abhalten und du kannst es allen zusammen erklären.")

Kein Problem für mich. Ich muss nicht mit ihnen leben, sondern ihr.

(„Ich mag die Bäume dort auf dem Grundstück.")

Die Bäume sind äußerst vorteilhaft. Das Wasser, auf ein wenig Watte geträufelt, wird Ruburts Augen gut tun und seinem Sehvermögen helfen.

(„Meinst du das Wasser vom Wasserhahn?")

Das Wasser vom Brunnen.

(„Warum?")

Der speziellen Art des Wassers wegen; es enthält aufgrund der Felsformation gewisse spezielle Mineralien.

(„Wie oft sollte Jane das tun?")

Zweimal pro Tag wäre am besten. So wie ich Ruburt kenne, wird zweimal pro Woche schon das Äußerste sein, was ich erwarten kann.

(„Und wird dies dann eine allmähliche Verbesserung von Janes Sehvermögen bewirken?")

Eine allmähliche, sich steigernde Verbesserung aus Gründen, die euch höchst unzulänglich erscheinen werden. Die Wassertemperatur spielt hier auch eine Rolle, das Wasser ist sehr kühl.

(„Müssen Janes Augen geschlossen oder geöffnet sein, wenn sie das tut?")

Die Lider zu baden, reicht schon aus.

(„Kann es übertrieben werden?"

(Es ist zu bemerken, dass Seth diese Frage nicht direkt beantwortete und ich war so beschäftigt, neue Fragen auszudenken, sie aufzuschreiben, dann die Antworten zu notieren, dass ich nicht realisierte, dass diese Frage unbeantwortet blieb.

(Es mag noch angefügt werden, dass – wie unterhaltsam Frage- und Antwort-Sitzungen auch sein mögen – sie für mich oft schwierig durchzuführen sind. Ich verpasse wohl nichts vom Material, muss aber mit größter Schnelligkeit arbeiten, um alles mitzubekommen. Normalerweise notiere ich ein paar Worte zur Frage selbst und

konzentriere mich dann darauf, die Antwort wortgetreu aufzuschreiben. Kurze Antworten von Seth unterbrechen den rhythmischen Fluss des Materials, was das Notieren beeinflusst. Ich habe auch bemerkt, dass normalerweise viel weniger Material zusammenkommt und dass es weniger detailliert ist. Ich sehe aber auch, dass solche Passagen für Seth/Jane äußerst unterhaltsam sind.)

Am besten wäre es, vor Beginn der Übungen mit psychologischer Zeit mit Wasser getränkte Wattebäusche auf die Augenlider zu legen. Baden in diesem Wasser täte euch beiden auch gut. Zu gewissen Zeiten kann das Wasser recht kühl sein.

(„Und das ist wichtig?")

Was?

(„Die eigentliche Temperatur des Wassers.")

Die Temperatur wird nicht immer gleich sein. Trotzdem ist die Temperatur im allgemeinen kühl und für Ruburts spezielle Augenprobleme ist Kühle wichtig, obwohl bei anderen Beschwerden wiederum Hitze wünschenswerter wäre.

Panik verursacht Hitze. Ruburts Augenzustand ist ein Resultat von früher verursachter Panik und die kühle Temperatur mit den Mineralien dieses Wassers auf eurem Grundstück wird ihm gut tun.

(Jane hat keine Tiefenwahrnehmung, obwohl ihre Brille das etwas verbessert. Sie kann zum Beispiel nicht Auto fahren. Es wurde ihr gesagt, dass sie, aus was für Gründen auch immer, ein Auge gar nicht brauche, obwohl es in gutem Zustand ist. Wie dem auch sei, das Auge, das sie braucht, ist in schlechterem Zustand als das andere.

(Jane saß immer noch auf der Lehne des Sofas. Sie starrte mich an, ihre Augen waren sehr dunkel, ihre Hände auf den Knien).

Hast du dir die Zunge abgebissen, Joseph?

(„Ich bin mit Schreiben beschäftigt und denke über das Ende der Sitzung nach.")

Ich werde, in ehrfürchtiger Hochachtung vor deinen Wünschen, diese Sitzung nun beenden.

(„Es war äußerst vergnüglich.")

Ruburts Brille muss in Kürze geändert werden, da er darauf beharrt, sie zu benutzen. Er brauchte zwar überhaupt keine Brille, wenn er die heilenden Fähigkeiten anwenden würde, die er besitzt.

(„Kann er diese heilenden Fähigkeiten bewusst gebrauchen?")

Die Frage ist schlecht gestellt. Er kann sie mit Hilfe des Unbewussten gebrauchen und er ist nun auf jeden Fall dabei zu lernen, wie er sein Unbewusstsein gebrauchen kann.

Die Schwierigkeit liegt mehr in der Konstruktion seiner Bilder auf einer visuellen Ebene, als in seiner Wahrnehmung dieser Bilder. Er sollte nun fähig sein, solche Bilder getreuer zu konstruieren, aber Gewohnheit und Erziehung halten ihn zurück, obwohl sich die <u>Fähigkeit</u>, solche Bilder auf einer visuellen Ebenen zu konstruieren, schon verbessert hat.

Solange er eine Brille trägt, wird jedoch diese Fähigkeit nicht gebraucht und die Brille muss bald geändert werden.

Ich werde nun aufhören.

("Gute Nacht, Seth. Es war sehr gut."

(Ende der Sitzung um 20:40 Uhr. Jane war in der üblichen Trance. Meine Schreibhand fühlte sich nicht müde an.)

SITZUNG 70
13. JULI 1964, 21:00 UHR, MONTAG, WIE GEPLANT

Philip/Johns berufliches und privates Umfeld

(Ich hatte am Mittwoch, den 8. Juli und am Donnerstag, den 9. Juli, das Üben von psychologischer Zeit verpasst. Am Freitag, den 10. Juli, 21:00 Uhr, erhielt ich keine Resultate.

(Samstag, 11. Juli, 01.30: Kurz vor dem Einschlafen sah ich eine ungefähr vierzigjährige Frau, die mit angezogenen Knien innerhalb des linken Drittels eines rechteckigen, weißen Bildschirms saß. Es war ein rasches, aber sehr klares Bild. Sie hatte kurzes, gerades, hellbraunes Haar und lächelte mich über ihre rechte Schulter hinweg an. Ich machte eine Skizze davon.

(Sonntag, 12. Juli, 21:00 Uhr: Keine Resultate. Ich verpasste den Montag, den 13. Juli. Jane hatte auch nichts anzufügen.

(John Bradley von Williamsport, Pennsylvania, kam als Zeuge der heutigen Sitzung. Johns Freund, ein Rechtsanwalt aus Williamsport, hätte um 20:00 Uhr ebenfalls eintreffen sollen, erschien jedoch nicht.

(John war ziemlich verärgert und deprimiert seiner Arbeitsplatzsituation wegen. Seine Stelle war nicht gefährdet, aber John war unruhig und brauchte Veränderungen. Gleichzeitig spürte er, dass er wohl nicht jene stereotype Persönlichkeit war, die seine Firma als Bereichsleiter brauchte; das war die Stelle, die als nächster Karriereschritt für ihn vorgesehen war. Zur Erinnerung; Seth gab John in der 62. Sitzung in Bezug auf seinen Beruf ein Datum an [den 2. September] und Seth erwähnte John und dessen Firma auch kurz in der 54. Sitzung. John wird nun nächste Woche seine Vorgesetzten in Chicago treffen.

(John Bradley brachte auch Kopien der ersten Sitzungen mit, die einer seiner Bekannten in Williamsport für Jane und mich abgeschrieben hat. Wir sind ihm dafür sehr dankbar.

(Jane und ich entschieden uns, die heutige Sitzung mit dem Rekorder aufzunehmen und das in Zukunft öfters so zu machen. Jane machte das Aufnahmegerät vor dem Nachtessen bereit, sodass sie bei Beginn der Sitzung nur noch den entsprechenden Schalter bedienen musste.

(Jane war heute Abend nicht besonders nervös. Sie begann mit einer ziemlich heiseren, kräftigen Stimme zu diktieren und behielt diese während fast der ganzen Sitzung bei. Ihre Durchgabe war sehr bewegt und schnell, ihr Hin- und Hergehen regel-

mäßig, ihre Augen dunkel wie immer. Sie war in einem intensiven Gespräch mit John, als 21:00 Uhr näher rückte. Ohne die übliche Begrüßung begann sie mit der Sitzung und schaltete das Aufnahmegerät ein.)

Ich bin froh, dass zumindest Ruburt fröhlich scheint, da Philip offensichtlich in so gedrückter Stimmung ist.

(Philip ist, gemäß Seth, der Name von John Bradleys Wesenheit.)

Ich werde sein spezielles Problem in ein paar Minuten besprechen. Wir werden daher unsere Diskussion über die Eigenschaften der Materie kurzfristig etwas aufschieben, obwohl wir bald in Richtung primärer und sekundärer Konstruktionen weiterfahren werden.

Philip kann nicht anders sein als er ist, und jeglicher Versuch von Verstellung wird ihm nicht gelingen und seinem Zweck nicht dienen. Sein Wert für die Firma wird von seinen Vorgesetzten geschätzt und beim vorgesehenen Treffen ist seine Einstellung als Individuum die hauptsächlichste Hoffnung auf Erfolg.

Wenn er seinen Glaubenssätzen nicht folgt, wird das Treffen in Bezug auf seine Hoffnungen ein Misserfolg sein.

Wenn er sich trotz des Drucks gegen ihn als Individuum behauptet, wird er den Großteil dessen, den er sich wünscht, erhalten und Kompromisse werden zu seiner Zufriedenheit ausgearbeitet werden. Sein Ansatzpunkt wird am erfolgreichsten sein, wenn er die folgenden Vorschläge genau befolgt.

Er sollte betonen, dass sein bisheriger Erfolg und sein Wert ein direktes Resultat des Beharrens auf seiner eigenen Lebenseinstellung und dem Ausarbeiten seiner Ideen war. Sein Verkaufstalent und die Verkaufserfolge waren das Resultat seiner Originalität.

Er sollte die Tatsache ganz klar betonen, dass er für seine Firma viel wertvoller war als andere, die sklavisch den konventionellen Richtlinien folgten. Wenn dieser Punkt stark betont und gut vorgebracht wird, werden die Teilnehmer der Sitzung davon beeindruckt sein.

Es ist mehr als nur möglich, dass er seine Ziele erreichen und gleichzeitig seine Integrität ohne jegliche Abstriche beibehalten kann. Ich bin wirklich kein Geschäftsmann und doch weiß ich, dass wahre Werte für sich selbst sprechen, wie er ja auch seinen Wert für die Firma schon bewiesen hat.

Die gleiche Originalität und Unabhängigkeit, die ihn zu einem außergewöhnlichen Verkäufer gemacht haben, werden noch erfolgreicher zum Zuge kommen, wenn er in einer noch verantwortungsvolleren Stellung ist. Seine Individualität, seine Originalität und seine Entschlusskraft sind für die Firma von großem Wert; das weiß man dort auch.

Nachzugeben wäre äußerst unheilvoll. Sie planen jetzt, sogar jetzt noch, einen Kompromiss. Ein fester Standpunkt von Philip wird jedoch Kompromisse ergeben, die bis jetzt noch gar nicht in Betracht gezogen wurden, die aber gemacht werden müssen, um ihnen zumindest einigermaßen Philips Zufriedenheit innerhalb dieses Feldes zu sichern.

SITZUNG 70

Jeglicher Kompromiss in Bezug auf Prinzipien von Philips Seite wird nicht als Kompromiss, sondern als Schwäche interpretiert werden und dem Respekt zuwiderlaufen, mit dem ihm jetzt begegnet wird.

Wenn diese Punkte genau betrachtet und auch befolgt werden, ergeben sich auch finanzielle Erfolge. Ich sagte vorher, dass du die Bedeutung von Praktikabilität nicht genau verstehst. Du wirst bekommen, was du willst, Philip, nur weil diese Männer dich trotz aller Verschiedenheiten respektieren. Sie kennen deinen Wert.

Sie würden aber auf deine Kosten das bekommen, was sie wollen, wenn du schwach wirst und das wäre kein geschicktes Verhalten.

Stärke zeigt sich in sich selbst. Stärke wird respektiert, aber wahre Stärke ist das Resultat außerordentlicher Kommunikation zwischen dem äußeren Selbst, das sich der Welt stellt, und dem inneren Selbst, das nach innen schaut.

Diese Männer erkennen nur zu gut, was du wert bist und sie, vor allem zwei davon, fürchten dich. Wenn du jetzt nachgibst, würde das für dich nicht nur einen geschäftlichen, sondern auch einen persönlichen Misserfolg bedeuten, der dich für den Rest deines Lebens belasten würde.

Wir haben uns hier mit Erwartungen beschäftigt und mit der Art, wie sie das Umfeld und die wirkliche, von dir selbst für dich erschaffene Welt beeinflussen. Das ist bei weitem kein naiver, schöngefärbter Unsinn. Es ist praktisch und es funktioniert.

Menschen spüren Angst. Menschen erkennen Bluff. Für deine individuelle Integrität musst du bereit sein, die gegenwärtige finanzielle Sicherheit aufs Spiel zu setzen. Wenn du dazu bereit bist, werden diese Männer spüren, dass sie dich nicht umbiegen können und sie werden deine Bedingungen im Großen und Ganzen akzeptieren.

(Jetzt war Janes Durchgabe kräftig und sehr bewegt. Sie sprach ziemlich schnell und ich musste sie bitten, etwas langsamer zu werden. Ich schrieb so schnell ich konnte.)

Was du bereit bist, aufs Spiel zu setzen, wirst du nicht verlieren. Was du fürchtest, aufs Spiel zu setzen, wirst du verlieren. Diese Punkte sind äußerst wichtig und sie werden funktionieren. Es gibt ein fast animalisches Gespür, mit dem Menschen die Ängste der anderen fühlen und sie können mit dir feilschen, wenn sie diese Angst spüren.

All das mag höchst theoretisch und unpraktisch tönen. Trotzdem wissen die andern sehr wohl, dass Unabhängigkeit die Grundlage deines Wertes für sie ist. Sie würden, wenn sie das könnten, dich rundherum ein wenig aufweichen, nur gerade soviel, damit sie dich dann verschlingen könnten.

(Jane war um John herumgegangen, während er in unserem Schaukelstuhl saß. Sie redete mit vielen Gesten zu ihm und nun lachte John laut auf.)

Wenn es dann aber zum Entscheid kommt und du hart bleibst, werden sie dich eher zu deinen Bedingungen annehmen, als dich zu verlieren. Aber das hängt davon ab, ob sie wissen, dass deine Einstellung ehrlich und entschlossen ist. Wenn sie spüren, dass du Kompromisse machst, nicht etwa in kleinen Dingen, sondern in grundsätzlichen Prinzipien, wirst du das Schwert verlieren, das du nun über ihre Köpfe halten kannst.

Wenn sie annehmen, dass du, kurz gesagt, aus finanziellen Gründen bleibst, dann hast du keinen Trumpf mehr in der Hand.

(Wiederum ging Jane zu unserem Sofa und balancierte auf der Lehne, wie sie das in den letzten paar Sitzungen getan hatte. Es ist nun offensichtlich, dass sie das tut, wenn sich Seth speziell humorvoll und scharfsinnig fühlt. Während sie dort saß, zeigte sie oft auf mich, rechts von ihr und manchmal auf John, der direkt vor ihr saß.)

Ich habe gesagt, dass wir in eurem neuen Haus eine Partysitzung haben werden und ich schlage vor, dass Philip dazu eingeladen wird, denn das wird wirklich eine sehr lustige Sitzung werden.

Wir werden uns großartig unterhalten und ich beabsichtige, in den nächsten Momenten ein paar andere Dinge zu diskutieren, in die Philip leider auch involviert ist.

Zuerst werde ich aber, aus der immensen Großzügigkeit meines Herzens heraus, einen kleinen Vorschlag machen: Ihr wart so brav und so treu und in der Tat auch so beflissen in unserer Diskussion über Materie, über Materie die wirklich wichtig ist, dass ich es euch beiden, dir und Ruburt, freistelle, wenn ihr das wollt, euren etwas geknickten Philip auf seinem Ausflug von Bar zu Bar zu begleiten.

(Wiederum lachte John laut auf. Jane grinste mich an, ihre Augen waren sehr dunkel und ihre Stimme dröhnte.)

Ihr werdet das nicht allzu unangenehm finden und es wird euch auch gut tun. Und ich selbst werde euch begleiten. Ich werde ein stiller Partner sein, wenn ihr das bevorzugt, obwohl die Situation äußerst amüsant wäre, wenn ihr mir hin und da ein Wort gestatten würdet.

([John:] „Fühl dich frei, alles auszusprechen, Seth.")

Du, Philip, musst auch zu unserer Party kommen. Ich werde – er ist ein so fürchterlich langsamer Schreiber–

(Jane zeigte auf mich, als ich fleißig weiter kritzelte.)

–und ich werde zu meiner eigenen Erbauung und Unterhaltung eine Demonstration durchführen, die ihr wirklich alle genießen werdet.

(Jane, die immer noch auf der Sofalehne saß und der ihr langes schwarzes Haar ins Gesicht fiel, warf ihre Haare ungeduldig zurück.)

Nun noch ein Wort – Ruburt verwirrt mich mit seiner langen Pferdemähne, mein Nacken wird allzu warm – in Bezug auf eine andere Situation.

Ich werde es nicht wagen, eine allgemeine Diskussion über Frauen zu beginnen, da Ruburt dann wirklich wütend würde. Ich weiß nicht, warum er derart reagiert, ich nehme an, nur aus einem verfehlten Loyalitätsgefühl.

Trotzdem möchte ich ein paar Bemerkungen über eine spezielle Situation machen. Ich weiß, wie mit Frauen umzugehen ist und machte das zu meiner Zeit sehr gut. Ich bin tatsächlich eine Frau gewesen, so wie Ruburt auch oft ein Mann gewesen ist.

(Jane begann im Raum hin- und herzugehen.)

Trotzdem. Wenn diese Sitzungen durch dich, Joseph, statt durch Ruburt durchgegeben würden, würde dies Philips Frau nicht so beschäftigen. Dieser Reaktion ist sie sich nicht bewusst, hingegen reagierte sie bewusst gegen die Frau, welche die Sitzungen abgeschrieben hat.

Ein vollkommenes menschliches Wesen zu sein oder versuchen es zu sein, ist schwierig. Aufgrund der westlichen Zivilisation ist dies insbesondere für Frauen äußerst schwierig. Das kann nun nicht speziell auf Ruburt angewandt werden, das heißt, er sollte sich darauf weder etwas einbilden, noch darüber beleidigt sein. Trotzdem sind beide, Ruburt und die Frau, welche die Sitzungen abschrieb, außergewöhnlich unabhängige Frauen, und Frauen mögen Unabhängigkeit bei anderen Frauen gar nicht, obwohl sie die gleiche Eigenschaft bei Männern schätzen.

Was sie befürchten ist, dass ihnen die Verantwortung der Unabhängigkeit aufgedrängt wird. Das allerpersönlichste innere Bild, das ursprüngliche innere Bild Philips, ist dasjenige eines ledigen, freien, unabhängigen Mannes.

(John Bradley lachte.)

([John:] „Das kannst du nochmals sagen.")

Es braucht nicht viel, um das zu sehen. Das heißt nicht, dass er nicht auch ein Familienmann ist, aber die Vorstellung des Familienmannes wurde von ihm, wie auch von andern, übernommen.

(Indem sie klar auf John zeigte, lachte Jane.)

Dies ist keineswegs abschätzig gemeint, aber er hat in einem wichtigen Aspekt seines persönlichen Lebens versagt, und wenn du mich respektvoll bittest zu schweigen, werde ich das auch tun.

([John:] „Nein, Seth, mach nur weiter.")

Du hast dich der Frau, die nun deine Ehefrau ist, in einem wichtigen Aspekt nicht richtig vorgestellt. Sie sieht das Individuum, das du ihr zu sehen erlaubtest und dieses Bild ist das Bild eines Ehemanns.

Das Bild ist verwoben mit gewissen Gefühlen, die normalerweise mit der Institution der Ehe und mit der Position eines respektierten Ernährers und Vaters verbunden sind. Du hast dein inneres Bild nicht vollständig vorgestellt, sondern es nur angedeutet, sodass es für sie zweitrangig und unrealistisch ist. Wenn sie nun mit Ereignissen konfrontiert wird, in denen du dich deinem inneren Bild gemäß verhältst, ist sie verwirrt und bestürzt und nimmt an, dass du verrückt bist.

(Hier lachte John wieder.)

Wir werden das Verrücktsein einmal beiseite lassen, aber das Ganze ist eigentlich ein Versagen deinerseits und eine gewisse selbstzufriedene Einstellung darüber, dein Bestes unsichtbar und versteckt zu halten. Du kannst daher nicht erwarten, dass sie dafür Verständnis hat. Es liegt weder in ihrer Natur noch in ihrem Erfahrungsbereich, aber du kannst es in ihren Erfahrungsbereich bringen, und was innerhalb ihres Erfahrungsbereiches ist, wird dann Teil ihrer Natur.

Sie beschäftigt sich sehr mit euren Kindern. Sie sieht dich, wie du dich ihr gezeigt hast und so sieht sie jenen wichtigen Teil von dir nicht, weil du dich entschieden hast, ihn ihr nicht zu zeigen.

Mit der Zeit könnte ihr dieser Teil von dir sehr viel helfen, aber nicht, wenn du ihn auf irgendeine plötzliche und dramatische Art enthüllst. Unabhängigkeit wird von den meisten Frauen gefürchtet, aber auch bewundert. Wenn sie dich kennen würde, wie du dich selbst kennst, wäre sie, allgemein gesagt, nicht so furchtsam.

Sie denkt, dass du vollständig aus dem Bild bestehst, das du ihr zeigst. Daher ängstigt sie sich vor jeder Veränderung dieses Bildes. Wenn sie wüsste, dass du mehr bist als dieses Bild, würde sie sich nicht so fest an dieses Bild klammern.

Ich beschäftige mich normalerweise nicht so ausführlich mit persönlichen Angelegenheiten. Dies hier lag aber nun schon seit einer Weile in der Luft. Ich werde euch nun ausruhen lassen. Ich schlage vor, dass die Ratschläge, die ich Philip gegeben haben, sorgfältig durchgelesen und befolgt werden.

Die beiden Männer, von denen ich gesprochen habe, suchen nach einem Schwachpunkt in deiner Rüstung. Sie fürchten sich vor deinem möglichen Vorwärtskommen. Das ängstigte sie, seit man deinen Wert erstmals feststellte. Ich sagte dir schon früher, dass gewisse Veränderungen innerhalb des Unternehmens stattfinden werden, ich glaube, im Zeitraum von drei Jahren. Wenn du diesen Vorschlägen folgst, wirst du auch anwesend sein, um bei einem endgültigen Umbruch deine Vorteile wahrnehmen zu können und du wirst im Moment von Männern beobachtet, die sich zum jetzigen Zeitpunkt noch nicht in der Lage fühlen zu sprechen.

(In der 37. Sitzung vom 3. März 1964 [siehe Band 1] befasste sich Seth ausführlich mit diesem Problem. Es scheint, dass seine Feststellungen sich nun in der Art entwickeln, wie er es voraussagte.

(Jane zeigte wieder auf John.)

Ich hoffe, wir alle genießen diesen Abend. Ich jedenfalls habe vor, mich zu vergnügen und du, junger Mann, hast nun den besten Rat deines Lebens erhalten, wenn ich das einmal selber so sagen darf.

Ich werde euch nicht verlassen, aber ich werde die Sitzung nun beenden und euch bei euren Wanderungen folgen. Ich schlage dir vor, Philip, dass du dich nicht völlig, sondern nur halb betrinkst.

(Ende um 22:01 Uhr. Jane war in der üblichen Trance. Sie beendete die Sitzung höchst belustigt und in bester Stimmung. Wir waren alle etwas erstaunt über das schnelle Ende und über Seths Vorschlag, mit John auszugehen. Es kann auch gesagt werden, dass John nun in viel besserer Stimmung war.

(Es kann auch noch hinzugefügt werden, dass wir – obwohl wir wirklich noch ausgingen, um uns ein Bier zu genehmigen – John doch zuerst das Haus und das Grundstück zeigen wollten, das wir zu kaufen beabsichtigten. John sollte ja auch wissen, wo es lag. Wir nahmen einen Sechserpack Bier mit und machten die kurze Fahrt aus der Stadt hinaus und die Naturstraße entlang des Hügels hinauf.

(Mittlerweile war es natürlich sehr dunkel geworden, aber noch immer konnten wir ein paar Lichter unten im Tal sehen. Die Nacht war genau richtig. John parkierte sein Auto so, dass die Scheinwerfer das Haus beleuchteten und wir zeigten ihm alles, so gut wir konnten, ohne hineinzugehen – wir hatten ja keinen Schlüssel. Wir saßen auf der langen, breiten, vorderen Veranda und tranken das Bier. Jane hatte ursprüng-

lich diese Idee gehabt und sie dachte, dass noch eine Chance bestand, dass Seth durchkommen würde, während wir auf dem Grundstück waren, aber das geschah nicht.

(Er machte sich auch nicht bemerkbar, als wir in der nahe gelegenen Bar bei einem weiteren Bier saßen. Es war ein sehr friedlicher und entspannter Abend; wir verabschiedeten uns um etwa 2 Uhr morgens von John.)

(Als ich mich in psychologischer Zeit übte, hatte ich die folgenden Erlebnisse:
(Dienstag, 14. Juli, 20:45 Uhr: Dieses Erlebnis bot etwas anderes. Sobald ich den gewünschten Zustand erreicht hatte, hatte ich das Gefühl, als ob meine Beine an den Knöcheln gekreuzt waren, obwohl ich wusste, dass dem nicht so war. Das Gefühl war anders und sehr bestimmt. Der Druck eines Knöchels auf dem anderen war unmissverständlich.

(Während sich dieses Gefühl entwickelte, hörte ich viele verstreute, unbestimmbare Geräusche, Musik und Stimmen und hatte einige äußerst kurze Ansichten von Menschen in verschiedenen Stellungen, alles zu vage, um bestimmbar zu sein.

(Dann entwickelte sich das Gefühl von gekreuzten Gliedern in meinen Händen. Obwohl ich auf meinem Rücken lag, mit den Händen an der Seite und wusste, dass meine Hände dort lagen, bekam ich langsam das Gefühl, dass sie an den Handgelenken gekreuzt waren und auf meiner Taille lagen. Dieses Gefühl wurde sehr bestimmt und unmissverständlich und noch stärker als dasjenige in meinen Knöcheln. Schließlich wurde es so bestimmt, dass es einer echten Willensanstrengung von mir bedurfte, mich davon abzuhalten, meine Hände zu bewegen, um sicher zu sein, dass sie nicht gekreuzt auf meiner Taille lagen.

(Ich überzeugte mich später, dass sie an meiner Seite lagen, indem ich einen ganz leichten Druck auf das Bett ausübte, um das Bett zu fühlen. Das Gefühl dauerte einige Minuten an, sicher lange genug, um mich vergewissern zu können. Es veränderte sich dann irgendwie und wiederum hatte ich das eigenartige Gefühl, auf zwei Ebenen gleichzeitig zu existieren. Ich hatte dieses Gefühl schon vorher ein paar Mal erlebt, aber nicht genau in dieser Art. Ich nehme an, dass dies eine bedeutungsvolle Erfahrung ist und habe das intuitive Gefühl, dass es ein klarer Versuch meinerseits für psychisches Reisen ist.

(Mittwoch, 15. Juli, 20:15 Uhr: Einige wenige Resultate: Vage Geräusche von Musik und Stimmen.

(Jane: 14. Juli, 11:30 Uhr: Ich hörte eine nicht identifizierbare Stimme deutlich sagen: „Pierre wird heute Abend unten sein; er wird an der Türe sein."

(Jane: 15. Juli, 11:30 Uhr: Während ich psychologische Zeit übte, begann ich einen Tagtraum über das Haus, das wir planen zu kaufen. In diesem Zustand drehte ich an einem Wasserhahn in der Spüle. Ich machte dann die verblüffende Erfahrung, dass ich das Wasser so deutlich aus dem Hahn rauschen hörte, als ob ich mich im gleichen Raum befände.)

SITZUNG 71
15. JULI 1964, 21:00 UHR, MITTWOCH, WIE GEPLANT

Primäre und sekundäre Konstruktionen; Samen werden nicht zu Gras, Eicheln nicht zu Bäumen und Kinder nicht zu Erwachsenen; Ende der Einführung Seths zu seinem Material

(Um 20:58 Uhr sagte Jane, sie sei nicht nervös, fühle sich aber seltsam, weil sie keine Ahnung habe, worüber Seth sprechen würde. Ihr Verstand beschäftige sich vor allem mit dem Haus, das wir planten zu kaufen, statt mit der Sitzung, sagte sie. Unser Kater Willy war ebenfalls sehr ruhig.

(Jane begann in ihrer normalen Stimme zu diktieren und behielt diese während der ganzen Sitzung bei. Ihr Gang war normal, ihre Augen dunkel wie immer.)

Guten Abend.

(„Guten Abend, Seth")

Das einzige, was Ruburt momentan beschäftigt, ist das neue Haus, obwohl ich sicher bin, dass ich dir das nicht sagen muss.

Ihr habt Philip einen guten Dienst erwiesen und ihr selbst habt es auch genossen, als ihr vorgestern Abend gemeinsam ausgegangen seid. Für eine Weile war ich bei eurer spontanen Party beim Haus zugegen. Er, Philip, sollte diese ganze Situation gut überstehen, wenn er sich selber treu bleibt.

Ich möchte gerne mit unserer Diskussion über Materie fortfahren. Wie ihr euch sicher erinnert, blieben wir bei primären und sekundären Konstruktionen stehen.

Hier gibt es natürlich viele Unterauftteilungen und auch viele andere Arten von Konstruktionen. Wir werden nun jedoch mit primären und sekundären Konstruktionen beginnen.

Eine primäre Konstruktion ist eine psychische Gestalt, die durch ein Bewusstsein selbst in Materie geformt wurde. Eine solche Konstruktion ist ein Versuch, ein Abbild der inneren psychischen Konstruktion des ganzen Selbst in der materiellen Welt zu erschaffen.

Eine solche primäre Konstruktion erlaubt es dem Bewusstsein zu funktionieren, zu manipulieren und in der materiellen Welt wahrgenommen zu werden. Die physische Konstruktion von Bewusstsein ist, was die Erfüllung des inneren Zwecks betrifft, nie vollständig; das heißt, Bewusstsein kann sich nie vollständig in Materie umsetzen. Wenn es das je täte, würde sich ein solches Bewusstsein derart selbst gefangen nehmen, dass es der vergänglichen Natur der Materie nicht entfliehen könnte.

Sogar eine primäre Konstruktion ist daher nur ein teilweises Erscheinen der inneren Natur in Materie. Der Begriff Bewusstsein, wie ich ihn hier brauche, bedarf vielleicht einer Erklärung, obwohl ihr nun verstehen solltet, was ich meine.

(Janes Durchgabe war nun bedeutend langsamer geworden; sie begann, lange Pausen zwischen den Sätzen einzulegen. Es schien, dass dies eine jener Sitzungen sein würde, in der Seth versuchen würde, bestimmte Punkte sehr deutlich zu erklären.

Meistens ermüdet Jane dabei sehr. Während der Durchgabe des Materials scheint sie sehr sorgfältig nach genau dem richtigen Wort zu suchen.)

Was ihr als euer Bewusstsein betrachtet oder euer Selbst oder euer denkendes Ego, stellt natürlich nur einen Teil eures ganzen Bewusstseins dar, jenen Teil, den ihr zu diesem bestimmten Zeitpunkt gebraucht. Das Bewusstsein irgendeines ganzen Selbst könnte zum Beispiel mit einem riesigen und in der Tat fast unendlichen Licht verglichen werden, mit der ihm innewohnenden Fähigkeit, sich in viele Richtungen zu fokussieren und verteilen zu können, so als ob das Licht sehr viele Schalter hätte, mit dem es mehr oder weniger intensiv in viele Richtungen geleitet werden könnte.

Gewisse Umgebungen, gewisse Straßen und Länder würden verschiedene Strahlen benötigen, um den verschiedenen Anforderungen gerecht zu werden, so wie ihr sogar bei euren Autos Voll- oder Abblendlicht einstellt, je nachdem, was gerade nötig ist. Und in vielen Fällen ist das Volllicht nicht nur wirkungslos, sondern sogar gefährlich und daher muss das Abblendlicht gebraucht werden.

So stellt das Gesamtselbst verschiedene Teile seines ganzen Bewusstseins ein oder aus, je nach dem Feld, in welchem es versucht, Kontakte und Manipulationen herzustellen und je nach dem Feld, in das es sich zu projizieren versucht.

Das ganze Bewusstsein dabei zu brauchen wäre in vielen Fällen äußerst unnötig und wenig sinnvoll. Wenn ich hier von primären Konstruktionen im physischen Feld spreche, haben dabei natürlich andere Felder ebenfalls ihre eigenen primären Konstruktionen, obwohl sie nicht aus eurer Art Materie bestehen.

Sekundäre physische Konstruktionen sind jene Konstruktionen, die von einem Bewusstsein aufgrund dessen geschaffen wurden, was es von anderen Bewusstseinen über telepathische oder auf andere Art erhaltene Informationen aufgenommen hat.

Ich schlage eure erste Pause vor.

(Pause um 21:26 Uhr. Jane war in der üblichen Trance. Sie fuhr in der gleichen Art um 21:32 Uhr weiter.)

Bewusstsein formt daher die erste Konstruktion von sich selbst nicht um sich vor der Materie zu schützen, sondern um sich mit der Materie zu verbinden; das Bewusstsein durchdringt daher also die gesamte physische Konstruktion.

Es schwebt über- und innerhalb der Konstruktion. Es ist weder von noch in der Konstruktion gefangen. Das scheinbare Gefangensein von Bewusstsein innerhalb der primären Konstruktion ist das Resultat von Ignoranz und das ist eine Schwäche, die aus verschiedenen Gründen entstanden ist.

Was den Gebrauch aller Kräfte des Bewusstseins betrifft, so ist dieser ganz klar kulturell bedingt und hat nichts mit den dem Bewusstsein oder der Materie innewohnenden Eigenschaften zu tun.

Sekundäre Konstruktionen, die aus Atomen und Molekülen bestehen, verfügen über ein allgemeines Bewusstsein und über ein angeborenes Kapselverständnis. Sie enthalten nicht die vereinende, integrierende, organisierende, persönliche Richtungsweisung eines ganzen Selbst.

Sie erreichen jedoch trotzdem ihre Werterfüllung und innerhalb der durch ihre eigenen Fähigkeiten gesetzten Grenzen verrichten sie auch die Aufgaben der Konstruktion. Das sollte offensichtlich sein. Hier kommen wir auf etwas, das ich bereits einmal erwähnt habe und das Nach-Bilder betrifft. Da grundsätzlich alle Konstruktionen simultan sind, müsst ihr verstehen, dass ich den Ausdruck ‚Nach' nur aus Gründen der einfacheren Umsetzbarkeit für eure Gedankenwege verwende.

Diese Nach-Bilder können wir uns als von einer Primärkonstruktion nach außen rieselnde Bilder vorstellen. Theoretisch gäbe es kein Ende davon und sie sind natürlich von verschieden starker Intensität.

Die Verwobenheit von Bewusstsein und Materie ist äußerst verwickelt und sehr kompliziert. In allen Fällen ist immer das Bewusstsein als erstes da und formt seine physischen Konstruktionen gemäß seinen Fähigkeiten; zuerst seine eigene Primärkonstruktion, dann verzweigt es sich nach außen und konstruiert sekundäre Bilder von anderen Bewusstseinen, mit denen es in Kontakt kommt.

Die kooperativen Aspekte der Bewusstsein-Konstruktion formen das ganze Gewebe eures materiellen Universums. Eine Unterabteilung der primären Konstruktion kann als verzerrte Spiegelkonstruktion bezeichnet werden, die natürlich auch die physische Konstruktion eines anderen physischen Wesens durch Geburt einschließen würde.

Dieser verzerrte Versuch, das Selbst auf der physischen Ebene einmal mehr wiederzuerschaffen und somit das eigene Weiterbestehen innerhalb dieser Ebene sicherzustellen, ist die Basis für die vielen Abweichungen physischer Typen und Charakteristika. Eine solche Erschaffung oder Wiedererschaffung ist offensichtlich unmöglich.

Die Verzerrung ist so groß, dass der Versuch zum vornherein zum Scheitern verurteilt ist. Es wird jedoch trotzdem immer wieder versucht und ist ein notwendiger physischer Bestandteil für Konstruktionen in eurem Feld. Ich habe kurz die Geburt erwähnt. Das neue menschliche Wesen ist offensichtlich weder der Vater noch die Mutter und doch ist es ganz klar eine Konstruktion, die aus physischer Materie geformt wurde, die beiden gehört.

Die physische Materie des Neugeborenen enthält jedoch nichts von der gleichen physischen Materie, die es ursprünglich von den Eltern erhalten hat. Die ursprüngliche Materie verschwindet vollständig und wird durch andere Materie ersetzt, indem das Bewusstsein des Kindes um sich selbst herum langsam seine wachsende Wahrnehmung von sich selbst in physische Materie konstruiert.

Die Eltern fügen daher bestimmte Teile ihrer eigenen physischen Materie bei, um die Konstruktion des Kindes in Gang zu bringen und doch ist es nicht diese bestimmte Materie, die wächst.

(*Wiederum gab Jane dieses Material sehr langsam und mit vielen Pausen durch.*)

Nennen wir diese von den Eltern gegebene Materie x und y. Wenn das Kind geboren wird, finden sich nirgends in ihm selbst diese bestimmten Teile der Materie x und y. Es mag scheinen, als ob sich die Materie verändert hat. Stattdessen ist diese Materie auf jene Art verschwunden, die ich vorher erklärt habe. Erinnerst du dich?

(„Ja."

SITZUNG 71

(Siehe unter anderem die 60. Sitzung vom 8. Juni)

Kein Teilchen der Materie des neugeborenen Kindes ist gleich wie jene Materieteilchen, die im Fötus oder noch vorher im Spermium oder Ei enthalten waren. Ich gehe aus einem bestimmten Grund in alle diese Details. Lassen wir das nun für einen Moment und betrachten wir einen Samen, einen Grassamen zum Beispiel.

Ihr sagt, dass Gras aus einem Samen wächst, aber das Gras ist nicht der Samen. Das Material des Grases ist nicht das Material des Samens. Aus Erfahrung wisst ihr, dass der Samen oft dem Gras vorausgeht.

Ich schlage eine Pause vor.

(Pause um 22:03 Uhr. Jane war in der üblichen Trance. Meine Schreibhand fühlte sich nicht müde an. Jane fuhr in der gleichen Art um 22:10 Uhr weiter.)

Wie immer fangen wir hier von hinten an. Das Gras enthält <u>kein</u> Teilchen Materie, das gleich ist wie diejenigen des Samens.

Hier seht ihr klar den Unterschied zwischen Werterfüllung und dem, was ihr Wachstum nennt. In eurem physischen Feld besteht Werterfüllung darin, dass das Immaterielle seine Fähigkeiten so entwickelt, damit es sich innerhalb des physischen Feldes ausdrücken kann.

Wachstum ist ein irrtümliches Konzept, das mit der verzerrten Idee immerwährender physischer und zeitlich dauerhafter Materie beginnt. Wie ihr stattdessen nun wisst, ist Materie der simultane Ausdruck von Bewusstsein. Materie hat in sich selbst wenig, praktisch keine Dauerhaftigkeit und ist nur die augenblickliche Form, die das Bewusstsein annimmt, wenn es sich ins physische Feld hineinprojiziert.

Gras ist etwas Alltägliches. Es wird angenommen, dass es aus Samen wächst, aber kein Teilchen von Materie ist im Gras oder Samen gleich. Ein Samen wächst nicht zu Gras heran. Eicheln wachsen nicht zu Bäumen heran. Kinder wachsen nicht zu Erwachsenen heran.

In allen Fällen ist kein Teilchen der Materie der so genannten erwachsenen Form gleich wie jene der ursprünglichen Konstruktion. Materie wächst nicht. Ich kann das gar nicht deutlich genug betonen.

(Nun machte Jane eine lange Pause, während der sie weiterhin im Raum hin- und herging.)

Offensichtlich gibt es irgendetwas Identisches und eine Art Dauerhaftigkeit zwischen Kind und Erwachsenem, aber das ist nicht Materie. Bewusstsein, seiner Fähigkeit gemäß, projiziert sich auf die physische Ebene und konstruiert durch Werterfüllung sein Abbild.

Um das zu tun, muss es seinen Fähigkeiten gemäß vorgehen. Es muss sich sozusagen zuerst eine Ausgangsbasis schaffen und daher kommt also unser Samen. Wenn das Bewusstsein seine Ausgangsposition erreicht hat, kann es sich viel wirkungsvoller projizieren. Es kann, wir ihr wisst, seine Atome und Moleküle oder die Materie fast augenblicklich einsetzen.

Die Atome und Moleküle erscheinen und verschwinden. Ihr Platz wird durch andere eingenommen und zwar so schnell, dass <u>ihr</u> das dauernde Kommen und Gehen nicht bemerkt.

Die Form, die das Bewusstsein im materiellen Feld annimmt, wird durch seine eigene Stärke und Fähigkeit bestimmt. Bewusstsein erzwingt sich seinen Weg in die Materie. Daraus könnt ihr schließen, dass die Materie, die jenen Teil des Grases formt, den ihr Grashalm nennt, nicht statisch oder permanent ist und dass es nicht ein bestimmtes physisches Objekt ist, das da wächst, weil die Materie, die es formt, weder statisch noch permanent ist.

Ihr sagt, dass sich die Materie, aus dem das Objekt geformt ist, stetig verändert, aber dem ist nicht so. Die scheinbare Dauerhaftigkeit ist das Resultat eurer Unfähigkeit, die tatsächlichen Atome, welche die Materie bilden, wahrzunehmen, wenn sie erscheinen und verschwinden. Weil Gras überall dort erscheint, wo Grassamen gesät wird, seid ihr zum Schluss gekommen, dass die Samenmaterie aus der Materie wächst, aus der sich die Samen zusammensetzen und dass Gras dann aus der Samenmaterie wächst.

Nochmals: Es gibt absolut keine Dauerhaftigkeit der Materie, aus der sich die Samen zusammensetzen und der Materie, aus der sich das Gras zusammensetzt. Was ihr stattdessen habt, ist die Werterfüllung des Bewusstseins hinter der Materie, das sich ausdehnt und sich in verschiedenen Formen ausdrückt.

Da ihr mehr oder weniger auf das Erscheinen von Grassamen vor dem Gras zählen könnt, scheint dies alles viel Lärm um nichts zu sein, aber es ist trotzdem sehr wichtig, wie ihr später sehen werdet. Es ist nicht Materie, die Dauerhaftigkeit besitzt und es ist nicht Materie, welche die Form diktiert.

Ich schlage eine Pause vor.

(Pause um 22:36 Uhr. Jane war in der üblichen Trance. Meine Schreibhand fühlte sich nicht müde an. Jane fuhr um 22:38 Uhr in der gleichen langsamen und suchenden Art weiter.)

Nun, da wir auf die Natur der Materie, so wie sie sich beim Gras verhält, eingegangen sind, wird euch meine nächste Analogie klarer sein.

Stellt euch einen Rasen vor. Offensichtlich ist das der Einfachheit halber ein ziemlich willkürlicher Vergleich. Von selbst formt sich die Materie des Grases nicht in einen Rasen. Ihr bezeichnet nur gewisse Teile von Gras und nennt das dann Rasen.

Genau das Gleiche tut ihr, wenn ihr gewisse Teile von Materie als Grashalme bezeichnet. Ein Rasen entsteht nicht aus Gras, das heißt, Gras wächst nicht zu einem Rasen heran. Folgt ihr mir hier?

("Ja."

(Janes Durchgabe wurde nun sehr kräftig.)

Und so wächst auch Samen nicht zu (unterstreiche das, damit es klar ist) Gras heran. Ihr nehmt gewisse Materie als Grashalme wahr, wie ihr die Materie von Gras als Rasen wahrnehmt. Ihr könnt klar sehen, dass die Materie von Gras in einem Rasen nicht gleich ist. So versteht ihr auch, dass die Materie innerhalb eines Grashalms nicht die gleiche ist.

Ihr nennt einen Fußboden Fußboden. Diesem Fußboden kann Materie in Form von

Farbe oder Lack zugefügt werden, aber trotzdem nennt ihr den Boden Fußboden. Farbe mag auf ein Haus aufgetragen werden und Farbe mag von einem Haus durch Wettereinflüsse verschwinden und noch immer nennt ihr ein Haus Haus.

Ihr bezeichnet euch als euch selbst, obwohl sich die Farbe eures Haares verändert und obwohl der Erwachsene tatsächlich wenig Ähnlichkeit mit dem Kind hat. Form kann einfach nicht ein Charakteristikum für Materie sein, da bewiesen werden kann, dass Materie kommt und geht, während Form in vielen Fällen erkennbar bleibt.

Das wird ein wesentlicher Punkt in späteren Diskussionen sein. Ihr müsst und werdet lernen, Dinge auf eine neue Art zu betrachten und aus der heutigen Diskussion wird sich vieles entwickeln, das uns auf unserem Weg weiter führen wird. Ihr werdet in der Tat klar sehen, dass Materie simultan erschaffen wird und keine Dauerhaftigkeit besitzt, sondern vollständig und fast unverzüglich durch andere Materie ersetzt wird und dass Identität und Dauerhaftigkeit nicht charakteristisch für Materie sind, sondern an anderen Orten gefunden werden müssen.

Das war eine sehr fruchtbare Sitzung und ich werde sie nun beenden, außer ihr habt noch Fragen, die ihr mir stellen wollt.

(„Ich glaube, dass ich ausnahmsweise keine habe."

(Ich nahm an, dass Jane froh um die zusätzliche freie Zeit wäre.)

Dann wünsche ich euch einen guten Abend.

Vielleicht begleite ich euch am Samstag zu eurem Haus, obwohl ich mich weigere, Ruburts Putzarbeiten für ihn zu machen.

Lasst mich noch sagen, dass wir erst jetzt, mit diesem Material, unseren Sprung in das Verständnis, wie die Dinge wirklich sind, machen werden. Meine Glückwünsche an euch beide. Ihr habt damit die Vorbereitungslektionen für unseren Kurs bestanden; und ich meine hier wirklich vorbereitende Lektionen.

Das ist das Material, ohne das kein tieferes Verständnis erreicht werden könnte. Es stellt den ersten wichtigen Schritt in eurer Entwicklung und eurem Verständnis dar und ich gebe euch dafür die Bestnote.

Es ist jedoch erst der grundlegende Anfangspunkt des Erreichbaren, ein notwendiger erster Schritt auf dem Weg. Ich bin sehr zufrieden mit euch beiden und dies könnte man als das Ende des ersten Buches bezeichnen. Es wird viele weitere Bücher–

(„Gut.")

–geben, aber das ist sozusagen das Handbuch für Anfänger. Soviel wie möglich davon sollte von all jenen gelesen werden, die sich dafür interessieren. Es ist ein Buch der Tatsachen, wie sie für euer Verständnis ausgelegt werden müssen und dieser letzte Satz ist außerordentlich wichtig, denn sie müssen in Begriffe umgesetzt und übersetzt werden, die für euch verständlich sind.

Ihr macht es nicht nur auf der theoretischen Ebene gut, sondern lernt auch die praktische Anwendung und das ist hervorragend.

Bei eurer Beschäftigung mit dem physischen Universum und mit anderen Individuen habt ihr große Fortschritte erzielt. Eure Konstruktionen haben sich enorm verbessert und entsprechen euren Erwartungen. Wir werden uns in der nächsten Lektion damit befassen, weil dieses Thema grundlegend ist.

Ihr habt anderen geholfen wie auch euch selbst. Jegliche scheinbare Vorsicht von Seiten Ruburts war notwendig, vor allem am Anfang. Diese Vorsicht kann stufenweise durch Erwartungen und durch Vertrauen ersetzt werden, aber sie ist ein notwendiges Element.

Ruburts psychische Fähigkeiten werden kanalisiert, so wie es sein sollte. Sie sind zu stark, um ihnen schon jetzt größere Freiheit zu gewähren. Aber bereits jetzt gewinnt er an Vertrauen und das wird ihn bei der Entwicklung zukünftiger Sitzungen unterstützen.

<u>Deine</u> psychische Stärke für unsere Kommunikationen ist äußerst wichtig, Joseph; ohne diese Stärke wäre eine angemessen Kommunikation sehr schwierig. Weil wir drei in der Vergangenheit so eng miteinander verbunden waren, ist diese psychische Gestalt zwischen uns jetzt möglich. Und wir haben eine psychische Gestalt.

Ich werde nun die Sitzung schließen, aber ich wollte euch so etwas wie ein Zeugnis ausstellen. Möglicherweise werden wir einige Sitzungen wegen eurer Ferien und wegen eurem Hauskauf auslassen, aber nicht allzu viele.

Gute Nacht, meine sehr lieben Freunde und Schüler. Sogar jetzt schon bereite ich euer neues Haus auf eine Art und Weise für euch vor, die wichtiger ist als das physische Putzen, an das Ruburt gerade denkt.

("Gute Nacht, Seth. Das war eine sehr gute Sitzung."

(Ende der Sitzung um 23:10 Uhr. Jane war in der üblichen Trance. Sie sagte, Seth hätte weitergemacht, wenn wir das gewünscht hätten. Aber nun war meine Schreibhand müde geworden und auch Jane war ziemlich müde. Es war eine jener Sitzungen gewesen, die wirklich an ihrer Substanz gezehrt hatte; sie habe gefühlt, so sagte sie, wie Seth das Material durchgepresst hatte.)

(Wiederum folgt hier der Bericht eines Ouija-Brett-Experiments, das Jane und ich am Sonntag, den 19. Juli 1964 um 22:45 Uhr, durchführten.

(Wir taten es hauptsächlich, weil es so eine außerordentlich heiße Nacht war, zu heiß, um etwas anderes zu unternehmen und Jane und ich waren noch nicht sehr müde. Ich machte fortlaufende Notizen. Die Worte Ja und Nein, die auf dem Brett aufgedruckt sind, sind hier in Klammern gesetzt, wenn der Zeiger auf ihnen lag. Antworten, die Jane mental erhielt, bevor sie vom Brett buchstabiert wurden, sind mit einem * gekennzeichnet.

(Nochmals: Jane erhielt diese Antworten nicht in der gleichen Art wie die Durchgaben von Seth; es war eher so, als ob ihr die Antworten irgendwie in den Kopf sprangen.

(Falschbuchstabierungen werden so wiedergegeben wie sie durchkamen. Viele Antworten kamen sehr langsam. Da Seth bis jetzt noch keine Gelegenheit hatte, diese Sitzung zu kommentieren, wissen wir nicht, ob der Grund für die Langsamkeit in unserer eigenen, matten Stimmung, in der Unerfahrenheit des Senders oder worin auch immer lag. Ich war derjenige, der die Fragen stellte.

(„Ist jemand da?")
(Ja).
(„Kannst du uns bitte deinen Namen nennen?")
Komme bald o (ja).
(„Kannst du uns deine Initialen geben?")
H.R.
(„Stimmt das? H.R.?")
(Ja).
(„Kannst du deinen Vornamen buchstabieren?")
Hubbell.
(„Und deinen Nachnamen?")
Roberts.
(„In welchem Jahr bist du gestorben, Hubbell Roberts?")
1863.
(„Wo, in welchem Land?")
England.
(„In welcher Stadt oder Provinz bist du gestorben?")
Longshire.*
(„Kannst du uns Longshire beschreiben?")
Stadt*
(„Hast du Tom Roberts gekannt?"
(Siehe Oujia-Brett-Sitzung vom 3. Juli.)
Ja.
(„Welche Beziehung hatte Tom Roberts zu dir?")
Bruder.
(„Kennst du Seth, Hubbell Roberts?")
Nein.
(„Hattest du Kinder?")
Ja.
(„Wie viele?")
4.*
(„Wie viele davon waren Jungen?")
1.*
(„Du hattest ein männliches Kind, ist das korrekt?")
Ja.
(„Kannst du uns seinen Namen geben?")
Ted (ja).
(„In welchem Jahr wurde Ted geboren?")
1824.
(„Wie alt warst du dann, Hubbell Roberts?")
35.
(„Hat dein Sohn Ted je geheiratet?")

Ja.
(„Kannst du uns das Jahr seiner Heirat angeben?")
Nein.
(„Warum nicht?")
Vergessen.
(„Nun, kannst du uns ungefähr den Zeitraum angeben, in dem Ted geheiratet hat, sagen wir innerhalb von fünf Jahren?")
1840.
(„Ist das korrekt?")
Ja.
(„Wen hat Ted geheiratet?")
Alice Matigen.
(„Hatten Alice und Ted Kinder?")
7.
(„Kannst du uns das Jahr sagen, in dem ihr letztes Kind geboren wurde?")
Nein.
(„Kannst du es schätzen?")
Ich war tot.
(„Hubbell Roberts, hast du noch lebende Verwandte?")
Elmar, Jane, Ruth, Maude, andere.

(Mit Elmar, so denken Jane und ich, ist Janes Vater, Delmer, gemeint. Sein Name ist Delmer Roberts und Hubbell ist der Familienname. Mit diesen dauernden Fragen über Nachkommen wollten wir genug Informationen sammeln, damit Jane ihren Vater über seinen Stammbaum befragen konnte. Jane weiß nichts darüber und ihr Vater hat mit ihr nie darüber gesprochen. Unsere Aufgabe war es daher herauszufinden, ob Delmer oder Jane einen Urgroßonkel namens Tom Roberts hatten und ob Tom Roberts einen Bruder namens Hubbell Roberts hatte.

(„Hubbell Roberts, wie ist der Name deiner Wesenheit?")
Humphry.
(„Wer ist der Lehrer auf deiner Ebene?")
Nein.
(„Heißt das, du hast niemand, der dir hilft, dort wo du bist?")
Ja.
(„Wer denn?")
Freunde.
(„Kannst du uns sagen, welches deine Freunde dort sind?")
Nein.
(„Warum sagst du es uns nicht?")
Keinen Sinn.
(„Werden wir dich in Zukunft kontaktieren können?")
Ja.
(„Gute Nacht dann, Hubbell Roberts")

Good-bye, ja.
(Ende um 23:28 Uhr.)

(Während wir psychologische Zeit übten, hatte Jane die folgenden Erlebnisse:
(Sonntag, 19. Juli, 21:10 Uhr: Als ich den gewünschten Zustand erreicht hatte, sah ich einen Mann auf einem Motorrad, der in die private Einfahrt eines Hauses fuhr. Dann hörte ich eine Stimme, ich glaube, es war meine eigene, sagen: „Baynor Road oder „Baynor Drive", ich bin nicht sicher, welches von beiden.
(Etwas später erblickte ich auch kurz eine Frau, die einen Raum durch ein offenes Fenster betrat. Sie stand dort, innerhalb des Fensters, und ging dann den gleichen Weg wieder hinaus.
(Montag, 20. Juli, 11:30 Uhr: Ich hatte verschiedene schnelle Bilder in leuchtenden Farben, als ich im gewünschten Zustand war. Zuerst sah ich eine Rotweinflasche, die in einer aus Zementblöcken gebauten Ecke stand.
(Dann sah ich leuchtendes, grünes Wasser mit vielen Lebewesen darin vorbeifließen. Ich schien darin einzutauchen, obwohl es mich nicht berührte. Ich schien in eine riesige Blase eingeschlossen. Dann sah ich von rechts einen blauen Wasserstrom vorbeirauschen, wie einen Fluss.
(Dann war ich im Haus, das wir kaufen wollen. Ich stand vor zwei Männern in Arbeitskleidung, einer war dunkel und ich glaube unrasiert. Ich fragte sie, wer sie wären. Sie sagten, sie kämen von der Gasgesellschaft. Ich wusste nicht, wie sie hereingekommen waren. Dann sagten sie, sie würden einen Schlüssel brauchen, das Haus müsse offen sein, damit sie hineingehen könnten.
(Danach sah ich Wasser in der Spüle im gleichen Haus und ich ließ es abfließen, indem ich den Abfluss öffnete.)

(Während ich psychologische Zeit übte, hatte ich die folgenden Erlebnisse:
(Donnerstag, 16. Juli, 20:30 Uhr: Nichts.
(Freitag, 17. Juli, 21:00 Uhr: Auf halbem Wege beim Erreichen des gewünschten Zustands begann ich, das vertraute, prickelnde Gefühl in meinen Händen zu spüren. Als ich auf dem Rücken im Bett lag, mit den Handflächen nach unten, hatte ich das Gefühl, als ob sich die Mittelfinger beider Hände beugten oder langsam in eine gebeugte Stellung zurückgingen. Das Gefühl war sehr deutlich. Ich überprüfte durch das Hinunterpressen meiner Finger, ob sie immer noch flach auf dem Bett lagen.
(Dann, als ob ein Schalter gedrückt worden wäre, strömte das prickelnde Gefühl, diesmal sehr stark, von den Füßen her bis in den Kopf; es begann in meinem linken Fuß.
(Dann veränderte sich das Gefühl in meinen Händen. Sie schienen sich zu vergrößern, vor allem in der Länge. Ich schien mir eines anderen Paars Hände bewusst zu sein, die genau über meinen eigenen erschienen und sich verlängerten, bis sie etwa 25 cm lang waren. Das Gefühl dauerte während einiger Minuten an. Während dieser ganzen Zeit schwebte das zusätzliche Paar Hände über meinen eigenen und erinnerte

mich irgendwie an gebogene Klauen. Wiederum musste ich dem Impuls widerstehen, meine Hände drastisch zu bewegen um zu sehen, ob sie wirklich unverformt waren.

(Das prickelnde Gefühl kam dann zurück, diesmal etwas schwächer und vom obersten Teil des Kopfes. Vorher war es von meinem linken Fuß aus gekommen.

(Dann geschah etwas Neues. Ich hatte ein kurzes, kribbliges Gefühl entlang der Mitte meiner Brust, als ob ich mich aus mir selber herausheben wollte. Obwohl kurz, war das Gefühl klar und ziemlich angenehm. Während alledem hatte ich wieder das intuitive Gefühl, dass ich psychisches Reisen versuchte.

(Ich sah nichts während dieser Erlebnisse, hörte jedoch eine nicht identifizierbare Stimme ganz klar einen Satz sagen, den ich aber beim Verlassen des Zustands wieder vergaß.

(Samstag, 18. Juli: Verpasst.

(Sonntag, 19. Juli, 21:00 Uhr: Ich erlebte ein mildes, prickelndes Gefühl, sobald ich mich hinlegte. Ich hatte den gewünschten Zustand etwa zur Hälfte erreicht, als ich mir meines Vaters bewusst wurde, der in meinem linken Gesichtsfeld war. In allgemeinen Umrissen sah ich ihn, als er sich in einem Lehnstuhl zurücklehnte, sein rechtes Bein über sein linkes legte und eine geöffnete Zeitung vor sich hielt. Es war eine Dreiviertelansicht von hinten. Mein Vater schüttelte die Zeitung energisch, sagte dann einen Satz mit mehreren Wörtern, die ich nun vergessen habe. Ich versuchte sehr stark, mich daran zu erinnern und erinnere mich auch, dass ich ihn mir verschiedene Male selber wiederholte, um ihn meinem Gedächtnis einzuprägen.

(Später sah ich Jane und meine Mutter. Jane war zu meiner Linken, meine Mutter zu meiner Rechten. Zwischen ihnen hing an der Wand eine grau-weiße, ca. 8 cm breite Zeichnung von Jane. Auf das Bild deutend, fragte meine Mutter Jane: „Hast du das gemacht?" - „Ja" sagte Jane. Meine Mutter sagte dann: „Es ist nicht sehr gut gerahmt. Vielleicht kann es Dad besser machen". Diese Worte sind ziemlich exakt, während ich mich aus was für Gründen auch immer nicht an die Worte meines Vaters erinnern kann.

(Nach all dem erlebte ich eine etwas andere Version meines prickelnden Gefühls in meinen Armen, von den Ellbogen nach unten, einschließlich der Hände und in meinen Beinen, von den Knien abwärts, einschließlich der Füße. Es war stärker im rechten Bein und im rechten Fuß, gleichmäßig in den Armen. Im oberen Teil der Arme und Beine hatte ich das Gefühl nicht. Es glich einem einengenden oder drückenden Gefühl und war deutlich genug, um mich nicht an seiner Existenz zweifeln zu lassen.

(Montag, 20. Juli, 20:00 Uhr: Es war eine sehr heiße und feuchte Nacht und deshalb schwierig, in den gewünschten Zustand zu gelangen. Ich erlebte jedoch ein deutliches und allgemeines Gefühl der Vergrößerung in meinen Unterarmen und Händen.)

SITZUNG 72
20. JULI 1964, 21:00 UHR, MONTAG, WIE GEPLANT

Die nächste Stufe des Seth-Materials; Objekte als willkürliche Aufteilungen von Atomen und Molekülen; Form ist keine Eigenschaft der Materie; Konstruktionen verhalten sich gemäß den Erwartungen

(Nach dem Nachtessen ging ich um die Ecke ins Büro von Dr. Piper und lud ihn ein, an der Sitzung teilzunehmen, da er letzte Woche sein Interesse ausgedrückt hatte. Er akzeptierte die Einladung mit dem Vorbehalt, dass er käme, wenn er bis 21:00 Uhr keine Patienten mehr hätte. Wir machten auch ab, dass er an der Mittwoch-Sitzung teilnehmen würde, falls er es heute Abend nicht schaffen würde.

(Es war ein sehr heißer und feuchter Abend. Um 20:55 war Doc Piper noch nicht erschienen und von meinem Studio im hinteren Teil der Wohnung konnte ich über die Hinterhöfe hinweg sehen, dass in seinen Büroräumen immer noch Licht brannte. Jane war ein wenig nervös vor der Sitzung. „Der Gedanke, dass Bekannte an eine Sitzung kommen, macht mir überhaupt nichts aus" sagte sie, „nur wenn es sich um Fremde handelt, werde ich wirklich nervös."

(Jane begann pünktlich mit einer ruhigen und normalen Stimme zu diktieren. Sie ging langsam hin und her, ihre Augen waren dunkel wie immer. Sie behielt dies alles während der ganzen Sitzung bei, obwohl sie, wie notiert wird, sehr lange Pausen bei der Durchgabe des Materials machte.)

Guten Abend.

("Guten Abend, Seth.")

Es freut mich, dass wir nun mit dem zweiten Teil eurer Ausbildung beginnen. Man könnte nun von euch sagen, dass ihr die Kindergarten-Stufe abgeschlossen habt.

Ich sage das nicht, weil ich eure Anstrengungen gering schätze, sondern nur, um euch eine Andeutung dessen zu geben, was noch kommen wird. Wir werden uns noch eine Weile mit der Diskussion über Materie beschäftigen und die Diskussionen werden aus vielerlei Gründen sehr wichtig sein.

Form ist keine Eigenschaft von Materie, obwohl dies so erscheint. Materie selbst besitzt keine Dauerhaftigkeit. Sie ist daher aus sich selbst heraus nicht fähig, in eurem Sinne zu wachsen oder zu verderben.

Wir können das genau so gut gleich jetzt weiterführen, trotz gewisser Gefahren von Missverständnissen, die geschehen <u>könnten</u>, aber hoffentlich nicht eintreten werden. Materie ist, wie ihr wisst, etwas Geformtes. Materie ist das Resultat einer molekularen Zusammensetzung. Ein Objekt setzt sich aus Materie zusammen, das ist richtig. Eure äußeren Sinne nehmen Materie daher als bestimmte, unterscheidbare, separate Objekte wahr.

(Nun sprach Jane langsamer, mit einigen sehr langen Pausen zwischen den Abschnitten und/oder Sätzen.)

Objekte existieren und doch existieren Objekte in einem anderen Sinne wiederum nicht. Ich habe euch zum Beispiel gesagt, wie ihr und andere, sagen wir, ein Fernsehgerät konstruiert, einen Stuhl, ein Bild oder einen Tisch. Indem ihr Energie braucht, formt ihr bestehende Atome und Moleküle in ein gewisses Muster, das ihr und andere dann als ein bestimmtes Objekt erkennt.

Das Objekt existiert dann also in diesem Sinne. Tatsache ist aber, dass es als bestimmtes Objekt nur aufgrund eurer genauen Konstruktion einem speziellen Muster gemäß existiert und aufgrund dessen, dass ihr es als Objekt anerkennt.

(Nun ging Jane im kleinen Bereich zwischen unserem langen, schmalen Kaffeetisch und dem Sofa hin und her und sprach mit vielen Gesten.)

Der Raum zwischen diesem Sofa und dem Tisch ist genau so gefüllt mit molekularen Strukturen wie der Raum, den das Sofa einnimmt oder der Raum, den der Tisch einnimmt. Die Materie, die sich innerhalb des Raums zwischen diesen beiden Möbeln befindet, ist die gleiche. Ihr habt nur mit den Atomen und Molekülen kein bestimmtes Muster konstruiert, das ihr ein Objekt nennt und das ihr als solches erkennt.

Objekte sind daher wirklich willkürliche Bezeichnungen, die gewissen willkürlichen Anordnungen von Atomen und Molekülen als Ganzes gegeben werden. Es gibt kein objektives Universum und doch gibt es ein objektives Universum.

Das bedeutet nicht, dass ich dieser Materie ausweichen möchte, wenn ihr mein Wortspiel entschuldigen mögt; dieses Thema wird von euch noch viel mehr Studium verlangen. Ihr müsst euch so verhalten, als ob es ein objektives Universum gäbe. Die Welt oder das Feld, das ihr zur Zeit bewohnt, ist auf eurer Ebene real und klar definiert. Die Tatsache, dass die Realität dieses Feldes nur auf eure Ebene beschränkt ist und sich nicht auf andere Felder ausdehnt, soll euch jedoch nicht in Versuchung bringen, überhaupt nicht damit zu rechnen. Während ihr euch im Allgemeinen so verhalten müsst, als ob euer Universum wirklich und grundsätzlich objektiv wäre, müsst ihr doch immer daran denken, dass diese scheinbare Objektivität, sogar praktisch gesehen, stark einschränkend ist, und eine allzu große Abhängigkeit kann in einer Welt der Objektivität zu einem psychischen Gefangensein führen, das unnötig ist.

In einer fernen Zukunft, sogar auf eurem Feld, werden die Grenzen der so genannten objektiven Welt klar erkennbar sein und aufgezeigt werden und daraus wird sich eine große Befreiung für die Menschheit ergeben.

Studium und Praxis der psychologischen Zeit werden euch die Gültigkeit und Stärke dieses inneren Selbst zeigen, sodass ihr klar erkennen werdet, dass es in keiner Weise völlig an das so genannte objektive Universum gebunden ist. Materie ist kein Gefängnis. Sie ist ein Mittel, mit dem sich das Bewusstsein innerhalb der Grenzen des physischen Feldes selbst ausdrückt.

Ich schlage nun eure erste Pause vor.

(Pause um 21:27 Uhr: Jane war in der üblichen Trance. Es mag interessant sein anzumerken, dass Jane während der Durchgabe dieses Materials immer wieder den Raum durchquerte, ohne dass ihr das kleinste Zeichen eines Unwohlseins in dieser sehr heißen, dumpfen und feuchten Nacht anzumerken war. Ihre Haut war trocken

und frisch. Ich hingegen saß da in Kleidern, die mir am Körper klebten und musste einen Karton unter meine rechte Hand legen, damit das Papier nicht feucht wurde.
(Jane fuhr um 21:35 Uhr in der gleichen ruhigen Art mit einigen sehr langen Pausen weiter.)

Objekte sind daher willkürliche Bezeichnungen, Unterteilungen, die ihr selbst macht. Ihr nehmt Teile eines endlosen Ozeans molekularer Konstruktionen wahr. Ihr formt Teile in separate Objekte, die tatsächlich weder separater noch verschiedener vom ganzen Ozean sind als es eine Gischtwelle von der anderen ist. Das heißt, eine Gischtwelle, die wohl während eines Moments separat sein kann, ist in ihrer grundsätzlichen Zusammensetzung und Konstruktion allen anderen Gischtwellen gleich.

Es kann aufgezeigt werden, und wir werden uns damit auch befassen, dass Form keine Eigenschaft von Materie ist. Ihr werdet Dauerhaftigkeit und Form anderswo suchen müssen. Eure Ursache und Wirkung-Theorie ist hier wiederum für viele Verzerrungen verantwortlich, wie zum Beispiel für die Idee, dass die Materie, sagen wir, von einer Blume direkt aus der Materie eines Samens herauswächst. Das ist nicht der Fall.

Materie in eurem Feld ist von Natur aus sozusagen unteilbar und untrennbar und es sind die komplizierten menschlichen Fähigkeiten, die ihr Form und Bedeutung geben. Ich habe gesagt, dass Erwartung viel mit individuellen Konstruktionen zu tun hat und dies kann wirklich nicht genug betont werden.

Die Mechanismen, die in die tatsächliche Konstruktion von Materie einbezogen sind, sind alle miteinander verwoben und eng verbunden. Ihr gebt den Konstruktionen ihr Erscheinungsbild von Dauerhaftigkeit, indem ihr sie ständig nach euren Erwartungen erschafft, die sich unter anderem auf vorherigen Konstruktionen in der scheinbaren Vergangenheit begründen; und diese Erwartungen sind das Resultat psychischer Kommunikation zwischen euch und anderen, vor allem von Eltern, die dem Kind seine ersten Eindrücke über das Umfeld geben, das tatsächlich seine Eltern erschaffen haben.

Die Konstruktionen werden sich in allen Fällen immer nach den Erwartungen richten und ihnen folgen. Oft wird ein unheilvoller Zyklus begonnen, wenn das von einem Individuum erschaffene Umfeld die sehr verzerrten Ideen, die es anfänglich verursachte, immer wieder verstärkt.

Auf einer praktischen Ebene werden wir später zu den Möglichkeiten gelangen, wie solche unglücklichen Bindungen gelöst werden können. Tatsächlich habt ihr selbst bereits begonnen, auf diesen wichtigen Gebieten von Erwartungen und Konstruktionen viel wirkungsvoller zu handeln.

Die Erkenntnis über viele der heute Abend diskutierten Themen wird euch auch bei euren Experimenten mit psychologischer Zeit unterstützen.

Da ihr Objekte selbst konstruiert, könnt ihr sie daher auch mehr oder weniger nach eurem Bedarf konstruieren, wenn ihr einmal realisiert, dass Materie auf diese Weise manipuliert werden kann. Es gibt natürlich verschiedene Konstruktionsmethoden, die auf verschiedene Felder anwendbar sind und in einigen Fällen können die Atome und

Moleküle von Bewohnern von mehr als nur einem Feld verwendet werden.

In diesem Falle sind sich die Bewohner der verschiedenen Felder einander nicht bewusst und sehen oder erkennen nur das bestimmte Muster, das sie den betreffenden Atomen und Molekülen aufgeprägt haben.

Das widerspricht sich nicht. Ich schlage eine Pause vor.

(Pause um 21:58 Uhr. Jane war in der üblichen Trance. Und wiederum war sie völlig unbeeinflusst von der dumpfen Hitze, während sie das Material durchgab. Meine Schreibhand wurde nun etwas müde, obwohl ich mich an diesem Abend in keiner Weise überarbeitet hatte.

(Jane fuhr um 22:06 Uhr in der gleichen Art weiter.)

Materie, Atome und Moleküle stellen nur einen Aspekt und eine einzelne Dimension einer viel größeren Realität dar. Ihr könnt nur denjenigen Teil dieser Realität manipulieren, den ihr erkennen könnt.

Daher sind eure Manipulationen äußerst oberflächlich, was ihren Einfluss auf die größere Realität betrifft. Das ist, glaube ich, das erste Mal, dass dieses bestimmte Thema in unserer Diskussion auftritt. Unsere frühere fünfdimensionale Sitzung ging jedoch in diese Richtung.

(Obwohl Seth uns relativ wenig über die fünfte Dimension durchgegeben hatte, bezog er sich oft auf diese eine Sitzung; siehe die 12. Sitzung vom 2. Januar 1964 [Band 1]. Zur Erinnerung: Dieses Material wurde vor 60 Sitzungen durchgegeben und was mein Erinnerungsvermögen betrifft, hat sich Seth in allen bisher stattgefundenen Sitzungen in Bezug auf sein fünfdimensionales Material nie widersprochen.)

Ihr spielt nur mit der äußersten Haut der Realität, deren wahre Dichte und Tiefe im Moment noch weit außerhalb eures Verständnisses liegt. Ich brauche die Ausdrücke Tiefe und Dichte, um euch zu helfen. Sie sind als intuitiver Wert gedacht und nicht unbedingt wortwörtlich zu nehmen.

Auch soll mit diesem Material keinesfalls gesagt werden, dass der Versuch Wissen zu erlangen vergeblich sei. Auf gar keinen Fall. Es geht nur darum, dass eure eigenen Ideen zuerst erweitert und von ihren Einschränkungen befreit werden müssen.

Werterfüllung bedeutet eine Ausdehnung des inneren Selbst bei seiner Reise in diese Realität. Die Realität kann erst dann manipuliert werden, wenn ihre Existenz bekannt ist.

Wir werden heute Abend keine lange Sitzung haben. Ich werde euch bestimmt keine Sommerferien geben. Trotzdem mache ich es jetzt ein wenig leichter für euch, indem ich die Intensität unserer Sitzungen etwas verändere, denn dies ist eine äußerst wirkungsvolle Lehrmethode und einzelne Teile unserer Themen verursachen verschiedene Mengen an Energieaufwand.

(Jane hatte bei der Durchgabe dieses Materials wieder sehr lange Pausen gemacht.)

Ich möchte auf eurer Seite immer viel Energie als Reserve haben. Es stimmt, dass in fast allen Fällen aus verschiedenen Gründen unsere Wintersitzungen am intensivsten sein werden. Die Materie dieser Realität, von der ihr sowenig wisst, wird die Basis für zukünftige Diskussionen sein und tatsächlich werden eure inneren Sinne euch bei der Wahrnehmung einiger ihrer Facetten helfen.

Energie verändert sich dauernd. Die Form ist keine Eigenschaft der Energie, wie sie ja auch keine Eigenschaft der Materie ist. Als Regel kann keine der Energie auferlegte Form lange andauern; die Form kann einfach nicht lange andauern. Das Bewusstsein hinter der Form, das die Form bildet, dauert an; denn während Energie sich dauernd verändert und ihre Form nicht aufrechterhält, ist sie in sich selbst bewusst und ihr Bewusstsein dauert an.

Ich habe in der Licht-Analogie neulich erklärt, dass sogar Bewusstsein nicht immer sein ganzes Potenzial braucht. Die Wesenheit stellt jenen Teil des Bewusstseins dar, der sich der anderen Teile von sich selbst bewusst ist.

Das ist für heute Abend genug zu diesem Thema. Wir sind ziemlich weit in neues Material hineingegangen und ich wünsche euch einen ganz herzlichen guten Abend.

(Ende der Sitzung um 22:25 Uhr. Jane war in der üblichen Trance. Sie sagte, sie hätte gespürt, wie Seth sie am Ende der Sitzung abrupt verlassen habe. „Er ist weg", sagte sie. Sie hat den Eindruck, dass Seth sein Material am liebsten portionenweise durchgibt, ob es nun lange oder kurz ist.

(Meine Schreibhand fühlte keine Müdigkeit. Wir hatten uns auch nicht nach dem Hubbell Roberts Material erkundigt, das am Anfang dieser Sitzung erwähnt wird. Jane sagte, Seth wolle sich diesen Abend nicht damit beschäftigen.)

(Beim Üben von psychologischer Zeit hatte ich die folgen Erlebnisse:
(Dienstag, 21. Juli, 20:30 Uhr: Kein Resultat.
(Mittwoch, 22. Juli, 20:00 Uhr: Ich erlebte ein allgemeines Gefühl der Vergrößerung in meinen Händen. Obwohl dies das einzige Resultat war, verging die halbe Stunde, die ich für die Übung eingesetzt hatte, sehr schnell. Ich schlief nicht ein.
(Jane hatte nichts zu erwähnen.)

(Ich möchte hier noch eine Bemerkung anfügen, die möglicherweise von künftigem Interesse sein wird.

(Für die folgende, die 73. Sitzung, hatten wir als Gäste Dr. und Mrs. Piper eingeladen, mit denen wir uns im vergangenen Jahr befreundet hatten. Nach der Sitzung zeigte ihnen Jane, wie sie das Ouija-Brett benützen konnten, da sie neugierig waren.

(Das Brett begann sofort für sie zu arbeiten, während für Jane und mich einige Sitzungen nötig gewesen waren, um überhaupt irgendetwas zu erhalten. Ich notierte die Antworten, welche die Pipers erhielten und Jane war die Beobachterin.

(Als die Pipers ihre dritte Frage gestellt hatten, die den Namen des Senders betraf, Fred Lake, hatte Jane den Namen bereits mental erhalten. Sie sagte dies den Pipers nicht, aber sie hatte den ganzen Namen in ihrem Kopf, als der Zeiger erst beim Buchstaben F war. Sie war ziemlich überrascht darüber und hatte diese Erfahrung noch nie vorher gemacht, obwohl es nun einige Monate her ist, seit einer von uns andere

Personen am Brett beobachtet hat – in der Tat, seit das Seth-Material begonnen hatte, durchzukommen. Vielleicht hatten sich Janes Fähigkeiten auf diesem Gebiet auch verbessert.

(Die nächste Frage, welche die Pipers stellten, betraf ein Datum von Fred Lake. Jane erhielt ebenfalls die Antwort auf diese Frage und notierte sie sich. Der Zeiger zögerte jedoch über verschiedenen Zahlen, sodass das Resultat nicht eindeutig ist.

(Da Jane nach der Sitzung müde war, verfolgte sie das Ganze nicht weiter und wir ließen die Pipers allein, während sie verschiedene andere Antworten erhielten. Aber Jane und ich haben vor, dieses Experiment mit anderen Paaren zu wiederholen; wir möchten dann das Ganze beobachten und feststellen, ob einer von uns in irgendeiner Art die Antworten aufnehmen kann, die der Zeiger geben wird.)

SITZUNG 73
22. JULI 1964, 21:00 UHR, MITTWOCH, WIE GEPLANT

Familie Pipers andere Leben; Tiefe als emotionale und psychologische Ausdehnung und die Bedeutung der Schilddrüse

(Heute morgen lud Jane Dr. und Mary Piper als Zeugen zur heutigen Sitzung ein. Sie nahmen die Einladung an, machten ihre Teilnahme jedoch davon abhängig, dass sie keine Patienten mehr hätten und einen Babysitter finden würden.

(Wiederum war es ein sehr heißer und feuchter Abend. Um 20:55 Uhr fiel ein leichter Regen; die Pipers waren noch nicht erschienen. Obwohl Jane nicht nervös schien, wusste ich, dass sie wegen der möglichen neuen Zeugen doch etwas nervös war.

(Willy schlief in seinem bevorzugten Sessel. Jane begann in einer völlig normalen Stimme zu diktieren und ging langsam hin und her; ihre Augen waren dunkel wie immer.)

Guten Abend.

(„Guten Abend, Seth.")

Ich werde euch noch mehr Material für unsere Diskussion über Materie geben, aber zuerst möchte ich eine andere Bemerkung machen.

Nach 20:00 Uhr an einem Sitzungsabend sollte Ruburt sich so vorbereiten, dass er nicht mehr um das Eintreffen oder Nicht-Eintreffen von Besuchern besorgt sein muss. Ich kann nicht gut durchkommen, wenn ihn das so sehr ablenkt und zudem kann ich ihn dann auch nicht im voraus wissen lassen, ob jemand kommen wird oder nicht.

(Vor der Sitzung hatte Jane bemerkt, dass sie sich wünschte, Seth würde oder könnte sie wissen lassen, ob Beobachter einträfen. Wenn sie Seth durchkommen lassen könnte, um sie vorgängig darüber zu informieren, wäre das, milde ausgedrückt, äußerst bequem.)

Das Ganze sollte auf einer unterbewussten Ebene behandelt werden, sodass er sich vorher scheinbar automatisch auf eine Antwort betreffend möglicher Zeugen vorbereitet. Das heißt, ich kann ihn das wissen lassen; aber übertriebene bewusste Besorgnis blockiert dieses Wissen.

(Von meinem Stuhl am Tisch neben dem Fenster sah ich gerade noch, wie die Pipers um die Ecke bogen und der Straße entlang zu unserem Haus kamen. Ich deutete auf das Fenster und Jane verstand, was ich sagen wollte.)

Enge Freunde stören ihn offensichtlich nicht mehr. Es geht hier nur noch um Fremde, oder um Personen, mit denen ihr nicht so vertraut seid.

Nun, da eure Gäste ankommen, lasst sie doch eintreten oder ich werde die Türe selber öffnen. Ich schlage vor, dass du die Tür öffnest und sie bittest, sich zu setzen.

(Jane machte eine Pause beim Fenster und schaute durchs Zimmer zur Türe hinüber. Ich legte meine Schreibunterlage beiseite. Während ich das tat, öffnete sich die Tür und die Pipers kamen leise herein. Keiner von beiden war je an einer Sitzung gewesen, aber Jane hatte sie vorbereitet, dass sie ohne Anklopfen eintreten sollten, wenn sie nach 21:00 Uhr einträfen.

(Jane blieb beim Fenster stehen, während ich die Gäste bat, sich zu setzen. Ich gab ihnen Kopien der paar letzten Sitzungen, um sie mit dem Material vertraut zu machen, falls sie bevorzugten, zuerst zu lesen statt zuzuhören.

(Jane fuhr dann weiter. Aber ihre Stimme war nun kräftiger und etwas tiefer, ziemlich verschieden vom familiären Ton, den sie am Anfang der Sitzung angeschlagen hatte.)

Ich war nie ein besonders guter Gastgeber. Ich hoffe aber, dass euch der Name und das damit verbundene Umfeld erklärt worden sind.

Wir werden nun mit einer über die Natur der Materie begonnenen Diskussion weiterfahren und einen speziellen Punkt erwähnen, den ich klar machen möchte.

Wie ich euch gesagt habe, ist Form keine Eigenschaft von Materie. Ich habe zum Beispiel gesagt, dass Gras nicht aus Samen wächst. Ihr beobachtet, dass Gras oft da erscheint, wo Samen gesät worden ist und ihr nehmt dann fälschlicherweise an, dass der Samen aus der ihm innewohnenden Materie wächst und dass Gras aus dem Samen wächst.

Die Atome und Moleküle, Energie in Materie, erscheinen und verschwinden augenblicklich. Energie wird ständig in die Verkleidung von Materie konstruiert, aber Materie ist der simultane Ausdruck von Energie unter bestimmten Bedingungen.

(Nun war Janes Durchgabe sehr viel kraftvoller geworden und ihre Stimme ziemlich laut und stark. Sie ging nun zu einem leeren Korbstuhl hinüber.)

Wir werden wiederum diesen Stuhl brauchen und zwar dieses Mal, um unseren Standpunkt zu erklären. Der Stuhl wird ständig konstruiert. Nun stellt der Stuhl eine Untergruppe der Materie dar und ist das, was ihr tote Materie nennt, obwohl wir wissen, dass Bewusstsein überall ist.

Der Stuhl wird simultan und sofort vollständig konstruiert. Nehmt nun den Grashalm und den Samen. Die Energie und das darin enthaltene Bewusstsein fügen sich ständig zu völlig neuen Konstruktionen zusammen; wegen der verschiedenen Geschwindigkeiten, von denen ich gesprochen habe und weil ihr nicht die ganze Realität wahrnehmt, bemerkt ihr die simultanen Konstruktionen nicht und nehmt an, sie seien kontinuierlich, statt separat und immer wieder neu.

Wenn Energie bei der Ausübung ihres Werks eine vollständig veränderte Form hervorbringt wie das der Fall ist, wenn ein Samen in einen Grashalm hineinzuwachsen scheint, dann habt ihr hier einen so großen Unterschied zwischen den von euch wahrnehmbaren Abstufungen, dass ihr zugeben müsst, dass das, was ihr als dauerhafte Materie angenommen habt, irgendwie zu etwas völlig anderem geworden ist.

Ihr wisst, dass ihr mit den äußeren Sinnen die Energie-Pulsierungen, die diesen Stuhl formen, nicht wahrnehmen könnt; weil ihr nun diese Pulsierungen nicht wahrnehmen könnt, erscheint euch der Stuhl dauerhaft, als ein Teil eurer Zeit und eures Raumes und als immerwährend in Zeit und Raum existierend.

Der Stuhl ist weder dauerhaft noch immerwährend und seine Realität beschränkt sich auf eure Wahrnehmung von ihm, die ihr ihm als Objekt gewährt.

Vor unserer ersten Pause werde ich nun noch unsere Gäste willkommen heißen, obwohl ich bedaure, dass manches von diesem Material nicht klar sein wird, weil sich so vieles auf vorherigen Diskussionen aufbaut, mit denen beide nicht vertraut sind.

Der Name der Wesenheit der Frau ist Aeiada, A-e-i-a-d-a und derjenige des Mannes ist Norman. Ich schlage eure erste Pause vor und möchte nochmals sagen, dass ich euren regnerischen Abend genieße. Ich habe euer Haus für euch vorbereitet. Bitte macht eure Pause.

(Pause um 21:23 Uhr. Jane war in der üblichen Trance. Seth muss uns noch erklären, was er damit meint, wenn er sagt, dass er unser neues Haus für uns vorbereitet hat. Während der Pause versuchten wir, den Pipers einen kurzen Überblick über das Seth-Material zu geben. Jane fuhr um 21:32 Uhr in der gleichen kräftigen und starken Stimme weiter.)

Ich habe keinen der Gäste vorher gekannt, aber das ist auch nicht nötig. Ich bin nicht derjenige, der nervös ist. Es ist Ruburt, der ständig und oft störrisch blockiert, was ich zu sagen habe.

Trotzdem, Norman war vorher zweimal ein Mann und in der Zeit unmittelbar vor dieser Existenz war er eine Frau. Es gab damals zwei Kinder und er ist in diesem Leben nun sehr eng bekannt mit drei Personen, die ihm in der vergangenen Existenz nahe waren.

(„Kannst du uns etwas über sie sagen?"

(Ich dachte, dies sei eine gute Frage, da wir nichts über die persönliche Geschichte der Pipers wussten. Ich unterbrach Janes Durchgabe um das zu fragen und es wird sich zeigen, dass Seth keine Antwort darauf gab. Als die Sitzung weiterging, vergaß ich, die Frage zu wiederholen. Ich habe den Eindruck, dass die Frage nicht wirklich durchkam.)

Einmal brach er das Genick eines Mannes, aber es geschah nicht vorsätzlich, sondern durch einen Unfall mit Pferden. Es gab damals keine tief greifenden Schuldgefühle. Trotzdem spürte er in der Existenz als Frau Schuldgefühle. Diesmal heilt er nun die Rücken der Menschen, aber das ist nicht die einzige Verbindung.

Er war ein Alchemist. Er hat sich in vergangenen Existenzen mit Materie beschäftigt, die unterhalb von Materie lag, wenn ihr mir ein Wortspiel gestattet, und aus diesem Grunde ist auch sein Interesse daran gewachsen. Eines seiner Leben war in einem Land nahe demjenigen, das ihr heute Palästina nennt, ich glaube, ungefähr um 832 v. Chr. und in jenem Leben geschah dieser Unfall.

Auch Deutschland, 1732, in einer Stadt, die heute Köln heißt; ein Alchemist. 1872, ein sehr kurzes Leben als Frau, die mit 33 bei einer Geburt starb. Schweden.

Es gab ein Bedürfnis nach Disziplin, das nun einigermaßen erfüllt worden ist und vergangene Interessen, die sich dieses Mal zu einem zusammenhängenderen Zweck gefestigt haben. Wir werden uns ein andermal eingehender mit diesen speziellen Themen befassen.

Des weiteren sehen wir, dass die Frau zweimal ein Mann war. Das hat zu einer offenen Geisteshaltung geführt, die sich diesmal mit einer feminineren Intuition verbindet. Ich kann nur noch dazu sagen, dass ein Leben den Beruf eines Bootsmannes beinhaltete, der mit einem ziemlich kleinen Schiff den Ufern des Mittelmeers entlang fuhr.

Das Schiff führte Waren mit sich, aber nicht Gewürze, sondern vielleicht eher Baumwolle. Es gab auch eine sehr abergläubische Existenz eines Soldaten, der in eine Kreuzzugsepisode verwickelt war, bei der, wenn ich das hier sagen darf, Menschen wie Dummköpfe und hirnlose Idioten in den Kampf getrieben wurden für eine Gottesidee, die sie weder begreifen noch erschaffen konnten.

(Jane zeigte auf Bob Piper: Ihre Stimme wurde nun ruhiger.)

Er war damals in der Tat so abergläubisch wie alle andern. In einer Schlacht wurde er von einem Mauren getötet. Das Plündern, das damals im Namen des christlichen Gottes stattfand, würde in der Tat die Heiden erröten lassen.

Es gibt hier immer noch eine Tendenz, sich vielleicht allzu sehr auf Intuitionen zu verlassen, die zwar grundsätzlich gesund ist. Aber eine solche Abhängigkeit muss Hand in Hand mit der Disziplin gehen, von der ich gesprochen habe. Der Tod trat in der Wüste ein, sehr nahe bei Lepanto. Er war damals Ende fünfzig und ließ zwei Frauen zurück, nicht nur eine. Auch einen Sohn und vier Töchter.

Es gibt noch viel mehr in dieser Richtung. Ich glaube, er sandte einen jungen Mann mit einer Botschaft zu einer der Frauen und die Botschaft wurde nicht überbracht. Das bedeutet seiner heutigen Persönlichkeit auf der bewussten Ebene wohl nicht mehr viel, aber die Tatsache, dass die Botschaft nicht überbracht wurde, bedeutet dem inneren Selbst sehr viel, denn jene vorherige Persönlichkeit hatte sehr viel Gewicht darauf gelegt.

Ich schlage eine kurze Pause vor. Und übrigens, die Party, von der ich schon fast zuviel gesprochen habe, habe ich nicht vergessen. Ich habe das Gefühl, dass ich euch nach so vielen trockenen und gelehrsamen Sitzungen eine Nacht schulde, an die ihr euch erinnern werdet, aber <u>ich</u> werde <u>meine</u> Würde behalten und <u>ihr</u> werdet euch mit eurer eigenen beschäftigen müssen.

Macht nun auf jeden Fall eure Pause.
(Pause um 21:56 Uhr. Jane war in der üblichen Trance. Sie fuhr um 22:06 Uhr in ihrer ruhigen Stimme weiter.)

In der Vergangenheit gab es zwischen euch vieren keine Kommunikation und auch keine Verbindung eurer Leben. Es gab jedoch eine Art telepathische Verbindung zwischen euch in der Gegenwart und es ist kein Zufall, dass ihr euch kennen gelernt habt. Auf einer unterbewussten Ebene habt ihr realisiert, dass viele eurer Interessen ähnlich sind.

Das Kind des Mannes und der Frau existierte als Persönlichkeit schon viermal vorher, somit ist es sozusagen älter als seine Eltern. In einem Leben starb es als kleines Kind, als Mädchen mit musikalischem Talent. Während einer anderen Existenz, ich glaube in Babylon, war es das, was man damals einen Schreiber nannte.

Er arbeitete mit Steinplatten und erhielt aufgrund seiner Fähigkeiten eine amtliche Stellung, obwohl er nicht von begüterten Eltern abstammte.

("Wie ist der Name der Wesenheit des Kindes?")

Der Name der Wesenheit ist Waldoon. Das musikalische Talent erschien im 16. Jahrhundert in England wieder, wo wir die Persönlichkeit als zweitrangigen Komponisten für Orgelmusik finden; dort konnte sie auch ihre Schreiberfähigkeiten anwenden.

Es gibt hier ein mechanisches Talent, eher seltsam im Leben einer Frau, das sich jedoch früh entwickelte, als die Persönlichkeit ein Mädchen war, welches das Geschäft seines Vaters betreute. Das Geschäft befasste sich mit einer Vorentwicklung für die Erfindung und den Einsatz von Ballonen für die Postverteilung im französischen Mittelalter, war aber nicht erfolgreich.

Ich werde nun, mit eurer freundlichen Erlaubnis, ein paar Worte in Bezug auf die Realität sagen, von der ich in der letzten Sitzung kurz gesprochen habe.

Ihr könnt diese Realität besser verstehen, wenn ihr wiederum eine Analogie betrachtet, die wir viel früher gemacht haben. Erinnert ihr euch an unser eingebildetes Gemälde, das an der Wand hing?

("Ja."
(Siehe die 43. Sitzung vom 13. April. Jane zeigte nun auf ein Bild, das ich ein paar Jahre vorher gemalt hatte. Es hing über dem Sofa. Ich hatte Jane als Modell verwendet und im Bild stand sie unter Bäumen an einem Fluss und über den Fluss hinweg war ein Dorf zu sehen.)

Wir werden dieses Bild als Beispiel nehmen. In unserer Analogie dehnte sich das Bild aus, obwohl es in einen vorgegebenen Raum gerahmt wurde. Es floss nicht in den Raum hinein und doch kann man sich vorstellen, dass die Bäume höher wachsen, der Hintergrund zusätzliche Distanz und Perspektive erhält, das Wasser dahin fließt, aber auf der Rückseite des Gemäldes finden sich keine entsprechenden Abdrücke.

Die Überprüfung der Gemälde-Rückseite würde nichts ergeben. Die Elemente des Bildes würden sich in der gleichen Weise ausdehnen, wie ich euch sagte, dass sich das Universum ausdehnt, in einer Art, die nichts mit Raum, sondern mit Werterfüllung zu tun hat; Werterfüllung, die ihre eigene Art von Tiefe und Perspektive besitzt und die nicht nur hinter, sondern auch innerhalb der Konstruktion von Materie existiert.

In die Tiefe dieser Realität kann nicht auf die gleiche Art hineingetaucht werden, wie man in einen Fluss oder Strom eintauchen kann. Die Tiefe dieser Realität kann jedoch wiederum mit der Tiefe eines Schlafes oder einer Trance verglichen werden oder mit der Tiefe einer gewöhnlichen psychologischen Erfahrung.

Ruburt schrieb einmal, soviel ich mich erinnere, ein Gedicht, in dem er auf sehr poetische Weise sagte, Schmerz sei tiefer als ein See oder Fluss und hier beziehe ich mich auf diese Art Tiefe. Es gibt Perspektiven, von denen ihr relativ wenig wisst und diese wiederum sind Bezugssysteme, die physische Konstruktionen, tatsächliche physische Konstruktionen, formen, die ihr nicht wahrnehmt.

Es gibt im Bereich zwischen diesen beiden Stühlen mannigfaltige physische Konstruktionen, die ihr nicht wahrnehmt, weil ihr die Perspektive, in der sie auftreten, nicht wahrnehmen könnt.

Ich schlage nun eine Pause vor, möchte aber zuerst ebenfalls noch vorschlagen, aber wirklich nur vorschlagen, dass ihr vier als Gemeinschaft weiter besteht, da ich glaube, dass ihr alle davon profitieren würdet. Eure Besucher verfügen über Fähigkeiten, die brach liegen und die unbedingt angewandt werden sollten.

(Pause um 22:28 Uhr. Jane war in der üblichen Trance. Sie fuhr um 22:35 in der gleichen Art, aber etwas ausgeprägter und kräftiger als sonst, weiter.)

Ich schätze und genieße eure intensive Unterhaltung wirklich. Und ich erinnere mich tatsächlich an Ruburts sehr gewagtes, aber doch eher plumpes Stolpern in seine erste tiefe Trance.

(Diese Trance wird in der 14. Sitzung vom 10. Januar 1964, im ersten Band, beschrieben.)

Ich würde vorschlagen, dass sich eure Besucher eine Kopie des Materials ausleihen können, denn sie sind beide sehr wohl fähig, es zu verstehen und davon zu profitieren.

Das Material sollte, mit Ausnahme des persönlichen, heute Abend durchgegebenen Teils, von Anfang an gelesen werden. Zweifellos wird die Entwicklung von Materie und das Verständnis darüber euch befähigen, sie zu manipulieren und sie manchmal auch fast ganz wegzulassen.

Da das Individuum Materie und in der Tat sein eigenes physisches Universum konstruiert, kann es diese Konstruktionen verbessern; und seine Erwartungen sind eng mit dem unterbewusstem Mechanismus der Konstruktion selbst verbunden.

Die Schilddrüse wirkt stark in Bezug auf Erwartungen und hilft normalerweise auch mit, das hormonelle Gleichgewicht auf normalem Niveau aufrecht zu erhalten. Sie ist jedoch empfindlich, was Panik und Angst betrifft und während sie andere Drüsen beeinflusst, die mit inneren, unterbewussten Mechanismen arbeiten, wird sie selbst überstimuliert und verursacht unterbewusste Mechanismen, um tatsächlich und in Materie das Objekt der Ängste zu erschaffen, die selbst die ursprüngliche Überreaktion verursacht haben.

In der gleichen Weise sind auch andere Konstruktionen betroffen. Es stimmt, dass das, was zu Materie wird, auch als Materie behandelt werden muss und doch verfügen die innere Vitalität und das innere Selbst über ihre eigenen Fähigkeiten zu heilen. Das Problem liegt darin, dass diese Fähigkeiten wenig gebraucht und selten geschätzt werden.

Der Geist konstruiert seine eigene Idee der Realität in Materie und hier ist der Punkt, wo die persönliche Erwartung ins Spiel kommt. Ihr erschafft nicht nur eure eigene Umgebung, allgemein gesprochen, sondern ihr erschafft sie <u>konkret</u>, in Form von Masse und Materie.

Ihr schlagt euren Kopf an die Wände, die ihr selbst gemacht habt. Wir werden in einer späteren Sitzung auf eine lange Diskussion über die wirklichen physikalischen und unterbewussten Mechanismen eintreten, die bei der Konstruktion von Ideen in eine materielle Realität beteiligt sind.

Betrachtet bitte im gleichen Sinne das bereits durchgegebene Material, vor allem was die Art und Weise betrifft, wie Atome und Moleküle ein einfaches Objekt, wie zum Beispiel einen Stuhl, formen.

Ich werde nun die Sitzung etwas früher als sonst schließen und schlage nochmals vor, dass eure Besucher soviel Material wie möglich lesen. Sie sind zu jeder Sitzung willkommen, aber eine Vertrautheit mit dem Material wird zum Vorteil einer direkten und lebendigen Sitzungsteilnahme viel beifügen und ich kann in der Tat sehr lebendig sein. Ich war zu meiner Zeit ein ziemlicher Taugenichts. Ruburt gibt mir gegenwärtig nicht sehr viel freie Bahn. Ich werde euch nun allen einen herzlichen guten Abend wünschen. Eure Übungen in psychologischer Zeit sollten nächste Woche besser laufen.

(*"Wieso?"*)

Es hat nur mit der Ebbe und Flut eurer eigenen Energien zu tun und wir werden bald eine Sitzung abhalten, welche die Erlebnisse behandelt, die ihr notiert habt.

(*"Gute Nacht, Seth."*

(*Ende der Sitzung um 22:55 Uhr. Jane war in der üblichen Trance. Meine Schreibhand fühlte sich fast nicht müde an.*)

(*Beim Üben von psychologischer Zeit hatte ich die folgenden, ziemlich harmlosen Erlebnisse. Wie Seth in der 73. Sitzung sagte, sind meine psychischen Energien zur Zeit auf einem Tiefstand.*

(*Donnerstag, 23. Juli: Verpasst.*

(*Freitag, 24. Juli: Keine Resultate.*

(*Samstag, 25. Juli, 01:00 Uhr: Beim Einschlafen eine Serie kurzer Blitzansichten von Menschen und Orten. Die Farbe war sehr schwach und matt. Nichts Vertrautes.*

(*Sonntag, 26. Juli, 21:15 Uhr: Halbwegs beim Erreichen des gewünschten Zustands spürte ich sehr stark mein vertrautes prickelndes Gefühl. Ihm folgte ein mildes, aber dauerhaftes Gefühl der Vergrößerung in beiden Handgelenken, Händen und Fü-*

ßen.
(*Montag, 27. Juli, 20:15 Uhr: Ein leichter Eindruck des vertrauten Gefühls, als ich mich hinlegte. Es war sehr heiß und feucht und es fiel mir schwer, in den gewünschten Zustand zu gelangen.*
(*Jane hatte nichts zu berichten.*)

SITZUNG 74
27. JULI 1964, 21:00, MONTAG, WIE GEPLANT

Janes Kindheitskonflikte mit ihrer Mutter und ihre Probleme mit Autoritäten und Vorgesetzten

(*Wiederum war es eine sehr heiße und feuchte Nacht. Als die Sitzungszeit heranrückte, sagte Jane, sie fühle sich zu heiß und zu müde, um nervös oder irgendetwas anderes zu sein. Wir erwarteten keine Zeugen.*
(*Jane begann mit einer ruhigen Stimme und mit einer Geschwindigkeit zu diktieren, die sehr angenehm für meine Schreibfähigkeit war. Sie ging gleichmäßig hin und her, ihre Augen verdunkelten sich wie immer. Sie behielt dies während der ganzen Sitzung bei.*)

Guten Abend.

(*„Guten Abend, Seth".*)

Ich sehe, dass wir eine ruhige Sitzung haben werden.

Wahrscheinlich neigen sich unsere Sitzungen in diesem Haus langsam ihrem Ende zu, aber das Haus selbst wird für zukünftige Bewohner gesünder sein als es dies vor eurem Einzug war.

Ich war froh zu sehen, dass Ruburt wieder mit den Rückenübungen begonnen hat. Die Ruhe und Entspannung, die er dadurch erreicht, sind hervorragend. Zudem ergibt sich daraus auch ein gewisses Konzentrationstraining.

Dies wird aus verschiedenen Gründen eine entspannte Sitzung werden. Ich möchte betonen, dass die Rückenübungen, aufgrund des Ruhe- und Konzentrationstrainings für euch beide vorzügliche Übungstechniken sind, vor allem für Ruburt. Sein früheres Schilddrüsenproblem hat sich nun geklärt. Was bleibt, ist nur noch eine Gewohnheit, die einmal eng mit einer physischen Unzulänglichkeit verbunden war.

Er lernt jetzt, und er lernt es sehr gut, diesen ehemaligen Zustand zu kontrollieren; langsam verschwindet dieser Zustand nun und taucht nur noch hie und da in Stresssituationen wieder auf. Die täglichen Rückenübungen mit ihrer mentalen Disziplin werden ihm bei seiner Entwicklung zusätzlich helfen, bis er dann herausfindet, dass er sich nicht nur auf Wunsch entspannen kann, sondern sogar dann, wenn er keine Zeit hat, sich willentlich zu entspannen. Entspannung wird dann zu jenem eingebauten, konditionierten Reflex, der den vorherigen Panikreflex ersetzt.

Ich meine damit natürlich nicht, dass er sich automatisch in eine Qualle verwandeln sollte, wenn eigentlich ein guter Kampf vonnöten wäre. Der Gebrauch psychologischer Zeit wirkt zu einem großen Teil auch in dieser Richtung. Wenn Ruburt ein Vorgehen geplant hätte – was er indes nicht tat –, bei dem er seine Fähigkeiten am umfassendsten beim Schreiben und anderen ihn interessierenden Gebieten hätte anwenden können, sich dabei aber selbst so zu disziplinieren, dass er seine Fähigkeiten nicht überallhin verzettelt und wenn er des weitern geplant hätte, sich in Richtung Reife und bestimmter Kontrollen über seine manchmal allzu schnellen, überproportionalen Reaktionen zu bewegen, hätte er keinen besseren Weg finden können als denjenigen, dem er nun folgt.

Der Gebrauch der vollen Intuition mit Disziplin und Kontrolle und ein täglicher Stundenplan, der Meditation und eine zeitweise Entspannung und Verlangsamung der Körperprozesse einschließt [bedeutet], dass er aus diesen Gründen länger leben und dass sein Werk von größerer Tiefe und Bedeutung sein wird.

Ich erwähne dies speziell wegen seiner Panikreaktionen letzte Woche in der Galerie. Ihr könnt dieses Material in eure Unterlagen aufnehmen oder auch nicht, darüber müsst ihr selbst entscheiden. Ruburt fürchtet und respektiert Autorität. Diese Furcht vor Autorität ist einer der Gründe für die bewunderungswürdige Unabhängigkeit seines Geistes und Verstandes.

Diese Furcht ist aber auch der Grund für viele Probleme in seiner Vergangenheit und, in weit geringerem Ausmaß, für einige der Gegenwart. Seine Mutter, die für ihn als Kind die Autorität darstellte, war furchterregend, bedrohlich, manchmal grausam und unberechenbar. Das Kind nahm alle Worte der Mutter als absolute Wahrheit an; so, wenn sie zum Beispiel behauptete, dass sie trotz ihrer Behinderung nachts herumgehen, den Gashahn andrehen könne und so weiter.

Das Kind war emotional fast gelähmt vor Panik, daher stammte das Schilddrüsenproblem und auch die raschen Bewegungen des Kindes, schnelle, ängstliche Reaktionen, die eigentlich verzweifelte Abwehrmechanismen waren. Der neue Direktor ist eine Autoritätsfigur und beharrt auch darauf, als solche betrachtet zu werden.

Und plötzlich wird unser Ruburt zu einem Stachelschwein, fühlt sich in der Falle, fährt mit blitzenden Augen ringsherum seine Stacheln aus und zeigt sich von einer Seite, die angriffslustiger ist als alle Stacheln eines Stachelschweins zusammen. Die Tatsache, dass Ruburt diesen Mann als Esel betrachtet, half immerhin etwas, denn so konnte Ruburt seine eigenen konditionierten Reflexe gegenüber Autorität rechtfertigen. Erinnert euch an das andere Material, das ich euch in Bezug auf Ruburt und die Galerie gegeben habe.

Es stimmt, dass während gewissen Zeiten des Monats seine Hormone aktiver sind, da er dieses Mal einen Frauenkörper bewohnt und eine Frau ist. Ziemlich kühl schlug er auch die an und für sich harmlose Einladung des Mannes aus, dass ihr ihn besuchen solltet. Du warst wohl an jenem Abend sehr beschäftigt, aber das war nicht der Grund für Ruburts Absage.

Er wird sich diesem Vorgesetzten gegenüber distanziert und überlegen aufführen müssen. Wohl mag Ruburt in vielen Belangen auch überlegen sein, aber sicher nicht in allen und seine abschätzigen Reaktionen werden natürlich den armen neuen Direktor beeinflussen. Über ihn habe ich auch noch etwas zu sagen. Trotzdem hattest du recht, Joseph, und sicher ist Ruburts Einstellung zumindest auch teilweise schuld am Ganzen.

Das kann nun sicher verbessert werden, denn Ruburt weiß jetzt, worum es geht. Die Übungen und alle die anderen Dinge, die er gelernt hat, werden ihm dabei helfen. Das nachtragende, innere Nachgrübeln über die Galerieprobleme bedeutet, dass die Panikbombe wieder hervorgeholt wurde. Aber diesmal hat er sie dann aus dem Fenster geworfen.

In früheren Jahren ist Ruburt in solchen Situation in blinder Panik von einem Ende des Kontinents zum andern geflüchtet. So können wir zumindest sagen, dass er sich nun verbessert hat.

(Jane lachte.)

Wiederum war deine Hilfe äußerst vorteilhaft. Entspannung, vor allem aber auch hie und da einige Tage wegzufahren, sind vorzügliche Hilfsmittel und wiegen alle Unbequemlichkeiten auf, die sie verursachen könnten.

Es ist sehr schwierig für Ruburt, sich nicht mit Haut und Haar in das hineinzuwerfen, mit dem er sich momentan beschäftigt und es ist deshalb kein Wunder, dass er manchmal den normalerweise angemessenen Abstand zu seiner Arbeit verliert. Aber in solchen Momenten fühlt er sich dann vereinnahmt.

Macht eure Pause.

(Pause um 21:35 Uhr. Jane war in der üblichen Trance. Wie in anderen Sitzungen im Laufe dieser Hitzewelle machten ihr weder Hitze noch Feuchtigkeit beim Diktieren etwas aus, während ich einen Karton unter meine Hand legen musste, damit das Papier nicht feucht wurde. Jane fuhr um 21:43 Uhr in der gleichen ruhigen und manchmal auch etwas amüsierten Art weiter.)

In der Galerie interpretiert Ruburt nun alles, was zwischen ihm und dem neuen Direktor geschieht entweder als Über- oder Unterlegenheit.

Er kann nicht einmal mehr lächeln, ohne dabei gleich denken zu müssen, dass das als Zeichen von Unterwürfigkeit angesehen werden könnte, weil natürlich das Nettheiten-Verteilen ein Gefühl von Minderwertigkeit auf Seiten des Nettheiten-Verteilers beinhaltet. Um sicher zu sein, dass ihm das keinesfalls unterstellt wird, flüchtet er sich in Sarkasmus und manchmal auch in ausgemachte Grobheit, die den Empfänger alles andere als glücklich macht.

Er, euer Direktor, hat sich soweit tapfer gehalten. Sein Bestehen auf Details betrachtet Ruburt jedoch als persönliche Beleidigung. Aber der Mann ist einfach nur ein pedantischer Kleinkrämer. Weder reibt er Ruburts Nase in jedes falsch buchstabierte Wort, noch denkt er, wie Ruburt annimmt, Ruburt sei ein mentaler Schwachkopf, nur weil er nicht gut buchstabieren kann.

Ganz privat versteht euer Direktor nicht, weshalb jemand, der einigermaßen gebildet ist, nicht richtig buchstabieren kann, aber er hat natürlich alles daran gesetzt, dass man diesen Eindruck <u>nicht</u> hat. Aus reiner Perversion hat Ruburt sich geweigert, das

Buchstabieren zu lernen. Wenn eine Autorität vorgibt, wie ein Wort buchstabiert werden muss, wird Ruburt es aus lauter Aufsässigkeit anders buchstabieren.

Gleichzeitig wählt er Wörter als Grundlage für seine Kunst. Hier rächt er sich an der Autorität. Er kommuniziert der autoritären Welt als Ganzes originelle, ausgezeichnete, scharfe und prägnante Ideen durch Worte, die konsequent falsch buchstabiert sind.

Ich schlage nicht vor, dass er seinem blumig gekleideten Direktor Rosensträuße zuwirft, aber er könnte zumindest die Dolche zurückhalten. Ihr werdet merken, dass der Mann in Zukunft sogar ziemlich unterhaltsam sein kann. Er ist äußerst unsicher und versteckt sich hinter einer zwanghaften Treue zu Details.

Er pflegt sie, damit sie ihn beschützen. Sie beschützen ihn vor inneren Impulsen. Es sind die Latten seines Zauns. Sie verstecken die innere Extravaganz, die er fürchtet und der er in teilweise akzeptierter Form nachgibt. Er blüht auf, wenn er gelobt wird, und so wirft ihm unser gigantischer Killer Ruburt, getreu seiner Art, die Beleidigungen direkt ins Gesicht.

Er könnte nachtragend werden, wenn er weiter so behandelt wird, weil ihn die Art der Ablehnung, die Ruburt ihm zukommen lässt, ängstigt und verwirrt. Ruburt ist normalerweise mindestens fair. Es stimmt, dass der Mann ziemlich krasse Fehler hat, aber es sind keine tödlichen. Ein bisschen Freundlichkeit würde Ruburt nicht im Mindesten erniedrigen.

Er, Ruburt, denkt jedoch ganz klar, dass dies der Fall ist. Er kann außerordentlich unbeugsam sein, aber ich glaube, dass diese Sitzung der ganzen Angelegenheit einigermaßen helfen wird. Ich spreche nun von der Situation, wie sie gegenwärtig existiert. Ruburt war auf seine eigene Autorität in der Galerie eifersüchtig. Er wollte wohl nicht die ganze Verantwortung für die Galerie übernehmen und doch wünschte er eine bestimmte Verantwortung in einer klar definierten Richtung.

Wenn er eine Zeitlang keine Geschichten oder Bücher verkauft hat, dann schaut er sich um nach anderen Ego-Befriedigungen in der äußeren Welt, in anderen Gebieten, für die er aber zur Zeit nicht bereit ist, den Preis zu bezahlen. Er ist an einer Karriere außerhalb des Schreibens einfach nicht interessiert genug. Wäre das ASW-Buch sofort angenommen worden, hätte er sich über die Situation in der Galerie keine Gedanken gemacht.

Er sucht nur nach der Befriedigung seines Egos in der äußeren Welt, wenn es durch einen Absagebrief verletzt worden ist. Ganze Wasserfälle voll konstruktiver, aber auch aggressiver Energie fegen plötzlich über seinen Arbeitsplatz und wehe allen, die in der Nähe sind.

Er beginnt um Position und Autorität zu kämpfen, für die er sich unter normalen Umständen überhaupt nicht interessieren würde. Das verwirrt diejenigen, die mit ihm zusammen arbeiten. Das heißt nicht, dass sein Ärger nicht berechtigt ist oder dass er nicht mehr Geld wert wäre, aber er will mehr Geld aus Prestigegründen und nicht aus praktischen Gründen.

Wenn er sich nicht jederzeit als erfolgreicher, gut verdienender Schriftsteller sehen kann, fühlt er sich auch auf anderen Gebieten als Dummkopf und ist plötzlich wütend über Situationen in der Galerie, die, obwohl nicht gerade optimal, ihn kaum je beschäftigen, wenn er seine Texte verkauft.

Ich habe vergessen – macht eure Pause.

(Pause um 22:11 Uhr. Jane war in der üblichen Trance. Wiederum hatte ihr die Hitze nichts ausgemacht, während sie diktierte. Sie sagte, dass sie sogar dann, wenn Seth über sie spricht, das heißt also, wenn sie sich sozusagen selbst aufs Korn nimmt, kein Bedürfnis habe, ihn zu ihren Gunsten oder zu ihrer Verteidigung zu unterbrechen.

(Jane fuhr um 22:20 Uhr in der gleichen Weise weiter.)

Diese Sitzung sollte wirklich dazu dienen, die Situation allgemein aufzuklären und somit auch Ruburt helfen, wirkliche Sorgen von eingebildeten zu unterscheiden. Ruburt kann zumindest freundlich sein. Es sollte ihn auch dazu bringen, seine häufigen Tiraden zuhause gegen die Galerie etwas zu dämpfen. Wenn jedoch seine Gefühle in Worte überfließen oder übergeflossen sind, ist dies sicher besser, als wenn er sie sich zu einem Sturm von erschreckenden Proportionen aufbauen lässt.

Dies sollte nun aber zu verblassen beginnen. Es würde nicht schaden, den Mann zu einem Drink zu euch nach Hause einzuladen, obwohl ich zugebe, dass dieser Vorschlag für beide fast nach Verrat aussieht. Es würde dir wirklich nicht schaden, Joseph, ihn in euer Haus einzuladen, wo du dir selber eine Meinung über ihn bilden könntest. Eine einfache, gut gemeinte Einladung wäre wirklich angebracht – und übrigens war es höllisch schwer, dies trotz Ruburts Blockierungen durchzugeben.

(Jane beendete diesen Satz äußerst energisch. Indem sie ihren Finger gegen mich schüttelte, sagte sie die Worte auf eine sehr belustigte und betonte Art.

(„Wie hast du es denn gemacht?")

Totale Dickköpfigkeit meinerseits. Die Geste würde gut ankommen. Mit einem Zeichen einfacher Freundlichkeit eurerseits würdet ihr euch nichts vergeben. Ich konnte nicht einmal meine vollständige Meinung darüber in diesem Satz durchgeben.

(Wiederum erschien Janes wackelnder Finger.

Es würde sogar helfen, wenn Ruburt den Direktor in einem Umfeld treffen würde, wo er nicht gezwungen wäre, seine Autorität aufrecht zu erhalten. Ich wollte eigentlich nicht während der ganzen Sitzung über Privates reden. Trotzdem ist es gut, dass dieses Material durchgekommen ist.

Es gibt noch mehr, das ich sagen könnte, aber ich habe Ruburt nun für eine Nacht lang genug aufgeregt. Er wird sich verspannen, weil er mich blockieren will, wenn wir hier weitermachen.

(Jane sagte mir nach der Sitzung, dass sie während der Durchgabe dieser Worte plötzlich realisierte, dass sie ihre beiden Hände in den Hosentaschen zu Fäusten geballt hatte. Es war ihr klar, dass sie sich verspannte.)

Wir werden in unserer nächsten Sitzung auf Hochtouren mit dem Thema Materie und ihrer Natur weitermachen. Ich wollte aber noch einen Punkt hervorheben. Die Rückenübungen und die darauf folgende Ruhe werden den Zeitraum beschleunigen, in dem Ruburt seine Zigaretten-Abhängigkeit aufgeben kann.

In guten Zeiten wird euch beiden die natürliche Umgebung, in der euer Haus steht, helfen. Und wenn ihr Entspannung und mentale Disziplin lernt, werdet ihr mehr verfügbare Energie für eure Arbeit, für die Sitzungen und für das Genießen des Lebens im Allgemeinen haben.

Ich habe euer Haus für euch vorbereitet. Vergesst meinen Vorschlag nicht, den Keller gut durchzulüften.

(„Wie hast du unser Haus vorbereitet?"

(Seth hat das schon vorher einmal gesagt; diesmal war ich mit meiner Frage bereit, als er es wieder erwähnte. Aber alles was ich für meine Anstrengung erhielt, war ein Lächeln von Jane.)

Auf meine eigene Art.

(„Oh.")

Ich werde jetzt nicht darauf eingehen, weil es sich um Dinge handelt, die wir noch nicht diskutiert haben. Aber wenn du irgendwelche andere Fragen hast, kannst du sie stellen.

Eine kleine Bemerkung: Ich sagte vorher, dass Ruburt sicher von einem Urlaub profitieren würde und ihr solltet irgendwohin reisen. Ich schlage vor, dass ihr in die Nähe von viel Wasser geht, am besten ans Meer.

Der Ausflug in dein kleines Tal half Ruburt zu einem erstaunlichen Ausmaß und solche kleinen Reisen sind vorzügliche psychische Erfrischungen und sie sind auch gut für eure Arbeit. Viel von diesem Material heute Abend ist nicht gerade überraschend, aber es ist nötig und ihr werdet davon profitieren, wenn ihr es euch zu Herzen nehmt.

Ihr wisst, wie gern ich euch beide habe und ihr habt keine Ahnung, wie viele möglichen, unglücklichen Ereignisse ihr vermieden habt, nur schon, indem ihr meine manchmal so prosaisch tönenden Ratschläge befolgt habt. Ich versuche, euch vernünftige Ratschläge zu geben, ohne euch aber in irgendeine Richtung zu stoßen und das ist oft schwierig. Ihr beide werdet die Möglichkeiten für das Gute hier an diesem Ort nutzen, während ihr das an anderen Orten verpasst habt.

Ich wünsche euch nun einen herzlichen guten Abend. Auf die eine oder andere Art bin ich ziemlich oft bei euch und meine Zuneigung zu euch beiden ist tief. Ich möchte sehr ausdrücklich die Rückenübungen grundsätzlich für euch beide empfehlen, hauptsächlich aber für Ruburt.

(„Gute Nacht, Seth."

(Ende der Sitzung um 22:45 Uhr. Jane war in der üblichen Trance. Meine Schreibhand war nicht müde.)

SITZUNG 75
29. JULI 1964, 21:00, MITTWOCH, WIE GEPLANT

Form als Eigenschaft von Bewusstsein; psychologische Strukturen als Grundbedingung für die materielle Struktur des Universums; Hass als Resultat der psychologischen Manipulation von Angst

(Jane hatte über ihre Übungen mit psychologischer Zeit nichts zu berichten. Am Dienstag, den 28. Juli, verpasste ich meine Übungen; am Mittwoch, den 29. Juli um 20:15 Uhr, spürte ich ein mildes Gefühl in meinen Händen und Füßen und ein leichtes Gefühl, als seien Hände und Füße auf einer etwas höheren Ebene als der Rest meines Körpers.

(Jane fühlte sich vor der Sitzung heute Abend ziemlich müde. Sie hatte keine Ahnung vom Thema der Sitzung. Das Wetter war viel kühler und Willy schlief in seinem Sessel. Als die Sitzungszeit näher kam, war Jane so unmotiviert, dass ich ihr auf ihren Wunsch hin einen Kaffee zubereitete, um sie ein wenig in Schwung zu bringen.

(Als 21:00 Uhr näher rückte, begann Jane nicht zu diktieren, sondern blieb sitzen. Sie war jedoch nicht besorgt darüber und begann dann um 21:02 Uhr. Ihre Stimme war normal, ihr Hin- und Hergehen regelmäßig, ihre Augen dunkel wie gewöhnlich. Weder ihre Stimme noch ihr Hin- und Hergehen veränderten sich während der Sitzung.)

Guten Abend.

("Guten Abend, Seth.")

Unser unwilliger Wahrsager hat mich heute Abend nicht allzu enthusiastisch begrüßt.

Die Montagssitzung verpasste ihm sozusagen einen Schlag in den Magen und hat ihn, ganz ohne Spaß, ziemlich mitgenommen, vor allem auch, weil er vorerst geneigt war, das Material zu blockieren, es dann aber in den meisten Fällen doch nicht tat.

Sein anfänglicher Versuch, am folgenden Tag in der Galerie freundlicher zu sein, beanspruchte ihn noch mehr, obwohl er schnell sah, dass meine Diagnose der dortigen Situation korrekt war.

Ich würde vorschlagen, dass er nochmals beginnt, das Material der Sitzungen zu lesen. Nicht unbedingt das Frank Watts-Material, sondern das spätere. Es gibt natürlich noch viel mehr über Materie und damit zusammenhängende Themen zu sagen.

Ich möchte erwähnen, dass Form, obwohl sie nicht eine charakteristische Eigenschaft von Materie ist, andererseits jedoch eine der Eigenschaften von Bewusstsein ist. Die Form, welche das Bewusstsein annimmt, setzt sich auf eurer Ebene normalerweise aus Materie zusammen.

Die Form, die von euren äußeren Sinnen wahrgenommen wird, setzt sich natürlich immer aus Materie zusammen. Es gibt jedoch sogar innerhalb eures eigenen Feldes Formen oder Strukturen – ihr mögt sie psychologische Formen oder Strukturen nennen – die ihr mit euren äußeren Sinnen nicht wahrnehmt, die aber eine Art Bausteine sind, die der Form zugrunde liegen, wenn sie als Materie erscheint.

Diese psychologischen Formen oder Strukturen besitzen eine Realität und eine Gültigkeit und setzen sich aus Gestaltformen zusammen, die in von euch nicht erkennbaren Perspektiven existieren.

Ich habe in der Vergangenheit von Tiefen gesprochen, die nichts mit Raum zu tun haben, so wie ihr euch vorstellt, dass Raum sein sollte; und ich möchte nun hier die Idee von psychologischen Festigkeiten hinzufügen, die nichts mit dem von euch angenommenen Raum zu tun haben.

(Siehe die 59. Sitzung vom 3. Juni, wo Seth über Qualitäts-Tiefe, Werterfüllung, etc. spricht.)

Jedes Bewusstsein besitzt neben der materiellen Struktur oder der materiellen Form auch eine psychologische Struktur, die in der Tiefe und Festigkeit einer anderen Perspektive existiert, welche die äußeren Sinne nicht wahrnehmen. Hier werdet ihr die Wesenheit finden. Bewusstsein nimmt viele Formen in so vielen verschiedenen Perspektiven an, wie es fähig ist, sich selbst darin auszudrücken.

Bewusstsein erschafft in der Tat diese Perspektiven, in denen es dann selbst als Form erscheinen kann. Ihr müsst verstehen, dass ich hier im Sinne von psychologischer Form und Struktur spreche. In anderen Worten: Individuelles Bewusstsein wirkt in vielen verschiedenen Perspektiven, in vielen verschiedenen Arten von Formen. Auf gewissen Entwicklungsstufen ist sich das Bewusstsein der Unterteilungen oder der verschiedenen Manifestationen seiner selbst nicht bewusst, vor allem wegen der großen Fokussierungs-Kraft, die für eine solche Form- [Bindestrich] Projizierung nötig ist.

Diese psychologischen Strukturen existieren als Grundbedingungen für die materielle Struktur eures Universums. Die inneren Sinne sind zum Beispiel solche psychologischen Strukturen. Sie werden bis zu einem gewissen Grad physisch sichtbar in den Gefühlen, die eine bestimmte Form, eine gewisse Masse, Tiefe und Festigkeit im Bereich der psychologischen Perspektive haben, die ihr nicht physisch wahrnehmt.

Auf ihre eigene Art besitzen diese Formen etwas, das als Umfang, Farbe und Struktur bezeichnet werden kann. Diese grundlegenden psychologischen Formen existieren vor der Konstruktion von Materie und physischer Form durch ein Individuum. Es ringt, manipuliert und jongliert mit diesen inneren psychologischen Formen, bevor es sie, das heißt seine Version von ihnen, in eine physische Form konstruiert.

Einige der grundlegenden Formen in eurem physischen Universum sind daher mehr oder weniger in Materie reproduzierte Reflektionen dieser inneren psychologischen Strukturen. Sie sind in einem gewissen Sinn für das innere Selbst greifbar und fühlbar. Es sind größtenteils diese inneren psychologischen Strukturmuster, die hauptsächlich den Umfang und die Form der physischen Strukturen bestimmen.

Ich schlage eure erste Pause vor.

(Pause um 21:29 Uhr. Jane war in der üblichen Trance. Sie fühlte sich immer noch müde in der Pause, sagte sie, aber in Ordnung, während sie das Material durch-

gab. Um 21:35 Uhr fuhr sie in der gleichen Art weiter.)

Ich hatte vor, mich mit diesen Punkten zu beschäftigen. Wir werden sie zwar im Moment leider nur sehr oberflächlich behandeln, aber dann im Zusammenhang mit anderen Themen vertiefter darauf eingehen. Trotzdem sind diese psychologischen Strukturen wiederum Formen, die vom Bewusstsein in einer physisch nicht wahrnehmbaren Perspektive angenommen werden.

Das Individuum versucht, diese psychologischen Strukturen in die physische Realität hineinzuprojizieren, wo sie dann erkannt, realisiert, manipuliert und bis zu einem gewissen Grad als Materie gemeistert werden können.

Bis zu einem gewissen Maß sind daher physische Strukturen Symbole psychologischer Strukturen; psychologische Strukturen werden vom Bewusstsein adoptiert und in viele Felder projiziert. Sie unterscheiden sich in der Erscheinung und der äußeren Struktur, folgen aber immer treu der inneren psychologischen Struktur.

Ich werde einen Vergleich anbringen, obwohl er vielleicht nicht der allerbeste ist. Nehmt irgendeine Idee. Stellt euch vor, diese Idee auf verschiedene Arten darzustellen. Stellt euch jedoch zuerst vor, dass diese spezielle Idee die psychologische Struktur eines Dreiecks hat.

Nun stellt euch die Idee vor, nicht das Dreieck, sondern die Idee, welche die Form eines Dreiecks hat, eine Idee, die sich dann ausdrückt in der Architektur, in einer philosophischen Dissertation, in Farbe, in einer Skulptur, in einem Gedicht, in einem Bild, in Musik und auch in so genannten natürlichen Phänomenen wie der Form eines Felsens, dem Winkel eines Schattens, dem Teil eines Kristalls, dem Zweig eines Baumes.

Ihr seht, dass in den zuerst genannten Beispielen die Wirkungen durch den Menschen, gemäß seinen Fähigkeiten, geschaffen würden; in den darauf folgenden Beispielen würden die Wirkungen in einigen Fällen durch etwas erschaffen, das manchmal tote Materie genannt wird, das wir jedoch als andere Formen von Bewusstsein kennen.

In allen Fällen hätten wir jedoch materielle Strukturen von irgendeiner Form, die vom Bewusstsein erschaffen wurden, je nach dessen Fähigkeit, eine innere psychologische Struktur, in diesem Fall eine Idee, wahrzunehmen, zu manipulieren und in Materie zu formen.

Es gibt keine Grenzen bei der Vielfältigkeit innerer psychologischer Strukturen an sich. Trotzdem kann aus verschiedenen Gründen, die mit der Entwicklung des individuellen Bewusstseins zu tun haben, in der Regel an bestimmten Punkten nur ein kleiner Teil der theoretisch möglichen psychologischen Strukturen verwendet werden.

Daher habt ihr eine gewisse Ähnlichkeit in den Formen, in denen Materie erscheint. Materie könnte eigentlich, sogar in eurem Feld, in vielen euch zur Zeit noch unbekannten Formen erscheinen. Die psychologische Struktur, die in einer für euch physisch nicht wahrnehmbaren Perspektive existiert, muss zuerst vom individuellen Bewusstsein zusammengefügt werden, bevor sie dann materiell konstruiert werden kann.

Ich habe sehr schnell gesprochen und das Material ist neu; macht daher bitte eure Pause.

(*Pause um 21:56 Uhr. Jane war in der üblichen Trance. Sie hatte dieses letzte Material durchgegeben, ohne dabei ihre Brille zu tragen, das heißt, sie war also wie gewohnt im Raum hin- und hergegangen und geschickt allen Möbeln und anderen Hindernissen ausgewichen auf eine Art, mit der sie sonst ohne Brille ziemliche Schwierigkeiten hätte. Sie sagte, dass es ihr völlig problemlos erschienen sei.*

(Meine Schreibhand fühlte sich nicht müde an. Während der Pause fragte ich, ob Seth uns wohl sagen könne, was Bill Macdonnel in seinen Ferien in Cape Cod unternahm, da wir nur eine Postkarte von ihm erhalten hatten und das schon vor einiger Zeit. Wir drei hatten eigentlich geplant, uns zu gewissen Zeiten telepathisch in Verbindung zu setzen, aber da wir von Bill nichts gehört hatten, war bis jetzt aus diesen Plänen noch nichts geworden. Siehe die 64. Sitzung vom 24. Juni.

(Um 22:02 Uhr fuhr Jane, wiederum ohne Brille, weiter.)

Es gibt daher einen Prozess psychologischer Konstruktion, bei dem grundlegende psychologische Strukturen in einer Perspektive manipuliert und geformt werden, die ihr physisch nicht wahrnehmt.

Diese psychologische Konstruktion findet an jenem Ort statt, den ihr das Unterbewusstsein nennt. Ich habe schon früher erklärt, dass keine wirkliche Unterteilung zwischen Bewusstsein und Unterbewusstsein besteht, da beide genau gleich <u>bewusst</u> sind und beide ein Teil des gleichen Bewusstseins des Gesamtselbst sind.

Das Unterbewusstsein ist sich lediglich einer sehr gültigen psychologischen Perspektive gewiss, innerhalb derer es wirkt und mit der das so genannte bewusste Selbst nicht vertraut ist. Bevor daher eine physische Konstruktion stattfinden kann, müssen die psychologische Wahrnehmung, die Manipulation und Konstruktion innerer Daten oder innerer Strukturen bereits erfolgt sein.

Diese psychologischen Strukturen und Konstruktionen sind die Basis für materielle Konstruktionen und deshalb ist diese innere Manipulation psychologischer Strukturen äußerst wichtig.

Wir werden als Beispiel einmal den Hass betrachten. Hass existiert nicht als eine grundsätzliche psychologische Struktur. Er ist jedoch das Resultat der psychologischen Manipulation von Angst, und Angst ist keine grundlegende psychologische Struktur.

Überleben <u>ist</u> eine grundlegende psychologische Struktur. Bewusstseins-Überleben: Die Konstruktion dieser grundlegenden psychologischen Struktur von Bewusstseins-Überleben muss als physisches Überleben innerhalb eures physikalischen Feldes übersetzt oder projiziert oder geschaffen werden.

Ungenügende Wahrnehmung, Manipulation oder Konstruktion der psychologischen Struktur von Bewusstseins-Überleben führt zur psychologischen Erschaffung von Angst und Hass.

Das Individuum erschafft dann Angst und Hass als physische Konstruktion und gibt der Angst und dem Hass eine bestimmte physische Form. Der Fehler liegt in der ursprünglichen Unfähigkeit, die richtigen inneren Informationen wahrzunehmen, nämlich die darunter liegende psychologische Struktur des Bewusstsein-Überlebens.

Dieser Fehler kann zu einer Gewohnheit werden, die alle anderen psychologischen Strukturen verfärbt und unglückliche und gefährliche physische Konstruktionen hervorbringt. Das sind äußerst zerstörerische Fehler und sie haben viele Ursachen. Die physische Konstruktion wird dabei von den äußeren Sinnen als bedrohlich und Furcht einflößend betrachtet und beeinflusst durch die äußeren Sinne das innere Individuum, sodass dieses in einem Teufelskreis versucht, weitere, noch bedrohlichere physische Konstruktionen zu formen, um die vorhergehenden zu bekämpfen. Und je größer die Anzahl solch zerstörerischer physischer Konstruktionen wird, umso mehr erwartet das Individuum auch noch größere Angst.

Ich habe die Gründe für solche Fehler angedeutet. Gewohnheitsmäßige Fehler werden Teil der psychologischen Perspektive. Kommunikation zwischen Individuen innerhalb der psychologischen Perspektive findet fast ausschließlich telepathisch statt und wird von den Kindern schon ganz früh von ihren Eltern aufgenommen. Am Anfang beginnen Kinder in der Tat ihr physisches Konstruieren entlang den Richtlinien, die sie telepathisch von ihren Eltern erhalten haben, etwa zur gleichen Zeit, wie sie ihr eigenes Manipulieren in der psychologischen Perspektive erlernen.

Indem ich die Analogie des Bewusstsein-Überlebens und seine Verzerrung in Angst und Hass gebraucht habe, gab ich euch nur eines von vielen Beispielen, in denen grundlegende psychologische Strukturen falsch verstanden werden und zu unglücklichen Resultaten führen können.

Ich führe euch nun zu der Rolle, welche die Erwartung in der Konstruktion eures physischen Umfeldes spielt, aber ihr könnt nun vielleicht sehen, warum es nötig war, dass ich euch die psychologische Perspektive vorher erklärt habe.

Ich schlage nun eine Pause vor.

(Pause um 22:28 Uhr. Jane war in der üblichen Trance. Sie sagte, sie fühle sich nun viel besser als zu Beginn der Sitzung. Wiederum ohne Brille fuhr sie in der gleichen Art um 22:33 Uhr weiter.)

Ich werde euch heute Abend oder in einer folgenden Sitzung die grundlegenden psychologischen Konstruktionen umreißen, da sie sehr wichtig sind und zwar weil sie die Grundlage für eure physischen Konstruktionen bilden; das entsprechende Wissen darüber wird euch zeigen, womit ihr arbeiten müsst.

Ich werde auf jeden Fall die grundlegenden Konstruktionen skizzieren, mit denen ihr euch beschäftigen solltet, da es viele andere gibt, die ihr zu diesem Zeitpunkt nicht in Betracht zu ziehen braucht.

Ihr müsst verstehen, dass die Gewahrwerdung jedoch das Hauptkriterium ist. Es gibt kein Gesetz, das die Anzahl der euch verfügbaren psychologischen Strukturen limitiert, aber aufgrund eurer gegenwärtigen Entwicklung, und nur deswegen, seid ihr etwas eingeschränkt. Erfahrung oder auch deren Fehlen auf verschiedenen Gebieten war bis jetzt noch nicht möglich, sodass ihr, praktisch gesprochen, nur eine limitierte Anzahl grundlegender psychologischer Strukturen zur Verfügung habt. Eure Wahrnehmung, euer klares psychologisches Verstehen, euer intuitives Verständnis und die Handhabung und die psychologischen Konstruktionen dieser grundlegenden Strukturen werden die Gültigkeit eurer materiellen Konstruktionen bestimmen, die dann eure Umgebung formen.

Ihr könnt sehen, dass wir hier erst begonnen haben, die Oberfläche anzukratzen. Ihr könnt vielleicht intuitiv erahnen, was damit gemeint ist, wenn ich sage, dass eure physischen Konstruktionen eure Umgebung formen oder zur Gestalt eurer Umgebung werden, genau so wie ich es bei der psychologischen Form erläutert habe. Punkt.

Die Form der physischen Umgebung ist zum Beispiel nicht statisch. Obwohl sie aus Materie besteht, ist sie nicht ein Ding an einem Ort innerhalb einer bestimmten Zeit und auch nicht etwas anderes. Das heißt, dass das, was ihr Umgebung nennt und wovon ihr sprecht, als ob es immer ein Ding mit einer Gestalt und Form sei, tatsächlich zu verschiedenen Zeiten viele Dinge an vielen Orten mit euch selbst als zentralem Punkt ist.

Ihr könnt daher das, was ihr eure Umgebung nennt, zu jeder Zeit physisch verändern, indem ihr nur physisch euren Standort verändert. Umgebung enthält daher nicht irgendein Ding, sondern eine Perspektive, die in Bezug auf das Individuum existiert.

Wenn die physische Umgebung selbst nicht etwas ist, das ihr mit euch nehmen könnt, sondern eine Beziehung innerhalb einer persönlichen Perspektive, woher stammt dann das Gefühl der Konsistenz der Umgebung?

Ein Mensch kann zum Beispiel in verschiedenen Stadien seines Lebens immer von Büchern oder Angelruten oder einer Stadt oder einer Landschaft umgeben sein. Es mögen nicht immer die gleichen Bücher oder das gleiche Angelzeug oder die gleiche Stadt oder Landschaft sein. Aber die Umgebung eines Individuums wird scheinbar trotzdem eine Konsistenz von Elementen haben, ein Muster von Erscheinungsbildern, die als seine Charakteristika bezeichnet werden können.

Dieses Gefühl von Dauerhaftigkeit in der individuellen Umgebung ist das Resultat der charakteristischen Art eines Individuums, grundlegende psychologische Strukturen in physische Strukturen zu konstruieren.

Die grundlegenden verfügbaren psychologischen Strukturen haben in der psychologischen Perspektive eine bestimmte Festigkeit, Tiefe, Masse etc. und können sich in unzählige Gestaltmuster formen lassen, die dann physisch konstruiert werden. Die Konstruktionsvariationen sind zahllos. Es gibt nichts, was zum Beispiel ein Individuum zwänge, psychologische Gestalten von Hass und Furcht aus der grundlegenden Struktur des Bewusstsein-Überlebens zu formen.

Wenn es das aber tut, ist es unfähig, die Natur der grundlegenden Struktur klar wahrzunehmen und eine solche Unfähigkeit wird oft zur Gewohnheit, sodass andere grundlegende Strukturen ebenfalls nicht richtig erkannt werden.

Eine Berichtigung in nur einem kleinen Feld einer psychologischen Perspektive kann daher zu einer vorteilhaften Kehrtwendung bei der Handhabung anderer grundlegender Strukturen führen, auch wenn diese scheinbar nichts miteinander gemein haben. Nach einer kleinen Bemerkung möchte ich die Sitzung dann beenden – sehr glücklich, denn es war eine hervorragende Sitzung.

Euer Freund hat zwei Freunde gewonnen, einer etwas älter als er und der andere ungefähr gleichaltrig. Er ist oder war natürlich in der Nähe von Wasser. Er war in einer Bar mit einem großen Bierhumpen. In der Nähe gibt es zwei Häuser und der Hauptraum liegt über dem Strand. Es gibt ein Boot und ein Dock. Ich glaube auch, dass er in einer Gruppe mit vier Männern war, vielleicht hatte es auch etwas zu tun mit einer Kette von Muscheln.

Ganz herzlich nun gute Nacht.

(„Gute Nacht, Seth."

(Ende um 23:03 Uhr. Jane war in der üblichen Trance, obwohl sie sagte, dass sie aus der Trance kam, während sie das letzte Material über Bill Macdonnel durchgegeben hatte. Ich hatte bemerkt, dass sie sehr sorgfältig, fast vorsichtig sprach, und sie bestätigte, dass sie das tat, weil sie keine Fehler machen wollte.

(Zur Erinnerung: In der 68. Sitzung vom 6. Juli hatte Seth in Bezug auf Bills geplante Reise gesagt, dass er sah, wie Bill einen älteren Mann „mit igeligem Haar" traf und dass er ein Ruderboot mit einem Symbol darauf sah. Hier werden nun ein älterer Mann und ein Boot genannt und wenn Bill von Provincetown, Cape Cod, zurückkehrt, das tatsächlich am Meer liegt, wird es interessant sein, Seths Material mit dem zu vergleichen, was Bill wirklich sah und/oder tat.

(Meine Schreibhand fühlte sich ein wenig müde an. Jane sagte, dass sie das Nicht-Tragen der Brille in keiner Weise bei der Durchgabe des Materials gestört habe.

(Beim Üben von psychologischer Zeit hatte ich die folgenden Erlebnisse:

(Donnerstag, 30. Juli: Verpasst.

(Freitag, 31. Juli, 21:00 Uhr: Kein Resultat.

(Samstag, 1. August, 21:00 Uhr: Ich spürte mein vertrautes, prickelndes Gefühl in einer milden aber bestimmten Art bevor und dann sofort, als ich mich hinlegte. Später spürte ich das nun vertraute Gefühl des Abhebens wieder. Zuerst fühlte sich mein linker Fuß etwas emporgehoben an, dann meine linke Hand und schließlich die ganze linke Seite meines Körpers. Dieses sehr angenehme und klare Gefühl dauerte ziemlich lange an; einmal fühlte ich mich, als ob ich mich gedreht hätte und auf meiner rechten Seite läge, sodass meine linke Seite abgehoben war. Das Gefühl variierte in seiner Intensität und ich spürte dabei ein prickelndes Gefühl in verschiedenen Körperteilen.

(Gegen Ende des Experiments sah ich von der rechten Seite her Jane in mein Gesichtsfeld eintreten. Sie lächelte und trug eine weiße, ärmellose Bluse; ein mir unbekanntes junges Mädchen folgte ihr. Jane ging auf der anderen Seite einer langen, schwarz glänzenden Autohaube entlang; sie schaute mich an, lächelte und winkte mir zu.

(Sonntag, 2. August, 21:00 Uhr: Als ich im gewünschten Zustand war [er war nicht sehr wirksam, meine Fähigkeiten sind anscheinend immer noch etwas gering] spürte ich ein mildes und irgendwie verstreutes, prickelndes Gefühl. Dann fühlten sich meine Hände und Füße etwas abgehoben an. Danach geschah etwas Neues: während sie sich abgehoben anfühlten, fühlten sich meine Hände seltsamerweise auch wie durch eine Art von Anziehung zueinander hingezogen. Obwohl ich wusste, dass sie sich nicht bewegten, fühlten sie sich an, als ob sie sich oft bei den Handgelenken kreuzten, aufeinander zu- und dann wieder voneinander weggingen. Das Gleiche geschah in einer etwas verminderten Art auch mit meinen Füßen, so als ob meine Fußknöchel sich kreuzten und wieder voneinander entfernten.

(Montag, 3. August: Verpasst.
(Jane hatte nichts zu berichten.)

SITZUNG 76
3. AUGUST 1964, 21:00 UHR, MONTAG, WIE GEPLANT

Emotionen als psychische Bausteine; die Erwartungshaltung als Kern der Individualität; physische Aktivität als Möglichkeit des Umgangs mit aggressiven Reaktionen

(Letzten Donnerstag, den 30. Juli, teilte uns die Veteranenadministration mit, dass unser Kreditantrag für den Kauf des Birkenhauses abgelehnt worden sei; Grund dafür war die zum Haus führende steile Naturstraße.

(Diese Absage warf manche Fragen auf, da Seth nie etwas über eine solche Wendung der Dinge gesagt hatte; andererseits hatte er allen seinen Voraussagen immer das Wort „wenn" oder etwas ähnliches vorangestellt. Wir dachten kurz daran, eine spezielle Sitzung abzuhalten, um uns mit diesem überraschenden Vorkommnis zu beschäftigen, entschieden uns dann aber dagegen, weil wir uns gar nicht erst in eine solche Abhängigkeit bringen wollten. Meine persönliche Überlegung war, dass sich unsere Erwartungen in Bezug auf das Haus verändert hatten und die Ablehnung des Kredits die natürliche Folge davon war.

(Natürlich hätten wir das Haus immer noch durch ein Bankdarlehen, das uns auch angeboten worden war, kaufen können, aber wir lehnten ab. Wir spürten, dass unsere Vorstellungen sich in irgendeiner Art, die uns noch unklar war, verändert hatten. Wir fühlten, dass es mit dem Material zusammenhing, das Seth uns in Bezug auf die Macht der Erwartungen gegeben hatte.

(Jane war wiederum nicht nervös, bevor die Sitzung begann. Sie fühlte sich aber auch nicht sehr energiegeladen und wie schon in der 75. Sitzung wurde es 21.00 Uhr und die Minuten vergingen weiter. Sie begann um 21:02 Uhr in einer natürlichen Stimme und in einer gemächlichen und angenehmen Art zu diktieren. Ihre Augen verdunkelten sich wie immer.)

Guten Abend.

(„Guten Abend, Seth".)

Ich werde nun mit der Sitzung beginnen.

Ich werde zu gegebener Zeit die Umstände in Bezug auf euer Haus erklären oder wenn ihr es vorzieht, werde ich heute Abend davon sprechen.

(„Es ist uns gleich."
(Ich nahm an, dass jegliches zusätzliches Material über Erwartungen auch die Haus-Situation erklären würde.)
Ich werde also mit einer kurzen Abhandlung über die Wichtigkeit von Erwartungen beginnen, nicht nur bei der Konstruktion physischer Objekte gemäß innerer Informationen, sondern auch über die Wichtigkeit, welche die Erwartungen beim tatsächlichen Filtern von erhaltenen inneren Informationen einnehmen und über die Wichtigkeit von Erwartungen bei der Umsetzung der inneren Informationen, wenn der Filterungsprozess durchgetragen wurde.
(„Meinst du, durchgeführt wurde?")
Durchgetragen wurde. Die Erwartung, vielleicht mehr als alle anderen Eigenschaften, charakterisiert das Individuum und stellt die allerinnersten Aspekte seiner Persönlichkeit dar. Erwartungen sind das Gerüst für seine physischen Konstruktionen und mehr als Atome und Moleküle stellen sie die psychischen Bausteine dar, aus denen die individuellen Konstruktionen gebaut werden.
Wir haben bereits von psychischen Konstruktionen gesprochen und wir haben erwähnt, dass physische Formen gemäß innerer psychischer Gerüste aufgebaut werden. Gefühle haben daher, in ihrem eigenen Reich und von den äußeren Sinnen nicht wahrgenommen, ihre eigene Festigkeit und Gestalt und aus diesen werden eure Erwartungen geformt.
Die Gefühle formen in der Tat die Erwartungen und nicht umgekehrt.
Wie physische Objekte können auch Gefühle manipuliert und zu verschiedenen Formen und psychischen Konstruktionen kombiniert werden. Die Erwartungen eines Menschen sind das Resultat seiner emotionalen Erbschaft und seiner eigenen Fähigkeit, diese Erbschaft zu verstehen und zu manipulieren.
Wenn er diese Erbschaft gut manipuliert, werden seine Erwartungen für ihn arbeiten. Die Gefühle müssen als psychische Bausteine verwendet werden und man soll sich an ihnen erfreuen. Es gibt jedoch kein Gesetz, das besagt, dass ein Mensch diese Bausteine nicht auch mit der Hoffnung in den Wind werfen könnte, dass sie sich beim Herunterfallen von selbst zu einem Schloss zusammenfügen.
Nochmals: Erwartungen sind nicht nur lebenswichtig beim Formen von physischen Konstruktionen, sondern sie bestimmen auch, welche der vorhandenen inneren Informationen vom Individuum aufgenommen werden; das Individuum übersetzt dann die Information im Sinne der gleichen Erwartungen.
Der Kern der Individualität ist also die eigene Erwartungshaltung, denn jeder Mensch wird wirklich das erhalten, was er sich wünscht, individuell und kollektiv.
Wenn ein Mensch sein Schicksal verändern will, reicht der Wunsch allein nicht aus; es <u>braucht</u> dazu die Erwartung. Der Wunsch mag zur Erwartung heranwachsen, aber allein genügt er nicht. Erwartung ist tatsächlich der Hauptschalter, der die inneren Informationen in das Reich der physischen Konstruktionen überträgt. Ohne Erwartungen können keine physischen Konstruktionen stattfinden.
Das ist eine äußerst wertvolle Information, vor allem was die Rolle betrifft, den

die Erwartungen beim Filtern der verfügbaren Informationen spielt. Erwartungen werden manchmal auch von vergangenen Existenzen etwas beeinflusst, aber doch nicht so sehr, dass die gegenwärtige Persönlichkeit dadurch eingeschränkt würde.

Eine Erwartung von Gefahr wird tatsächlich Gefahr erzeugen. Eine Erwartung von Erfolg wird Erfolg erzeugen. Das ist sehr einfach gesagt und doch gibt es, praktisch gesprochen, nichts Gültigeres, denn die Erwartung hat die motivierende Kraft der Persönlichkeit hinter sich und gebraucht auf einer unterbewussten Ebene starke Fähigkeiten und großes Wissen.

Die Erwartung ist daher die Kraft, die psychische Realitäten in physische Konstruktionen umsetzt.

Ich schlage die erste Pause vor.

(Pause um 21:26 Uhr. Jane war in der üblichen Trance. Sie gab das Material mit ein paar Pausen durch und schien ihre Worte sehr sorgfältig auszuwählen. Sie fuhr in der gleichen Art um 21:32 Uhr weiter.)

In eurem physischen Feld, und diese Einschränkung ist wichtig, in eurem physischen Feld wurden Wahrheiten oft durch detailliert ausgearbeitete Erwartungen verursacht oder sind deren Resultate. Wenn ihr also zum Beispiel glaubt, dass hervorragende Künstler arm sein müssen, wird das ein Teil eures allgemeinen Erwartungssystems sein und für euch selbst wird es tatsächlich wahr sein und als Wahrheit existieren.

Wenn du nun reich würdest, kämst du in Gefahr, deine künstlerischen Fähigkeiten zu verlieren, da in deinem Erwartungsbereich diese Art Fähigkeiten und Reichtum nicht gemeinsam existieren können. Um deine Fähigkeiten zu beschützen, würdest du deshalb heftig dafür kämpfen, deine Armut beibehalten zu können.

Wenn ein anderer Mensch zum Beispiel nicht glaubt, dass höchstes künstlerisches Talent nicht auch gleichzeitig mit Reichtum existieren kann, dann ist deine Wahrheit nicht seine Wahrheit und er fühlt weder sich noch seine Fähigkeiten durch Reichtum bedroht.

Seine Fähigkeiten können sich sogar noch verbessern. Wenn ich sagte, dass Erwartungen durch Gefühle geformt werden, sind es offensichtlich die Grundgefühle selbst, die manipuliert werden müssen, weil die Erwartungen die Gerüste sind, die durch die Gefühle geformt werden. Das ist der Ausgangspunkt.

Es ist sinnlos, die Tatsache zu verleugnen, dass ihr Hass <u>fühlt</u>, obwohl sogar Hass eine Verzerrung einer grundlegenden psychischen Beweglichkeit ist. Ihr müsst lernen, dass das grundlegende Überleben des Bewusstseins nie zu Hass verformt werden darf, sonst werdet ihr euch immer mit scheinbar ungelösten Hassgefühlen und Aggressionen beschäftigen müssen.

Aggressionen sind nur das Resultat von nicht genau gelenkter Energie und unwirksamen Überlebensmustern. Wenn mit diesen Aggressionen nicht erfolgreich umgegangen werden kann, werden sie sich selbst in Erwartungen formen, die dann ihre Macht im Formen von unglücklichen Konstruktionen ausleben können.

Emotionen oder emotionelle Energien können sehr einfach von der einen Form in die andere verwandelt werden. Die Energie in <u>Hass</u> kann zum Beispiel für Liebe gebraucht werden. Aggressionen können auch in konstruktive Formen umgewandelt werden, wenn sorgfältig vorgegangen wird. Aggressionen sollten, sobald sie als solche erkannt werden, in Konstruktionen umgeformt werden. Wenn das nicht geschieht, vergesst ihr bewusst die Aggression und die Energie baut sich auf, bis sie als etwas explodiert, das wir eine unüberwachte Konstruktion nennen.

Ruburts fast sofortige Reaktion nach dem Kreditbescheid war hier hervorragend. Das aggressive, ungezügelte Gefühl hätte Schwierigkeiten in der Galerie und auch in eurer persönlichen Beziehung verursacht. Das Aufsuchen seiner Freundin hingegen, eurer Vermieterin, war sehr gut, da im harmlosen Gespräch und Geplauder viel aggressive Energie entschärft wurde.

Das fast sofort darauf folgende Herumwirbeln in der Wohnung war sogar noch besser. Ruburt war bereits voller Tatendrang für physische Aktivität. Auch ein Temperamentsausbruch, wie zum Beispiel Geschirrzerschlagen, wäre – obwohl keine optimale Reaktion – immer noch wirkungsvoller gewesen als gar <u>keine</u> Aktion.

Das konstruktive Umstellen der Wohnung war instinktiv richtig, wie auch eure Übereinstimmung in diesen beiden Fällen. Physische Aktivität ist ein vorzüglicher Weg, um mit den Folgen aggressiver Reaktionen umzugehen und sie zu kontrollieren. Der Aufbau aggressiver Emotionen in unüberwachte physische Konstruktionen wird dadurch verhindert und auch die Möglichkeit, dass solche Aggressionen sich gewohnheitsmäßig aufbauen, die dann wiederum dauernd schädliche Konstruktionen verursachen würden.

Außer was die Enttäuschung bei seiner schriftstellerischen Arbeit betrifft, bewegt sich Ruburt fast instinktiv innerhalb eines vorteilhaften Musters in dieser Beziehung und ihr macht wirklich Fortschritte. Es ist auch nicht töricht, Verbesserungen in eurer Wohnung unter den Umständen zu betrachten, von denen wir sprechen.

Ich schlage eine Pause vor.

(Pause um 22:00 Uhr. Jane war in der üblichen Trance. Sie sagte, sie habe das Gefühl, Seth würde nun mit der Diskussion über das Haus beginnen, wenn wir das wollten. Wir entschieden uns, dass wir die Entscheidung Seth überlassen würden. So stellten wir in der Pause keine entsprechenden Fragen.)

(Jane fuhr in der gleichen Art, mit vielen Pausen, um 22:12 Uhr weiter.)

Es gibt nichts an dem zu ändern, was ich sagte. Die emotionale Kraft hinter euren Erwartungen treibt eure Erwartungen in die physische Realität.

Das Unterbewusstsein, wie ihr es nennt, stellt eine gewaltige, rohe Kraft dar, die gemäß den aus euren Emotionen geformten Erwartungen entsprechende Konstruktionen auslöst. Der Intellekt sollte euch helfen, dieses Kraftwerk zu verstehen, sodass ihr eure Kraft einschalten könnt, wenn sie benötigt wird. Der Intellekt sollte wie ein Röntgenbild wirken, das euch befähigt, nach innen zu sehen.

Während viele unserer Erwartungen in der Kindheit geformt werden, ist kein Schalter je in einer Stellung blockiert und es ist euer Privileg, eure emotionale Energie in das gewünschte Aktionsmuster zu kanalisieren. Es ist äußerst wichtig, wenn auch schwierig, zu erforschen und herauszufinden, welches genau eure gegenwärtigen

Erwartungen sind. Nicht eure Wünsche, sondern eure Erwartungen, denn ihr werdet nur dasjenige Umfeld physisch aufbauen, von dem ihr glaubt, dass es aufbaubar ist. Es wurde gesagt, dass die menschlichen Erwartungen oft zu hoch für die Fähigkeiten der Menschen seien. Tatsache aber ist, dass Erwartungen die Fähigkeiten formen und wenn die Erwartungen höher wären, würden auch die Fähigkeiten gedeihen.

Das sind alles praktische Aspekte, die den Aufbau innerer Informationen in physische Materie betreffen und es könnten euch keine praxisnaheren Informationen gegeben werden. Ich behaupte einmal, Joseph, dass du schon ganz früh einmal dachtest, dass ein wahrer Künstler nicht reich sein kann. Im Unterbewusstsein wusstest du, dass du ein Künstler bist. In dem Moment, als du bewusst realisiert hast, dass du sehr wohl ein Künstler bist, hast du den Versuch, gut zu verdienen, gestoppt, weil du glaubtest, dann würde dir dein Talent abhanden kommen.

(Nun wurde Janes Durchgabe stärker und bewegter, obwohl sich ihre Stimme nicht merklich veränderte.)

Solange du das glaubst, werden sich auch deine Erwartungen an die Realität zur entsprechenden Realität formen. Natürlich könnte man auch sagen, dass wenn all deine Energie sich aufs Geldverdienen konzentrierte, wenig fürs Malen übrig bliebe, aber es besteht immer noch eine sehr große Spannweite zwischen diesem Standpunkt und demjenigen, der besagt, dass ein Künstler arm sein muss.

Hier gibt es sehr viel Spielraum. Ich kann hier auch noch einen Punkt erwähnen, der diese Erwartungshaltung unglücklicherweise noch verstärkt hat. Du hattest ein äußerst unlogisches, aber vielleicht erklärbares Schuldgefühl deinem Vater gegenüber. Als erstgeborener Sohn hattest du vielleicht Hemmungen, finanziell besser gestellt zu sein als dein Vater und du befürchtetest daher, ihn – aus deiner Sicht – symbolisch zu beschämen.

(Janes Stimme war plötzlich sehr laut geworden. Die nächsten Wörter, die sie sagte, waren „in der Tat", mit denen sie den nächsten Satz begann. Ich schrieb sie auf, wie gewöhnlich. Dann kam sie zu mir herüber, lächelte sehr intensiv, nahm mir den Stift aus der Hand und schrieb das Wort selbst zuoberst auf die Seite, in Buchstaben, die fast 2 cm hoch waren und die sie sehr kraftvoll unterstrich, um es ganz klar zu betonen.)

In der Tat.

Ich möchte auch, wenn du mir das verzeihen kannst, vielleicht eine ganz natürliche Angst vor einer inzestuösen Beziehung mit deiner Mutter antönen. Nichts würde ihr mehr gefallen als Geld und du fürchtest, dass wenn du mehr Geld als dein Vater verdientest, er denken würde, du tätest dies, um sie ihm wegzunehmen.

(Jane lächelte breit und schaute mich direkt an, einen Fuß auf den Stuhl gestellt.)

Nun, was du mit einer 72-jährigen Frau tun möchtest, ist mir unbegreiflich. Entschuldige meinen Humor, denn das Thema ist eigentlich ernst. Ich konnte nicht widerstehen. Aber alle diese inneren psychologischen Realitäten färben deine Erwartungen, so wie Ruburt völlig davon überzeugt ist, dass eine wirkliche verdienstvolle Schriftstellerin keine Kinder haben kann.

Bei ihm sind jedoch die Verstärkungen auf so gefahrvolle Art miteinander verwoben, dass ich nicht versuchen werde, dies alles zu entwirren. Seine Persönlichkeitsstruktur ist nun so sehr an diese inexistente Wahrheit gebunden, dass es gefährlich für mich wäre, daran zu rühren.

Du bist in Sicherheit, solange du einen guten Teil deiner Energie für die Malerei aufwendest. Diese verzerrte Erwartung von dir könnte dich aber sogar deinem Malen gegenüber verbittert werden lassen. Auch wenn dir deine Arbeit gefällt, könnte diese Einstellung dich im schlimmsten Fall wirklich davon abhalten, finanziell dafür belohnt zu werden und sie würde auch verhindern, dass du andere Befriedigungen daraus ziehen könntest, zum Beispiel deine Bilder in Galerien oder Ausstellungen im ganzen Land zu zeigen, was sehr wichtig wäre.

Ein solches Veto in Bezug auf Ausstellungen ist zwar im Moment kein Bestandteil deiner verzerrten Erwartungen, könnte es aber leicht werden. Alle Erwartungen entwickeln sich, die wertvollen und die weniger wertvollen.

Ich schlage dir, wie du sehr wohl weißt, keine 8-Stunden-Stelle vor. Ich schlage aber vor, dass du so objektiv wie möglich deine eigenen grundlegenden Erwartungen erforschst, denn das wird dir helfen und das ist auch ein grundlegender Schritt, sie zu ihrem Bessern zu verändern.

Dein Talent ist wirklich außerordentlich und von höchster Qualität. Viele Künstler haben vieles erschaffen und auch viel von ihren Werken profitiert. Es gibt gewisse Dinge, die du tun könntest und die mit Janes Science Fiction vergleichbar sind, das heißt eine Art kommerzielle Arbeit, die Geld einbringt, aber auch einen intuitiven und kreativen Teil deiner Persönlichkeit ausdrückt und die kein, wie du es nennst, Verschleißjob ist.

Auf deinem Gebiet der Kunst könntest du jetzt besser sein als er auf dem Gebiet der Science Fiction, da du es besser als er verstehst, wo du deine Schwerpunkte setzen musst. Deine Angst vor freischaffender Arbeit stammt hauptsächlich, aber nicht nur, aus deiner verzerrten Erwartung: Einerseits hast du Angst zuviel zu verdienen, während du gleichzeitig bewusst fürchtest, nicht genug zu verdienen für alle die erweiterte Energie. Und ich meine hier erweitert und nicht verausgabt.

Diese Erwartung von dir, diese Angst vor dem Geldverdienen, ist ein starkes Element in deinem psychologischen Aufbau, und nebst den bereits erwähnten Gründen gibt es hier auch noch das unterbewusste Bedürfnis, deine Mutter zu bestrafen. Du realisierst, dass sie deinen Vater dazu drängt, mehr Geld zu verdienen und niemandem, auch dir selbst nicht, wird es je erlaubt sein, mit dir das Gleiche zu tun. So laufen die inneren Erklärungen ab.

Ich sage dir das alles zu deinem Besten. Nochmals: Ich schlage nicht vor, dass du dich nun sofort auf die Suche nach einem 8-Stunden-Job machst oder dass du <u>alle</u> deine Energien für eine freischaffende Arbeit aufwendest.

(Wiederum nahm mir Jane den Stift aus der Hand und unterstrich das Wort „alle" im vorhergehenden Satz. Ihre Stimme war nun nicht mehr so laut .(„Amüsierst du dich heute Abend?")

Ich amüsiere mich wirklich. Es amüsiert mich, dir diese familiären Wahrheiten aufzeigen zu müssen und damit Ruburt sich nicht vernachlässigt fühlt, werde ich mich irgendwann in der nächsten Zeit auch mit ihm befassen.

Ich hoffe wirklich, dass du mit deinem Talent einmal sehr viel angenehmer leben kannst, wenn du dir über deine Erwartungen klar geworden bist, und dass du das auch tun wirst, wenn du deine Erwartungen veränderst. Ich sage aber auch, dass du unbewusst und bewusst von Anfang an wusstest, dass Ruburts Erwartungen in dieser Hinsicht mit deinen übereinstimmten. Ihr habt euch gegenseitig ganz wunderbar immer wieder bestärkt.

Alles, was du ihm gabst, war mehr als er je hatte und viel mehr als er je erwartete. Auch das ist sehr wichtig und deine Mutter weiß es. Das ist der Grund, weshalb sie manchmal vermutet, dass Ruburt sich mit dir gegen sie verbündet, was er ja auch tut.

Ihr macht fast den Kopfstand, um ja nicht Geld verdienen zu müssen, ihr beide; von Ruburts Seite her ist das noch etwas verständlicher, weil seine Ausbildung nicht so spezifisch war. Wenn einer von euch beiden mehr Geld fordert oder verlangt, fühlt ihr euch wie Diebe. Ruburt muss seine Fähigkeiten erst noch kompetent anwenden und mit ihnen arbeiten; du hast das bereits getan, mit Ausnahme dieser verzerrten Erwartungen, die deine Konstruktionen verfärben.

Eigentlich geschah das alles erst, als du realisiertest, dass du grundsätzlich ein Künstler bist, denn vorher waren die zwei Elemente Talent und Geld nicht in Kontakt. Du _hättest_ einen viel schmerzloseren Übergang zwischen vollständiger Kommerzialisierung und dem Malen machen können als du es getan hast, aber dann trat im entscheidenden Moment unser blauäugiger Ruburt mit _seiner_ Einstellung über den armen Künstler auf den Plan und von da an ging die Geschichte eben anders weiter.

Ich glaube, dass es dir aufgrund deiner Einstellung unmöglich ist, je zum Millionär zu werden, aber auch ich kann mich irren. Mit dem gleichen Energieaufwand könntest du aber mehr Geld haben, allerdings mit veränderten Erwartungen und der darauf folgenden geänderten Richtung deiner Energiekonstruktionen.

Ruburt hat seine eigenen Ängste in Bezug auf Geld. _Er_ fürchtet, dass es ihm weggenommen wird und er hat daher Angst, es überhaupt erst zu haben. Das ist eine höchst lächerliche Einstellung, verursacht durch eine kindliche Auslegung von Ereignissen im Leben seines Großvaters und auch durch die Furcht, dass ihm seine Mutter _alles_ stehlen würde, was er je besitzen würde.

Er schreibt zum Beispiel eine Geschichte, die nicht nur hervorragend ist, sondern sich auch verkaufen ließe und fügt dann eine oder zwei Linien und eine allgemeine Nuance dazu, um das Ganze unverkäuflich zu machen.

Weil diese Art Erwartungshaltung bei euch beiden gleich ist, solltet ihr beide versuchen, sie zu überwinden, denn wenn ihr das nicht tut, ergibt sich eine ärgerliche, wenn auch nicht kritische, Diskrepanz, die eure Beziehung zumindest eine Zeitlang stören könnte.

Wenn deine Hand müde ist, mache ich eine Pause oder wir beenden die Sitzung.

(*„Ja, sie wird langsam müde".*

SITZUNG 76

(Es stimmte, ich hatte die letzten Seiten sehr schnell aufgeschrieben.)

Ich werde also die Sitzung beenden, denn Ruburt ist etwas verärgert über mich. Zudem fürchtet er, dass dir das viele Abschreiben Zeit von der Arbeit wegnimmt. Muss ich noch sagen, dass solches Material äußerst hilfreich ist und dass großes Wissen selten so einfach erreicht werden kann?

Ich wünsche euch einen liebevollen, guten Abend.

(Ende der Sitzung um 23:06 Uhr. Jane sagte, sie sei in tiefer Trance gewesen. Seth, so sagte sie weiter, hätte sie soviel rauchen lassen wie sie wollte, damit es für ihn einfacher war, sie in Zügel zu halten.

(Ich hatte kaum meine Hand etwas entspannt und Jane und ich hatten eben begonnen, die Sitzung zu besprechen, als Seth nochmals durchkam. Jane diktierte in einer ruhigen Stimme, während sie mir gegenüber saß, um 23:08 Uhr weiter.)

Es handelt sich nicht darum, stur dem Geld nachzurennen, sondern darum, ganz natürlich zu erwarten, dass Fähigkeiten auch ihre natürlichen physischen Konstruktionen hervorbringen, im Sinne von physischer Befriedigung.

(Ende der Sitzung um 23:09 Uhr. Seth hatte nicht allzu viel über das Haus-Abenteuer gesagt und Jane und ich sprachen darüber, als er nochmals durchkam. Wiederum diktierte Jane, während sie saß. Weiter um 23:15 Uhr.)

Ruburt spürte während eures dritten Besuchs beim Haus die Einstellungen der Leute, die in der Nähe lebten. Du spürtest sie auch. Wenn ihr das Haus gekauft hättet, wärt ihr am 13. eingezogen und es wäre sehr gut herausgekommen, weil eure Erwartungen es dann aufgebaut hätten.

Ich habe versucht, eure Erwartungen aufzubauen. Vor unseren Sitzungen wärt ihr mit weniger zufrieden gewesen. Ihr seid nun außerordentlich gut vorangekommen. Ich gebe zu, dass ich manchmal versuchte, euch beide zu beeinflussen. Aber ohne eure Einwilligung, ohne die praktische Einwilligung zur Idee des Besitzes von Haus und Grundstück – und hier meine ich mit praktisch wirklich die Unterschrift auf einer gestrichelten Linie – wärt ihr mit eurem <u>Wunsch</u> nach einem eigenen Haus nirgendwohin gelangt.

Was Kinder betrifft, so betrachte ich 15-jährige nicht als Kinder. Trotzdem wird aber das Haus nach dem 13., auch aus psychologischen Gründen, nicht mehr zu eurer Verfügung stehen. Ihr musstet ganz konkret sehen, <u>welches genau eure Erwartungen waren</u> und das Haus stellte zu jenem Zeitpunkt eure höchsten Erwartungen dar, wenn auch nicht eure höchsten Wünsche.

Trotzdem, ihr hättet ein hervorragendes Projekt daraus gemacht. Ihr beide habt eure Erwartungen geändert, als ihr ihm konkret gegenübergestanden seid. Ich werde das hier nicht weiter ausführen. Das ist nur eine kurze Zusatzbemerkung.

Die Energie, die bei der Ausdehnung von Erwartungen frei wird, kann zum Vorteil für eure Arbeit gebraucht werden, wie auch beim natürlichen Aufbau der Erwartungen, die immer wieder folgen werden.

(Ende der Sitzung um 23:19 Uhr. Jane war in der üblichen Trance. Sie fühlte sich so, sagte sie, als ob sie die ganze Nacht durchgemacht hätte.)

SITZUNG 77
5. AUGUST 1964, 21:00 Uhr, MITTWOCH, WIE GEPLANT

Die Wichtigkeit und die Gefahren von Glaubenssätzen; Erweiterung des psychischen und mentalen Horizonts durch physische Ausflüge; der Freundeskreis als Sicherheitsventil

(Beim Üben von psychologischer Zeit am Dienstag, den 4. August um 20:15 Uhr, ergab sich nichts und am Mittwoch, den 5. August, verpasste ich die Übungen. Jane erhielt ebenfalls keine Resultate. Wir beide fühlen uns immer noch in einer Art psychischem Ebbezustand.

(Jane hatte keine Ahnung vom Thema der heutigen Sitzung, als die Zeit näher rückte. Sie war nicht nervös. Und wiederum, wie in der 75. und 76. Sitzung, wurde es 21:00 Uhr, ohne dass etwas geschah. Um 21:01 Uhr begann Jane dann mit dem Diktat. Ihre Stimme war ruhig, sie ging langsam hin und her und ihre Augen verdunkelten sich wie üblich.)

Guten Abend.

(„Guten Abend, Seth."

(Nun lächelte Jane breit.)

Du hast heute Abend unseren Hasenfuss Ruburt wirklich erschreckt. Er ist bei seinen Beziehungen mit der Außenwelt noch viel schüchterner als du annimmst.

Ich werde heute Abend nicht allzu sehr auf dieses Thema eingehen, außer um zu bemerken, dass er völlig schockiert war. In vielerlei Beziehungen ist er wirklich ein Gewohnheitstier, fühlt sich in der Galerie vergleichsweise sicher und hasst es daher, eine finanziell hilfreiche Zuflucht aufzugeben. Dort, wo es nicht um sein Schreiben geht und wo er direkt mit der Außenwelt in Beziehung kommt, ist er scheu, ängstlich und ohne jenes Vertrauen, das ihm sein inneres Wissen über seinen eigenen Wert eigentlich verleihen sollte.

Er vertraut auf seinen grundlegenden Wert als Individuum, als Schriftsteller und schließlich als Ehefrau in Bezug auf dich. Aber wenn er mit der Außenwelt in Kontakt kommt, ist seine erste unglückliche Reaktion eine Panik, die aus einer psychologischen und emotionellen Erbschaft stammt, aus dem Umfeld seiner Mutter, deren Misstrauen auf die Außenwelt er übernahm.

Was von außen her als Selbstsicherheit, als einnehmendes, soziales Selbst erscheint, ist tatsächlich nur ein Deckmantel, den er angenommen hat, um Zeit zu gewinnen, damit er sich an neue, andere Umstände gewöhnen kann. Wie du ja weißt, lebte er in ständiger Überwachung durch seine Mutter und bis spät, bis sehr spät in seine Jugendzeit hinein, verbrachte er sein Leben buchstäblich innerhalb der Grenzen von 15 Häuserblöcken, die er nur für kurze Ausflüge verließ.

Er wurde sicher ermutigt, auch von seiner Mutter, eine innere intellektuelle Freiheit anzustreben, zumindest bis zu einem gewissen Punkt. Aber schon früh wurde ihm die Erwartung eingeimpft, dass die Außenwelt voller Gefahren sei und, noch wahrscheinlicher, auch voller Tragödien.

Später wurde er dann gezwungen, in die Welt hinauszugehen. Aber wann immer es die Umstände erlauben, vor allem was Geschäftsbeziehungen und -situationen betrifft, wird er dort bleiben, wo er ist.

Deine Vorschläge heute Abend waren gut. Er fürchtet sich, milde gesagt, tatsächlich mehr vor Geschäftsbeziehungen als du, auch wenn in Betracht gezogen werden muss, dass er auf diesem Gebiet keine spezifische Ausbildung besitzt. Sobald er aber diese Zusammenhänge versteht, wird er sich bestimmt auch in dieser Richtung entwickeln.

Dieses und auch anderes solches persönliches Material sollte als zusätzlicher Bonus im Rahmen unserer Sitzungen betrachtet werden. Die Sitzungen bringen euch mehr Vorteile als ihr im Moment ahnt. Ruburts ziemlich komische Vorstellung bei jenem eher ungewohnten gesellschaftlichen Ereignis wurde durch diese Angst verursacht und das spektakuläre, aggressive Verhalten war ein Versuch, zuzuschlagen, bevor er selbst geschlagen wurde.

Das Verkaufen von Haus zu Haus hatte für ihn damals den subjektiven Vorteil, dass er Herr der Lage und tatsächlich der Angreifer war. Der chancenlose Hausbewohner war in der Defensive. Das gelingt Ruburt nun nicht mehr und ich schlage vor, dass er es auch nicht mehr in Betracht zieht. Auf seine eigene Art brütete er etwas aus. Er hätte nun gerne ein gewisses Prestige in Bezug auf seine Position und auch finanziellen Erfolg, beides Dinge, die ihn früher nicht interessierten.

Vielleicht seht ihr jetzt, wie die Erwartungen eines Individuums tatsächlich in konkrete Realität übersetzt werden. Lernen ist immer möglich. Wäre dem nicht so, wärt ihr noch viel stärker eingeschränkt. Diese Sitzungen beschleunigen sicherlich euren Lernprozess und sie sind in sich selbst natürlich auch das Resultat eurer inneren Erwartungen.

Wäre dem nicht so, würde für <u>euch</u> nicht einmal die Möglichkeit solcher Sitzungen existieren.

Ich möchte hier noch eine Bemerkung in Bezug auf die Wichtigkeit und Gefahr von Glaubenssätzen anfügen. Ein offener Geist ist bei weitem einer der größten Vorteile, den ihr besitzen könnt. Ein Glaubenssatz hat zwei Seiten, obwohl er das nicht <u>haben muss</u>. Ein Glaubenssatz mag zum Beispiel einen anderen aufzuheben scheinen, bei genauerer Überprüfung ist das aber nicht der Fall. Einfacher ausgedrückt: Der Glaube an die Farbe Rot hebt den Glauben an die Farbe Grün nicht auf.

Wenn ein Glaube an einen abstrakten Begriff in Widerspruch zu einem anderen abstrakten Begriff scheint, könnte der Grund darin liegen, dass eure Akzeptanz oder Erwartung nicht groß genug ist, um beiden Raum zu geben.

Ich schlage eine Pause vor.

(Pause um 21:28 Uhr. Jane war in der üblichen Trance. In der ziemlich langen Pause diskutierten wir über den Gang, den ihr Schreiben in der unmittelbaren Zukunft nehmen sollte. Je länger wir redeten, umso weniger schienen wir fähig, einen Entscheid zu fällen. Schließlich fanden wir, dass wir beide sehr müde waren und nicht

versuchen sollten, in diesem Zustand solche Entschlüsse zu fassen.
(Jane fuhr in der gleichen ruhigen Art zum 21:42 Uhr weiter.)

Die Urlaubstage werden euch beiden gut tun. Wir werden keine Sitzungen abhalten. Ich schlage sogar vor, dass ihr während dieser Zeit auch keine Übungen in psychologischer Zeit durchführt.

Es wäre vorteilhaft für Ruburt, wenn er, wie er es ja vorhat, etwas zeichnen würde. Auch für dich, Joseph, wäre es von Vorteil, Skizzen für zukünftige Bilder anzufertigen. Sinnliche Vergnügen werden euch beiden während eurer Urlaubstage sehr gut tun; ein sinnliches und psychisches Eintauchen in die Formen der Natur wird euch beide erfrischen.

Ich weiß, dass mir mein nächster Vorschlag Proteste von euch beiden einhandeln wird, aus Gründen, die ihr praktisch nennt. Trotzdem sollten kurze Urlaubszeiten aufgrund eurer besonderen Konstitutionen unbedingt zu einem Teil eures Jahresrhythmus werden und wenn ihr euch dementsprechend einstellt, werden auch die Mittel dazu vorhanden sein. Aber das Vertrauen dazu muss sichtbar werden.

In eurem Fall sollte zumindest ein Wochenende pro Monat für das sinnliche Eintauchen in die Natur reserviert werden, wenn ihr einmal die alltäglichen, praktischen Probleme gelöst habt. Die gewonnene Erfrischung wird mehr als nur die – in Anführungszeichen – „verlorene Zeit" – Schlusszeichen – kompensieren. Ich rede hier nicht unbedingt von längeren Reisen. Die Details überlasse ich natürlich euch.

Tatsächlich aber tragen physische Ausflüge in den Raum, in Form kurzer Reisen, dazu bei, euren psychischen und mentalen Horizont zu erweitern und sie kompensieren auch andere Freiheiten, die euch ein eigenes Haus gegeben hätte.

Ich gebe dieses Material ganz bewusst und aus meinen eigenen Gründen heute Abend durch. Obwohl ihr beide nun schon soviel besser vorgeht, habt ihr doch in der unmittelbaren Vergangenheit viele unterbewusste Energien vergeben und zwar nicht immer auf eine konstruktive Art. Dieser Verlust ist aber nun viel weniger bedeutend als dies früher der Fall gewesen wäre.

Trotzdem hat die Situation euch beide in gewissem Maße erschöpft. Zum Glück ist es nicht schwierig für euch, wieder neu anzufangen. Psychisch seid ihr nun viel elastischer. Ein weiterer Punkt: Euer kleiner Freundeskreis verschafft euch einen sehr wohltuenden Austausch von psychischen Energien und von Verständnis.

Dieser Austausch kam nun etwas zu kurz, weil Mark zur Zeit nicht da ist. Es ist aber nicht unbedingt nur Mark, sondern eher die Tatsache, dass der unaufdringliche, häufigere, informelle Austausch zwischen dir und Ruburt und einem engen Freund aus der Außenwelt gefehlt hat. Diese Art Beziehung mit jemandem, den ihr beide sympathisch findet, ist ein psychischer Atemzug frischer Luft, weil dadurch Entspannungen und psychische Wechselwirkungen ermöglicht werden, die äußerst wichtig sind.

Ich wollte dies schon früher sagen. Ein enger Freund oder Freundinnen und Freunde stellen, natürlich immer innerhalb gewisser Grenzen, eine grundlegende Notwendigkeit für den psychischen Austausch dar und sind sogar ein Sicherheitsventil für aufgestauten Druck. Die psychische Wechselwirkung ist jedoch der maßgebliche Aspekt.

Ihr müsst hier ein Gleichgewicht finden. Zu viele Einflüsse dieser Art wären ablenkend, aber einige sind definitiv nötig und wiederum schlage ich vor, dass ihr ein paar zu euch passende Gäste in euer Heim einladet. Telepathisch und durch die inneren Sinne nehmt ihr dadurch äußerst wertvolle und verschiedene Informationen auf, die für das Unterbewusstsein aufschlussreich und hilfreich sind und welche die psychische Basis eurer Wahrnehmung erweitern.

Ich schlage eine Pause vor.

(Pause um 22:02 Uhr. Jane war in der üblichen Trance. Weit weg, sagte sie. Sie fuhr in der gleichen Art, wiederum mit vielen Pausen, um 22:05 Uhr weiter.)

Ich halte heute Abend keine ordentliche Sitzung ab und werde sie auch bald beenden.

Ich habe einen Vorschlag, einen Vorschlag nur für dich, Joseph. Morgen solltest du einen langen, einsamen, erholsamen und sorglosen Spaziergang machen und zwar am Nachmittag, während jener Zeit, die du dir sonst fürs Malen reservierst.

Lass während dieses Spaziergangs deine Sinne von den Bäumen, von der Landschaft und von den Farben im Allgemeinen umfangen werden und wenn möglich, verliere dich in ihrem Duft und ihrer Lebendigkeit. Atme physisch tief ein und lass deinen Organismus das Eintauchen und das komplizierte Verwobensein mit der physischen Umgebung ganz genau spüren.

Das ist eine sehr lustvolle und wohltuende Art psychischer Entspannung und Erneuerung. Sorge dich nicht wegen der physischen Zeit, aber übertreibe es auch nicht. Komm nach Hause, bevor du müde bist. Vergiss wenn möglich alle persönlichen, egoistischen Gedanken, spüre nur die psychische Einheit. Du wirst erstaunt sein, wie hilfreich das ist.

Diese Art Erfahrung ist sehr viel praktischer, wenn sie gemacht wird, bevor du dazu gezwungen wirst und das bist du zu diesem Zeitpunkt ja keineswegs. Die Dinge werden dann an ihren Platz fallen. Es gibt hier ein psychisches Geben und Nehmen, das teilweise das gegenwärtige Fehlen des guten Freundeskreises kompensiert.

Der psychische Austausch, von dem ich in Bezug auf vertraute und ziemlich regelmäßige Besucher wie Mark sprach, ist unterbewusst und ihr alle profitiert davon. Sogar die Regelmäßigkeit, wenn sie nicht übertrieben wird, ist sehr wichtig und falls dies nicht möglich ist, sollte sie auf irgendeine Weise kompensiert werden können.

Während eure Beziehung, also diejenige zwischen dir und Ruburt, äußerst vorteilhaft für euch beide ist, habt ihr beide eine gewisse Tendenz, euch nach innen zu richten. Psychisch braucht ihr jedoch eine Abwechslung, äußere Einflüsse und die verschiedenen Informationen, die ihr unbewusst von anderen erhaltet, so wir ihr sie auch selbst an andere weitergebt.

Ich habe nicht im Sinn, unser Material in der Luft hängen zu lassen. Aber die heutige Diskussion ist im Moment sehr wichtig. Und da ich mir eurer nun sicher bin—

(Hier lächelte Jane.)

—können wir uns ein paar persönliche Abschweifungen erlauben. Es müssen nun unbedingt einige Freiräume geschaffen werden um diejenigen zu kompensieren, die euch das Haus vermittelt hätte.

Die Nähe eurer Wohnung zum Fluss sollte mehr ausgenützt werden. Ich schlage auch vor, dass ihr mit den Übungen in psychologischer Zeit für den Rest der Woche aufhört. Ihr müsst nun sozusagen eure Batterien aufladen und das sollte äußerst angenehm und lustvoll sein. Als eine besonderer Zugabe in dieser Beziehung schließe ich nun die Sitzung.

Meine ganz herzlichen Wünsche für einen guten Abend an euch beide. Ihr seid nicht in Gefahr, in irgendeine tiefe Depression zu fallen. Einer der Vorteile dieser persönlichen Sitzungen liegt darin, dass ich helfen kann, euch sozusagen schon lange vorher aufzufangen und das ist ein Abenteuer, das viel wichtiger ist, als ihr jetzt realisiert.

Mit Bedauern sage ich nun gute Nacht.

(„Gute Nacht, Seth."

(Ende der Sitzung um 22:26 Uhr. Jane war in der üblichen Trance. Sie sagte, sie spüre, dass Seth noch unendlich lange hätte weiterfahren können, uns jedoch schone, weil wir müde waren. Ich sagte, ich fühlte mich in Ordnung und dass ich weitermachen könne, wenn das jemand wünsche.

(Jane fuhr dann um 22:27 Uhr weiter, als sie mit mir am Tisch saß. Ihre Stimme war etwas kräftiger und schneller.)

Als Nachbemerkung: Oft blockiert ihr aufgrund eurer persönlichen psychologischen Verkettungen eure eigenen, inneren Informationen, aber ihr akzeptiert das gleiche grundsätzliche Material auf telepathische Weise von einer anderen Quelle, zum Beispiel von einem Freund.

Ihr scheint euch in Extremen zu bewegen. Entweder hat Ruburt das Haus voller Leute oder dann kommt überhaupt niemand. Es ist klar, dass ein großer Teil eurer Zurückhaltung in diesem Bereich aus Angstgefühlen stammt. Es gibt sicher eine Zurückhaltung, die für die Isolation spricht und ein gewisser Teil davon ist auch nötig.

Eine psychische Offenheit ist sicher schwierig zu erreichen und doch würde sie euch in eurer Arbeit sehr viel weiter bringen. Ruburt wird nach dem Urlaub mit neuer Energie weiter arbeiten und auch die Sitzungen werden neue Fortschritte aufweisen.

Einen Tag pro Monat als absolutes Minimum, vorzugsweise jedoch zwei, sollten für körperliche Beschäftigungen mit den Elementen reserviert werden; das wird euer psychisches Leben ausgleichen und eure Wahrnehmungsfähigkeit und eure Arbeit erweitern.

Ihr werdet sehen, dass diese Art Fokussierung, die spezielle Fokussierung, die bei der freien Betrachtung und beim Genuss der Natur erreicht wird, eine willkommene Abwechslung vom unzusammenhängenden Fokussieren ist, das in gewissem Grad bei psychischen Übungen angestrebt wird. Ich schlage vor, dass Ruburt wenn möglich alle Probleme, die mit seiner jetzigen oder einer neuen Arbeitsstelle zusammenhängen, bis nach dem Urlaub vergisst.

Ich sagte früher, dass er den Urlaub nötiger hat als du, während letztes Jahr die Situation umgekehrt war. Sein Bedürfnis ist jedoch jetzt nicht so stark wie es das letztes Jahr für dich war; es ist aber trotzdem sehr wichtig. Physische Aktivitäten wären sehr gut. Jegliche kreativen physischen Verbesserungen in der Wohnung sind ebenfalls nützlich. Ruburt hat viel mehr als je zuvor versucht, seine, wie er es nennt, Verantwortung wahrzunehmen und hat nun etwas Überschwang verdient. Sein Überschwang ist für ihn tatsächlich eine Art Sicherheitsventil und als solches hervorragend, wenn er in Grenzen gehalten wird.

Seine Erwartungen in Bezug auf das Haus erlaubten ihm zumindest etwas Überschwang. Seine Neigung zu undisziplinierten Reaktionen einerseits und zu geordneter Disziplin anderseits scheinen widersprüchlich, widerspiegeln aber nur das Ausgleichende seines Charakters. Es ist anzunehmen, dass er völlig undiszipliniert handeln könnte, aber er könnte sich genau so gut jegliche Freiheit verbieten und sich hinter Regeln und Gewohnheiten verschanzen.

Du hast früher nicht realisiert, wie stark dieses Bedürfnis nach Gewohnheit und die Abhängigkeit davon für Ruburt sein könnte. Wie viele andere, aber doch etwas weniger, wurdest du durch seine schillernden Sehnsüchte nach Überschwang und Freiheit abgelenkt; beides sind ja auch grundsätzliche und einnehmende Teile seines Charakters und ein ebenso wichtiger Bestandteil in Bezug auf sein Schreiben und auf unsere Sitzungen.

Disziplin ist für ihn wohl nötig, aber Angst könnte einen allzu starken Einfluss auf die Disziplin ausüben.

Meine lieben Freunde, ich werde nun die Sitzung beenden. Aber ich werde noch vor Montag bei euch hereinschauen und meine besten Wünsche begleiten euch stets.

(„Gute Nacht, Seth."

(*Ende der Sitzung um 22:45 Uhr. Jane war in der üblichen Trance. Meine Schreibhand fühlte sich kaum müde an.*)

SITZUNG 78
10. AUGUST 1964, 21:00 UHR, MONTAG, WIE GEPLANT

Geschlossene Systeme existieren nicht; Erneuerung der psychischen Fähigkeiten durch ein sinnliches Eintauchen in sich selbst; durch Konzentration auf ein Ziel wird dieses erreicht

(Vom Donnerstag, dem 6. August, bis Montag, dem 10. August, hatten Jane und ich mit den Übungen in psychologischer Zeit ausgesetzt und somit gibt es nichts darüber zu berichten.
(Jane war nicht nervös vor der Sitzung. Ringsum war alles ruhig. Sie begann pünktlich und mit einer normalen Stimme zu diktieren; ihre Sprache war ziemlich bedächtig und während der ganzen Sitzung machte sie zwischen den Sätzen viele Pausen. Ihr Gang war regelmäßig, ihre Augen dunkel wie immer.)
Guten Abend.
("Guten Abend, Seth.")
Wir werden heute Abend über eine ganze Anzahl von Themen sprechen und beginnen vielleicht mit einem kurzen Exkurs über Energie im Allgemeinen.

Kein System ist ein geschlossenes System. Das Gerüst aller Systeme ist grundsätzlich unendlich. Jeglicher Anschein von Geschlossenheit ist nur das Resultat von Camouflage-Verzerrungen, die manchmal innerhalb eines bestimmten Systems nötig sind, damit die darin lebenden Organismen ihre Hauptaufmerksamkeit auf die Herausforderungen innerhalb dieses Systems richten können.

(Kürzlich hatten Jane und ich einen Artikel gelesen, in welchem Entropie, das mathematische Maß für nicht verfügbare Energie in einem thermodynamischen System, diskutiert wurde. Der Autor des Buchs postulierte geschlossene Systeme. Gestern hatte mir Jane gesagt, sie glaube nicht, dass Seth diesem Punkt zustimmen würde und dass er möglicherweise etwas darüber zu sagen hätte, obwohl sie nicht wusste, wann.)

Da die äußeren Sinne oder ihre entsprechenden Organe die Hauptwahrnehmenden von Camouflage-Konstruktionen sind, werden die äußeren Sinne und der entsprechende physikalische Apparat ihr bestimmtes System gewohnheitsmäßig als geschlossenes System wahrnehmen.

Die äußeren Sinne nehmen nur gewisse vorgegebene Unterschiede innerhalb eines offenen, unendlichen Systems wahr und diese Unterschiede werden daher zu den scheinbaren Grenzen des Systems. Ein geschlossenes System ist, mit anderen Worten, das Resultat der Begrenzungen der äußeren Sinne, deren Natur es ist, nur einen Teil eines offenen unendlichen Systems als bedeutsame Realität zu erkennen.

Die von den äußeren Sinnen geformten Unterschiede schränken daher tatsächlich die Wahrnehmung als Ganzes ein, intensivieren sie jedoch gleichzeitig zu einem kleinen, aber lebendigen und scheinbar geschlossenen Realitätsradius. Wenn Gedankenkonzepte sich weit genug entwickeln, entsteht die Vorstellung, dass alle Energie aus einem scheinbar geschlossenen System stammt und diese falsche Annahme überträgt sich dann auf alle Schlussfolgerungen, die in Bezug auf die Natur der Energie daraus gezogen werden.

Ich wiederhole, <u>kein</u> System, sei es von mikroskopischen oder kosmischen Dimensionen, ist je ein geschlossenes System. Es existiert kein geschlossenes System. Ich werde zu diesem Zeitpunkt nicht auf die tieferen Diskussionen eines unendlichen und offenen Systems eingehen, obwohl dies eine Realität ist, die tatsächlich theoretisch keine Grenzen hat. Energie <u>erneuert</u> sich vollständig und ständig selbst.

Dies mag ein armseliger Vergleich sein: Aber stellt euch einen kleinen, einen sehr kleinen Raum vor, in den ein Tischtennisball so kraftvoll hineingeworfen wurde, dass er von den engen Wänden immer wieder zurückprallt. Innerhalb des Raums wären die beobachtenden Bewohner fähig, durch mathematische Berechnungen genau herauszufinden, wie lange der Ball seine Aktivität aufrechterhalten würde, in welchem Grad die Bewegung des Balls langsamer und zu welchem Zeitpunkt sich der Ball nicht mehr bewegen würde.

Dies stellt ein geschlossenes System dar. Die Berechungen müssten sich auf der Annahme begründen, dass das ursprüngliche System seinen Ursprung irgendwie innerhalb des Raums selbst hatte. Stellt euch nun vor, unsere Bewohner seien hypnotisiert worden und glaubten, sie wären alle in einem kleinen geschlossenen Raum. Ihre Aufmerksamkeit fokussiert sich vollständig auf diesen eingebildeten Raum mit dem Resultat, dass sich alle ihre Konzepte auf dieser Annahme begründen.

Das ist der Fall, wenn wir von der Idee eines geschlossenen Systems reden. Alle so genannten geschlossenen Systeme werden durch die Begrenzung einer Wahrnehmung verursacht, einer Verengung von Unterscheidungen, einer unterbewussten Vereinbarung, dass die Kulissen Realität sind und dass Grenzen existieren. Und es ist natürlich so, dass die Grenzen auch existieren, wenn daran geglaubt wird, dass sie existieren.

Eine Zelle ist kein geschlossenes System. Ein Ei, entgegen seiner Erscheinungsform, ist kein geschlossenes System. Ein Schädel ist kein geschlossenes System.

Ich schlage nun eine Pause vor.

(*Pause um 21:27 Uhr. Jane war in der üblichen Trance. Sie fuhr um 21:37 Uhr in der gleichen gemächlichen und ruhigen Art weiter*).

Die Struktur der Realität, einschließlich aller physischen Phänomene, besteht aus mentaler Energie, die sich im Sinne von psychologischer Werterfüllung ausdehnt. In dieser Art Realität kann es keine geschlossenen Systeme geben.

Mentale Energie ist tatsächlich ein Bestandteil der Persönlichkeit; aber Persönlichkeit überlebt den physischen Rahmen, da sie ja schon vor dem physischen Rahmen existierte und in der Tat den physischen Rahmen erschuf. Ihr seht daher selbst, wie unvorstellbar und grundsätzlich unanwendbar die Idee eines geschlossenen Systems ist.

Ein geschlossenes System als Konzept ist ebenfalls eng verwoben mit und abhängig von der verzerrten Annahme eines Zeitbegriffs als etwas Fortwährendes und der daraus folgenden Annahme von Ursache und Wirkung; darüber haben wir schon früher gesprochen. Eine Verzerrung führt zu einer anderen. Ihr werdet noch viel mehr lernen, wenn wir weiterfahren.

Eine Idee, auch wenn sie nicht wissenschaftlich in euren Laboratorien beobachtet werden kann, existiert zweifellos trotzdem. Eine Idee ist kaum ein geschlossenes System, aber die Realität einer Idee, ihr Wachstum und ihr Potenzial, liegen viel näher bei einer Beschreibung der Eigenschaften des Universums als jede aktuelle Theorie.

Eine Idee enthält in sich selbst eine Energie, die ihr zur Zeit nicht unterscheiden oder messen könnt, eine Energie, die in eine von den äußeren Sinnen nicht wahrgenommene Form umgewandelt wird. Es gibt grundsätzlich keine abnehmende Energie. Das ist wiederum nur das Resultat der Annahme eines geschlossenen Systems.

Psychologische Vitalität ist eine Umwandlung von Energie und zwar wiederum in eine Form, die von den äußeren Sinnen nicht zu erkennen ist. Es gibt buchstäblich unzählige solcher Manifestationen von Energie, mit denen die äußeren Sinne nicht vertraut sind. Die inneren Sinne sind sich im Gegensatz dazu dieser Manifestationen wie auch der Existenz eines offenen, unendlichen Systems bewusst und sie sind ausgerüstet, um innerhalb diesem funktionieren zu können.

Wenn sich die individuelle Abhängigkeit auf die äußeren Sinne entwickelt, verlässt sich die Persönlichkeit zu einem großen Teil darauf und verliert so langsam die Gewohnheit, sich auf die vertrauteren inneren Sinne zu verlassen, die hauptsächlich in der Kindheit gebraucht wurden. Meist ist dies eine Sache der Praktikabilität; aber es gibt immer Menschen, die sich beharrlich weiter auf die inneren Sinne verlassen und diese Individuen wenden dann die Realität eines offenen Systems an.

Du tust das nun. Ruburt tut es nun. Eure Misserfolge, die ihr in letzter Zeit beim Üben von psychologischer Zeit erfahren habt, entstanden hauptsächlich deshalb, weil ihr euch allzu bewusst auf das Üben konzentriert habt. Emotionale Akzeptanz, so unangenehm das für Ruburt sein mag, ist hier die richtige Antwort und wiederum wird euch hier ein sinnliches Eintauchen in die geräumige Gegenwart und in die Natur erfrischen. Das Ego und die äußeren Sinne verstärken den Glauben an ein geschlossenes System und verschließen es daher noch mehr. Die inneren Sinne werden euch, wenn der physische Körper entspannt ist, durch die eingebildeten Grenzen hindurchführen, aber ein <u>bewusstes</u> Konzentrieren auf die zu durchschreitenden Grenzen wird dazu führen, diese Grenzen zu verstärken. Konzentriert euch daher auf das Ziel, statt auf die dazu notwendigen Mittel und ihr werdet es erreichen.

Die Resultate, die ihr dann erhaltet, werden spontan auftauchen. Die Worte „ich bin gewichtslos", die Ruburt sagte, verstärken nur die Idee von Gewicht und sollten weggelassen werden. Eure Urlaubstage werden euch helfen und ihr solltet so sorglos sein und euch so entspannen können wie Kinder.

Ihr wisst vielleicht, dass intensives Eintauchen in irgendeine bestimmte Tätigkeit zu einem momentanen oder scheinbaren Verlust der Ego-Identität führt, indem die Tätigkeit und die Persönlichkeit eins werden. Ruburt wird in solchen Momenten zu seinem Gedicht und du zu deinem Bild.

Ich schlage eine Pause vor.

(Pause um 22:01 Uhr. Jane war in der üblichen Trance. Wiederum machte sie während der Durchgabe dieses Materials viele Pausen. Sie fuhr um 22:07 Uhr in der gleichen Art weiter.)

In einem solchen Zustand ist die Persönlichkeit frei von den Einschränkungen des Konzepts eines geschlossenen Systems. Die Identität ist nicht wirklich verschwunden, obwohl ihr euch scheinbar selbst vergesst, aber die Kulissen der Identität sind verschwunden. Es ist genau in diesem Zustand, in dem die bedeutendsten und wertvollsten Experimente der inneren Sinne stattfinden.

Ihr habt beide solche Zustände erlebt, in eurer Arbeit und bei euren Erfahrungen mit psychologischer Zeit. Bewusst wisst ihr nicht genau, wie ihr diesen Zustand erreichen könnt, wenn ihr arbeitet. Es scheint, dass er euch einfach irgendwann ergreift und dann wieder verschwindet. Ihr könnt ihn nicht zum Erscheinen zwingen.

Indem ihr Ablenkungen vermieden habt, gabt ihr diesem Zustand bei eurer Arbeit eine gewisse Dauerhaftigkeit. Ihr habt euch vor einem solchen scheinbaren Verlust der Identität nicht gefürchtet, wenn es um das Eintauchen des Selbst in eine Idee ging. Ihr solltet euch also auch bei den Experimenten mit psychologischer Zeit nicht fürchten. Auch wenn dieser Zustand spontan erscheint, liegt doch eine ziemliche Menge Übung und Erwartung dahinter und euer Unterbewusstsein bringt beides hervor. Ein scheinbar ähnliches Wegfallen der Kulissen kann durch ein teilweises Eintauchen in eine Idee erreicht werden, mit der ihr schon vertraut seid, also einer Art Sprungbrett, und das ist eigentlich die Idee der Meditation.

Die Idee sollte ein abstraktes philosophisches Konzept sein. Das kann durch ein anfänglich bewusst vorgestelltes Wunschbild erreicht werden. Meditation auf abstrakter Ebene führt oft weiter zu einer wertvollen psychischen Erfahrung. Ihr könnt das als eine andere Vorgehensweise versuchen. Es braucht immer ein Gleichgewicht zwischen nötigem Training, Ritual, Gewohnheit, Spontaneität, Freiheit und dem, was wir unmittelbare psychische Entspannung nennen wollen.

Auch die Gewöhnung daran muss daher verstärkt werden und Intuition wird euch hier helfen. Eure physische Natur ist, wie ich euch schon gesagt habe, eine Annäherung und Materialisierung der inneren Realität auf einer physischen Ebene. Daher sind so einfache Tätigkeiten wie Spazieren im Regen, auf dem Gras liegen oder Umhergehen im Wind eigentliche Portale, die zu psychischen Erfahrungen führen.

Ich schätze die Notwendigkeit oder die Macht des Intellekts keineswegs gering ein, aber jede Aktivität, bei der das Individuum momentan die Kulissen der Identität vergisst und in sich selbst eintaucht, jede solche Aktivität erlaubt es ihm, die praktischen, einem geschlossenen System innewohnenden Beschränkungen aufzuheben und erneuert somit seine psychischen Fähigkeiten.

Eure eigenen Momente der so genannten Inspiration in eurer Arbeit werden in der Tat solchen Perioden des Eintauchens folgen, aus denen das Unterbewusstsein dann seine Inspirationen bezieht. Alle Ziele, die ihr erreichen wollt, sollten dem Unterbewusstsein vor solchen Perioden des sinnlichen Eintauchens oder der Meditation mitgeteilt und dann auf der bewussten Ebene vergessen werden.

Eine allzu große Konzentration auf diese Ziele ergibt negative Reaktionen von Zweifeln und Angst. Ich sage nicht, dass ihr euch nicht auch bewusst auf eure Ziele konzentrieren sollt. Eine Mitteilung an das Unterbewusstsein, sich an eure Ziele zu erinnern, seien sie nun psychisch oder praktisch, ist am hilfreichsten vor dem so genannten Eintauchen, also zum Beispiel vor einem Spaziergang.

Nun, das sinnliche Eintauchen bringt ein momentanes Wegfallen der Barrieren zwischen dem Ego und zwischen dem, was das Ego erfreut, mit sich. Das sollte einfach genug sein und die Informationen, die ihr heute Abend erhalten habt, sollten dafür sehr wertvoll sein.

Die Spontaneität psychischer Erfahrung kann nicht genug betont werden und ihr werdet sie wieder finden, wenn ihr den Anweisungen folgt, die ich euch gegeben habe. Sie sind der zweite Schritt, so wie die ursprünglichen Experimente in psychologischer Zeit den ersten Schritt darstellten. Die Übungen in psychologischer Zeit sollten wieder begonnen und mit den oben erwähnten Anleitungen abgewechselt werden, je nach eurer Entwicklung. Ich schlage eine Pause vor oder, da ich in letzter Zeit so nachgiebig bin, könnt ihr die Sitzung auch beenden, wenn ihr das vorzieht.

(„Nein.")
(Pause um 22:35 Uhr. Jane war in der üblichen Trance. Sie fuhr in der gleichen Art um 22:45 Uhr weiter.)

Das ist einer der Hauptgründe, weshalb ich als Regel vorschlug, zumindest einen, wenn nicht zwei Tage pro Monat weg von den vertrauten Wohnungskulissen auf kurzen Ausflügen zu verbringen. Die Details sind unwichtig und sie sollten euch nicht viel kosten.

Wenn kein Wagen verfügbar ist, reichen nur schon lange Spaziergänge durch verschiedene Teile der Stadt mit Mittagsmahlzeiten in verschiedenen, unbekannten Restaurants. Das Reisen selbst mit dem veränderten Umfeld und mit der richtigen Einstellung trägt dazu bei, psychische Veränderungen zu erleichtern und zu vereinfachen. Wenn das Reisen mit dem Eintauchen in lustvolles Vergnügen kombiniert wird, dann vervielfachen sich die Vorteile.

Ruburt sollte nicht weniger als vier Stunden täglich schreiben und wenn möglich auch ein paar Stunden während des Wochenendes. Du solltest ebenfalls versuchen, vier Stunden pro Tag zu arbeiten. Unterbewusst wird alles, was ihr tut, zu den Erfahrungen beitragen, die ihr für eure Arbeit brauchen werdet.

Das war eine vorzügliche Sitzung. Trotzdem wird euch ein Urlaub von mir gut tun. Meine liebsten Freunde, ich wünsche euch einen schönen guten Abend.

(„Gute Nacht, Seth.")

Spontane Versuche oder wohl eher spontane, eigene Sitzungen sollten ebenfalls vorteilhaft sein, wenn sie nicht übertrieben werden. Ich werde heute Abend nicht mehr dazu sagen.

(Ende der Sitzung um 22:56 Uhr. Jane war in der üblichen Trance. Meine Schreibhand fühlte sich nicht müde an.)

SITZUNG 79
12. AUGUST 1964, 21:00 UHR, MITTWOCH, WIE GEPLANT

*Psychologische Persönlichkeitsschübe und Energiestrukturen;
Entropie; das Energiepotenzial eines Gedankens*

(*Donnerstag, 11. August, 20:25 Uhr: Ich probiere die Technik des Eintauchens aus, so wie Seth dies in der 78. Sitzung vorgeschlagen hatte. Mental versuchte ich, mir die Backsteinmauer über dem Kaminfeuer von Ed Robbins Haus in New Paltz, N. Y., vorzustellen. Es schien zu gelingen. Schon bald hatte ich ein Gefühl des Emporgehobenwerdens und des Pulsierens auf meiner linken Seite, sowie in meiner linken Hand und in meinem linken Fuß. Eine Zeitlang fühlte sich meine linke Hand auch an, als ob sie sich in einer nach hinten gebogenen Position selbst emporhob. Ich glaube, ich hätte noch mehr erreicht, wurde dann aber durch das Summen einer Mücke an meinem Ohr unterbrochen.*

(*Mittwoch, 12. August, 20:12 Uhr: Wiederum versuchte ich zu meditieren und blieb diesmal dabei sitzen; aber außer einem leichten Prickeln in meiner linken Hand erreichte ich nichts.*

(*Jane versuchte ebenfalls zu meditieren und spürte, wie sie nach einer langen Periode ohne jegliche Erfolge in Bezug auf psychologische Zeit langsam wieder etwas zu erreichen schien.*

(*Zur Erinnerung: In der 63. Sitzung vom 17. Juni gab uns Seth die Daten vom 12. bis 15. August für Miss Callahan an. Diese Zeitperiode, deren Bedeutung wir nicht kennen, beginnt heute. Ich sagte es Jane heute Morgen, hatte aber keine Pläne, Seth heute Abend danach zu fragen.*

(*Wir beide ruhten uns heute Abend bis um 20:40 Uhr aus. Jane war nicht nervös vor der Sitzung und begann wiederum erst um 21:01 Uhr mit dem Diktat. Ihre Stimme war ruhig und bedächtig und sie machte viele Pausen. Dagegen war ihr Gang schon zu Beginn der Sitzung ziemlich schnell und blieb auch so bis fast zum Ende. Ihre Augen verdunkelten sich wie immer.)*

Guten Abend.

(„Guten Abend, Seth.")

Dies wird unsere letzte Sitzung vor eurem wohlverdienten Urlaub sein.

Wenn eure Wissenschafter realisieren, dass selbst Gedanken und alle anderen solchen Phänomene aus Energie bestehen, würden sie auch realisieren, dass Energie sich nicht vermindert.

Die psychologischen Gerüste hinter der physikalischen Realität setzen sich ebenfalls aus Energie zusammen und sind die Bausteine, die ich schon früher erwähnt habe. Ihre Ausdehnung wird durch eure eigenen bekannten oder falsch verstandenen Gesetze von Raum oder Zeit oder Thermodynamik nicht eingeschränkt, da diese Gerüste in einer Dimension existieren, auf die solche Gesetze einfach nicht anwendbar sind.

Eure wissenschaftlichen Grundsätze wurden entweder durch die direkte Interpretation von Materie formuliert, wie sie von den äußeren Sinne wahrgenommen wurde, oder indirekt, aber in Übereinstimmung mit einer solchen Wahrnehmung. Sie können daher gar nicht auf Dimensionen angewendet werden, die für die äußeren Sinne nicht wahrnehmbar sind. Energie dehnt sich in Form von Werterfüllung aus, wie ich in vergangenen Sitzungen erklärt habe.

Gegenwärtige Methoden können diese Art Expansion genauso wenig erforschen, wie sie die Gültigkeit, die Entwicklung und den Ausdehnungsgrad eines Gedankens nicht erforschen können.

Dies kann gar nicht stark genug betont werden. Es stimmt, dass Gedanken in ihrer Energiestruktur variieren. Es gibt Grundgesetze, die angewendet werden können, was den Ausdehnungsgrad eines Gedankens betrifft. Gegenwärtige wissenschaftliche Methoden werden jedoch solche Gesetze nicht aufdecken.

Die Kraft eines Gedanken-Schubs kann ebenfalls tatsächlich gemessen werden, aber nicht in einer Form, die ihr jetzt verstehen könnt; auch Widerstandsraten können theoretisch gemessen werden. In der Vergangenheit sprach ich kurz von Pulsierungen, wenn Atome und Moleküle von einer Energieebene auf eine andere wechseln und auf dem Feld der Materie sichtbar werden. Solche Pulsierungen, Expansionen und Kontraktionen, finden bezüglich der Energie auch in der psychologischen Struktur statt.

Ihre Auswirkungen oder Einflüsse finden sich auf psychologischen Ebenen und sind das, was wir psychologische Persönlichkeitsschübe nennen können. Das bezieht sich nicht nur auf die Realität der menschlichen Persönlichkeit, sondern auf die grundsätzliche innere und kleinste Einheit, das individuelle ursprüngliche Bewusstsein, das im Kern jeder psychischen Gestalt vorhanden ist, also die kleinste Einheit individuellen Bewusstseins, die beim Bilden von Materie physische Erfüllung findet.

Diese kleinste psychologische Einheit stellt den minimalsten individuellen psychischen Bestandteil dar, den grundlegendsten Persönlichkeits-Baustein, aus dem dann andere, kompliziertere psychische Strukturen geformt werden.

Diese Einheit könnte somit mit einem Molekül auf der rein physischen Ebene verglichen werden. Sie besteht aus individualisierter psychischer Energie mit der Fähigkeit, nur ein Minimum physischer Materialisation um sich zu sammeln; und doch ist diese Einheit äußerst notwendig, denn sie ist der Eintrittspunkt psychologischer Energie in das physische Feld.

Sie liefert auch den minimalst nötigen Antriebsschub für die physische Umwandlung von Energie von einem rein psychologischen Feld in einen physikalischen Zustand. Sie stellt somit die minimalste Ausdehnung dar, die nötig ist, um den physischen Widerstand zu überwinden und sie stellt daher auch die minimalste psychologische Erwartungshaltung dar, die für eine Konstruktion nötig ist.

Diese psychologische Energie-Einheit ist selbst-angetrieben, selbst-erhaltend und wird sich tatsächlich auf der physischen Ebene simultan selbst materialisieren und sich simultan wieder zurückziehen, wie ich es vorher erklärt habe. Euer Zeitgefühl gibt ihr und aller Materie den Anschein von Dauerhaftigkeit. Die Energie, aus welcher sich die kleinste oder jede physische Einheit zusammensetzt, fließt durch das physikalische Feld, wo die äußeren Sinne sie nicht mehr länger wahrnehmen können. Eine große Menge dieser Energie fließt durch das physikalische Feld, sodass ihr sie überhaupt nicht wahrnehmt, nimmt eine Form an, die ihr nicht erkennen könnt und die auf der physikalischen Ebene nicht genutzt werden kann. Und von hier haben eure Wissenschafter die Idee der Entropie.

Ich schlage eine Pause vor.

(Pause um 21:35 Uhr. Jane war in der üblichen Trance. Sie fuhr um 21:41 Uhr in der gleichen ruhigen Art, mit häufigen Pausen und schnellem Gang, weiter.)

Energie, die auf einer Ebene nicht gebraucht wird, wird einfach auf einer anderen Ebene verwendet. Alle Energie ist grundsätzlich selbst-aktivierend, aber für eine wirksame Anwendung auf verschiedenen elektromagnetischen Feldern sind verschiedene Energiepotenziale nötig.

Gedanken werden, da sie ja selbst aus Energie bestehen, in andere Arten von Energie übersetzt oder ungewandelt, die ihr in vielen Fällen auch wahrnehmen könnt. Auf anderen Ebenen wird die Energie des Gedankens wahrgenommen, aber die in physikalische Felder umgewandelte Energie wird nicht wahrgenommen.

Psychologische Energieeinheiten, die kleiner oder schwächer sind als die für eine physikalische Konstruktion notwendige Minimaleinheit, fließen einfach unwahrgenommen und unkonstruiert durch das physikalische Feld. Sie üben jedoch eine, wenn auch folgenlose, theoretisch messbare Wirkung aus, die für die als verloren betrachtete Energie verantwortlich gemacht wird und die daher dazu beiträgt, die Entropietheorie zu rechtfertigen.

Dieses Material ist höchst relevant. Theoretisch könnten die Gesetze, welche die psychologischen Energiestrukturen beherrschen, mathematisch erarbeitet werden, aber bevor nicht realisiert wird, dass Energie in ihrer Natur und in ihrem Ursprung grundsätzlich mental und psychologisch ist, kann nicht viel getan werden.

Ein einfaches Beispiel ist die Umwandlung einer Idee in ein Bild, also die Umwandlung der Energie, der psychologischen Energie einer Idee in eine physische Materialisation. Die Idee selbst, wenn ihr sie einmal empfangen habt, stellt eine zusätzliche aufbaubar, formulierbare und manipulierbare Energiekomponente auf der psychologischen Ebene dar, die ihr dann umwandelt, aber auch die Idee <u>selbst</u> enthält Energie.

Ich spreche hier nicht nur von der offensichtlichen Energie, die ihr als Persönlichkeit und physische Struktur bei der Aktivität der Ideen-Umwandlung gebraucht. Da sich ja die Ideen auch aus Energie zusammensetzen, liefern sie selbst der psychologischen, physikalischen Struktur, die sie empfangen und geformt hat, ebenfalls wieder zusätzliche Energien.

Das Energiepotenzial einer Idee begründet sich auf dem angeborenen Energiepotenzial der oder des Schöpfenden. Ihr beschäftigt euch nun mit dem, was als Energiebehälter betrachtet werden könnte und das ist eine sehr passende Beschreibung <u>aller</u> Realitäten. Ständige Erfahrung im Empfangen, Manipulieren und Umwandeln von

Ideen und Gedanken trägt tatsächlich zur verfügbaren Energie des Individuums bei.

Ich kann die Tatsache gar nicht genug wiederholen, dass ich hier vom tatsächlichen Energiegehalt einer Idee spreche, also von etwas Separatem und Zusätzlichem zu jener Energie, die bei der Ideenumwandlung vom psychologischen zum physikalischen Feld gebraucht wird.

Hier schlage ich nun eine kurze Pause vor, weil die Natur des Materials das verlangt.

(Pause um 22:04 Uhr. Jane war in der üblichen Trance. Meine Schreibhand fühlte sich nicht müde an. Der Inhalt des nun folgenden Materials wird das Thema unserer Diskussion während der Pause enthüllen. Janes Stimme veränderte sich beim Weiterdiktieren, um sich dem Thema anzupassen, was während der Durchgaben oft geschieht.

(Im ersten Teil dieser Sitzung war ihre Durchgabe sehr geschäftsmäßig gewesen, fast so, als ob die dabei eine Rolle spielenden Persönlichkeiten eher unwichtig wären. Sobald nun aber Personen direkt vom Material betroffen wurden, veränderte sich Janes Stimme; sie tönte ziemlich belustigt und humorvoll. Weiter um 22:14 Uhr, ohne zusätzliche Pausen.)

Eine kleine Bemerkung hier in Bezug auf eure Diskussion während der Pause. Unser guter Ruburt hat seinen neuen Direktor durch seine außergewöhnlich gute Stimmung und seine fast erschreckende Überschwänglichkeit überrascht.

Ruburts Einstellung ist nun so völlig verschieden, dass er wie eine ganz andere Person erscheint. Der Direktor wagt kaum zu hoffen, dass dies so bleiben könnte, denn er braucht unbedingt das Gefühl, beliebt zu sein. Alle seine Anstrengungen dienen nur dem Zweck, ein sehr angesehenes Image aufzubauen, das dann von allen respektiert wird. Wenn er schon nicht beliebt sein kann, so ist er zumindest entschlossen, von allen respektiert zu werden.

Seine massive innere Unsicherheit stammt aus einem zerbrochenen Familienverhältnis und aus dem Umstand, dass er in eine völlig fremde Kultur hineingeworfen wurde. Nicht nur war er sich überhaupt keiner Familienzugehörigkeit mehr sicher, er fühlte auch, dass er weder eine kulturelle noch eine nationale Zugehörigkeit besaß.

Dazu entwickelte sich noch ein Konflikt in Bezug auf Geschlechterrollen, da in den Ländern, in denen er lebte, je nach Geschlecht andere Gesetze galten. Dies trug noch zu seiner Unsicherheit bei. Ruburt folgte dann endlich einmal, wohl aus lauter Verzweiflung, meinem Ratschlag, mit dem Resultat, das ihr nun kennt.

Der Mann hat Anflüge von Brillanz. Er übertreibt seine Brillanz aufgrund von nagenden Zweifeln an seinem Können. Trotzdem liegt einer der Hauptschlüssel zu seinem Charakter darin, auf sein überragendes Bedürfnis als menschliches Wesen geliebt zu werden, einzugehen.

Nun noch eine Bemerkung dazu, wie Erwartung die Art und Weise bestimmt, in der ein Individuum die Energie von Gedanken anwendet und manipuliert.

Nehmen wir dazu einmal die Persönlichkeit von deinem Direktor, Ruburt, wenn wir das dürfen. Hier brachte ihm nicht nur Wunschdenken, sondern auch eine große

Erwartungshaltung seinen Direktorenposten. Er wünschte sich und erwartete schließlich auch eine Art Reich für sich selbst. Da er als junger Mensch nicht Teil einer richtigen Gemeinschaft und sogar bezüglich seiner Familienzugehörigkeit unsicher war, suchte er sich zuerst verschiedene organisatorische Positionen und behördliche Umfelder, so wie ein Mensch einen Mantel um sich schlingt, um sich vor den Elementen zu schützen.

Auf diese Weise versuchte er, den Mantel einer Organisation um sich zu wickeln. Er blieb jedoch grundsätzlich anonym. Sein Wunsch dazuzugehören und seine Erwartungshaltung wurden aber ebenfalls stärker. Die Galerie bildet für ihn nun eine Gemeinschaftsebene, in der er einige Macht ausüben kann, aber trotzdem ein Mitglied dieser Gemeinschaft bleiben kann.

Seine Aggressivität gegenüber Gemeinschaftsstrukturen wird er konstruktiv anwenden, indem er versuchen wird, die Struktur gemäß seinen eigenen Ideen über das Gute zu formen; dabei wird er aber die Gemeinschaft als Ganzes zwingen, ihn als jemanden anzuerkennen, mit dem gerechnet werden muss.

Es gibt Zeiten, wo sich die Erwartung plötzlich in eine andere Richtung bewegt. Sie befand sich wohl bereits in einem Veränderungsprozess, aber nun, wenn die Veränderungen durch physische Konstruktionen plötzlich offensichtlich werden, wird alles viel deutlicher. Wenn die Erwartung es schließlich schafft, Konstruktionen umzuwandeln und sie mit den gegenwärtigen Veränderungen auf eine Linie zu bringen, realisiert das Individuum, das nun etwas geschehen ist.

Ein Beispiel dafür, meine lieben Freunde, ist euer Haus.

Ihr wärt am 13. eingezogen. Ruburt ging das Problem auf psychologische Weise an und lebte auf der psychologischen Ebene auch tatsächlich im Haus. Ihre – und ich sage ganz bewusst ihre, denn hier handelte Ruburt als Frau – ihre Enttäuschung war zwar spontan, aber eher oberflächlich.

Der Brief hatte wenig mit eurem gemeinsamen Entscheid zu tun, das Haus nicht zu kaufen. Ihr beide entschiedet euch vor der Ankunft des Briefs, nein zu sagen und habt so den Brief verursacht. Eure Energie richtete sich auf das Grundstück und setzte das Grundstück dann an einen Ort, wo die Zugangsstraße zu einem bloßen Pfad wurde.

(*Nun lehnte sich Jane, während sie diktierte, an die Rückseite des Sofas und blieb dort auch während einiger Zeit. Sie sprach sehr ernsthaft, mit vielen Gesten. Es muss noch angefügt werden, dass es sich beim erwähnten Brief um jenen handelte, der vom Regionalbüro der Veteranen-Administration aus New York City kam. Der Brief bezeichnete die Naturstraße, die zum Grundstück führte, als „Pfad" und hielt fest, dass das Gesuch für einen Kredit abgelehnt wurde, außer wenn der Veteran, das heißt also ich selbst, sicherstellen könnte, dass die Straße ohne Mehrkosten für die Veteranen-Administration durch wen auch immer instand gehalten würde. Das ist zur Zeit nicht möglich, da die Straße als Privatstraße eingetragen ist und daher vom jeweiligen Besitzer unterhalten werden muss.*)

Nun, ihr fandet heraus, dass ihr schließlich mehr wolltet als das, was euch dieses

Grundstück zu bieten schien. Ihr habt nicht erwartet, dass ihr das, was ihr scheinbar wolltet, zum vorgestellten Preis auch fandet. Ihr konstruiertet das Grundstück so, wie ihr erwartet hattet, dass ihr es für jenen bestimmten Preis erhalten könntet, habt dies dann aber doch nicht als genügend betrachtet.

Nun, ich versuchte in unseren Sitzungen – ohne Erfolg, wie ich beifügen muss – eure Erwartungen für das Grundstück zum gleichen Preis zu steigern, indem ich euch berechtigterweise aufzeigte, wie Werterfüllung psychisch zweifellos zur Konstruktion hätte beitragen können.

Hätte ich Erfolg gehabt, wäre die Transaktion hervorragend gewesen. Eure Erwartungen steigerten sich. Zumindest dabei war ich erfolgreich. Aber in der Praxis konntet ihr die Grenzen nicht überspringen, ihr glaubtet nicht daran, soviel (in Klammern: so viele zusätzliche Erwartungen) für so wenig zu erhalten. Ihr habt daher die Konstruktion zurechtgebogen, bis sie mit dem Preis übereinstimmte und dann lehntet ihr sie ab.

Willst du eine Pause?

(Jane starrte mich vom Sofa aus an.

("Nein.")

Ich wollte euch dieses Material früher geben, fand es aber dann vorteilhafter zu warten. Der angebotene Bankkredit stellte die innere Realisierung dessen dar, was geschehen war und bot euch eigentlich eine andere Gelegenheit an, die ihr aber nicht annehmen konntet.

(Das mag wohl so sein, aber der angebotene Bankkredit war bedeutend kostspieliger und wir wollten nicht mehr Geld ausgeben. Wir hätten dabei bereits für den Grundbetrag ein Darlehen aufnehmen müssen, hätten also gleich zu Beginn sozusagen eine doppelte Hypothek gehabt und das wollten wir nicht.)

Das ist keinesfalls als Tadel gemeint, sondern nur als nahe liegendes Beispiel, wie Erwartungen funktionieren. Ruburts Enttäuschung war denn auch nur oberflächlich, weil er wusste, dass die Entscheidung schon viel früher getroffen worden war. Der Kreditprüfer sah dann, wiederum aus seinem eigenen freien Willen heraus, das Grundstück genau so, wie ihr es konstruiert hattet. Natürlich erwarte ich jetzt nicht, dass ihr mir buchstäblich glaubt–

(Jane hatte das Sofa verlassen und klopfte nun zur Betonung auf den Tisch vor mir.)

–aber trotzdem hättet ihr mit nur wenig Aufwand diese Straße mental in Stand halten können.

(Es mag noch erwähnenswert sein, dass das Grundstück von einem Gutachter aus Ithaca, N.Y., statt von einem aus Elmira eingeschätzt wurde. Zu jenem Zeitpunkt waren alle Gutachter der Veteranen-Administration aus Elmira ferienabwesend und so musste die Bank einen Vertreter von auswärts beauftragen, das Grundstück zu schätzen – jemand, der das Grundstück noch nie gesehen hatte. Jane und ich spekulierten darüber, wie der Bericht wohl gelautet hätte, wenn er von einer mit dem Grundstück vertrauten Person abgefasst worden wäre.)

SITZUNG 79

Das Problem mit der Heizung, von dem Ruburt gehört hatte, war das Resultat der Erwartungen der früheren Bewohner und hätte euch nicht betreffen müssen (unterstreiche das Wort müssen). Es muss nicht mehr gesagt werden, dass eure Erwartungen nun zur Realität geworden sind und das Haus jetzt nicht mehr passend gewesen wäre, außer natürlich eure Erwartungen hätten sich wiederum drastisch geändert.

Nebenbei gesagt – und wie ihr vielleicht auch bemerkt habt – haben sich stattdessen nun eure Erwartungen in Bezug auf eure Wohnung geändert. Sie mussten das auch tun. Erwartungen werden immer eine deutliche Veränderung herbeiführen, nicht nur was eure Einstellung zur Materie betrifft, sondern auch bei der Materie selbst.

Das muss immer in Betracht gezogen werden.

(Jane lachte. Sie saß nun mir am Tisch gegenüber während sie diktierte. Diese Sitzung ist eine der wenigen, in der sie die meiste Zeit über nicht auf den Füßen war.)

Ich werde euch nun nicht länger aufhalten. Ich schlage vor, dass ihr für euch einen wunderschönen Urlaub erwartet. Und noch eine kleine zusätzliche Bemerkung: Wenn ihr weg seid, denkt hie und da auch an eure Katze. Sie wird dann während eurer Abwesenheit sicher gesund bleiben.

Ich wünsche euch beiden ganz herzlich einen guten Abend; wenn wir auch keine regelmäßigen Sitzungen abhalten werden, so werde ich während eurer Reise doch bei euch sein, falls Ruburt mir das erlaubt. Bon voyage.

(„Gute Nacht, Seth."

(Ende der Sitzung um 22:55 Uhr. Jane war in der üblichen Trance. Während sie mir immer noch gegenüber saß, sagte sie, dass wenn Seth früher versprochen hätte, die Straße zum Haus für uns instand zu halten, sie den Vertrag abgeschlossen hätte. Ich antwortete humorvoll, wenn Seth etwas in Bezug auf den auf dem Hügel sehr gut hörbaren Verkehrslärm unternommen hätte, hätte auch ich die Verhandlungen weitergeführt. Jane nahm dann das Diktat um 22:56 Uhr wieder auf, während sie mir gegenübersaß.)

Dein Entscheid, das Grundstück nicht zu kaufen, fiel, als du zum ersten Mal den Verkehrslärm hörtest und Ruburts Entscheid fiel, als die Kinder seine kostbaren Beeren pflückten. Wenn Blicke töten könnten, wären die Kinder sofort tot umgefallen.

Die Tatsache bleibt bestehen, dass der tiefe Preis euch beunruhigte und als Folge wurdet ihr hellhörig in Bezug auf den Verkehrslärm und suchtet nach einem Weg, den niedrigen Preis zu rechtfertigen, wie dies Ruburt auch tat. Das ist, trotz deines Stirnrunzelns, eine Tatsache. Und nun, liebe Freunde, nochmals einen guten Abend.

(Ich hatte gelacht, aber auch die Stirn gerunzelt. Bewusst waren wir beide wohl nicht wirklich über den Preis beunruhigt gewesen. Wir hatten gedacht, dass wir einen fairen Preis angeboten hatten, einen, der innerhalb unserer Möglichkeiten lag.

(Meine Schreibhand war nun sehr müde geworden, denn der letzte Teil der Sitzung war sehr schnell gewesen. Jane sagte mir, dass Seth immer noch bei uns war. Ich hatte noch eine Frage, zögerte aber sie zu stellen, bis Jane lachend nachgab. Es ging darum, ob die Heizung, die ich als ordnungsgemäß betrachtet hatte, für uns besser als für die vorherigen Besitzer funktioniert hätte. Nachdem nämlich der Kauf

nicht zustande gekommen war, hatte Jane zufällig erfahren, dass die Heizkosten im Winter überaus hoch waren – ungefähr doppelt so hoch, wie man uns gesagt hatte. In diesem Falle wäre das Haus viel zu teuer für uns gewesen.

(Jane fuhr dann fort, während sie mir gegenübersaß. Sie war wieder in Trance gewesen, als sie vorhin das kurze Material durchgegeben hatte. Weiter um 23:05 Uhr.)

Die ziemlich lockere Einstellung der anderen Bewohner an dieser Straße ist tatsächlich wirkungsvoller für den Erhalt der Straße, da sie sich nicht auf die Nachteile konzentrieren, sondern einfach nur erwarten, dass die Straße befahrbar ist.

Sie erwarten nur das und <u>nichts</u> mehr. Die Straße wird jedoch in besserem Zustand sein, wenn sie von drei statt nur von zwei Familien benutzt wird. Hättet <u>ihr</u> dort gewohnt und euch auf ihre Unvollkommenheiten konzentriert, so hättet ihr sie für alle anderen ruiniert.

Beim gegenwärtigen Heizungssystem hätten hohe Erwartungen auch seine Wirksamkeit erhöht. Niedrige Erwartungen hätten seine Wirksamkeit gesenkt. Eure Angst, euch praktisch einsetzen zu müssen, war hier tatsächlich ein bestimmendes Element. Ihr habt immer wieder an eurer praktischen Effizienz in einem materiellen Universum gezweifelt und ihr werdet das weiterhin tun, denn eure gegenwärtigen Lebensumstände stellen eure Effizienz nicht auf die Probe. Oder wenn ihr es wagt, sie auf die Probe zu stellen, werden eure Ängste die Oberhand gewinnen und euch nur noch mehr von eurer Ineffizienz überzeugen.

Eure Erwartungen müssen sich zuerst ändern. Auf eine gewisse Art schränkt eure bestehende Verpflichtung und Verbindung zu immateriellen Werten euer Engagement auf der physischen Ebene ein. Die beiden scheinen in Opposition zueinander zu stehen. Der Grund liegt in einer ungenügenden psychischen Expansion und in einem ungenügenden Verständnis – beides verursacht durch bestimmte Kräfte eures früheren Umfelds.

Das ist eine etwas unglückliche Situation. Ich habe das bereits in früheren Sitzungen unterstrichen, es betrifft euch beide. Wenn ihr das grundlegende emotionale Klima nicht verändert, werden sich auch die materiellen Resultate nicht ändern.

Ich habe nun genug darüber gesagt. Es stimmt, dass ihr euch langsam bessert. Ihr bleibt jedoch weiterhin außerhalb einer gewissen Gemeinschaft und das hat auch etwas mit eurer Abneigung eines Grundstückkaufs zu tun; ein Grundstück würde euch in eine Gemeinschaft einbinden, auch wenn es das Bedürfnis nach eigenem Land erfüllen würde.

Zum dritten Mal sage ich nun gute Nacht. Ihr versteht, dass ich, ich selbst, noch während vieler Stunden eine solche Unterhaltung weiter führen könnte. Denkt also nicht, dass ihr <u>mich</u> ausnutzt. Aber ich kann natürlich nicht für Ruburt sprechen.

(„Gute Nacht, Seth."

(Ende der Sitzung um 23:18 Uhr. Jane war in der üblichen Trance. Seltsamerweise fühlte sich meine Schreibhand nun viel besser an.)

SITZUNG 80
24. AUGUST 1964, 21:00, MONTAG, WIE GEPLANT

Jane und Rob: Urlaubszeit und Arbeitsumfeld

(Dies war unsere erste Sitzung, seit wir von unserem Urlaub aus York Beach, Maine, zurückgekehrt waren. Beide waren wir am Sonntag, den 23. August, mit einer schweren Erkältung nach Hause gekommen.

(Jane erkältete sich, als wir noch in Maine waren. So seltsam es sich anhört, aber sie glaubt, dass die Erkältung am Abend des 18. August begann, während wir in der Driftwood Lounge in York Beach tanzten, in jener Hotelbar, wo wir unsere projizierten Fragmente gesehen hatten, die von Seth in der 9. Sitzung vom 18. Dezember 1963 [Band 1] beschrieben wurden.

(Wir erreichten York Beach am Montag, den 17. August, und verbrachten die Abende vom 17. und 18. in der Driftwood Lounge. Wir sahen die Fragmente des letzten Jahres nicht mehr und auch keine anderen Personen, die ihnen auch nur entfernt ähnlich schienen. Wir sahen die gleiche Bardame, die sich nicht an uns erinnerte, obwohl wir uns an sie erinnerten und die gleichen Mitglieder des Orchesters. Die Bar war neu eingerichtet worden, aber es war genug vom alten Dekor geblieben, damit sie uns noch vertraut war. Trotzdem sprach uns der jetzt modernere Stil nicht so sehr an und am ersten Abend bemerkte Jane, dass es ihr hier nicht mehr besonders gefiele. Am 19. und 20. August gingen wir in ein anderes Dancing.

(In der 62. Sitzung vom 17. Juni 1964 gab Seth uns das heutige Datum, den 24. August, als ein Datum an, an dem möglicherweise etwas für uns Unangenehmes geschehen könnte. Zu Beginn des heutigen Tages erinnerten wir uns an das Datum, planten aber nichts Besonderes, sondern wollten einfach aufmerksam für alle Situationen sein, die sich unangenehm entwickeln könnten. Zum Beispiel fuhr ich noch etwas vorsichtiger, obwohl ich bereits ein umsichtiger Autofahrer bin.

(Was geschah, war, dass mein Vorgesetzter mich um 11:50 Uhr anrief – er befand sich in einem anderen Betrieb der Firma, südlich von Elmira – und mich bat, meine Arbeitszeit in Zukunft auf eine regelmäßigere Basis zu erhöhen. Sobald mir die Sekretärin sagte, wer mich anrief, wusste ich intuitiv, worum es ging und war schon vorbereitet, als ich ans Telefon ging.

(Mir gefällt das Teilzeit-Arrangement, das ich in meiner Firma habe, sehr gut. Es gibt mir jene Zeit für mich selbst, die ich brauche um nachmittags malen zu können – eine Entscheidung, die, wie ich herausgefunden habe, äußerst notwendig, ja sogar lebensnotwendig für mein physisches und mentales Wohlbefinden ist. Als ich dieses Thema kürzlich mit Jane besprach, entschied ich mich dagegen, meine Arbeitszeit in der Firma weiter auszudehnen. Ich hatte sogar bereits beschlossen, dass ich bei einem Beharren der Geschäftsleitung auf diesen Punkt die Firma verlassen und versuchen würde, einige andere Ideen für meinen Lebensunterhalt zu verwirklichen, zum Beispiel Kunstunterricht zu geben oder eine eigene kleine Schule aufzubauen.

(Als Harry mich bat, mehr Zeit für die Firma einzusetzen, lehnte ich ab und er akzeptierte meine Antwort ziemlich gefasst. Ich dankte ihm für das Angebot eines zusätzlichen Einkommens und es gab auch keine Unstimmigkeiten. Ich begründete meinen Entscheid nicht mit dem Seth-Material, obwohl sicher die in Bezug auf Erwartungshaltungen durchgegebenen Informationen eine Rolle spielten; sie haben viel dazu beigetragen, unser Vertrauen in andere, von unseren Kunstinteressen verschiedene Bereiche zu stärken.

(Zur Erinnerung: In der 63. Sitzung vom 17. Juni 1964 gab Seth das Datum vom 12. bis 15. August für unsere Nachbarin, Miss Callahan, an. Miss Callahan, ihre Krankheit und ihre Verbindung mit Frank Watts, der angeblich der erste psychische Kontakt war, der Jane tatsächlich gelungen war, wurde in verschiedenen Sitzungen bereits eingehend behandelt. Seth hatte die Bedeutung dieser Daten nicht genau formuliert und Jane und ich sahen Miss Callahan am Tag nach unserer Rückkehr und es ging ihr recht gut. Wir hatten Elmira am Morgen des 15. August verlassen.

(Ich dachte, wenn wir heute eine kurze Sitzung hätten, würde ich noch damit warten, Seth danach zu fragen, was mit Miss Callahan während dieser Zeitperiode geschehen war. Falls aber die Sitzung länger dauerte, würde ich heute Abend nach Miss Callahan fragen.

(Ich möchte hier auch noch über ein anderes, etwas halbherziges Experiment berichten, das ich in den Ferien ausprobiert hatte. Während wir nach Maine fuhren, bemerkte ich, dass unser Wagen, ein älteres Modell, eine ziemliche Menge Öl verbrauchte. Ich führte keine genaue Kontrolle darüber, weil ich das Experiment bei Reisebeginn nicht geplant hatte. Als wir jedoch York Beach verließen, hatte ich versucht, gemäß dem bis jetzt erhaltenen Material über Erwartungshaltungen meinem Unterbewusstsein vorzuschlagen, dass der Wagen weniger Öl als auf der Hinreise brauchen sollte. Ohne dass ich es speziell prüfte, kam ich mit dem bestimmten Gefühl zuhause an, dass der Wagen mindestens zwei Liter weniger Öl geschluckt hatte. Zweimal war ich ziemlich überrascht, als wir an Tankstellen anhielten und mir jeweils der Mechaniker sagte, dass entweder kein Öl nötig sei oder dass so wenig verbraucht war, dass nichts nachgefüllt werden müsse. Ich sagte Jane nichts von meinem kleinen Versuch, bis wir zuhause waren. Ich nahm mir vor, dass ich, je nachdem wie sich die Sitzung heute Abend entwickelte, Seth fragen würde, ob ich recht hatte oder ob ich nur das Opfer allzu optimistischen Wunschdenkens geworden war.

(Wir beide waren beschäftigt, als die Sitzungszeit näher rückte. Während des Tages – Janes Urlaub dauert noch eine weitere Woche, während meiner heute zu Ende war – hatte Jane mehrere Male gesagt, dass sie daran zweifle, dass heute Abend eine Sitzung stattfände. Um 20:45 Uhr legte ich mein Notizpapier für den Fall einer Sitzung bereit.

(Um 21:01 Uhr sagte Jane: „Ich habe das vage Gefühl, dass er für einige Minuten durchkommen wird, ich bin aber nicht sicher." Ich ging zu meinen gewohnten Platz am Schreibtisch; Jane begann um 21:02 Uhr zu diktieren und lächelte ziemlich belustigt. Obwohl sie viel gehustet hatte, diktierte sie das folgende Material ohne Anstren-

gung oder Unterbruch in einer ruhigen Stimme. Ihr Gang war langsam, ihre Augen dunkel wie immer.)
Guten Abend.
("Guten Abend, Seth."
(Jane lächelte breit.)
Ich gab euch tatsächlich euren allzu benötigten Urlaub, aber ich spürte auch, dass ihr euch auf diesen Abend vorbereitet hattet und so werde ich euch einen kurzen Besuch abstatten.

Ruburts Treffen mit seinem Vater war auf vielerlei Arten gut für ihn und es war auch sonst vorteilhaft. Das Treffen hatte weder mit seiner Erkältung noch mit deiner zu tun.

(Wie schon in früheren Sitzungen setzte Jane nun ihre Brille ab.)
Die Ausgelassenheit beim Tanzen tat euch beiden gut. Die Unpässlichkeit oder die Erkältung entstand aus einem seltsamen Grund und basiert hauptsächlich im Symbolismus, den ihr in das Lokal setztet, in dem ihr letztes Jahr eure Fragmente erschaffen hattet.

Das Lokal wurde, seltsam genug, zu einem Ort psychischen Daheimseins. Ruburt missfielen hauptsächlich die materiellen Veränderungen, die dort stattgefunden hatten und er fühlte sich buchstäblich in der Kälte gelassen.

(Jane lächelte wieder.)
Es gäbe hier noch mehr zu sagen, aber das ist der ursprüngliche Grund. Die zusätzliche Erwartung von kaltem Wetter trug noch dazu bei.

Ihr werdet ein Überquellen finden und zwar oft dort, wo sich Einstellungen und Erwartungen durch verschiedene Medien manifestieren. Du hast seine Erkältung aus dem gleichen Grund aufgenommen. Tatsächlich hast du unbewusst erwartet, sie zu übernehmen. Du solltest jetzt darüber hinweg sein.

(Die Ironie liegt hier darin, dass ich mich bewusst zu überzeugen versucht hatte, Janes Erkältung nicht zu übernehmen, nachdem Jane sie am letzten Donnerstag entwickelt hatte. Ich bekam sie jedoch auf unserer Rückreise am Samstagabend, dem 22. August, während Jane und ich uns mit ihrem Vater in einer zugigen Bar in Saratoga Springs, N.Y., trafen. Es war ein kalter und regnerischer Abend gewesen.)

Ich werde heute Abend keine vollständige Sitzung durchführen, einfach weil Urlaubstage definitiv sehr vorteilhaft sind. Als ich jedoch gespürt habe, dass ihr mich erwartet, wollte ich nicht verpassen, hier zu sein. Ich schlage vor, dass ihr einen guten Teil des Materials in der Zwischenzeit lest.

Ich werde am Mittwoch ein paar kurze Worte sagen. Eine normale Sitzung wird dann wieder am folgenden Montag stattfinden.

Die Unerfreulichkeiten dieses Datums wurden hauptsächlich aufgrund eurer eigenen verbesserten Erwartungen und eures Verständnisses verhindert.

Ich werde euch nun einen schönen guten Abend wünschen. Ihr mögt, wenn ihr wünscht, ein paar kleine Experimente zusammen durchführen, ohne mich. Und nun, gute Nacht.

(„Gute Nacht, Seth."

(Ende um 21:16 Uhr. Diese Zeitangabe ist eine Schätzung, da ich vergaß, die tatsächliche Zeit aufzuschreiben. Jane sagte, sie sei nicht in einer sehr guten Trance gewesen, obwohl sie keine Mühe hatte, das Material zu erhalten. Ihr Stimme hatte sie während des Diktats nicht behindert.

(Wie haben seit dem 12. August keine Übungen in psychologischer Zeit mehr durchgeführt. Nach der heutigen Sitzung versuchten wir ein paar Experimente, erhielten jedoch keine Resultate, außer einmal, als Jane sagte, sie erhalte irgendetwas. Ich spürte mein vertrautes prickelndes Gefühl, das mich ziemlich stark durchströmte. Obwohl ich dabei Janes Hand hielt, war sie sich keiner Veränderung in Bezug auf Gefühle oder Empfindungen von mir bewusst.)

SITZUNG 81
26. AUGUST 1964, 21:00, MITTWOCH, WIE GEPLANT

Mentale Manipulationen von Materie; Mythen und Symbole; das Gotteskonzept als Verbindung zum inneren Selbst; Gott und die Kreuzigung

(Nach der kurzen Sitzung vom Montag besuchte Jane Miss Callahan, erfuhr aber nichts Ungewöhnliches oder Bedeutungsvolles, das ihr während der von Seth in der 63. Sitzung erwähnten Zeitspanne geschehen war. Miss Callahan befand sich, obwohl sie sehr geschwächt war, guten Mutes.

(Janes Erkältung hatte sich nicht gebessert und als die Sitzungszeit näher rückte, sagte sie, dass ihr Seth helfen müsse, sonst gäbe es keine Sitzung, denn sie konnte kaum sprechen.

(Kurz vor Beginn der Sitzung notierte ich mir zwei Punkte, von denen ich hoffte, dass Seth sie diskutieren würde: seine Datenangabe für Miss Callahan und das Wagen-Experiment von mir, das ich in der vorhergehenden Sitzung beschrieben habe [unser Wagen ist ein ziemlicher alter, verrosteter Ford Kombi].

(Jane war nicht nervös vor der Sitzung und begann in einer ruhigen Stimme zu diktieren. Sie hatte ziemlich viel gehustet, aber sobald die Sitzung begann, hörte sie damit auf, außer während ein paar weniger Male, mit weit auseinander liegenden Pausen. Ihre Stimme tönte trocken, aber nicht heiser. Ihr Gang war langsam, ihre Augen dunkel wie immer.)

Guten Abend.

(„Guten Abend, Seth".)

Ich habe gesagt, dass ich nur kurz sprechen werde. Ich will jedoch zwei Punkte besprechen, bei denen ihr zwei euch bei der psychischen Handhabung der Welt der Materie erfolgreich gezeigt habt.

Ein Beispiel betrifft Ruburt und euren Wagen. Das andere betrifft dich, Joseph, und wiederum euren Wagen.

Ich beharre darauf, dass Ruburt zumindest bis zu einem gewissen Grad Urlaub macht und werde mich bis zu unserer nächsten Sitzung nicht in diese Angelegenheit vertiefen. Es gibt hier viel zu erklären. Vorerst ist klar, dass in beiden Fällen ein emotionaler Impuls an der Basis des Erfolgs war; das Fehlen dieses emotionalen Impulses war hingegen wiederum der Hauptgrund für das Versagen, als ihr beide vorgestern Abend unter Anwendung eurer psychischen Energien versucht habt, den Ring zu bewegen.

(Hier überraschte uns Seth, indem er sich auf einen unserer kleinen Versuche nach der Sitzung vom Montagabend bezog. Bei diesem Experiment saßen wir an einem leeren Tisch im schwach beleuchteten Zimmer. Auf dem Tisch lag Janes Ring, zweieinhalb Zentimeter vom Aschenbecher entfernt. Unser Ziel war, unsere psychischen Energien zusammen zu bündeln und den Ring zu bewegen, bis er den Aschenbecher berührt. Aus verschiedenen Informationen, die Seth uns gegeben hatte, glaube ich, dass solche Dinge manchmal möglich sind und Jane stimmt dem zu. Dieses Mal wurde Jane jedoch aus verschiedenen Gründen schnell ungeduldig und befahl dem Ring buchstäblich, sich zu bewegen. Natürlich tat er das nicht.)

Diese einfachen Bemerkungen werden in sich selbst die Grundlage für weitere, sehr umfassende Diskussionen sein, da die Mechanismen, die bei solch mentalen oder psychischen Manipulationen von Materie in Gang gesetzt werden, nie wirklich erklärt wurden. Erinnert euch jedoch daran, dass eine solche psychische Manipulation von Materie das normale Geschehen ist.

Normalerweise geschieht es jedoch auf unbewusster Ebene und ohne Wissen oder Vorsatz des bewussten Geistes. Fähig zu sein oder zu werden, diese natürlichen, aber unterbewussten Kräfte überhaupt unter irgendeine Herrschaft des bewussten Geistes zu bringen, ist eine unglaublich anspruchsvolle Aufgabe.

Eine solche Herrschaft wird nie zur Gewohnheit werden, aber bewusstes Gewahrwerden von unbewusster Manipulation von Materie kann zur Gewohnheit werden und kann oft sogar, wenn gewisse Bedingungen zutreffen, aus eigenem Antrieb den Wünschen des bewussten Geistes folgen.

Zuerst einmal müssen die bewussten Wünsche mit den unbewussten Erwartungen übereinstimmen und dürfen ihnen nicht widersprechen. Zweitens muss genügend emotionaler Antrieb abgefeuert werden können und zwar wird das auf oder von der unbewussten Ebene aus geschehen. Und drittens muss die Kommunikation zwischen dem Bewussten und dem Unterbewussten oder zwischen den inneren und so genannten äußeren Teilen des Gesamtselbst ausgezeichnet sein.

Das bewusste Wünschen, ein vorgegebenes Ziel zu erreichen, mag möglicherweise nur ein oberflächlicher, kulturell bedingter Wunsch sein, der vielleicht sogar im direkten Gegensatz zu den emotional beladenen Wünschen und Erwartungen des inneren Selbst steht.

In diesem Fall wird das scheinbar gewünschte Ziel weder wirklich gewünscht noch erwartet und die darauf folgende Manipulation von Material wird erfolglos bleiben. Als Ruburt von dir hörte, dass die Mechaniker nicht herausfinden konnten, was mit dem Wagen los war, erinnerte er sich sofort an das, was ich über Erwartungen gesagt hatte. Bewusst entschied er sich zu erwarten, dass der Wagen trotz deiner düsteren Vorhersagen repariert werden könnte.

Weil seine bewussten Wünsche sich stark auf seinem inneren emotionalen Bedürfnis begründeten und nicht im Gegensatz dazu standen und weil sein emotionales Bedürfnis, in den Urlaub gehen zu können, zu dieser Zeit so mächtig war, und auch weil er sich an unsere Diskussion über Erwartungen erinnerte, war er in der Lage, beides anzuwenden: bewusste und unbewusste Energien. Mit anderen Worten: Er konnte seine unterbewussten, psychischen Fähigkeiten bewusst fokussieren, um ein bestimmtes, materielles Ziel zu erreichen.

Nun konnte nach seinen Begriffen dieses Ziel scheinbar nicht auf einem anderen, gewöhnlicheren Weg erlangt werden. Ob das Ziel auch auf eine andere Art <u>hätte</u> erreicht werden können, macht keinen Unterschied. Emotionalerweise dachte oder glaubte er nicht, dass dem so sein könnte. Das trug zu der Stärke bei, mit der er seine Fähigkeiten konzentrierte. Ich werde noch mehr in Bezug auf diese Einstellung zu sagen haben, eine Einstellung, die oft, aber nicht immer, solche psychischen Manipulationen begleitet und zwar auch ganz gewöhnliche, derer ihr euch gar nicht bewusst seid.

(Diesen Wagen-Zwischenfall, den Seth erwähnte, hatte ich bereits wieder vergessen, obwohl er mich zum damaligen Zeitpunkt stark beschäftigt hatte. Wenn ich nun zurückblicke, wird mir bewusst, dass er der Hauptgrund für mein eigenes Experiment mit dem Ölverbrauch des Wagens gewesen war.

(Das Ganze ereignete sich am Freitagnachmittag. Am Samstagmorgen wollten wir in den Urlaub fahren. Als Vorsichtsmassnahme brachte ich den Wagen in unsere gewohnte Tankstelle und ließ ihn für einen Ölwechsel dort. Das war um 13.00 Uhr; um 17.00 Uhr sollte ich ihn abholen und dann Jane in der Galerie treffen, um sie nach Hause zu fahren.

(Als ich zur abgemachten Zeit in die Werkstatt kam, stand der Wagen immer noch auf dem Lift. Der Mechaniker sagte mir, dass etwas mit dem Filter nicht in Ordnung sei und er nicht richtig fixiert werden könne, um einen Ölverlust zu verhindern. Der Werkstattmeister war beschäftigt und bat mich, später vorbeizukommen, wenn er den Wagen kontrolliert haben würde. Natürlich realisierte ich sofort, wie sich Jane fühlen würde, wenn wir am nächsten Morgen nicht in Urlaub fahren könnten, weil der Wagen nicht bereit war. Als ich beobachtete, wie der Mechaniker sich abmühte, den Deckel anzuziehen, hatte ich das starke Gefühl, dass er nicht genau wusste, was er tat und dass die Kraft, die er anwendete, bald das Gewinde deformieren und somit unsere Reise wirklich verzögern würde; bei einem Defekt müsste erst ein Ersatzteil gefunden und installiert werden und das bedeutete, einen Teil des Steuermechanismus auszubauen.

(Ich drückte mich ziemlich klar aus, ohne allzu viele Worte zu brauchen, verließ die Werkstatt und ging zu Fuß um Jane zu treffen, die in der Zwischenzeit die Galerie

verlassen hatte und auf mich wartete. Während ich ging, hatte ich Zeit, mich auf eine positive Erwartungshaltung zu konzentrieren, konnte mich aber nicht genug beruhigen um erfolgreich zu sein. Jane sagte sofort, dass der Wagen bereit sei, wenn wir zurückkehren würden und bat mich, nicht daran zu denken, während wir zum Abendessen gingen.

(Wir aßen ruhig und gemächlich und gingen dann zur Werkstatt zurück. Während wir noch zwei Häuserblocks weit weg waren, meinte ich, einen blauweißen Wagen sehen zu können, der draußen parkiert war. Jane sagte, es sei unser Wagen, obwohl ich glaubte, dass sie ihn nicht gut genug sehen konnte, um sich dessen sicher zu sein. Es war aber wirklich unser Wagen und er war bereit. Jane sagte mir dann, dass sie sich während des ganzen Abendessens so stark wie möglich darauf konzentriert hatte, dass der Wagen repariert und für uns bereit sein würde. Sie sagte, sie wäre fest entschlossen gewesen, am Samstagmorgen in den Urlaub zu fahren.)

In späteren Diskussionen werden noch einige der Gründe erwähnt werden, warum die Gegenwart anderer Individuen bei der psychischen Manipulation von Materie helfen kann, aber heute Abend werde ich nicht darauf eingehen.

Ich werde auch über deine Leistung betreffend der tatsächlichen Verbesserung der Effizienz eures Wagens auf der Rückreise sprechen. Es war etwas anders, aber grundsätzlich Gleiches wie Ruburts Leistung. Und ich werde auch erklären, wieso Ruburt seine Erkältung psychisch nicht besiegen konnte, obwohl er es versuchte.

Ruburts Stimme wird nicht unter unserer Sitzung leiden, obwohl ich weiß, dass er den ganzen Tag gehustet hat.

Vielleicht ergibt sich durch diese Sitzung sogar eine Erholung. Ich würde mit der Sitzung weiterfahren, aber Ruburt wurde mehr oder weniger ein zweiwöchiger Urlaub versprochen und er hat, was mich betrifft, nicht einmal das gehabt.

Ich denke, ich gebe euch etwas Zeit, um euch zu erholen und werde dann entscheiden, ob ich weitermache oder nicht.

(Pause um 21:31 Uhr. Jane war in der üblichen Trance. Sie beendete den Monolog mit einem Lachen. Ihre Stimme machte ihr während der Durchgabe überhaupt nicht zu schaffen und da ich mitzählte, kann ich hier festhalten dass sie während des obigen Materials nur viermal gehustet hatte.

(Seths Bestätigung, dass ich zumindest einen kleinen Erfolg mit meinem Wagen-Experiment erreicht hatte, ließ mich Jane vorschlagen, dass wir uns bei der Fahrt nach Rochester zu meinem Bruder William Richard Butts darauf konzentrieren sollten, den Ölverbrauch des Wagens auf einem Minimum zu halten. Die Distanz von ungefähr 180 km pro Weg würde lange genug sein, um auf der Hin- und Rückfahrt eine genaue Messung vornehmen zu können.

(Jane fuhr mit der gleichen ruhigen Stimme, ohne zu husten, um 20:40 Uhr weiter.)

Das Gebet war stets außerordentlich wirksam um Individuen zu befähigen, Materie durch den Gebrauch ihrer psychischen Fähigkeiten zu manipulieren.

Das Gotteskonzept jedoch ist wahr und doch nicht wahr. Mythen und Symbole sind oft näher zur Realität als das, was als harte Fakten bezeichnet wird, denn so genannte harte Fakten sind oft Verzerrungen der äußeren Sinne. Diese Verzerrungen sind jedoch notwendige Bezugssysteme für die Existenz des inneren Selbst im materiellen Universum.

Also nochmals: Sogar harte Fakten sind wahr und doch nicht wahr. Ein offener Verstand oder ein offener Geist muss daher–

(Hier dröhnte Janes Stimme plötzlich ganz laut, so laut, dass es mich erschreckte. Sie selbst zeigte keine Anzeichen von Erstaunen oder Anstrengung. Während einiger weniger Sätze fuhr sie in dieser tiefen und kräftigen Stimme weiter, aber dann wurde ihre Stimme, als ob sie nur geübt hätte, wieder sanfter.)

–groß genug sein, um in sich selbst genügend Raum zu haben für das, was völlig gegensätzliche Informationen zu sein scheinen. Mythen und Symbole stehen der Realität wiederum oft näher als so genannte harte Fakten.

Das ist wahr. Aber so genannte harte Fakten, die Symbolen und Mythen entgegengesetzt scheinen, sind trotzdem nicht unbedingt unwahr, da sie notwendige Verzerrungen sein können, ohne die das innere Selbst im materiellen Universum nicht überleben könnte.

(Wiederum die kräftige Stimme.)

Ich habe mich entschieden, dieses Thema bis zu einem bestimmten Punkt hier und jetzt anzusprechen.

Intelligente Jugendliche erkennen nur allzu deutlich, dass sich der Gottesmythos, so wie er von der christlichen Mythologie dargestellt wird, vom Alten zum Neuen Testament hin entwickelt und verändert hat.

Ein reifer junger Mensch weiß auch innerhalb seines mentalen und emotionalen Bezugssystems ganz genau, dass keine allein selig machende männliche Gottheit, kein alleiniges Superindividuum in irgendeinem gut isolierten Himmel existiert, das sich dazu noch persönlich mit den intimsten Angelegenheiten von Mensch, Maus, Mücke und Sperling beschäftigen soll.

Zum einen wendet sich der Heranwachsende von der Herrschaft beider, von Mutter und Vater, ab. Zum andern leben wir jetzt in einem Raumzeitalter. Befindet sich der Himmel auf dem Mars oder auf der Venus? Wie viele Sterne wird die Menschheit noch erforschen, bis dieser archaische Himmel gefunden werden kann?

(Janes Stimme war wieder ruhig geworden, aber sie sprach noch immer mit vielen Bewegungen und in einem schnelleren Tempo.)

Für intelligente Menschen ist auch der Symbolismus der Kreuzigung abscheulich. Könnte das demzufolge bedeuten, dass eine solche Kreuzigung gar nicht stattgefunden hat? Sie mag nicht an jenem Ort oder zu jener Zeit oder mit jener Person stattgefunden haben, die man Christus nannte. Aber da der Mensch den Mythos erschaffen hat, erschuf er die Kreuzigung aus seinem eigenen Bedürfnis heraus; und diese Kreuzigung, die historisch nicht so stattfand, wie sie gemäß dem Mythos stattgefunden hat, enthält trotzdem genau soviel Realität, ja sogar noch mehr, wie sie besäße, wenn sie als so genannte harte Tatsache stattgefunden hätte.

Der intelligente Erwachsene weiß nun, dass kein allein seligmachendes, individuelles, über allen stehendes Wesen als Gott in irgendeinem Himmel existiert, der den Sündern und Ungläubigen die Hölle androht, nicht wahr? Aus vielen Gründen ergibt diese Idee keinen logischen Sinn. Du hast emotional nie daran geglaubt. Ruburt hingegen tat es.

Hart ausgedrückt scheint es nun wirklich so zu sein, dass es keinen Gott gibt. Und hier scheint auch der Ansatzpunkt zu sein: Entweder du glaubst an den Mythos oder du glaubst an das, was als harte Tatsache erscheint.

Ich schlage eine Pause vor.

(Pause um 22:00 Uhr. Jane war in der üblichen Trance. In der Pause hustete sie, hatte aber während der ganzen Durchgabe nicht gehustet. Als sie um 22:04 Uhr weiterfuhr, war ihre Stimme ruhiger.)

Die harte Tatsache müsste also für alle intelligenten Köpfe heißen, dass es keinen Gott gibt. Der Mythos beharrt aber darauf, dass ein Gott existiert und der intelligente Mensch findet sich in einem Dilemma, das für den Unintelligenten nicht existiert. Das ist rein zufällig so.

Es ist nämlich so, dass der Mythos näher an die Realität herankommt als die Tatsache.

(Hier begann Willy, der bis jetzt ruhig gewesen war, Jane nachzujagen, als sie hin und her ging. Ohne ihre Durchgabe zu unterbrechen, versuchte Jane, ihn wegzuscheuchen; aber die Katze gab nicht auf. Jane hörte auf zu sprechen und deutete auf die Katze. Ich trug sie in einen anderen Raum und schloss die Türe.)

Der Mythos stellt den psychischen Versuch des Menschen dar, Tatsachen zu begreifen, die er in seiner Existenz auf der materiellen Ebene verzerren muss.

Er muss die Tatsachen verzerren und zwar einfach, weil die Existenz auf der materiellen Ebene eine Art des Fokussierens seiner Fähigkeiten bedingt, die es nicht erlaubt, dass ein weiter gefasstes Fokussieren zum Tragen kommt. Dieses vorher von mir erwähnte Fokussieren wurde vom Menschen gewählt, um sich den Bedingungen seiner Existenz anzupassen.

Das Gebet hat den intelligenten Menschen einmal befähigt, seine psychischen Fähigkeiten zu bündeln, weil eine der harten und für alle in der westlichen Zivilisation selbstverständliche Tatsache der Glaube an einen solchen Gott war. Diese so genannte harte Tatsache hat sich nun aber geändert.

Die Wahrheit hinter dem Mythos existiert immer noch. Die Menschheit hat sich in Träume von einem Gott vertieft, der wie ein Mensch ist, aber als etwas Höheres betrachtet wird und der die besten Eigenschaften besitzt, die der Mensch in sich selbst bewundert.

(Bei den letzten Worten dieses Satzes wurde Janes Stimme plötzlich wieder laut und kräftig. Während einiger Momente blieb sie so und wurde dann wieder leiser.)

Der Gottesmythos erlaubte ihm, dem Menschen, seinen höheren – so genannten – Instinkten eine Objektivität zu geben und das Gotteskonzept bedeutete und bedeutet noch immer eine Verbindung mit dem inneren Selbst.

Was nun die harten Tatsachen betrifft, so gibt es keinen Gott wie ihn sich die Menschheit vorstellte und doch existierte Gott einmal so, wie ihn sich die Menschheit jetzt vorstellt.

(Jane lächelte.)

Was er jetzt ist, ist nicht das, was die Gläubigen denken, was er ist. Aber einmal war er nur, was sie annehmen, was er jetzt ist. Denn es ist eine Tatsache, dass er sich entwickelte und nicht vollkommen war, sondern–

(Kurz etwas lauter.)

–von Anfang an einen höheren Willen zu sein darstellte.

Er ist nicht menschlich nach euren Begriffen, obwohl er menschliche Phasen durchlief und hier kommt der buddhistische Mythos der Realität näher. Er ist, nach euren Begriffen, nicht ein einzelnes Individuum, sondern eine psychische Gestalt, eine Energiegestalt. Wenn ihr euch daran erinnert, was ich über die Art der Ausdehnung des Universums gesagt habe und dass es nichts mit Raum zu tun hat, dann könnt ihr vielleicht, wenn auch nur schwach, die Existenz einer psychischen Pyramide eines zusammenhängenden, sich ständig ausdehnenden Bewusstseins erahnen, das gleichzeitig und unmittelbar Universen und Individuen erschafft, die dann durch die Gabe persönlicher Perspektive Dauerhaftigkeit, Intelligenz, psychisches Verstehen und ewige Gültigkeit erhalten.

Das ist es, was euer Gotteskonzept andeutet. Nun, diese absolute, ständig sich ausdehnende, unmittelbare, psychische Gestalt, die ihr, wenn ihr das vorzieht, Gott nennen mögt, ist sich ihrer Existenz jetzt so sicher, dass sie sich ständig auflösen und wieder neu aufbauen kann. Die Energie dieser Gestalt ist so unglaublich, dass sie tatsächlich alle Universen formt und weil ihre–

(Wieder kurz etwas lauter.)

–Energie innerhalb und hinter allen Universen, auf allen Ebenen und auf allen Feldern, existiert, so ist sie sich auch tatsächlich jedes Sperlings bewusst, der vom Himmel fällt, denn sie selbst ist jeder Sperling, der fällt.

Das leugnet keineswegs den freien Willen eines jeden Menschen, ein freier Wille, der wirklich falsch ausgelegt wird. Diese höhere Energie kämpft tatsächlich um ihre Existenz, in welcher Form auch immer sie sich zeigt; und Gerechtigkeit, zu eurer Information, ist nur ein menschlicher und bestenfalls kurzsichtiger Ausdruck. Es wäre gut für euch, wenn ihr euch daran erinnert.

Ich schlage eine Pause vor.

(Pause um 22:30 Uhr. Jane sagte, dass sie in tiefer Trance gewesen sie – weit weg, wie sie es nannte. Sie erinnerte sich an Teile des Materials, das sie durchgegeben hatte, war sich aber ihrer Umgebung nicht bewusst, zum Beispiel ob sie rauchte oder nicht, etc. Sie hatte geraucht, aber nur ganz wenige Male gehustet. Sie fuhr in einer normalen Stimme um 22:32 Uhr weiter.)

Ich werde euch nicht mehr viel länger aufhalten. Auch habe ich nicht vor, eine neue Religion zu gründen. Ich werde aber versuchen, euch die Wahrheit zu sagen und dieser Teil des Materials ist vielleicht bis jetzt am wichtigsten, denn wenn es verstanden wird, erlaubt es dem intelligenten Menschen, jene Energien und Fähigkeiten selbst zu brauchen, die er früher für Gebete einsetzte.

Das Gebet wird nun gemieden. Warum beten, wenn niemand da ist, der zuhört?
(Wiederum für kurze Zeit lauter und tiefer.)
Das Gebet enthält die Antwort in sich selbst und wenn es auch keine gütige, weißhaarige, alte Vatergottheit gibt, die es hört, dann ist an ihrer Stelle die ursprüngliche und ständig sich ausdehnende Energie, die alles formt, was ist und von der jedes menschliche Wesen ein Teil ist.

Diese psychische Gestalt mag euch unpersönlich erscheinen, aber wie kann das sein, wenn doch ihre Energie eure Person formt?

Wenn ihr es vorzieht, diese höhere und uneingeschränkte psychische Gestalt Gott zu nennen, dürft ihr jedoch nicht versuchen, sie in Form von Materie zu objektivieren, denn sie ist der Kern eurer Zellen und euch viel vertrauter als euer Atem.

Das alles weiß ich, mehr nicht. Diese Gestalt ist nicht menschlich. Sie ist nicht „er", wenn ihr in Begriffen von Geschlechtern denkt. Sie ist auch nicht „sie". Solche Trennungen und Bezeichnungen gelten nur auf eurer Ebene. Sie ist individuell, insofern als viele Energien sich in eine fokussieren und es eine unendliche Persönlichkeit gibt, aber sie ist eine Gestalt. Es gibt also wahrhaftig weder Anfang noch Ende, weil wir hier von einer Ausdehnung sprechen, die nichts mit Raum oder Zeit zu tun hat, einer Entwicklung in Dimensionen hinein, von denen ihr und eure Art bis jetzt noch nicht einmal geträumt habt. Wie eine Idee sich ausdehnt und eine Welt verändert, aber keinen Raum einnimmt und von euren wissenschaftlichen Instrumenten nicht wahrgenommen wird, so existiert und dehnt sich auch die höchste und unmittelbare absolute Gestalt aus, die ihr, wenn ihr das vorzieht, Gott nennen mögt.

Es gibt jene, die sagen werden, dass ein solches Konzept eine Flucht aus der Realität darstellt. Diese Menschen folgen jedoch sklavisch ihren äußeren Sinnen. Sie ignorieren und fürchten die innere Realität und die inneren Ideen und Träume, die jene Realität geformt haben, auf die sie so stolz sind.

Es stimmt, dass eine undisziplinierte, hysterische Flucht in solche Reiche zumindest kurzfristig gefährlich sein kann. Aber eine disziplinierte, ausgewogene, neugierige und aufgeschlossene Beschäftigung damit führt zur Selbsterfüllung, zur Besserung des Menschengeschlechtes als Ganzes und wird auch das Mittel sein, die angeborene, zurückgehaltene Energie konstruktiv einzusetzen.

Ein anderes Mal werde ich mich mit dem Kreuzigungsmythos und seinem starken Element von Wahrheit beschäftigen. Da du, Joseph, etwas unruhig scheinst, werde ich die Sitzung beenden. Ihr habt viel gelernt und dieses Material wird vielen zugute kommen.

(„Gute Nacht, Seth."
(Ende der Sitzung um 22:55 Uhr. Jane war wiederum in tiefer Trance. Sie erinnerte sich nicht an das Material. Sie hatte auch nicht gehustet. Meine Schreibhand war etwas ermüdet. Jane sagt, dass sich ihr Hals tatsächlich besser fühlte als vor Beginn der Sitzung.)

SITZUNG 82
27. AUGUST 1964, 20:05 UHR, DONNERSTAG, UNGEPLANT

Der Glaube an eine Idee bringt eine Verpflichtung mit sich; Seth betont die Wichtigkeit seines Materials und gibt Hinweise für den Aufbau des ersten Buchs des Seth-Materials

(Diese Sitzung, die auf die gestrige, normal angesetzte Sitzung folgte, war nicht geplant. Die Gründe dafür werden sich zeigen.

(Während ich heute Morgen bei der Arbeit war, kam John Bradley schnell bei Jane vorbei, um ihr einige Informationen bezüglich einer Voraussage von Seth zu geben. Seth hatte in der 62. Sitzung vom 17. Juni einen Drogenskandal vorhergesagt, der innerhalb von drei Monaten in Elmira ausbrechen würde.

(Es scheint, dass John gestern Abend, als er sich mit einem Freund in einem Restaurant befand, von diesem Freund [den wir nicht kennen] informiert wurde, dass die Polizei von Elmira einen Mann verhaftet hatte, der sich in den Apotheken von Elmira mit einem gefälschten Rezept Drogen beschafft hatte. Davon hatte in der Zeitung nichts gestanden.

(John lenkte Janes Aufmerksamkeit auch auf einen Artikel in der Elmira-Zeitung vom 23. August 1964, der am Sonntag erschienen war, an jenem Tag, an dem wir aus den Ferien zurückkehrten; wir hatten nichts davon gewusst. Jene Geschichte war die Widerlegung eines Artikels über Drogen in Elmira, der in einer großen Boulevardzeitung erschienen war. Ironischerweise erschien, während die Behörden von Elmira die Drogen-Geschichte dementierten, in der Spalte daneben ein Bericht über den Raub einer schwarzen Tasche mit Medikamenten aus dem Wagen eines Arztes. Ich bewahre alle diese Zeitungsartikel bei meinen Unterlagen auf.

(Ich lege auch einen Bericht aus der Elmira-Zeitung vom Donnerstag dazu, der sich mit einem Fall von gefälschten Rezepten beschäftigt, die in Apotheken von Corning, N.Y. [ungefähr 16 km von Elmira entfernt] vorgelegt wurden, um zu Drogen zu gelangen. Die Rezepte stammten aus der vorher erwähnten gestohlenen Arzttasche. Der Täter wurde noch nicht gefunden.

(Weiteres Material dazu findet sich in der 64. Sitzung vom 24. Juni 1964.

(Heute Abend erhielt Jane nach dem Nachtessen, während sie noch mit anderem Material beschäftigt war, den Gedanken, dass es nun an der Zeit wäre, mit der Arbeit an Buch Eins des Seth Materials zu beginnen, einem Projekt, das wir bereits einige Zeit vor unserem Urlaub diskutiert hatten. Sie dachte, der Titel sollte „Das physische Universum als Ideen-Konstruktion" heißen. Sie kam in mein Studio, um mir das zu sagen, wie auch, dass ihr anscheinend von Seth der Gedanke gekommen sei, dass Donald Wollheim, ihr Herausgeber bei Ace Books, die Einleitung für dieses Buch schreiben könnte oder würde.

(Jane sagte, sie glaube in der Lage zu sein, eine Sitzung abzuhalten. Ich ermutigte sie nicht dazu, da ich nicht sicher war, ob das eine gute Idee wäre. Etwas später er-

schien sie wieder und bat mich, mein Notizpapier ins Wohnzimmer zu bringen, wenn ich mit dem Aufräumen fertig sei.

(Schließlich saß ich bei ihr und war bereit, falls sich doch eine Sitzung entwickeln würde. Draußen war es sehr ruhig, im Radio spielte klassische Musik. Wiederum hatte Jane den ganzen Tag gehustet, aber als sie aufstand um die Sitzung zu beginnen, verschwand der Husten so gut wie ganz. Sie begann mit einer etwas tieferen Stimme als sonst zu diktieren, ihr Gang war langsam, ihre Augen dunkel wie immer.)

Ich möchte nicht noch mehr zu deinen Pflichten beitragen, Joseph. Trotzdem scheint es heute Abend aus verschiedenen Gründen günstig zu sein und es gibt ein paar Dinge, die ich dazu sagen möchte.

Normalerweise halten wir uns genau an unseren Plan, was wir auch tun sollten. Trotzdem kommt es manchmal vor, dass wir außer Plan vorgehen müssen, denn gute Gelegenheiten könnten verpasst werden, wenn wir nicht auf sie eingehen.

Ruburt rief nicht nach mir und doch weckten gewisse Elemente in seinem Inneren spontan meine Aufmerksamkeit. Es schien mir, dass ihr vielleicht die Wichtigkeit des Materials nicht erkennt oder es schwierig finden könntet, seine kennzeichnendsten und wertvollsten Punkte herauszuschälen.

Die Basis und feste Grundlage des Materials, seine hauptsächliche Aussage liegt im Konzept, dass das Bewusstsein selbst tatsächlich Materie erschafft, dass das Bewusstsein nicht von der Materie gefangen ist, sondern sie formt und dass das Bewusstsein durch Zeit und Raum weder limitiert noch gebunden ist, wobei Zeit und Raum nach euren Begriffen notwendige Verzerrungen oder angenommene Bedingungen sind, um eine physische Existenz formen zu können.

Wenn das einmal verstanden wird, kann der Rest unseres Materials im Licht von beidem, von Logik und Intuition, betrachtet werden. Es ist tatsächlich an der Zeit, dass ein solches Buch zusammengestellt wird und ich schlage vor, dass ihr nach dem Zusammenstellen Mr. Wollheim nach einer Einleitung fragt. Wir werden noch tiefer darauf eingehen, wenn wir weiterfahren.

Die Grundidee des Materials sollte jedoch betont werden, und stark betont werden, denn daraus entwickeln sich alle anderen Konzepte. Die Mechanismen, durch welche die psychische Energie oder das Bewusstsein Materie formt, sollten auch eingeschlossen werden und natürlich auch das Konzept, dass Materie keine Dauerhaftigkeit besitzt.

Der Unterschied zwischen Werterfüllung und Wachstum, die fünfte Dimension und die Teile über das sich ausdehnende Universum sollten auch speziell erwähnt werden. Wenn der Mensch realisiert, dass er selbst ganz konkret sein persönliches und universelles Umfeld erschafft, dann kann er damit beginnen, ein um soviel besseres privates und universelles Umfeld zu erschaffen, als jenes, das nur ein Resultat zufälliger und unerleuchteter Konstruktionen ist.

<u>Das</u> ist unsere Hauptbotschaft an die Welt und das ist der nächste Schritt in der Entwicklung des menschlichen Begriffsvermögens und er wird auf allen Gebieten spürbar sein, so auch in der Psychiatrie.

Wenn der Mensch realisiert, dass er jetzt sein eigenes Bild erschafft, wird er es nicht mehr so überraschend finden, dass er andere Bilder in anderen Zeiten erschafft. Nur auf einer solchen Grundlage wird die Idee der Reinkarnation wirklich stichhaltig sein. Nur wenn verstanden wird, dass das Unterbewusstsein, zumindest gewisse Schichten davon, eine Verbindung zwischen der gegenwärtigen Persönlichkeit und vergangenen Persönlichkeiten darstellt, wird die Theorie der Reinkarnation als Tatsache akzeptiert werden.

Ich war darauf vorbereitet, euch diese Informationen zu übermitteln, aber bis jetzt schien sich keine passende Gelegenheit zu ergeben. Ich fühle mich wirklich verantwortlich, euch zu helfen, ein Buch mit diesem Material vorzubereiten.

Ihr werdet Menschen finden, die euch helfen. Wenn es Meinungsverschiedenheiten zwischen dir und Ruburt gibt, könnt ihr sie mir vorlegen. Das Material sollte so getreu wie möglich abgeschrieben werden. Ihr müsst vielleicht gewisse Streichungen vornehmen, aber bei einem klar bestimmten Thema ziehe ich vor, nicht umschrieben zu werden.

Offensichtlich könnt ihr nicht alles Material in nur einem Buch aufnehmen. Deshalb möchte ich, dass die oben erwähnten Themen definitiv im ersten Buch enthalten sind, weil sie als Grundlage für andere Bücher dienen werden.

Ein Einführungskapitel kann erklären, wie das Material entstand und wie es weitergeht. Ich werde dich deine Hand ausruhen lassen und erwarte ein Dankeschön für meine praktische Hilfe.

(Pause um 20:30 Uhr. Jane war in der üblichen Trance und beendete den Monolog mit einem Lächeln. Während der Pause bemerkte ich scherzhaft, dass es eine große Hilfe für uns wäre, wenn wir wüssten, wer an der Herausgabe dieses Materials interessiert wäre. Ich erwartete keine konkrete Antwort.

(Jane hatte nur einige wenige Male gehustet. Sie fuhr um 20:34 Uhr mit einer normalen Stimme weiter.)

Ich kann euch euren Weg nicht frei räumen. Ich kann euch nur helfen. Ihr werdet die Gründe dafür zu einem späteren Zeitpunkt verstehen, aber es ist notwendig und auch nicht unglücklich, dass ihr arbeitet und dass ihr viel zu diesem Material und zu diesen Ideen beitragt.

Dieses Material wird seinen Platz im begrifflichen und emotionellen Leben der westlichen Zivilisation einnehmen und schließlich seinen Weg durch die Welt gehen. Neue Ideen werden nicht so leicht akzeptiert. Wenn sie aber einmal Feuer fangen, fegen sie buchstäblich durchs Universum.

Ich tadle keinen von euch in irgendeiner Weise, aber trotzdem zeugt eure Weigerung, das Haus zu kaufen, von einem Mangel dessen, was wir Vertrauen nennen und eure Arbeit mit dem Material wird viel Vertrauen in die Ideen benötigen, die hier vorgestellt werden.

Wenn ihr kein Vertrauen habt, von wem kann es dann erwartet werden? Ruburt, aus Angst dass man ihn als hysterische Frau bezeichnen könnte, hält sich oft allzu sehr zurück, was irgendwie natürlich und innerhalb gewisser Grenzen auch nötig ist.

Du kannst es dir erlauben, offener zu sein. Über den Glauben an eine Idee wird in wissenschaftlichen Kreisen die Stirn gerunzelt, aber kein neues Konzept, keine neue Idee und keine Entdeckung ist je entstanden, ohne dass da nicht zuerst der Glaube war, dass sie wirklich real sein könnten.

Ich muss mich daher innerhalb der Einschränkungen durch die Zweifel von euch beiden hindurcharbeiten und eure Zweifel, nur eure Zweifel, werden uns zurückhalten. Als Information für euch beide sage ich, und das ist nun völlig unverzerrt, dass Ruburt mit all seinem Gebell das Folgende genau so undurchführbar finden wird wie du, Joseph.

Ich spreche hier nicht, weil ich annehme, dass einer von euch es sich gestatten würde, meinen Vorschlägen zu diesem bestimmten Punkt zu folgen, sondern nur, weil ich euch sagen will, was zu unser aller Nutzen getan werden könnte.

(*Jane lächelte, dann machte sie eine Pause. Sie stellte auch das Radio ab, das seit Beginn der Sitzung gespielt hatte.*)

Ich bebe und wage kaum zu sprechen–

(*„Ich glaub es dir."*)

–und bin schon im voraus gefasst auf dein und Ruburts Entsetzen über eine solche Unmöglichkeit, wohl wissend, wie sehr Ruburt befürchtet, dass du fürchtest, das Material sei verzerrt.

Er möchte nicht dafür verantwortlich sein.

(*Und hier tönte Janes Stimme äußerst belustigt.*)

Nun: Vertrauen in und Glauben an eine Idee beinhalten auch eine Verpflichtung. Verpflichtung ist abhängig von Erwartung. Wer keine Erwartungen in irgendeiner Richtung hat, wird sich auch nicht verpflichten und so auch nichts erreichen; in diesem Fall wird er auch nicht genug von sich selbst einbringen und auch nichts dafür bekommen, oder nur soviel, wie er dazu beigetragen hat.

Mein Vorschlag wird daher sein, dass Ruburt seine eigene Arbeit am Vormittag macht. Nebenbei bemerkt, werde ich mich bemühen, ihm dabei zu helfen, sodass sich die Dinge finanziell ausgleichen. An den Nachmittagen, so schlage ich vor, könnte er sich statt der Arbeit in der Galerie mit meinem Buch beschäftigen und zwar so ernsthaft, wie er es mit seinem eigenen Buch tut und dass du weiterfährst, unsere Sitzungen aufzuzeichnen.

Ich will weder, dass du dir Zeit vom Malen weg nimmst, um am Buch Eins der Seth-Sitzungen zu arbeiten, noch wünsche ich, dass jemand anders die Sitzungen aufzeichnet.

Das Buch ist nicht etwas, das irgendwann einmal zwischendurch gemacht werden kann, da es sich hier um eine Gruppierung von bestimmten Themen handeln sollte und nicht um eine strikte Wiedergabe von Seite zu Seite. Ich sagte jedoch bereits, dass wenn immer möglich und als Regel meine Worte exakt zitiert werden sollen. Der Vorschlag, den ich euch eben gegeben habe, ist jener Weg, der euch den schnellsten und vorteilhaftesten Fortschritt bringt; und wenn das Buch nach diesem Plan dann bereit ist, wird auch die Zeit dafür reif sein.

Es wird andere Zeiten geben, die auch später noch reif dafür sein werden. Ich habe mit Philip über praktische Durchführbarkeit gesprochen und damals habt ihr beide zugestimmt. Nun spreche ich zu euch beiden über Durchführbarkeit.

(Jane, mit einem Fuß auf dem Stuhl, zeigte direkt auf mich. Zur Erinnerung: Philip ist der Name von John Bradleys Wesenheit. Nun lachte Jane, als sie weiterfuhr.)

Ich bin interessiert an eurem Wohlbefinden, ich bin aber auch interessiert an einem Buch, das diese Ideen verbreiten wird. Während ich Ruburt in einem solch vorzüglichen Zustand von Passivität habe, möchte ich noch einen anderen Punkt anfügen, den er in der Vergangenheit blockiert hat.

Dafür ist er zu tadeln und nicht du, denn er weiß intuitiv, was ich sagen werde und aus Angst und Zweifel hat er sich geweigert, nach diesem Wissen zu handeln. Du hättest damals überzeugt werden können, aber trotz all seinem Gequassel glaubte er nicht an seine inneren Überzeugungen und hatte nicht den Mut, auch nur zu versuchen, danach zu handeln.

Hätte er die Galerie verlassen, als sein Roman publiziert wurde, würde er jetzt mit dem Schreiben eineinhalbmal soviel verdienen wie heute. Das heißt, sein jährliches Einkommen läge über seinem jetzigen.

Er hätte aus einer Erwartungshaltung, wie auch aus einer unbewussten aber auch bewussten Notwendigkeit heraus gehandelt und der Antrieb des Geldhabenwollens würde ihm das Geld gebracht haben, wenn er die anderen Wege ausgeschlossen hätte. Er tat es nicht.

Ihr beide, so praktisch ihr seid, habt das kaum in Betracht gezogen. Trotz all seinem Gerede fürchtete sich Ruburt vor dem Scheitern und vor deiner Meinung darüber. Falls ihr die Gültigkeit einer Erwartungshaltung testen wollt, könnte ich euch hier herausfordern, aber ich unterbreite euch nur ganz sanft die obige Zusammenstellung.

(Und zur Betonung klopfte Jane, gar nicht etwa sanft, auf den Tisch.)

Deine eigenen Erwartungen, Joseph, was das Malen betrifft, haben sich sehr stark verbessert, aber sie sind noch nicht genug entwickelt. Ich werde dich ausruhen lassen.

(Pause um 21:06 Uhr. Jane sagte, sie sei weit weg gewesen. Sie hatte nur sehr wenig gehustet, erinnerte sich aber nicht, ob sie es getan hatte. Meine Schreibhand wurde etwas müde.

(Als einzigen Kommentar zum obigen Material hatte ich in der Pause beizufügen, dass Jane nur über einen begrenzten Zeitraum verfügte, um durch Schreiben zu Geld zu kommen, denn unser Bankkonto würde nicht allzu lange ausreichen. Jane fuhr um 21:10 Uhr mit einer sehr bestimmten Stimme weiter, während sie mich anstarrte.)

Ich habe scheinbar mit dir nicht so viele Fortschritte gemacht wie ich dachte. Ruburt hat in der Tat Recht und ich beschäftige mich mit euch beiden, insofern als ihr jetzt beide in der Lage sein solltet, dieses Material praktisch anzuwenden – das heißt, jetzt sollten diese grundlegenden Ideen dazu beitragen, eure praktische Existenz zu verbessern.

Indem ihr diese Ideen anwendet, solltet ihr in der Lage sein, Materie vorteilhafter zu manipulieren. Ich werde dies in ganz einfache Worte fassen.

Ihr könnt durch dieses Wissen Vorteile erhalten, die ihr bis jetzt noch nicht hattet. Der Akt des Vertrauens und der Akt der Erwartungshaltung in das, was ich vorschlage, <u>wird den Unterschied ausmachen</u> zwischen dem, was sich jetzt nicht verkauft und dem, was sich verkaufen wird und <u>keine</u> Magie der Welt wird das gleiche Resultat erbringen.

Ich kann keinen Zauberstab schwingen. Die Erwartungshaltung und der Akt der Erwartung, welche die notwendige emotionale und psychische Energie erzeugen werden, müssen von euch kommen und zwar von ganzem Herzen. <u>Dies</u> wird den Unterschied ausmachen. Das Engagement für mein Buch wird einen Unterschied machen.

Ihr könnt nicht zuerst die Resultate sozusagen als Test erhalten. Es braucht nicht mehr gesagt zu werden, dass Ruburts technische Fähigkeiten und sein Können als Schriftsteller in bereits entwickelt sind. Es wäre zwar für ein Individuum theoretisch sicher auch möglich, plötzlich eine Kunst auszuüben, für die es in der Vergangenheit weder ein bewusstes Wissen noch eine Meisterschaft besaß und das auch gut zu machen. Aber meistens sind die Erwartungen einfach nicht stark genug und eine bewusste und unbewusste Vorbereitung ist nötig.

Vor allem aber braucht es Engagement. Andere Wege wären hier nötig gewesen, um finanzielle Erfolge zu erreichen, aber man verließ sich in diesem Falle zu lange auf das Althergebrachte. Ruburt reparierte den Wagen sozusagen auf seine eigene psychische Art. Er hätte ihn nie mit einem Schraubenzieher repariert, auch wenn er einen in der Hand gehabt hätte.

(Wiederum schlug Jane auf den Tisch, um ihren Punkt zu betonen.)

Aber die Resultate, das musst du zugeben, waren praktisch. Ich werde nächste Woche eine unserer Sitzungen sehr kurz halten, um diese hier zu kompensieren, aber ich glaube, ihr realisiert nicht einmal jetzt, welchen Dienst ich euch beiden und auch mir zu erweisen versuche.

Erlaube deiner Hand eine Pause.

(Pause um 21:27 Uhr. Jane war in der üblichen Trance. Sie hatte überhaupt nicht gehustet. Sie fuhr um 21:30 Uhr mit einer ruhigeren Stimme weiter.)

Ich sah voraus, dass mein Vorschlag Ruburt sogar noch mehr erschrecken würde als dich und <u>du bist</u> schon ganz schön entsetzt.

Wiederum ist er hier mehr zu tadeln, denn er ist sich intuitiv seiner aufgestauten Energie bewusst, die in sein eigenes Werk fließen sollte.

Er fürchtete sich und fürchtet sich noch immer vor dem Engagement für <u>sein eigenes Werk</u>, geschweige denn für meines. <u>Du</u> kannst für ihn, für dich und für mich von großer Hilfe sein. Seine Energie, Joseph, und seine Fähigkeit, Ideen in materielle Konstruktionen zu projizieren, ist wirklich erstaunlich und mit deiner Hilfe müssen wir sie erschließen.

Es war und ist nie mein Ziel, dich oder Ruburt in Verlegenheit zu bringen, sondern euch den Weg mit den besten Erfolgsaussichten für alle eure Unternehmungen aufzuzeigen und zu hoffen, dass ihr ihm zumindest folgt.

Ich weiß, dass dieser Weg, allgemein betrachtet, nicht praktisch zu sein <u>scheint</u>. Aber es ist in Wahrheit der allerpraktischste Schritt, den ihr machen könnt.

Genau weil Ruburt vom Geld abgeschnitten ist, wird er es sich erlauben und von sich verlangen, seine <u>ganze</u> gewaltige Energie in sein Werk einzubringen. Nicht in einer Art bewusster Verzweiflung, sondern in einem plötzlichen und lustvollen Freilassen von Energie für konstruktive Ziele.

Das ist eine extreme Vereinfachung, aber während er von irgendwoher Geld erhält, fühlt er nicht wirklich das Bedürfnis oder den Antrieb, seine Arbeit zu verkaufen. Das heißt, der Antrieb ist nicht stark genug, um gewisse Zurückhaltungen zu überwinden, die er sich in seinem Schreiben erlauben wird.

Die Arbeit an <u>meinem</u> Buch sollte jedoch gemäß einem Plan an den Nachmittagen durchgeführt und <u>keineswegs</u> vernachlässigt werden. Auszüge können dann an verschiedene Stiftungen geschickt und die notwendigen Briefe geschrieben werden.

Ruburt wird bald aus seiner Benommenheit herauskommen. Ich stelle mir vor, dass er ziemlich geschockt sein wird. Der Entscheid ist wie immer euer eigener. Ich werde euch nicht tadeln, wenn ihr nicht diesen Weg geht. Ich sage nur, dass er der beste ist.

Ich habe mein Bestes getan. Ich habe euch beide sehr gerne. Ich habe versucht, euch meine Gründe für den Vorschlag dieses Weges zu erklären. Ich will nicht, dass ihr euch von mir unter Druck gesetzt fühlt, aber aus Fairness zu unserer Beziehung musste ich euch den Weg des geringsten Widerstandes und der größten Aussicht auf Erfolg aufzeigen.

Ich werde unsere Sitzung nächste Woche kürzen und ich wünsche euch beiden nun einen liebevollen guten Abend.

(„Gute Nacht, Seth."

(Ende der Sitzung um 21:45 Uhr. Jane war in der üblichen Trance. Meine Schreibhand war etwas ermüdet.)

(Das folgende Material wird hier angefügt, weil es zu lange ist, um der nächsten, der 83. Sitzung, vorangestellt zu werden.

(Zur Erinnerung:

(In der 68. Sitzung vom 6. Juli 1964 sagte Seth, dass Bill Macdonnel, der für zwei Wochen nach Provincetown, Cape Cod, in Urlaub gegangen war „natürlich ans Meer gehen wird. Es gibt einen Mann, vielleicht fünfzig Jahre alt, mit igeligem Haar, den er treffen wird oder treffen könnte. Ich sehe ein Ruderboot mit irgendeinem Symbol darauf. Ich sehe keine bestimmten Frauen. Das mag sein, weil meine Interessen jetzt etwas verschieden sind, obwohl auch dies wieder falsch aufgefasst werden könnte."

(In der 75. Sitzung vom 29. Juli 1964 sagte Seth in Bezug auf Bill: „Euer Freund hat zwei Freunde gewonnen, einen älteren und einen ungefähr gleichaltrigen. Er ist oder war natürlich in der Nähe von Wasser. Er war in einer Bar mit einem großen Bierfass darin. Es gibt zwei Häuser in der Nähe und das vordere Zimmer liegt gegenüber einem Strand. Es gibt ein Boot und ein Dock. Ich glaube auch, dass er in einer Gruppe von vier Männern war und vielleicht hatte es irgendetwas mit einer Muschelkette zu tun."

(Bill kam am letzten Samstag, den 29. August 1964, von Provincetown zurück. Bei seinem Besuch am nächsten Tag, also am Sonntag, bestätigte er Seths Aussagen in fast allen Fällen.

(Bill erreichte Provincetown in der zweiten Juli-Woche. Er war noch nicht lange dort, so sagte er, als er einen wie von Seth in der 68. Sitzung beschriebenen Mann traf. Sein Name und seine Adresse können auf Wunsch angegeben werden. Der Mann war 54 Jahre alt und sein „igeliges Haar" war ein Bürstenschnitt. Bill traf ihn zuerst in der Old Colony Bar in Provincetown. Der Mann stammt aus New York City und verbrachte eine Woche in Provincetown, „um von seiner Frau und Familie wegzukommen."

(In der 68. Sitzung erwähnte Seth ein Ruderboot mit einem Symbol. Bill erinnerte sich nicht an ein solches Boot und sagt, er hätte sich nicht speziell um Boote gekümmert. Sein Bekannter trug eine Mütze mit einem Ankersymbol darauf, obwohl wir dies nicht als das betrachten, auf das sich Seth bezog.

(In einem Urlaubsgebiet wie Cape Cod es ist, traf Bill auch verschiedene Frauen, aber es ergaben sich daraus keine länger andauernden Beziehungen.

(In Bezug auf das in der 75. Sitzung vom 29. Juli durchgegebene Material:

(Nach einigem Nachdenken und Überprüfen der Daten sagte Bill, dass das Datum vom 29. Juli für die dort beschriebenen Situationen korrekt war. Zu diesem Zeitpunkt war er lange genug in Provincetown gewesen, um verschiedene Leute zu treffen.

(Bill knüpfte zwei Bekanntschaften, eine mit einem älteren und eine mit einem ungefähr gleichaltrigen Mann. Der letztere heißt Gary und kommt aus Boston. Der ältere Mann heißt Larry O'Toole und stammt aus Baltimore, MD. Beide sind Künstler. Gary ist ungefähr 25 [Bill ist 27] und Larry O'Toole ungefähr 50 Jahre alt. Bill kannte Gary während ungefähr zweier Wochen und O'Toole während ungefähr sechs Wochen. Er hat ihre Adressen, wie auch Garys Familiennamen, an den er sich nicht sofort erinnerte.

(Larry O'Toole, so erzählte Bill, mietete das „vordere Zimmer gegenüber dem Strand". Dieses Zimmer ist in einem Ferienhaus, das im überbauten Provincetown an ein anderes Haus angebaut ist und beide Häuser sind tatsächlich direkt auf der Rückseite eines Bürogebäudes, das auf die Hauptstraße von Provincetown geht, auf die Commercial Street. Um zum Ferienhaus zu gelangen, muss man einen Umweg rund um das Bürogebäude herum machen. Um die ziemlich komplizierten Lage zu erklären, zeichnete Bill einen Plan für Jane und mich und dieser Plan ist hier aufgeführt.

(Etwas weiter entlang der Straße, ungefähr drei Häuserblocks entfernt, befand sich eine Bar mit einem großen Bierfass darin, wie Seth es gesagt hatte. Somit umfasst der in der Sitzung beschriebene Ort physisch ein relativ kleines Gebiet. Die Bar heißt Atlantic House und Bill sagte, dass sie eigentlich aus verschiedenen kleineren Bars bestehe, von denen jede in einem anderen Stil gehalten sei. In einer dieser kleineren Bars ist ein sehr großes Bierfass, das in zwei Hälften zersägt worden war. Jede Hälfte ist in eine Wand eingesetzt, was einen sehr auffallenden Eindruck ergibt.

(Bill sagte, dass er am oder irgendwann vor oder nach dem 29. Juli, dem Datum der 75. Sitzung, an einer Party in Larry O'Tooles Ferienhaus teilgenommen habe. An diesem Fest waren Bill, Gary, Larry und zwei andere Männer, die Bill nicht kannte. Somit war Bill also, wie Seth sagte, „in einer Gruppe mit vier Männern".

(Die Party endete ziemlich früh an jenem Abend und Bill ging dann mit Gary und Larry in die Atlantic House Bar, wo er das Bierfass sah. Bill sagte, dass es in einer anderen Bar in Provincetown viele kleine, an der Decke aufgehängte Bierfässer gäbe, dass diese aber ziemlich klein seien und nicht mit demjenigen im Atlantic House verglichen werden könnten.

(Bill sagte, er glaube, dass die „zwei Häuser in der Nähe" sich auf die zwei oben erwähnten Ferienhäuser bezögen, wovon Gary und Larry O'Toole sich eines, dasjenige mit dem Vorderzimmer gegenüber dem Strand, teilten und sie somit nicht weit entfernt von der Atlantic House Bar wohnten.

(Bill Macdonnel sagte auch, aus dem Vorderzimmer von Larry O'Tooles Ferienhaus sähe man links ein Dock mit Booten, obwohl Seth es als „ein Boot und Dock", in der Einzahl beschrieben hatte. Rechts neben den zusammengebauten Ferienhäusern befindet sich das Provincetown Playhouse Theater.

(Das auf das Meer hinausgehende Vorderzimmer ist, entgegen den Erwartungen, für Provincetown eher unüblich, sagte Bill, da die Ferienhäuser in einem großen Durcheinander zwischen den anderen Gebäuden eingezwängt sind und tatsächlich die meisten von ihnen keinen Blick aufs Meer haben. Darin war O'Tooles Ferienhaus außergewöhnlich. In der Bar im Ferienhaus selbst gab es ein kleines Bierfass, sagte Bill, aber er glaubte nicht, dass es dasjenige ist, auf das sich Seth bezogen hatte.

(Bill hat [zufällig?] ein Bild von diesem Gebiet gemalt und ich werde es als Beweis fotografieren.

(Was Seths Bemerkung über eine Muschelkette betrifft, konnte sich Bill einzig an Muschel-Aschenbecher an der Party erinnern. Er glaubt nicht, dass Seth sich darauf bezogen hatte.

(Es muss noch angefügt werden, dass weder Jane noch ich je in Provincetown oder sonst irgendwo am Cape gewesen waren. Ich verbrachte vor ungefähr 23 Jahren während des Militärdienstes einen Tag in Boston, als ich mit dem Zug auf einen Flugplatz nach Maine fuhr.

(Ebenfalls muss noch gesagt werden, dass Bill als Zeuge bei der 68., aber natürlich nicht bei der 75. Sitzung dabei war. An der 68. Sitzung machten Bill, Jane und ich ein paar Pläne für Experimente mit bestimmten Zeiten für telepathische Kommunikationen während Bills Urlaub am Cape, aber diese Pläne waren nicht verwirklicht worden.)

SITZUNG 82

1109

WHARF OR DOCK

BOATS

BEACH

LARRY O'TOOLE'S COTTAGE

OPEN PORCH
WINDOW
COUCH
FRONT ROOM LOOKING OUT ON BEACH
BED ROOM
BAR
OTHER COTTAGE
STUDIO
BATH
KITCHEN
BED ROOM
←----- ALLEY -----
ENTRANCE →

PROVINCETOWN PLAYHOUSE

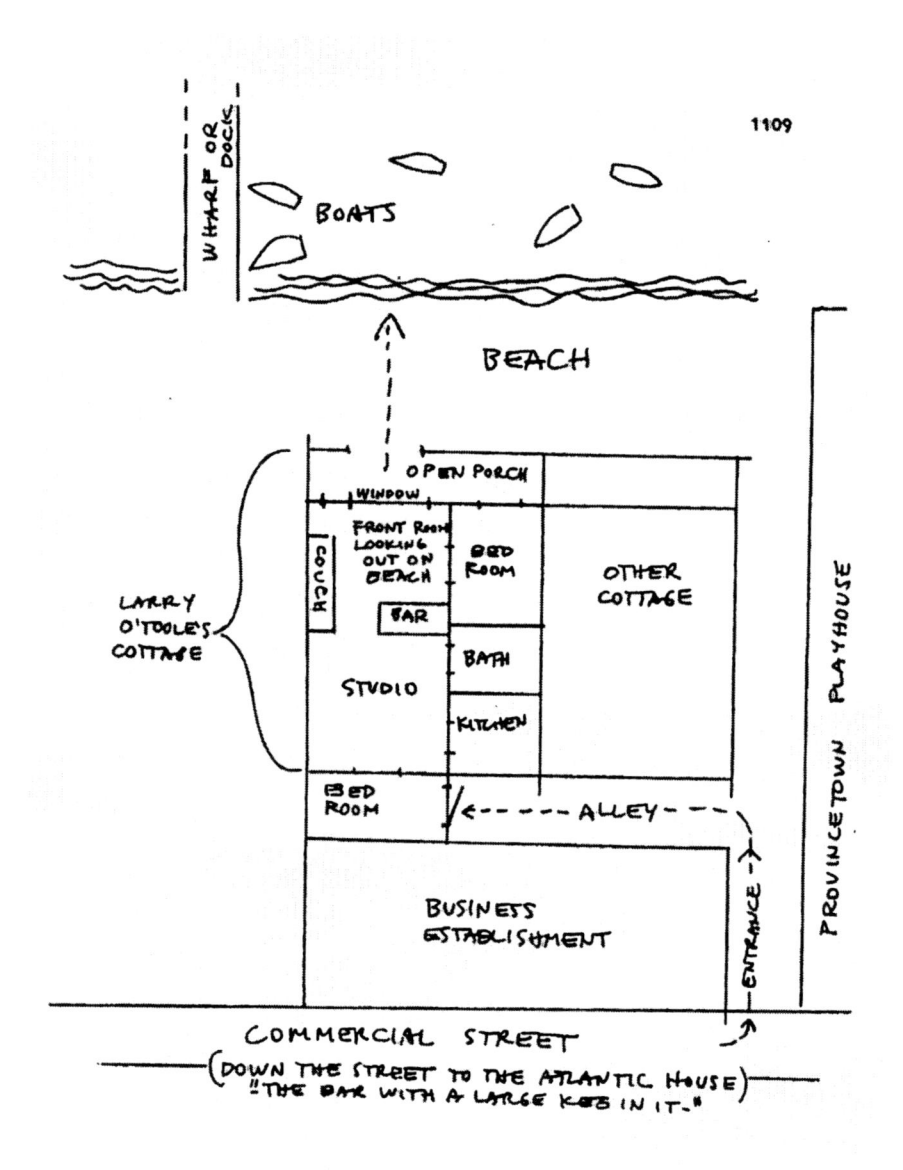

BUSINESS ESTABLISHMENT

COMMERCIAL STREET
(DOWN THE STREET TO THE ATLANTIC HOUSE)
"THE BAR WITH A LARGE KEG IN IT."

(Für die Aufzeichnungen: Ich kopierte Bill Macdonnels Plan des Gebietes von Provincetown, über das in der 82. Sitzung gesprochen wurde.)

SITZUNG 83
31. AUGUST 1964, 21:00 UHR, MONTAG, WIE GEPLANT

Freud, Jung und die ursprünglich kooperative Natur der Libido; der Zweck des Seth-Materials liegt darin, dass sich die Menschheit selbst und die Welt, die ihre innere Realität widerspiegelt, besser versteht

(Die von Seth in der 63. Sitzung vom 17. Juni 1964 vorausgesehene Geschichte mit den Drogen in Elmira ging weiter. Am Samstag, den 29. August, erschien in der Elmira Zeitung ein Bericht über die Verhaftung eines Drogensüchtigen, der mit dem Diebstahl einer Arzttasche und leeren Rezeptblöcken in Verbindung stand.

(Am Sonntag, den 30. August, kam Bill Macdonnel von Provincetown zurück und bestätigte nahezu alle Informationen, die Seth in der 68. und 75. Sitzung bezüglich Bills Urlaub gegeben hatte.

(Jane und ich hatten mit den Übungen in psychologischer Zeit noch nicht wieder begonnen.

(Vor der heutigen Sitzung bemerkte ich zu Jane, dass ich hoffte, Seth würde die Daten vom 12. bis 15. August besprechen, die er für Miss Callahan angegeben hatte und auch Bills Bericht über seine Voraussagen kommentieren. Jane hatte keine Ahnung von den Themen der heutigen Sitzung, obwohl sie erwartete, dass die Sitzung kurz sein würde. Sie begann pünktlich zu diktieren, mit einer normalen Stimme und einer regelmäßigen Geschwindigkeit. Ihr Gang war ziemlich langsam, ihre Augen dunkel wie immer. Ihre Erkältung hatte sich übrigens sehr gebessert.)

Guten Abend.

(*„Guten Abend, Seth."*)

Dies wird eine kurze Sitzung sein.

Wenn wir unerwartete oder ungeplante Sitzungen haben, werde ich immer versuchen, die darauf folgende Sitzung, wie in diesem Fall, kürzer zu halten.

Wir werden in der Tat auf unsere Diskussion über die inneren Sinne zurückkommen. Es gibt jedoch noch mehr Material über die Natur der Materie, das zuerst angegangen werden muss.

Es gibt ein paar Punkte allgemeiner Natur, die ich gerne ansprechen würde. Ruburt hat Jung gelesen, ihm aber nicht überall zugestimmt. Die Libido hat ihren Ursprung nicht im individuellen Unterbewusstsein der gegenwärtigen Persönlichkeit. Sie entspringt stattdessen der Energie der Wesenheit und des inneren Selbst und ist mittels der inneren Sinne durch die tieferen Schichten des individuellen unterbewussten Geistes und dann durch die äußeren oder persönlichen Schichten hindurch sozusagen nach außen gerichtet.

Freud und Jung haben dieses äußere, persönliche Unterbewusstsein erforscht. Jung erhaschte kurze Einblicke in andere Tiefen, aber das ist alles. Es gibt sehr unglückliche Verzerrungen, die in Jungs wie auch in Freuds Werk erscheinen, da beide die ursprüngliche kooperative Natur der Libido nicht verstanden. Wir werden uns mit diesem Bereich noch viel gründlicher auseinandersetzen, wenn wir zu einem anderen Teil dieses Themas gelangen.

Die grundlegende kooperative Natur der Libido ist jedoch in der Tat zu einem großen Grad für die psychische Zusammenarbeit verantwortlich, in die alle Wesenheiten involviert sind, und zwar für die Konstruktion einer physischen Welt von Materie, die von allen auf eurer Ebene bewohnt wird.

Diese kooperative Natur der Libido wurde aus verschiedenen Gründen völlig übersehen und falsch interpretiert, vielfach nur aus Ignoranz. Ihr wisst, dass die individuellen Zellen jeglicher Form zusammenarbeiten um eine andere, kompliziertere Gestalt zu formen; ohne diese Kooperation würden nicht nur die komplizierte Struktur, sondern auch die individuellen Zellen aufhören zu arbeiten.

Wir haben von der gegenseitigen Abhängigkeit und der Zusammenarbeit biologischer Art zwischen Organismen in eurem physikalischen Universum gesprochen. Dem Neuerscheinen eines Individuums im physikalischen Reich wird durch die psychische Zusammenarbeit von Individuen auf eurer Ebene mitgeholfen. Fast sofort und ohne zu zögern nimmt die neue Libido ihre angenommene Aufgabe an, das physische Universum zusammen mit allen anderen aufrecht zu erhalten.

Täte sie das nicht, würde sie nicht lange existieren. Zusammenarbeit auf <u>allen</u> Ebenen ist notwendig für alle Bereiche.

Die Zusammenarbeit kann freudig und großzügig sein, auf unterbewussten oder bewussten Ebenen, oder sie kann widerwillig gewährt werden; aber sie wird erfolgen.

Ich möchte noch etwas über euren Freund Mark sagen.

(Mark ist der Name von Bill Macdonnels Wesenheit.)

Ruburt blockierte einiges von diesem Material, aber er ließ doch einen bedeutenden Teil durchkommen. Die vier von mir erwähnten Männer und der Raum mit Meersicht bezogen sich auf die Männer und den Raum, von dem auch Mark erzählte. Ich sah jedoch in jener Nacht draußen auch ein Boot mit einem Symbol am Bug und dieses Boot hatte ich schon früher erwähnt. Das Boot war an einem Pier angebunden und war das erste in der Reihe, wenn man aus dem Zimmer blickte.

(Seth erwähnte in der 68. und der 75. Sitzung ein Boot.

(„Hat Bill es gesehen?")

<u>Ich</u> sah es. Er hätte es von seinem Blickfeld aus sehen können. Er erinnert sich vielleicht nicht mehr daran. Die Bar bezog sich auf die ein paar Häuserblocks entfernte Bar mit einem großen Bierfass darin, nicht auf jene andere, die mit vielen <u>kleinen</u> Bierfässchen dekoriert war.

Miss Callahan erlitt am 14. August nur einen sehr leichten Schlaganfall. Ich sage nur, da das Geschehnis von größerer Bedeutung hätte sein können. Am folgenden Tag war sie mental viel unruhiger als sonst, hatte Schwindelanfälle und motorische Behinderungen im linken Arm. Dieser Zustand, der mentale Zustand, blieb angesichts ihrer anderen Behinderungen mehr oder weniger unbemerkt.

Wenn sie am 14. August von einem Arzt untersucht worden wäre, hätte man wahrscheinlich diesen Zustand bemerkt.

Ich schlage vor, dass ihr eine Pause macht.

(Pause um 21:29 Uhr. Jane war in der üblichen Trance. Sie gab die Informationen über Miss Callahan durch, indem sie mit ihrer linken Hand auf der Stirne hin und her ging, als ob sie in tiefen Gedanken versunken wäre. In der Pause sagte sie, sie sei sich nicht bewusst gewesen, dass sie das getan habe. Jane fuhr in der gleichen Art um 21:35 Uhr weiter.)

Ich sagte euch, dass dies eine kurze Sitzung sein würde und so wird es auch sein. Ich schlage vor, dass Ruburt an den Sitzungsabenden etwas Zeit findet, um sich zu entspannen und dass ihr, wenn immer möglich, beide unser Material lest und nun mit den Übungen in psychologischer Zeit fortfahrt und den Anordnungen folgt, die ich euch gegeben habe.

Glaubt auch nicht, dass ich vergessen habe, eure vorherigen Erfahrungen zu kommentieren, denn das habe ich nicht. Sie werden unter einer speziellen Rubrik diskutiert werden, wenn die Zeit dafür reif ist.

Ich werde euch nicht mit meinem Kommentar über euren Mangel an Entschlussfähigkeit bezüglich meines Vorschlags in der letzten Sitzung oder über Ruburts neue Stellung in der Galerie belästigen. Ich nehme jedoch an, dass beim zweiten Punkt Glückwünsche an der Tagesordnung wären und so mache ich sie.

(Hier bezieht sich Seth auf die Tatsache, dass Jane zur Vizedirektorin der Kunstgalerie ernannt worden ist. Sie freut sich sehr darüber. Ihre Aufgaben haben sich etwas verändert und schließen nun den Kunstgeschichte-Unterricht für Kinder ein. Jane unterrichtet sehr gerne und in einer früheren Sitzung sagte Seth einmal, dass diese Fähigkeit ein Überbleibsel aus einem früheren Leben und bis jetzt noch nicht zum Tragen gekommen sei.)

Ich war etwas betroffen über Janes Lesen von Jungs Texten und zwar einfach, weil Jungs Verzerrungen – obwohl er mehr zu bieten scheint als Freud und in gewissen Aspekten viel mehr versucht hat als dieser – doch ziemlich gewichtig sind und weil er bei scheinbar größerer Vertiefung und bedeutungsvolleren Resultaten trotzdem zu heimtückischen Schlussfolgerungen gelangt ist. Das ist aufgrund des großen Umfangs seines Werks umso einschränkender.

Ich werde dies später und am geeigneten Ort diskutieren.

Es liegt mir nicht daran, irgendwelchen Druck auf euch auszuüben, um euch dazu zu zwingen, meine Vorschläge zu befolgen und ich verstehe die so genannten praktischen Aspekte der Welt, in der ihr lebt, sehr gut, glaubt es mir. Trotzdem kann ich natürlich auch eine gewisse Enttäuschung nicht verhehlen.

Da ihr beide das Cayce-Buch lest, habe ich ein paar Bemerkungen dazu. Unser Material spricht für sich selbst und viele Kommentare von Mr. Cayce sind von außerordentlicher Gültigkeit und sollten hilfreich für euch sein. Er betont, wie ihr wisst, einige der Gefahren beim undisziplinierten Umgang mit dem Unterbewusstsein. Ich habe auch angedeutet, dass solche Gefahren tatsächlich existieren können und dass wir deshalb langsam und sicher auch diszipliniert vorgehen werden.

Auf diese Art bringen wir alle Aspekte ins Gleichgewicht. Ruburts Persönlichkeit hat sich hervorragend verhalten, indem sie sehr flexibel war und diese Flexibilität war äußerst wichtig. Es war diese Flexibilität in den Persönlichkeitsmustern von euch beiden, die uns die notwendige Stärke und Ausgeglichenheit gab und ich spreche hier von einer unterbewussten Flexibilität, die ein Bestandteil eurer Persönlichkeiten ist.

Ein starres Persönlichkeitsmuster, das im Schraubstock einer sozusagen extrem unbeweglichen, unterbewussten Psychose gehalten wird, ist unfähig, sich durch normale Kanäle Entspannung zu verschaffen und gelangt daher nicht in die lebendige Welt der Schöpfung hinein.

Alles, was allzu starr ist, zerbricht leichter, wenn neuer Druck ausgeübt wird. Wenn daher eine solch starre psychotische Persönlichkeit plötzlich einen Weg des Loslassens durch das Öffnen des Unterbewusstseins entdeckt, explodiert das starre Gestein in seinem Kern und wird zu einem Lavastrom unkontrollierbarer Fantasie. Die panische Angst einer solchen Persönlichkeit wird dann veräußerlicht und das Individuum wird dazu gezwungen, sich unter den schlimmstmöglichen Bedingungen mit den so lange unterdrückten persönlichen Zerrüttungen auseinanderzusetzen.

Ich schlage eine kurze Pause vor.

(Pause um 21:59 Uhr. Jane war in der üblichen Trance. Sie fuhr in der gleichen ruhigen Art um 22:02 Uhr weiter.)

Ich werde euch nicht viel länger aufhalten.

Ich wollte jedoch festhalten, dass ihr – trotz irgendwelcher persönlicher Neurosen, die ihr beide auch immer haben mögt und die alle haben – keine Ausnahme seid, werden diese Neurosen doch aufgrund der Fluidität und Flexibilität eurer unterbewussten Einstellung sehr wirkungsvoll durch eure eigenen schöpferischen Tätigkeiten sublimiert.

Aus diesem Grunde war unser Fortschritt so reibungslos und auch stetig. Auch sollte mein gut gemeinter Vorschlag, so wie Ruburt zumindest einmal erwähnte, nicht als Versuchung für ihn interpretiert werden, sich von der äußeren Welt zurückzuziehen.

Ich hatte auch vor, falls diese Ratschläge befolgt würden, gewisse Anregungen anzufügen, zum Beispiel in Bezug auf die Notwendigkeit andere Menschen zu treffen und in Bezug auf gewisse, sozusagen aggressive, Aktivitäten, die jeder möglichen Tendenz seines Sich-Zurückziehens entgegengewirkt hätten.

Ihr werdet mich nie dabei ertappen, dass ich den Rückzug von der Außenwelt, irgendwelche Vorurteile, jegliche gesundheitsschädigenden Aktivitäten oder gar einen Fanatismus in Bezug auf die Sitzungen selbst befürworte.

Engagement ja, aber nicht fanatisches Engagement. Sicher befürworte ich, dass dieses ganze Material dem Publikum verfügbar gemacht wird; der Zweck dieses Materials liegt ja auch darin, dass sich die Menschheit selbst versteht und dass sie die Welt, die ihre innere Realität widerspiegelt, versteht.

Es war und ist nie meine Absicht, Ruburt oder dich, Joseph, als irgendwelche höhere oder gar heilige Wesen einzusetzen, auf eine Art und Weise heilig, wie es andere

Männer und Frauen nicht auch sind. Wenn du und Ruburt gewisse Fähigkeiten habt um etwas zu erfassen, aufzunehmen, zu übersetzen und weiterzugeben, was andere nicht können, dann haben andere eben wiederum andere Fähigkeiten, die ihr beide nicht besitzt.

Ich werde andererseits jedoch nie eine kriecherische Unterwürfigkeit oder ein Gefühl der Nutzlosigkeit akzeptieren, denn solche falschen und unzulänglichen Ansichten des Selbst sind die Grundlage für die unglücklichsten Arten äußerer Einstellungen. Ich bestehe aber auf einer ehrlichen, ehrfurchtsvollen und stolzen Akzeptanz eurer eigenen Beziehung zum Universum und einer Akzeptanz der Verantwortung, die ihr dabei habt.

Niemand wird bei diesen Prinzipien etwas Falsches finden können. Es ist richtig, dass die äußerlichen Manifestationen der Libido in die physische Welt hinein gerichtet sind, aber bis der Ursprung der Libido gefunden, erforscht und ihre Existenz bewiesen wird, nicht nur in den obersten unterbewussten Schichten des Individuums und nicht nur im menschheitsgeschichtlichen Unterbewusstsein, sondern innerhalb der Wesenheit selbst, wird sich der Mensch selbst nicht kennen.

Jung fürchtete sich grundsätzlich vor einer solchen Reise, weil er dachte, sie führe nur bis zur menschheitsgeschichtlichen Wurzel. Er fürchtete, dass eine solche Erforschung in den Engpass einer Ur-Gebärmutter führen würde; aber genau dort, dort eröffnen sich andere Reiche, durch welche die Libido hindurchgegangen ist. Im übertragenen Sinne presste sie sich durch den Engpass und auf der anderen Seite gibt es keine Grenzen mehr.

Freud stocherte mutig in den individuellen obersten Schichten des Unterbewusstseins und fand sie tiefer als sogar er vermutet hatte. Diese Schichten sind voll von dem, was wir als lebensspendende, den Tod herausfordernde, differenzierte und undifferenzierte Impulse bezeichnen können, die alle im jetzigen Leben vom betreffenden Individuum erworben worden sind. Aber einmal durch diese hindurch, stehen noch viele weitere Entdeckungen an.

Dahinter wird der fleißige, konsequente, intuitive und flexible Suchende Horizonte finden, von denen Freud nie auch nur geträumt hat. Freud rührte nur gerade an die äußeren Grenzen. Jung, dessen Blick von Freuds Aufruhr etwas getrübt war, erblickte flüchtig, aber nur unzureichend, einige weitere Gebiete.

Was Freud für die persönlichen Schichten des Unterbewusstseins tat, müssen nun wir und andere wie wir für die entlegensten Bereiche tun.

Sind deine Hände müde?

(Meine Schreibhand begann zu ermüden, aber ich wollte keine Pause machen, deshalb verneinte ich.

(„Nein.")

Hier werdet ihr den wahren Ursprung der Menschheit und die Mechanismen und Vorgehensweisen finden, mit denen das unsichtbare Selbst arbeitet, durch psychische Energie sein materielles Universum formt und auf Ebenen kommuniziert, die von seinem äußeren physischen Organismus nicht wahrgenommen werden.

Ihr und die anderen Menschen seht nicht einmal die Hälfte der ganzen Wesenheit, die ihr selbst seid. Es stimmt, dass auf dieser Reise und bei dieser Suche Disziplin, etwas Vorsicht und Verständnis und viel Mut vonnöten sind.

So sollte es auch sein. <u>Ich</u> und andere wie ich helfen euch dabei. Weil in der Vergangenheit soviel Mischmasch vorgekommen ist, müsst ihr nun auf diesem Gebiet so diszipliniert und konsequent vorgehen. Ihr beide seid für ein solches Unterfangen besonders gut geeignet: mit einer Kombination von Intuition, grundlegender psychischer Gewandtheit, aber auch mit ausgewogenen inneren Identitäten.

Das ist äußerst wichtig. Ich schlage eine Pause vor. Die Sitzung wird um 23:00 Uhr beendet sein.

(Pause um 22:37 Uhr. Jane war in der üblichen Trance. Sie sagte, sie hätte neulich Jung gelesen, aber ziemlich planlos und ohne große Begeisterung. Sie fuhr um 20:40 Uhr in der gleichen ruhigen Art weiter.)

Ich möchte auch noch beifügen, dass ich <u>keine</u> Kontrollinstanz bin, so wie ein Medium von einem Kontrollgeist spricht. Ich bin nicht und ich glaube, das bereits erwähnt zu haben, eine zweitrangige oder abgespaltene Persönlichkeit von Ruburt. Und ich bin zum Beispiel auch nicht eine Ansammlung männlicher Tendenzen, die sich zu einer untergeordneten Persönlichkeit zusammengeschlossen haben, die nun nach Anerkennung oder Erlösung schreit.

Sicherlich bin ich auch keine Ansammlung vage definierter, kreativer Aspekte von Ruburts Persönlichkeit, die Befreiung sucht. Ruburts eigenes schriftstellerisches Werk, publiziert oder nicht, sollte zur Genüge beweisen, dass er keine zusätzlichen kreativen Ventile braucht.

Wir arbeiten auf einer kooperativen Grundlage und werden auch so weiterfahren. Ich schlage vor, dass ihr dieses Material mit einem Brief oder mit anderen Teilen des Materials an alle jene sendet, die euch wichtig sind. Ich sage, dass ich eine Energie-Persönlichkeitsessenz bin, denn das ist es, was ich bin.

Es gibt <u>keine</u> Invasion in Ruburts Geist oder in sein Unterbewusstsein durch mich. Er gestattet es, dass wir miteinander kommunizieren. Ich nenne ihn Ruburt, was zufälligerweise ein männlicher Name ist, einfach nur, weil dieser Name in eurem Sinne die naheliegendste Übersetzung für den Namen des ganzen Selbst oder der Wesenheit ist, von dem oder von der er nun ein selbstbewusster Teil ist.

Es besteht keine Gefahr von so genannten (in Anführungszeichen) „kranken oder bösen oder dämonischen oder unkontrollierten Geistern", (Schlusszeichen), die durch die von Ruburt geöffnete Türe Einlass ins Unterbewusstsein finden. Wenn solche Dämonen scheinbar–

(Hier schlug Jane zur Betonung auf den Tisch.)

–plötzlich auszubrechen scheinen, halten sie sich meist für lange Zeit im persönlichen Unterbewusstsein versteckt und sind in der Tat unglückliche Schöpfungen eines psychotischen Geistes. In Ruburts Unterbewusstsein gibt es keine davon.

Glücklicherweise können bei beiden von euch mögliche ungesunde Aspekte aus dem Unterbewusstsein durch eure kreative Arbeit aufgefangen werden. Gefährlich ist nur jenes Unterbewusstsein, das verschlossen gegenüber den aus dem Inneren auftauchenden Inspirationen ist und das auch die Tore gegen außen verschlossen hält.

Hier wird der Druck hochexplosiv, aber das ist bei keinem von euch der Fall. Wir haben daher keine Invasion in Ruburts Persönlichkeit von meiner Seite aus, wie ich schon sagte. Es wird sich herausstellen, dass Persönlichkeiten auch nach dem physischen Tod weiter existieren und dann wird es auch nicht seltsam erscheinen, dass solche wie ich kommunizieren können.

Ich bin kein gruseliger Geist, der beim ersten Anflug von Applaus mit den Ohren wackelt, sei es für eine ganze Gesellschaft oder auch nur zu eurem Vergnügen. Nicht dass ihr mich je darum gebeten hättet, aber ich sage es hier trotzdem. Ich bin kein Geist in jenem sentimentalen Sinn, in dem einige wohlmeinende, aber unausgewogene Mentalitäten darüber sprechen.

Ich bin eine Energie-Persönlichkeitsessenz. Dein und Ruburts inneres Identitätsgefühl sind stark. Ihr braucht in eurem Falle die Möglichkeit irgendeiner schädlicher Invasion nicht einmal zu hinterfragen. Und <u>jede</u> Invasion wäre schädlich.

Ich wollte dieses ganze Material zusammen durchgeben, damit eine kurze und prägnante Aussage unserer Positionen und des Zwecks dieses Material gemacht werden konnte. Und nun, nachdem ich euch doch länger aufgehalten habe als ich wollte, entbiete ich euch einen liebevollen guten Abend.

(„Gute Nacht, Seth."
(Ende der Sitzung um 23.02 Uhr. Jane war in der üblichen Trance.)

SITZUNG 84
2. SEPTEMBER 1964, 21:00 UHR, MITTWOCH, WIE GEPLANT

Psychologische Zeit als einziges Mittel zur Erforschung des inneren Selbst; die Jahreszeiten als physische Konstruktionen des inneren psychischen Klimas; Konstruktionen, die nur durch ihre Auswirkungen erkennbar sind

(Ein Ehepaar, das sich für heute Abend als Zeugen angemeldet hatte, informierte Jane, dass es aufgrund beruflichen Drucks nicht erscheinen könne. Bill Macdonnel traf jedoch ein.

(Seit seiner Rückkehr von Cape Cod machten sich Bills Lungenprobleme wieder bemerkbar. Seth hatte sich in der 56. Sitzung detailliert damit befasst. In der 68. Sitzung vom 6. Juli sagte Seth, wenn Bill nicht gewisse Dinge änderte, würden die Lungenprobleme wieder auftauchen. In letzter Zeit beschäftigte sich nun Bill mit der Suche nach einer Wohnung, die er auch als Atelier brauchen konnte.

(Beim Üben von psychologischer Zeit am Mittwoch, den 2. September um 20:15 Uhr spürte ich mein vertrautes prickelndes Gefühl, sobald als ich mich hinlegte. Es dauerte eine Weile in meiner linken Seite an; ohne es allzu intensiv zu versuchen, erreichte ich einen sehr angenehmen Zustand. Währenddessen hörte ich verschiedene vage Geräusche, sah verschiedene undefinierbare Szenen, einschließlich eines weißhaarigen Mannes. Ich setzte weder allzu viel Energie ein, noch versuchte ich, mich auf irgendetwas speziell zu konzentrieren.

(Jane war nicht nervös vor der Sitzung und erwartete, dass sie kurz sein würde. Sie begann mit einer etwas lauteren Stimme als gewöhnlich zu diktieren. Ihr Gang war regelmäßig, ihre Augen dunkel wie immer.)

Guten Abend.

(„Guten Abend, Seth.")

Mit eurer Zustimmung möchte ich nun die Sitzung beginnen, auch wenn ihr etwas erschöpft seid. Zu eurer Erbauung werde ich die Sitzung jedoch kurz halten.

Herzlich willkommen Mark, der du nun wieder bei uns bist und ich wiederhole: Das Boot war das erste Boot, das vom großen Raum aus sichtbar war, in dem sich die Männer trafen.

(Siehe Sitzung 83. Wir hatten mit Bill die zusätzlichen Informationen besprochen, die Seth in der letzten Sitzung über das Boot mit einem Symbol darauf durchgegeben hatte. Dieses Boot wäre anscheinend für Bill von diesem bestimmten Raum in Provincetown aus sichtbar gewesen, aber Bill kann sich nicht daran erinnern. Seth hatte dieses Boot auch in der 68. und 75. Sitzung erwähnt.)

Ich sah das Boot genau, als ich mir die ganze Szene anschaute. Vielleicht war sich Mark nicht bewusst, dass er es sah.

(„Was war für ein Symbol darauf?")

Das Symbol war ein halber Bogen mit einer diagonal gekreuzten Linie, fast wie ein umgekehrtes Cent-Zeichen – c-e-n-t. Es war nicht groß. Daneben könnte der Grossbuchstabe „J" und ein zweiter Grossbuchstabe „F" oder „W" gewesen sein.

Ich habe dem, was in der letzten Sitzung zu Marks Reise gesagt wurde, nichts mehr anzufügen.

Ich habe auch aus meinen eigenen Gründen nichts über Ruburts neuen Status in der Galerie gesagt. Und es wird euch nichts bringen, mich nach diesen Gründen zu fragen.

(Hier zeigte Jane nachdrücklich auf mich. Es muss noch angefügt werden, dass Mark der Name von Bills Wesenheit ist.)

Ich schlage vor, dass ihr einiges von unserem früheren Material wieder lest, wenn ihr Zeit habt und dass ihr die Übungen in psychologischer Zeit mit einer gewissen Regelmäßigkeit durchführt.

Es gibt, wie ihr wisst, Barrieren, Grenzen und verschiedene Dimensionen, die ihr bei dieser Art innerer Forschungsreisen durchdringen müsst. Durch Training werdet ihr die verschiedenen Tiefen, durch die ihr euch bewegt, kennen lernen und in gewissem Grad euren eigenen Fortschritt messen können.

Psychologische Zeit ist in der Tat das einzige Mittel oder Gerüst, mit dem das innere Selbst erforscht werden kann. Ihr solltet euch beide zu Beginn des Herbstes wieder in einer Aktivitätssphäre eurer Experimente befinden. Aus Gründen, die ich später diskutieren werde, verursacht der Wechsel der Jahreszeiten immer einen vermehrten Ausbruch psychischer Energien, obwohl eigentlich die zusätzlichen Ausbrüche psychischer Energie hauptsächlich für den Wechsel der Jahreszeiten verantwortlich sind.

Ich glaube, dass ihr während solcher Zeiten spürbar mehr Erfolgserlebnisse haben werdet und dass die natürlichen Aspekte der Jahreswechsel selbst ihrerseits solche inneren Aktivitäten auslösen können, wenn ihr das nur zulasst.

Hier haben wir eine Kombination von psychischen Kräften, die sich in chemischen und elektrischen Manifestationen zeigt. Die Jahreszeiten sind, wie ihr wisst, die physische Konstruktion des inneren psychischen Klimas. Wenn bestimmte Teile von Materie umgewandelt werden, das heißt, wenn das innere Selbst durch die inneren Sinne ein einfaches, von den äußeren Sinnen klar erkennbares, materielles Objekt erschafft, wie zum Beispiel einen Tisch, so werden diese anderen Konstruktionen, welche genau die innere Realität widerspiegeln, von den äußeren Sinnen als Effekte wahrgenommen.

Diese Konstruktionen können nicht so einfach aufgezeigt werden. Ihr könnt hier–
(Jane klopfte auf den Tisch.)
–darauf deuten und sagen, das ist ein Tisch und fast alle werden zustimmen. Aber die Jahreszeiten sind automatische Konstruktionen entlang der Veränderungslinien und manifestieren sich bei bereits konstruierter Materie.

Ihr könnt zum Beispiel den Herbst an sich nicht sehen, nur seine Wirkung auf die bereits bestehende Materie. Die Jahreszeiten stellen tatsächlich ein mehr oder weniger regelmäßiges inneres Schwingen und einen Rhythmus dar, der seinen Ausdruck durch Veränderungen dessen findet, was psychische Energie bereits erschaffen hat.

Es gibt somit Konstruktionen, die sich nur durch ihre Wirkung zeigen. Diese Konstruktionen sind jene, die der inneren Realität am nächsten sind, weil sie nicht völlig in Form oder Materie gefangen sind, sondern selbst Form oder Materie <u>verändern</u>.

Das wird für spätere Diskussionen äußerst wichtig sein.

Ruburt blockt ein Bild von Philip ab. Ich sehe ihn in einer Küche, mitten in einer gewissen Unstimmigkeit oder in Unstimmigkeiten, an diesem heutigen Tag.

("Mit wem ist er zusammen"?

(Diese Bemerkung überraschte mich, bis ich mich daran erinnerte, dass Seth in der 63. Sitzung vom 17. Juni 1964 das Datum des 2. Septembers als jenes angegeben hatte, an dem Pläne „geboren werden können, welche sein Mitwirken in seinem beruflichen Umfeld betreffen." Ich beziehe mich hier natürlich auf John Bradley, dessen Wesenheit Philip heißt und der Zeuge bei der 63. Sitzung gewesen war.)

Ruburt blockiert mich. Vielleicht zwei Frauen und ein Mann und laute Stimmen, mit einem Kind, das in der Nähe zuhört.

Ich schlage eine Pause vor.

(Pause um 21:25 Uhr. Jane war in der üblichen Trance. Sie erinnerte sich an das Blockieren. Sie sagte, sie fürchte sich davor, einen Fehler zu machen – vor allem zu Beginn der Sitzung. Als ich sagte, die Sitzung sei ja bereits ziemlich vorangeschritten, bemerkte Jane, dass ihr Begriff von Beginn alles Material bis und mit zur ersten Pau-

se einschließe.

(*Danach sei ihre Trance tiefer und sicherer, sagte sie, und sie fürchte sich dann nicht mehr so sehr vor Fehlern oder Verzerrungen. Von meiner Seite aus und auch in Betracht der Erfolge von neulich mit Bill Macdonnels Material wollte ich heute Abend so viele Informationen wie möglich über John erhalten, sodass wir es später überprüfen konnten.*

(*Bill sagte, dass er sich noch immer nicht an das Ruderboot mit dem Symbol im Hafen von Provincetown erinnern könne, obwohl er sofort zustimmte, dass er es gesehen und wieder vergessen haben könnte. Er erklärte, dass man aufgrund der Konstruktion des Docks vom Zimmerfenster aus nur die linke Seite sah, sodass es ziemlich schwierig gewesen wäre, ein kleines Objekt wie ein dort angebundenes Ruderboot zu sehen. Das Dock sei ziemlich hoch und aufgrund der gebogenen Linie des Strandes sei ein kleines, niedriges Objekt wie ein Ruderboot schwierig zu sehen.*

(*Bill sagte, er erinnere sich an eine andere Art von Boot, die dort war, eine Art Lastkahn oder Kranboot. Ich fragte ihn, ob er Bekannte habe, die noch dort seien, sodass er sich vergewissern könnte.*

(*Jane fuhr mit einer ziemlich normalen Stimme um 21:30 Uhr weiter.*)

Es gab ein grünes, festgebundenes Boot, das nicht leer war, sondern gewisse unförmige Dinge enthielt und irgendwelches dunkles Material. Es war ein wenig weiter entfernt, lag tiefer und hatte keinen Motor; es wurde zweimal pro Woche gebraucht und an einem anderen bestimmten Tag. Ich schlage vor, dass wir dieses Thema beenden.

Ihr werdet einen neuen Reichtum an Energie finden, wie ich euch sagte und ihr werdet diese Energie brauchen können, um eure physischen Konstruktionen zu verbessern und um die Experimente in psychologischer Zeit zu bereichern.

Wenn ich vom Verbessern materieller Konstruktionen spreche, meine ich damit perfektere Konstruktionen, die getreuere Abbilder von Gedanken in Materie sind und ich meine damit auch das Aufbrechen ungünstiger Zyklen, die durch den Einfluss schäbiger, physischer Konstruktionen in eurem Umfeld entstanden sind und die ihrerseits wieder die Vorstellung des inneren Selbst über die materielle Welt färben.

Weil ich euch während einer ungeplanten Sitzung so lange aufgehalten habe, möchte ich nun heute nicht allzu ausführlich werden. Bald werden wir beginnen, uns den inneren Sinne zuzuwenden und sie in unsere Diskussion über Materie miteinzubeziehen.

Ich werde nun, im Sinne einer ausgleichenden Gerechtigkeit, diese Sitzung hier beenden. Ich wünsche euch allen ganz herzlich einen guten Abend – und ihr könnt mich nun nicht tadeln, dass ich mir mehr Zeit genommen habe, als wir uns gegenseitig zugestanden haben.

Eine Bemerkung für Mark: Ich habe sehr stark betont, dass es äußerst wichtig für ihn ist, eine eigene Wohnung zu finden. Die stechenden Schmerzen, die er fühlt, sind in der Tat Warnungen oder vielmehr Anstöße seines eigenen Unterbewusstseins, dass er es tut und somit die entsprechenden Pläne zur Realität werden lässt.

Vor drei Nächten hatte er einen Traum, der ihm symbolisch das gleiche Vorgehen aufzeigte. Zu einer anderen Zeit werden wir die Wichtigkeit der Träume auf ihren verschiedenen Ebenen betrachten und die Art der Träume gründlicher umreißen als es die Psychologen bis jetzt getan haben. Das Thema wird von großem Interesse für euch sein und wir werden eure eigenen Träume als Beispiele gebrauchen.

(*„Kannst du uns jetzt mehr über John Bradley sagen?"*)

Nur der Zwischenfall in der Küche, ungefähr um 20:10 Uhr. Ich weiß nicht, in wessen Küche. Ich nehme an, es ist eine Küche, aufgrund eines Tisches dieser Art.

(*„Worüber haben die Leute gesprochen?"*)

Ich kann euch nichts weiteres sagen. Über irgendjemandem, der in der Nähe war. Es gibt innere Schwierigkeiten, gegen die Philip gekämpft hat. Die Diskussion kann sich auf diese beziehen oder sie ihm mindestens in sein Gedächtnis zurückrufen.

Ich möchte noch hinzufügen – nicht zum obigen Thema –, dass Ruburt nun lernt, seinen unterbewussten Verstand für sich statt gegen sich arbeiten zu lassen, vor allem wenn es um die Galerie geht. Ich werde diese Sitzungen nicht für mentale Tricks benützen, auch wenn das Resultat positiv wäre. Demonstrationen dieser Art werden immer spontan stattfinden und die daraus entstehenden spontanen Informationen werden meist exakt sein.

In einer tiefen Trance könnten wir dir viel erzählen, Ruburt und ich, aber ich stimme immer noch mit den Prinzipien der Kooperation überein und folge stets den vorgeschriebenen Vorsichtsmaßnahmen. Ruburts Fähigkeiten in diesem Bereich sind sehr groß, aber es ist immer notwendig, dass gewisse Kontrollen aufrechterhalten werden; und natürlich hält er sich daran!

Es gibt eine emotionale Verbindung, die beim Aufbau solcher Kontakte wichtig ist, und bei einer solchen Hellsichtigkeit mögen gewisse Objekte oder Situationen klarer auf- oder wahrgenommen werden und zwar nicht wegen ihrer logischen Zusammengehörigkeit, sondern weil die Ereignisse oder Situationen durch ihre emotionale Bindung bedeutungsvoll geworden sind.

Dieses Material wird sich bei eurer Interpretation solcher Informationen nützlich erweisen. Sogar wenn hellsichtig wahrgenommene Situationen scheinbar unabhängig von persönlichem emotionalem Inhalt sind, ist doch ersichtlich, dass eine intuitives Mitgefühl entstanden ist. Die Gefühle sind die Ausdehnung der inneren Sinne, wie ich euch gesagt habe–

(*Hier wurde Janes Stimme tiefer und dröhnte laut.*)

–und daher sind sie die Pfade zur Hellsichtigkeit. Auch wenn keine persönlichen emotionalen Bindungen vorhanden zu sein scheinen, wird trotzdem ein inneres psychisches Mitgefühl da sein.

Psychisches Mitgefühl kann sich in irgendeinem Raum des Geistes, irgendeines Geistes, irgendeines inneren Geistes ausdehnen. Alles ist bekannt, denn in den Tiefen des inneren Selbst ist das emotionale Mitgefühl unendlich. Mit Mitgefühl meine ich eine innere Verbindung, eine Anziehung, nicht unbedingt Mitleid.

Marks Traum war bedeutungsvoll.

(Ich hatte gehofft, Seth würde Bills Traum diskutieren. Seit er zum ersten Mal erwähnt wurde, hatte ich versucht, mich während des Aufschreibens auf diese Frage zu konzentrieren. Während der Sitzung erlebte ich tatsächlich viele Momente, in denen das von Jane durchgegebene Material genau meine eigenen Gedanken ausdrückte.)

Vor drei Nächten, von einem großen Raum. Ich bin mir dessen durch sein Unterbewusstsein gewahr. Er nimmt ihn, glaube ich, nicht bewusst wahr, obwohl er seine Pläne vorangetrieben hat. Es gab einen Schatten über dem Raum, und der Raum war in viele Teile aufgeteilt, die seine derzeitigen, verschiedenen Ängste und Wünsche darstellen.

Der Raum in seinem Traum hatte eine kreisförmige Decke, die, und ich hoffe, er verzeiht mir das, den Schoß seiner Mutter darstellt, aus dem der Erwachsene schließlich symbolisch fliehen muss.

Ich schlage entweder eine Pause oder die Beendigung der Sitzung vor, was auch immer ihr vorzieht. Da ich euch eine kurze Sitzung versprochen habe, gebe ich nach und schließe sie.

Mark mag sich vielleicht nicht an seinen Traum erinnern. Ruburt hat sich angewöhnt, hie und da seine Träume aufzuschreiben und zu gewissen Zeiten wäre eine entsprechende Deutung hilfreich. Aber nun ein für allemal: Einen herzlichen guten Abend. Wie immer könnte ich stundenlang weiterfahren und hier seid ihr nun, müde nach einem langen Tag. Ich weiß, ich sollte Bedauern mit euch haben. Soll ich?

(„Ja."

(Jane lächelte.)

Denkt daran, dass ich hie und da bei euch hereinschaue und auch auf jene aufpasse, die euch nahe sind. Wenn ich auch kein Schutzengel bin, so mache ich es doch bei der Annäherung an etwaige solche Pflichten ziemlich gut, übrigens mit wenig Dank, wie ich bemerken muss, obwohl ich manchmal vage Schimmer von Wertschätzung empfange. Und Ruburts Energie könnte immer noch für konstruktivere Ziele gebraucht werden.

Und nun werde ich schließen. Ich gebe euch ja so oft nach. Ist deine Hand müde?

(„Ja.")

Ich wünsche euch ganz herzlich einen guten Abend. Ich würde euch sogar noch einen herzlicheren guten Abend wünschen, wenn ihr eure eigene Energie effizienter anwenden würdet, sodass ich länger weitermachen könnte.

(„Gute Nacht, Seth."

(Ende der Sitzung um 22:07 Uhr. Jane war in der üblichen Trance. Bill sagte, er könne sich nicht an seinen Traum erinnern. Er bestätigte jedoch die Anwesenheit eines grünen und weißen Bootes, das in der Bucht festgemacht war und vom Vorderzimmer von Larry O'Tooles Haus gesehen werden konnte. Es war, sagte er, vielleicht eine Art Schnellboot mit Kabine und könnte auch etwas darauf gehabt haben. Hier war sich Bill nicht sicher. Der obere Teil des Bootes war grün, der untere Teil weiß. Er erinnerte sich auch an ein grünes Ruderboot, das vor dem Haus festgemacht war. Bill schlug vor, bei Larry O'Toole nachzufragen, da dieser immer noch in Province-

town war. Vor allem könnte O'Toole auch das von Seth beschriebene Ruderboot mit einem Symbol darauf überprüfen.

(Während wir zu dritt die Sitzung und auch die Tatsache besprachen, dass Jane viel weniger müde schien als vor Beginn der Sitzung, begann sie plötzlich wieder zu diktieren. Ihre Stimme war etwas lauter als normal. Jane saß während des Diktates meist am Tisch. Weiter um 22:17 Uhr.)

Eine Bemerkung. Ihr beide könnt und solltet lernen, eure Energien in der gleichen Art zu brauchen wie Ruburt seine Energien während einer Sitzung braucht. Seine Müdigkeit ist nicht nur vergessen, sondern wirklich nicht mehr vorhanden, obwohl ihn sein Arbeitstag persönlich erschöpft hat.

Es ist nicht zu bestreiten, dass er zu späterer Stunde jeweils fähig ist, über Energien zu verfügen, die ihm sonst nicht zugänglich sind und er kann diese Energien auch konstruktiv und wirkungsvoll anwenden. Ohne die genauen Umstände zu kopieren, könnt ihr drei in diesem Raum lernen, eure Energie genauso wirkungsvoll für ganz gewöhnliche Ziele zu verwenden. Es braucht einen veränderten Fokus. Auch Mark verfügt über viel Energie, die er nicht braucht.

Er neigt tatsächlich zu einer gewissen Trägheit, die er überwinden muss, wenn er will, dass seine künstlerischen Fähigkeiten Früchte tragen. Und du, lieber Freund, tätest auch gut daran, deinen Intuitionen etwas größere Freiheit zu geben, denn du bist schon mit genügend Selbstdisziplin gesegnet.

(Hier schaute mich Jane direkt an.)

Ich werde hier sogar davon absehen, euch auch nur vorzuschlagen, eure Intuitionen in die Praxis umzusetzen, da dies offensichtlich in keiner Weise auf euer unumschränktes Einverständnis trifft.

Mark denkt darüber nach, sich für eine Idee einzusetzen. Wenn er sich selbst nicht äußerst gründlich damit beschäftigt, muss er sich sehr stark anstrengen um sicherzustellen, dass er seinem Engagement auch mit Selbstdisziplin folgt. <u>Du</u> solltest dafür sorgen, dass deine Selbstdisziplin den Intuitionen folgt. Wenn ihr meine Bemerkung entschuldigt: Ruburt ist entweder ganz Selbstdisziplin oder ganz Intuition.

Er sollte versuchen, beides zu einer Art Paket zusammenzuschnüren. Ich werde <u>keine</u> praktischen Vorschläge mehr machen, außer ihr bittet mich buchstäblich auf <u>Knien</u> darum. Man begegnet mir mit Misstrauen, keiner meiner Vorschläge wird befolgt.

Ich werde behandelt wie ein Feind, obwohl ihr dazu ein nettes Gesicht aufgesetzt habt. Sogar <u>wenn</u> meine Vorschläge nur aus Ruburts Unterbewusstsein stammen würden, und das tun sie nicht, hätten sie für euch beide Gültigkeit.

Ich verstehe, weshalb solche Vorschläge mit Vorsicht aufgenommen werden müssen und trotz allem tadle ich euch nicht. Auch ich habe immer an Vorsicht geglaubt. Die Zeit wird jedoch zeigen, dass das Material stichhaltig ist, dass sich hier <u>keine</u> ungesunden unterbewussten Neigungen ausleben oder euch etwas diktieren.

Es muss ein Gleichgewicht geben und das wird es auch. Tatsächlich besteht es hier schon, zwischen Intuition und Disziplin. Aber ich kenne Energiegesetze, die keinem von euch vertraut sind. Es liegt mir fern, mich mit Ruburts kostbarem Ego anzulegen. Mit der Vizedirektorin der Arnot Kunstgalerie legt man sich in der Tat besser nicht an!

(Hier dröhnte Janes Stimme wieder in voller Lautstärke, während sie sich selbst aufs Korn nahm. Ihre Ausdrucksweise war halb ernst und halb belustigt, wie sie dies schon während dieses ganzen Materials gewesen war.)

<u>Er würde</u> einen solchen Titel <u>niemals</u> aufgeben oder nur nach den entsetzlichsten Kämpfen. Und genau um zu verhindern, dass er einen solchen Titel erhält, schlug ich vor, dass er die Galerie verlassen sollte. Die Befriedigung seines so überaus hungrigen Egos und seiner tatsächlichen finanziellen Bedürfnisse hätte durch sein Schreiben gestillt werden können, wie ich euch sagte.

Es besteht die Gefahr einer Verzettelung von Energie. Als Vizedirektorin wird sein Ego jedes Lob, das es braucht, begierig aufnehmen. Und das wäre auf die Dauer weder zu seinem noch zu deinem Vorteil.

Ich schlage vor, dass ich nun gute Nacht sage. Wenn ich mich fühle, als ob ich stundenlang so weitermachen könnte, ist es auch deswegen, weil ich heute vor einem Jahr den ersten Kontakt mit Ruburt aufnahm – zumindest einen ersten unterbewussten Kontakt, den er nicht bewusst wahrnahm. Es war ein gutes Jahr und wenn auch meine praktischen Vorschläge nicht befolgt wurden, hat sich eure Situation doch gemäß den Gesetzen der Erwartungshaltung verbessert.

Ich wollte nie andeuten, dass materielle Ziele grundsätzlich wichtig sind, denn sie sind es nicht. Aber innerhalb gewisser Grenzen sind schäbige physische Konstruktionen ein armseliger Beitrag zur psychischen Gesundheit. Weil deine Hand müde ist, werde ich nun aufhören und ich verspreche euch, wieder eine kurze Sitzung abzuhalten.

Ruburt mag zetern wie er will, aber er hat nichts zu zetern. Ich halte ihn in Form und nehme an, dass ich das nun auch für dich tun muss. Und damit gute Nacht.

("Gute Nacht, Seth".

(Ende der Sitzung um 22:37 Uhr. Jane war in der üblichen Trance und sagte, sie sei sich des Themas nach der ersten Beendigung der Sitzung nicht mehr bewusst gewesen. Meine Schreibhand war ziemlich müde geworden.)

SITZUNG 85
7. SEPTEMBER 1964, 21:00 UHR, MONTAG, WIE GEPLANT

„Ich bin nicht perfekt. Ich bin eine Persönlichkeit, keine alles verstehende und immer gerechte Gottheit und manchmal bin ich sogar zornig."

(Weder Jane noch ich hatten irgendwelche Resultate in Bezug auf die psychologische Zeit zu berichten, da wir bis jetzt noch keinen Übungsplan dafür aufgestellt hatten.

(Während des Wochenendes hatte ich einige Zeit damit verbracht, das gegensätzliche Frank Watts Material auszusortieren, das von FW in den ersten beiden Sitzungen durchgegeben worden war. Ich wusste, dass einzelne Teile davon widersprüchlich waren und wollte es durcharbeiten, bevor ich Seth danach fragte. Jane und ich hatten darüber gesprochen, das ganze Material nachzuprüfen, da wahrscheinlich Unterlagen über Frank Watts in der näheren Umgebung existierten. Möglicherweise gab es nebst Miss Callahan und Mrs. Borst, einer Mitarbeiterin von Jane in der Galerie, noch andere Leute, die ihn gekannt hatten und die uns helfen könnten, die von Seth durchgegebenen Informationen zu überprüfen. [Siehe Band 1 der Frühen Sitzungen.]

(Kurz vor Beginn der Sitzung sagte Jane, sie hoffe, Seth würde das Frank Watts Material diskutieren, um mir die Mühe des Fragens während der Sitzung zu ersparen. Sie hatte keine Ahnung vom heutigen Material. Sie begann pünktlich mit einer etwas kräftigeren Stimme als sonst und ziemlich schnell zu diktieren. Ihr Gang war ebenfalls ziemlich schnell, ihre Augen dunkel wie immer.)

Guten Abend.

("Guten Abend, Seth.")

Ich wünsche euch beiden einen sehr liebevollen, guten Abend.

Ich werde tatsächlich über das Frank Watts Material sprechen und über einige andere Dinge, die zur Zeit aktuell sind.

Ich möchte die Sitzung mit der Bemerkung einleiten, dass ihr euch beide in einem hervorragenden psychischen und physischen Zustand und auch auf eurer besten Erfolgsebene befindet und in der Tat ein Gleichgewicht aufrechterhalten könnt wie es früher keinem von euch gelungen ist.

Es freut mich, das zu sehen. Es freut mich auch, die Beweise persönlichen Selbstvertrauens, was Ruburt betrifft, zu sehen und euren gemeinsamen Entscheid, dass er die Galerie verlässt. Ich bin mir der Gefahr einer Verzerrung bei diesem Material völlig bewusst, vielleicht in der Tat bewusster als ihr beide.

Verzerrung ist nicht Unwahrheit. Sie ist nur eine andere, durch eine begrenztere Wahrnehmung gesehene oder gefärbte Interpretation der Realität. Ich möchte dies ganz klar stellen. Ich habe vor, mich gründlich mit diesem Thema zu befassen, da es verschiedene Stufen von Bewusstsein beinhaltet, durch die wir reisen müssen.

Was Ruburts persönliches Unterbewusstsein betrifft, muss weder er noch du sich vor irgendwelchem darin enthaltenen Material fürchten, das gefährlich, irreführend, extrem egozentrisch oder voll düsterer Phänomene sein könnte.

Zu meiner, und ich hoffe auch zu deiner, Beruhigung sorgt sein persönliches Unterbewusstsein sehr gut für sich selbst, indem es Fantasiegebilde in kreative Prosa und Poesie sublimiert, ein Prozess, an dem ich in keiner Weise beteiligt bin. Ich mache zum Beispiel keinen Versuch, Ruburt bei seiner eigenen kreativen Arbeit zu inspirieren. Wenn er jedoch kein solches Ventil hätte und wenn auch du kein solches Ventil in deiner eigenen Arbeit hättest, dann bekämen wir tatsächlich einige Probleme, weil dann diese Schicht des persönlichen Unterbewusstseins nicht nur ein Empfangskanal wäre, sondern ein Kanal, der seine eigenen lärmenden und anspruchsvollen Signale aussenden würde.

Das hätte zu größeren Schwierigkeiten geführt wie es zum Beispiel geschieht, wenn Individuen ohne ein für das Unterbewusstsein angemessenes Übertragungssystem Forschungen wie diese hier versuchen.

Ich realisiere und verstehe, dass ihr beide bei der Durchgabe von persönlichem Material immer misstrauisch seid. Sogar Ruburt glaubt, dass es sehr wohl möglich ist, dass solches Material irgendwie das Resultat seines eigenen, persönlichen Unterbewusstseins sein könnte, das gemeinsame Sache mit mir macht. Das ist nicht der Fall.

Es stimmt, dass es für euch schwierig ist, mich beim Wort zu nehmen, wenn ich irgendwelche Handlungen in der praktischen Welt vorschlage, vor allem wenn solche Vorschläge weder praktisch noch möglich scheinen. Ich weiß das. Ich sollte verständnisvoller sein.

Ich bin nicht perfekt. Ich bin eine Persönlichkeit, keine alles verstehende und immer gerechte Gottheit und manchmal bin ich sogar zornig. Ich möchte nicht unvernünftig sein. Ihr braucht euch nicht zu sorgen, dass ich nur persönliches Material durchgeben werde, aber dieses Material heute Abend ist wichtig, was unsere Beziehung betrifft.

Ich denke in längeren Zeiträumen und viele Themen werden, mit eurer Mitarbeit, über die Jahre hinweg behandelt werden. Ruburt befürchtet nun, dass meine Bemerkung bezüglich der Hoffnung, dass dieses Material in der ganzen Welt gelesen werde, das Resultat irgendeiner unterdrückten krankhaften Selbstsucht seinerseits ist. Das ist das Resultat eurer gemeinsamen Interpretation. Ich weiß, dass das Material keine neue Bibel ist, glaubt es mir. Es zeigt jedoch Tatsachen auf, die nicht allgemein bekannt sind und diese sollten, unabhängig von der Quelle, verbreitet werden. Ich sehe nichts übertrieben Egozentrisches in dieser Bemerkung und wenn ihr das Material nicht als wertvoll betrachtet, warum verbringt ihr dann soviel Zeit damit?

Meine Persönlichkeit mag vielleicht tatsächlich manchmal zeigen, dass ich ein etwas ungeduldiger Mensch bin, der seine Schüler hin und wieder an den Ohren zieht, natürlich nur symbolisch, aber ich habe nie vorgegeben, jemand anderes als mich selbst zu sein.

Ich werde euch eure erste Pause machen lassen. Und mit diesem Material als Vorwort werde ich mit einer kurzen Erklärung über das Frank Watts Material beginnen.

(Pause um 21:26 Uhr. Jane war in tiefer Trance - weit weg, sagte sie. „Seth kam laut und klar durch". Trotz dieses Zustands erinnerte sie sich an das Material, vor allem an den Teil, wo es heißt, das Material werde seinen Weg um die Welt machen.

(Sie fuhr mit einer etwas ruhigeren Stimme, aber immer noch ziemlich schnell, um 21:31 Uhr weiter.)

Nun: Das Seth-Material beginnt mit dem Seth-Material. Punkt.

Ich werde euch nun die Herkunft des Watts-Materials, seine Bedeutung und den Grund für seine Verzerrungen erklären.

Ich wollte das nicht am Anfang behandeln. Ich wollte euren Fortschritt nicht behindern oder euer Selbstvertrauen verletzen. Nochmals: Was mich betrifft, und ich bin Seth, beginnt das Seth-Material mit dem Seth-Material.

(Jane hatte vermutet, dass dies Seths Antwort sein würde und hatte mir das am Wochenende gesagt. Das heißt, dass Seth seine Gegenwart zum ersten Mal mit seinem Namen in der 4. Sitzung bekannt machte. Der Charakter der vor diesem Punkt erhaltenen Antworten hatte sich jedoch bereits schon vorher von der Art der Frank Watts-Antworten unterschieden. Ich erinnere mich, dass wir uns sogar schon damals gefragt hatten, ob sich eine andere Wesenheit als Frank Watts gezeigt hatte.

(Andererseits zweifelten wir nicht daran, dass zuerst eine Art Verbindung mit Frank Watts etabliert werden musste. Wir glaubten nur, das Ganze sei verstümmelt gewesen. Janes Kollegin in der Galerie, die nun pensionierte Mrs. Borst, hatte klar gesagt, sie habe einen um 1940 verstorbenen Frank Watts und auch seine Schwester Treva gekannt.)

Trotzdem war vieles vom Watts-Material gültig. Die Verzerrungen, zu zahlreich um hier erwähnt zu werden, waren das Resultat von Unerfahrenheit nicht nur auf Janes Seite, sondern auch von Seiten der Persönlichkeit, die gelebt hat und Frank Watts genannt wurde.

Er war eine Persönlichkeit meiner Wesenheit, vollständig unabhängig von mir und frei von meiner Kontrolle, so wie ich erklärt habe, dass dies auf solche Persönlichkeiten zutrifft. Ruburts Fähigkeiten hatten gerade erst begonnen sich zu entwickeln und wiesen das auf, was wir hier eine niedrige Frequenz nennen wollen. Es gab von Anfang an eine Verwandtschaft, aber Ruburt konnte einfach nicht weit genug oder nicht genügend innerhalb und durch die inneren Sinne hindurch ausgreifen, um mich direkt zu kontaktieren; und es gibt etwas, was ihr aus Gründen der Einfachheit Anstandsregeln nennen mögt, die ich nicht verletzen wollte.

Hätte ich damals versucht, Ruburt zu kontaktieren, <u>wäre</u> der Kontakt eine Art psychische Invasion gewesen, was ich höchst unethisch von mir gefunden hätte.

Frank Watts war näher und bewegte sich einerseits als unbewusste Relaisstation, während andererseits sein Unterbewusstsein das Einverständnis gab. Das Material, das durchkam, war äußerst verstümmelt, einige Verzerrungen entstanden aus Ruburts Unerfahrenheit und andere einfach nur bei der Übersetzung.

Das war der Grund für den ziemlich abrupten Wechsel von der Frank Watts-Identität zu meiner eigenen. Bei meinen ersten Vorstößen nannte ich meinen Namen nicht, damit ich nicht daran gebunden war. Trotzdem waren diese Vorstöße wichtig für den Beginn dieses Unternehmens und für diesen Beginn braucht es weder von euch noch von mir eine Entschuldigung.

Das Material wurde von Ruburt in die Wege geleitet und auf einer unterbewussten Ebene von Mrs. Borst aufgenommen, die, wie ich vermute, zu jener Zeit in der Galerie war. Es gab einen Frank Watts. Mrs. Borst kannte ihn und er existierte als unabhängige Persönlichkeit.

(„Kannst du uns ein paar Daten geben?")

Aufgrund von Ruburts Reaktion werde ich das heute Abend nicht tun. Bei einer anderen Gelegenheit werde ich sie ganz listig im Rahmen des Materials einfügen. Die Daten oder eher das Frank Watts-Material muss jedoch separat von meinem Material betrachtet werden. Mein Material ist das Material, bei dem ich meinen Namen brauche.

Während des Herbsts und des Winters werden wir mit langen Sitzungen über die inneren Sinne, die Natur der Materie und die Zeit weiterfahren und auch andere Möglichkeiten diskutieren, mit denen ihr persönlich experimentieren könnt.

Ich werde aufgrund eurer Reaktionen versuchen, die Aspekte eurer praktischen Existenz nicht zu diskutieren, obwohl euch gesagt werden müsste, dass solche Diskussionen trotz allem zu eurem Vorteil wären. Ich werde mich aber dem fügen, von dem ich glaube, dass es eure Wünsche in dieser Angelegenheit sind. Ich muss mich jedoch nicht würdevoll fügen.

(„Es macht mir nichts aus.")

Du sprichst nur mit deiner Zunge. <u>Dann will ich nun sagen,–</u>

(*Hier dröhnte Janes Stimme plötzlich ganz laut*)

–dass ich wusste, was ich tat, als ich abrupt und – ich gebe zu – sehr nachdrücklich vorschlug, dass Ruburt die Galerie verlassen sollte und zwar zwei volle ganze Tage, bevor man ihm seine kostbare Position als Vizedirektorin gab.

Ihr beide habt alle Arten trickreicher, unterbewusster Motive von Seiten Ruburts vermutet. Tatsache ist jedoch, dass die Dinge für ihn beim Befolgen meines Vorschlags viel einfacher gewesen wären. So wie es nun aussieht, hat er sich selbst, aufgrund ganz praktischer Ereignisse und mit deiner Hilfe, entschieden zu gehen, nachdem er den Posten angenommen hatte. Wäre er meinem Vorschlag damals gefolgt, als ich ihn äußerte, wären die Dinge einfacher gelaufen. Wie es nun ist, wird es Missverständnisse geben, die hätten verhindert werden können.

Nun: Er blockierte einiges von diesem Material. Die Dringlichkeit war jedoch ersichtlich und weil das Material in einer spontanen, ungeplanten Sitzung durchgegeben wurde, gelangte zumindest etwas durch. Ich wusste, dass er in jedem Fall gehen würde. Ich wollte, dass er ging, bevor er die Position angeboten erhielt. Die Position mag ihm zwar nicht wirklich viel bedeuten, aber seine Zustimmung wurde als Zeichen dafür genommen, dass er gewillt war, die Bedingungen in der Galerie zu akzeptieren; seine Kündigung wird nun daher etwas unverständlich sein.

Eine solche ungeplante Sitzung mit dringenden Untertönen sollte zumindest gründlich studiert werden. Ich schlage ja nicht vor, dass ihr in blindem Vertrauen handelt, aber eine solche Sitzung ist ein Symptom von irgendetwas, das in der Luft liegt und das geprüft werden sollte, auch wenn Ruburt die ganzen Details blockiert.

Ich kann nicht mehr tun als euch im Auge zu behalten, nicht wahr?

(„Nein.")

Ich schlage eine Pause vor.

(Pause um 22:01 Uhr. Jane war wieder in voller Trance. Sie schloss die Sitzung mit einer sehr humorvollen Note. Ihre Stimme war nun in Umfang und Volumen ziemlich normal und sie fuhr in der gleichen Art um 22:03 Uhr weiter.)

Das wird nun eure lang versprochene kurze Sitzung sein.

Ich möchte jedoch noch eine weitere Bemerkung anfügen. Ruburt hatte auch einen Traum, der ihn ganz klar vor Schwierigkeiten warnte, jener Traum, in welchem er im Haus des Präsidenten der Kunstgalerie war. Er, Ruburt, öffnete eine seltsame Tür, um darin eine bedrohliche männliche Gestalt zu finden.

Er versuchte zu schreien, konnte es für einen kurzen Moment nicht, schrie aber dann und rannte weg. Die Tür stellte das dar, was als neue Chance erschien. Die Gestalt darin stellte die derzeitige Wirklichkeit dar, das heißt, dass das, was als Chance erschien, stattdessen als Sackgasse enden würde, als eine bedrohliche und stagnierende Position. Die männliche Gestalt stellte den Direktor dar, der diese neue Position anbot. Die Pause, während der Ruburt nicht schreien konnte, stellte die eingefrorene Pause der Unentschlossenheit dar, in der er nicht handeln konnte.

Die Kulmination des Traums, als er schrie und wegrannte, erfolgte durch sein Unterbewusstsein, das ihm dann die Lösung gab: Die neue Position war bedrohlich, weil sie möglicherweise seine Energien für sein Hauptziel, das Schreiben, geschwächt und nur eine oberflächliche Ego-Befriedigung gebracht hätte, die ihn grundsätzlich nicht nur mit Unzufriedenheit, sondern auch mit dem Gefühl, sich selbst verraten zu haben, zurückgelassen hätte.

Er hätte, glaubt es oder glaubt es nicht, innerhalb von fünf Jahren eine noch höhere Position erreicht, jedoch nicht den Direktorenposten, und sein inneres Ego wäre dann so besänftigt gewesen, dass es damit zufrieden gewesen wäre. Aber seine inneren Triebe hätten ihn nie zur Ruhe kommen lassen. Ich hätte mir jedoch gewünscht, dass er die notwendigen Anpassungen für die Beibehaltung des Gleichgewichts und für die äußerliche Herzlichkeit mit dem Direktor gemacht hätte, damit er sich selbst besser verstanden hätte und auch damit seine Kündigung, die ich voller Hoffnung voraussah, relativ schmerzlos sein würde.

Sein Traum hatte nichts mit mir zu tun. Alles das, also unsere ungeplante Sitzung und die folgenden Ereignisse, können als Beispiel betrachtet werden, die euch zeigen sollten, dass unser persönliches Material seine eigene Gültigkeit hat.

Das Material, das sich mit dem Haus befasste, war unverzerrt. Ich erwartete zuviel und das ist mein Fehler. Nehmt jedoch die unterschiedliche Wichtigkeit der verschiedenen Vorschläge zur Kenntnis. Ich weiß, das ist schwierig zu begreifen. Tatsache ist jedoch, dass euch bei einem Umzug der Verkehrslärm gar nicht gestört hätte, weil ihr euch über so viele andere Dinge gefreut hättet.

Ich habe diesen Punkt damals nicht betont, wie ich es mit dem Vorschlag bezüglich der Galerie tat. Ruburt wird sich verbessern und hat sich bereits verbessert, was Verzerrungen betrifft und nochmals: Wir verwenden keinen tiefen Trancezustand, weil wir als Gemeinschaft arbeiten. Der Prozess mag länger dauern, ist aber längerfristig viel vorteilhafter und vergesst nicht, dass dies erst nur der Anfang ist.

Ruburt und du, ihr seid beide sozusagen im Training. Ihr könnt nicht zuoberst beginnen und ich selbst bin vorsichtig. Ich will mich nicht–

(Hier wiederum wurde Janes Stimme für kurze Zeit sehr laut.)

–mit hysterischen Leuten beschäftigen und ihr auch nicht. Lasst uns daher in unserem eigenen Tempo weitergehen. Die Resultate werden es auf jeden Fall wert sein.

Fühlt euch nicht ständig direkt betroffen, wenn ich etwas vorschlage, das ihr nicht praktisch findet, aber schaut es euch zumindest genau an. Wenn Ruburt es blockiert, dann sollte immer eine gewisse Bedeutung darin liegen.

Wenn ihr das Gefühl habt, nicht sofort handeln zu müssen, solltet ihr aber auch nicht annehmen, überhaupt nicht handeln zu müssen. Meine Vorschläge erscheinen oft so unpraktisch, weil wir erst am Anfang stehen und Ruburt mich so oft blockiert. Er fürchtet sich vor dem konkreten Material.

Ich wünsche euch nun ganz herzlich einen guten Abend. In zukünftigen Sitzungen könnt ihr euch auf ein paar fette und üppige Informationen über weniger persönliche Dinge freuen. Habt Mut und freut euch darüber, dass ihr beide in einem hervorragenden Allgemeinzustand seid, denn das ist sehr wichtig für alles, was ihr tut.

("Gute Nacht, Seth."

(Ende der Sitzung um 22:28 Uhr. Jane war in der üblichen Trance. Wir beide erinnerten uns an Janes Traum, über den Seth gesprochen hatte. Es war ein sehr intensiver und ziemlich unangenehmer Traum gewesen und Jane hatte mir davon erzählt, als sie erwachte. Sie schrieb ihn sofort in ihrem Traum-Tagebuch auf. Den Traum hatte sie in der Nacht vom Sonntag den 30. August, und am nächsten Tag wurde ihr der Vizedirektorinnenposten in der Galerie gegeben.)

ENDE DES ZWEITEN BANDES

DIE FRÜHEN SITZUNGEN

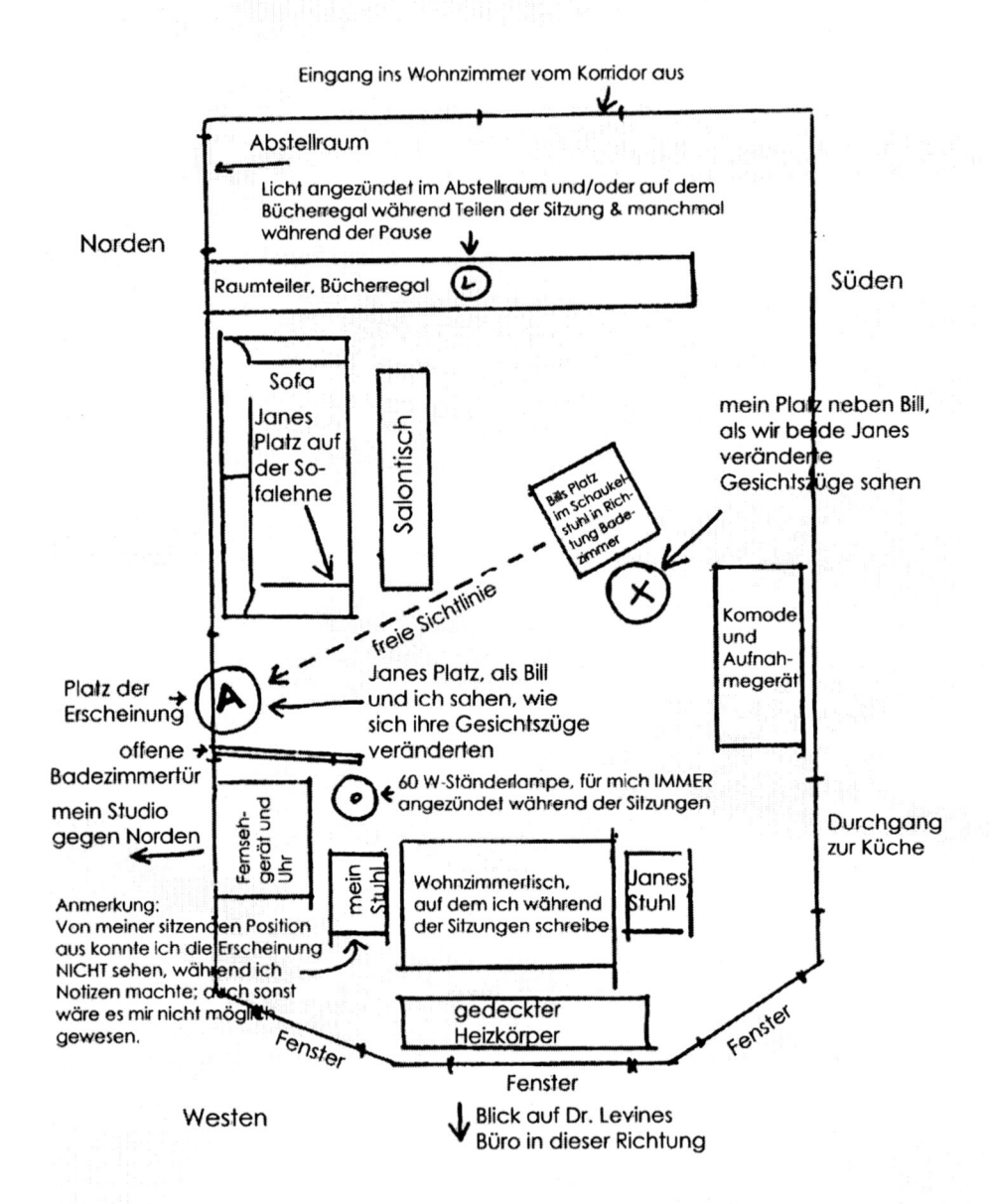

Eingang ins Wohnzimmer vom Korridor aus

Abstellraum

Licht angezündet im Abstellraum und/oder auf dem Bücherregal während Teilen der Sitzung & manchmal während der Pause

Norden — Süden

Raumteiler, Bücherregal (L)

Sofa

Janes Platz auf der Sofalehne

Salontisch

Bills Platz im Schaukelstuhl in Richtung Badezimmer

mein Platz neben Bill, als wir beide Janes veränderte Gesichtszüge sahen

(X)

Komode und Aufnahmegerät

freie Sichtlinie

Platz der Erscheinung → (A)

Janes Platz, als Bill und ich sahen, wie sich ihre Gesichtszüge veränderten

offene → Badezimmertür

60 W-Ständerlampe, für mich IMMER angezündet während der Sitzungen

mein Studio gegen Norden

Fernsehgerät und Uhr

mein Stuhl

Wohnzimmertisch, auf dem ich während der Sitzungen schreibe

Janes Stuhl

Durchgang zur Küche

Anmerkung: Von meiner sitzenden Position aus konnte ich die Erscheinung NICHT sehen, während ich Notizen machte; auch sonst wäre es mir nicht möglich gewesen.

gedeckter Heizkörper

Fenster — Fenster — Fenster

Westen

↓ Blick auf Dr. Levines Büro in dieser Richtung

(Skizze von Janes und Robs [und Willys!] Wohnung zu Sitzung 68.)

Namen- und Sachregister

Alles-Was-Ist 162
Alter, Altern 63, 150, 152
Antimaterie 157, 166ff.
Antischwerkraft 157
Antiraum 157
Atome 6, 69f., 72f., 76f., 78f., 94, 98f., 103ff., 111, 125, 160ff., 169, 180ff., 198, 200, 216ff., 232ff., 247f., 258ff., 263, 268, 283, 302
Außerdirdische 21
Australien 22

Bäume 95ff., 108
Bewusstsein 4ff., 14, 19ff., 63, 70ff., 76ff., 82f., 95, 97ff., 104f.., 126, 152, 159ff., 166, 170, 197f., 200, 233f., 236, 246ff., 258, 261, 263, 275ff., 302, 321f., 344
Boston 3, 145f.
Butts, Loren 118f., 128

Callahan, Miss 17, 23, 29ff., 38, 91f., 100, 103, 113ff., 165, 301, 310, 312, 330ff., 344
Cayce, Edgar 332
Chromosomensystem 76

Dauerhaftigkeit 13 ff., 31, 51, 63, 81f., 94, 96, 100, 125, 149, 151, 156, 160f., 167, 180, 232, 249 ff., 257f., 280, 299,
303, 318, 321
Diffusion, neunter innerer Sinn 72f.

Ego, äußeres 126, 130, 132, 139
Ego, inneres 73, 98, 139, 348
Einstein, Albert 20
Enzyme, mentale 45, 79
Evolution 14, 19, 21, 36, 69, 77, 124,

Extral-Wert 98f., 104

Farben 11, 154, 180, 189, 291f.
Fragmente 33, 64, 94f., 138, 233, 235f., 309, 311
Fragmentpersönlichkeiten 95f.

Galaxie 11, 21f.
Geburt 15, 25, 69, 82f., 86f., 95ff., 111
Gegenwart, geräumige 13f., 16, 20f., 28, 53, 62, 73, 80ff., 91, 94, 96, 98, 100, 140, 298
Gene, mentale 73, 76
Gencode 76
Gehirn 11ff., 16, 71, 115, 143, 199
Geist 11ff., 71, 98, 122, 143, 198f., 206, 236, 268, 291, 316, 335f.
Gesundheit 123, 141, 343
Gewebekapsel 77
Glaubenssätze 143, 240, 291
Gott 265, 316f., 319
Gotteskonzept 77, 265, 316, 318
Gottesmythos 316, 318
Gesetze des inneren Universums
   - Werterfüllung 13ff.,
   - Energieumwandlung 14ff.
   - Spontaneität 13f.,
   - Dauerhaftigkeit 13ff.
   - Schöpfung 15
   - Fähigkeit zu unbegrenzter
   - Beweglichkeit 73
   - Fähigkeit zu unbegrenzter
   - Umwandlung 73
   - Kooperation 78
   - Bewusstsein 73

Hellsehen 3, 8, 16
Hypnose 21ff., 45, 60, 138, 145

Innere Sinne 2f., 6ff., 16, 19, 21, 31, 46, 53, 59, 61ff., 69, 72, 74, 80, 89f., 94, 99f., 104f., 135, 162 189, 197 f., 202, 207, 219, 222, 261, 276, 293, 298 f., 330, 338 f., 346 f.
Intuition 15, 20f., 61, 134, 265, 270, 299, 321, 335, 342

Jung, Carl Gustav 330, 334f.

Kapselverständnis 105, 160, 163, 169, 200, 233f., 247
Konstruktionen, primäre 240, 246
Konstruktionen, sekundäre 240, 246
Kreuzigung 36f., 316
Krieg 16, 21, 118

Levitation 2f., 48
Loslösung, achter innerer Sinn 2f., 7, 72

Mareth (Jim Tennant) 59
Mark (Bill Macdonnel) 30ff., 216ff., 231ff., 292f., 331, 337ff., 341f.
Medium, Medien 98, 208, 335
Meditation 270, 299f.
Medizin, psychosomatische 71

Ouija-Brett 192, 223, 252f., 261

Pendel, Pendeln 140f., 153, 174, 194
Persönlichkeits-Essenz 51ff. 335f.
Persönlichkeits-Fragmente 64
Persönlichkeit, sekundäre 124ff., 127
Philip (John Bradley) 17, 93, 99, 164ff., 181, 240ff., 246, 324, 338, 340
Psychologische Zeit 3, 5f., 15, 18, 53, 62, 81, 127, 139, 337

Qualitäts-Tiefe, zehntes Gesetz des inneren Universums 138ff.

Raum, fünfdimensionaler 4f., 10, 12, 162, 168, 260
Raumfahrt 25, 45, 61, 77, 107f.
Raum und Zeit 15, 36, 51ff., 122, 124, 264, 318, 321
Regression, zeitliche 45
Reinkarnation 16, 58, 318
Roarck (Jim Beckett) 43ff., 46f., 57f.
Roberts, Hubell 253f., 261
Roberts, Tom 208ff., 219, 253 f.

Schöpfung 15, 68f., 78, 98f., 119, 124, 153, 163, 166, 197, 333, 335
Selbst, inneres 115, 130
Selbst, äußeres 116
Selbst-Bewusstsein 72, 111
Spontaneität 13f., 22, 58, 81f., 96, 133, 136, 164, 299f.
Schilddrüse 267f., 270

Telepathie 8, 16, 21, 24, 27, 122 f., 170, 179, 231, 234
Tiere 28, 64, 179
Tierfragmente 28
Tod 14ff., 24f., 28, 31, 53, 82, 97, 200, 265, 334, 336
Todespunkt 97
Träume 12, 123, 125, 317, 319, 339ff., 348f.,
Traumwelt 4f., 7, 11ff., 62ff., 124f., 198
Traumorte 6, 10
Triev (Dänemark) 4, 28, 34, 38, 136, 186, 227

Uhrzeit 2, 12, 18, 63, 127
Universum 4ff., 10ff., 18ff., 36, 45, 60ff, 68 f., 72ff., 77ff., 96, 99 ff., 105ff., 117ff., 126, 129f., 142, 149, 157, 160 ff., 167 ff., 178ff., 196, 199f., 203, 225, 248, 251, 258, 267, 276, 298, 308, 317f., 320 ff., 331, 334
Unglücksfälle 16

Unterbewusstsein 16, 20f., 24, 32f., 44f., 46, 61, 63, 72f., 76ff., 85, 90, 94, 98, 114, 117, 131, 140ff., 156, 160, 168f., 180f., 196, 198, 207, 236, 278, 285f., 293, 299f., 310, 322, 330, 333ff., 338, 340, 342, 344ff.
Ursache und Wirkung 15f., 19, 59, 69, 80f., 95, 97, 100, 167, 259, 298

Vergangenheit, Gegenwart und Zukunft 12, 16, 19f., 80, 82, 100
Vitalität 5, 7, 13, 33, 69, 76, 103, 108, 141, 196, 268, 298
Voghler, Thomas 193f., 209ff.

Wachwelt 7
Wahrscheinlichkeiten 53
Watts, Frank 31, 83, 93, 274, 310, 344ff.,
Weltraumreisen 22, 58, 77, 107
Werterfüllung 13ff., 36, 62, 64, 69, 78f., 81f., 94, 96f., 104, 106, 110, 117f., 124ff., 130, 134, 138, 153, 162f., 178, 183, 233, 236, 247, 249f, 260, 267, 276, 297, 302, 306, 322
Wesenheit 14, 16, 33, 42f., 45, 47, 59, 70f., 75, 76, 79, 93ff., 124f., 132f., 136, 138, 160ff., 168, 199, 211, 216, 254, 261, 276, 330f., 334ff., 346
Wetter 114, 116, 118ff., 140

Yolynda (Dee Masters) 164

Zeh, Walter 145f.
Zehntes Gesetz des inneren Universums (s. Qualitäts-Tiefe)
Zeit 3ff, 10, 12ff., 20, 36ff., 44f. 51ff., 58f., 61, 63f., 69f., 80, 82, 94ff., 98, 106, 109, 124, 138, 156, 166, 168, 178, 182, 184, 219
Zeit, psychologische 2, 6, 10, 53, 62, 81, 86, 88f., 99ff., 120f., 126, 132, 138, 143, 153, 236, 238, 258f., 268, 270, 289, 300, 337, 339
Zeit und Raum (s. Raum und Zeit)
Zellen 70, 72f., 76, 78f., 94, 98, 103ff., 110f., 125, 161, 318, 331

Dieser zweite Band der deutschen Ausgabe
der Frühen Sitzungen ist unserer Freundin
Charlotte gewidmet. Nur mittels ihrer
finanziellen Hilfe war es möglich, dieses
Übersetzungs-Projekt weiterzuführen.

Band 1 aus der Serie „DIE FRÜHEN SITZUNGEN" von Jane Roberts ist erhältlich unter folgender Adresse:

Sethverlag
Stadtstraße 38
CH-6204 Sempach

E-Mail: sethverlag@bluemail.ch
Homepage: www.sethverlag.ch
Fax: +41 41 448 15 06
Tel.: +41 79 348 16 43

ISBN-Nr. Band 1: 3-907-83300-7

Ebenfalls können Sie sich hier über das Erscheinungsdatum des dritten Bandes erkundigen.

Die weiteren Bände werden in regelmäßigen Abständen via BoD publiziert.

Begeisterte Leserinnen und Leser des Seth-Materials haben sich zum Zweck der gemeinsamen Diskussion der Seth-Bücher zur
Vereinigung der Seth-Freunde
zusammengeschlossen, was wir an dieser Stelle für diese politisch und konfessionell neutrale und nicht gewinnorientierte Organisation gerne bekannt geben.

Kontaktadresse:
Vereinigung der Seth-Freunde
Postfach 2308
CH-8031 Zürich
www.sethfreunde.org